Biologia 1

Edição 4.ª

ARMÊNIO UZUNIAN

Professor de Biologia na cidade de São Paulo.
Cursou Ciências Biológicas
na Universidade de São Paulo e
Medicina na Escola Paulista de Medicina,
onde obteve grau de Mestre em Histologia.

ERNESTO BIRNER

Professor de Biologia na cidade de São Paulo.
Cursou Ciências Biológicas
na Universidade de São Paulo.

Direção Geral:	Julio E. Emöd
Supervisão Editorial:	Maria Pia Castiglia
Coordenação de Produção e Capa:	Grasiele L. Favatto Cortez
Edição de Texto:	Carla Castiglia Gonzaga
Revisão de Texto:	Patricia Aguiar Gazza
Revisão de Provas:	Estevam Vieira Lédo Jr.
	Maitê Acunzo
Programação Visual e Editoração:	AM Produções Gráficas Ltda.
Ilustrações:	Luiz Moura
	Mônica Roberta Suguiyama
	Uenderson Rocha
	Vagner Coelho
Auxiliar de Produção:	Ana Olívia Ramos Pires Justo
Fotografia da Capa:	Animals Animals/Glow Images
Impressão e Acabamento:	Gráfica e Editora Posigraf

Dados Internacionais de Catalogação na Publicação (CIP)
(Câmara Brasileira do Livro, SP, Brasil)

Uzunian, Armênio
   Biologia 1 / Armênio Uzunian, Ernesto
Birner. -- 4. ed. -- São Paulo : HARBRA, 2013.

   Bibliografia
   ISBN 978-85-294-0416-5

   1. Biologia (Ensino médio) I. Birner, Ernesto.
II. Título.

12-12208   CDD-574.07

Índices para catálogo sistemático:
1. Biologia : Ensino médio 574.07

BIOLOGIA 1 – 4.ª edição
Copyright © 2013 por **editora HARBRA ltda**.
Rua Joaquim Távora, 779
04015-001 – São Paulo – SP

Promoção: (0.xx.11) 5084-2482 e 5571-1122. Fax: (0.xx.11) 5575-6876
Vendas: (0.xx.11) 5549-2244, 5571-0276 e 5084-2403. Fax: (0.xx.11) 5571-9777
Site: www.harbra.com.br

Todos os direitos reservados. Nenhuma parte desta edição pode ser utilizada ou reproduzida – em qualquer meio ou forma, seja mecânico ou eletrônico, fotocópia, gravação etc. – nem apropriada ou estocada em sistema de banco de dados, sem a expressa autorização da editora.

ISBN 978-85-294-0416-5

Impresso no Brasil   *Printed in Brazil*

A Biologia já não é mais vista como uma ciência "fechada", um conjunto de estudos distantes dos alunos. Com o avanço da tecnologia e os novos conhecimentos surgindo cada vez mais rapidamente, a Biologia está incorporada à vida das pessoas: sua presença está nos telejornais, seriados, filmes, anúncios, nas revistas, novelas, e em tantas outras mídias e formas de expressão.

O maior desafio para os autores de um livro diático é fazer com que os alunos se sintam estimulados ao estudo, que percebam a aplicação à sua vida, ao seu cotidiano, dos conteúdos que lhes estão sendo ministrados. E esse sempre foi o nosso grande projeto.

Ao escrever cada linha de nossos livros, pensamos nos alunos, nas coisas que gostam, em como se comunicam com o mundo exterior, o que seria importante que soubessem, além de, naturalmente, no conteúdo necessário para que possam prosseguir em seus estudos e fazer frente aos diferentes processos seletivos de ingresso a uma universidade.

Buscando tornar o estudo de Biologia interessante, iniciamos cada capítulo com o que chamamos de "olho" – uma imagem e um texto de contextualização o mais próximo possível do universo dos alunos. Também sistematizamos as informações, dispondo-as em seções especiais: "De olho no assunto!" apresenta textos de aprofundamento; "Tecnologia & Cotidiano", como o próprio nome diz, traz ferramentas tecnológicas em que o conteúdo estudado está presente ou aplicações do tema em situações do cotidiano; textos sobre diferentes questões éticas que envolvem a vida em comum e a sustentabilidade do planeta estão em "Ética & Sociedade". Ao final de cada capítulo, quatro conjuntos de atividades para que os alunos possam aferir seu conhecimento: "Passo a Passo", "Questões Objetivas", "Questões Dissertativas" e "Programas de Avaliação Seriada".

As inúmeras observações dos professores e alunos que trabalharam com as edições anteriores de nossa coleção *Biologia*, aliadas aos nossos anos em sala de aula, nos mostraram com ainda maior clareza como nos comunicar com nossos leitores: adolescentes cheios de energia, de dinamismo, com uma vida inteira pela frente e muito a construir.

Temos certeza de que, ao final de nossa jornada em conjunto, os alunos perceberão que o estudo da Biologia lhes abriu as portas para entender esse louco e maravilhoso mundo em que vivemos!

Os autores
Os editores

Conteúdo

Unidade 1 — INTRODUÇÃO — 3

1 Um mundo em mudanças 4
O aquecimento global 5
 O que está sendo feito 7
O que a Biologia estuda? 8
 Como caracterizar a vida? 8
 Subdivisões da Biologia 8
Níveis de organização
 em Biologia 8
Do átomo ao organismo 9
Do organismo à biosfera 10
O método científico 12
 Indução e dedução 14
Passo a passo 14
Questões objetivas 16
Questões dissertativas 18
Programas de avaliação seriada 19

Unidade 2 — A QUÍMICA DA VIDA — 21

2 As moléculas em ação 22
Principais constituintes dos seres vivos 24
Água: essencial para a vida 25
 Características que fazem a diferença 25
 Água: solvente praticamente universal
 e meio de transporte 27
Sais inorgânicos: essenciais, mas não os fabricamos... 28
 Sais na forma imobilizada 28
 Sais dissolvidos na forma iônica 28
Compostos orgânicos dos seres vivos 29
 Carboidratos 29
 Classificação dos carboidratos 30
 Lipídios: mocinhos ou bandidos? 32
 A composição química dos lipídios 33
Vitaminas: nós precisamos delas 36
Passo a passo 39
Questões objetivas 40
Questões dissertativas 41
Programas de avaliação seriada 42

3 Proteínas e ação enzimática 43
Proteínas: a construção dos seres vivos 44
Aminoácidos: os blocos formadores das proteínas .. 44
 Estrutura dos aminoácidos 44
 A ligação peptídica 45
 Aminoácidos essenciais e naturais 45
A forma espacial da proteína 46
 Forma e função: um binômio inseparável 47
 Desnaturação: mudança na forma da proteína .. 47
Enzima: uma classe especial de proteínas 48
 O mecanismo "chave-fechadura" 49
 Fatores que influenciam a ação das enzimas .. 49
 Inibição enzimática 51
As proteínas de defesa: anticorpos 51
 A ligação do antígeno com o anticorpo 52
Como nos defendemos das doenças: as imunizações .. 53
 A resposta à imunização ativa 53
 Imunização passiva 53
As proteínas e a nossa alimentação 55
 O que você come diariamente? 56
Passo a passo 57
Questões objetivas 59
Questões dissertativas 60
Programas de avaliação seriada 61

Unidade 3

O ESTUDO DA CÉLULA · 63

4 Membrana celular e permeabilidade 64

A "fábrica" celular 65
Um pouco da história da Citologia 65
Como se mede uma célula? 66
  Microscópios: auxiliares do olho
    humano 67
Os modelos celulares 68
Os revestimentos celulares 69
  Membrana plasmática 69
    As proteínas da membrana
      plasmática 70
  Glicocálice ou glicocálix 74
  Membrana celulósica 74
Entrada e saída de substâncias através
  da membrana plasmática 75
Processos físicos de transporte nas células 75
  Difusão 75
  Osmose: uma particular forma
    de difusão 77
Processos biológicos de transporte
    nas células 80
    Transporte ativo 80
    Endocitose e exocitose 82
Passo a passo 84
Questões objetivas 85
Questões dissertativas 88
Programas de avaliação seriada 89

5 O citoplasma 91

O interior da "fábrica" celular 92
O hialoplasma: ambiente geral do trabalho 94
Como são os organoides? 94
  Os ribossomos: operários da célula 95
  O retículo endoplasmático:
    produção e circulação 95
  Os vacúolos: amplos espaços nas
    células vegetais 96
  O sistema golgiense (ou complexo:
    de Golgi) embalagem e expedição 97
  Os lisossomos: desmanchadores de sucata 99
    Outras ocorrências relacionadas
      aos lisossomos 100
  As mitocôndrias:
    energia para a "fábrica" celular 100
  Os peroxissomos:
    intensa utilização de oxigênio 102

  Os glioxissomos:
    os peroxissomos dos vegetais 103
  Os cloroplastos:
    baterias solares dos vegetais 103
  Os centríolos:
    orgânulos da divisão celular 104
  Os cílios e flagelos:
    locomoção ou remoção de impurezas 105
O citoesqueleto 108
A célula bacteriana 110
As características em comum 111
  Componentes exclusivos 111
Passo a passo 114
Questões objetivas 116
Questões dissertativas 118
Programas de avaliação seriada 119

6 Núcleo e divisões celulares 121

Núcleo: o centro de comando da
    célula eucariótica 122
  Cromatina e cromossomos 123
    Nucleossomos: unidades formadoras
    de cromatina 123
    Heterocromatina e eucromatina 124
  Nucléolos 124
O DNA e os genes 125
  A duplicação do DNA:
    uma breve descrição 125
  Genoma: os genes de cada espécie 125
O ciclo celular 126
  Cromátides: componentes do
    cromossomo duplicado 126
Células haploides e diploides: a diferença
    está no número de cromossomos 128
  Cromossomos homólogos:
    presentes em células diploides 128
A divisão celular 130
  Intérfase – a fase que precede a mitose 130
    A intérfase e a duplicação do DNA 131
Mitose: divisão equacional 132
  As fases da mitose 132
    Prófase – fase de início 132
    Metáfase – fase do meio 133
    Anáfase – fase de deslocamento 133
    Telófase – fase do fim 133
    Citocinese – separação das células 133

A mitose na célula vegetal 133
Divisão celular em bactérias 134
Para que serve a mitose? 135
O controle do ciclo celular e a
  origem do câncer 135
Meiose: divisão reducional 137
As várias fases da meiose 138
  Meiose I
  (primeira divisão meiótica) 138
Meiose II
  (segunda divisão meiótica) 139
Crossing-over e variabilidade 140
Gametogênese 142
Fecundação: a volta à diploidia 144
Passo a passo 146
Questões objetivas 149
Questões dissertativas 152
Programas de avaliação seriada 153

Unidade 4 — METABOLISMO CELULAR — 155

7 Metabolismo energético: respiração e fermentação 156

Os seres vivos também precisam
  de combustível 157
A liberação da energia armazenada 157
  Como os seres vivos conseguem a glicose ... 158
  Energia sob a forma de ATP 158
    A estrutura do ATP 159
Respiração aeróbia 160
  Glicólise 160
  Oxidação do ácido pirúvico 161
  Ciclo de Krebs 161
  Cadeia respiratória e
    fosforilação oxidativa 162
  Saldo energético da respiração aeróbia ... 163
  O papel da mitocôndria 165
Fermentação:
  outra via para liberação de energia 166
  A fermentação alcoólica 166
  A fermentação láctica 167
Passo a passo 168
Questões objetivas 170
Questões dissertativas 172
Programas de avaliação seriada 173

8 Metabolismo energético: fotossíntese e quimiossíntese 174

Fotossíntese: luz do Sol convertida
  em alimento orgânico 175
  Onde ocorre a fotossíntese? 176
    A estrutura dos cloroplastos 176
  O papel da clorofila e de outros pigmentos 178
  Luz, componente indispensável
    da fotossíntese 180
  A interação luz e pigmentos
    fotossintetizantes 180
As etapas da fotossíntese 183
  Fase de claro ou fotoquímica:
    quebra da água e liberação de oxigênio 183
  Fase de escuro ou química:
    produção de glicose 186
Fotossíntese e quimiossíntese em bactérias 187
Passo a passo 188
Questões objetivas 190
Questões dissertativas 191
Programas de avaliação seriada 192

9 Metabolismo de controle: ácidos nucleicos e ação gênica 193

Ácidos nucleicos 194
  Diferenças entre DNA e RNA 197
DNA: uma "escada retorcida" 198
  A autoduplicação (replicação) do DNA 200
  A mensagem do DNA
    é passada para o RNA 203
RNA: uma cadeia (fita) simples 203
  Transcrição: a síntese de RNA 204
O código genético 204
Tradução: síntese de proteínas 207
  Quem participa da síntese
    de proteínas? 207
  A tradução passo a passo 208
  Os polirribossomos 210
Mutação gênica: o erro genético 212
  As causas das mutações 213
Passo a passo 213
Questões objetivas 215
Questões dissertativas 217
Programas de avaliação seriada 218

Unidade 5

REPRODUÇÃO E EMBRIOLOGIA ANIMAL — 221

10 Reprodução 222

Mecanismo de perpetuação das espécies 223
  Reprodução assexuada 224
  Reprodução sexuada 225
    Ciclo haplonte 225
    Ciclo diplonte 225
    Ciclo haplontediplonte 225
Sistema genital 226
  Sistema genital feminino 226
  Sistema genital masculino 227
Do zigoto ao embrião:
    um longo e delicado processo 228
  As três consequências da fecundação 230
Parto 231
  Parto normal é melhor do que cesariana? 231
Sexualidade 232
Métodos contraceptivos 233
  Métodos naturais 234
  Métodos artificiais 234
Doenças sexualmente transmissíveis (DSTs) 236
  AIDS – prevenção é o melhor remédio 237
Passo a passo 238
Questões objetivas 240
Questões dissertativas 242
Programas de avaliação seriada 243

11 Embriologia animal 244

O encontro dos gametas 245
  Os núcleos se fundem 246
  O anfioxo é o nosso modelo 247
O zigoto 247
A segmentação 247
A gastrulação 251
A nêurula: a formação do tubo neural 254
A mesoderme e a notocorda 255
Os anexos embrionários:
  adaptação ao meio terrestre 256
Mamíferos: surge a placenta 258
Células-tronco: a esperança da medicina 260
  A potência e a obtenção
    de células-tronco 260
  Aspectos éticos, religiosos e políticos
    da utilização das células-tronco
    embrionárias 261
  As alternativas:
    a procura de células-tronco éticas 261
Passo a passo 263
Questões objetivas 266
Questões dissertativas 268
Programas de avaliação seriada 269

Unidade 6

HISTOLOGIA ANIMAL — 271

12 Tecido epitelial 272

O que é histologia? 273
Tecido epitelial 274
  Epitélio de revestimento: proteção 274
    Os tipos de epitélio de revestimento 274
  Microvilosidades e cílios:
    especializações das células epiteliais 275
    A união das células no tecido epitelial 275

Interdigitações:
  aumento da superfície de contato 278
  Membrana basal: é sobre ela que
    o epitélio se assenta 278
  Epitélio glandular: secreção 278
Passo a passo 280
Questões objetivas 282
Questões dissertativas 284
Programas de avaliação seriada 285

13 Tecido conjuntivo I: Introdução ... 286

Um tecido estrutural ... 287
   Células do tecido conjuntivo ... 287
   Fibras do tecido conjuntivo ... 289
Classificação dos tecidos conjuntivos ... 290
Passo a passo ... *293*
Questões objetivas ... *295*
Questões dissertativas ... *296*
Programa de avaliação seriada ... *296*

14 Tecido conjuntivo II: tecidos cartilaginoso, ósseo e sanguíneo ... 297

Tecido cartilaginoso ... 298
Tecido ósseo ... 299
   Componentes do tecido ósseo ... 299
   A formação do tecido ósseo ... 301
      Ossificação intramembranosa ... 301
      Ossificação endocondral: cartilagem não vira osso ... 301
   Crescimento nos ossos longos ... 301
   Medula óssea ... 302
   Osteoclastos e fraturas ... 302
Tecido sanguíneo ... 303
   Células sanguíneas: características e funções ... 304
   Glóbulos vermelhos: transporte de oxigênio ... 304
   Glóbulos brancos: defesa do organismo ... 305
   Plaquetas: atuam na coagulação do sangue ... 307
   Coagulação: um bloqueio à fuga do sangue ... 307
   Os órgãos hemocitopoéticos e a renovação das células do sangue ... 309
Passo a passo ... *309*
Questões objetivas ... *312*
Questões dissertativas ... *314*
Programas de avaliação seriada ... *314*

15 Tecidos nervoso e muscular ... 315

Tecido nervoso ... 316
   Neurônio: condutor de informação ... 316

   O revestimento isolante ... 316
Um trabalho em conjunto ... 317
   Sinapse: a comunicação entre os neurônios ... 318
Células da glia (neuróglia) ... 319
Como o neurônio trabalha? ... 320
   Impulso nervoso: a passagem da corrente elétrica ... 320
   Lei do tudo ou nada ... 323
Tecido muscular ... 325
   Os tipos de tecido muscular ... 325
   A arquitetura da célula muscular esquelética ... 326
   O mecanismo da contração muscular ... 328
   O estímulo à contração muscular ... 328
Correr, caminhar, pedalar, jogar futebol... ... 329
   As fontes de energia durante as atividades desportivas ... 331
   Os tipos de fibra muscular utilizados nos exercícios físicos ... 331
Passo a passo ... *334*
Questões objetivas ... *336*
Questões dissertativas ... *338*
Programas de avaliação seriada ... *339*

16 Pele e defesas do organismo ... 340

Pele: órgão de contato ... 341
   A histologia da pele ... 341
   Os sensores da pele ... 342
   Os anexos da pele ... 344
Nossa equipe de defesa ... 344
   Pele e mucosas: a primeira linha de defesa ... 345
   Contra-ataque celular: a segunda linha de defesa ... 345
   As proteínas "matam" micorganismos invasores ... 347
   A terceira linha de defesa: nem tudo está perdido ... 347
   A resposta imunitária ... 347
   As células da imunidade ... 349
Passo a passo ... *354*
Questões objetivas ... *356*
Questões dissertativas ... *358*

Bibliografia ... *359*
Crédito das fotos ... *360*

Unidade

1

Introdução

Conhecer o que estuda a Biologia e as características comuns a todos os organismos vivos é o objetivo desta unidade.

Capítulo 1 — Um mundo em mudanças

Pequenas ações com grandes consequências

Em abril de 2007, mais de 400 cientistas de todo o mundo estiveram envolvidos na publicação de um relatório sobre as mudanças climáticas. A grande preocupação é o aumento da temperatura na atmosfera, o chamado **aquecimento global**, que tem provocado acentuado degelo na Groenlândia e Antártida. Alguns cientistas estimam que todo o gelo dessas regiões derreterá até 2040, provocando inundação de muitas cidades, desaparecimento de ilhas, alteração no ciclo das chuvas, com reflexos na produção agrícola mundial, substituição gradual da Floresta Amazônica por cerrado, surgimento de doenças como a malária e a dengue em locais até hoje não afetados por elas, acidificação dos oceanos com riscos para a vida marinha, entre outros.

As previsões para a vida na Terra podem não ser boas, mas são – como o próprio nome indica – visões antecipadas do que pode ocorrer com nosso planeta *se não fizermos nada*. Também está em nossas mãos contribuir para a preservação do planeta: pequenas ações – como reciclagem de lixo, uso racional da água e da energia elétrica, entre tantas outras – fazem toda a diferença!

O AQUECIMENTO GLOBAL

A radiação solar que penetra em nosso planeta atravessa uma camada de vapor-d'água e gases, e é absorvida pela superfície terrestre (rochas, vegetação etc.) sob a forma de calor. Ao retornar para o espaço, uma parte desse calor é retida por um "cobertor" de gases (entre eles o gás carbônico). Esse calor "aprisionado" pelo cobertor de gases aquece a Terra, transformando-a em uma estufa.

Perceba que essa camada de gases atua como se fosse o vidro das estufas para plantas, que deixa passar a radiação solar e retém dentro delas o calor. Daí chamarmos a esse processo de aquecimento de *efeito estufa*. Alguns gases, entre eles o gás carbônico, aumentam esse efeito (veja a Figura 1-1).

É preciso deixar bem claro que o aquecimento da Terra foi e continua sendo fundamental para o desenvolvimento da vida em nosso planeta. Sem ele, a Terra congelaria. Então, por que o receio do efeito estufa? O problema é que a espessura da camada de gases está aumentando, devido principalmente à crescente emissão de gás carbônico proveniente da queima de combustíveis fósseis (derivados de petróleo, carvão mineral e gás natural) e das queimadas de florestas, notadamente nas regiões tropicais.

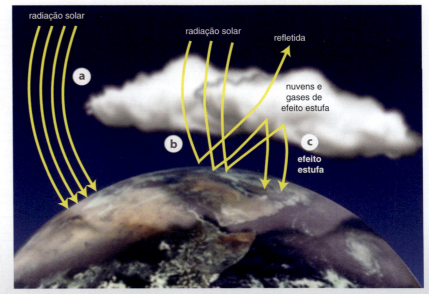

Figura 1-1. Efeito estufa. (a) Parte da radiação solar atinge a superfície terrestre sob a forma de calor. (b) Grande parcela desse calor é refletida e retida pelo "cobertor" de gases que circunda a atmosfera. (c) O calor retido aquece a Terra, transformando-a em uma estufa.

O Jardim Botânico de Curitiba é um importante centro de pesquisas da flora do Paraná. Sua estufa de ferro e vidro tem 450 m² e foi inspirada no Palácio de Cristal de Londres.

Mais calor é retido, provocando aumento exagerado da temperatura terrestre (veja a Figura 1-2).

Pela previsão dos cientistas que assinaram o relatório em abril de 2007 (em um evento chamado Painel Intergovernamental de Mudanças Climáticas), além de todos os acontecimentos já mencionados, com o derretimento da neve que se encontra no alto das grandes cadeias montanhosas, prevê-se uma escassez de água em muitos lugares do mundo, pois essas camadas de gelo atuam como verdadeiros reservatórios de água (retendo-a no inverno e liberando-a no verão). Pela previsão do Painel Intergovernamental de Mudanças Climáticas, cerca de 1 bilhão de pessoas poderão sofrer com a falta de água a partir de 2020.

Anote!
O gás metano (CH_4) é 21 vezes mais potente que o CO_2 na retenção do calor gerado pela luz do Sol. É, portanto, um gás de estufa. É gerado em aterros sanitários e no tubo digestório de animais como o boi e a vaca.

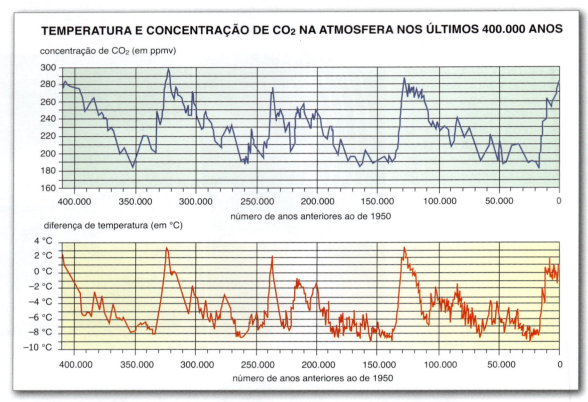

Fonte: PETIT, J. R.; JOUZEL, J. *et al.* Climate and atmospheric history of the past 420.000 years from the Vostok ice core in Antarctica. *Nature*, London, n. 399, p. 429-436, 3 June 1999. *Disponível em:* <http://maps.grida.no>. Cartografia: Philippe Rekacewicz, UNEP/GRID-Arendal.

Figura 1-2. Observe os gráficos e veja a correlação entre o aumento da concentração de gás carbônico na atmosfera e a variação de temperatura. Os dados foram obtidos a partir da análise de amostras da camada de gelo antártico.

De olho no assunto!

Ciclo do carbono: existia o equilíbrio

As plantas e muitos seres marinhos absorvem gás carbônico e, com a utilização da luz solar e da água (em um processo chamado de **fotossíntese**), produzem várias substâncias orgânicas, liberando o gás oxigênio como subproduto.

A devolução de gás carbônico para a atmosfera ocorre por três mecanismos: a respiração dos seres vivos, a decomposição de restos orgânicos dos seres vivos e a queima de substâncias contendo carbono (combustíveis fósseis como os derivados de petróleo, o carvão mineral e o gás natural).

Até pouco tempo, esse ciclo encontrava-se em *equilíbrio*, ou seja, a devolução do gás carbônico para a atmosfera era compensada pela sua retirada por fotossíntese. Ocorre que a queima excessiva dos combustíveis fósseis, além das queimadas das florestas, provocou um desequilíbrio, aumentando a taxa desse gás na atmosfera e, consequentemente, a acentuação do efeito estufa. Qual a solução? A resposta é diminuir as emissões de gás carbônico e retirar o excedente desse gás da atmosfera. A primeira medida já está sendo adotada por alguns países. Quanto à segunda alternativa, ou seja, o *sequestro de carbono*, é preciso deixar bem claro que o *principal* mecanismo de retirada do carbono da atmosfera continua sendo a *fotossíntese*. Nesse sentido, o plantio de árvores é uma medida extremamente benéfica, já que elas armazenam grande quantidade de carbono na madeira. Ao mesmo tempo, devemos estimular projetos que evitem desmatamentos.

Outro mecanismo é o relativo à *descarbonização* da atmosfera. O que significa isso? Consiste no estímulo à utilização das chamadas *fontes de energia limpa*, ou seja, que não emitem gases de estufa. Entre elas, podemos citar o hidrogênio, a captação de energia solar, o uso de energia dos ventos (eólica), entre outras.

O que Está Sendo Feito

Atualmente, 7 bilhões de toneladas de carbono são queimadas por ano e estima-se que essa emissão poderá dobrar até 2056 se nada for feito. Um primeiro passo para diminuir a emissão de gás carbônico para a atmosfera foi dado em 1997, ocasião em que 141 países assinaram um protocolo em Kyoto, no Japão, comprometendo-se a reduzir em 5% as emissões de gases que aumentam o efeito estufa até o ano 2012. Esse protocolo foi ratificado por cerca de 120 países e entrou em vigor em 2005, porém os EUA, responsáveis por cerca de 30% da emissão de gases causadores do efeito estufa, não ratificaram esse acordo. Para o cálculo dessa redução, os países devem tomar como base a quantidade de gases de efeito estufa que lançaram na atmosfera em 1990.

No Brasil, uma das medidas para reduzir a emissão de gases, além, é claro, da redução do desmatamento e das queimadas florestais, é o uso de combustíveis alternativos, ou seja, não derivados do petróleo, como o álcool etílico e o biodiesel.

Já a questão da água é ainda mais complexa, pois, além de políticas para o meio ambiente e desenvolvimento sustentável, em muitas regiões do planeta o controle sobre a água é uma ferramenta de poder. Dados do Fundo das Nações Unidas para a Infância (UNICEF) indicam que menos da metade da população mundial tem acesso à água tratada. Entre as medidas mais urgentes para minimizar o problema de escassez de água estão o uso de forma mais responsável; a preservação das regiões de mananciais; evitar a contaminação do solo com produtos químicos que possam percolar até o lençol d'água subterrâneo, inutilizando-o para o consumo; a reutilização da água, entre outras.

Independentemente de como o faremos, é preciso preservar a todo custo a água, pois sem ela é impossível a vida.

De olho no assunto!

Biocombustíveis: uma alternativa

A utilização de biocombustíveis tem-se revelado uma excelente alternativa energética aos derivados de petróleo, no que se refere à redução da emissão de gás carbônico. Ocupam posição de destaque o álcool etílico, produzido por microrganismos a partir do açúcar da cana e do milho, bem como o *biodiesel*, obtido do processamento dos óleos de soja, mamona, dendê, palma, entre outros. A queima dessas substâncias libera gás carbônico que, ao ser absorvido por novas plantas constantemente cultivadas para a produção desses biocombustíveis, proporciona um equilíbrio entre absorção e liberação do gás carbônico. Explicando melhor: cada vez que as plantas citadas efetuam o processo de fotossíntese, elas de certo modo absorvem o gás carbônico gerado na queima daquelas substâncias, resultando em equilíbrio entre produção e absorção daquele gás.

DELFIM MARTINS/PULSAR

No passado, uma agricultura manual. Hoje, os extensos canaviais estão se tornando cada vez mais mecanizados, agilizando o preparo da terra, a irrigação e, como nesta foto, a colheita.

▪ O QUE A BIOLOGIA ESTUDA?

Você já parou para se perguntar o que é Biologia e o que ela estuda? Essa palavra vem de duas outras: *bio*, que significa **vida**, e *logos*, que quer dizer **estudo**. Então, a Biologia estuda a vida e, claro, aqueles em que ela se manifesta, ou seja, os **seres vivos**.

Mais atraente do que conceituar vida, porém, é caracterizar os seres vivos, procurando neles alguns sinais de vida. Você é capaz de dizer, em poucas palavras, quais as diferenças que existem, por exemplo, entre o seu cão e uma pedra? Vamos ajudá-lo nessa tarefa.

Como Caracterizar a Vida?

Excetuando a presença de alguns átomos, tanto no seu cão como na pedra, podemos garantir que a vida possui uma série de características próprias, indiscutíveis. Os movimentos de inspiração e expiração executados pelo tórax do animal e os sinais elétricos emanados por seu cérebro e captados com o auxílio de um aparelho especial, o eletrencefalógrafo, são duas dessas características. Você seria capaz de reconhecer outros sinais de vida provenientes de seu cão?

Na Tabela 1-1 organizamos as principais características típicas dos seres vivos. Deixamos a você a tarefa de compará-las com as dos seres inanimados, como a pedra.

Subdivisões da Biologia

Como toda grande ciência, a Biologia, assim como a Química e a Matemática, é dividida em partes menores, apenas com a finalidade de facilitar seu estudo. É importante lembrar que nenhuma dessas subdivisões existe sozinha. É necessário sempre fazer uma ligação entre elas. Veja a Tabela 1-2 a seguir.

Tabela 1-1. Principais características dos seres vivos.

Papel biológico	
Composição química	Todos os seres vivos são formados por moléculas orgânicas indispensáveis à sobrevivência, entre elas os ácidos nucleicos, as proteínas, os carboidratos (ou glicídios) e os lipídios.
Célula	Excetuando-se os vírus – seres acelulares –, a maioria dos seres vivos da Terra atual possui a célula como unidade fundamental da vida. Há seres vivos formados apenas por uma célula – os unicelulares – e os que são constituídos por diversas células – os pluricelulares.
Metabolismo	Metabolismo é o conjunto das reações químicas que ocorrem em um ser vivo. O **metabolismo energético** está relacionado à liberação da energia necessária para a sobrevivência. O **metabolismo plástico** ou **estrutural** é aquele no qual ocorre a construção dos tecidos. Cabe ao **metabolismo de controle** a regulação de todas as atividades que ocorrem na célula.
Reprodução	Por meio de diversas modalidades de reprodução, os seres vivos são capazes de produzir descendentes.
Mutação	Os seres vivos e o ambiente nem sempre foram como são hoje. Mudanças genéticas podem ser herdadas pelos descendentes. É importante para a adaptação dos organismos.
Adaptação	Os seres vivos são capazes de se ajustar continuamente às características do meio.

Tabela 1-2. As subdivisões da Biologia e as áreas de interesse.

Ramo da Biologia	O que estuda
Citologia	As células e suas características.
Histologia	Os tecidos, que por sua vez são formados por células.
Embriologia	O processo de formação dos seres pluricelulares.
Taxonomia	A classificação dos seres vivos.
Anatomia	A estrutura dos diferentes órgãos dos seres vivos.
Fisiologia	O funcionamento das diferentes estruturas do organismo.
Genética	Os caracteres hereditários e sua transmissão.
Evolução	A possibilidade de modificações e adaptações sofridas pelos seres vivos.
Ecologia	As relações entre os seres vivos e deles com o meio ambiente em que vivem.

▪ NÍVEIS DE ORGANIZAÇÃO EM BIOLOGIA

Você pode começar o estudo de um país por seu povo, por sua agricultura, por sua economia ou, ainda, por tantos outros aspectos a ele diretamente relacionados. É claro que, para a compreensão de alguns assuntos, muitas vezes você precisará organizar o seu estudo de forma que aprenda primeiro os conceitos básicos e depois os mais elaborados. Assim também acontece na Biologia.

Um dos modos de começar o estudo da Biologia é pela ideia de **níveis de organização**. Por meio dela, podemos compreender que a organização biológica está estruturada em diversos níveis hierárquicos, cada qual servindo como ponto de partida para a formação do seguinte.

Do Átomo ao Organismo

Todos os seres vivos da Terra atual são constituídos por **átomos** (de carbono, de oxigênio), que se unem para formar **moléculas** (proteínas, ácidos nucleicos) fundamentais para a sobrevivência. Por sua vez, moléculas orgânicas complexas juntam-se para a formação de **organoides** (mitocôndria, ribossomo, cloroplasto), estruturas encontradas no interior das **células** (neurônios) dos seres vivos (veja a Figura 1-3). A reunião de células com características quase sempre comuns leva à formação de um **tecido** (sanguíneo, nervoso, muscular, parênquima). Tecidos diferentes se reúnem em um **órgão** (cérebro, fígado, folha). Diferentes órgãos, envolvidos em uma tarefa comum, originam um **sistema** (respiratório, circulatório foliar). A integração de vários sistemas leva ao **organismo** (uma onça-pintada, por exemplo).

Átomo
A menor parte de um elemento, que mantém todas as propriedades químicas desse elemento.

Molécula
Conjunto de átomos.

Organoide
Componente da célula, encarregado de executar determinada função. (Também se diz organela ou orgânulo.)

Célula
Entidade encontrada na maioria dos seres vivos da Terra atual e constituída, de modo geral, por membrana plasmática, citoplasma e núcleo.

Tecido
Comumente conceituado como um conjunto de células semelhantes na forma e na função.

Órgão
Conjunto de tecidos.

Sistema
Conjunto de órgãos envolvidos na execução de determinada tarefa.

Organismo
Qualquer ser capaz de executar um conjunto de reações químicas metabólicas responsáveis pela sobrevivência, pelo crescimento e pela reprodução.

De olho no assunto!

Entre o organismo de uma onça-pintada e o da bactéria causadora da cólera, por exemplo, há uma semelhança. Em ambos, o nível de organização celular está presente, bem como alguns tipos de organoides, moléculas e átomos. No entanto, há muitas diferenças. O organismo da bactéria é formado por uma única célula, é um organismo **unicelular**. A onça-pintada é **pluricelular**. Como consequência, a bactéria não forma sistemas nem órgãos nem tecidos. Nela, o organismo se confunde com a célula. Os vírus, como o da AIDS, por exemplo, são organismos **acelulares**, formados por moléculas e átomos. Como vemos, nem todos os níveis de organização estão presentes nos organismos atualmente existentes na Terra.

Figura 1-3. Do átomo ao organismo.

Do Organismo à Biosfera

Em geral, os organismos não vivem isolados – eles se reúnem, interagem com outros organismos e com o meio em que vivem. Assim, um conjunto de organismos da mesma espécie que habita determinada área perfeitamente delimitada, em certa época, constitui uma **população**. As onças-pintadas existentes no Pantanal Mato-grossense constituem uma população dessa espécie de mamíferos naquele ambiente. O conjunto de todas as populações de espécies diferentes encontradas em um ambiente constitui uma **comunidade**. No Pantanal, as onças, os jaburus, as garças, as capivaras, os jacarés, as sucuris, as bactérias, os fungos e os vegetais, entre outros, constituem a comunidade de seres vivos da região. A comunidade é a parte *biótica* (viva) do ambiente. A reunião da comunidade com os componentes *abióticos*, ou seja, com os componentes não vivos (ar, água, luz, sais, solo etc.), do meio ambiente, constitui um **ecossistema**. O Pantanal Mato-grossense pode ser considerado um grande ecossistema natural em que todos os seres vivos da comunidade interagem com os componentes abióticos (veja a Figura 1-4). Outros exemplos de ecossistema podem ser citados: o Oceano Atlântico, diversas regiões da Floresta Amazônica, o Saara etc.

Uma visão global da Terra atual revela a existência de diversos ecossistemas naturais. A reunião de todos eles constitui a **biosfera**.

Biosfera
Conjunto de todos os ecossistemas da Terra.

Ecossistema
Interação do componente biótico (comunidade) com os fatores abióticos do meio.

Organismo
Qualquer ser capaz de executar um conjunto de reações químicas metabólicas responsáveis pela sobrevivência, pelo crescimento e pela reprodução.

Comunidade
Conjunto das diferentes populações encontradas em um ambiente perfeitamente delimitado. É a parte biótica do meio.

População

Conjunto de indivíduos de uma espécie, vivendo em local perfeitamente delimitado, em determinada época.

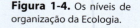
Figura 1-4. Os níveis de organização da Ecologia.

De olho no assunto!

Bioma: agrupamento de ecossistemas parecidos

Certas regiões da biosfera apresentam o mesmo tipo de clima, temperaturas parecidas e praticamente o mesmo regime de chuvas todos os anos. Então, não é de estranhar que, nessas regiões, haja comunidades vegetais semelhantes. Os ecologistas agrupam essas regiões em uma categoria denominada de **bioma**. Cada bioma, então, corresponde a uma grande subdivisão artificial da biosfera terrestre. De certo modo, podemos considerar um bioma como sendo um *conjunto de ecossistemas relacionados*. Um exemplo: *bioma de floresta pluvial tropical latifoliada perenifólia*. Vamos traduzir? *Floresta pluvial tropical* é uma formação cheia de árvores, localizada na região intertropical, sujeita a intenso regime de chuvas. *Latifoliada* quer dizer que as plantas possuem folhas largas. *Perenifólia* significa que as árvores estão sempre cheias de folhas, isto é, as folhas que caem são sempre substituídas por novas folhas, ou seja, as árvores são sempre verdes. A Mata Amazônica pertence a esse tipo de bioma, bem como a Floresta de Kisangani, na República Democrática do Congo, e a de Kuala Lumpur, na Malásia. Assim, bioma é o tipo de *formação ecológica caracterizado*, *principalmente*, *pelo componente vegetal terrestre*, embora também possamos falar em bioma para o meio aquático doce e para o meio marinho. Veja o esquema abaixo. Os gráficos que o acompanham relacionam-se às médias mensais de temperatura (em vermelho) e às médias mensais de chuva (em azul). As três formações florestais representadas – dizendo de outro modo, os três *ecossistemas* – são componentes do mesmo bioma.

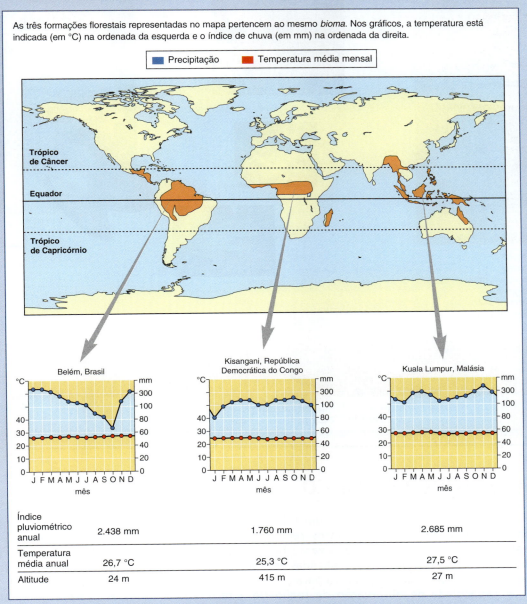

As três formações florestais representadas no mapa pertencem ao mesmo *bioma*. Nos gráficos, a temperatura está indicada (em °C) na ordenada da esquerda e o índice de chuva (em mm) na ordenada da direita.

	Belém, Brasil	Kisangani, República Democrática do Congo	Kuala Lumpur, Malásia
Índice pluviométrico anual	2.438 mm	1.760 mm	2.685 mm
Temperatura média anual	26,7 °C	25,3 °C	27,5 °C
Altitude	24 m	415 m	27 m

Um mundo em mudanças **11**

Teia alimentar. Cada sequência linear representa uma *cadeia alimentar* – por exemplo, capim, preá, jararaca, seriema e lobo-guará. Os decompositores alimentam-se dos restos de produtores e consumidores.

• O MÉTODO CIENTÍFICO

A Biologia é uma ciência e, como tal, procura esclarecimentos, respostas. O biólogo, enquanto cientista, observa os fatos relacionados aos seres vivos e procura explicá-los. Analisa, coleta dados, questiona, levanta hipóteses, procura soluções. Nossa vida depende em grande parte das pesquisas realizadas, dos cientistas que buscam a solução para muitas doenças, como, por exemplo, a cura para a AIDS ou para a esclerose múltipla.

A capacidade de observação da realidade é facultada a todas as pessoas. Mas, em geral, essa observação é feita de forma aleatória, não organizada. Porém, para o trabalho de investigação científica, é preciso que essa observação seja objetiva, precisa e com método. Frequentemente é preciso utilizar instrumentos capazes de coletar dados mais precisos do que aqueles que nossos sentidos conseguem obter.

Diferentes pesquisadores podem abordar um mesmo problema de formas diversas, mas todos procuram resolvê-lo utilizando um mesmo método, o chamado **método científico**.

Tudo começa com a **observação dos fatos** e a formulação de uma pergunta ou levantamento de um **problema** para o qual se procura a resposta. Ao tentar elucidar esse problema, o cientista propõe uma possível resposta, propõe uma **hipótese**. Para saber se sua hipótese é verdadeira, o biólogo utiliza-se de **experimentos controlados**, nos quais ela possa ser testada.

Em qualquer experimento controlado, sempre é preciso haver dois grupos: o *controle* e o *experimental*. Por exemplo, se o pesquisador quiser demonstrar a influência da luz na fotossíntese, basta utilizar dois tubos de ensaio, de igual tamanho, contendo água saturada com gás carbônico e uma planta aquática, ambos hermeticamente fechados com rolhas. Um dos tubos, o controle, ficará sob iluminação constante, enquanto o outro será embalado com papel-alumínio. Note que a única condição que varia é a luz, presente apenas em um dos tubos.

Desses experimentos, o cientista **obtém dados** que, analisados, confirmam ou não a hipótese inicial e elabora suas **conclusões**.

Caso os dados obtidos confirmem sua hipótese, o cientista realiza os experimentos várias vezes a fim de se certificar. Em caso negativo, é necessário levantar novas hipóteses e testá-las até que o problema seja solucionado.

Muitas vezes a resolução de um problema é obtida com o levantamento de várias hipóteses, esclarecimentos, evidências, que levam à formulação de uma explicação mais completa do problema. Levam à formulação de uma **teoria**. Além de explicar determinada questão, a teoria é importante porque pode auxiliar a prever resultados em outros experimentos. Mas ela não é imutável: como tudo em ciência, ela pode ser modificada a partir de novas evidências.

A experimentação é um passo fundamental no método científico. Do trabalho persistente dos pesquisadores pode depender a sobrevivência de muitas espécies, incluindo a nossa.

De olho no assunto!

O método científico

Observar fatos
↓
Levantar o problema
↓
Elaborar hipóteses
↓
Desenvolver experimentos controlados (testar hipóteses)
↓
Coletar dados
↓
Avaliar os experimentos
↓
Testar novamente
↓
Elaborar conclusões

Leitura

Muitas das descobertas científicas aconteceram em ocasiões em que o cientista não estava diretamente envolvido com o seu trabalho. Foi o que ocorreu com a descoberta da penicilina.

Alexander Fleming (1881-1955), um discreto microbiologista inglês, vivia cultivando bactérias em seu laboratório. Certo dia, em 1928, ao lavar placas de vidro nas quais havia cultivado bactérias, casualmente percebeu que algumas delas estavam contaminadas por um fungo. Verificou que, onde o fungo crescia, as bactérias não conseguiam se desenvolver.

Procurando explicar esse fato, Fleming elaborou a hipótese de que os fungos liberavam, para o meio de cultura, substâncias inibidoras do crescimento bacteriano.

A partir de experimentos efetuados por ele e seus colaboradores, foi constatado que, realmente, os fungos produziam uma substância inibidora do crescimento bacteriano. A substância foi chamada *antibiótico*, palavra que literalmente quer dizer: contra a vida. E recebeu o nome de penicilina por ser produzida pelo fungo *Penicillium*, conhecido na época por provocar a formação de bolores esverdeados em frutas.

Tecnologia & Cotidiano

O controle do controle

Testar, em ciência, é fundamental. Os experimentos controlados são importantes ferramentas para os pesquisadores avaliarem suas hipóteses.

Em qualquer experimento há inúmeras variáveis – luz, temperatura, umidade, reagentes etc. Imagine se todas mudassem ao mesmo tempo. Como saberíamos o que causou a mudança de cada variável? É por isso que nos experimentos controlados tudo se mantém inalterado, com exceção de um item, a fim de que possamos avaliar as consequências que acarretam as alterações nesse único item.

Mas há também o "controle" do experimento controlado, para verificarmos que as mudanças obtidas são, de fato, fruto da variável em análise. Assim, por exemplo, suponha que você queira testar se as violetas florescem no escuro. De forma simplificada, você precisaria de dois vasos dessa planta, submetidos às mesmas condições: mesmo solo, mesma quantidade de irrigação, mesmo estágio de crescimento, mesma temperatura ambiente etc. Um deles seria colocado permanentemente em ambiente escuro, enquanto o outro continuaria a receber a iluminação normal. Por que mantermos um vaso com iluminação normal? Para termos certeza de que na luz as violetas florescem. Essa planta, que fica iluminada, é o "controle" de nosso experimento controlado! A outra, que fica no escuro, é o experimento.

Um mundo em mudanças **13**

Indução e Dedução

Há duas formas de raciocínio em método científico. Uma delas, a **indução**, parte do particular para tirar uma observação geral. Por exemplo: "O cão é mortal, o peixe é mortal, o urubu é mortal. Logo, todos os animais são mortais".

Mas esse raciocínio pode levar a conclusões falsas. Observe: "O cão é vertebrado, o peixe é vertebrado, o urubu é vertebrado. Logo, todos os animais são vertebrados".

Já a **dedução** parte do geral para o particular. Um exemplo de raciocínio dedutivo é: "Todo animal é mortal. O cão é animal. Logo, o cão é mortal". Mas esse raciocínio também pode levar a conclusões falsas. Observe: "Se é animal, então morre. A violeta morre. Logo, a violeta é animal".

Apesar das restrições, tanto indução quanto dedução são utilizadas no método científico.

Ética & Sociedade

Experimentos com seres vivos

Na Universidade Federal do Rio de Janeiro (UFRJ), um grupo de cientistas desenvolveu uma técnica, ainda não testada em humanos, que poderá permitir que muitas pessoas, que perderam seus movimentos por causa de lesões graves na medula, saiam das cadeiras de rodas.

A pesquisa foi baseada em experimentos com ratos que, em procedimento cirúrgico, tiveram a medula esmagada por um cateter, rompendo os axônios (filamentos das células nervosas). Uma parte desses ratos foi submetida ao tratamento com uma proteína chamada laminina. Em uma semana, os que foram tratados apresentaram movimentação quase normal, enquanto os que não receberam a laminina mostraram evidente restrição de movimentos.

São várias as vantagens do uso da laminina, entre elas o fato de ser encontrada em diversos tecidos (músculos, vasos sanguíneos e placenta), e a facilidade de sua estocagem, pois pode ser armazenada em uma geladeira comum.

- Apesar de serem evidentes os bons resultados da pesquisa, muitos se posicionam contrários à utilização de animais em pesquisas científicas. E você? Qual sua opinião a respeito?

Passo a passo

1. "A radiação solar penetra em nosso planeta, é absorvida pela superfície terrestre e é transformada em calor, parcialmente retido por um *cobertor* de gases atmosféricos. O aquecimento gerado por essa retenção de calor possibilitou a existência de vida na Terra. O problema é que, atualmente, a espessura do cobertor de gases está aumentando."

   a) A que fenômeno o texto acima se refere? Qual o principal gás responsável pela retenção do calor gerado pela radiação solar? Cite o outro gás que participa da retenção de calor gerado pela radiação solar.

   b) Qual a consequência do aumento da espessura de gases atmosféricos referido no texto?

   c) Lembrando que a vegetação terrestre e inúmeros microrganismos que habitam os oceanos são capazes de captar a energia solar, cite as possíveis medidas a que podemos recorrer no sentido de atenuar a retenção de calor.

2. Gráficos como os representados na Figura 1-2, na página 6, são frequentemente utilizados para ilustrar o papel dos gases de estufa na acentuação do aquecimento global. Ultimamente, tem-se atribuído à espécie humana um importante papel na emissão excessiva de gases de estufa e, como consequência, na acentuação do aquecimento global. Observando atentamente os gráficos e utilizando os seus conhecimentos sobre o assunto, responda:

   a) Existe correlação entre o aumento da temperatura da Terra e o aumento da concentração de gás carbônico? Escolha um determinado período para justificar sua resposta.

   b) É correto atribuir sempre exclusivamente à espécie humana os episódios de aumento da concentração de gás carbônico na atmosfera terrestre ao longo do tempo e, como consequência, a acentuação do aquecimento global?

3. Para estimular a redução das atuais taxas de gás carbônico atmosférico, duas boas notícias: a primeira é a assinatura, por 121 países, do protocolo de Kyoto; a segunda é o incentivo à produção e ao uso de fontes alternativas de energia, como, por exemplo, os biocombustíveis, considerados por muitos cientistas como "ecologicamente corretos". Utilizando os seus conhecimentos sobre o assunto, responda:

   a) Qual a principal meta estabelecida pelos países ao assinarem o protocolo de Kyoto?

   b) Por que se diz que os biocombustíveis são "ecologicamente corretos"? Cite os dois tipos de biocombustíveis relacionados no texto desse capítulo.

4. "Melhor do que conceituar 'vida' é conhecer os sinais típicos de 'vida'. A Biologia estuda a vida e, como toda Ciência, é dividida em áreas, que facilitam seu estudo." Considerando os assuntos relacionados a esse texto:

   a) Cite os principais "sinais de vida" que poderiam ser reconhecidos, por exemplo, em um cão em repouso ou "dormindo" (para pesquisar alguns deles é preciso, às vezes, recorrer a algum tipo de aparelho).

   b) Cite as áreas da Biologia relacionadas aos seguintes tópicos de estudo: classificação dos seres vivos; as células e suas características; as relações dos seres vivos entre si e com o meio em que vivem; a estrutura dos diferentes órgãos do ser humano; o funcionamento das diversas estruturas de um organismo; os tecidos; processo de formação e desenvolvimento de um ser pluricelular.

5. O estudo da Biologia pode ser iniciado de diversas maneiras. Uma delas é por meio da ideia de *níveis de organização*. A respeito desse assunto:

14 BIOLOGIA 1 • 4.ª edição

a) Relacione os níveis de organização biológicos, em ordem crescente, com base no conhecimento prévio de que todos os seres vivos são constituídos de átomos.
b) Que relação existe entre os conceitos de população, comunidade e ecossistema? Qual deles abrange os outros dois? Qual o nível de organização biológico que corresponde à reunião de todos os ecossistemas existentes na Terra?

6. Sabe aquela formiga enorme que, de repente, aparece em nosso quintal? É uma formiga rainha, que as pessoas chamam de "içá" ou "tanajura". Sua parte traseira é repleta de ovos. Cada ovo é uma *célula*, repleta de *proteínas, carboidratos, lipídios* e *ácidos nucleicos*. No interior dessa célula, inúmeras reações químicas do *metabolismo* constituirão o ponto de partida para a formação de uma nova formiga. A "içá" começa a escavar um buraco, ao mesmo tempo que vai depositando ovos. De cada um deles nasce uma formiga operária. Assim, de *apenas um organismo, a formiga rainha, surgem inúmeros outros,* e seu conjunto constitui uma *população*. Essa população não está isolada. Ela interage com inúmeros outros seres vivos do ambiente. A reunião de todos os seres vivos do ambiente constitui uma *comunidade*, componente do *ecossistema* da região em que está localizado o formigueiro.

a) No início do texto estão destacadas algumas *características* típicas dos seres vivos. Cite-as.
b) Qual o ramo da Biologia que engloba os conceitos de população, comunidade e ecossistema?

7. "A picada da aranha-armadeira costuma provocar dor local intensa em crianças e pode causar até a morte. No entanto, substâncias encontradas em seu veneno se mostraram eficazes no tratamento da arritmia do coração e da insuficiência do fluxo de sangue para o cérebro. Pesquisadores brasileiros descobriram que algumas dessas substâncias inibem os chamados canais de cálcio ("poros" celulares) do neurônio."

Adaptado de: VERSOLATO, M. Veneno de aranha é testado contra a dor. *Folha de S.Paulo*, São Paulo, 23 jun. 2011. Caderno Ciência, p. C8.

No texto acima, reconheça os níveis de organização referentes aos termos grifados, na ordem em que são citados.

Leia o texto a seguir e, utilizando as informações nele existentes e os seus conhecimentos sobre o assunto, responda às questões **8** e **9**.

"Toda vez que bois e cavalos andam pelo *pasto daquela região*, alimentando-se de capim ou bebendo a água que existe em alguns buracos, provocam o deslocamento de gafanhotos, grilos, aranhas, sapos e pequenas cobras, que estavam escondidos na vegetação. O capim – que cresce no solo fofo e úmido, cheio de nutrientes minerais – realiza fotossíntese, absorvendo o gás carbônico e a energia do Sol, e produz o alimento que abastece gafanhotos e grilos. As aranhas se alimentam de gafanhotos e grilos e servem de alimento para os sapos. As pequenas cobras, por sua vez, caçam os sapos. E aí, as garças-boiadeiras se aproveitam dessa algazarra e se alimentam desses pequenos animais. Tudo isso ocorre no ambiente em equilíbrio representado pelo pasto."

Adaptado de: COELHO, A. S. *et al.* Atrás do pão de cada dia. *Ciência Hoje*, Rio de Janeiro, n. 229, p. 68, ago. 2006.

8. a) A que nível de organização ecológico corresponde o pasto como um todo, em equilíbrio? Justifique sua resposta, citando os dois componentes que participam da constituição desse ambiente.
b) A que nível de organização ecológico corresponde o conjunto de gafanhotos ou de grilos que vivem no pasto? E qual o nível de organização ecológico correspondente ao conjunto de todos os animais e vegetais que existem no pasto?

9. a) No pasto, plantas de capim realizam fotossíntese e ocupam, portanto, o nível trófico de *produtores* de alimento. Que nível trófico é ocupado por gafanhotos e grilos, que se alimentam da vegetação do pasto? Cite os níveis tróficos ocupados por aranhas, sapos, cobras e garças-boiadeiras.

b) Restos alimentares orgânicos deixados pelos seres vivos citados no texto são consumidos por microrganismos componentes do ambiente. Quais são esses microrganismos? Qual o nível trófico ocupado por eles?
c) O que representa a seguinte sequência alimentar: capim→ gafanhoto → sapo → pequena cobra → garça-boiadeira? Reconheça os níveis tróficos ocupados pelos componentes dessa sequência alimentar.
d) Como é denominada a reunião de todas as possíveis sequências alimentares existentes no ambiente representado pelo pasto?

10. "Em 1922, Alexander Fleming descobriu um antibiótico que matava bactérias. Enquanto sofria de um resfriado, ele fez cultivos, em duas placas de vidro contendo nutrientes, com um pouco de sua secreção nasal. Após alguns dias, ao abrir uma das placas de vidro e examinar o meio de cultivo que estava cheio de bactérias de coloração amarelada, *deixou cair algumas gotas de sua lágrima sobre elas.* No dia seguinte, ao examinar a placa, percebeu que havia uma área limpa, sem bactérias, na região em que as gotas de lágrima haviam caído. Na outra placa, na qual não haviam caído gotas de lágrima, verificou que a coloração amarelada permanecia repleta de bactérias."

Adaptado de: ROBERTS, R. M. *Descobertas Acidentais em Ciências*. Campinas: Papirus, 1993.

Imaginando que o texto acima se refira a um experimento controlado, embora não tenha sido essa a intenção de Fleming, responda:

a) Em termos experimentais, qual foi a única diferença entre as duas placas contendo meio de cultivo?
b) Qual o papel correspondente à placa de vidro sem gotas de lágrima?
c) Em poucas palavras, cite o papel desempenhado pelas gotas de lágrima em um dos meios de cultivo.

11. *Questão de interpretação de texto*

Cientistas russos podem ter atingido o ecossistema mais isolado da Terra: o Lago Vostok, coberto por 3,7 km de gelo, na Antártida. Na verdade, o que eles querem saber é se há vida no lago subterrâneo. Especula-se que a água abrigue microrganismos únicos, que têm evoluído num ambiente extremo há 15 milhões de anos. Isoladas da luz solar, as criaturas que habitam esse ambiente têm de viver dos poucos nutrientes que ali existem. Em 1998, a cem metros de onde começa a água, os cientistas foram obrigados a interromper o trabalho. A preocupação da comunidade internacional era a de que a perfuração contaminasse o lago com microrganismos de fora, eliminando o potencial para descobertas e prejudicando o ecossistema que pode existir lá.

Adaptado de:
1) NOGUEIRA, S. Russos estão prestes a começar estudo de lago "alienígena". *Folha de S.Paulo*, São Paulo, 4 fev. 2012. Caderno Ciência, p. C9.
2) Sucesso de russos que perfuram lago na Antártida ainda é incerto. *Folha de S.Paulo*, São Paulo, 8 fev. 2012. Caderno Ciência, p. C17.

Utilizando as informações do texto e os seus conhecimentos sobre o assunto, responda:

a) O texto informa que o Lago Vostok pode ser o ecossistema mais isolado da Terra. Que condição básica deve existir para que esse lago seja realmente considerado um ecossistema?
b) Caso seja mesmo um ecossistema, que criaturas devem ser necessariamente encontradas no sentido de abastecer de energia os demais seres vivos? No Lago Vostok, se essas criaturas realmente existem, elas dependem diretamente da energia solar para a produção do alimento necessário à sobrevivência dos demais seres vivos? Justifique sua resposta.

Um mundo em mudanças **15**

Questões objetivas

1. (ENEM) O aquecimento global, ocasionado pelo aumento do efeito estufa, tem como uma de suas causas a disponibilização acelerada de átomos de carbono para a atmosfera. Essa disponibilização acontece, por exemplo, na queima de combustíveis fósseis, como a gasolina, os óleos e o carvão, que libera o gás carbônico (CO_2) para a atmosfera. Por outro lado, a produção de metano (CH_4), outro gás causador do efeito estufa, está associada à pecuária e à degradação de matéria orgânica em aterros sanitários.

Apesar dos problemas causados pela disponibilização acelerada dos gases citados, eles são imprescindíveis à vida na Terra e importantes para a manutenção do equilíbrio ecológico, porque, por exemplo, o

a) metano é fonte de carbono para os organismos fotossintetizantes.
b) metano é fonte de hidrogênio para os organismos fotossintetizantes.
c) gás carbônico é fonte de energia para os organismos fotossintetizantes.
d) gás carbônico é fonte de carbono inorgânico para os organismos fotossintetizantes.
e) gás carbônico é fonte de oxigênio molecular para os organismos heterotróficos aeróbios.

2. (FGV – SP) *Pesquisadores descobrem novo ecossistema em lago antártico*

Um lago com água sete vezes mais salgada que a do mar, soterrado por vários metros de gelo numa região desértica do continente antártico, abriga um ecossistema composto por criaturas hoje totalmente desconhecidas. (...) O melhor ainda está por vir, quando os pesquisadores estudarem a porção líquida e os organismos nesse *habitat* isolado. (...) O líder do grupo afirmou que "pretendem voltar ao lago em dois anos para atingir a água e caracterizar a vida lá. Ainda não o fizemos porque queríamos ter certeza de que estaríamos fazendo do jeito mais limpo e menos perturbador possível". A grande preocupação é não contaminar o lago com organismos do mundo exterior.

Folha de S.Paulo, 17 dez. 2002.

No texto, o emprego do termo *ecossistema* será adequado apenas se

a) as "criaturas desconhecidas" forem descritas pela ciência.
b) o lago abrigar espécies animais e vegetais.
c) o gelo for eliminado, permitindo que uma comunidade ali se estabeleça.
d) no lago houver uma comunidade interagindo com o ambiente físico.
e) não houver contaminação do lago com organismos do mundo exterior.

3. (FUVEST – SP) No texto a seguir, reproduzido do livro *Descobertas Acidentais em Ciências*, de Royston M. Roberts (editora Papirus, Campinas, SP, 1993), algumas frases referentes a etapas importantes na construção do conhecimento científico foram grifadas e identificadas por um numeral romano.

"Em 1889, em Estrasburgo, então Alemanha, enquanto estudavam a função do pâncreas na digestão, Joseph von Mering e Oscar Minkowski removeram o pâncreas de um cão. No dia seguinte, um assistente de laboratório chamou-lhes a atenção sobre o grande número de moscas voando ao redor da urina daquele cão.

(I) Curiosos sobre por que as moscas foram atraídas à urina, analisaram-na e observaram que esta apresentava excesso de açúcar. (II) Açúcar na urina é um sinal de diabetes.
Von Mering e Minkowski perceberam que estavam vendo pela primeira vez a evidência da produção experimental de diabetes em um animal. (III) O fato de o animal não ter pâncreas sugeriu a relação entre esse órgão e o diabetes. (...)

Muitas das tentativas de isolar a secreção foram feitas, mas sem sucesso até 1921. Dois pesquisadores, Frederick G. Banting, um jovem médico canadense, e Charles H. Best, estudante de medicina, trabalhavam no assunto no laboratório do professor John J. R. MacLeod, na Universidade de Toronto. Eles extraíram a secreção do pâncreas de cães. (IV) Quando injetaram os extratos [secreção do pâncreas] nos cães tornados diabéticos pela remoção de seus pâncreas, o nível de açúcar no sangue desses cães voltava ao normal, e a urina não apresentava mais açúcar."

A alternativa que identifica corretamente cada uma das frases grifadas com cada uma das etapas de construção do conhecimento científico é:

	I	II	III	IV
a)	hipótese	teste da hipótese	fato	observação
b)	fato	teoria	observação	teste da hipótese
c)	observação	hipótese	fato	teste da hipótese
d)	observação	fato	teoria	hipótese
e)	observação	fato	hipótese	teste da hipótese

4. (ENEM) Analise a figura.

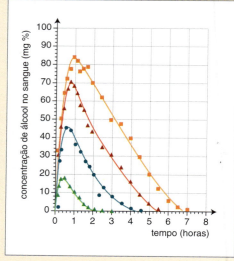

Disponível em: <http://www.alcoologia.net>.
Acesso em: 15 jul. 2009 (adaptado).

Supondo que seja necessário dar um título para essa figura, a alternativa que melhor traduziria o processo representado seria:

a) concentração média de álcool no sangue ao longo do dia.
b) variação da frequência da ingestão de álcool ao longo das horas.
c) concentração mínima de álcool no sangue a partir de diferentes dosagens.
d) estimativa de tempo necessário para metabolizar diferentes quantidades de álcool.
e) representação gráfica da distribuição de frequência de álcool em determinada hora do dia.

5. (UFSC) Leia o texto abaixo com atenção.

No esforço para entender a realidade, somos um homem que tenta compreender o mecanismo de um relógio fechado. Ele vê o mostrador e os ponteiros, escuta o tique-taque, mas não tem como abrir a caixa. Sendo habilidoso, pode imaginar o mecanismo responsável pelo que ele observa, mas nunca estará seguro de que sua explicação é a única possível.

Essas palavras foram ditas pelo cientista Albert Einstein, referindo-se ao caminho das descobertas científicas, e extraídas do livro FAVARETO, J. A. *Biologia*. 1. ed. São Paulo: Moderna. v. único. p. 2.

Em relação à ciência e ao método científico, identifique a(s) proposição(ões) CORRETA(S) e dê sua soma ao final.

(01) A ciência pode ser entendida como um contingente aleatório e estático do conhecimento, baseado em observação, experimentação e generalização.

(02) Uma vez levantada, por indução, uma hipótese para explicar um fenômeno, os cientistas fazem uma dedução, prevendo o que pode acontecer se sua hipótese for verdadeira.

(04) Os experimentos, capazes de testar as hipóteses formuladas, devem lidar com uma parte do problema de cada vez e ser cuidadosamente controlados.

(08) Confirmados os resultados, eles devem ser publicados em jornais diários locais, de grande circulação, para que possam ser analisados e criticados pela população em geral, constituindo-se, então, em leis científicas.

(16) As conclusões do método científico são universais, ou seja, sua aceitação não depende do prestígio do pesquisador, mas de suas evidências científicas.

6. (ENEM) A tabela apresenta dados comparados de respostas de brasileiros, norte-americanos e europeus a perguntas relacionadas à compreensão de fatos científicos pelo público leigo. Após cada afirmativa, entre parênteses, aparece se a afirmativa é falsa ou verdadeira. Nas três colunas da direita aparecem os respectivos percentuais de acertos dos três grupos sobre essas afirmativas.

Pesquisa	% Respostas certas		
	Brasileiros	Norte-americanos	Europeus
Os antibióticos matam tanto vírus quanto bactérias.	41,8	51,0	39,7
Os continentes têm mudado sua posição no decorrer dos milênios.	78,1	79,0	81,8
O *Homo sapiens* originou-se a partir de uma espécie animal anterior.	56,4	53,0	68,6
Os elétrons são menores que os átomos.	53,6	48,0	41,3
Os primeiros homens viveram no mesmo período que os dinossauros.	61,2	48,0	59,4

Adaptado de: Percepção pública de ciência: uma revisão metodológica e resultados para São Paulo. *Indicadores de ciência, tecnologia e inovação em São Paulo*. São Paulo: Fapesp, 2004.

De acordo com os dados apresentados na tabela, os norte-americanos, em relação aos europeus e aos brasileiros, demonstram melhor compreender o fato científico sobre

a) a ação dos antibióticos.
b) a origem do ser humano.
c) os períodos da pré-história.
d) o deslocamento dos continentes.
e) o tamanho das partículas atômicas.

7. (ENEM) Os planos de controle e erradicação de doenças em animais envolvem ações de profilaxia e dependem em grande medida da correta utilização e interpretação de testes diagnósticos. O quadro mostra um exemplo hipotético de aplicação de um teste diagnóstico.

Resultado do teste	Condição real dos animais		Total
	Infectado	Não infectado	
Positivo	45	38	83
Negativo	5	912	917
Total	50	950	1.000

Adaptado de: Manual Técnico do Programa Nacional de Controle e Erradicação da Brucelose e da Tuberculose Animal – PNCEBT. Brasília: Ministério da Agricultura, Pecuária e Abastecimento, 2006.

Considerando que, no teste diagnóstico, a sensibilidade é a probabilidade de um animal infectado ser classificado como positivo e a especificidade é a probabilidade de um animal não infectado ter resultado negativo, a interpretação do quadro permite inferir que

a) a especificidade aponta um número de 5 falsos positivos.
b) o teste, a cada 100 indivíduos infectados, classificaria 90 como positivos.
c) o teste classificaria 96 como positivos em cada 100 indivíduos não infectados.
d) ações de profilaxia são medidas adotadas para o tratamento de falsos positivos.
e) testes de alta sensibilidade resultam em maior número de animais falsos negativos comparado a um teste de baixa sensibilidade.

8. (ENEM) Um medicamento, após ser ingerido, atinge a corrente sanguínea e espalha-se pelo organismo, mas, como suas moléculas "não sabem" onde é que está o problema, podem atuar em locais diferentes do local "alvo" e desencadear efeitos além daqueles desejados. Não seria perfeito se as moléculas dos medicamentos soubessem exatamente onde está o problema e fossem apenas até aquele local exercer sua ação? A técnica conhecida como iontoforese, indolor e não invasiva, promete isso. Como mostram as figuras, essa nova técnica baseia-se na aplicação de uma corrente elétrica de baixa intensidade sobre a pele do paciente, permitindo que fármacos permeiem membranas biológicas e alcancem a corrente sanguínea, sem passar pelo estômago. Muitos pacientes relatam apenas um formigamento no local de aplicação. O objetivo da corrente elétrica é formar poros que permitam a passagem de fármaco de interesse. A corrente elétrica é distribuída por eletrodos, positivo e negativo, por meio de uma solução aplicada sobre a pele. Se a molécula do medicamento tiver carga elétrica positiva ou negativa, ao entrar em contato com o eletrodo de carga de mesmo sinal, ela será repelida e forçada a entrar na pele (eletrorrepulsão – A). Se for neutra, a molécula será forçada a entrar na pele juntamente com o fluxo de solvente fisiológico que se forma entre os eletrodos (eletrosmose – B).

Um mundo em mudanças **17**

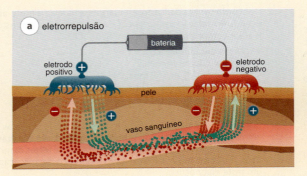
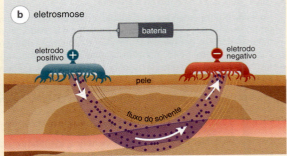

Adaptado de: GRATIERI, T; GELFUSO, G. M.; LOPES, R. F. V. Medicação do futuro – iontoforese facilita entrada de fármacos no organismo. *Ciência Hoje*, Rio de Janeiro, v. 44, n. 259, maio 2009.

De acordo com as informações contidas no texto e nas figuras, o uso da iontoforese

a) provoca o ferimento na pele do paciente ao serem introduzidos os eletrodos, rompendo o epitélio.
b) aumenta o risco de estresse nos pacientes, causado pela aplicação da corrente elétrica.
c) inibe o mecanismo de ação dos medicamentos no tecido-alvo, pois estes passam a entrar por meio da pele.
d) diminui o efeito colateral dos medicamentos, se comparados com aqueles em que a ingestão se faz por via oral.
e) deve ser eficaz para medicamentos constituídos de moléculas polares e ineficaz, se essas forem apolares.

Questões dissertativas

1. (UFTM – MG) O alerta lançado ao mundo sobre os efeitos do aquecimento global e a necessidade de se pensar a substituição dos combustíveis veiculares derivados do petróleo fizeram ressurgir a ideia da produção de álcool. Esta nova realidade favorece o Brasil, por ser um país com experiência de mais de trinta anos em programa de biocombustíveis e de ser o maior produtor e exportador de etanol combustível do mundo. A produção de etanol deve implicar novas fronteiras agrícolas para o Brasil, e sua produção em escala industrial levanta questões sobre os riscos que a ampliação da plantação de cana pode trazer.

Adaptado de: Revista *Com Ciência*, abril de 2007.

a) Do ponto de vista ecológico, explique por que os biocombustíveis podem ser considerados uma energia limpa e que tipo de impacto pode ser minimizado com a sua utilização.
b) O trecho levanta questionamentos sobre os riscos do uso de biocombustíveis. Indique dois impactos socioambientais que justifiquem tais riscos.

2. (UNIFESP – adaptada) Em carta enviada à revista científica *Science*, cientistas brasileiros afirmaram que as mudanças no Código Florestal Brasileiro, aprovadas por comissão especial da Câmara dos Deputados neste ano, poderão levar mais de 100 mil espécies à extinção, além de aumentar substancialmente as emissões de gás carbônico (CO_2) na atmosfera.

Qual o problema ambiental causado pelo aumento das emissões de gás carbônico e quais suas consequências?

3. (FUVEST – SP – adaptada) O experimento descrito a seguir foi planejado com o objetivo de demonstrar a influência da luz no processo de fotossíntese. Em dois tubos iguais, colocou-se o mesmo volume de água saturada com gás carbônico e, em cada um, um espécime de uma mesma planta aquática. Os dois tubos foram fechados com rolhas. Um dos tubos foi recoberto com papel-alumínio e ambos foram expostos à luz produzida por uma lâmpada fluorescente (que não produz calor).

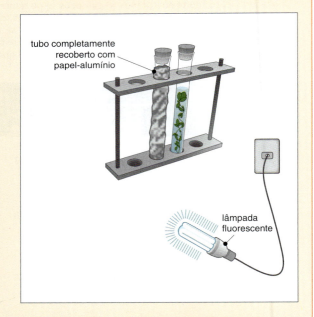

Em termos de planejamento experimental, explique por que é necessário utilizar o tubo recoberto com papel alumínio, o qual evita que um dos espécimes receba luz.

4. (UFMG – adaptada) A hidroponia é uma técnica alternativa de cultivo, que se caracteriza pela substituição do solo por uma solução aquosa, que contém apenas os minerais indispensáveis aos vegetais. Esse método foi desenvolvido, em laboratórios de pesquisa, para se verificar o efeito individual de diferentes nutrientes sobre o crescimento das plantas. No Brasil, a adoção desse tipo de cultivo tem aumentado nos últimos anos, e, hoje, é possível encontrar, em mercados e feiras, vários tipos de hortaliças "hidropônicas".

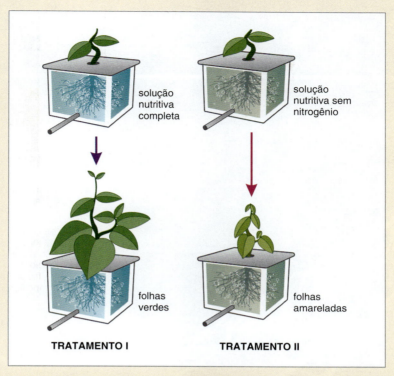

Observe o esquema acima, em que estão representados dois tipos de tratamento aplicados a uma mesma espécie de planta:

a) Em termos de metodologia científica, como denominar o experimento representado?
b) Quais os papéis desempenhados pelos vasos, e suas respectivas plantas, representados em *A* e *B*?
c) Considerando que todas as condições experimentais, menos uma, foram as mesmas para as duas plantas, qual a única diferença entre os dois vasos ilustrados? O que se pretendeu demonstrar com o experimento?

Programas de avaliação seriada

1. (PSC – UFAM) De um modo geral podemos considerar os seguintes níveis de organização dos seres vivos:

1.º – Célula → 2.º – Tecido → 3.º – Órgão →
→ 4.º – Sistema → 5.º – Organismos → 6.º – População →
→ 7.º – Comunidade → 8.º – Ecossistema

Analise as proposições a seguir e assinale a alternativa correta.

I – Os níveis de organização citados no esquema são comuns a todos os seres vivos durante seu ciclo vital.
II – São obrigatoriamente da mesma espécie os indivíduos que compõem o 6.º nível.
III – No 8.º nível, não ocorre transferência de energia e de matéria, porque neste nível ocorre a extinção das cadeias tróficas.
IV – No 7.º nível ocorrem espécies diferentes que estão inter-relacionadas pelas necessidades de adaptação e sobrevivência.

a) Apenas I e III são corretas.
b) Apenas II e III são corretas.
c) Apenas II e IV são corretas.
d) Apenas IV é correta.
e) Todas as proposições são corretas.

2. (PAES – UNIMONTES – MG) A complexidade envolvida com a área de Biologia é muito grande, e é possível relacionar a maioria dos conteúdos dessa área com o cotidiano. Observe a figura a seguir.

Considerando a figura e o assunto abordado, analise as alternativas a seguir e assinale a **etapa** do método científico utilizada para que o personagem tenha feito o comentário evidenciado acima.

a) experimentação
b) conclusão
c) observação
d) hipótese

Unidade

2

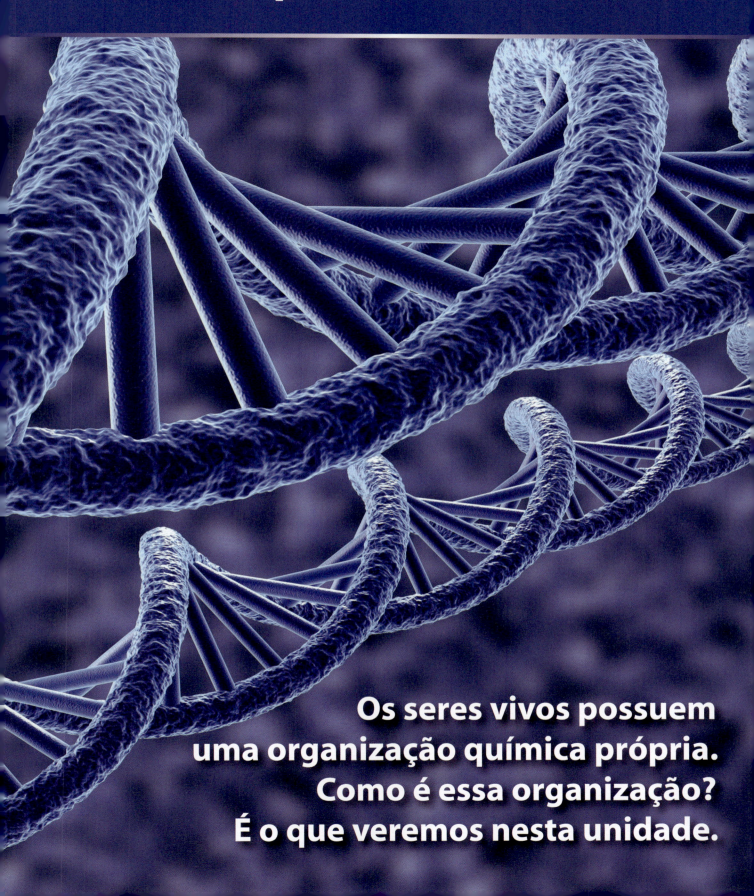
A química da vida

Os seres vivos possuem uma organização química própria. Como é essa organização? É o que veremos nesta unidade.

Capítulo 2 — As moléculas em ação

Hidrate-se!

A água é uma das substâncias mais importantes para a nossa saúde. Ela é tão essencial que é uma das condições que permitem a existência da vida em nosso planeta.

Percentualmente, em média, mais da metade de nosso corpo é água. Daí por que beber diariamente esse líquido em quantidade adequada é muito importante para a manutenção de nosso equilíbrio interno, de nossa saúde.

Especialistas recomendam a ingestão de, pelo menos, 2 litros de água por dia, pois esta auxilia na formação das enzimas digestivas, na produção de saliva e do suco gástrico. Com o corpo hidratado, sais minerais e vitaminas chegam mais rapidamente às células de todo o corpo.

Beber água também facilita o trânsito intestinal, evitando a prisão de ventre, auxilia na regulação da temperatura corporal e na desintoxicação do organismo, pois facilita a eliminação das toxinas por meio da urina e do suor.

Neste capítulo, veremos com detalhes alguns dos principais constituintes dos seres vivos, como a água, os sais minerais e as vitaminas.

Será que os mesmos elementos químicos que a Terra possui também estão presentes nos seres vivos? Uma olhada na Figura 2-1 ajudará você a responder a essa pergunta.

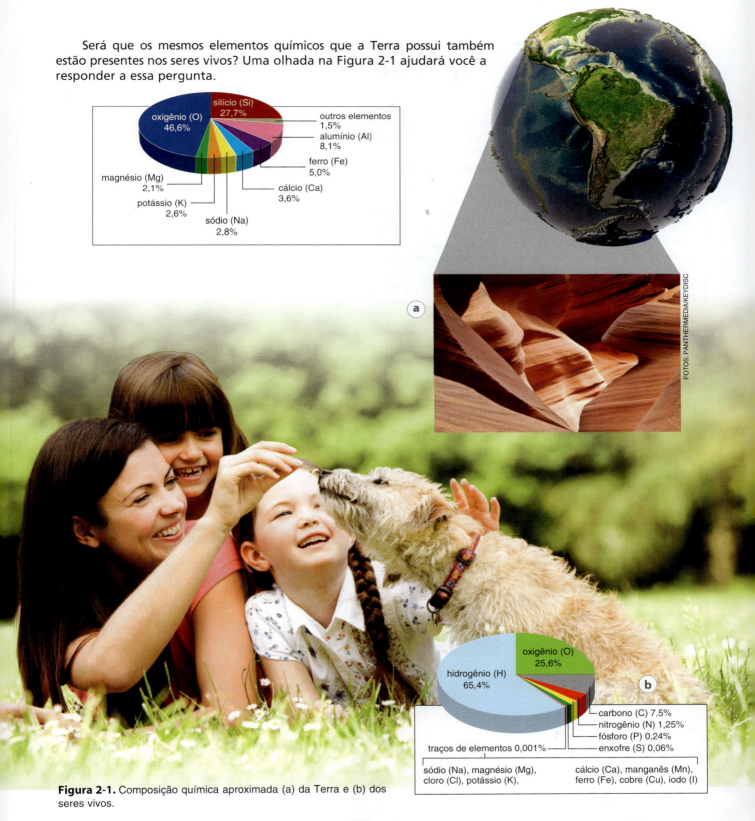

Figura 2-1. Composição química aproximada (a) da Terra e (b) dos seres vivos.

A composição química da Terra e a dos seres vivos é um pouco diferente. Pouco mais de noventa e oito por cento da composição química terrestre é baseada em cerca de oito elementos químicos, sendo o oxigênio e o silício os mais presentes.

Entre os seres vivos, noventa e nove por cento da composição química utiliza seis elementos químicos, sendo os mais presentes o hidrogênio e o oxigênio.

Assim, embora haja alguma semelhança entre os elementos encontrados na Terra e nos seres vivos, também há diferenças quanto à composição relativa.

Anote!
Lembre-se: seis são os elementos mais frequentes: CHONPS. Eles participam da maioria das moléculas biológicas que passaremos a estudar.

As moléculas em ação

De olho no assunto!

Alguns termos que devemos conhecer

- **Ácidos nucleicos:** macromoléculas que contêm a informação genética dos organismos, constituídas de uma sucessão de nucleotídeos, as unidades fundamentais dessas moléculas.
- **Aminoácidos:** compostos orgânicos que contêm um grupo amina ($-NH_2$) e um grupo carboxila ($-COOH$) ligados ao mesmo átomo de carbono (os aminoácidos podem se ligar uns aos outros formando cadeias que darão origem às moléculas de proteínas).
- **Proteínas:** moléculas orgânicas complexas com importante papel na manutenção da vida, tanto com função reguladora quanto com função estrutural ou de defesa (anticorpos). São compostas de aminoácidos.
- **Carboidratos:** substâncias às quais pertencem os açúcares, formadas por carbono, hidrogênio e oxigênio.
- **Lipídios:** compostos orgânicos constituintes das membranas celulares e importantes como reserva energética. Os lipídios mais comuns são os óleos, as gorduras e as ceras.
- **Sais minerais:** derivados de elementos químicos específicos e que aparecem na composição química das células sob duas formas: imobilizados (em carapaças e esqueletos, por exemplo) e dissolvidos em água, constituindo íons de extrema importância para a atividade química das células (por exemplo, o cálcio).

■ PRINCIPAIS CONSTITUINTES DOS SERES VIVOS

Se você pegasse uma fatia de fígado de galinha, batesse em um liquidificador, transformando-a em uma pasta homogênea, e, a seguir, a entregasse a um químico para que ele fizesse um relatório acerca da composição química, sabe qual seria o resultado? Provavelmente seria algo parecido com a relação abaixo:

Componentes orgânicos
{ aminoácidos
proteínas
ácidos nucleicos
carboidratos (açúcares)
lipídios (gorduras)
vitaminas

Componentes inorgânicos
{ água
sais inorgânicos

A pasta que utilizamos para análise química foi derivada de uma fatia de fígado de galinha. Será que o resultado seria o mesmo se utilizássemos um pedaço de outro ser vivo qualquer, como, por exemplo, um caldo obtido a partir de uma cultura de bactérias, ou de fígado humano, ou de uma folha de abacateiro? Provavelmente sim. O que certamente ocorreria é que as mesmas substâncias apareceriam em quantidades diferentes. Ou seja, a composição relativa das substâncias (a proporção de cada uma delas) não seria a mesma. Veja a Tabela 2-1, que relaciona a **porcentagem média** da massa dos principais constituintes que aparecem em células animais e em células vegetais.

Tabela 2-1. Porcentagem média dos principais constituintes de células animais e vegetais.

	Constituintes	Células animais	Células vegetais
Inorgânicos	água	60,0%	75,0%
	substâncias minerais	4,3%	2,45%
Orgânicos	proteínas	17,8%	4,0%
	lipídios	11,7%	0,5%
	carboidratos	6,2%	18,0%

Analisando a Tabela 2-1, pode parecer estranho que nas células vegetais haja uma pequena porcentagem de lipídios, uma vez que a maior parte dos temperos empregados em culinária são preparados com óleos vegetais. Vamos lembrar que a quantidade apresentada na tabela é uma porcentagem média, ou seja, a média das porcentagens encontradas nas diferentes partes de um ser vivo. No preparo de óleos vegetais, como, por exemplo, o de soja, ou de milho, ou de arroz etc., utiliza-se, preferencialmente, determinado componente do corpo da planta no qual se encontra em maior abundância o óleo (neste exemplo, utilizam-se os grãos).

Dos grãos da soja, extrai-se óleo utilizado na culinária.

PANTHERMEDIA/KEYDISC

ÁGUA: ESSENCIAL PARA A VIDA

Você já percebeu que toda vez que se pensa na existência de vida em Marte ou em algum outro planeta a principal preocupação é saber se lá existe água? Por que será que ela é necessária para existir vida como a conhecemos? Para responder a essa pergunta, precisamos, inicialmente, compreender algumas das propriedades que a caracterizam como a substância fundamental da vida: polaridade, coesão, adesão, tensão superficial, capilaridade e capacidade de dissolver a maioria das substâncias hoje conhecidas.

A taxa de água dos seres vivos varia de acordo com a espécie, a idade e o metabolismo celular; quanto mais jovem um organismo e quanto maior a atividade de uma célula, maior sua taxa de água (veja a Tabela 2-2).

Tabela 2-2. Teor de água em diferentes organismos (em %).

Águas-vivas (organismos marinhos)		98
Vegetais	sementes	10-20
Seres humanos	feto (3 meses)	94
	recém-nascido	69
	adulto	63
	pulmão	70
	músculos	83

Cerca de 97% da água da Terra está nos oceanos. Nos seres vivos, é um dos componentes mais abundantes. Em alguns celenterados, como a água-viva, por exemplo, o teor de água pode chegar a 98% da massa total do corpo!

Características que Fazem a Diferença

A molécula de água lembra um ímã: um polo negativo – o átomo de oxigênio – e um positivo – os átomos de hidrogênio. Por isso, dizemos que a molécula de água apresenta **polaridade**, ela é *polar*. As moléculas de água também se unem umas às outras por meio de *pontes de hidrogênio*, formando uma espécie de "colar de contas" (veja as Figuras 2-2 e 2-3), propriedade que conhecemos como **coesão**. Lembre-se disso quando pensar no transporte de água em uma planta – a *coesão* entre suas moléculas permite manter a coluna de água no interior dos vasos condutores de diâmetro microscópico, deslocando essa substância da raiz às folhas.

Ao mesmo tempo, as moléculas de água tendem a aderir a outras substâncias também polares. Assim, em nosso exemplo, também existe **adesão** das moléculas de água às paredes celulósicas dos finíssimos vasos. Dessa maneira, moléculas de água que evaporam das folhas e escapam para a atmosfera são prontamente substituídas por outras, fazendo, assim, a coluna de água do colar de contas "andar"!

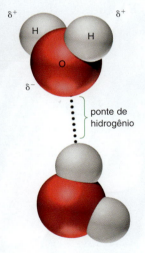

Figura 2-2. Disposição dos átomos de hidrogênio (H) e de oxigênio (O) em uma molécula de água, lembrando uma letra V. Observe que nela o oxigênio tem uma carga negativa (representada por δ^-), enquanto os íons de hidrogênio possuem uma carga positiva (representada por δ^+). A molécula de água é *polar*.

Figura 2-3. As pontes de hidrogênio mantêm unidas as moléculas de água umas às outras, como se fossem um "colar de contas". Observe que cada molécula de água pode ligar-se, no máximo, a quatro outras.

As moléculas em ação 25

Sabemos que corpos mais densos do que a água afundam nela. Porém, a tensão superficial faz com que corpos relativamente densos, como insetos, flutuem nela.

Pensando ainda na condução de água pelos finíssimos vasos condutores de uma planta, as forças de coesão e de adesão das moléculas de água fazem com que a coluna líquida seja levada para cima por **capilaridade**. É um fenômeno de fácil constatação: emborque um tubo de vidro de diâmetro reduzido em um recipiente contendo água. Você perceberá que, dentro do tubo, a água atinge altura superior à do nível da água do recipiente. As paredes de vidro atraem as moléculas de água, fazendo-a subir. Lembre-se, novamente, de que as paredes celulósicas dos finíssimos vasos de uma planta atraem as moléculas de água neles existentes, fazendo-as deslocar-se por capilaridade.

Provavelmente, você já viu um inseto "caminhando" pela superfície da água de uma lagoa. Por que as patas dele não "rompem" a camada de água e não mergulham nela? Isso ocorre porque a força de coesão entre as moléculas de água é tão grande que produz **tensão superficial**, o que impede que a superfície da água seja rompida pelas patas do inseto.

Por fim, lembre-se de que grandes variações de temperatura podem causar danos ao organismo e, novamente, a água desempenha papel importante para minimizar esses efeitos. Esse papel está relacionado ao seu elevado **calor específico** – *a quantidade de energia que deve ser absorvida por 1 g de uma dada substância para alterar a sua temperatura em 1 grau Celsius*. Novamente, a polaridade da água contribui para essa propriedade. Devido às pontes de hidrogênio que unem as moléculas de água, uma grande quantidade de energia deve ser fornecida para romper essas pontes. Lembre-se disso toda vez que você suar ao correr, por exemplo. A elevada quantidade de energia liberada pelas suas células musculares durante a corrida deve ser prontamente dissipada, evitando um indesejável aumento da temperatura corporal. Graças à evaporação das moléculas de água do suor, fenômeno que consome muita energia, a elevação da temperatura é minimizada e você, afinal, se mantém vivo.

A água eliminada pelo suor evapora graças ao calor retirado da superfície do corpo do atleta, o que contribui para a manutenção de sua temperatura ideal.

De olho no assunto!

A água dos lagos e oceanos não congela totalmente

A água é uma das poucas substâncias conhecidas que, no estado sólido, possui menor densidade em relação ao estado líquido. Enquanto outros materiais se contraem ao serem congelados, a água congelada sofre um aumento de volume e possui menor densidade em relação à água líquida. A causa desse comportamento reside nas pontes de hidrogênio. À temperatura de 0 °C, as moléculas de água atingem um estado de afastamento máximo, ficam bloqueadas e formam uma rede cristalina, que constitui o gelo. Essa expansão faz com que o gelo possua menor densidade e flutue (veja a Figura 2-4).

Essa propriedade da água é fundamental em ecossistemas aquáticos localizados em regiões de baixa temperatura. Se o gelo tivesse densidade maior que a água líquida e afundasse, então toda a água dos lagos, dos oceanos e dos rios congelaria, impossibilitando a existência de vida.

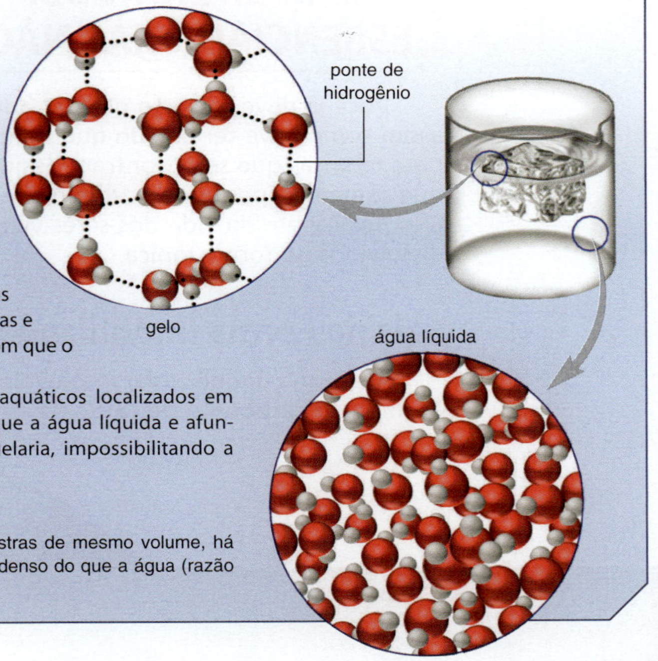

Figura 2-4. Em virtude da disposição das moléculas, supondo-se amostras de mesmo volume, há menos moléculas no gelo do que em água líquida, o que o torna menos denso do que a água (razão pela qual ele flutua em uma mistura de gelo e água líquida).

Água: Solvente Praticamente Universal e Meio de Transporte

Nas células dos seres vivos, no sangue humano e na seiva dos vegetais há inúmeras substâncias dissolvidas em água; isso em virtude de a molécula de água estabelecer pontes de hidrogênio com outras substâncias polares, o que a torna um **solvente praticamente universal** nos seres vivos. Como isso ocorre? Suponha que você coloque uma pequena quantidade de sal de cozinha em um copo com água. Os cristais do sal são constituídos por moléculas de cloreto de sódio que ao serem expostas à água se dissociam, ou seja, se separam em seus dois componentes – sódio e cloreto – por conta da atração elétrica que as moléculas de água exercem sobre eles. A porção negativa da molécula de água – representada pelo oxigênio – atrai o sódio, que é carregado positivamente, enquanto a porção positiva da água – representada pelo hidrogênio – atrai o cloreto, carregado negativamente. Dizemos, então, que a água separou o sódio do cloreto e atuou como solvente (veja a Figura 2-5).

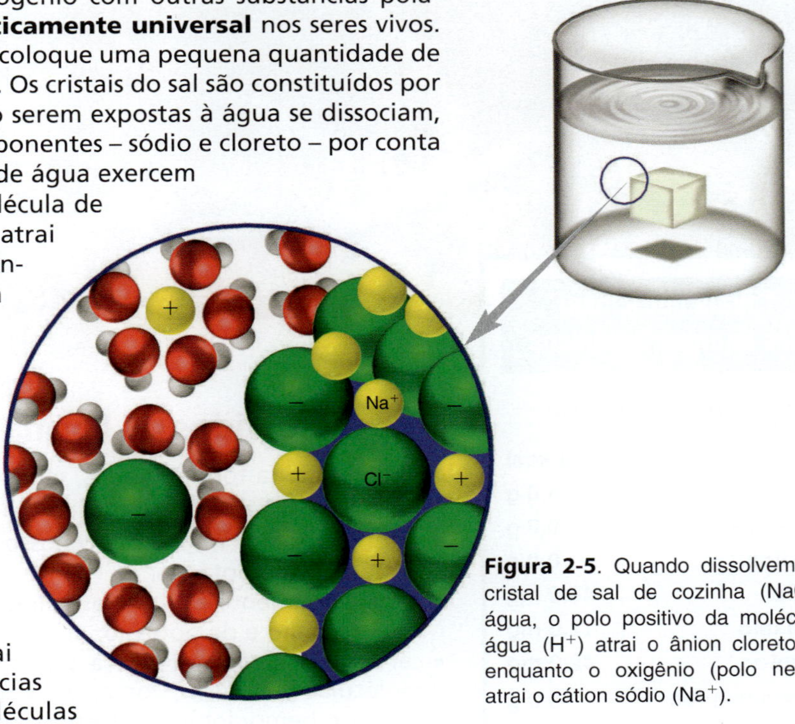

O mesmo ocorre com o açúcar de cozinha ao ser colocado em água. As moléculas de água atraem as moléculas polares do açúcar, separando-as. A água, assim, uma substância polar, atrai para si uma infinidade de substâncias polares, mesmo as inúmeras moléculas proteicas que existem nos líquidos biológicos dos seres vivos.

Figura 2-5. Quando dissolvemos um cristal de sal de cozinha (NaCl) na água, o polo positivo da molécula de água (H^+) atrai o ânion cloreto (Cl^-), enquanto o oxigênio (polo negativo) atrai o cátion sódio (Na^+).

Essas substâncias dissolvidas na água das células, no sangue humano e na seiva das plantas são transportadas por ela de uma célula para outra e pelos fluidos biológicos de um organismo.

As moléculas em ação **27**

SAIS INORGÂNICOS: ESSENCIAIS, MAS NÃO OS FABRICAMOS

Você já deve ter visto pessoas adubando plantas com **sais minerais** dissolvidos em água, assim como deve ter ouvido que os médicos orientam as mães a darem "soro" contendo sais para crianças que se encontram desidratadas. Se você examinar a composição dos alimentos que comemos, poderá perceber que a maioria deles possui certa quantidade de sais minerais. Eles participam da vida dos seres vivos de duas maneiras principais: na forma imobilizada e dissolvidos na forma iônica.

Sais na Forma Imobilizada

Na forma imobilizada, insolúveis, participam da estrutura do esqueleto de animais. Por exemplo: o carbonato de cálcio na concha dos caramujos e o fosfato de cálcio nos ossos.

A concha dos caramujos é rica em carbonato de cálcio.

Tabela nutricional dos líquidos isotônicos

Cada 100 mL contém:

Calorias	24 kcal
Carboidratos	6,0 g
Proteínas	0,0 g
Lipídios	0,0 g
Sódio	45,0 mg
Potássio	12,0 mg
Cloreto	42,0 mg
Fibra alimentar	0,0 g

Os líquidos isotônicos contêm sais minerais úteis para quem pratica intensa atividade esportiva, como o sódio e o potássio.

Sais Dissolvidos na Forma Iônica

Atuando na forma de íons, muitos sais são extremamente importantes para a vida dos seres vivos. Por exemplo:
- a contração dos músculos do nosso corpo depende da existência de íons de cálcio e de potássio;
- o funcionamento das nossas células nervosas depende da existência de íons de sódio e de potássio;
- certos sais na forma iônica participam da composição de importantes moléculas biológicas, como, por exemplo, os átomos de ferro nas moléculas de hemoglobina, transportadoras de oxigênio no nosso sangue, o magnésio nas moléculas de clorofila dos vegetais, moléculas essas importantes no processo de fotossíntese, e os átomos de iodo presentes no hormônio produzido pela tireoide;
- a entrada e saída de água em uma célula depende da existência de sais dissolvidos.

De olho no assunto!

Sais minerais

Os animais não fabricam em seu organismo sais minerais. Apesar de necessários em pequenas quantidades, eles são vitais para um organismo saudável e devem ser obtidos pela dieta, ou até mesmo dissolvidos na água que bebemos. Sua deficiência pode causar, entre outros comprometimentos, desmineralização dos ossos, fraqueza, prejuízo no desenvolvimento das glândulas sexuais. Veja na tabela a seguir a necessidade diária de alguns deles, sua fonte de obtenção e os principais sintomas de sua deficiência.

	Necessidade diária (em mg)	Fontes de obtenção	Atua na/no	Sua deficiência acarreta
Potássio	2.500	Carnes, leite, frutas.	Transmissão de impulsos nervosos, balanço hídrico, equilíbrio ácido-base.	Paralisia, fraqueza muscular.
Sódio	2.500	Sal de cozinha.	Equilíbrio ácido-base, equilíbrio hídrico, transmissão dos impulsos nervosos.	Cãibras, apatia, redução do apetite.
Cloro	2.000	Sal de cozinha.	Formação do suco gástrico, equilíbrio ácido-base.	Apatia, redução do apetite, cãibras.
Cálcio	1.000 (mulheres na pós-menopausa necessitam de cerca de 1.300)	Legumes, leite e derivados, vegetais verdes, tomates.	Transmissão de impulsos nervosos, formação dos ossos, coagulação sanguínea, contração muscular.	Osteoporose, convulsões, crescimento prejudicado.
Fósforo	800	Leite e derivados, aves, carnes, cereais.	Formação dos ossos, equilíbrio ácido-base.	Desmineralização dos ossos, fraqueza, perda de cálcio.
Magnésio	350	Cereais integrais, vegetais de folhas verdes (participa da molécula de clorofila).	Ativação de enzimas que participam da síntese de proteínas.	Crescimento prejudicado, distúrbios comportamentais, fraqueza, espasmos.
Zinco	15	Encontrado em muitos alimentos.	Constituinte de enzimas digestivas.	Crescimento prejudicado, glândulas sexuais pequenas.
Ferro	homens: 14 mulheres: 29 mulheres pós-menopausa: 11	Ovos, carnes, legumes, cereais integrais, vegetais verdes.	Participa da molécula de hemoglobina e de enzimas envolvidas no metabolismo energético.	Anemia.
Flúor	2	Água fluoretada, chá, frutos do mar.	Estrutura óssea.	Queda dos dentes.
Iodo	0,14	Frutos e peixes do mar, muitos vegetais, sal iodado.	Constituição dos hormônios fabricados pela tireoide.	Bócio ("papeira").

Sais minerais mais conhecidos.

▪ COMPOSTOS ORGÂNICOS DOS SERES VIVOS

Carboidratos

No momento em que você lê este capítulo e procura entender o seu conteúdo, suas células nervosas estão realizando um trabalho e, para isso, utilizam a energia liberada a partir da oxidação de moléculas de um carboidrato chamado **glicose**. A glicose pertence ao grupo dos carboidratos, juntamente com a **sacarose**, o **amido**, o **glicogênio** e a **celulose**, entre outras substâncias. A *principal* função biológica dessa categoria de compostos orgânicos é a liberação de energia para o trabalho celular, sendo a glicose o principal fornecedor de energia para a célula. O amido e o glicogênio destacam-se pelo seu papel de reservatório de energia. A celulose é uma substância de função estrutural, sendo encontrada na parede das células vegetais.

As moléculas em ação   **29**

> **Anote!**
> Nos músculos, a reserva de carboidratos é armazenada sob a forma de glicogênio. Este também é armazenado nas células do fígado.

> **Anote!**
> O nome **carboidratos** (houve época em que eram chamados de **hidratos de carbono**) foi utilizado quando se pensava que essas substâncias seriam formadas por uma combinação de átomos de carbono com água e essa ideia foi reforçada pela fórmula geral $(CH_2O)_n$. Como, porém, há outras substâncias que se enquadram nessa fórmula e não são carboidratos, denomina-se, atualmente, esse grupo de substâncias simplesmente de **glicídios**.

Massas, pães e bolos são ricos em glicídios.

Classificação dos Carboidratos

Uma classificação simplificada dos carboidratos, ou glicídios, consiste em dividi-los em três categorias principais: **monossacarídeos**, **oligossacarídeos** e **polissacarídeos**.

Monossacarídeos: os mais simples

Os monossacarídeos são carboidratos simples, de fórmula molecular $(CH_2O)_n$, em que *n* é no mínimo 3 e no máximo 8. São os verdadeiros açúcares, solúveis em água e, de modo geral, de sabor adocicado. Os de menor número de átomos de carbono são as *trioses* (contêm três átomos de carbono). Os biologicamente mais conhecidos são os formados por cinco átomos de carbono (chamados de *pentoses*) e os formados por seis átomos de carbono (*hexoses*). A Tabela 2-3 dá uma noção das pentoses e hexoses mais conhecidas, seu papel biológico e a fonte de obtenção. (Não se preocupe com as fórmulas moleculares. Fixe apenas as fontes em que são encontrados os açúcares e o seu papel biológico.)

Tabela 2-3. Pentoses e hexoses mais conhecidas.

Pentose	
Ribose	**Desoxirribose**
Papel biológico	**Papel biológico**
Matéria-prima para fabricação do ácido nucleico RNA. Fórmula molecular: $C_5H_{10}O_5$.	Matéria-prima para fabricação do ácido nucleico DNA. Fórmula molecular: $C_5H_{10}O_4$.

> **Anote!**
> Observe que a desoxirribose não segue a fórmula molecular dos monossacarídeos.

Hexose		
Glicose	**Frutose**	**Galactose**
Papel biológico	**Papel biológico**	**Papel biológico**
Principal fornecedor de energia para o trabalho celular. É a base para a formação da maioria dos carboidratos mais complexos. Produzida na fotossíntese pelos vegetais. Encontrada no sangue, no mel e nos tecidos dos vegetais. Fórmula molecular: $C_6H_{12}O_6$.	Também fornece energia para a célula. Encontrada principalmente em frutos doces e também no esperma humano. Fórmula molecular: $C_6H_{12}O_6$.	Papel energético. Encontrada no leite, como componente do dissacarídeo lactose. Fórmula molecular: $C_6H_{12}O_6$.

Oligossacarídeos: nem tão simples nem tão complexos

Os oligossacarídeos são açúcares formados pela união de dois a seis monossacarídeos, geralmente hexoses. O prefixo *oligo* deriva do grego e quer dizer *pouco*. Os oligossacarídeos mais importantes são os dissacarídeos.

São açúcares formados pela união de duas unidades de monossacarídeos, como, por exemplo, sacarose, lactose e maltose. São solúveis em água e possuem sabor adocicado. Para a formação de um dissacarídeo, ocorre reação entre dois monossacarídeos, havendo liberação de uma molécula de água. É comum utilizar o termo **desidratação intermolecular** para esse tipo de reação, em que resulta uma molécula de água durante a formação de um composto originado a partir de dois outros.

Veja o caso do dissacarídeo *sacarose*, que é o açúcar mais utilizado para o preparo de doces, sorvetes, para adoçar refrigerantes não dietéticos e o "cafezinho". Sua fórmula molecular é $C_{12}H_{22}O_{11}$. Esse açúcar é resultado da união de uma frutose e uma glicose. Como você viu na tabela de monossacarídeos (Tabela 2-3), tanto a glicose como a frutose possuem a fórmula molecular $C_6H_{12}O_6$. Como ocorre a liberação de uma molécula de água para a formação de sacarose, a sua fórmula molecular possui dois hidrogênios e um oxigênio a menos.

Na Tabela 2-4, apresentamos dois dissacarídeos conhecidos, sua constituição, papel biológico e fonte de obtenção.

Tabela 2-4. Dissacarídeos mais conhecidos.

Dissacarídeo	Constituição	Papel biológico	Fontes
Sacarose	glicose-frutose	energético	cana-de-açúcar, beterraba e rapadura
Lactose	glicose-galactose	energético	leite

Cana-de-açúcar: fonte habitual de sacarose, que utilizamos para adoçar o café, os sucos e na confecção de bolos, doces e balas.

Polissacarídeos: os mais complexos

Como o nome sugere (*poli* é um termo derivado do grego e quer dizer *muitos*), os polissacarídeos são compostos macromoleculares (moléculas gigantes), formados pela união de muitos (centenas) monossacarídeos. Os três polissacarídeos mais conhecidos são *amido*, *glicogênio* e *celulose* (Tabela 2-5).

Ao contrário da glicose, os polissacarídeos dela derivados não possuem sabor doce nem são solúveis em água.

Anote!

No esqueleto dos insetos e na parede celular dos fungos existe um complexo polissacarídico chamado de *quitina*.

Tabela 2-5. Os três polissacarídeos mais conhecidos.

Polissacarídeo	O que é importante saber
Amido	É um polissacarídeo de reserva energética dos vegetais. As batatas, o arroz e a mandioca estão repletos de amido, armazenado pelo vegetal e consumido em épocas desfavoráveis pela planta. O homem soube aproveitar essa característica e passou a cultivar os vegetais produtores de amido. Os pães e bolos que comemos são feitos com farinha de trigo, rica em amido. Lembre-se de que, para o amido ser aproveitado pelo nosso organismo, é preciso digeri-lo, o que ocorre primeiramente na boca e depois no intestino, com adição de água e a participação de catalisadores orgânicos.
Glicogênio	É um polissacarídeo de reserva energética dos animais; portanto, equivalente ao amido dos vegetais. No nosso organismo, a síntese de glicogênio ocorre no fígado, a partir de moléculas de glicose. Logo, fígado de boi e fígado de galinha são alimentos ricos em glicogênio.
Celulose	É um polissacarídeo de papel estrutural, isto é, participa da parede das células vegetais. Poucos seres vivos conseguem digeri-lo, entre eles alguns microrganismos que habitam o tubo digestivo de certos insetos (cupins) e o dos ruminantes (bois, cabras, ovelhas, veados etc.).

As moléculas em ação

De olho no assunto!

Carboidratos estruturais

A celulose é um carboidrato com importante papel estrutural na parede das células vegetais. Para os animais, a ingestão de celulose é importante para a formação do bolo fecal.

Já a *quitina*, um carboidrato cuja molécula se assemelha à da celulose, é importante na formação do esqueleto externo dos artrópodes, grande grupo animal em que estão incluídos os insetos e os crustáceos, por exemplo, e também na parede de alguns fungos.

Poucos animais conseguem digerir quitina, um carboidrato estrutural presente no esqueleto externo do besouro.

PANTHERMEDIA/KEYDISC

Tecnologia & Cotidiano

O arroz dourado e o betacaroteno

Recentemente, o pesquisador suíço Ingo Potrykus desenvolveu o chamado "arroz dourado", planta transgênica em cujos grãos existe o betacaroteno, um precursor da vitamina A, substância essencial para a formação do pigmento visual. Os grãos de arroz de que você se alimenta são ricos em amido, uma molécula utilizada como fonte de energia por muitas pessoas em todo o mundo. Plantas normais de arroz não contêm betacaroteno. Sabe-se que milhares de pessoas, principalmente em países pobres, são afetadas pela carência de vitamina A. Associar amido com betacaroteno é uma saída para resolver o problema da fome no mundo e, ao mesmo tempo, a carência daquela vitamina. Embora o assunto relacionado à utilização das plantas transgênicas esteja cercado por muita polêmica, vale a pena pensar nos benefícios que essa variedade de arroz pode trazer para a humanidade.

Anote!

Nem todas as substâncias se dissolvem em água. A dissolução só ocorre com as substâncias polares. Substâncias apolares, tais como os óleos, que não formam pontes de hidrogênio com a água, são repelidas por ela. Moléculas não polares tendem a se agregar umas às outras e se afastam da água. Por esse motivo, diz-se que elas são **hidrofóbicas** (do grego *húdor* = = água + *phóbos* = amedrontar). Já as moléculas polares, que formam pontes de hidrogênio com a água, são consideradas **hidrofílicas** (do grego *phílos* = = amigo, afinidade).

Essa característica é de extraordinária importância, pois se a água atuasse como solvente universal, ela não poderia ser armazenada em nenhum recipiente, incluindo as nossas células. Nelas, diferentes substâncias hidrofóbicas do grupo das gorduras fazem parte, por exemplo, das membranas celulares. Imagine: o que poderia ocorrer se as membranas se dissolvessem em água?

Lipídios: Mocinhos ou Bandidos?

As duas substâncias mais conhecidas dessa categoria orgânica são as **gorduras** e os **óleos**. Se, por um lado, esses dois tipos de lipídios preocupam muitas pessoas por estarem associados a altos índices de colesterol no sangue, por outro, eles exercem importantes funções no metabolismo e são fundamentais para a sobrevivência da maioria dos seres vivos. Um dos papéis dos lipídios é funcionar como eficiente reserva energética. Ao serem oxidados nas células, geram praticamente o dobro da quantidade de calorias liberadas na oxidação de igual quantidade de carboidratos. Outro papel dos lipídios é atuar como isolante térmico, notadamente nos animais que vivem em regiões frias. Depósitos de gordura favorecem a flutuação em meio aquático; os lipídios são menos densos que a água.

Além desses dois tipos fundamentais de lipídios, existem outros que devem ser lembrados pelas funções que exercem nos seres vivos. São as ceras, os fosfolipídios, os esteroides, as prostaglandinas e os terpenos:

- as **ceras** existentes na superfície das folhas dos vegetais e nos esqueletos de muitos animais invertebrados (por exemplo, os insetos e os carrapatos) funcionam como material impermeabilizante. Não devemos nos esquecer dos depósitos de cera que se formam em nossas orelhas externas com função protetora;
- os **fosfolipídios** são importantes componentes das membranas biológicas (membrana plasmática e de muitas organelas celulares);
- os **esteroides** são lipídios que atuam como reguladores de atividades biológicas;
- as **prostaglandinas** atuam como mensageiros químicos nos tecidos de vertebrados;
- os **terpenos** estão presentes em alguns pigmentos de importância biológica, como a clorofila e os carotenoides.

A composição química dos lipídios

Os lipídios são compostos orgânicos insolúveis em água. Dissolvem-se bem em solventes orgânicos, como o éter e o álcool. A estrutura química molecular dos lipídios é muito variável. Vamos dar a você uma noção da composição química de óleos e gorduras e alguns dos principais componentes desse grupo.

Anote!

Na pele dos animais mamíferos das regiões polares, como os leões-marinhos, há um espesso depósito de gordura, extremamente eficaz na manutenção da temperatura corporal. Esse depósito de gordura também favorece a capacidade de flutuação desses e de outros animais, como as focas e as baleias.

Leão-marinho e corte da pele e da camada subjacente mostrando (em amarelo) o espesso depósito de gordura que atua como um isolante térmico para o animal.

- **Óleos e gorduras** – pertencem à categoria dos ésteres e são formados por meio da reação de um álcool, chamado *glicerol*, com ácidos orgânicos de cadeia longa, conhecidos como *ácidos graxos* (veja a Figura 2-6). A exemplo do que ocorre com os carboidratos, a reação do glicerol com os ácidos graxos é de condensação, havendo liberação de moléculas de água. Como o glicerol é um triálcool (possui três terminações OH na molécula), três ácidos graxos a ele se ligam, formando-se o chamado *triglicerídio*. Nos seres vivos, existem diversos tipos de triglicerídios, uma vez que são muitos os tipos de ácidos graxos deles participantes.

Figura 2-6. Reação química que conduz à síntese de um triglicerídio.

Nesse pedaço de carne bovina, as partes mais claras, situadas entre os músculos (em vermelho), ou ao seu redor, são formadas por depósitos gordurosos, popularmente chamados de "sebo".

De olho no assunto!

Os lipídios e a saúde humana

Os lipídios são considerados os vilões ao se analisar alguns aspectos relacionados à saúde humana. Avolumam-se informações científicas relacionadas à obesidade, que pode, por exemplo, condicionar o aparecimento do diabetes, comprometendo o bem-estar individual e pondo em risco a vida. Estimula-se atualmente o consumo de gorduras vegetais insaturadas, de provável efeito benéfico à saúde. Por outro lado, condena-se o consumo de gordura saturada de origem animal, que poderia provocar depósitos (placas) nas artérias do coração e propiciar a ocorrência de infartos cardíacos, embolias e acidentes vasculares cerebrais.

O consumo de substâncias de origem vegetal artificialmente hidrogenadas (margarinas poli-insaturadas, por exemplo) igualmente é considerado benéfico à saúde. Vale lembrar que o exagero no consumo de carboidratos também deve ser evitado, na medida em que se sabe que essas substâncias são convertidas em lipídios pelo nosso metabolismo. Nos primórdios da evolução humana, a procura constante por comida – pela caça ou pela coleta – favorecia o rápido consumo das moléculas ingeridas e pouco sobrava para armazenar. Atualmente, com o conforto propiciado pela vida moderna, o acesso aos alimentos é facilitado. Ingere-se mais do que o necessário para a manutenção de nossas funções vitais e o excesso é armazenado no tecido adiposo, com consequências muitas vezes desagradáveis para a saúde.

Com relação aos ácidos graxos que participam de um triglicerídio, lembre-se de que são substâncias de cadeia longa. Em uma das extremidades de cada ácido graxo há uma porção ácida (a "cabeça"), seguida de uma longa "cauda" formada por uma sequência de átomos de carbono ligados a átomos de hidrogênio (veja a Figura 2-7).

Nos chamados **ácidos graxos saturados**, todas as ligações disponíveis dos átomos de carbono são ocupadas por átomos de hidrogênio. Já nos **ácidos graxos insaturados**, nem todas as ligações do carbono são ocupadas por hidrogênios; em consequência, forma-se o que em química é conhecido como *dupla-ligação* entre um átomo de carbono e o seguinte (motivo pelo qual o ácido graxo recebe a denominação de *insaturado*). Nos **ácidos graxos poli-insaturados** há mais de uma dupla-ligação (veja a Figura 2-8).

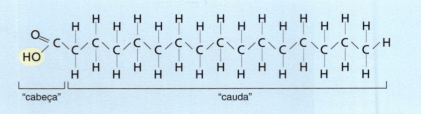

Figura 2-7. O caráter hidrofóbico dos lipídios é consequência de sua estrutura em que em uma das extremidades há uma porção ácida, seguida por uma longa sequência de carbonos (C) ligados a hidrogênios (H).

Figura 2-8. (a) A maioria das gorduras de origem animal (manteiga e banha de porco, por exemplo) é formada por ácidos graxos saturados (gordura saturada). Eles se juntam uns aos outros e, como consequência, a gordura permanece no estado sólido à temperatura ambiente. (b) Nas gorduras de origem vegetal (óleos vegetais) e nas de peixes (óleo de fígado de bacalhau), os ácidos graxos poli-insaturados sofrem dobramentos nas regiões das duplas-ligações, o que os impede de se juntarem uns aos outros, fazendo o óleo permanecer no estado líquido à temperatura ambiente.

- **Fosfolipídios** – as membranas biológicas são constituídas por fosfolipídios. Nos fosfolipídios há apenas duas moléculas de ácidos graxos – de natureza apolar – ligadas ao glicerol. O terceiro componente que se liga ao glicerol é um *grupo fosfato* (daí a denominação *fosfolipídio*) que, por sua vez, pode estar ligado a outras moléculas orgânicas. Assim, cada fosfolipídio contém uma porção hidrofóbica – representada pelos ácidos graxos – e uma porção hidrofílica – correspondente ao grupo fosfato e às moléculas a ele associadas. Um fato notável é que, ao serem colocadas em água, as moléculas de fosfolipídios podem assumir o formato de uma esfera, conhecida como *micela*: as porções polares, hidrofílicas, distribuem-se na periferia, enquanto as caudas hidrofóbicas ficam no interior da micela, afastadas da água (veja a Figura 2-9(a)).

    Nas células, os fosfolipídios das membranas biológicas (membrana plasmática e de muitas organelas) dispõem-se formando *bicamadas*. As porções hidrofílicas ficam em contato com a água dos meios interno e externo celular, enquanto as hidrofóbicas situam-se internamente na membrana, afastadas da água, o que faz lembrar um sanduíche de pão de forma (veja a Figura 2-9(b)).

- **Prostaglandinas** – essas substâncias atuam como hormônios em muitos tecidos humanos. Seu nome deriva do fato de terem sido descobertas em componentes do sêmen humano produzidos na glândula próstata.
- **Terpenos** – lipídios de cadeia longa, componentes de pigmentos biologicamente importantes como a *clorofila* (pigmento vegetal participante da fotossíntese). Uma importante categoria de terpenos é a dos *carotenoides* (pigmentos amarelados), dos quais o mais importante é o β-*caroteno* (encontrado em muitos alimentos de origem vegetal, como a cenoura, por exemplo), que é o precursor da vitamina A (retinol).
- **Esteroides** – alguns esteroides são hormônios (por exemplo, a testosterona, o hormônio sexual masculino) e outros são vitaminas (por exemplo, a vitamina D). O colesterol, que para os químicos é um álcool complexo, é outro exemplo de esteroide: é importante componente de membranas celulares, embora hoje seja temido como causador de obstrução (entupimento) em artérias do coração.

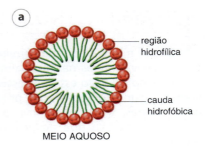

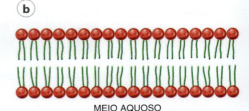

Figura 2-9. (a) Micela. Note que a porção hidrofóbica fica voltada para o centro da esfera. Nas membranas, (b) a camada bilipídica tem a porção hidrofílica em contato com o meio aquoso.

Tecnologia & Cotidiano

Colesterol: bom ou mau?

O colesterol não "anda" sozinho no sangue. Ele se liga a uma proteína e, dessa forma, é transportado. Há dois tipos principais de combinação: o HDL, que é o **bom colesterol**, e o LDL, que é o **mau colesterol**. Essas siglas derivam do inglês e significam lipoproteína de alta densidade (HDL – *High Density Lipoprotein*) e lipoproteína de baixa densidade (LDL – *Low Density Lipoprotein*).

O LDL transporta colesterol para diversos tecidos e também para as artérias, onde é depositado, formando placas que dificultam a circulação do sangue, daí a denominação *mau colesterol*. Já o HDL faz exatamente o contrário, isto é, transporta colesterol das artérias principalmente para o fígado, onde ele é inativado, justificando o termo *bom colesterol*.

Anote! O colesterol não existe em vegetais, o que não significa que devemos abusar dos óleos vegetais, porque, afinal, a partir deles (ácidos graxos), nosso organismo produz colesterol.

Camarão, fumo, sedentarismo e *stress* propiciam o aumento do mau colesterol.

VITAMINAS: NÓS PRECISAMOS DELAS

Desde muito pequenos ouvimos falar da importância das **vitaminas** na nossa alimentação.

Mesmo quando estamos assistindo à televisão e vemos alguns comerciais de produtos alimentícios, as vitaminas, quando citadas, o são sempre como uma característica boa do produto que está sendo anunciado.

As vitaminas formam um grupo muito especial de substâncias orgânicas que, em geral, não são fabricadas pelo nosso organismo, mas precisam ser obtidas por meio da alimentação. Nem sempre as vitaminas são obtidas na forma em que elas são usadas no nosso corpo; elas podem ser obtidas na forma de provitaminas, isto é, substâncias que darão origem às vitaminas.

Leitura

Não posso, não posso!

Antigamente, nas longas viagens oceânicas, uma doença chamada escorbuto ceifava vidas. Seus mais frequentes sinais e sintomas eram: enfraquecimento dos ossos, ruptura das paredes dos vasos sanguíneos, perda dos dentes e gengivas inchadas e doloridas, que sangravam espontaneamente. Para se ter uma ideia da gravidade da situação, em 1741, um navio inglês perdeu, em 10 meses de viagem, dois terços dos marinheiros que estavam a bordo.

Em 1754, James Lind, um médico da marinha inglesa, afirmou que a alimentação com frutas e verduras cruas evitava o escorbuto, bastando que os marinheiros, ao longo das viagens, consumissem suco de limão. Finalmente, em 1795, o almirantado inglês ordenou que todos os marinheiros deveriam, obrigatoriamente, beber suco de limão. Posteriormente, verificou-se que as frutas cítricas são ricas em vitamina C.

Outro acontecimento importante ocorreu em 1890, na Ilha de Java, então colônia holandesa. Um médico, de nome Eijkman, notou que os nativos da ilha ficavam acometidos de uma doença em que os enfermos faziam súplicas com as palavras *beribéri, beribéri,* que, em javanês, significavam: "não posso, não posso". A doença afetava os nervos e suas vítimas não conseguiam permanecer em pé nem levantar a cabeça, e acabavam falecendo. Essa avitaminose (falta de vitamina B1) continua a ser conhecida até hoje pelo nome de **beribéri**.

Eijkman notou que o arroz polido era a dieta predominante dos nativos. O médico, depois de muitas pesquisas em que alimentava galinhas com arroz polido e arroz com casca, percebeu que na casca do arroz devia existir uma substância indispensável à saúde, que evitava que as galinhas que a consumiam ficassem doentes. Na verdade, essa substância encontra-se na película que envolve o grão de arroz, situada sob a casca. Essa película persiste no arroz integral e é removida pelo polimento dos grãos.

Em 1912, os cientistas F. G. Hopkins e Casimir Funk concluíram que nos alimentos existem substâncias essenciais à saúde e deram a elas o nome de VITAMINAS, que vem do latim *vita* (vida) e do termo químico amina, porque se acreditava na presença de um aminoácido nas vitaminas.

As vitaminas também podem ser conseguidas em comprimidos, mas o meio mais saudável de adquiri-las são os alimentos.

As vitaminas podem ser divididas em dois grupos: as hidrossolúveis (solúveis em água) e as lipossolúveis (solúveis em gordura).

A falta de vitaminas acarreta uma situação chamada **avitaminose** ou **doença de carência**. Para que essa situação não ocorra, é necessário ter uma alimentação variada em que entrem todas as fontes de vitaminas de que precisamos. Veja a Tabela 2-6.

Tabela 2-6. Principais vitaminas e sua fonte de obtenção.

Classificação	Nome	Função	Fonte	Sintomas da deficiência
HIDROSSOLÚVEL	B_1 (tiamina)	Ajuda a retirar energia dos carboidratos.	Carnes, cereais, verduras e legumes.	Beribéri (inflamação e degeneração dos nervos).
	B_2 (riboflavina)	Ajuda na quebra de proteínas e carboidratos.	Laticínios, carnes, cereais e verduras.	Fissuras na pele e fotofobia.
	B_3 ou PP (niacina ou nicotinamida)	Atua no metabolismo energético.	Nozes, carnes e cereais.	Pelagra (lesões na pele, diarreia e distúrbios nervosos).
	B_5 (ácido pantotênico)	Atua no metabolismo energético.	Carnes, laticínios, cereais e verduras.	Anemia, fadiga, dormência nas mãos e nos pés.
	B_6 (piridoxina)	Ajuda na quebra de proteínas e glicose.	Fígado, carnes, peixes, trigo, leite e batata.	Dermatite, atraso no crescimento, sintomas mentais e anemia.
	B_9 (ácido fólico)	Ajuda a construir DNA e proteínas.	Vegetais, laranja, nozes, legumes e cereais.	Anemia e problemas gastrintestinais.
	B_{12} (cobalamina)	Formação de ácidos nucleicos e de aminoácidos.	Carnes, ovos e laticínios.	Anemia perniciosa e distúrbios do sistema nervoso.
	P (rutina)	Fortalece a parede de vasos sanguíneos.	Legumes e verduras.	Pode causar o aparecimento de varizes.
	H (biotina)	Formação de ácidos nucleicos, aminoácidos e glicogênio.	Legumes, verduras e carnes.	Distúrbios neuromusculares e inflamações na pele.
	C (ácido ascórbico)	Formação de hormônios e colágeno.	Frutas, especialmente as cítricas, verduras e legumes.	Escorbuto (lesões intestinais, hemorragias e fraqueza).
LIPOSSOLÚVEL	A (retinol)	Essencial para a visão e para uma pele saudável.	Laticínios e cenoura.	Cegueira noturna, pele escamosa e seca.
	D (calciferol)	Absorção de cálcio e fósforo.	Laticínios, gema de ovo, vegetais ricos em óleo.	Raquitismo e enfraquecimento dos ossos.
	E (tocoferol)	Previne problemas nas membranas celulares.	Óleos vegetais, nozes e outras sementes.	Possivelmente anemia e esterilidade.
	K (filoquinona)	Coagulação sanguínea.	Fígado, gorduras, óleos, leite e ovos.	Hemorragias.

As moléculas em ação

De olho no assunto!

Por que comer cenoura é bom para a visão?

É sabido que o β-caroteno, um tipo de carotenoide contido na cenoura, é importante para se ter uma boa visão.

A explicação está no fato de que β-caroteno é uma molécula com vários átomos de carbono ligados por simples e duplas-ligações. Quando essa molécula se divide em duas partes iguais, formam duas moléculas de vitamina A.

A partir da oxidação dessa vitamina, forma-se o *retinal*, pigmento importante para a visão dos vertebrados.

Tecnologia & Cotidiano

A medicina ortomolecular e a vitamina C

Medicina ortomolecular é o ramo da ciência que tem como objetivo principal restabelecer o equilíbrio químico do organismo. Esse acerto (*orto* = certo) das moléculas é conseguido pelo uso de substâncias e elementos naturais como as vitaminas, os minerais e aminoácidos. Tais elementos, além de proporcionar um reequilíbrio bioquímico, combatem os radicais livres. Vamos entender agora como se formam os radicais livres: o organismo utiliza cerca de 98% a 99% do oxigênio que consumimos para liberar energia. O restante (1% a 2%) não participa do processo, formando as espécies tóxicas e reativas do oxigênio – os radicais livres. Estes correspondem a átomos ou grupos de átomos com um elétron não emparelhado em sua órbita mais externa, sendo, portanto, muito reativos. Para recuperar o equilíbrio, eles precisam doar o elétron desemparelhado. Dessa forma, combinam-se avidamente com as várias estruturas celulares do corpo, o que resulta em destruição e, consequentemente, em enfermidades. Entre estas podem ser citados o câncer, a osteoartrite, o lúpus, o enfisema e doenças cardiovasculares. Sabe-se, por exemplo, que um fumante gasta 25 mg de vitamina C a cada cigarro que consome. Caso fume um maço por dia, perde 500 mg dessa vitamina diariamente.

A vitamina C é solúvel em água e protege as células, atuando como um excelente antioxidante (eliminando os radicais livres). A vitamina C é tão importante que está relacionada à história do mundo. Relatos comprovam que os marinheiros ingleses levavam, na ração dos navios, limas-da-pérsia, alimentos ricos em vitamina C. A tripulação, ao ingerir essa fruta, tinha muito mais disposição para enfrentar as intempéries das longas viagens e lutas com os inimigos. A marinha inglesa foi, portanto, pioneira no uso da vitamina C como suplemento alimentar. A vitamina C, além de ter ação antioxidante, participa na síntese do colágeno, substância componente de fibras do tecido conjuntivo que dá firmeza à pele, às artérias e articulações, interagindo com a matriz mineral dos ossos. As pessoas que consomem regularmente vitamina C adquirem maior imunidade a várias doenças, incluindo a resfriados. A vitamina C também tem um papel importante como terapia coadjuvante em tratamentos oculares (catarata e degeneração macular), na prevenção da pré-eclâmpsia (uma complicação da gestação), na prevenção do câncer (junto com outros antioxidantes), na prevenção de doenças vasculares, entre outros benefícios.

Por fim, há vários alimentos ricos em vitamina C que devem ser utilizados no cotidiano, tais como frutas cítricas (laranja, limão), acerola, goiaba, caju e *kiwi*. No entanto, se o suco dessas frutas não for consumido imediatamente após o seu preparo, há perda de grande quantidade da vitamina C, já que ela se oxida rapidamente.

Ética & Sociedade

Lixo ou saúde?

No nosso organismo, o cálcio representa um elemento imprescindível para o bom funcionamento de nossos sistemas nervoso, muscular e esquelético. Quando, por falta de uma nutrição adequada ou por problemas de saúde, vemos diminuído o cálcio plasmático, as reservas existentes nos ossos podem ser requisitadas.

Em comunidades carentes, é comum encontrarmos pessoas que apresentam grave carência de cálcio, principalmente entre as crianças. Para viabilizar a melhoria na qualidade da alimentação desses indivíduos, foi desenvolvido um suplemento alimentar à base de pó de casca de ovo. Assim, aquilo que antes seria considerado lixo aparece como determinante na manutenção da saúde da população.

- Enquanto algumas pessoas desperdiçam comida, em 2012 cerca de 1 bilhão de pessoas passava fome no mundo. Analise o seu dia a dia: ao final das refeições, você deixa comida no prato que será jogada fora?
- Em sua casa, que quantidade de alimentos é descartada ao final de um dia? Seria suficiente para alimentar uma pessoa?

Passo a passo

1. O gráfico mostra a porcentagem, por peso, dos principais elementos químicos encontrados na crosta terrestre e nos seres vivos. Observando-o atentamente, responda:

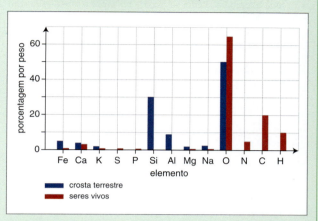

MADER, S. S. *Biology*. 9. ed.
New York: McGraw-Hill,
2007. p. 20.

a) Quais são os dois elementos químicos mais abundantes na crosta terrestre?
b) E nos seres vivos, quais são os três elementos químicos mais abundantes?

2. Componentes orgânicos e inorgânicos são encontrados em órgãos e tecidos de qualquer ser vivo pluricelular complexo. Se um químico analisasse um caldo obtido de um pedaço de fígado humano, ou de uma folha de couve, basicamente constataria a existência dos mesmos componentes orgânicos e inorgânicos.

a) Quais são esses componentes?
b) Qual é o *elemento químico* presente em toda e qualquer molécula orgânica dos seres vivos? Justifique sua resposta.

3. Cerca de 97% da água da Terra está nos oceanos. Nos seres vivos, é uma das substâncias mais abundantes. Pode-se dizer, sem medo de errar, que sem água não há vida. Essa frase pode ser justificada recorrendo às propriedades dessa substância. Utilizando os seus conhecimentos sobre as propriedades da água, responda:

a) O que significa dizer que a molécula de água é polar e que entre moléculas de água existe coesão? Cite as outras quatro propriedades da molécula de água, descritas no texto deste capítulo.
b) O que significa dizer que, "nos seres vivos, a água é solvente praticamente universal e meio de transporte"?

4. Nos seres vivos, de modo geral, os sais inorgânicos podem ser encontrados na forma imobilizada ou atuam na forma iônica. Cite dois exemplos dessas substâncias, para cada uma dessas possibilidades.

5. Ao estudar o assunto *Carboidratos*, Carla, Pedro e Luciana escreveram as seguintes frases:

Carla: os carboidratos são classificados em monossacarídeos, oligossacarídeos e polissacarídeos. Um importante exemplo de monossacarídeo é a sacarose, que é uma hexose por conter seis átomos de carbono. A glicose é o principal carboidrato utilizado na liberação de energia para o trabalho celular.

Pedro: entre os oligossacarídeos mais conhecidos podem ser citados a sacarose, a lactose, o amido e o glicogênio. Os dois últimos são polissacarídeos de reserva energética dos vegetais. Uma importante fonte de sacarose para o ser humano é o mel de abelhas.

Luciana: os polissacarídeos são os carboidratos mais complexos. A inicial do seu nome (poli) indica que constituem uma união de muitos monossacarídeos. Como exemplos, podemos citar a celulose, o glicogênio e o amido.

Quais estudantes cometeram erros ao escrever as frases? Justifique os erros, corrigindo as informações nelas contidas.

6. Cite dois exemplos de:
a) monossacarídeos,
b) dissacarídeos e
c) polissacarídeos,
e as fontes de onde são obtidos.

7. Embora alguns tipos de lipídios constituam motivo de preocupação para muitas pessoas, são substâncias orgânicas que exercem importantes funções no metabolismo, sendo essenciais para a sobrevivência da maioria dos seres vivos.

a) Quais são as duas substâncias mais conhecidas dessa categoria de componentes orgânicos nos seres vivos?
b) Cite os outros componentes pertencentes a essa categoria de componentes orgânicos nos seres vivos.
c) Como é constituída, quimicamente, uma molécula de um triglicerídio?
d) Qual o significado de ácidos graxos saturados e ácidos graxos insaturados? Qual dos dois tipos é mais benéfico à saúde?

8. Cite as funções biológicas que você julgar as mais importantes desempenhadas pelos lipídios nos seres vivos.

9. O tema *colesterol* é uma das preocupações atuais relativamente à saúde dos seres humanos. Fala-se muito em bom colesterol e mau colesterol e nos mecanismos preventivos relacionados à deposição dessa substância nas grandes artérias, principalmente as que rodeiam o coração (artérias coronárias). Utilizando os seus conhecimentos sobre o assunto, responda:

a) Qual é o bom colesterol e qual é o mau colesterol?
b) Quais são os fatores que propiciam o aumento do mau colesterol?

10. Cite dois exemplos de vitaminas lipossolúveis e dois exemplos de vitaminas hidrossolúveis. Em cada exemplo, relacione as fontes dessas vitaminas, as funções por elas exercidas e os principais sintomas decorrentes da deficiência dessas vitaminas para o ser humano.

11. *Questão de interpretação de texto*

"Um planeta rochoso com 4,5 vezes a massa da Terra e que orbita uma estrela a apenas 22 anos-luz daqui é o mais novo candidato a conter água no estado líquido fora do Sistema Solar. O GL667Cc é o quarto a ser identificado na chamada zona habitável de sua estrela. Essa zona é a faixa onde os astrônomos calculam que o planeta possa receber uma quantidade de energia semelhante à que a Terra recebe do Sol. Isso permite que a superfície do planeta tenha temperaturas semelhantes às daqui. O novo planeta é, agora, o que tem melhores chances de ter água líquida e condições de abrigar vida."

FERNANDES, T.
Nova "super-Terra" pode ter água líquida.
Folha de S.Paulo, São Paulo, 3 fev. 2012.
Caderno Ciência, p. C9.

Considerando as informações do texto e os seus conhecimentos sobre as propriedades da água, responda:

a) Como justificar a frase do final do texto que relaciona a existência de água líquida com possibilidade de haver vida no planeta?
b) Cite a importante propriedade da água relacionada à possibilidade de permitir a ocorrência de reações químicas no interior de uma célula.

As moléculas em ação **39**

Questões objetivas

1. (UFF – RJ) O equilíbrio da fauna e da flora atualmente é compreendido como algo essencial devido a sua total interdependência. A tabela abaixo apresenta a porcentagem média dos componentes geralmente encontrados em células vegetais e animais.

Constituintes	Células (%)	
	Animais	**Vegetais**
Água	60,0	70,0
X	4,3	2,5
Y	6,2	18,0
W	11,7	0,5
Z	17,8	4,0

Analise a tabela e assinale a alternativa que identifica os constituintes X, Y, W e Z, respectivamente.

a) Sais minerais, carboidratos, lipídios e proteínas.
b) Carboidratos, lipídios, proteínas e sais minerais.
c) Lipídios, proteínas, sais minerais e carboidratos.
d) Proteínas, sais minerais, carboidratos e lipídios.
e) Sais minerais, lipídios, carboidratos e proteínas.

2. (UFG – GO) A massa corporal dos seres vivos é constituída de aproximadamente 75% de água. A solução que preenche todas as células vivas consiste de uma mistura aquosa. Qual a propriedade da água e a função biológica a ela associada, respectivamente, que se relaciona a esse contexto?

a) Calor específico de vaporização; regular a temperatura corporal.
b) Polaridade; dissolver substâncias iônicas e não iônicas.
c) Tensão superficial; sustentar pequenos animais na superfície da água.
d) Pontos de solidificação e de vaporização; manter a vida em ampla faixa de temperatura.
e) Densidade no estado sólido; manter a vida aquática em lagos congelados.

3. (UEL – PR) "Recifes de corais dão suporte a vários vertebrados e invertebrados. A água que os circunda é fundamental para sua existência, atuando como solvente para reações bioquímicas e, em grande medida, determinando as estruturas das macromoléculas que realizam essas funções."

VOET, D.; VOET, J. G.; PRATT, C. W.
Fundamentos da Bioquímica:
a vida em nível molecular. 2. ed.
Porto Alegre: Artmed, 2008. p. 22.

Sobre a molécula da água e suas propriedades, é CORRETO afirmar:

a) a água líquida é uma rede regular de moléculas de água, cada qual formando ligações de hidrogênio com moléculas de água vizinhas, o que lhes confere apolaridade.
b) a água que circunda os recifes de corais é indispensável à sua atividade metabólica, já que os processos fisiológicos ocorrem quase que exclusivamente em meios aquosos.
c) as moléculas de água, através de uma membrana seletivamente permeável, movem-se de regiões de menor potencial hídrico para uma região de maior potencial.
d) as substâncias hidrofóbicas, como íons e moléculas polares, se dissolvem na água para realização das reações bioquímicas.

4. (UPE) *História e variações do cuscuz*

O kuz-kuz ou alcuzcuz nasceu na África Setentrional. Inicialmente feito pelos mouros com arroz ou sorgo, o prato se espalhou pelo mundo no século XVI, sendo feito com milho americano. No Brasil, a iguaria foi trazida pelos portugueses na fase Colonial. Estava presente apenas nas mesas das famílias mais pobres e era a base da alimentação dos negros. Em São Paulo e Minas Gerais, o prato se transformou em uma refeição mais substancial, recheado com camarão, peixe ou frango e molho de tomate. No Nordeste, a massa de milho feita com fubá é temperada com sal, cozida no vapor e umedecida com leite de coco com ou sem açúcar.

Fonte: www.mundolusiada.com.br/.../gas015_jun08.

Assinale a alternativa que preenche CORRETAMENTE a lacuna.

Delícia da culinária da nossa terra, o cuscuz feito de milho é rico em _____.

a) amido
b) carotenoide
c) cera
d) glicogênio
e) lipídio

5. (FCC – Mossoró – RN) As substâncias usadas pelo organismo humano como fonte primária de energia e como principal reserva energética são, respectivamente:

a) lipídios e proteínas.
b) proteínas e lipídios.
c) carboidratos e proteínas.
d) carboidratos e lipídios.
e) proteínas e carboidratos.

6. (UFC – CE) Os polissacarídeos são constituídos por substâncias chamadas monossacarídeos, unidas entre si por ligações químicas. Alguns são estruturais e outros, energéticos (de reserva). Sobre eles, é correto afirmar que:

a) o amido é um polissacarídeo estrutural constituinte da parede celular das bactérias.
b) o glicogênio é um polissacarídeo com função de reserva nos animais.
c) a celulose é um polissacarídeo estrutural encontrado nos vegetais.
d) o amido é um polissacarídeo energético com a função de reserva, encontrado nos vegetais.
e) o glicogênio é um polissacarídeo estrutural encontrado nos animais.
f) o amido é um polissacarídeo estrutural encontrado nos animais.

7. (UPE – adaptado) Sobre a composição química de componentes do corpo dos seres vivos, analise as afirmativas.

(0) A taxa de água dos seres vivos varia de acordo com a espécie, a idade e o metabolismo celular; quanto mais jovem um organismo e quanto maior a atividade de uma célula, maior sua taxa de água.
(1) A cenoura e a batata-doce são ricas em caroteno, que é um lipídio esteroide, importante para a formação da vitamina A.
(2) A quitina, presente em alguns fungos e na carapaça de insetos, aranhas e alguns crustáceos, bem como a celulose, presente na parede celular dos vegetais, são carboidratos dissacarídeos formados pela união de milhares de moléculas de glicose.
(3) O amido é um carboidrato dissacarídeo, fonte de reserva dos vegetais, enquanto o glicogênio é um carboidrato polissacarídeo, fonte de reserva animal, que se acumula no fígado e nos músculos.
(4) A secreção do ouvido humano, a cera das abelhas e a cutina, substância impermeabilizante das folhas dos vegetais, são exemplos de glicerídeos.

8. (UCB – DF – adaptada) Apesar de os lipídios serem bastante insolúveis em água, eles são transportados em nosso sangue para serem distribuídos pelos vários órgãos e tecidos, tanto para armazenamento quanto para o consumo nos momentos de jejum. A maneira que a natureza encontrou para solucionar o problema da insolubilidade dos lipídios no plasma foi transportá-los nas lipoproteínas. Sobre as características dos lipídios e outras biomoléculas, suas funções e o transporte no plasma, assinale (V) para as alternativas verdadeiras e (F) para as alternativas falsas.

0. ( ) O colesterol é o precursor de hormônios, vitaminas e sais biliares, sendo, portanto, uma biomolécula fundamental para a nossa saúde.

1. ( ) As lipoproteínas de alta densidade carregam colesterol que pode ser depositado nos vasos capilares, por isso, ele é denominado de bom colesterol.

2. ( ) Tanto o colesterol quanto os fosfolipídios podem ser encontrados nas membranas das células vegetais.

3. ( ) Os ursos-polares possuem uma exuberante camada de fosfolipídios que são transformados em energia para que eles possam caçar durante o período de hibernação.

4. ( ) As vitaminas A, E e K são derivadas dos ácidos graxos, enquanto a vitamina D é derivada dos carotenoides.

9. (UPE) Segundo estudo publicado em uma revista científica de nutrição clínica dos Estados Unidos, em junho de 2004, se todas as crianças tivessem uma dieta adequada, cerca de 2,5 milhões de vidas poderiam ser salvas por ano. É possível reverter esse quadro de desnutrição com a ingestão adequada das vitaminas listadas na coluna I, cujas fontes estão na coluna II e que podem sanar determinadas deficiências orgânicas, listadas na coluna III.

Estabeleça a associação correta entre essas colunas.

Coluna I	Coluna II	Coluna III
Vitamina	**Principal Fonte**	**Sintomas de Deficiência**
I Ácido ascórbico	A Carnes, verduras, cereais integrais e leite	1 Problemas de visão, especialmente cegueira noturna e pele escamosa e seca
II Tocoferol	B Laticínios e cenouras	2 Irritabilidade, convulsões, anemia e contrações musculares involuntárias
III Vitamina D	C Laticínios, gema de ovo e vegetais ricos em óleos	4 Anemia e esterilidade
V Retinol	D Óleos vegetais, nozes e outras sementes	5 Escorbuto, lesões na mucosa intestinal com hemorragias, redução da integridade capilar com hemorragias subcutâneas e edema, dor nas juntas, anorexia e anemia

a) I, A, 1 – II, B, 2 – III, C, 3 – IV, D, 4 – V, E, 5

b) I, E, 4 – II, D, 5 – III, A, 1 – IV, B, 3 – V, C, 2

c) I, A, 1 – II, E, 5 – III, B, 3 – IV, C, 4 –V, D, 2

d) I, D, 5 – II, E, 4 – III, C, 3 – IV, A, 2 – V, B, 1

e) I, D, 1 – II, E, 5 – III, C, 4 – IV, B, 3 – V, A, 2

10. (UFPE – adaptada) A desnutrição é responsável por um atraso no desenvolvimento físico e mental da criança e também predispõe o organismo a doenças, sendo assim a maior causa da mortalidade infantil em nosso país. Em relação a esse problema, podemos afirmar:

(0) a anemia diminui a oxigenação dos tecidos em consequência da redução das hemácias. Aparece na infância e é causada pela carência de ferro.

(1) a carência em vitamina A, causada pelo baixo consumo de verduras, manteiga, ovos e fígado, causa lesões no globo ocular, podendo levar à cegueira.

(2) as vitaminas do complexo B estão presentes nos cereais integrais; a carência em vitamina B_1 é responsável pelo aparecimento do escorbuto.

(3) a falta da vitamina D leva ao aparecimento do raquitismo.

Questões dissertativas

1. (UNICAMP – SP) Segundo documento da UNICEF, 250 mil crianças por ano perdem a visão por falta de uma vitamina. Qual é a vitamina cuja deficiência traz problemas de visão? Cite um alimento de origem animal rico nessa vitamina.

2. (UNICAMP – SP) A indústria do entretenimento tem mostrado imagens ilusórias de robôs de ficção como o jovial R2D2 e o chato C3PO, de *O Exterminador do Futuro* e *Guerra nas Estrelas*. Entre os brinquedos japoneses, há uma série de robôs que imitam movimentos de seres humanos e de animais. Isso deixa as pessoas desapontadas quando se deparam com os robôs reais, que executam tarefas repetitivas em fábricas. Eles não são tão esplêndidos como os anteriormente citados, mas significam menos esforço muscular no mundo real.

Adaptado de: MEEK, J. Robôs mais baratos tomam fábricas europeias. *O Estado de S. Paulo*, São Paulo, 23 set. 2000.

a) Uma das diferenças entre robôs e seres humanos é que nos homens existem quatro grupos de moléculas orgânicas. Quais são esses grupos? Explique o que essas moléculas têm em comum na sua composição.

b) O sistema robótico armazena energia em baterias. Indique dois órgãos ou tecidos de armazenamento de energia nos seres humanos. Que composto é armazenado em cada um desses órgãos ou tecidos?

As moléculas em ação **41**

Programas de avaliação seriada

1. (PASES – UFV – MG) São exemplos de polissacarídeos formados exclusivamente por glicose:

a) sacarose e amido.
b) glicogênio e celulose.
c) lactose e quitina.
d) celulose e frutose.

2. (PSS – UEPG – PR) Relacione a coluna da esquerda, que corresponde às principais funções dos alimentos, com a coluna da direita, que corresponde às categorias de nutrientes. Em seguida, assinale a alternativa que corresponde à sequência correta dos números.

1) produção de energia	( ) gorduras
2) manutenção e construção de tecidos	( ) carboidratos
	( ) minerais
3) reguladores metabólicos	( ) água

a) 1 – 2 – 3 – 1
b) 1 – 1 – 2 – 3
c) 1 – 1 – 3 – 2
d) 2 – 1 – 1 – 3
e) 3 – 1 – 2 – 1

3. (SAS – UEG – GO) A energia que os seres vivos utilizam em suas atividades provém da oxidação do alimento, principalmente dos carboidratos do tipo polissacarídeos. Dentre estes, são considerados polímeros naturais produzidos por organismos vivos:

a) amido e celulose.
b) glicose e frutose.
c) glicose e amido.
d) frutose e amido.

4. (PSC – UFAM) As plantas que normalmente crescem em solo arenoso crescem mais devagar porque precisam gastar parte considerável da sua energia na criação de defesas contra insetos e outros herbívoros (Jornal da Ciência – SBPC, 2 de agosto de 2004). Quanto à reserva de energia dos vegetais e dos animais, podemos afirmar que:

a) a gordura, reserva de energia dos animais, acumula água por ser hidrofóbica, provocando um aumento de peso nesses seres vivos.
b) o amido, reserva de energia dos vegetais, é hidrofóbico, o que possibilita a redução do acúmulo de água com consequente redução do peso corporal desses seres vivos.
c) o amido, principal reserva de energia dos vegetais, é hidrofílico, e a gordura, principal reserva de energia dos animais, é hidrofóbica.
d) a principal reserva de energia dos animais é o amido, enquanto os vegetais acumulam lipídios como produto da fotossíntese.
e) as folhas dos vegetais, ao realizarem fotossíntese, sintetizam energia em forma de gorduras, as quais são transferidas para os animais que se alimentam de plantas.

5. (SAS – UEG – GO) Sais minerais são micronutrientes necessários em baixas doses diárias para manutenção das funções do organismo. Sobre a necessidade desses compostos no organismo, é CORRETO afirmar:

a) cobalto é necessário para a formação dos ossos.
b) manganês é um sal mineral tóxico e letal em humanos.
c) iodo é necessário para a síntese de hormônios pela tireoide.
d) chumbo é um constituinte da vitamina B_{12}, necessária nas hemácias.

Proteínas e ação enzimática

Capítulo 3

Você já comeu soja?

As proteínas, macromoléculas formadas por uma cadeia de "bloquinhos", cujo nome correto é "aminoácidos", são essenciais para manter a estrutura e o funcionamento dos seres vivos em virtude de suas funções e propriedades.

Todas as proteínas são formadas por uma combinação de 20 aminoácidos. Entre estes, nosso organismo não consegue fabricar 9, que devem ser supridos pela alimentação diária. A forma mais tradicional de obter esses aminoácidos é por meio da ingestão de proteínas de fonte animal, como carnes (brancas e vermelhas), peixes, ovos, leite e seus derivados. Menos lembradas estão as fontes vegetais de proteínas, como, por exemplo, feijões, lentilhas e soja. Essa última, em especial, merece destaque.

A soja apresenta baixos teores de gordura e de colesterol, além de ser fonte de fibras, de minerais e de ácidos graxos. Mas é na quantidade de proteínas que esse grão se destaca: seu teor médio de proteínas é de cerca de 40%, enquanto o do feijão é de, aproximadamente, 20%.

Neste capítulo, vamos aprender um pouco mais sobre as proteínas e suas unidades formadoras, os aminoácidos, além de conhecer algumas características básicas dos ácidos nucleicos, substâncias determinantes das características hereditárias dos seres vivos.

PROTEÍNAS: A CONSTRUÇÃO DOS SERES VIVOS

Você já deve ter ouvido falar de proteínas, certo? As proteínas são compostos orgânicos relacionados ao metabolismo de construção. Durante as fases de crescimento e desenvolvimento do indivíduo, há um aumento extraordinário do número de suas células, aliado a um intenso processo de diferenciação celular em que as células passam a exercer funções especializadas, gerando tecidos e órgãos.

As proteínas possuem um papel fundamental no crescimento, já que muitas delas desempenham **papel estrutural** nas células, isto é, são componentes da membrana plasmática, das organelas dotadas de membrana, do citoesqueleto, dos cromossomos etc. E para produzir mais células é preciso mais proteínas. Sem elas não há crescimento normal. A diferenciação e a realização de diversas reações químicas componentes do metabolismo celular dependem da participação de **enzimas**, uma categoria de proteínas – sem elas, a diferenciação não acontece.

> **Anote!**
> O crescimento é o aumento da massa, do tamanho e do comprimento do indivíduo. O desenvolvimento associa-se ao processo de diferenciação que acompanha o crescimento.

O combate a microrganismos causadores de doenças no homem muitas vezes é feito a partir da produção de proteínas de defesa, chamadas **anticorpos**. Sem eles, nosso organismo fica extremamente vulnerável.

Certos **hormônios**, substâncias reguladoras das atividades do nosso organismo, também são proteicos. É o caso da insulina, que controla a taxa de glicose sanguínea.

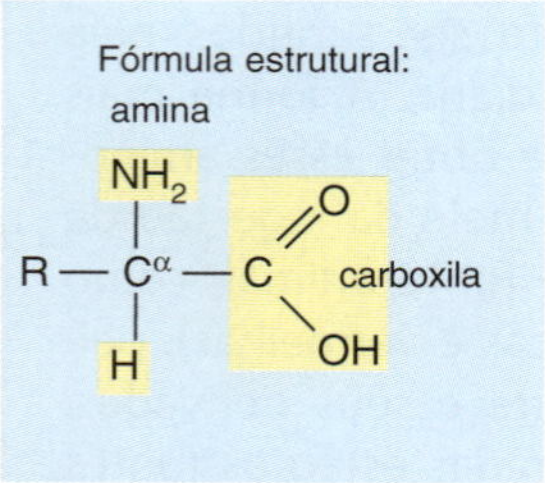

Aminoácidos: Os Blocos Formadores das Proteínas

As proteínas são macromoléculas formadas por um agregado de moléculas menores conhecidas como aminoácidos. A maioria dos seres vivos, incluindo o homem, utiliza somente cerca de vinte tipos diferentes de aminoácidos para a construção de suas proteínas. Com eles, cada ser vivo é capaz de produzir centenas de proteínas diferentes e de tamanho variável.

Como isso é possível, a partir de um pequeno número de aminoácidos?

Imagine um brinquedo formado por peças de plástico, encaixáveis umas nas outras, sendo as cores em número de vinte, diferentes entre si. Havendo muitas peças de cada cor, como você procederia para montar várias sequências de peças de maneira que cada sequência fosse diferente da anterior? Provavelmente, você repetiria as cores, alternaria muitas delas, enfim, certamente inúmeras seriam as sequências e todas diferentes entre si. O mesmo raciocínio é válido para a formação das diferentes proteínas de um ser vivo, a partir de um conjunto de vinte diferentes aminoácidos.

Estrutura dos aminoácidos

Da massa corporal de um homem adulto, cerca de 10 kg são proteínas. Desse total, aproximadamente 300 g são substituídos diariamente. Parte desses 300 g é reciclada e reutilizada, e o restante deve ser reposto com os alimentos que ingerimos todos os dias.

Cada aminoácido é diferente de outro. No entanto, todos possuem alguns componentes comuns. Todo aminoácido possui um átomo de carbono, ao qual estão ligados uma **carboxila**, uma **amina** e um **hidrogênio**. A quarta ligação é a porção variável, representada por **R**, e pode ser ocupada por um hidrogênio ou por um metil ou por outro radical (veja a Figura 3-1). Na Figura 3-2 damos o exemplo de dois aminoácidos – a glicina e o ácido glutâmico – que fazem parte da constituição de nossas proteínas.

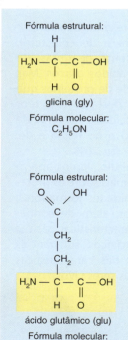

Figura 3-1. Porções comuns (em amarelo) e variável (R) de um aminoácido.

Figura 3-2. Fórmulas estruturais de 2 dos 20 aminoácidos que utilizamos. Em amarelo, a porção comum.

glicina (gly) — Fórmula molecular: C_2H_5ON

ácido glutâmico (glu) — Fórmula molecular: $C_5H_9O_4N$

A carne é rica em proteínas que contêm aminoácidos úteis para o seu organismo.

Queijos, derivados do leite e da soja são alimentos ricos em aminoácidos.

A ligação peptídica

Do mesmo modo que em um trem cada vagão está engatado ao seguinte, em uma proteína cada aminoácido está ligado a outro por uma **ligação peptídica**. Por meio dessa ligação, o grupo amina de um aminoácido une-se ao grupo carboxila do outro, havendo a liberação de uma molécula de água. Os dois aminoácidos unidos formam um dipeptídio (veja a Figura 3-3). A ligação de um terceiro aminoácido ao dipeptídio origina um tripeptídio que, então, contém duas ligações peptídicas. Se um quarto aminoácido se ligar aos três anteriores, teremos um tetrapeptídio, com três ligações peptídicas. Com o aumento do número de aminoácidos na cadeia, forma-se um **polipeptídio**, denominação utilizada até o número de 70 aminoácidos. A partir desse número considera-se que o composto formado é uma **proteína**.

Anote!
Polipeptídios e proteínas são polímeros, isto é, compostos formados pela ligação de inúmeras moléculas menores. Os aminoácidos são os monômeros, os "bloquinhos" de construção das proteínas.

Figura 3-3. Na ligação peptídica, o grupo carboxila de um aminoácido reage com um hidrogênio do grupo amina do outro. O carbono do primeiro aminoácido se une ao nitrogênio do segundo. Da reação entre aminoácidos sempre resulta uma molécula de água. No tripeptídio, existem duas ligações peptídicas e três aminoácidos unidos.

Aminoácidos essenciais e naturais

Todos os seres vivos produzem proteínas. No entanto, nem todos produzem os 20 tipos de aminoácido necessários para a construção das proteínas. O homem, por exemplo, é capaz de sintetizar no fígado apenas 11 dos 20 tipos de aminoácido. Esses 11 aminoácidos são considerados **naturais** para a nossa espécie. Os outros 9 tipos, os que não sintetizamos, são os **essenciais** e devem ser obtidos de quem os produz (plantas ou animais). É preciso lembrar que determinado aminoácido pode ser essencial para uma espécie e ser natural para outra.

Anote!
Os 9 aminoácidos essenciais para o homem são: isoleucina, leucina, lisina, metionina, fenilalanina, triptofano, treonina, histidina e valina.

De olho no assunto!

Veja a figura abaixo. Note que o arroz e o feijão contêm 6 dos aminoácidos essenciais para o homem. O arroz não contém lisina nem isoleucina, presentes no feijão. Já o feijão não contém metionina nem triptofano, presentes no arroz. O ideal é, então, fazer, em uma refeição, uma mistura de arroz e feijão.

Proteínas e ação enzimática

A Forma Espacial da Proteína

Uma molécula de proteína tem, grosso modo, o formato de um colar de contas. O fio fundamental da proteína, formado por uma sequência de aminoácidos (cuja sequência é determinada geneticamente), constitui a chamada **estrutura primária** da proteína (acompanhe pela Figura 3-4).

Ocorre, porém, que o papel biológico da maioria das proteínas depende de uma forma espacial muito mais elaborada. Assim, o fio fundamental é capaz de se enrolar sobre si mesmo, resultando em um filamento espiralado que conduz à **estrutura secundária**, mantida estável por ligações que surgem entre os aminoácidos.

Novos dobramentos da espiral conduzem a uma nova forma, globosa, mantida estável graças a novas ligações que ocorrem entre os aminoácidos. Essa forma globosa representa a **estrutura terciária**.

Em certas proteínas, cadeias polipeptídicas em estrutura terciária globosa unem-se, originando uma forma espacial muito mais complexa, determinante do papel bioquímico da proteína. Essa nova forma constitui a **estrutura quaternária** dessas proteínas.

O fio do teclado do microcomputador pode ilustrar bem a ideia das estruturas proteicas. A Figura 3-5 ilustra um fio isolado, que corresponde à estrutura primária; a hélice formada pelo fio enrolado sobre si mesmo, equivalente a uma estrutura secundária; dobramentos da hélice sobre si mesma conduzem à estrutura terciária e a mistura de vários fios de teclado em estrutura terciária ilustraria a estrutura quaternária.

Figura 3-4. Estrutura da molécula de hemoglobina. A proteína hemoglobina está presente nos glóbulos vermelhos do sangue e seu papel biológico é ligar-se a moléculas de oxigênio, transportando-as aos nossos tecidos.

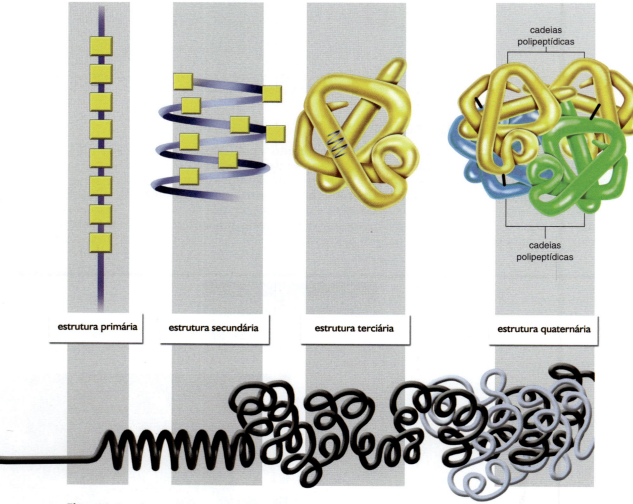

Figura 3-5. O fio do teclado de um computador serve de modelo ilustrativo das diferentes estruturas de uma molécula proteica.

Forma e função: um binômio inseparável

Logo mais você compreenderá de que modo a estrutura espacial de uma proteína está relacionada à função biológica que ela exerce. Por enquanto, lembre-se de que a manutenção das estruturas secundária e terciária deve-se a ligações que ocorrem entre os aminoácidos no interior da molécula proteica, determinando os diferentes aspectos espaciais observados.

Desnaturação: mudança na forma da proteína

O aquecimento de uma proteína a determinadas temperaturas promove a ruptura das ligações internas entre os aminoácidos, responsáveis pela manutenção das estruturas secundária e terciária. Os aminoácidos não se separam, não se rompem as ligações peptídicas, porém a proteína fica "desmantelada", perde a sua estrutura original. Dizemos que ocorreu uma **desnaturação** proteica, com perda da sua forma original (veja a Figura 3-6). Dessa maneira, a função biológica da proteína pode ser prejudicada.

Anote!
Certas proteínas também são desnaturadas quando colocadas em meios ácidos ou básicos, o que também pode levar à perda de sua função normal.

Nem sempre, porém, é a temperatura ou a alteração da acidez do meio que provoca a mudança da forma da proteína. Muitas vezes, a substituição de um simples aminoácido pode provocar alteração da forma da proteína. Um exemplo importante é a substituição, na molécula de hemoglobina, do aminoácido ácido glutâmico pelo aminoácido valina. Essa simples troca provoca uma profunda alteração na forma da molécula inteira de hemoglobina, interferindo diretamente na sua capacidade de transportar oxigênio.

Hemácias contendo a hemoglobina alterada adquirem o formato de foice, quando submetidas a certas condições, o que deu nome a essa anomalia: *anemia falciforme*.

De olho no assunto!

Prions: proteínas que causam a doença da vaca louca

Proteínas podem causar doença. A descoberta surgiu a partir dos trabalhos do prêmio Nobel de Medicina de 1997, Stanley Prusiner. Esse pesquisador sugeriu que proteínas chamadas de **prions** causam algumas doenças degenerativas do cérebro, entre elas a *doença da vaca louca*. Para o pesquisador, formas alteradas dessa proteína aglomeram-se, geram complexos insolúveis que aderem às células nervosas e provocam a sua morte, originando cavidades no cérebro do animal afetado. Nos seres humanos, o equivalente desse mal é a doença de Creutzfeldt-Jacob.

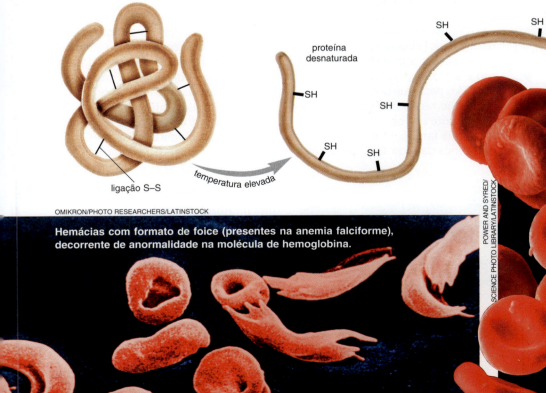

Figura 3-6. Altas temperaturas provocam a desnaturação das moléculas de proteína, alterando sua forma, podendo prejudicar sua função.

As hemácias contêm a proteína hemoglobina, que transporta o oxigênio para as células.

Hemácias com formato de foice (presentes na anemia falciforme), decorrente de anormalidade na molécula de hemoglobina.

De olho no assunto!

Algumas proteínas importantes e suas funções

Tipo de proteína	Exemplos	Onde são encontradas
Estrutural	Colágeno	Nos ossos, tendões, cartilagens e na pele.
	Queratina	Agente impermeabilizante da superfície epidérmica da pele de vertebrados; formação de anexos córneos (escamas de répteis, penas, pelos, unhas etc.).
De defesa	Anticorpos	Na corrente sanguínea dos vertebrados.
Transportadora	Hemoglobina	Na corrente sanguínea dos vertebrados e de alguns invertebrados.
Reguladora	Hormônio insulina	No sangue (é hormônio regulador do teor de glicose sanguínea).
De contração	Actina e miosina	Nos músculos lisos e estriados.
De armazenamento	Ovoalbumina	Na clara do ovo.
Enzimas	Zeína	Na semente do milho.
	Pepsina	No estômago.
	Ptialina	Na saliva.

Enzima: Uma Classe Especial de Proteínas

Anote!
Se, por exemplo, não houver proteínas em um almoço, ou se houver proteínas sem determinado aminoácido essencial, não adianta tentar compensar essa ingestão no jantar. Os aminoácidos não são armazenados por muito tempo. São de utilização diária para a produção das nossas proteínas. Portanto, em todas as refeições principais é preciso consumir proteínas que contenham os aminoácidos essenciais.

A vida depende da realização de inúmeras reações químicas que ocorrem no interior das células e também fora delas (em cavidades de órgãos, por exemplo). Por outro lado, todas essas reações dependem, para sua realização, da existência de determinada enzima. As **enzimas** são substâncias do grupo das proteínas e atuam como *catalisadores* de reações químicas. **Catalisador** é uma substância que *acelera* a velocidade de ocorrência de certa reação química.

Muitas enzimas possuem, além da porção proteica propriamente dita, constituída por uma sequência de aminoácidos, uma porção não proteica. A parte proteica é a **apoenzima** e a não proteica é o **cofator**. Quando o cofator é uma molécula orgânica, é chamado de **coenzima**.

O mecanismo de atuação da enzima se inicia quando ela se liga ao reagente, mais propriamente conhecido como *substrato*. É formado um complexo enzima-substrato, *instável*, que logo se desfaz, liberando os produtos da reação e a enzima, que permanece intacta embora tenha participado da reação.

Mas para que ocorra uma reação química entre duas substâncias orgânicas que estão na mesma solução é preciso fornecer certa quantidade de energia, geralmente na forma de calor, que favoreça o encontro e a colisão entre elas. A energia também é necessária para romper ligações químicas existentes entre os átomos de cada substância, favorecendo, assim, a ocorrência de outras ligações químicas e a síntese de uma nova substância a partir das duas iniciais.

Essa energia de partida, que dá um "empurrão" para que uma reação química aconteça, é chamada de **energia de ativação** e possui determinado valor.

A enzima provoca uma *diminuição da energia de ativação necessária para que uma reação química aconteça* e isso facilita a ocorrência da reação (veja a Figura 3-7).

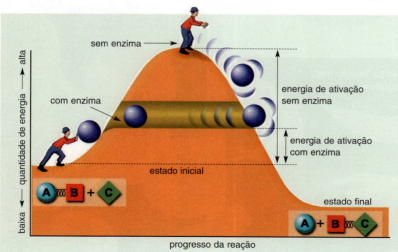

Figura 3-7. Energia de ativação com e sem enzimas. Ilustração baseada em: POSTLETHWAIT, J. *et al. Biology! Bringing Science to Life.* USA: McGraw-Hill, 1991. p. 78.

O mecanismo "chave-fechadura"

Na catálise de uma reação química, as enzimas interagem com os substratos, formando com eles, temporariamente, o chamado **complexo enzima-substrato**.

Na formação das estruturas secundária e terciária de uma enzima (não esqueça que as enzimas são proteínas), acabam surgindo certos locais na molécula que servirão de encaixe para o alojamento de um ou mais substratos, do mesmo modo que uma chave se aloja na fechadura (veja a Figura 3-8(a)).

Anote! A estrutura terciária da enzima é responsável por sua função.

Anote! Uma enzima não é consumida durante a reação química que ela catalisa.

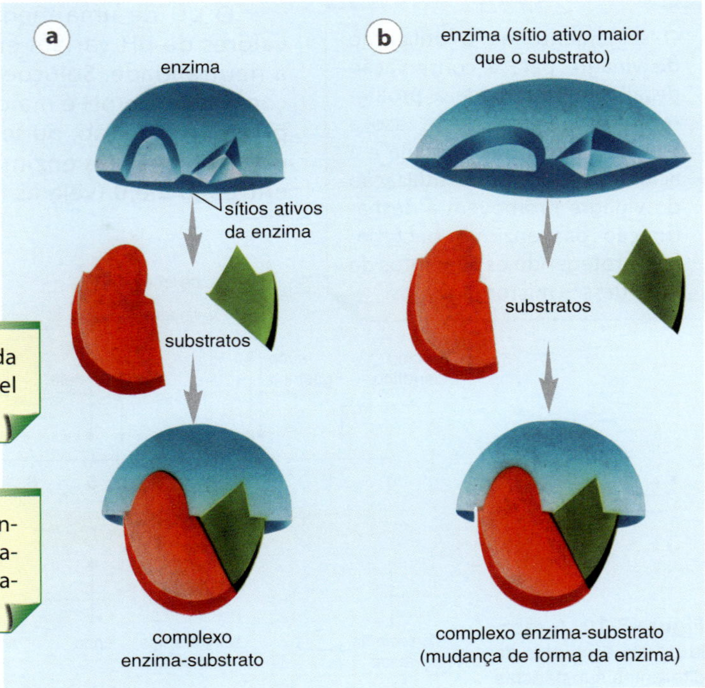

Esses locais de encaixe são chamados de **sítios ativos** e ficam na superfície da enzima. Ao se encaixarem nos sítios ativos, os substratos ficam próximos uns dos outros e podem reagir mais facilmente.

Assim que ocorre a reação química com os substratos, desfaz-se o complexo enzima-substrato. Liberam-se os produtos e a enzima volta a atrair novos substratos para a formação de outros complexos.

Figura 3-8. Modelo chave-fechadura. Em (a), há interação da enzima com os substratos. Em (b), há deformação da enzima, favorecendo sua ação.

A descrição acima sugere que, assim como em uma fechadura, a forma da enzima e os seus sítios ativos são rígidos. Não é bem assim. Atualmente, acredita-se que, ao haver o ajuste dos substratos nos sítios ativos, ocorre uma mudança na forma da enzima. Essa mudança melhora a interação entre a enzima e os substratos que, mais próximos uns dos outros, podem reagir mais facilmente. É como se a chave pudesse sofrer uma deformação assim que fosse introduzida na fechadura, aumentando a interação entre elas e otimizando o seu funcionamento (veja a Figura 3-8(b)).

Fatores que influenciam a ação das enzimas

A **temperatura** e o **pH** (índice da acidez ou da alcalinidade do meio) são dois dos mais importantes fatores que regulam a atividade das enzimas.

Anote! O aumento da temperatura favorece a ocorrência das reações químicas, na medida em que provoca um aumento na agitação das moléculas dos substratos, tornando-as mais aptas a reagir.

A maioria das enzimas possui uma atividade máxima dentro de uma faixa de temperatura. Nas células humanas, a temperatura ótima de ação das enzimas está em torno de 35 °C a 40 °C. Na Figura 3-9, perceba que a cada 10 °C de aumento de temperatura, a taxa da reação enzimática dobra até um determinado ponto (por **taxa da reação enzimática** entenda a quantidade de produto formado por unidade de tempo). Valores altos de temperatura, no entanto, podem levar à desnaturação das enzimas e, portanto, à sua desativação.

Figura 3-9. Atividade enzimática em função da temperatura. Para cada enzima, variações de pH para mais ou para menos afetam sua atividade.

De olho no assunto!

O que é substrato? Vimos que é o nome dado à substância sobre a qual uma enzima atua. De maneira geral, o nome da enzima deriva do nome do substrato sobre o qual ela atua, acrescentando-se a terminação *ase*. Por exemplo, a enzima *amilase* intervém, atua, na "quebra" (hidrólise) do amido, liberando moléculas de maltose. Já para a hidrólise da maltose existe outra enzima, a *maltase*. Às vezes, as enzimas possuem nomes particulares: é o caso da ptialina, a enzima existente na saliva e que favorece a hidrólise do amido. Na verdade, a ptialina é uma amilase. Outro exemplo é a pepsina, que favorece a digestão de proteínas. A pepsina é uma *protease*.

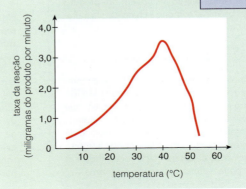

Proteínas e ação enzimática

> **Anote!**
> O salgamento ou a utilização de vinagre para a conservação de alimentos impede a proliferação de bactérias. Nesse caso, a elevada concentração salina e a acidez decorrente da utilização do vinagre promovem a desnaturação das enzimas bacterianas, protegendo os alimentos da ação desses microrganismos.

O pH de uma medida reflete o teor de acidez de uma solução. Os valores de pH variam em uma escala de 0 a 14, sendo 7 correspondente à neutralidade. Soluções ácidas têm pH menor que 7, enquanto nas soluções básicas o pH é maior do que 7. A maioria das enzimas possui valor de pH ótimo de ação, ou seja, um valor de pH em que sua atuação é a melhor possível. Entre as enzimas humanas, o pH ótimo para a maioria delas está entre 6,0 e 8,0 (veja as Figuras 3-10 e 3-11).

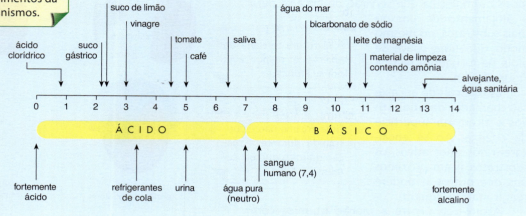

Figura 3-10. A escala de pH e os pHs de diferentes substâncias e fluidos conhecidos.

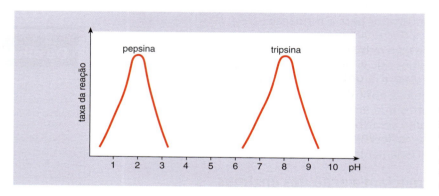

Figura 3-11. Ação de duas enzimas que digerem proteínas no nosso tubo digestório, a pepsina e a tripsina, e as respectivas faixas de pH em que elas atuam.

De olho no assunto!

As vias metabólicas

Muitas reações químicas que ocorrem na célula são sequenciais, com cerca de 20 a 30 reações acontecendo uma após a outra, envolvendo diversas enzimas, até que a última reação resulte em um produto final. Essa sequência de reações químicas compõe a chamada via metabólica. Considere o esquema abaixo:

Nessa via metabólica simples (em que as letras W, X, Y e Z representam um reagente ou um grupo de reagentes), o produto final é formado após uma série de quatro reações químicas sequenciais, em que o produto de cada reação é utilizado na realização da reação seguinte. Foi a partir do estudo de vias metabólicas como essa, em certo tipo de fungo, que alguns pesquisadores conseguiram esclarecer que a síntese de cada enzima é controlada pela ação de determinado gene. Mudanças (mutações) sofridas pelo gene podem afetar a atividade da enzima.

Leitura

Fenilcetonúria: a falta que uma enzima faz para o metabolismo

A falta de uma enzima que transforma o aminoácido fenilalanina em tirosina, dois aminoácidos importantes para o metabolismo, é a causa da **fenilcetonúria**. Não havendo a transformação, a fenilalanina e seus derivados se acumulam no sangue, conduzindo a diversos distúrbios no desenvolvimento da criança, tanto físicos como mentais. Nas maternidades, realiza-se, rotineiramente, o "teste do pezinho", no sentido de identificar portadores dessa anomalia genética. Nas latas de refrigerantes, é comum o alerta sobre o conteúdo de fenilalanina, como medida preventiva no sentido de evitar o consumo excessivo do aminoácido pelos fenilcetonúricos. Dietas adequadas devem ser recomendadas para os portadores.

Inibição enzimática

Certas substâncias podem inibir a ação de enzimas. Por exemplo: alguns medicamentos contendo sulfas são utilizados para o combate a bactérias que provocam infecções no organismo humano. Essas bactérias normalmente produzem uma vitamina do complexo B, o chamado ácido fólico, que atua como coenzima em reações químicas que conduzem à síntese de aminoácidos e ácidos nucleicos, essenciais para a sobrevivência dessas bactérias.

Nós não produzimos ácido fólico e precisamos obtê-lo a partir de alguns alimentos. Pois bem, a síntese do ácido fólico nas bactérias ocorre ao fim de uma via metabólica, na qual um produto intermediário é a substância chamada de ácido *para-aminobenzoico* (PABA). Quando existe PABA, as bactérias conseguem sintetizar o ácido fólico. A sulfa utilizada como medicamento é a *sulfanilamida*, que possui estrutura molecular semelhante à do PABA. Por ser estruturalmente semelhante ao PABA, a sulfanilamida compete com ele e ocupa o sítio ativo da enzima que converteria PABA em ácido fólico. Esse mecanismo é chamado de *inibição competitiva*. As bactérias não conseguem produzir ácido fólico e morrem. A sulfanilamida não nos prejudica, já que não produzimos ácido fólico.

As Proteínas de Defesa: Anticorpos

Diariamente, nosso organismo é invadido por uma infinidade de partículas estranhas chamadas **antígenos**, provenientes do ar que respiramos, da água que bebemos e dos alimentos que comemos. Também somos invadidos, sem perceber, por bactérias, vírus, fungos e protozoários, muitos deles causadores de doenças e produtores de *toxinas* que podem prejudicar seriamente nosso organismo, e até causar a morte.

Qual é a reação do nosso organismo ante essa ameaça proveniente do meio ambiente? Utilizamos o nosso **sistema imunológico** (ou **imunitário**) para combater os agentes estranhos ao nosso corpo e adquirir **imunidade** (o termo provém do latim *immune*, que significa *livre de*). Veja a Figura 3-12.

O sistema imunológico é constituído por um verdadeiro arsenal formado por alguns órgãos, como os nódulos linfáticos (ou linfonodos), o baço e o timo, células brancas do sangue e uma infinidade de substâncias químicas, destacando-se, entre elas, as proteínas de defesa conhecidas como **anticorpos**. Os anticorpos pertencem à categoria de proteínas conhecidas como *imunoglobulinas* (representadas por Ig). A Tabela 3-1 relaciona os cinco tipos de imunoglobulinas e algumas de suas características.

Tabela 3-1. Tipos de imunoglobulina e suas características.

Imunoglobulina	Característica
IgG	Destinadas ao combate de vírus, bactérias e fungos. São de pequeno tamanho, atravessam as paredes dos capilares sanguíneos e agem nos tecidos. Estimulam células fagocitárias a combater microrganismos. Constituem cerca de 75% das imunoglobulinas produzidas pelo homem.
IgM	Destinadas ao combate de vírus. A exemplo das IgG, estimulam as células fagocitárias a combater os vírus.
IgA	Anticorpos das secreções respiratórias, da parede do tubo digestório e das secreções vaginais. São encontradas na lágrima, na saliva e no leite materno.
IgD	Anticorpos existentes nas membranas celulares dos linfócitos.
IgE	Anticorpos que atuam nas respostas alérgicas.

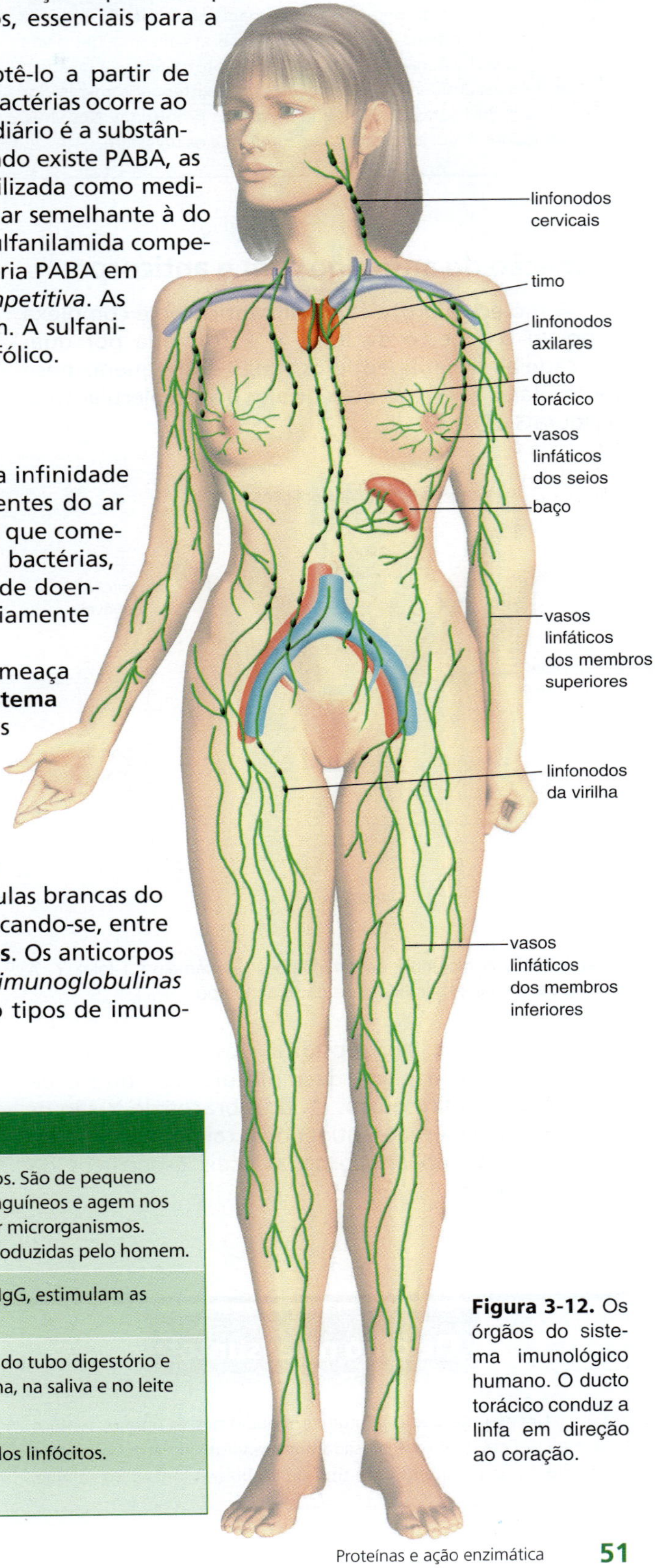

linfonodos cervicais

timo

linfonodos axilares

ducto torácico

vasos linfáticos dos seios

baço

vasos linfáticos dos membros superiores

linfonodos da virilha

vasos linfáticos dos membros inferiores

Figura 3-12. Os órgãos do sistema imunológico humano. O ducto torácico conduz a linfa em direção ao coração.

Proteínas e ação enzimática **51**

De olho no assunto!

O que é um antígeno?

Antígeno é qualquer substância reconhecida como estranha pelo sistema de defesa de um organismo, podendo ser uma molécula de proteína, de polissacarídeo e até mesmo um ácido nucleico. Nas bactérias, nos fungos e nos protozoários que invadem o homem, os antígenos são moléculas que existem nos envoltórios das células invasoras, ou nas toxinas por elas produzidas. Nos vírus, os antígenos estão localizados nas capas que os revestem.

O que são anticorpos?

Anticorpos são moléculas de proteínas produzidas por um organismo e que se destinam a combater os antígenos que o invadiram. Para cada antígeno deve ser produzido um anticorpo específico.

O que são toxinas?

Toxinas são substâncias produzidas por determinados microrganismos, capazes de provocar algum dano ao organismo. Por exemplo, as toxinas produzidas por bactérias do tétano paralisam a nossa musculatura.

A ligação do antígeno com o anticorpo

A molécula proteica de um anticorpo é complexa e possui o aspecto da letra Y. É formada por quatro cadeias de polipeptídios, duas de pequeno peso molecular e as outras duas de alto peso molecular (veja a Figura 3-13).

A ligação do anticorpo ao antígeno ocorre na região dos dois braços do Y. A porção variável de cada braço encaixa-se especificamente nas porções complementares existentes na molécula de antígeno, de modo semelhante ao encaixe de uma chave na fechadura (veja a Figura 3-14).

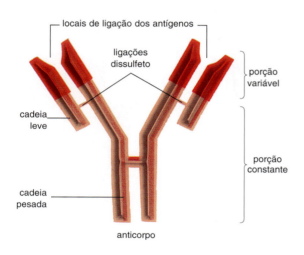

Figura 3-13. A molécula de anticorpo se assemelha à letra Y. A porção variável é específica para cada anticorpo.

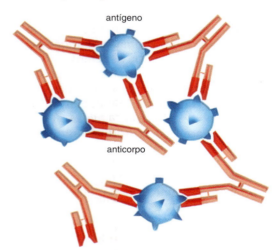

Figura 3-14. Complexo antígeno-anticorpo. Na reação antígeno-anticorpo, do tipo chave-fechadura, as porções variáveis da molécula do anticorpo se encaixam em porções complementares do antígeno, inativando-o.

Cada cadeia polipeptídica possui uma porção variável, que é a parte da molécula que difere de um anticorpo para outro. Os dois braços do Y são os locais que se ligam ao antígeno. A cauda do Y é o local de ligação do anticorpo a locais específicos da célula de defesa.

Uma vez ligados um ao outro, o *anticorpo* inativa o *antígeno* e o **complexo antígeno-anticorpo** formado pode ser englobado por uma célula fagocitária, por exemplo, um glóbulo branco, que destruirá o complexo.

De olho no assunto!

Um assunto que está muito em pauta nesses últimos tempos é a AIDS. Essa doença é causada por um vírus que ataca o sistema imunológico, destruindo um tipo de glóbulos brancos do sangue, responsável pela defesa do organismo. Este é o grande problema de todo o mecanismo: quando o vírus ataca justamente as células de defesa do organismo, a produção de anticorpos – que são tipos especiais de proteínas – fica prejudicada, não dando chance ao corpo para combater a infecção viral e outras possíveis infecções oportunistas.

■ COMO NOS DEFENDEMOS DAS DOENÇAS: AS IMUNIZAÇÕES

As células produzidas pelos órgãos componentes do sistema imunológico atuam na produção de anticorpos. Estes, por sua vez, combatem antígenos existentes nos micróbios causadores de infecção ou nas substâncias tóxicas por eles liberadas.

Passada a infecção, de modo geral, permanece apenas um pequeno número de *células de memória*, isto é, células de defesa que poderão, caso ocorra outra infecção provocada pelo mesmo agente infeccioso, produzir os anticorpos específicos de modo que efetuem um combate rápido e eficiente. Esse processo de **imunização ativa natural** funciona com a maioria das doenças infecciosas provocadas por vírus e bactérias.

Muitos vírus e bactérias, porém, são bastante agressivos e é inimaginável esperar que uma pessoa contraia a doença para depois ficar imune a ela. Assim, pensando-se em termos de prevenção de uma doença infecciosa, recorre-se à **imunização ativa artificial** a partir da **vacinação** das pessoas.

A Resposta à Imunização Ativa

A quantidade de anticorpos produzidos durante o processo de imunização ativa artificial é ilustrada pela Figura 3-15.

De maneira geral, a primeira inoculação de antígenos em uma pessoa provoca o que se chama de *resposta primária* aos antígenos. Os anticorpos surgem depois de 3 a 14 dias da inoculação, atingem certa concentração no sangue, declinando a seguir. Uma segunda inoculação de antígenos, algum tempo depois, provoca a chamada *resposta secundária*, muito mais rápida e produtora de maior quantidade de anticorpos em relação à resposta primária.

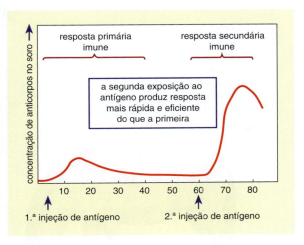

Figura 3-15. A primeira injeção de antígeno provoca a chamada *resposta primária*, em que a produção de anticorpos é pequena. A segunda injeção provoca a *resposta secundária*, em que a quantidade de anticorpos produzidos é maior e a resposta é mais rápida.

Tecnologia & Cotidiano

Como são feitas as vacinas?

- Microrganismos patogênicos são multiplicados em condições especiais no laboratório. Posteriormente, esses microrganismos são mortos ou enfraquecidos de modo que não sejam capazes de provocar doenças, mantendo, porém, a capacidade de funcionar como antígenos. Ex.: vacina contra a poliomielite.
- Utiliza-se de apenas uma fração do microrganismo, aquela que contém os antígenos, como componente da vacina. Ex.: vacina contra a meningite meningocócica, em que são utilizados fragmentos das membranas que revestem as bactérias.
- Utilizam-se as substâncais tóxicas, alteradas, produzidas por uma bactéria, como componente da vacina. Ex.: vacina antitetânica, preparada com toxinas alteradas da bactéria que provoca o tétano.

Imunização Passiva

Certos antígenos são tão agressivos que não é possível aguardar a produção natural de anticorpos para combatê-los. Nesses casos, recorre-se à **imunização passiva**, ou seja, injetam-se anticorpos específicos para combater os antígenos agressivos no organismo doente (pessoas ou animais). Por exemplo: quando ocorrem ferimentos profundos na pele, em regiões em que há bactérias do tétano, é fundamental a injeção de soro antitetânico contendo anticorpos que possam inativar rapidamente as toxinas produzidas pelas bactérias.

Anote!
No leite materno existem inúmeros anticorpos. A amamentação é um tipo de imunização passiva natural.

De olho no assunto!

O soro possui finalidade curativa. A vacina é preventiva.

Para a produção de anticorpos contra a toxina do tétano, por exemplo, utilizam-se animais.

Inoculam-se doses pequenas da toxina tetânica no cavalo que, em resposta, produz os anticorpos. Esses anticorpos do sangue do cavalo são extraídos e com eles prepara-se o soro que poderá ser injetado nas pessoas, quando necessário (veja a figura). Note que os anticorpos não foram produzidos pela pessoa ferida.

A sua duração no sangue da pessoa que os recebe é pequena, limitando-se ao tempo necessário para inativar as toxinas produzidas pelas bactérias.

O soro, portanto, possui finalidade curativa e não preventiva.

Esse mecanismo também é usado contra venenos de cobras, escorpiões e aranhas.

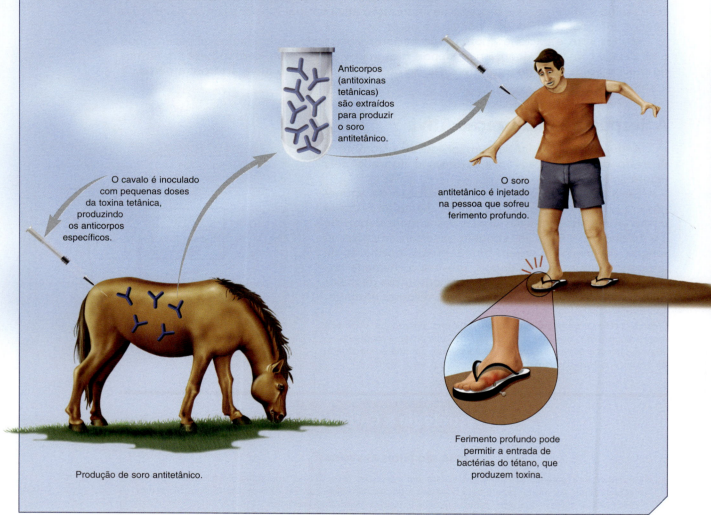

Produção de soro antitetânico.

Leitura

O termo vacina foi empregado pela primeira vez pelo médico inglês Edward Jenner, em 1796, ao efetuar um célebre experimento relacionado à varíola, uma grave doença virótica que hoje praticamente não existe.

Jenner percebeu que ordenhadores que tinham contato com vacas que apresentavam varíola bovina – mais suave que a varíola humana – pegavam varíola bovina, mas não pegavam varíola humana.

Então, em certo dia, ele retirou pus de feridas variólicas de um ordenhador e inoculou em um menino de 8 anos de idade, fazendo pequenos arranhões na pele da mão com uma agulha contendo material contaminado. O menino contraiu a varíola bovina.

Meses depois, Jenner inoculou no menino material proveniente de lesões da varíola humana. O menino não contraiu varíola humana. Tinha sido imunizado pela primeira inoculação com vírus de varíola bovina.

O experimento deu certo porque os vírus causadores das duas moléstias são muito parecidos.

Vacina e vacinação são dois termos derivados da palavra latina *vacca*, referindo-se ao animal a partir do qual toda essa série de experimentos teve início.

▪ AS PROTEÍNAS E A NOSSA ALIMENTAÇÃO

O desenvolvimento saudável de uma criança depende do fornecimento de proteínas de qualidade. Por proteínas de qualidade entende-se as que possuem todos os aminoácidos essenciais para a nossa espécie. A maturação cerebral depende do fornecimento correto, na idade certa, das proteínas de alto valor nutritivo. Pobreza de proteínas na infância acarreta sérios problemas de conduta e raciocínio na idade adulta.

A doença conhecida como Kwashiorkor, em que a criança apresenta abdômen e membros inchados, alterações na cor dos cabelos e precário desenvolvimento intelectual, é uma manifestação de deficiência proteica na infância e mesmo em adultos.

As autoridades mundiais estão cada vez mais preocupadas com a correta alimentação dos povos que, normalmente, não dispõem de acesso fácil aos alimentos proteicos.

Em muitas regiões do mundo, as pessoas recorrem a alimentos ricos em carboidratos (excelentes substâncias fornecedoras de energia), porém pobres em aminoácidos.

Elas engordam, mas apresentam deficiência em proteínas. O ideal é incentivar o consumo de mais proteínas e obter, assim, um desenvolvimento mais saudável do organismo.

As proteínas mais "saudáveis", de melhor qualidade, são as de origem animal. As de maior teor em aminoácidos essenciais são encontradas nas carnes de peixe, de vaca, de aves e no leite.

Um aspecto importante a ser considerado no consumo de cereais é que eles precisam ser utilizados sem ser beneficiados. No arroz sem casca e polido, o que sobra é apenas o amido, e o mesmo ocorre com os grãos de trigo no preparo da farinha. Deve-se consumir esses alimentos na forma integral, já que as proteínas são encontradas nas películas que envolvem os grãos. Mais recentemente, tem-se incentivado o consumo de arroz *parboilizado* (do inglês, *parboil* = = ferventar), isto é, submetido a um processo em que as proteínas da película interna à casca aderem ao grão. Outra grande fonte de proteínas é a soja e todos os seus derivados.

De olho no assunto!

O valor proteico da soja

As carnes de peixe e bovina, além do leite de vaca, constituem as melhores fontes de proteínas de qualidade para o homem. No entanto, para as pessoas que desejam evitar o consumo de carne bovina por uma infinidade de motivos, que abrangem desde o custo elevado até o receio de ingerir alimento com alto teor de mau colesterol – LDL –, existe hoje uma alternativa viável: a proteína de soja. As vantagens de se consumir grãos de soja devidamente pre-parados são várias: ausência de colesterol e presença de razoáveis quantidades de açúcares, sais minerais (cálcio, ferro) e de vitaminas (A, B_1, B_2 e niacina), além de atribuir à soja propriedades relativas à prevenção de câncer de mama, diabetes e osteoporose. A tabela abaixo compara os teores dos aminoácidos existentes nos leites de soja, de vaca e humano. Note, porém, que dois aminoácidos – metionina e cisteína – existem em pequena quantidade no leite de soja, quando comparados à quantidade existente nos outros dois alimentos. No entanto, grãos de milho contêm aqueles dois aminoácidos em teores suficientes, podendo-se, então, fazer uma combinação de grãos de soja e de milho para uma alimentação completa no que se refere à ingestão de proteínas de qualidade.

Teor de aminoácidos (g/16 g N) no extrato solúvel de soja e nos leites de vaca e humano.

Aminoácidos	Tipos de leite			
	Soja caseira	Soja comercial	Vaca	Humano
Isoleucina	5,1	4,7	7,5	5,5
Leucina	8,3	8,1	11,0	9.1
Lisina	6,2	6,4	8,7	6,6
Metionina	1,4	1,2	3,2	2,0
Cisteína	1,7	0,9	1,0	2,0
Treonina	3,8	3,9	4,7	4,5
Triptofano	1,3	1,1	1,5	1,6
Valina	4,9	5,0	7,0	6,2

Fonte: EMBRAPA – CNPSo. *Soja:* potencial de uso na dieta brasileira. Documento 113, p. 14, abr. 1998.

O que Você Come Diariamente?

Sugere-se hoje que uma pessoa coma, por dia, entre 50% e 60% de carboidratos, dos quais 15% sejam constituídos de açúcares simples; cerca de 30% de gorduras (triglicérides), dos quais menos de 10% deve ser gordura não saturada; e cerca de 12% a 15% de proteínas.

A energia que obtemos diariamente dos alimentos serve para manter nosso metabolismo basal e realizar atividades físicas. Por metabolismo basal entende-se manter em níveis básicos o funcionamento dos órgãos vitais: batimentos cardíacos, respiração pulmonar, funcionamento dos neurônios e de órgãos como o fígado e os rins.

As atividades físicas envolvem a participação dos músculos esqueléticos e acontecem desde a hora em que você acorda, levanta-se da cama, dirige-se ao banheiro para sua higiene, veste sua roupa, toma seu lanche, dirige-se à escola, andando ou correndo, assiste às aulas, estuda, digita no computador etc. Claro que, ao fazer uma caminhada, você gasta certa quantidade de energia a mais em relação à que você gasta para manter apenas o metabolismo basal.

Veja a Tabela 3-2, em que há uma relação dos gastos energéticos para algumas atividades diárias.

Claro que, se a atividade física for mais intensa, mais calorias serão gastas e, nesse caso, você deve ingerir uma quantidade maior de calorias para repor as que você perdeu para executar essas atividades.

Em média, a necessidade diária de energia para um adolescente de 16 anos é de cerca de 3.000 calorias. Admitindo que você deva ingerir por dia aproximadamente 55% de carboidratos, 30% de gorduras e 15% de proteínas, das calorias ingeridas, então, cerca de 1.650 calorias deverão ser provenientes de carboidratos, 900 de gorduras e cerca de 450 de proteínas.

Se você exceder a ingestão diária indicada de calorias, o excesso será armazenado em seu organismo na forma de gordura. Se ingerir menos calorias do que a necessidade diária, então, o seu organismo passará a queimar as reservas armazenadas e você tenderá a emagrecer. Uma pessoa que deseja manter o "peso", deve consumir exatamente as calorias que gastar durante a atividade diária. Por exemplo, se para você, estudante, a necessidade diária energética – que inclui atividade física, metabolismo basal e crescimento do organismo – é de 2.500 calorias, então você deve ingerir exatamente essa quantidade para se manter com a massa corporal inalterada.

Tabela 3-2. Gasto de energia (em calorias) por kg de peso e por hora de atividade.

Atividade	Calorias necessárias
Aeróbica de alto impacto	7
Aeróbica de baixo impacto	5,2
Assistir TV	0,9
Caminhar com cachorro	3,5
Caminhar leve/moderado	3,5
Caminhar na grama	5,2
Caminhar rápido	4
Ciclismo (por lazer)	4
Comer	1,5
Compras em supermercado	3,5
Cozinhar e preparar a mesa	2,5
Cuidar de criança	3,5
Dança de salão	5,5
Descer escadas	3
Dormir	0,9
Ginástica localizada, leve ou moderada	4
Hidroginástica intensa	9,9
Hidroginástica lenta	4
Lavar pratos	2,5
Ler	1,3
Nadar (por lazer)	6
Passar roupa	2,4
Tomar banho	2
Trabalhar no computador	1,5
Varrer a casa	2,4
Yoga/alongamentos	4

Fonte: AINSWORTH, BARBARA E. Compendium of Physical Activities: classification of energy costs of human physical activities. *Med Sci Sports Exerc*, v. 32, n. 9, Suppl., p. S498-S516, 2000.

De olho no assunto!

Diz-se que o metabolismo basal de uma pessoa com 60 kg de massa corporal consome 1.400 calorias, quando ela está em repouso. Se ela fizer uma caminhada durante uma hora, no plano, com ritmo constante, o gasto energético será de aproximadamente 198 calorias. Ou seja, além das 1.400 calorias necessárias para a execução do metabolismo basal, 198 calorias serão gastas para caminhar.

Claro que uma pessoa executa mais atividades durante o dia, além de caminhar, e cada uma delas consome certa quantidade de calorias. Somando-se todas as calorias gastas durante o dia, pode-se ter uma noção de quanto alimento energético essa pessoa deveria ingerir para satisfazer as necessidades calóricas daquele dia.

Agora, veja a Tabela 3-3 para saber a quantidade de calorias de alguns alimentos.

Tabela 3-3. Valor calórico de alguns alimentos e bebidas.

Alimentos e bebidas	Calorias
Copo de leite integral (240 mL)	149
Bife de alcatra frito (2 fatias, 100 g)	220
Big Mac	563
Arroz com feijão (2 colheres de sopa, 40 g)	75
Pão francês (50 g)	135
Pizza de mussarela (fatia, 140 g)	304
Açúcar comum (colher de chá, 10 g)	40
Banana *split* (1 taça)	843
Chipits queijo e cebolinha (unidade)	19
Chocolate Talento com avelãs (100 g)	507
Coca-cola (lata, 350 mL)	137
Coca-cola *light* (lata, 350 mL)	1,5
Banana-prata (unidade, 55 g)	55

Anote!

Valor calórico dos alimentos

Carboidratos:
1 grama libera cerca de 4 calorias

Gorduras:
1 grama libera cerca de 9 calorias

Proteínas:
1 grama libera cerca de 4 calorias

Ética & Sociedade

Fast food, a alavanca para mais uma doença social

Em 2004, foi lançado o filme *Super Size Me* (*A dieta do palhaço*), que acompanha Morgan Spurlock durante o mês em que ele se alimentou unicamente em uma rede de *fast food*, mergulhando em hambúrgueres, refrigerantes e batatas fritas.

Longe de representar uma pesquisa científica, o filme ressaltou um comportamento que vem causando calafrios em médicos e nutricionistas: a alimentação baseada em *fast foods* como decorrência da vida moderna, sem tempo para refeições equilibradas e realizadas em intervalos de tempo razoáveis.

Vários estudos de menos destaque na mídia, mas de grande valor científico, foram desenvolvidos nos últimos anos e como resultado mostraram que esse tipo de alimentação realmente favorece a obesidade, o aumento do colesterol ruim e o desenvolvimento de resistência à insulina.

Esse problema atinge, além dos que trabalham nas grandes cidades, os estudantes que, por conta de dois períodos de aula no mesmo dia, treinos ou cursos complementares, acabam realizando suas refeições em lanchonetes.

- Para minimizar os prejuízos nutricionais, algumas escolas colocaram nutricionistas supervisionando o cardápio das lanchonetes internas. O cardápio da lanchonete de sua escola inclui saladas, frutas e sanduíches naturais?

- Que tipo de comida você ingere quando tem dois períodos de aula: *fast food* ou balanceada?

- Com que frequência no mês você se alimenta em *fast foods*?

Passo a passo

Utilize as informações do texto abaixo para responder às questões de **1** a **6**.

"Proteínas são moléculas orgânicas presentes em qualquer ser vivo. De sua constituição participam 'tijolos' básicos, cuja união se dá graças à 'ajuda' de substâncias 'facilitadoras' de reações químicas. Sem proteínas, nenhum ser vivo consegue se desenvolver adequadamente. É conhecida a situação de seres humanos que, ao se alimentarem apenas de carboidratos e lipídios, sofrem com problemas relacionados ao desenvolvimento físico e intelectual. Por outro lado, a atuação das tais substâncias 'facilitadoras' depende da existência de condições sem as quais elas deixam de agir. Conclusão: do correto entendimento do que são as proteínas, de como são constituídas e do seu modo de ação é que podemos afirmar que são substâncias essenciais para o adequado desenvolvimento de todo ser vivo."

1. Com relação às proteínas:

a) Cite os três papéis básicos desempenhados por essa categoria de compostos orgânicos nos seres vivos. Quais são as substâncias "facilitadoras" de reações químicas citadas no texto?

b) Quais são os "tijolos" básicos que constituem uma molécula de proteína? Quais são os dois componentes básicos que caracterizam esses "tijolos" básicos?

Proteínas e ação enzimática **57**

2. a) Como se dá a união dos tais "tijolos" básicos em uma molécula de proteína?
b) Sabe-se que são vinte os tipos de "tijolos" básicos participantes de moléculas de proteína. Desses vinte tipos, alguns são considerados *naturais* e outros são *essenciais*, dependendo do ser vivo considerado. Qual a razão dessa denominação? No ser humano, cite pelo menos dois exemplos de cada uma dessas categorias.

3. a) Com relação à forma espacial das proteínas, cite os possíveis arranjos estruturais que podem ocorrer nos seres vivos nessas moléculas.
b) Qual o significado do termo *desnaturação proteica*? Cite um fator que pode conduzir a uma desnaturação proteica.

4. a) Cite um exemplo de cada um dos seguintes tipos de proteína no ser humano: de *defesa*, *enzima*, *reguladora*, *transportadora* e *estrutural*.
b) Com relação aos componentes que podem fazer parte de uma enzima, diferencie os termos apoenzima, cofator e coenzima.

5. a) O papel de uma enzima, ao catalisar determinada reação química, é atuar na diminuição da chamada *energia de ativação*. Qual o significado desse termo? Que denominação recebe o reagente sobre o qual atuará determinada enzima?
b) A atuação de uma enzima, ao facilitar a ocorrência de determinada reação, conduz a um encaixe prévio da enzima ao substrato no qual atuará. Como é denominado o conjunto formado pela união da enzima ao seu substrato?

6. a) Na molécula da enzima existem determinados locais nos quais se ajusta o substrato. Como são denominados esses locais?
b) Após a sua ação na facilitação da ocorrência de uma reação química, a enzima, intacta, pode atuar em outras reações químicas. Qual a principal conclusão a que se chega com essa descrição?
c) Quais são os dois mais importantes fatores que regulam a atividade das enzimas?

Utilize as informações do texto abaixo para responder às questões de **7** a **10**.

"Todos os anos, campanhas de vacinação em massa visam prevenir doenças que afligem principalmente crianças e idosos em nosso país. É o que ocorre com a poliomielite, o sarampo, a gripe, meningite e outras doenças. Infelizmente, essa possibilidade ainda não existe para doenças como a malária, a dengue e a AIDS. A meta é imunizar a maior quantidade possível de pessoas contra as toxinas e antígenos que fazem parte da estrutura dos agentes causadores de doenças, sejam bactérias ou vírus. Com esse tipo de imunização, espera-se que o sistema de defesa das pessoas produza anticorpos protetores que previnam a ocorrência de novos casos das doenças citadas. Por outro lado, para certas doenças, como o tétano, e para o combate a venenos de serpentes, esse tipo de imunização não funciona, por ser lenta a produção de anticorpos. Nesse caso, recorre-se à injeção de soros protetores que combaterão as toxinas produzidas pelos agentes causadores."

7. Considerando as informações do texto e seus conhecimentos sobre o assunto:
a) Conceitue antígeno, anticorpo e toxina.
b) Como é denominado o sistema constituído de órgãos, células e anticorpos destinado a defender o organismo humano contra antígenos que o invadem? A que categoria de proteínas os anticorpos pertencem?

8. Quando uma criança é vacinada contra determinada doença, por exemplo, o sarampo, os antígenos existentes na vacina induzem a produção de anticorpos contra antígenos presentes nos vírus causadores da doença. Diz-se, então, que a criança está imunizada ou protegida contra futuras contaminações pelo vírus do sarampo.
a) A que tipo de imunização a vacinação se relaciona, natural ou artificial? Qual a diferença existente entre esses dois conceitos?
b) Imunização passiva artificial e natural, qual é a diferença entre esses dois conceitos?

9. a) Qual é a diferença entre soro e vacina?
b) Por que se diz que a vacinação é preventiva e o soro é curativo?

10. O gráfico abaixo está relacionado à imunização que ocorre, por exemplo, no processo de vacinação.

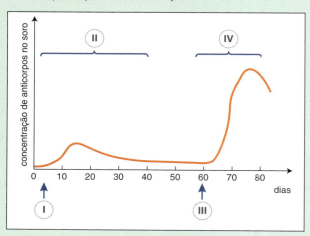

a) Que termos devem ser utilizados em I, II, III e IV?
b) Por que a resposta de produção de anticorpos é mais intensa após a segunda injeção de antígenos, na dose de reforço?

11. *Questão de interpretação de texto*

"*Pele* vermelha e dolorida depois da praia? Em alguns anos essa sensação poderá não existir mais. Pesquisadores no Reino Unido descobriram a substância por trás da dor e da sensibilidade da *pele* de vítimas de queimaduras solares. Os raios ultravioleta do Sol fazem a substância chamada *CXCL5* ativar as fibras dos *nervos* da pele, provocando dor e sensibilidade ao toque. A *CXCL5* é ligada a processos inflamatórios. Um *anticorpo* neutralizador foi capaz de anular os efeitos dessa substância em ratos. Ou seja, um anticorpo adaptado ao ser humano, capaz de bloquear a ação da *CXCL5*, poderia se tornar um analgésico eficaz."

Adaptado de: BONALUME NETO, R. Britânicos descobrem a molécula que causa dor nas queimaduras. **Folha de S.Paulo**, São Paulo, 7 jul. 2011. Caderno Saúde, p. C10.

a) No texto, os termos *pele*, *CXCL5*, *nervos* e *anticorpo* encontram-se grifados. A que níveis de organização biológicos esses termos se referem?
b) A que categoria de substâncias orgânicas pertence a molécula de *anticorpo*? Quais são as unidades moleculares ("tijolos") constituintes dessa molécula?
c) Anticorpo e glicogênio são constituídos de um importante *elemento químico*, presente em todo e qualquer ser vivo e que é responsável pela natureza orgânica dessas substâncias. Qual é esse *elemento químico* e por qual letra é simbolizado?

Questões objetivas

1. (UFSC) Um extraterrestre que resolvesse estudar a composição química das formas de vida em nosso planeta poderia concluir, de maneira correta, que ela é baseada em compostos de carbono, água e sais minerais.

Indique a(s) proposição(ões) CORRETA(S) e dê sua soma ao final.

(01) Nos seres vivos as substâncias mais abundantes são: água (70% a 85%), lipídios (10% a 15%), glicídios (7% a 10%) e proteínas (2% a 3%).
(02) Os íons cálcio desempenham importante função nos processos da contração muscular e da coagulação do sangue.
(04) Os compostos proteicos miosina e hemoglobina têm como principal elemento na sua composição os íons magnésio.
(08) Os glicídios desempenham papel importante na estrutura dos ácidos nucleicos, os quais são importantes na transmissão das características dos seres vivos.
(16) Os fosfolipídios, uma classe especial de lipídios, são essenciais na formação de membranas celulares.
(32) Todos os aminoácidos, essenciais e não essenciais, utilizados por nossas células na formação das proteínas são necessariamente obtidos através da alimentação.

2. (UFMS) As proteínas, formadas pela união de aminoácidos, são componentes químicos fundamentais na fisiologia e na estrutura celular dos organismos. Em relação às proteínas, indique a(s) proposição(ões) correta(s) e dê sua soma ao final.

(01) O colágeno é a proteína menos abundante no corpo humano, apresentando forma globular como a maioria das proteínas.
(02) A ligação peptídica entre dois aminoácidos acontece pela reação do grupo carboxila de um aminoácido com o grupo amino de outro aminoácido.
(04) A ptialina, enzima produzida pelas glândulas salivares, atua na digestão de proteínas.
(08) A anemia falciforme, causada por fatores nutricionais, é atribuída ao rompimento das hemácias em função da desnaturação da molécula proteica de hemoglobina em decorrência do aumento da temperatura corporal.
(16) A insulina, envolvida no metabolismo da glicose, é um exemplo de hormônio proteico.
(32) As proteínas caseína e albumina são encontradas no leite e na clara do ovo, respectivamente.

3. (UFAC) As proteínas são macromoléculas formadas por aminoácidos. Embora existam dezenas de aminoácidos diferentes, apenas 20 são utilizados na síntese das proteínas comuns. Indique a única alternativa que apresenta 3 (três) tipos de aminoácidos.

a) Cisteína, ácido glutâmico, histidina.
b) Cisteína, ácido glutâmico, ácido clorídrico.
c) Cisteína, histidina, trombina.
d) Ácido glutâmico, histidina, insulina.
e) Ácido glutâmico, trombina, insulina.

4. (PUC – RJ) Analise a figura a seguir, que mostra a mudança da estrutura terciária de uma proteína enzimática pela modificação das condições às quais ela está exposta.

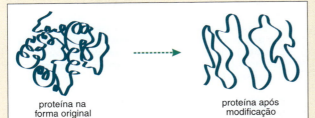

proteína na forma original → proteína após modificação

Essa mudança é chamada de

a) saturação e pode ser causada pela alteração do pH do meio.
b) renaturação e pode ser causada pela alteração da temperatura do meio.
c) saponificação e pode ser causada pela alteração de pH do meio.
d) floculação e pode ser causada pela mudança de densidade do meio.
e) desnaturação e pode ser causada pela alteração de temperatura do meio.

5. (UFF – RJ) Desde o surgimento da gripe suína, vacinas têm sido desenvolvidas na tentativa de estabelecer um método de proteção para a população.

Assinale a alternativa que apresenta o mecanismo clássico de imunização em que se baseiam as vacinas.

a) Imunização ativa – mecanismo segundo o qual se introduz uma pequena quantidade de antígeno no organismo para produção de anticorpo.
b) Imunização passiva – mecanismo segundo o qual se introduz uma grande quantidade de antígeno no organismo para produção de anticorpo.
c) Imunização ativa – mecanismo segundo o qual se introduz uma grande quantidade de anticorpos no organismo para o combate ao antígeno.
d) Imunização passiva – mecanismo segundo o qual se introduz uma pequena quantidade de anticorpos para o combate ao antígeno.
e) Imunização ativa – mecanismo segundo o qual se inocula o complexo antígeno-anticorpo para o combate à infecção.

6. (PUC – RJ) Algumas doenças são consideradas como autoimunes porque as pessoas que as possuem

a) não são capazes de produzir anticorpos.
b) produzem anticorpos contra medicamentos.
c) produzem poucos glóbulos brancos e vermelhos.
d) produzem anticorpos contra as próprias partes de seu corpo.
e) não podem receber transfusão sanguínea de nenhum doador.

7. (UFBA – adaptada) A variação na atividade catalítica de duas enzimas, em função do pH, está registrada no gráfico abaixo.

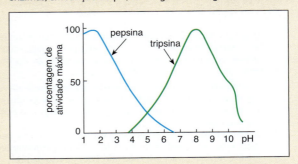

Com base no gráfico e em características e propriedades das biomoléculas envolvidas, indique as alternativas corretas e dê sua soma ao final.

(01) Pepsina e tripsina são enzimas que atuam no processo digestivo.
(02) *In vivo* essas duas enzimas devem atuar em um mesmo ambiente fisiológico.
(04) A pepsina e a tripsina, bem como os substratos sobre os quais atuam, pertencem à mesma classe de macromoléculas.
(08) Essas enzimas mantêm uma atividade ótima numa larga escala de pH.
(16) O efeito do pH sobre a atividade dessas enzimas revela que a pepsina atua no meio interno da célula.
(32) A reação catalisada pela tripsina não se altera em função do pH.
(64) A atividade enzimática é uma expressão funcional da informação genética.

8. (FUVEST – SP) Um camundongo recebeu uma injeção de proteína A e, quatro semanas depois, outra injeção de igual dose da proteína A, juntamente com uma dose da proteína B. No gráfico abaixo, as curvas X, Y e Z mostram as concentrações de anticorpos contra essas proteínas, medidas no plasma sanguíneo, durante oito semanas.

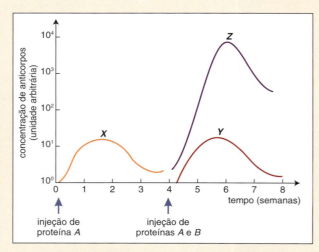

Adaptado de: PURRES, W. K.; SADAVA, D.; ORIANS, G. H.; HELLER, H. C. Life. The Science of Biology. 6. ed. Sinauer Associates; W. H. Freeman, 2001.

As curvas

a) X e Z representam as concentrações de anticorpos contra a proteína A, produzidos pelos linfócitos, respectivamente, nas respostas imunológicas primária e secundária.
b) X e Y representam as concentrações de anticorpos contra a proteína A, produzidos pelos linfócitos, respectivamente, nas respostas imunológicas primária e secundária.
c) X e Z representam as concentrações de anticorpos contra a proteína A, produzidos pelos macrófagos, respectivamente, nas respostas imunológicas primária e secundária.
d) Y e Z representam as concentrações de anticorpos contra a proteína B, produzidos pelos linfócitos, respectivamente, nas respostas imunológicas primária e secundária.
e) Y e Z representam as concentrações de anticorpos contra a proteína B, produzidos pelos macrófagos, respectivamente, nas respostas imunológicas primária e secundária.

9. (UEL – PR) Analise as afirmativas a seguir:

I – As vacinas podem ser produzidas a partir de microrganismos atenuados ou mortos, toxinas neutralizadas, ou simplesmente utilizando componentes de cápsula, membrana ou parede bacterianas.
II – A vacina inativada é aquela em que o vírus encontra-se vivo, porém sem capacidade de produzir a doença, e a vacina atenuada é aquela que contém o vírus morto por agentes químicos ou físicos.
III – Malária, tuberculose e tétano são doenças virais; caxumba, dengue e sarampo são doenças bacterianas, todas controladas por vacinação.
IV – A imunização é um processo pelo qual se adquire imunidade ou proteção contra uma determinada doença infecciosa, seja após adquirir a doença ou mediante a administração de vacina.

Assinale a alternativa correta.

a) Somente as afirmativas I e III são corretas.
b) Somente as afirmativas I e IV são corretas.
c) Somente as afirmativas II e IV são corretas.
d) Somente as afirmativas I , II e III são corretas.
e) Somente as afirmativas II, III e IV são corretas.

Questões dissertativas

1. (UNIFESP) Todos os anos, o serviço público de saúde do Brasil lança campanhas de vacinação voltadas para a população. A vacinação funciona como uma primeira exposição do nosso organismo ao agente infeccioso.

a) Compare como reage nosso organismo, em termos de velocidade de resposta e quantidade de anticorpos produzidos, em uma primeira e em uma segunda exposição ao agente infeccioso.
b) Ao contrário de outras vacinas, a vacina contra gripe é periódica, ou seja, mesmo quem já foi vacinado anteriormente deve receber a vacina a cada ano. Por que isso ocorre?

2. (UERJ) Finalmente, uma vacina combateu em humanos a infecção pelo HIV, o vírus causador da AIDS. Na verdade, uma vacina não. Duas. A combinação de dois imunizantes que já haviam fracassado quando testados isoladamente, em estudos anteriores, reduziu em 31,2% o risco de contaminação.

Adaptado de: IstoÉ, 30 set. 2009.

As vacinas são um meio eficiente de prevenção contra doenças infecciosas, causadas tanto por vírus como por bactérias. Indique três princípios ativos encontrados nas vacinas e explique como atuam no organismo.

3. (UFG – GO) Leia as duas situações apresentadas a seguir.

Situação 1

Uma pessoa, ao caminhar pela margem de um córrego, foi surpreendida pela picada de uma cobra peçonhenta. Essa pessoa foi imediatamente encaminhada ao hospital, onde foram realizados, de modo correto, os procedimentos adequados ao seu socorro.

Situação 2

Uma criança com seis meses de idade, saudável e com desenvolvimento dentro dos padrões esperados de crescimento, recebeu vacinas de acordo com o programa de vacinação proposto pelo Ministério da Saúde.

Nas duas situações, os indivíduos mencionados receberam cuidados imunobiológicos. Explique qual é o tipo de imunização adequada para cada situação.

4. (FUVEST – SP) O kwashiorkor e o marasmo são doenças infantis por deficiência nutricional encontradas em regiões subdesenvolvidas.

Kwashiorkor é uma palavra de origem africana que significa "doença que afeta uma criança quando nasce outra (uma irmã ou um irmão)". A doença caracteriza-se por retardo de crescimento, cabelos e pele descoloridos e inchaço do corpo, principalmente da barriga, devido ao acúmulo de líquido nos tecidos. Esse quadro decorre da falta quase completa de proteínas na dieta, a qual é constituída essencialmente por carboidratos.

O marasmo, fraqueza externa, caracteriza-se por atrofia dos músculos, ósseos salientes e fácies de um velho; é um quadro de subnutrição completa causada por deficiência calórica e proteica.

a) Explique a relação entre a causa do kwashiorkor e o significado atribuído a essa palavra africana.
b) Por que alimentos proteicos são fundamentais na composição da dieta das crianças?
c) Explique por que a deficiência calórica faz a criança emagrecer.

Programas de avaliação seriada

1. (PSC – UFAM) Embora as células contenham uma grande variedade de moléculas pequenas contendo carbono, a maior parte dos átomos de carbono das células está incorporada a macromoléculas. As propriedades singulares dessas macromoléculas permitem que as células e os organismos cresçam e se reproduzam. Observe os termos abaixo:

1. Proteínas	A. Ácidos graxos	I. Colesterol
2. Carboidratos	B. Nucleotídeos	II. Anticorpos
3. Ácidos nucleicos	C. Aminoácidos	III. Glicogênio
4. Lipídios	D. Monossacarídeos	IV. Ácido ribonucleico

Assinale a opção que relaciona corretamente as macromoléculas com seus monômeros e respectivos representantes:

a) 1-D-I; 2-C-II; 3-A-IV; 4-B-III.
b) 1-A-I; 2-B-II; 3-C-III; 4-D-IV.
c) 1-C-I; 2-D-III; 3-B-IV; 4-A-II.
d) 1-B-II; 2-A-III; 3-D-IV; 4-C-I.
e) 1-C-II; 2-D-III; 3-B-IV; 4-A-I.

2. (PSS – UFAL) Uma alimentação balanceada deve ser rica em proteínas, macromoléculas importantes para o funcionamento dos seres vivos, uma vez que desempenham funções estruturais e enzimáticas. Sobre este assunto, observe a figura abaixo representando diferentes estruturas proteicas e assinale a alternativa correta.

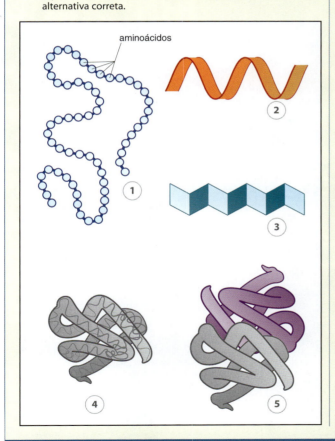

a) A sequência linear de aminoácidos representada em 1 e 4 é denominada estrutura primária.
b) Os dobramentos observados nas cadeias proteicas em 2 e 3 devem-se a reações de repulsão entre aminoácidos distantes entre si.
c) Proteínas como a albumina, que apresentam somente uma cadeia polipeptídica, poderiam ser representadas em 4.
d) As estruturas 2 e 3 são chamadas, respectivamente, de alfa-hélice e beta-hélice.
e) Caso a estrutura 5 fosse uma enzima submetida a alta temperatura, esta seria desnaturada, mas não ocorreria mudança em sua forma espacial.

3. (PSC – UFAM) As vacinas utilizadas nas campanhas de imunização em massa são constituídas de:

a) anticorpos que destruirão o agente infeccioso específico.
b) anticorpos que persistirão ativos por toda a vida do receptor.
c) drogas capazes de aumentar a resistência à infecção.
d) soros obtidos de animais que neutralizarão os antígenos específicos.
e) microrganismos enfraquecidos ou mortos e produtos deles derivados que induzirão a formação de anticorpos.

4. (PSS – UFPB) Lançado em 1973, o Programa Nacional de Imunização (PNI) teve como objeto manter erradicada a varíola no país e promover o controle do sarampo, da tuberculose, da difteria, do tétano, da coqueluche e da poliomielite. Desde então, foram obtidos resultados que demonstram a eficiência da ação preventiva no controle dessas doenças.

Utilizando os conhecimentos da literatura relativos ao sistema imunológico, identifique as afirmativas corretas sobre a ação das vacinas:

I – Matam o agente infeccioso durante a infecção.
II – Contêm os anticorpos que atuarão contra o agente infeccioso.
III – Simulam uma infecção e estimulam a produção de células de memória imunológica.
IV – Induzem o sistema imunológico a produzir uma resposta rápida, quando o organismo for infectado.
V – Estimulam a maturação de linfócitos B, produtores de anticorpos específicos contra um determinado agente infeccioso.

5. (SAS – UEG – GO) O cabelo é composto basicamente de fibras da proteína queratina. As fibras individuais de queratina são ligadas covalentemente umas às outras. Se o cabelo cacheado for tratado com agentes redutores suaves para romper algumas dessas ligações, alisado e, então, oxidado novamente, ele permanecerá liso.

Sobre as biomoléculas descritas acima, é CORRETO afirmar:

a) o colágeno, assim como a queratina, é a proteína mais abundante do corpo humano e forma a molécula de hemoglobina.
b) as propriedades biológicas de uma molécula proteica dependem de suas interações físicas com outras moléculas.
c) a insulina forma a molécula de hemoglobina, pigmento vermelho do sangue humano, responsável pelo transporte de oxigênio, e é produzida no pâncreas.
d) as enzimas são proteínas associadas a carboidratos e os seus nomes tipicamente terminam em "ase", com exceção de queratina, triptofano, tripsina e lisozima.

Proteínas e ação enzimática **61**

Unidade

3

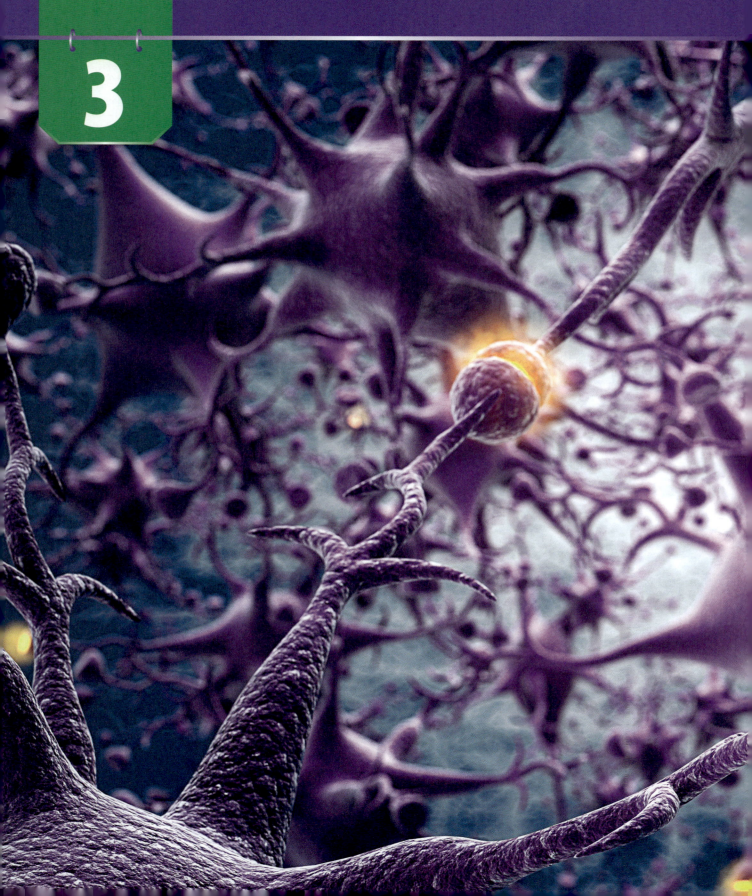

O estudo da célula

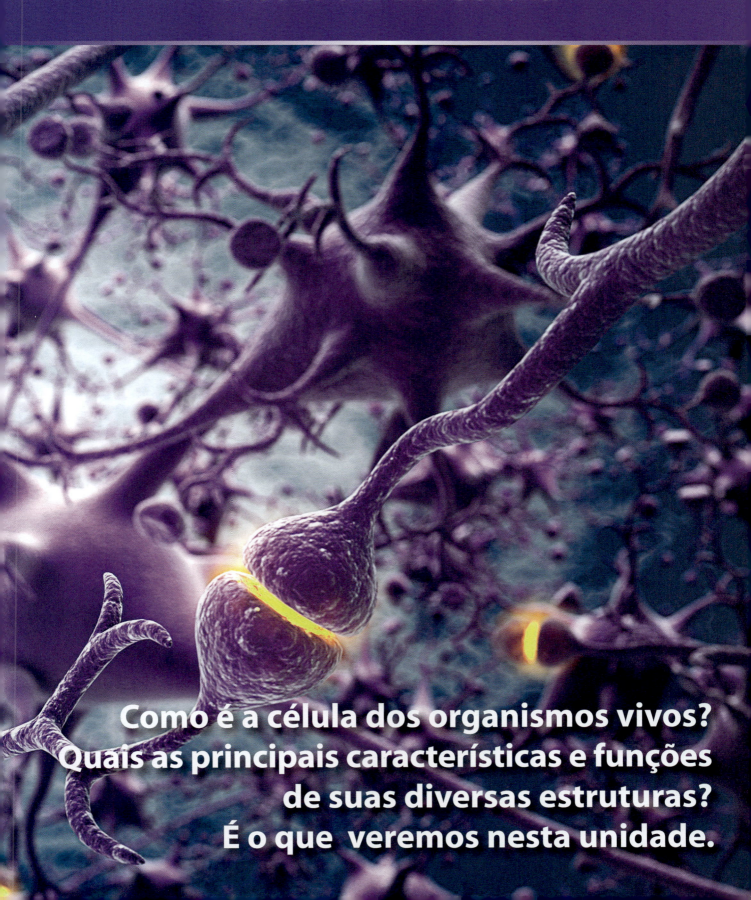

Como é a célula dos organismos vivos?
Quais as principais características e funções
de suas diversas estruturas?
É o que veremos nesta unidade.

Capítulo 4

Membrana celular e permeabiliade

Suor e membrana plasmática

O suor é uma das maneiras mais eficientes de diminuir e de regular o calor do corpo. Nossa temperatura corporal média é de 36,5 °C, mas, em algumas situações, ela pode atingir temperaturas mais elevadas, como quando fazemos exercícios físicos, por exemplo. É nessa situação que entram em ação as glândulas sudoríparas, que secretam o suor e promovem o resfriamento do nosso corpo.

Mas o que a membrana plasmática tem a ver com o suor? Afinal, a membrana plasmática é uma fina película protetora que existe em todas as células e que tem a função de controlar a entrada e a saída de substâncias, por meio de proteínas localizadas ao longo dela.

Em uma situação de normalidade, a membrana plasmática não permite que as células percam ou ganhem muita água. Mas quando precisamos regular nossa temperatura corporal, proteínas especiais presentes na membrana plasmática permitem a saída de água e de íons (como sódio, potássio etc.). Essa mistura atravessa as células e consegue então chegar até as glândulas sudoríparas, onde efetivamente ocorrerá a excreção do suor.

Neste capítulo, estudaremos os diferentes tipos de membrana celular e como se dá a entrada e saída de substâncias das células.

▪ A "FÁBRICA" CELULAR

O trabalho realizado em uma célula é semelhante ao que acontece em uma fábrica, como a de televisores, por exemplo. Através dos portões, dá-se a entrada de diversos tipos de peças destinadas à linha de montagem. Para a fabricação e a montagem dos aparelhos, são necessários energia e operários habilitados. É preciso, ainda, um setor de embalagem para preparar a expedição do que é produzido e uma diretoria para comandar todo o complexo fabril e manter o relacionamento com o mundo externo. Tudo dentro dos limites representados pelo muro da fábrica.

▪ UM POUCO DA HISTÓRIA DA CITOLOGIA

"Gostaria que o homem, antes de entrar nos grandes estudos da natureza... olhasse para si mesmo e soubesse a proporção entre natureza e homem... deixe ele contemplar as menores coisas que conhece. Deixe um ser pequeno mostrar, através da pequenez do seu corpo, partes cada vez menores, pernas com articulações, veias nas pernas, sangue correndo nas veias, humores no sangue,... e dividindo-o em partes cada vez menores, canse sua imaginação..."

Blaise Pascal, matemático e físico, 1669.

"Cada criatura viva deve ser observada como um microcosmo — um pequeno universo formado por uma multidão de organismos independentes, extremamente pequenos e tão numerosos quanto as estrelas do céu."

Charles Darwin, 1856.

Robert Hooke, em 1665, foi o primeiro a descrever uma célula (do latim *cellula*, pequeno compartimento) a partir da observação, em microscópio, das "pequenas cavidades", existentes em um pedaço de cortiça.

As primeiras células vivas foram vistas, algum tempo depois, pelo naturalista holandês Anton Van Leeuwenhoek. Utilizando um instrumento dotado de lentes de aumento, Leeuwenhoek observou minúsculos seres unicelulares que pululavam em gotas de água colhidas de uma lagoa. Até então, não se tinha a ideia de que todos os seres vivos da Terra eram formados por células. Esse princípio só foi estabelecido em 1839 pelo fisiologista alemão Theodor Schwann que, após muitos estudos e observações, firmou o conceito de que *todos os seres vivos são constituídos de células*. Faltava compreender, no entanto, como eram originadas novas células. Essa descoberta coube ao médico alemão Rudolf Virchow que, depois de exaustivas observações, concluiu que *todas as células são provenientes de células preexistentes*, princípio, posteriormente, confirmado por Louis Pasteur em seus magníficos experimentos, visando à comprovação da inexistência de geração espontânea. Assim surgiu a **Teoria Celular**, que se fundamenta nos princípios estabelecidos por Schwann e Virchow.

> **Anote!**
> Nem todos os seres vivos da Terra atual são formados por células. É preciso considerar que os vírus, seres vivos causadores de importantes doenças no homem, nos animais e nas plantas, são acelulares.

Sabemos hoje que nem todos os seres vivos da Terra atual são formados por células. É preciso considerar que os **vírus**, seres vivos causadores de importantes doenças no homem, animais e plantas, são *acelulares*.

O aperfeiçoamento dos microscópios ópticos permitiu uma visibilidade cada vez melhor da célula. Quase três séculos depois de Hooke, em 1932, começou a ser empregado o microscópio eletrônico para o estudo da célula, trazendo grandes avanços.

O microscópio utilizado por Hooke (a) e a foto da cortiça observada por ele (b).

Membrana celular e permeabilidade **65**

Foi com o microscópio eletrônico que se conseguiu elucidar a estrutura da membrana plasmática e a dos organoides membranosos, cuja visibilidade era praticamente impossível com o microscópio óptico. O hialoplasma, quando observado ao microscópio óptico, era tido como uma espécie de fluido viscoso, homogêneo e gelatinoso. A microscopia eletrônica, porém, revelou a existência de inúmeras fibras proteicas compondo uma rede tridimensional, formada por microfilamentos e microtúbulos, o que originou o termo **citoesqueleto** para essa complexa rede citoplasmática.

Anote!

Os melhores microscópios ópticos permitem aumentos de até duas mil vezes, se bem que raramente sejam ultrapassados aumentos de mil e duzentas vezes. Já com o microscópio eletrônico, podemos obter aumentos de duzentos e cinquenta mil vezes e, se considerarmos que a foto obtida pode ser ampliada, chegaremos ao formidável aumento de cerca de um milhão de vezes para uma célula!

▪ COMO SE MEDE UMA CÉLULA?

Qual o tamanho do seu pé? Quanto mede a barra horizontal da trave de um gol? Na certa, você responderá que o seu pé mede tantos centímetros e que a trave tem tantos metros. A unidade de medida *metro* não pode ser utilizada na avaliação do tamanho de uma célula nem das estruturas que a compõem. Motivo: a célula e os seus componentes são muito pequenos, medem geralmente bem menos que um milímetro, que é a milésima parte do metro. Por isso, os biólogos costumam utilizar outra unidade de medida, o *micrômetro*, para avaliar o tamanho das estruturas celulares. O micrômetro, que se representa por μm, equivale a *um milionésimo* do metro ou um milésimo do milímetro:

$$1\ \mu m = \frac{1}{1.000.000}\ m \quad \text{ou} \quad 1\ \mu m = \frac{1}{1.000}\ mm$$

Já imaginou um objeto medindo um micrômetro? O incrível é que certas estruturas celulares são ainda menores, o que levou os biólogos a recorrerem a outra unidade de medida, o *nanômetro*. O nanômetro, que se representa por *nm*, equivale a *um bilionésimo* do metro, ou seja,

$$1\ nm = \frac{1}{1.000.000.000}\ m$$

A Figura 4-1 mostra algumas das dimensões em Biologia.

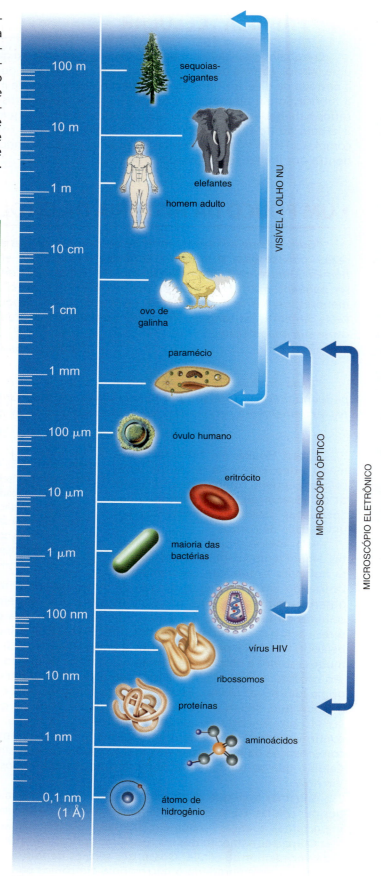

Figura 4-1. As dimensões encontradas em Biologia podem variar de fração de micrômetros a vários metros.

Microscópios: Auxiliares do Olho Humano

Certas células são grandes o suficiente para serem vistas pelos nossos olhos. O óvulo humano, por exemplo, tem cerca de 130 μm de diâmetro, o tamanho do ponto final desta frase. As maiores células conhecidas são os óvulos das aves (gema), se bem que a maior parte deles é material inerte, não vivo, representado pelo vitelo (reserva nutritiva para o desenvolvimento do embrião), que preenche praticamente todo o interior da célula.

O olho humano, porém, não é capaz de enxergar estruturas celulares de pequenas dimensões. Para isso, é preciso recorrer a microscópios, valiosos instrumentos que ampliam o tamanho dos objetos. Os mais comuns são os **microscópios de luz**, que se utilizam de uma fonte de luz e de um conjunto de lentes para ampliar o tamanho das estruturas que se quer observar.

Microscópios de boa qualidade ampliam objetos até cerca de 1.200 vezes. No entanto, a principal qualidade do microscópio de luz não reside tanto na ampliação, mas no **poder de resolução**, ou seja, na habilidade de "tornar visíveis" detalhes muito pequenos, como a distância mínima em que dois pontos podem ser distintos um do outro.

Figura 4-2. Microscópio de luz.

Para entender o que é **poder de resolução**, faça o seguinte: desenhe dois pontos em um papel, distanciados 1 centímetro um do outro. Desenhe outros dois pontos, agora distanciados 1 milímetro. Você consegue ainda enxergá-los? E se você aproximar mais ainda os dois pontos? Provavelmente você não os distinguirá mais, parecerão um só. O olho humano tem pequeno poder de resolução, já um bom microscópio amplia esse poder. A Figura 4-2 mostra um microscópio de luz, com alguns de seus componentes. Com o microscópio de luz é possível ver células vivas. No entanto, como a maioria das células é transparente, a luz as atravessa e fica difícil distinguir as estruturas de seu interior. A saída encontrada pelos biólogos foi a utilização de corantes, que destacam certas estruturas. Porém, muitas das substâncias utilizadas matam a célula. A descoberta de corantes vitais, que não interferem na vida da célula, possibilitou a visualização de certas estruturas celulares, mantendo-as vivas.

De olho no assunto!

Microscópio eletrônico de transmissão: a grande invenção

Felizmente, em 1932 foi inventado o microscópio eletrônico de transmissão, que aumenta consideravelmente o poder de resolução. Nesse tipo de microscópio, além de complexas lentes, são utilizados feixes de elétrons que ampliam o poder de resolução para algo próximo do diâmetro de uma molécula de água.

A imagem gerada por um microscópio eletrônico de transmissão não pode ser vista diretamente, pois o feixe de elétrons é altamente energético. Deve ser canalizado para o interior de um tubo de "vácuo" e dirigido por lentes especiais para o objeto a ser visualizado, que é atravessado pelos elétrons e atinge uma película fotográfica ou uma tela fluorescente e, assim, a imagem é ampliada e visualizada. Veja a Figura 4-3.

O objeto a ser "visto" com esse microscópio deverá ser tratado previamente com substâncias especiais e um finíssimo corte deve ser obtido com a utilização de lâminas de vidro ou diamante. Conclusão: é preciso fatiar o espécime que se quer "ver" e, logicamente, ele deverá estar morto. Não se pode "ver" células vivas com esse microscópio. Em compensação, conseguem-se ampliações até cerca de 250.000 vezes!

Enquanto o melhor microscópio de luz tem poder de resolução 500 vezes maior que o do olho humano, o microscópio eletrônico de transmissão aumenta nosso poder de resolução mais de 10.000 vezes.

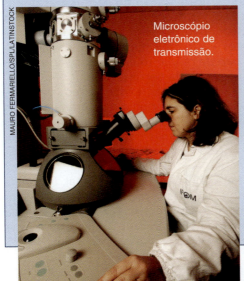

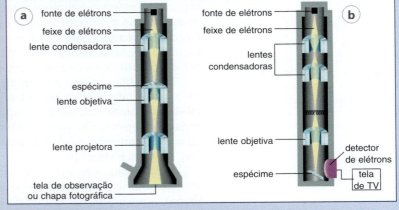

Figura 4.3. Microscópios eletrônicos (a) de transmissão e (b) de varredura.

Membrana celular e permeabilidade **67**

Microscópio eletrônico de varredura

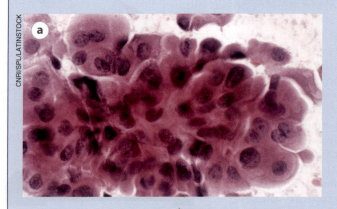

As fotos obtidas com o microscópio eletrônico de *transmissão* mostram imagens planas, imensamente aumentadas, de estruturas celulares e de tecidos. Com o microscópio eletrônico de *varredura*, as fotos evidenciam detalhes principalmente da superfície externa de células e tecidos, com profundidade e aparentemente tridimensionais, com áreas claras e escuras.

O princípio de funcionamento desse microscópio tem como base a emissão de um feixe de elétrons que "varrem" a superfície do material, que, de modo geral, é revestido por uma fina película de metal. Os elétrons atingem o material, interagem com os átomos e promovem a emissão dos chamados "elétrons secundários". Esses elétrons secundários são coletados por um detector, que os encaminha a um amplificador de sinal acoplado a um monitor. O resultado é uma bonita imagem topográfica, praticamente tridimensional, que mostra detalhes das superfícies de células e tecidos, em preto e branco, podendo ser coloridas por meio de métodos computacionais.

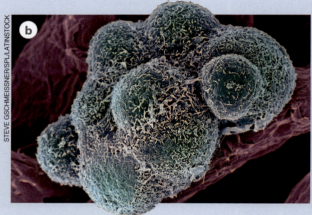
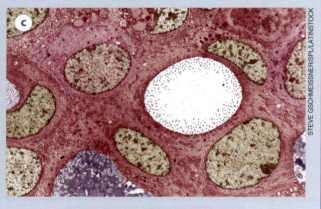

Compare a resolução e as imagens de células de câncer de mama obtidas com diferentes tipos de microscopia: (a) microscópio de luz; (b) microscópio eletrônico de varredura e (c) microscópio eletrônico de transmissão (note que podem ser observados os seus detalhes internos, como os núcleos corados de marrom).

▪ OS MODELOS CELULARES

Anote!
Na célula bacteriana, a região em que a cromatina se localiza é conhecida como nucleoide.

Anote!
Citoplasma é o nome dado ao conjunto formado pelo hialoplasma e os organoides celulares. Organoides também podem ser denominados de orgânulos ou organelas.

Excetuando os vírus, na maioria dos seres vivos da Terra atual existem três tipos básicos de célula: a bacteriana, a animal e a vegetal. Nos três modelos os componentes comuns são: membrana plasmática, hialoplasma (citosol), ribossomos e cromatina (material genético celular). A célula bacteriana, a mais simples das três, não possui núcleo organizado, o material genético representado pela cromatina fica disperso no citosol e as únicas organelas imersas no hialoplasma são os ribossomos, estruturas desprovidas de envoltório membranoso. Por esse motivo, diz-se que a célula bacteriana é *procariótica* (do grego, *pró* = antes + *káryon* = núcleo). Externamente à membrana plasmática, existe uma *parede celular* (ou *membrana esquelética*), de constituição química exclusiva da célula bacteriana.

Nas células animal e vegetal, mais complexas, existe núcleo organizado (o material genético encontra-se envolvido por uma *membrana nuclear*, também chamada *carioteca*). No hialoplasma, além dos ribossomos, há várias organelas envolvidas por membrana. São células *eucarióticas* (do grego, *eu* = propriamente dito). Elas estão presentes em fungos, algas, protozoários, animais e vegetais.

Existem algumas diferenças entre a célula animal e a vegetal. Na célula animal, nota-se a existência de centríolos (organelas não envolvidas por membrana), inexistentes nas células da maioria dos vegetais. Por sua vez, a célula vegetal contém cloroplastos e um grande vacúolo central, além de possuir uma parede celular (ou membrana esquelética) celulósica. Veja a Figura 4-4.

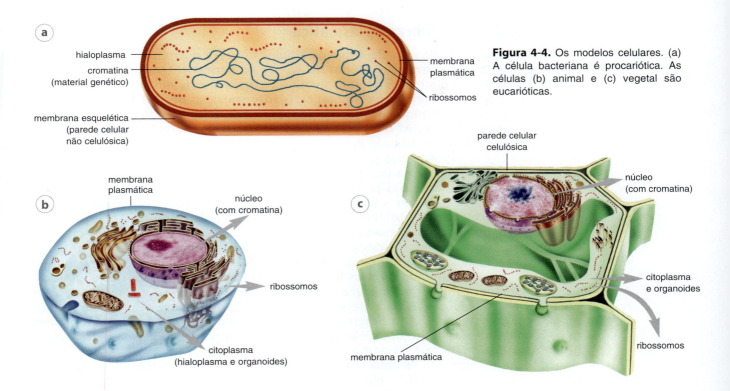

Figura 4-4. Os modelos celulares. (a) A célula bacteriana é procariótica. As células (b) animal e (c) vegetal são eucarióticas.

■ OS REVESTIMENTOS CELULARES

Qualquer célula é envolvida pela **membrana plasmática**, uma fina película controladora da entrada e saída de materiais. A membrana plasmática de muitas células animais, por exemplo, as hemácias, é revestida externamente por um material conhecido como **glicocálice** (também chamado de **glicocálix**). Em células vegetais, há um envoltório extra, a **membrana esquelética celulósica** (ou **parede celulósica**), que reforça a parede celular como se fosse um muro adicional.

Anote!
A membrana plasmática é invisível ao microscópio comum (microscópio óptico), mas foi observada e estudada ao microscópio eletrônico.

Membrana Plasmática

A constituição química da membrana plasmática é lipoproteica, isto é, formada de fosfolipídios e proteínas. A disposição dessas moléculas na membrana foi elucidada recentemente, sendo que os lipídios formam uma camada dupla e contínua, no meio da qual se encaixam moléculas de proteína. A dupla camada de fosfolipídios é fluida, de consistência oleosa, e as proteínas mudam de posição continuamente, como se fossem peças de um mosaico. Esse modelo foi sugerido por dois pesquisadores, Singer e Nicholson, e recebeu o nome de **Modelo do Mosaico Fluido** (veja a Figura 4-5).

Os fosfolipídios têm a função de manter a estrutura da membrana, enquanto as proteínas têm diversas funções.

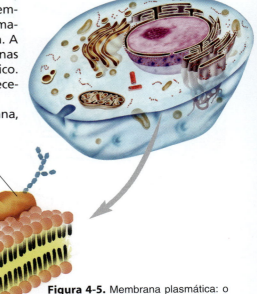

Figura 4-5. Membrana plasmática: o Modelo do Mosaico Fluido.

Membrana celular e permeabilidade

As proteínas da membrana plasmática

A estrutura fluida da camada dupla de lipídios favorece o livre movimento das proteínas da membrana plasmática. Muitas delas mudam permanentemente de posição, o que faz a membrana plasmática ser uma estrutura extremamente dinâmica. Há dois tipos básicos de proteínas na membrana plasmática: as **integrais** e as **periféricas**. As proteínas integrais geralmente cruzam a membrana de lado a lado e ficam firmemente ancoradas na dupla camada lipídica. As proteínas periféricas não estão mergulhadas nas camadas lipídicas. Elas se dispõem frouxamente na periferia da membrana, ligam-se frequentemente às porções expostas das proteínas integrais (com frequência do lado interno) e podem se deslocar com muita facilidade.

Diversas outras substâncias podem estar associadas aos componentes da membrana plasmática. Entre elas, podemos citar o colesterol e diferentes tipos de glicolipídios e glicoproteínas. O colesterol, substância essencial na estrutura da membrana plasmática da célula animal, insinua-se na camada de fosfolipídios e confere estabilidade à membrana. No lado externo da membrana destacam-se diferentes tipos de glicoproteínas contendo uma porção oligossacarídica ramificada. Alguns oligossacarídeos ligam-se diretamente à camada lipídica, constituindo diversos tipos de glicolipídios. A diversidade dos oligossacarídeos presentes na membrana possui extraordinária importância, já que essas substâncias atuam como marcadores celulares responsáveis pela distinção entre células. Nos grupos sanguíneos do sistema ABO, por exemplo, a diferença na porção oligossacarídica presente na membrana plasmática dos glóbulos vermelhos é que faz uma pessoa pertencer ao grupo A, enquanto outra é do grupo sanguíneo B.

Observe a Figura 4-6. Perceba que a membrana plasmática não fica livre, flutuante. Na face interna, citoplasmática, ela está ancorada às fibras do citoesqueleto (conjunto de fibras proteicas presentes no interior da célula), enquanto na face externa ela fica aderida a fibras da *matriz extracelular* (uma camada que fica em íntimo contato com a membrana plasmática).

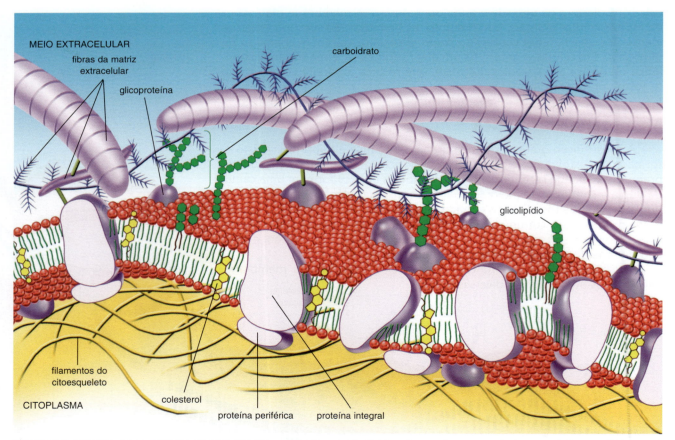

Figura 4-6. Observe que a proteína integral atravessa a dupla camada lipídica da membrana, enquanto as proteínas periféricas, em geral, ligam-se às proteínas integrais.

De olho no assunto!

Funções das proteínas na membrana plasmática

As proteínas da membrana plasmática exercem grande variedade de funções: atuam preferencialmente nos mecanismos de transporte, organizando verdadeiros túneis que permitem a passagem de substâncias para dentro e para fora da célula; funcionam como receptores de membrana, encarregadas de receber sinais de substâncias que levam alguma mensagem para a célula; favorecem a adesão de células adjacentes em um tecido, servindo como pontos de ancoragem para o citoesqueleto etc. (veja a figura ao lado).

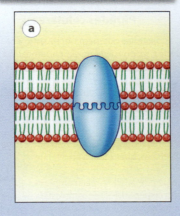
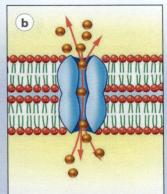
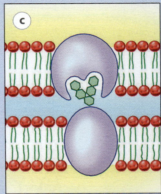
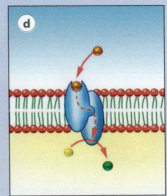

(a) **Proteínas de adesão:** em células adjacentes, as proteínas da membrana podem aderir umas às outras.

(b) Proteínas que facilitam o transporte de substâncias **entre células**.

(c) **Proteínas de reconhecimento:** determinadas glicoproteínas atuam na membrana como um verdadeiro "selo marcador", sendo identificadas especificamente por outras células.

(d) **Proteínas receptoras de membrana**.

(e) **Proteínas de transporte:** podem desempenhar papel na difusão facilitada, formando um canal por onde passam algumas substâncias, ou no transporte ativo, em que há gasto de energia fornecida pela substância ATP. O ATP (adenosina trifosfato) é uma molécula derivada de nucleotídeo que armazena a energia liberada nos processos bioenergéticos que ocorrem nas células (respiração aeróbia, por exemplo). Toda vez que é necessária energia para a realização de uma atividade celular (transporte ativo, por exemplo), ela é fornecida por moléculas de ATP.

(f) **Proteínas de ação enzimática:** uma ou mais proteínas podem atuar isoladamente como enzima na membrana ou em conjunto, como se fossem parte de uma "linha de montagem" de determinada via metabólica.

(g) **Proteínas com função de ancoragem para o citoesqueleto.**

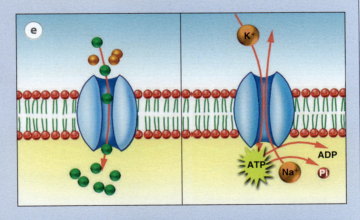
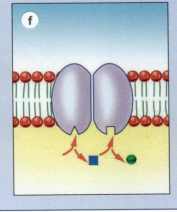
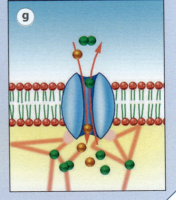

Membrana celular e permeabilidade

De olho no assunto!

Paredes celulares

Além da membrana plasmática, as bactérias possuem um revestimento externo conhecido como **parede celular bacteriana** ou **membrana esquelética**, responsável pela manutenção da forma da célula, além de conferir proteção mecânica e impedir que a célula estoure ao receber grande quantidade de água. Essa parede celular bacteriana não é igual em todas as bactérias.

Em seus trabalhos de pesquisa, o microbiologista dinamarquês Hans Christian **Gram** (1853-1928) desenvolveu um método de coloração das bactérias (que leva o seu nome) que nos permite separar (com raras exceções) as bactérias em dois grandes grupos: as Gram-positivas, que apresentam cor violeta depois de coradas, e as Gram-negativas, que apresentam cor avermelhada.

Nas bactérias Gram-positivas, a parede celular é constituída de *peptidioglicanos* (cadeias peptídicas unidas a polissacarídeos) com espessura de 15 a 80 nm, que retêm a cor violeta do corante (veja a Figura 4-7(a)).

Já nas bactérias Gram-negativas, a parede celular é mais complexa e constituída de uma fina camada (10 nm) de peptidioglicanos, revestida externamente por outra membrana contendo lipídios e polissacarídeos, com proteínas entremeadas. Essa camada mais fina de peptidioglicanos não absorve bem o corante, apresentando a coloração avermelhada quando coradas por Gram (veja a Figura 4-7(b)).

Anote!
As bactérias causadoras da hanseníase e da tuberculose não reagem ao método de coloração de Gram.

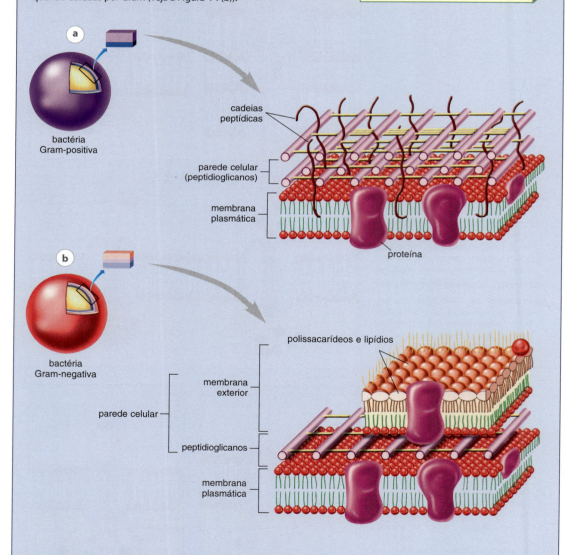

Figura 4-7. Em virtude da estrutura da parede bacteriana, as bactérias, quando submetidas à coloração pelo método de Gram, apresentam respostas diferentes.

Mas a presença de parede celular não é exclusiva das bactérias. Nas células de muitos fungos ela também existe e é constituída de *quitina* – uma substância de natureza polissacarídica entremeada com nitrogênio –, também encontrada no exoesqueleto dos artrópodes (baratas, camarões, aranhas).

Nos vegetais, a parede celular é constituída de fibras de *celulose* – como vimos, um polissacarídeo de função estrutural. Nos tecidos vegetais, cada célula fica separada da outra por uma **lamela média**. Na célula vegetal jovem, é depositada uma **parede celulósica primária** distensível e que permite a ocorrência de crescimento celular. No decorrer do processo de diferenciação celular, acontece a deposição de uma **parede secundária**, rica em celulose e, dependendo do tecido, em outras substâncias, como, por exemplo, a *lignina*, um polímero que promove o enrijecimento da parede celular.

As células vegetais se comunicam por meio de **plasmodesmos**, microscópicas aberturas que permitem a conexão dos citoplasmas e favorecem o trânsito de substâncias. A região de cada plasmodesmo é forrada pela membrana plasmática e contém um túbulo central que conecta o retículo endoplasmático das duas células vizinhas. Veja a Figura 4-8.

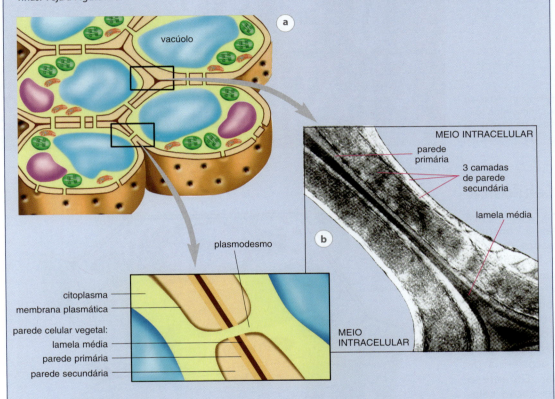

Figura 4-8. (a) Esquema mostrando as camadas da parede celular vegetal. Note o plasmodesmo, canal de comunicação entre o citoplasma de células adjacentes. (b) Micrografia eletrônica evidenciando a lamela média e as paredes celulósica primária e secundária.

Tecnologia & Cotidiano

A prevenção do câncer intestinal

Todos sabemos que o que resta de nossa alimentação, o que não é consumido nem guardado por nosso organismo, é eliminado sob a forma de fezes.

A partir dos 50 anos, é frequente aparecerem, sem distinção de sexo, pequenos pólipos no intestino humano. Apesar de benignos, esses pólipos podem dar origem a um câncer, cuja incidência é maior por volta dos 60 anos. Há evidências de que esse tipo de câncer tem base genética e também em dietas com muita carne vermelha, gorduras e pouca ingestão de fibras.

Diz-se que uma dieta rica em vegetais favorece a prevenção de câncer intestinal em virtude de a celulose, presente na parede celular vegetal, ter um papel importante na promoção dos movimentos da parede do intestino, fator que estimula a eliminação, junto com as fezes, de substâncias potencialmente cancerígenas.

Glicocálice ou Glicocálix

Essa estrutura externa à membrana plasmática, presente em alguns tipos de célula, é constituída quimicamente por polissacarídeos ligados a proteínas e lipídios. É continuamente renovada e considera-se que esse envoltório facilite a comunicação entre células.

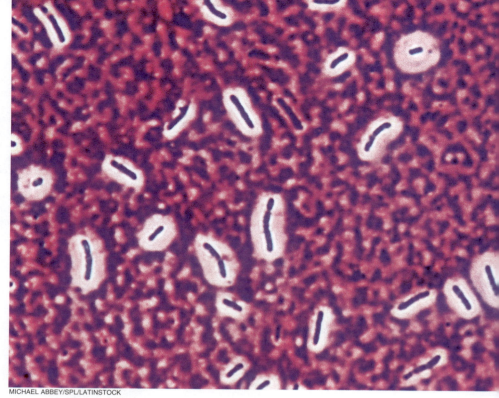

Bactérias (em azul) vistas ao microscópio óptico. O envoltório rosa é o glicocálice e atua na ligação da bactéria à célula hospedeira.

MICHAEL ABBEY/SPL/LATINSTOCK

Membrana Celulósica

A membrana esquelética das células vegetais é constituída de várias camadas de celulose, dispostas do lado externo da membrana plasmática. Nos tecidos vegetais, cada célula fica separada da outra por uma **lamela média**. Na célula vegetal jovem, é depositada uma **parede celulósica primária** distensível e que permite a ocorrência de crescimento celular. Durante o processo de diferenciação celular, ocorre a deposição de uma **parede secundária**, rica em celulose e, dependendo do tecido, em outras substâncias, como, por exemplo, a *lignina*, que promove o enrijecimento da parede celular.

As células vegetais se comunicam por meio de **plasmodesmos**, microscópicas aberturas que permitem a conexão dos citoplasmas e favorecem o trânsito de substâncias (veja a Figura 4-9).

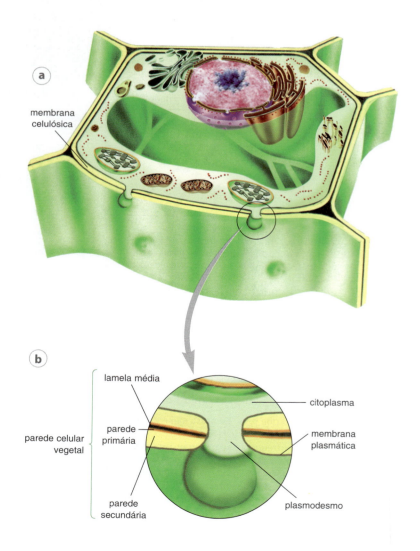

Figura 4-9. (a) Membrana celulósica presente nas células vegetais e (b) plasmodesmo.

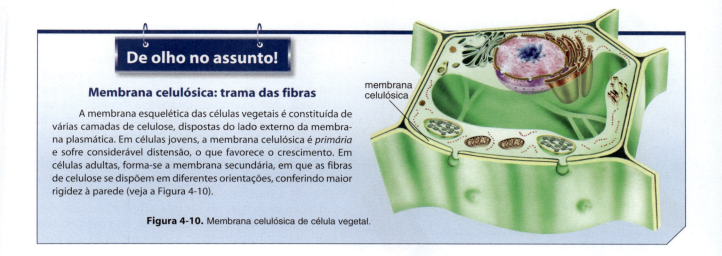

De olho no assunto!

Membrana celulósica: trama das fibras

A membrana esquelética das células vegetais é constituída de várias camadas de celulose, dispostas do lado externo da membrana plasmática. Em células jovens, a membrana celulósica é *primária* e sofre considerável distensão, o que favorece o crescimento. Em células adultas, forma-se a membrana secundária, em que as fibras de celulose se dispõem em diferentes orientações, conferindo maior rigidez à parede (veja a Figura 4-10).

Figura 4-10. Membrana celulósica de célula vegetal.

▪ ENTRADA E SAÍDA DE SUBSTÂNCIAS ATRAVÉS DA MEMBRANA PLASMÁTICA

A entrada e a saída de diferentes tipos de substância da célula ocorrem através da membrana plasmática e se dão por meio de processos *físicos* ou *biológicos*. No primeiro caso, a célula permanece passiva. No segundo, a célula participa ativamente do transporte. **Difusão** e **osmose** são modalidades de transporte físico. **Transporte ativo**, **endocitose** (**fagocitose** e **pinocitose**) e **exocitose** são processos biológicos de transporte de substâncias (veja a Tabela 4-1).

Tabela 4-1. Transporte pela membrana.

Processos físicos	difusão	
	osmose	
Processos biológicos	transporte ativo	
	endocitose	fagocitose
		pinocitose
	exocitose	

Processos Físicos de Transporte nas Células

Difusão

Moléculas e átomos apresentam um movimento constante, contínuo e ao acaso, ocorrendo sempre **de regiões onde essas partículas estão mais concentradas para regiões onde estão menos concentradas**. A esse movimento dá-se o nome de difusão (veja a Figura 4-11).

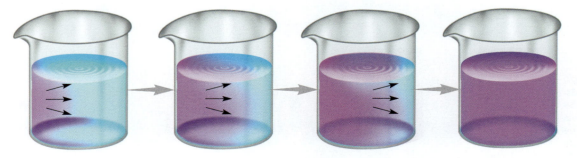

Figura 4-11. Exemplo de difusão: cristais de permanganato de potássio, colocados em um ponto de um copo contendo água, difundem-se em todos os sentidos.

Membrana celular e permeabilidade **75**

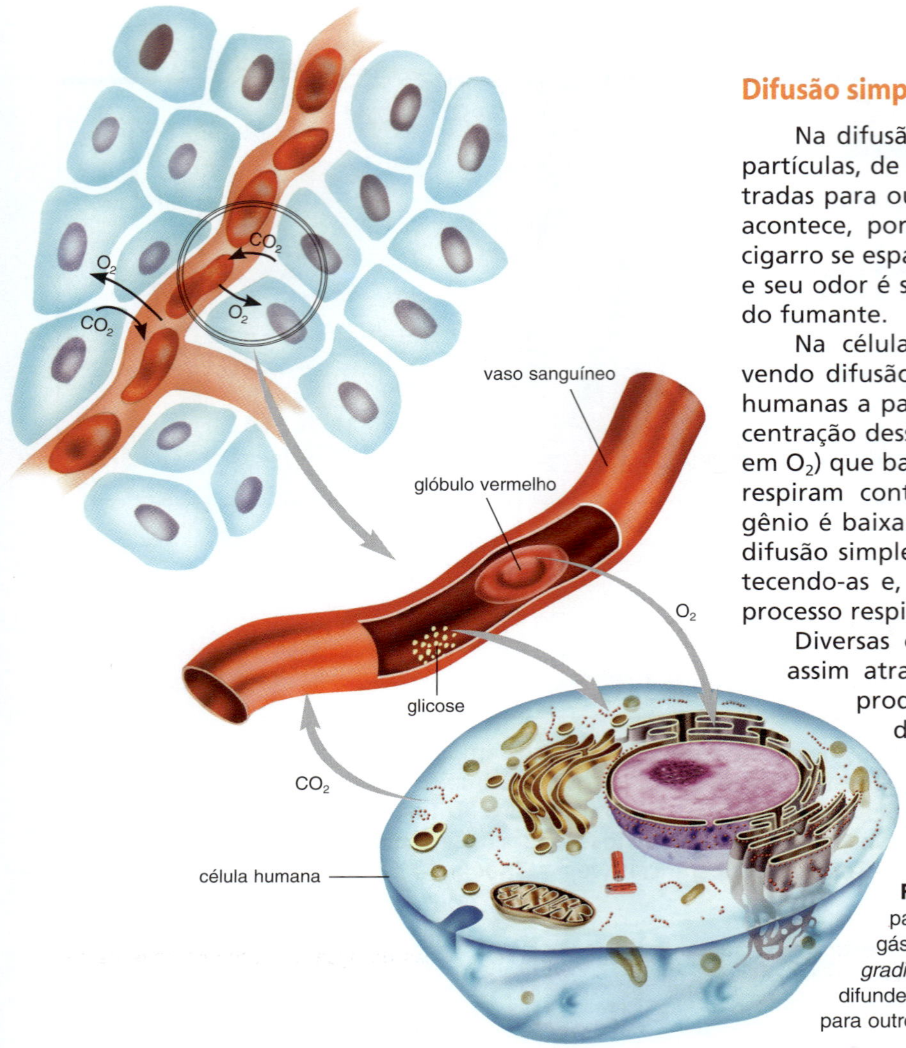

Difusão simples

Na difusão simples, ocorre o espalhamento de partículas, de um local em que estão muito concentradas para outro de menor concentração. É o que acontece, por exemplo, quando a fumaça de um cigarro se espalha por um sala. A fumaça se difunde e seu odor é sentido pelas pessoas que estão longe do fumante.

Na célula, ocorrem diversos processos envolvendo difusão. O ingresso de oxigênio nas células humanas a partir do sangue é um exemplo. A concentração desse gás no sangue arterial (sangue rico em O_2) que banha os tecidos é alta. Nas células, que respiram continuamente, a concentração de oxigênio é baixa. Dá-se, então, a passagem do O_2 por difusão simples, do sangue para as células, reabastecendo-as e, assim, permitindo a manutenção do processo respiratório.

Diversas outras substâncias são transportadas assim através da membrana. O gás carbônico produzido na respiração celular se difunde das células para o sangue, executando um caminho inverso ao do oxigênio (veja a Figura 4-12).

Figura 4-12. Na difusão, o espalhamento das partículas, como, por exemplo, o oxigênio (O_2), o gás carbônico (CO_2) e a glicose, ocorre a *favor do gradiente de concentração*, isto é, as partículas se difundem de um lugar em que estão mais concentradas para outro em que estão em menor concentração.

Anote!
A característica mais importante do processo de difusão facilitada é que os carregadores específicos transportam açúcares e aminoácidos sem que ocorra gasto de energia.

Difusão facilitada

Existe um caso particular de difusão em que certas proteínas carregadoras da membrana plasmática "ajudam" o ingresso de determinadas substâncias na célula. É como se, em uma indústria de televisores, um carrinho empurrado por uma pessoa auxiliasse o transporte de peças para dentro da fábrica (veja a Figura 4-13).

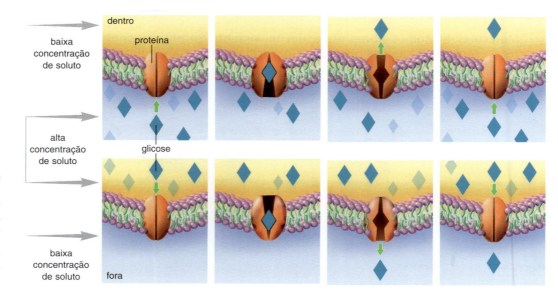

Figura 4-13. Exemplo de difusão facilitada. A molécula de glicose se liga à proteína, cuja forma é alterada de modo a constituir um canal de passagem de açúcares para dentro e para fora da célula.

Osmose: uma particular forma de difusão

A **osmose** é a difusão de moléculas de *solvente*, através de uma membrana semipermeável, de um local com maior concentração de água para outro com menor concentração.

Membrana semipermeável é aquela que deixa passar a água (o solvente), mas não o soluto (as moléculas de substâncias que estão dissolvidas na água). Os poros que ela possui são suficientemente pequenos para não serem atravessados pelo soluto, mas deixam passar a água.

Podemos estudar experimentalmente a osmose colocando uma solução de água e sacarose (açúcar comum), por exemplo, dentro de um tubo de vidro no qual, em uma das extremidades, amarra-se um saco de material semipermeável. A seguir, mergulha-se esse conjunto em um recipiente com água pura. Após certo tempo, verifica-se que o nível de água dentro do tubo começa a subir, mostrando claramente que houve passagem da água do recipiente (que contém apenas água) para o conjunto tubo-membrana semipermeável (que contém água e açúcar). Veja a Figura 4-14.

A osmose e as células animais

A membrana plasmática não é uma membrana semipermeável perfeita, pois deixa passar água e solutos dissolvidos. Em muitos casos, porém, a velocidade com que as moléculas de água atravessam a membrana plasmática é bem maior que a da passagem de solutos. Por isso, pode-se dizer que ocorre osmose em uma célula através da membrana plasmática, e sua verificação, em células animais, é bastante simples.

Vamos ver duas situações em que ocorre osmose, utilizando para isso hemácias humanas: em um recipiente contendo uma solução aquosa muito concentrada em sal de cozinha, são colocadas hemácias humanas, cuja concentração é menor que a da solução. Após meia hora, observa-se, ao microscópio óptico, que essas hemácias estão enrugadas (veja, a seguir, a Figura 4-15(a)). Isso ocorreu porque a concentração de sais no interior das hemácias era menor que a concentração de sais na solução do recipiente.

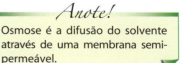

Anote!
Osmose é a difusão do solvente através de uma membrana semipermeável.

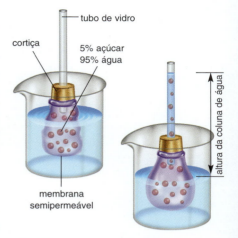

Figura 4-14. Experiência para o estudo da osmose.

Figura 4-15. Esquemas ilustrando as trocas de água que ocorrem entre as hemácias e as soluções, de diferentes concentrações, em que são mergulhadas.

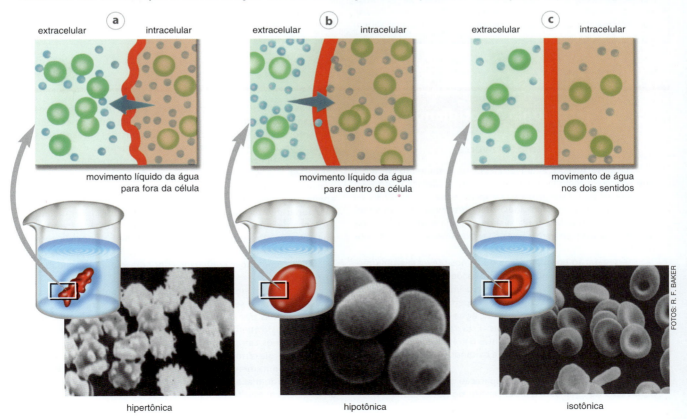

A água atravessou a membrana plasmática com muito maior velocidade de dentro para fora da célula, ou seja, do meio menos concentrado (o interior das hemácias) para o mais concentrado (a solução do recipiente). Então, as hemácias perderam água por osmose e enrugaram. Nesse caso, diz-se que a solução do recipiente era **hipertônica** em relação à solução existente nas hemácias.

Agora, vamos colocar hemácias em um recipiente com 250 mL de água e 1 grama de sal, compondo uma solução de concentração menor que a das hemácias.

Após meia hora, algumas hemácias são observadas ao microscópio óptico. Todas estarão arrebentadas (costuma-se dizer, tecnicamente, que ocorreu **hemólise** – *lise* é um termo derivado do grego e quer dizer destruição).

A solução existente no interior de cada hemácia era muito mais concentrada que a do recipiente. A água passou por osmose em grande quantidade para o interior dos glóbulos vermelhos, acarretando um aumento extraordinário do volume das células, pouco antes de se romperem (é o que se vê na Figura 4-15(b)). Nesse caso, a solução do copo era **hipotônica** em relação à solução contida nas hemácias.

Hemácias mergulhadas em soluções de concentração idêntica à do seu interior não sofrem alterações. Nesse caso, diz-se que as soluções, tanto do meio externo como das hemácias, são **isotônicas** (veja a Figura 4-15(c)).

Leitura

Vamos imaginar o que acontece a um náufrago que engole o equivalente a dois litros de água do mar. Nos oceanos, a água é muito mais concentrada que a solução existente no interior das células humanas. Assim, logo há excesso de sal no sangue dessa pessoa, como consequência da absorção intestinal. Com a elevada concentração de sal no sangue, os rins precisam excretar sal em grande quantidade. Porém, o trabalho dos rins é limitado: eles só conseguem eliminar sal a um certo ritmo e com uma concentração bem menor que a da água do mar, que é dependente da quantidade de água que existe no sangue. Então, é necessário mais água para efetuar maior eliminação de sal. Essa água extra acaba saindo das células do corpo, que a cedem por osmose para o sangue. Com essa perda, o organismo se desidrata, o náufrago perde muito mais água do que recebe. Ele acaba morrendo de sede em meio à imensidão de água do oceano!

Tecnologia & Cotidiano

Osmose reversa

Osmose reversa é um processo de tratamento de água que remove a maioria dos componentes orgânicos e até 99% de todos os íons. Esse processo também reduz em até 99,9% os vírus, as bactérias e os coloides. Usando-se uma pressão superior à pressão osmótica, força-se a passagem de água através de uma membrana semipermeável no sentido inverso ao da osmose natural.

A separação por membrana ou osmose reversa é uma tecnologia relativamente nova, com aplicações industriais infindáveis, permitindo ampliar as fontes de suprimento de água economicamente viáveis tais como: águas superficiais e subterrâneas contaminadas ou com alta salinidade, água do mar e até mesmo efluentes domésticos e industriais. Essa tecnologia possibilita remover totalmente os contaminantes das águas, permitindo sua reciclagem, reduzindo o consumo e evitando assim a poluição do meio ambiente.

O uso da tecnologia de separação por membrana para purificação de água para diálise, centros de tratamento de queimaduras e outras aplicações médicas, atualmente faz parte dos equipamentos de muitos hospitais de primeira linha. Esses equipamentos podem ser empregados pelas indústrias farmacêuticas para produzir água para injetáveis e medicamentos.

A dessalinização de água superficial e subterrânea de alta salinidade é a aplicação mais comum de tratamento de água por osmose reversa, porém não é a única. O alto teor de sais é apenas um dos problemas que a tecnologia de membrana pode solucionar de maneira eficiente e econômica. Um exemplo é a presença de cor, o que é inaceitável em mananciais para água potável, não apenas por razões estéticas, mas principalmente porque a cor é uma indicação da presença de precursores de THM (trihalometanos), conhecidos por apresentar propriedades carcinogênicas.

No passado, em regiões em que a única fonte de água disponível era o mar, seu uso para produção de água potável era possível apenas por destilação. Esse processo é proibitivo em termos de custo energético e limitado a apenas alguns casos. Um exemplo são os campos de petróleo da Arábia Saudita, onde o custo da energia térmica, extremamente baixo, torna a destilação viável economicamente. Hoje, a osmose reversa permite a utilização da água do mar a um custo que permite que a água potável produzida com essa tecnologia abasteça cidades inteiras.

A osmose em células vegetais

Nos vegetais, a entrada e a saída de água das células são reguladas por uma grande estrutura celular, o **vacúolo** (veja a Figura 4-16). Trata-se de uma grande bolsa central, que preenche praticamente toda a célula vegetal adulta. No interior dela há uma solução formada por água e diversas substâncias como cristais, pigmentos, sais etc. A solução vacuolar é importante nas trocas de água que ocorrem entre uma célula vegetal e o meio circundante (solo, outras células de um tecido, por exemplo). No caso, o citoplasma e a membrana plasmática atuam como membrana semipermeável. Além do vacúolo, é preciso destacar o papel da elástica e resistente **membrana celulósica** na manutenção da forma da célula nas trocas hídricas.

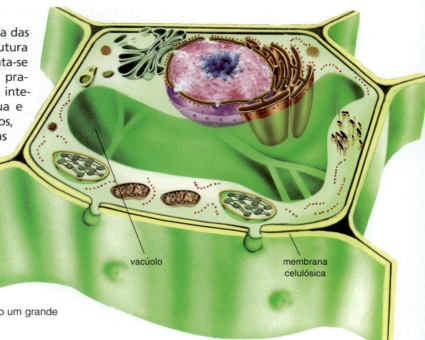

Figura 4-16. Esquema de célula vegetal evidenciando um grande vacúolo.

De olho no assunto!

A célula vegetal não arrebenta

Comumente, a célula vegetal se encontra em estado *flácido*, situação em que a parede celular (membrana celulósica) se encontra pouco distendida ("frouxa"). Colocando-se uma célula vegetal nesse estado em água pura, ela absorve água por osmose, uma vez que a solução existente no vacúolo é mais concentrada. À medida que a água penetra na célula, desenvolve-se uma pressão hidrostática interna que tende a fazer a água retornar para o meio externo. Essa pressão interna atua na membrana celulósica que, por sua vez, se distende, até atingir o seu limite de elasticidade. É graças à resistência da membrana celulósica que a célula vegetal não arrebenta. Ocorre, então, um equilíbrio de pressões, estado em que a água que tende a sair é contrabalançada pela que entra. Dizemos, então, que a célula atingiu o seu estado de *turgor* (enchimento) máximo e se encontra *túrgida*. É graças à turgescência celular que muitas plantas herbáceas de pequeno porte se mantêm eretas.

Por outro lado, se a célula vegetal flácida for mergulhada em uma solução hipertônica bem mais concentrada que a solução do vacúolo, ela perde muita água e o vacúolo se retrai, juntamente com o citoplasma e a membrana plasmática, que se descola da membrana celulósica. Nessa situação, dizemos que a célula está *plasmolisada*. Na *plasmólise* de uma célula vegetal, formam-se espaços entre a membrana celulósica e a plasmática, que logo são preenchidos pela solução hipertônica, já que a membrana celulósica é permeável aos solutos. Se, em seguida, a célula plasmolisada for mergulhada em água pura, ela volta a absorver água por osmose, ocorre a *deplasmólise* e a célula pode retornar ao estado túrgido. Fatias de pimentão, colocadas em água salgada, dobram-se como resultado da plasmólise sofrida pelas células. Recolocadas em água pura, ocorre a deplasmólise celular e o turgor é readquirido.

Outra situação que ocorre com frequência com células vegetais é a perda de água para o ar, por evaporação. A intensa perda de água faz ocorrer não só a retração do vacúolo, mas da célula inteira, incluindo a membrana celulósica. Nesse caso, a célula fica *murcha*. O murchamento celular é muito comum em plantas herbáceas de pequeno porte, que vivem em locais de solo seco e atmosfera pouco úmida. Nessas condições, a planta inteira se curva, o que revela a intensa perda de água das células por evaporação, sem haver a reposição pelas raízes. Veja a Figura 4-17.

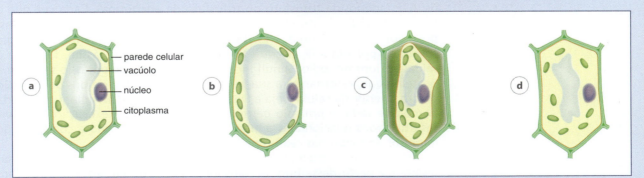

Figura 4-17. Células vegetais: (a) flácida, (b) túrgida, (c) plasmolisada e (d) murcha ao ar.

Membrana celular e permeabilidade 79

Processos Biológicos de Transporte nas Células

Transporte ativo

É uma modalidade de transporte biológico em que a célula investe considerável quantidade de energia no transporte de determinada substância existente no meio.

O exemplo mais conhecido de transporte ativo é o que acontece na chamada *bomba de sódio* e *potássio* encontrada em nossas células. Normalmente, o lado externo de uma célula possui grande quantidade de sódio, enquanto o interior celular é rico em potássio. O que se poderia esperar é que o sódio se difundisse para o interior da célula, uma vez que é mais concentrado do lado de fora, o inverso devendo acontecer com o potássio, cuja concentração dentro da célula é grande. Mas íons de sódio são continuamente expulsos da célula, contra um gradiente de concentração, ao mesmo tempo que íons de potássio são levados para dentro da célula (veja a Figura 4-18).

> *Anote!*
>
> No transporte ativo, as moléculas das substâncias movem-se contra um gradiente de concentração, isto é, de um lugar em que se encontram menos concentradas para outro em que se acham em maior concentração. Ocorre gasto de energia.

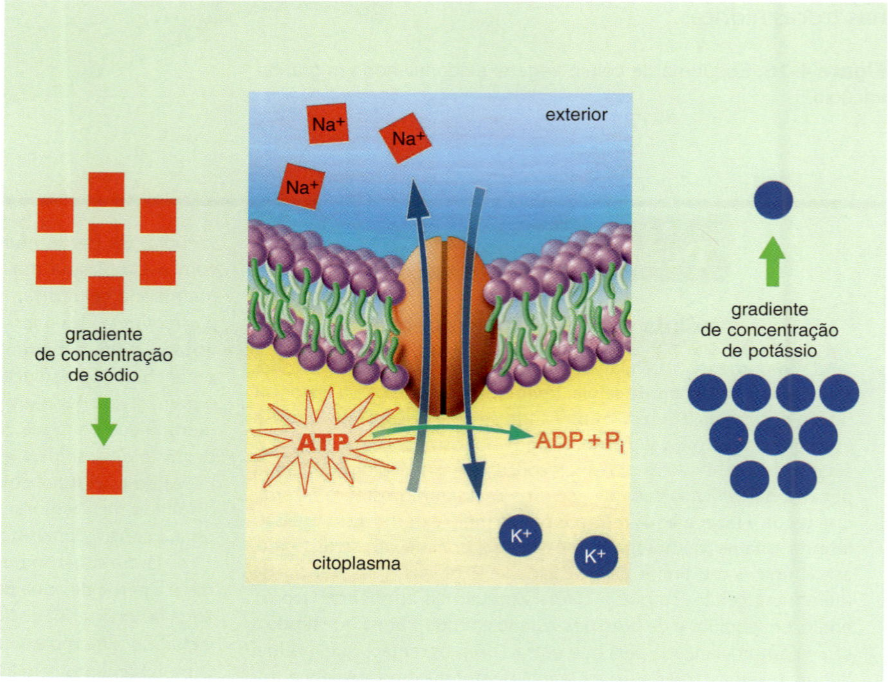

Figura 4-18. Bomba de sódio e potássio, um exemplo de transporte ativo.

Isso envolve gasto de energia, na forma de consumo de moléculas de ATP (adenosina trifosfato ou trifosfato de adenosina). Cada vez que a bomba de sódio é acionada, três íons de sódio se ligam à proteína transportadora (veja a Figura 4-19, (a), (b) e (c)). Nesse momento, a energia fornecida por um ATP altera a forma da proteína que, assim, favorece a saída dos íons de sódio. Simultaneamente, dois íons de potássio se ligam à proteína que, retornando à sua forma original, conduz os íons de potássio para o interior da célula (veja a Figura 4-19, (d), (e) e (f)). A manutenção da bomba de sódio e potássio permite a muitas células a execução de diversas atividades relacionadas à membrana plasmática, como a condução de impulsos ao longo das células nervosas.

Vários outros exemplos de transporte ativo ocorrem no nosso organismo. É a partir desse tipo de transporte que as células intestinais passam para o sangue a glicose absorvida da luz intestinal, após a digestão dos carboidratos.

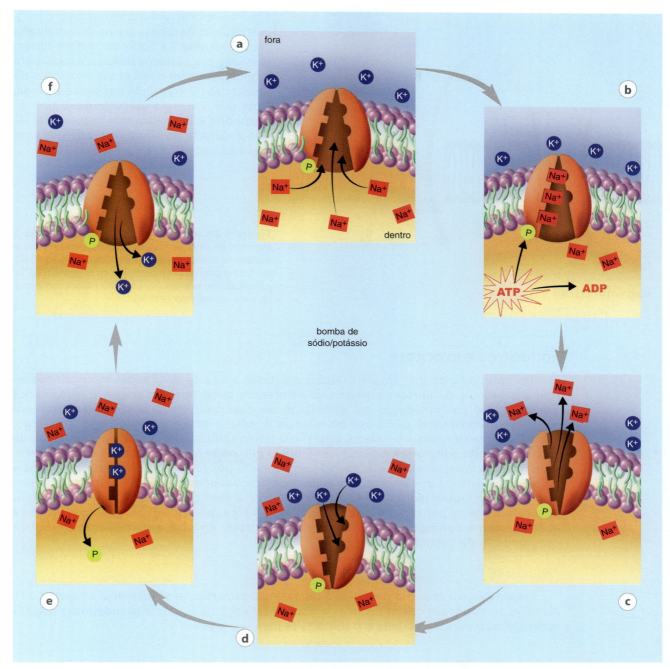

Figura 4-19. Transporte ativo: a eliminação de íons Na+ (sódio) da célula e o ingresso de íons K+ (potássio) ocorrem com gasto de energia.

Transporte acoplado

Muitas moléculas "pegam carona" com outras substâncias ou íons, para entrar ou sair das células, utilizando o mesmo "veículo de transporte". É o que ocorre, por exemplo, com moléculas de açúcar que ingressam nas células contra o seu gradiente de concentração. Como vimos no item anterior, a bomba de sódio/potássio expulsa íons de sódio da célula, ao mesmo tempo que faz os íons potássio ingressarem, utilizando a mesma proteína transportadora (o mesmo *canal iônico*), com gasto de energia. Assim, a concentração de íons de sódio dentro da célula fica baixa, o que induz esses íons a retornarem para o interior celular. Ao mesmo tempo, moléculas de açúcar, cuja concentração dentro da célula é alta, aproveitam o ingresso de sódio e o "acompanham" para o meio intracelular.

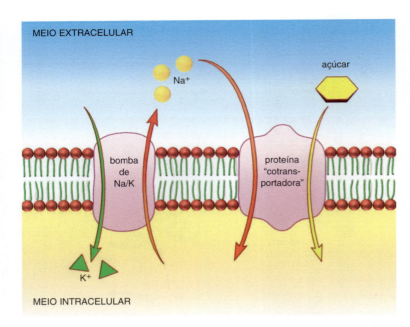

Esse transporte simultâneo ocorre com a participação de uma proteína de membrana "cotransportadora" que, ao mesmo tempo que favorece o retorno de íons de sódio para a célula, também deixa entrar moléculas de açúcar cuja concentração na célula é elevada. Note que a energia utilizada nesse tipo de transporte é indiretamente proveniente da que é gerada no transporte ativo de íons de sódio/potássio (veja a Figura 4-20).

Figura 4-20. A proteína "cotransportadora" facilita o ingresso de íons Na+ na célula ao mesmo tempo que transporta moléculas de açúcar para o meio intracelular. Isto ocorre *contra o gradiente de concentração*, ou seja, o açúcar é levado de um meio menos concentrado para um mais concentrado.

Endocitose e exocitose

Do mesmo modo que em uma fábrica a entrada e a saída de grandes materiais requerem a existência de portões especiais, as células em geral também possuem mecanismos especializados na introdução ou eliminação de partículas em bloco, sem recorrer aos processos normalmente utilizados no transporte pela membrana. **Endocitose** (do grego, *éndon* = dentro e *kútos* = cavidade, célula) é o termo utilizado para designar o ingresso de macromoléculas e materiais maiores na célula, o que pode ocorrer por três possíveis mecanismos: *fagocitose*, *pinocitose* e *endocitose mediada por receptores*. Nos três processos a membrana participa ativamente, sofrendo modificações que possibilitam o ingresso desses materiais. Por outro lado, a saída de resíduos ou a secreção de substâncias produzidas pela célula ocorre por **exocitose** (do grego, *ékso* = fora, para fora), processo que, embora *aparentemente* corresponda ao inverso da endocitose, envolve a participação de outros componentes da membrana plasmática.

Fagocitose

Fagocitose é o processo pelo qual a célula engloba partículas sólidas (veja a Figura 4-21). A célula, ao entrar em contato com a partícula a ser englobada, emite **pseudópodes** (expansões celulares) para circundá-la e transportá-la para seu interior.

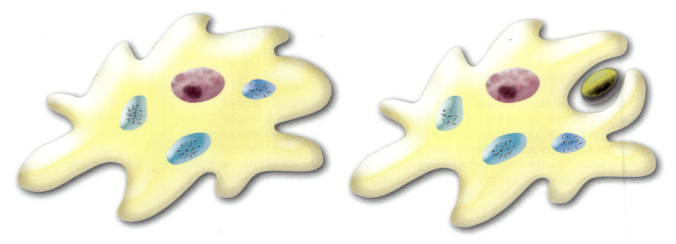

Figura 4-21. Fagocitose: emissão de pseudópodes para o englobamento de partículas grandes.

A fagocitose é observada em protozoários e em certas células do nosso organismo, como em determinado tipo de leucócito, sendo que nos protozoários é mais um processo nutritivo, enquanto no homem trata-se, sobretudo, de um processo de defesa contra partículas estranhas ao organismo. Assim, glóbulos brancos do sangue defendem o nosso organismo contra bactérias e outras partículas, englobando-as.

A expulsão de substâncias residuais pelo processo inverso chama-se **clasmocitose** (ou **exocitose**). Veja a Figura 4-22.

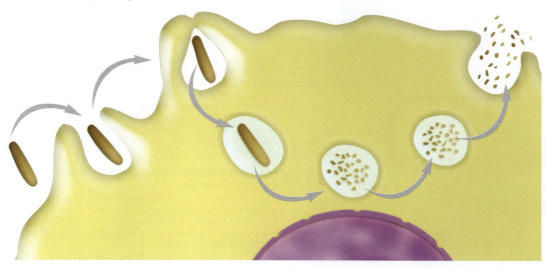

Figura 4-22. Esquema de glóbulo branco envolvendo bactérias. Após a ocorrência de digestão intracelular, os resíduos não digeridos são eliminados da célula por clasmocitose ("defecação" celular).

Pinocitose

Pinocitose é o processo usado por células para englobar partículas muito pequenas, de modo geral líquidas.

A membrana celular, na região de contato com a partícula a ser englobada, invagina-se (forma uma reentrância) para o interior do citoplasma. Finalmente, a partícula envolvida por um pedacinho de membrana solta-se no citoplasma, enquanto a superfície da membrana se reorganiza (veja a Figura 4-23).

Endocitose mediada por receptores

Nesse tipo de endocitose, ocorre a ligação da substância que deverá ingressar na célula a proteínas receptoras da membrana plasmática, com a formação de uma vesícula que se interioriza e, posteriormente, funde-se a lisossomos, estruturas celulares que efetuarão a digestão da substância, podendo ser os resíduos utilizados pela célula. Esse é um processo natural de remoção de quantidades indesejáveis de colesterol do sangue, por exemplo.

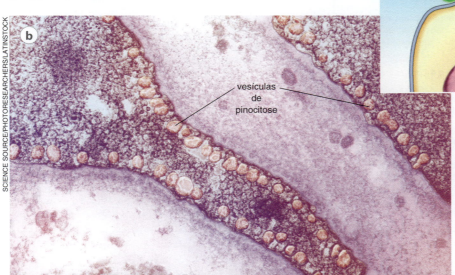

Figura 4-23. Pinocitose: (a) a membrana invagina-se, permitindo o englobamento de partículas pequenas. Observe que chamamos de *pinocitose reversa* o processo de *eliminar* partículas muito pequenas ou líquidas. (b) Vesículas de pinocitose em célula da parede de um capilar sanguíneo.

Membrana celular e permeabilidade

Passo a passo

Texto para as questões **1** e **2**.

"Excetuando os vírus, toda e qualquer forma de vida na Terra atual tem como unidade básica a célula. Nos diferentes seres vivos hoje existentes, a célula é dotada de três componentes fundamentais: envoltório membranoso que a separa do meio externo; conteúdo interno repleto de substâncias químicas (citosol) e organelas; material genético principal que pode ou não ser circundado por envoltório membranoso. Os três modelos celulares hoje reconhecidos são: célula procariótica, célula eucariótica animal e célula eucariótica vegetal."

1. Observe as ilustrações abaixo:

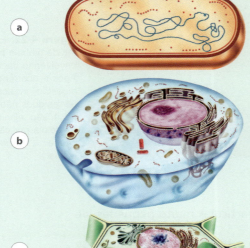

a) Reconheça os três tipos celulares nelas representados. Como caracterizar a célula esquematizada em *a*, relativamente às outras duas?
b) Cite as quatro estruturas comuns aos três modelos celulares representados.

2. a) Cite as diferenças estruturais existentes entre os modelos celulares *b* e *c*. Que estruturas são comuns a esses dois modelos celulares?
b) Qual o significado de citoplasma, em relação aos três modelos celulares representados? Que organela celular citoplasmática não envolvida por membrana é encontrada nos três modelos?

3. Associe as personalidades citadas de **1** a **4** com as frases relacionadas de **a** a **d**.

1) Robert Hooke
2) Theodor Schwann
3) Anton Van Leeuwenhoek
4) Rudolf Virchow

a) As células são provenientes de células preexistentes.
b) Minúsculos seres unicelulares pululavam em gotas de água colhidas de uma lagoa.
c) Observação, em microscópio, das "pequenas cavidades" existentes em um pedaço de cortiça.
d) Todos os seres vivos são constituídos por células (obs.: na época em que essa frase foi dita, não se sabia, ainda, da existência dos vírus, que são acelulares).

4. Microscópio de luz (óptico), microscópio eletrônico de transmissão e microscópio de varredura são instrumentos que auxiliam os cientistas a visualizar estruturas celulares e de tecidos. Cite a principal vantagem decorrente do uso desses instrumentos (em termos do poder de resolução) e, em poucas palavras, cite a diferença existente entre eles.

Texto para as questões **5** e **6**.

"Toda e qualquer célula possui o seu conteúdo interno separado do meio externo por um envoltório membranoso – membrana plasmática – de constituição química praticamente universal. Graças a esse envoltório, a célula pode efetuar trocas com o meio que a circunda, utilizando, para isso, estruturas semelhantes a 'portões' de entrada e saída de água e inúmeras substâncias químicas. A membrana plasmática é uma organela dotada de grande atividade, podendo também atuar no englobamento de partículas sólidas e líquidas de vários tamanhos. Ou seja, o 'trânsito' de materiais, para dentro e para fora da célula, é intenso e, para isso, vários mecanismos de 'transporte' biológicos e físicos são utilizados."

5. Com base nas informações do texto e em seus conhecimentos sobre o assunto, responda:

a) Como é a organização química da membrana plasmática encontrada em praticamente qualquer célula?
b) Explique, em poucas palavras, o modelo da membrana plasmática, atualmente aceito e sugerido pelos pesquisadores Singer e Nicholson.
c) As proteínas existentes na membrana plasmática das células eucarióticas exercem várias funções. Escolha duas dessas proteínas e cite suas funções.

6. Conforme relata o texto, há entrada e saída de água e substâncias químicas da célula e, para isso, mecanismos biológicos e físicos são utilizados, comprovando a existência de atividade constante da membrana plasmática. Relativamente ao "trânsito" existente entre a célula e o meio externo:

a) Cite os processos físicos e biológicos referidos no texto.
b) Qual a principal diferença existente entre esses dois processos de transporte?

7. Ao estudarem o assunto "Entrada e saída de substâncias através da membrana plasmática", cinco estudantes redigiram as seguintes afirmações:

Mara – Na difusão simples, substâncias se dirigem de um local em que estão mais concentradas para locais em que se encontram menos concentradas, com o auxílio de proteínas transportadoras e gasto de energia.

Marcos – Na difusão facilitada existe a ação de proteínas transportadoras que facilitam o ingresso de substâncias na célula, sem haver gasto de energia.

Luciana – A osmose é um processo de transporte de solutos, em que a membrana plasmática semipermeável deixa passar os solutos, mas não a água. É um mecanismo de transporte que ocorre, por exemplo, em células animais e vegetais, mas não em bactérias.

Carlos – Na osmose que ocorre em células vegetais, a flacidez é decorrente da perda de água para meios mais concentrados em solutos. Nesse processo de transporte não há gasto de energia.

Lígia – Em uma célula vegetal que ficou túrgida por ter sido colocada em meio mais concentrado em solutos que o seu vacúolo, a célula sofre plasmólise e arrebenta, por não ser dotada de resistente membrana esquelética, que é típica de células animais.

Lendo as afirmações dos colegas, o estudante Paulo percebeu a existência de erros em algumas delas. Com base na leitura de Paulo:

a) Cite os estudantes que redigiram afirmações incorretas.
b) Quais foram os erros reconhecidos por Paulo ao ler as afirmações incorretas?

8. Hemácias humanas foram acrescentadas a três tubos de ensaio contendo soluções de concentração desconhecida. Após certo tempo, a verificação do conteúdo dos tubos revelou os seguintes resultados:

Tubo 1 – as hemácias apresentavam-se enrugadas;

Tubo 2 – as hemácias mantiveram volume normal;

Tubo 3 – as hemácias estavam rompidas.

Em outro experimento, células vegetais foram acrescentadas em três frascos contendo soluções desconhecidas e, após certo tempo, os resultados foram os seguintes:

Frasco 1 – as células estavam túrgidas;

Frasco 2 – as células estavam plasmolisadas;

Frasco 3 – as células mantiveram-se inalteradas quanto ao volume normal.

Em vista dos resultados observados e considerando os termos: hipotônica, hipertônica e isotônica, responda:

a) Em que soluções as hemácias foram mergulhadas nos tubos 1, 2 e 3?
b) Em que soluções as células vegetais foram mergulhadas nos frascos 1, 2 e 3?

9. Relativamente aos transportes biológicos nas células, responda:

a) Qual a principal característica do transporte ativo?
b) Qual o exemplo mais conhecido de ocorrência de transporte ativo?
c) Qual a modalidade de energia utilizada pela célula na realização do transporte ativo?
d) Que característica diferencia o transporte acoplado do transporte ativo? Cite um exemplo de realização de transporte acoplado.

10. Fagocitose e pinocitose são dois mecanismos de endocitose. A respeito desses dois mecanismos de englobamento de substâncias pela célula, responda:

a) Qual a diferença entre eles?
b) Qual o significado de clasmocitose?
c) Qual o significado de endocitose mediada por receptores?

11. **Questão de interpretação de texto**

"No ar, na água, em nossas mãos e em qualquer objeto que manipulamos existem muitas bactérias. O perigo é contaminar os alimentos de consumo. Lavar bem os alimentos é procedimento que evita a ingestão desnecessária de microrganismos patogênicos. Pensando nisso, há séculos o homem criou o hábito de salgar alguns tipos de alimento, tornando-os mais duradouros. Carne salgada e deixada secar ao sol é procedimento muito utilizado, principalmente em algumas regiões brasileiras. Povos europeus também costumam salgar a carne de bacalhau, para posterior consumo. Molhos contendo alimentos em conserva e compotas doces duram muito mais, graças à grande concentração de sais e açúcares que contêm. Claro que, antes de consumir a carne e o bacalhau que foram salgados, é preciso deixá-los de molho, em água pura, o que faz o excesso de sal se deslocar do alimento para a água. Esse procedimento é necessário no sentido de evitar a ingestão excessiva de sal."

Utilizando as informações do texto e seus conhecimentos sobre os processos de transporte biológicos:

a) Explique em poucas palavras a razão de o procedimento de salgar carne, referido no texto, evitar a proliferação de bactérias.
b) O texto informa que carnes salgadas e bacalhau devem ser deixados de molho em água pura, no sentido de perderem o sal que contêm. Por meio de qual mecanismo de transporte o sal "abandona" a carne e se dirige para a água pura?

Questões objetivas

1. (UFG – GO) As membranas celulares são estruturas que delimitam todas as células vivas, estabelecendo uma interface entre os meios intra e extracelulares. No caso de pessoas portadoras de diabetes tardio, ou tipo II, as membranas de algumas células possuem poucos receptores para a insulina, diminuindo o transporte de glicose. Esses receptores têm característica de

a) fosfolipídios.
b) glicoproteínas.
c) glicolipídios.
d) esteroides.
e) carboidratos.

2. (UFMS) A membrana plasmática da célula desempenha diversas funções, apresentando importantes especializações além de capacidade seletiva. Em relação à membrana plasmática, indique a(s) proposição(ões) correta(s) e dê sua soma ao final.

(01) Estruturas lipídicas ligadas à membrana citoplasmática com função de redução da coesão entre as células são denominadas desmossomos.
(02) A passagem de soluto pela membrana plasmática contra um gradiente de concentração, com gasto de energia pela célula, é denominada transporte ativo.
(04) Osmose é a passagem de soluto de um meio hipertônico para um meio hipotônico por uma membrana permeável.
(08) As microvilosidades são especializações da membrana plasmática que aumentam a superfície de absorção celular, a exemplo das células de revestimento da mucosa intestinal.
(16) Na difusão facilitada, ocorre a passagem de soluto, sem gasto de energia pela membrana, do meio mais concentrado para o menos concentrado com o auxílio de permeases presentes na membrana plasmática.
(32) Hemácias humanas, mergulhadas em meio hipotônico, apresentam redução de volume.

3. (UFSC) Dentre os vários mecanismos de transporte em nível de membrana celular, podemos citar a osmose. De maneira simplificada, a figura abaixo esquematiza as condições para a ocorrência da osmose.

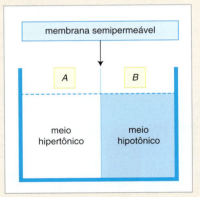

Com relação ao processo osmótico, assinale a(s) proposição(ões) CORRETA(S) e dê sua soma ao final.

(01) Haverá passagem de água do lado A para o lado B.
(02) Na natureza, o meio *hipertônico* cederá moléculas de *soluto* para o meio *hipotônico* até que se estabeleça um equilíbrio.

(04) Se *A* fosse o meio intracelular de uma célula humana e *B* água pura, com certeza essa célula iria estourar.
(08) Se *A* fosse o meio intracelular de uma célula vegetal e *B* água pura, a parede celulósica impediria que sua membrana celular se rompesse.
(16) A pressão osmótica é gerada pela passagem do *solvente* do lado *B* para o lado *A*.
(32) As células de nosso corpo encontram-se banhadas por uma solução isotônica; desta forma, a passagem da água do meio extracelular para o intracelular ocorre por osmose.

4. (UFU – MG) As hemácias são usadas para se entender e verificar o transporte de nutrientes através de membranas. A fim de demonstrar o processo de osmose, uma professora levou seus alunos ao laboratório e colocou algumas hemácias em três tubos de ensaio contendo uma solução de NaCl com diferentes concentrações.

A seguir, está descrito o que ocorreu com as hemácias transcorrido um determinado tempo.

Tubo I: enrugadas.
Tubo II: normais.
Tubo III: rompidas.

A partir dessas informações, assinale a alternativa que expressa corretamente a concentração da solução de NaCl nos três tubos de ensaio.

a) Tubo I – solução hipotônica; Tubo II – solução isotônica; Tubo III – solução hipertônica.
b) Tubo I – solução hipertônica; Tubo II – solução isotônica; Tubo III – solução hipotônica.
c) Tubo I – solução hipertônica; Tubo II – solução hipotônica; Tubo III – solução isotônica.
d) Tubo I – solução hipotônica; Tubo II – solução hipertônica; Tubo III – solução isotônica.

5. (UDESC) Assinale a alternativa **correta** quanto aos mecanismos de transporte de substâncias pela membrana da célula.

a) ( ) A difusão facilitada é a passagem de substâncias não lipossolúveis pela membrana da célula com auxílio de proteínas.
b) ( ) Moléculas muito pequenas e apolares (gás carbônico e oxigênio) não passam através da membrana plasmática.
c) ( ) O movimento de substâncias no transporte ativo ocorre de onde estão mais concentradas de soluto para onde estão menos concentradas e é realizado com gasto de energia.
d) ( ) Na osmose ocorre a passagem de solvente da solução mais concentrada para a menos concentrada de soluto.
e) ( ) A glicose é uma molécula grande e polar que atravessa diretamente a membrana plasmática, ou seja, por difusão simples.

6. (UFPR) Abaixo, pode-se observar a representação esquemática de uma membrana plasmática celular e de um gradiente de concentração de uma pequena molécula "X" ao longo dessa membrana.

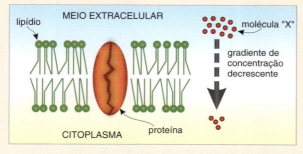

Com base nesse esquema, considere as seguintes afirmativas:

I – A molécula "X" pode se movimentar por difusão simples, através dos lipídios, caso seja uma molécula apolar.

II – A difusão facilitada da molécula "X" acontece quando ela atravessa a membrana com o auxílio de proteínas carreadoras, que a levam contra seu gradiente de concentração.
III – Se a molécula "X" for um íon, ela poderá atravessar a membrana com o auxílio de uma proteína carreadora.
IV – O transporte ativo da molécula "X" ocorre do meio extracelular para o citoplasma.

Assinale a alternativa correta.

a) Somente as afirmativas I e III são verdadeiras.
b) Somente as afirmativas I e II são verdadeiras.
c) Somente as afirmativas II e IV são verdadeiras.
d) Somente as afirmativas I, III e IV são verdadeiras.
e) Somente a afirmativa III é verdadeira.

7. (UNICAMP – SP) Hemácias de um animal foram colocadas em meio de cultura em vários frascos com diferentes concentrações das substâncias *A* e *B*, marcadas com isótopo de hidrogênio. Dessa forma os pesquisadores puderam acompanhar a entrada dessas substâncias nas hemácias, como mostra o gráfico apresentado a seguir.

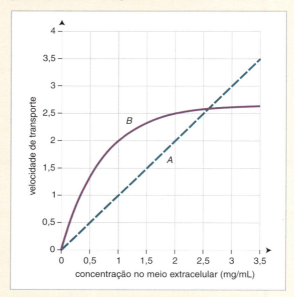

Assinale a alternativa correta.

a) A substância *A* difunde-se livremente através da membrana; já a substância *B* entra na célula por um transportador que, ao se saturar, mantém constante a velocidade de transporte através da membrana.
b) As substâncias *A* e *B* atravessam a membrana da mesma forma, porém a substância *B* deixa de entrar na célula a partir da concentração de 2 mg/mL.
c) A quantidade da substância *A* que entra na célula é diretamente proporcional a sua concentração no meio extracelular, e a de *B*, inversamente proporcional.
d) As duas substâncias penetram na célula livremente, por um mecanismo de difusão facilitada, porém a entrada da substância *A* ocorre por transporte ativo, como indica sua representação linear no gráfico.

8. (UFPR) Dois tipos de transporte que podem acontecer nas membranas plasmáticas são o transporte passivo e o transporte ativo. O primeiro pode acontecer por simples difusão do elemento a ser transportado através da bicamada lipídica da membrana. Já o transporte ativo sempre depende de proteínas que atravessam a membrana, às quais o elemento a ser transportado se liga, desligando-se posteriormente do outro lado da membrana. Ambos os tipos de transporte estão esquematizados na figura a seguir.

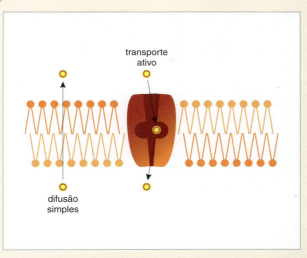

Com base nessas informações e nos conhecimentos de biologia celular, assinale a alternativa que apresenta corretamente os gráficos de cada tipo de transporte.

a)
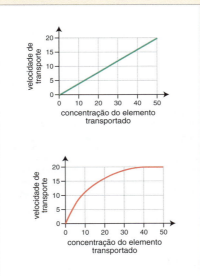

b)
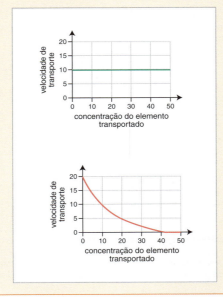

c)
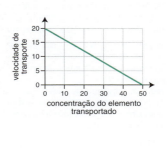
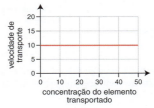

d)
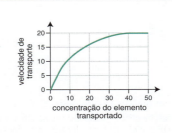
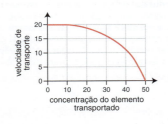

e)

Membrana celular e permeabilidade 87

9. (UFSM – RS) No transporte ativo de substâncias através da membrana plasmática, é ativada a bomba de sódio e potássio. Então, considera(m)-se correta(s) a(s) afirmativa(s):

I – A passagem de íons Na⁺ e K⁺ por difusão simples é compensada pela bomba de sódio e potássio.
II – Não há envolvimento de gasto de energia, no que se refere a moléculas de ATP.
III – Cada vez que a bomba de sódio é acionada, três íons de sódio se ligam à proteína transportadora, e a energia fornecida por um ATP altera a forma da proteína, favorecendo a saída de íons de sódio.

Está(ão) correta(s)
a) apenas I.
b) apenas II.
c) apenas I e III.
d) apenas II e III.
e) I, II e III.

10. (UFSM – RS) Os transportes através da membrana plasmática podem ser feitos a favor do gradiente de concentração ou contra ele. No entanto, quando as moléculas são grandes demais, as células recorrem a outros mecanismos, como a endocitose e exocitose. É, então, correto afirmar:

a) A exocitose é denominada clasmocitose, quando libera exclusivamente resíduos grandes durante a digestão celular.
b) No conjunto de processos da exocitose, não está incluída a liberação de hormônios para o metabolismo celular.
c) A pinocitose é o processo usado pelas células para englobar partículas pequenas e sólidas.
d) Na fagocitose, a célula emite pseudópodes que envolvem a partícula a ser englobada.
e) As bolsas citoplasmáticas que contêm o material englobado por pinocitose são chamadas fagossomas.

11. (UNICAMP – SP) Os gráficos A, B e C mostram as variações da secreção de insulina e glucagon em função da concentração de glicose, e as variações da concentração de glicose no sangue, após uma refeição rica em carboidratos.

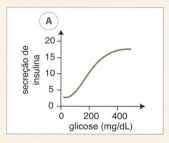
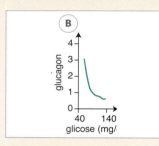
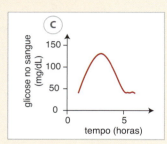

Com base nos gráficos ao lado, pode-se afirmar que
a) se os níveis de glicose no sangue estão altos, a secreção de insulina aumenta para permitir que as moléculas de glicose sejam absorvidas pelas células, e os níveis de glucagon permanecem baixos, pois não há necessidade de o glicogênio ser transformado em glicose.
b) o aumento dos níveis de glicose no sangue causa um aumento da secreção de insulina e de glucagon por células do pâncreas, pois ambos os hormônios contribuem para que as moléculas de açúcar atravessem a membrana plasmática das células.
c) a secreção de glucagon é alta em indivíduos que tenham se alimentado de carboidrato duas horas antes, pois muitos desses carboidratos acabam se transformando em glicose; já com relação à insulina, ocorre um aumento porque os níveis de glicose estão elevados.
d) as células secretoras do pâncreas estão sempre produzindo grandes quantidades de insulina e de glucagon, pois esses dois hormônios são responsáveis pela captura de glicose do sangue para as células.

Questões dissertativas

1. (UFTM – MG) Em um experimento, que buscava encontrar a solução ideal para atuar como soro fisiológico, hemácias humanas foram adicionadas em quatro tubos de ensaio (1, 2, 3 e 4) contendo diferentes concentrações salinas. Após determinado intervalo de tempo, as células foram analisadas e as variações do volume foram indicadas em um gráfico.

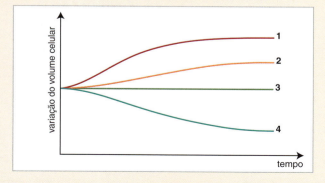

a) Considerando os resultados obtidos, qual dos tubos contém a solução ideal de soro fisiológico que poderia ser injetado na circulação de um indivíduo? Explique.
b) Suponha que as concentrações internas de células vegetais e de hemácias sejam iguais e que fossem utilizadas células vegetais no tubo 1, no lugar de hemácias. Explique o que ocorreria com o volume vacuolar das células vegetais e por que elas não sofreriam lise celular.

2. (UNICAMP – SP) As funções das células estão relacionadas com sua estrutura e com sua atividade metabólica. Apresenta-se a seguir uma tabela em que estão discriminadas, em porcentagens, as extensões de membranas de algumas organelas de duas células, A e B, provenientes de dois órgãos diferentes.

Tipo de membrana	Porcentagem de área de membrana	
	Célula A	Célula B
Membrana de retículo endoplasmático rugoso	35	60
Membrana de retículo endoplasmático liso	16	< 1
Membrana do complexo de Golgi	7	10
Membrana externa da mitocôndria	7	4
Membrana interna da mitocôndria	32	17

a) Compare os dados das células A e B e indique em qual delas predomina a atividade de destoxificação e em qual predomina a atividade de secreção. Justifique.
b) Experimentos bioquímicos realizados com os dois tipos celulares mostraram que a célula A apresentava metabolismo energético mais elevado do que o da célula B. Como o resultado desses experimentos pode ser confirmado a partir dos dados fornecidos pela tabela?

3. (UFPR) O atual modelo de estrutura da membrana plasmática celular é conhecido por *Modelo do Mosaico Fluido*, proposto em 1972 pelos pesquisadores Singer e Nicholson. Como todo conhecimento em ciência, esse modelo foi proposto a partir de conhecimentos prévios. Um importante marco nessa construção foi o experimento descrito a seguir. Hemácias humanas, que só possuem membrana plasmática (não há membranas internas) foram lisadas (rompidas) em solução de detergente, e os lipídios foram cuidadosamente dispersos na superfície da água. Foi então medida a área ocupada por esses lipídios na superfície da água e ficou constatado que ela correspondia ao dobro do valor da superfície das hemácias.

a) Que conclusão foi possível depreender desse experimento, com relação à estrutura das membranas celulares?
b) Baseado em que informação foi possível chegar a essa conclusão?

Programas de avaliação seriada

1. (PAS – UnB – DF) O funcionamento de alguns instrumentos ópticos, como, por exemplo, o de um microscópio, é análogo ao do telescópio de Kepler. A invenção da microscopia de luz modificou a forma de ver o mundo. Embora a existência de criaturas invisíveis a olho nu tenha sido especulada há muitos anos, sua descoberta está associada à invenção do microscópio, por Robert Hook, em 1664. Hoje, é possível, em boa parte das escolas de Ensino Médio, o contato com o mundo microscópico por meio, por exemplo, de um microscópio óptico convencional, como o ilustrado na figura abaixo.

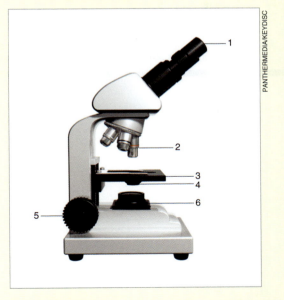

Tendo como referência o texto acima, julgue os itens de **01** a **04** e assinale a opção correta no item **05**.

(01) O agente etiológico da malária é um dos organismos que podem ser visualizados por meio de microscopia de luz.

(02) O organismo representado a seguir demanda a visualização ao microscópio de luz.

(03) Na figura abaixo, que ilustra um corte de um órgão visualizado por meio do microscópio de luz, o tecido assinalado com um ponto de interrogação tem como funções principais o estabelecimento e a manutenção da forma do órgão.

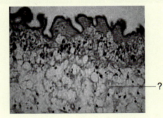

(04) As algas filamentosas, como a representada na figura da página seguinte, podem ser vistas por meio de microscópio de luz, desde que realizada a coloração prévia.

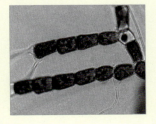

(05) No microscópio referido no texto, o local onde deve ser colocado o material a ser visualizado e a parte responsável pelo aumento da imagem estão indicados, respectivamente, pelos números
a) 1 e 3.
b) 3 e 2.
c) 4 e 5.
d) 6 e 4.

2. (SAS – UEG – GO) A clara do ovo é uma solução aquosa de proteínas, principalmente a albumina, e possui determinada concentração osmótica. Considerando que a clara de um ovo seja colocada em contato com soluções hiper e hipotônicas, separadas por uma membrana semipermeável, é CORRETO afirmar:
a) se o ovo for mergulhado em uma solução de água e sal, apresentará uma redução de volume e de peso, visto que a solução constitui um meio hipertônico em relação à clara, que perde água para o meio externo por difusão passiva.
b) se o ovo for mergulhado em uma solução de água, sal e açúcar apresentará uma redução de volume e de peso, visto que a solução constitui um meio isotônico em relação à clara, que perde água para o meio externo por difusão passiva.
c) se o ovo for mergulhado em uma solução de água e açúcar apresentará um aumento de volume e de peso, visto que a solução constitui um meio hipotônico em relação à clara, que perde água para o meio externo por osmose.
d) se o ovo for mergulhado em água apresentará um aumento de volume e peso, uma vez que a água, por ser um meio hipotônico em relação à clara, move-se para dentro do ovo por osmose, determinando esse aumento.

3. (SAS – UEG – GO) O modelo de estrutura da membrana plasmática utilizado atualmente foi proposto na década de 1970 pelos pesquisadores Singer e Nicholson, sendo conhecido como "Mosaico Fluido". Sobre esse modelo, é CORRETO afirmar:
a) os fosfolipídios aparecem em camada dupla, na qual as regiões polares das moléculas da camada externa estão voltadas para a água do meio extracelular.
b) os glicídios presentes na membrana aparecem na face externa e interna, ligados às proteínas por forças de Van der Walls.
c) a elasticidade da membrana decorre do fato de os lipídios poderem se movimentar livremente no plano da membrana.
d) as proteínas integrais e periféricas não possuem deslocamentos, o que evidencia o caráter estático da membrana.

4. (PSIU – UFPI) A figura abaixo mostra uma visão geral (adaptada de Lodish et al., 2005) das estruturas celulares envolvidas na liberação de materiais para os lisossomos. As três vias pelas quais os materiais são liberados dos lisossomos são: as endocísticas (**1**); as fagocísticas (**2**); e as autofágicas (**3**). Identifique essas estruturas e seus mecanismos de ação e assinale **V**, para as verdadeiras, ou **F**, para as falsas.

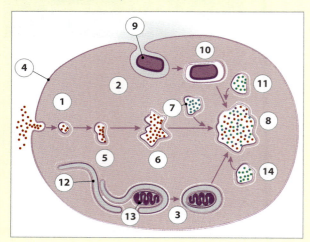

1 ( ) Na via endocística (**1**), as macromoléculas são capturadas por invaginação das vesículas da membrana plasmática, formando o endossomo precoce (**5**), que se transforma em endossomo tardio (**6**), e, após fusão com o lisossomo primário (**7**), aquelas são digeridas no lisossomo secundário (**8**).

2 ( ) Na fagocitose (**2**), as células inteiras (**9**) e outras partículas grandes insolúveis movem-se da superfície celular com a formação do fagossomo (**10**) que, após fusão com o peroxissomo (**11**), forma o lisossomo secundário (**8**), no qual são digeridas pelas peroxidases.

3 ( ) Na autofagia (**3**), o retículo endoplasmático (**12**) engloba organelas envelhecidas (**13**), as quais, após fusão com o lisossomo primário (**14**), formam o lisossomo secundário (**8**) para a digestão.

4 ( ) Na autofagia (**3**), sobras de membrana plasmática englobam organelas jovens, a exemplo das mitocôndrias (**13**), que são encaminhadas para os lisossomos secundários (**8**), nos quais são digeridas somente pelas proteases.

O citoplasma

Capítulo **5**

Lá vem o chororô!

É batata – ou melhor, é cebola: corte uma em pedaços para fazer o refogado e em poucos segundos as lágrimas rolam bochechas abaixo. Isso ocorre porque cortar ou amassar cebolas resulta na destruição de milhões de células que liberam seu conteúdo. Nele estão contidos, entre outras coisas, um sulfóxido de nome complicado, mas que podemos chamar apenas de alina, e enzimas chamadas alinases, que provocam a transformação desse sulfóxido em um ácido (o 1-propenilsulfênico). Aquele perfume maravilhoso do refogado vem a seguir, com a transformação do ácido em uma substância chamada tiossulfinato.

O problema é que o ácido 1-propenilsulfênico é rapidamente transformado por outra enzima em um óxido (óxido de tiopropanal), este, sim, o fator lacrimogêneo volátil que, em contato com a umidade dos olhos, reage e forma pequenas quantidades de substâncias que irritam os olhos e disparam o reflexo de produção de lágrimas.

Agora, para acabar com a choradeira na cozinha, existem velhos truques para cortar cebolas sem chorar. Um deles é colocar as cebolas na geladeira antes de cortar, já que o frio inibe a atividade das enzimas.

Adaptado de:
<http://cienciahoje.uol.com.br>.
Acesso em: 5 jun. 2012.

Neste capítulo, estudaremos o interior das células, seus diferentes componentes e as funções de cada um deles, como, por exemplo, os responsáveis pela síntese de enzimas.

▪ O INTERIOR DA "FÁBRICA" CELULAR

As células animal e vegetal possuem setores semelhantes aos de uma fábrica. Um limite celular, representado pela **membrana plasmática**, separa o conteúdo da célula, o citoplasma, do meio externo. O **citoplasma**, constituído

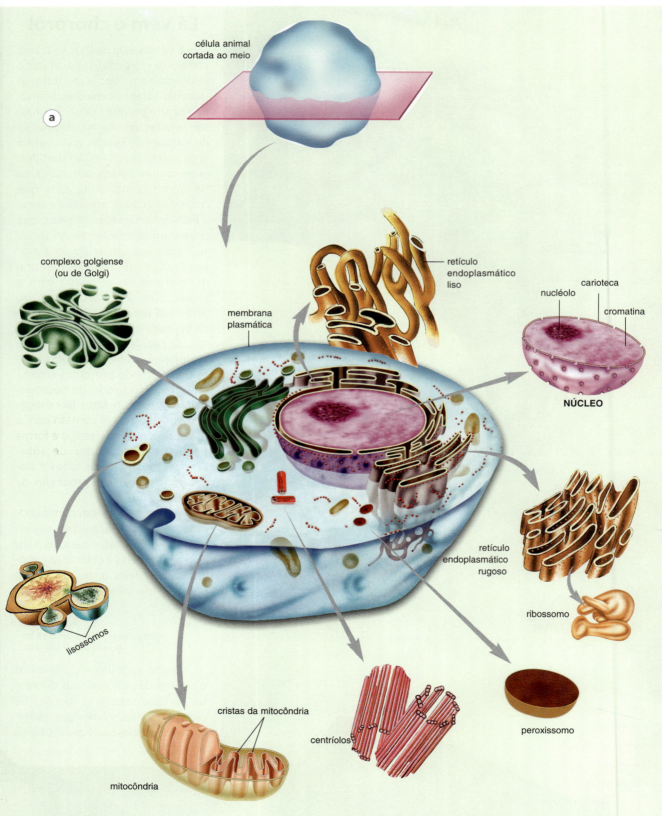

por **organoides** e **hialoplasma** (ou **citosol**), um material viscoso, representa o setor produtivo. Um **núcleo**, contendo o material genético, representa a "diretoria" da célula. A Figura 5-1 ilustra as estruturas que compõem uma célula.

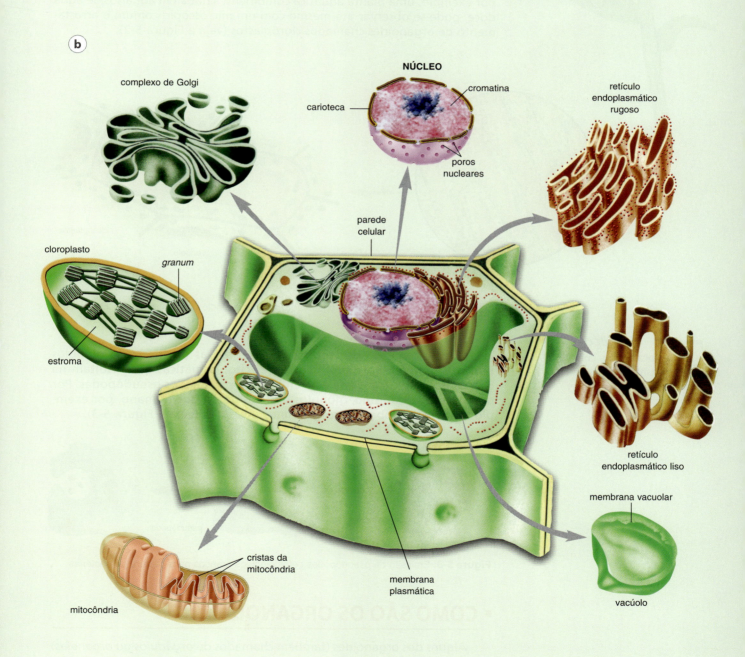

Figura 5-1. (a) Os componentes de uma célula animal. (b) Os componentes de uma célula vegetal.

O citoplasma 93

O HIALOPLASMA: AMBIENTE GERAL DO TRABALHO

A abundância de água no hialoplasma favorece o espalhamento de substâncias e a realização de reações químicas. Observam-se deslocamentos constantes de organoides, a exemplo de uma fábrica em que as pessoas das diversas linhas de montagem se encontram em movimento.

Eles são arrastados por uma corrente orientada em certo sentido, que é facilmente percebida em muitas células. Nas células da folha de elódea, por exemplo, uma planta aquática comumente criada em aquários de água doce, pode-se observar até mesmo com um microscópio comum o arrastamento de organoides chamados cloroplastos (veja a Figura 5-2).

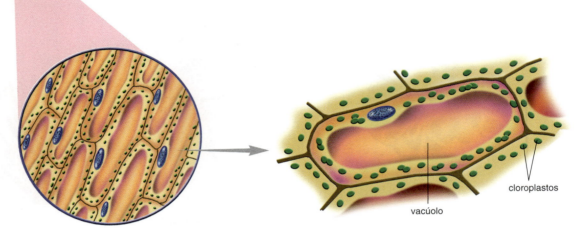

Figura 5-2. Células de elódea, observadas ao microscópio comum, mostram cloroplastos em movimento.

> **Anote!**
> O deslocamento constante do hialoplasma e dos organoides é conhecido como ciclose.

O deslocamento de certas células, como as amebas e os glóbulos brancos, também é devido a correntes citoplasmáticas que resultam na deformação do citoplasma e na emissão dos chamados **pseudópodes**. Por meio desse mecanismo, glóbulos brancos do sangue humano, por exemplo, podem englobar microrganismos invasores (veja a Figura 5-3).

Figura 5-3. Emissão de pseudópodes pelos glóbulos brancos para captura de bactérias.

COMO SÃO OS ORGANOIDES?

Alguns dos organoides (também chamados de *orgânulos* ou *organelas*) do citoplasma são membranosos, isto é, são revestidos por uma membrana lipoproteica semelhante à membrana plasmática. Estamos nos referindo a **retículo endoplasmático, mitocôndrias, sistema golgiense** (ou **complexo de Golgi**), **lisossomos, peroxissomos, glioxissomos, cloroplastos** e **vacúolos**. Os organoides não membranosos são os **ribossomos** e os **centríolos**.

Os Ribossomos: Operários da Célula

Os ribossomos são organoides não membranosos que participam da síntese de proteínas da célula. São orgânulos constituídos por RNA (um tipo de ácido nucleico) e proteínas.

Podem ser encontrados nas células:

- livres, dispersos pelo hialoplasma;
- aderidos às paredes externas do retículo endoplasmático;
- presos uns aos outros por uma fita de RNA, formando conjuntos conhecidos como *polissomos* (também chamados de *polirribossomos*).

Anote!
Os ribossomos das células animais e vegetais costumam ser maiores que os de bactérias e também diferem na constituição química. Essa diferença é importante do ponto de vista médico. Certos antibióticos, principalmente a tetraciclina e a estreptomicina, atuam inibindo o trabalho de ribossomos de bactérias e não interferem na ação dos ribossomos das nossas células.

De olho no assunto!

A estrutura e função dos ribossomos

Cada ribossomo é uma complexa organela de cuja constituição participam diferentes moléculas de proteína (cerca de cinquenta tipos) e um tipo de molécula de RNA conhecido como RNA ribossômico, que é o componente mais abundante (cerca de 60% da massa do ribossomo). O ribossomo não é uma peça única (veja a Figura 5-4). Cada um é formado por duas subunidades, de diferentes pesos moleculares.

Quando a proteína é produzida nos polissomos, em geral ela permanece dentro da célula para uso interno. As proteínas de uso externo, enzimas digestivas, por exemplo, são produzidas nos ribossomos ligados ao retículo rugoso.

Anote!
Na subunidade menor do ribossomo ocorre a decodificação da mensagem da molécula de RNA mensageiro. A subunidade maior é a responsável pela "catálise" das ligações peptídicas que ocorrem entre os aminoácidos que constituirão o peptídio ou a proteína a ser sintetizada.

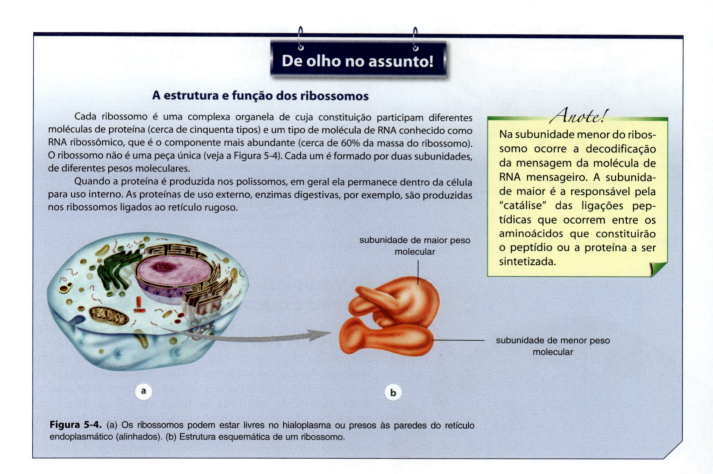

Figura 5-4. (a) Os ribossomos podem estar livres no hialoplasma ou presos às paredes do retículo endoplasmático (alinhados). (b) Estrutura esquemática de um ribossomo.

O Retículo Endoplasmático: Produção e Circulação

O retículo endoplasmático é um organoide membranoso cuja estrutura foi elucidada por meio do uso do microscópio eletrônico. A análise de fotos de certas células, tiradas com esse aparelho, permitiu a descoberta de uma estrutura de membranas duplas, amplamente distribuída pelo interior da célula e em comunicação com a membrana plasmática e com a carioteca (a membrana que envolve o núcleo). Essa intrincada rede de membranas (*retículo* é diminutivo de *rede*) apresenta diversos aspectos: ora são *sacos achatados*, ora são *túbulos* e, ainda, *vacúolos* e *vesículas*.

O retículo endoplasmático é um organoide que apresenta mudança na forma, de acordo com o estado funcional da célula. Substâncias nele produzidas podem circular pelos sacos achatados e túbulos e, ao se acumular em determinado local, podem distender as paredes membranosas, fazendo surgir um vacúolo ou uma vesícula.

Anote!
O retículo endoplasmático corresponde a mais de 50% do sistema membranoso de uma célula eucariótica.

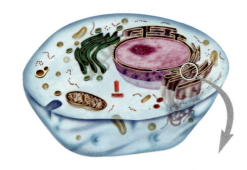

Em muitas células, o retículo endoplasmático possui inúmeros ribossomos aderidos às faces externas das membranas. Esse conjunto constitui o **retículo endoplasmático rugoso** (ou **granular** ou **granuloso**), também chamado de **ergastoplasma**. No caso de não haver ribossomos aderidos às membranas, o *retículo* é denominado **liso** (ou **agranular** ou **não granuloso**). Veja a Figura 5-5.

Em células produtoras de muitas enzimas digestivas, as do pâncreas humano, por exemplo, a microscopia eletrônica revela uma riqueza extraordinária em retículo rugoso, o que mostra a intensa síntese de proteínas que ali se realiza.

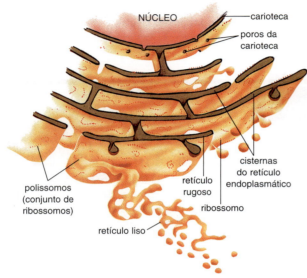

Figura 5-5. Retículos rugoso e liso.

De olho no assunto!

O retículo endoplasmático liso tem como funções:

- **transporte de materiais** pelo interior da célula e mesmo para fora dela. O retículo corresponde, nesse sentido, aos corredores internos da fábrica;
- **armazenamento de substâncias**. É comum em células vegetais, em que os grandes vacúolos são considerados porções dilatadas do retículo;
- **regulação osmótica**. O retículo retira substâncias do hialoplasma, armazenando-as, o que altera a concentração interna da célula e favorece a ocorrência de osmose;
- **síntese de diversas substâncias**. Alguns tipos de lipídio são produzidos no retículo liso de células do ovário humano.

Os Vacúolos: Amplos Espaços nas Células Vegetais

Os vacúolos das células vegetais são interpretados como regiões expandidas do retículo endoplasmático. Em células vegetais jovens observam-se algumas dessas regiões, formando pequenos vacúolos isolados um do outro. Mas, à medida que a célula atinge a fase adulta, esses pequenos vacúolos se fundem, formando-se um único, grande e central, com ramificações que lembram sua origem reticular. A expansão do vacúolo leva o restante do citoplasma a ficar comprimido e restrito à porção periférica da célula. Como vimos no capítulo anterior, a função do vacúolo é regular as trocas de água que ocorrem na osmose.

Em protozoários de água doce existem vacúolos pulsáteis (também chamados *contráteis*), que exercem o papel de reguladores osmóticos. O ingresso constante de água, do meio para o interior concentrado da célula, coloca em risco a integridade celular. A remoção contínua dessa água mantém constante a concentração dos líquidos celulares e evita o risco de rompimento da célula. É um trabalho que consome energia.

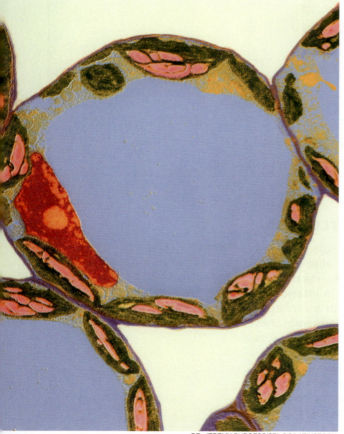

Células da folha de *Zinnia elegans*. Ao centro, pode-se ver o grande vacúolo em azul e, em vermelho, o núcleo celular. Os cloroplastos são as estruturas em verde mais escuro. Em seu interior podem ser vistos, em rosa, os grânulos de amido, substância de reserva. Microscopia eletrônica de transmissão.

O Sistema Golgiense (ou Complexo de Golgi): Embalagem e Expedição

Toda fábrica possui um setor de embalagem, empacotamento e expedição do que produz. Na célula, esse papel cabe ao sistema golgiense, ou aparelho de Golgi, ou complexo de Golgi (em homenagem a Camillo Golgi, seu descobridor).

É um conjunto formado por vários grupos de sacos achatados, empilhados, chamados *dictiossomos*, e lembram uma série de cinco ou mais pratos fundos empilhados (veja a Figura 5-6).

Nas margens de cada conjunto é comum haver vesículas, muitas ainda em formação. Um fato chama a atenção: muitas vezes o sistema golgiense aparece ligado ao retículo endoplasmático, o que sugere que o retículo seja o originador de dictiossomos.

As funções do sistema golgiense são:

- *recepção das proteínas produzidas no ergastoplasma*. O principal papel do sistema golgiense é receber essas proteínas, "empacotá-las" em vesículas de secreção e efetuar sua expulsão (veja a Figura 5-7).

Essa função ficou clara a partir da análise de células do pâncreas, um órgão produtor de enzimas digestivas. Essas células, de aspecto piramidal, agrupam-se formando uma estrutura conhecida como *ácino*. O núcleo dessas células localiza-se na base, circundado pelo retículo rugoso. O sistema golgiense, mais próximo do polo secretor da pirâmide, recebe as enzimas produzidas no ergastoplasma (ou retículo endoplasmático rugoso), "as empacota" e libera vesículas que se dirigem à superfície celular livre, onde se fundem à membrana plasmática e liberam para o meio externo as enzimas que transportavam (veja a Figura 5-8).

Anote! Secreção é a expulsão de substâncias produzidas por uma célula e que serão utilizadas em outra parte do organismo.

Anote! No sistema golgiense não há ribossomos.

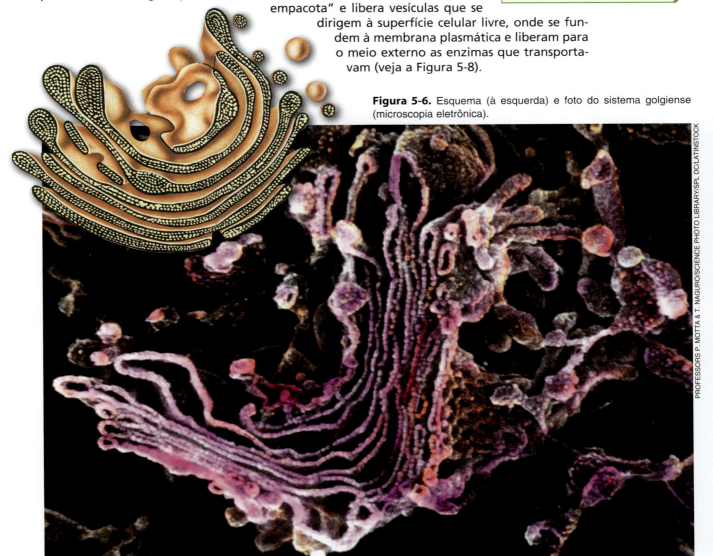

Figura 5-6. Esquema (à esquerda) e foto do sistema golgiense (microscopia eletrônica).

O citoplasma 97

Figura 5-7. (a) Proteínas produzidas nos ribossomos, lançadas no retículo endoplasmático, são envolvidas em vesículas e transferidas para o sistema golgiense. (b) Essas proteínas serão identificadas ou transformadas no sistema golgiense e novamente reunidas em vesículas para atuar dentro (enzimas, por exemplo) ou (c) fora da célula (enzimas digestivas). Da face externa brotam as vesículas de secreção.

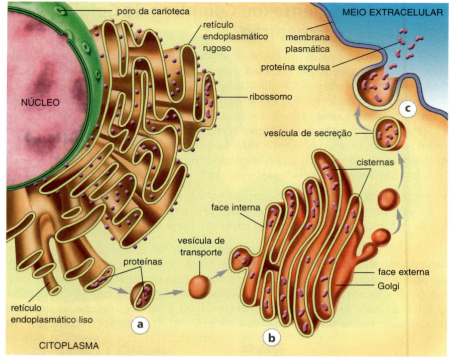

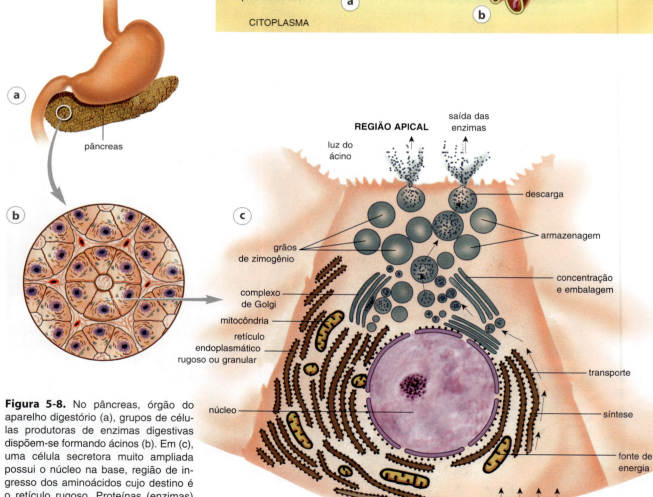

Figura 5-8. No pâncreas, órgão do aparelho digestório (a), grupos de células produtoras de enzimas digestivas dispõem-se formando ácinos (b). Em (c), uma célula secretora muito ampliada possui o núcleo na base, região de ingresso dos aminoácidos cujo destino é o retículo rugoso. Proteínas (enzimas) sintetizadas no retículo rugoso são encaminhadas para o sistema golgiense. Lá, são "empacotadas" e, em seguida, expulsas por vesículas de secreção (os chamados grãos de zimogênio).

98 BIOLOGIA 1 • 4.ª edição

- *Produção de muco em certas células.* Muco é uma substância viscosa, protetora das superfícies internas de alguns órgãos como, por exemplo, os intestinos. Essa substância é formada por uma parte proteica e outra polissacarídica.
- *Formação do acrossomo em espermatozoides.* Nos mamíferos, cada espermatozoide possui um capuz (veja a Figura 5-9), o *acrossomo*, repleto de enzimas que perfurarão os revestimentos do óvulo na fecundação. As enzimas são produzidas no ergastoplasma e transferidas para o Golgi, que se transforma no acrossomo, o qual libera a sua secreção na hora certa.

Os Lisossomos: Desmanchadores de Sucata

Lisossomos são organoides membranosos, com formato esférico, e que contêm enzimas digestivas. Acredita-se que essas vesículas sejam originadas de brotamentos a partir de dictiossomos do sistema golgiense (veja a Figura 5-10). Recentemente, foi esclarecido que mesmo em células vegetais existem lisossomos, embora não tão notáveis como nas células animais.

Figura 5-10. Interação de retículo, sistema golgiense e lisossomos. As proteínas produzidas pela célula são descarregadas ou, se forem enzimas de uso interno, ficam nos lisossomos que brotam no sistema golgiense.

De olho no assunto!

O retículo endoplasmático, o sistema golgiense, os vacúolos e os lisossomos, entre outras organelas membranosas, fazem parte do **sistema de endomembranas celulares**, cuja composição é praticamente idêntica à da membrana plasmática. É de acreditar, portanto, que, ao longo da evolução da célula eucariótica, essas organelas se originaram da membrana plasmática.

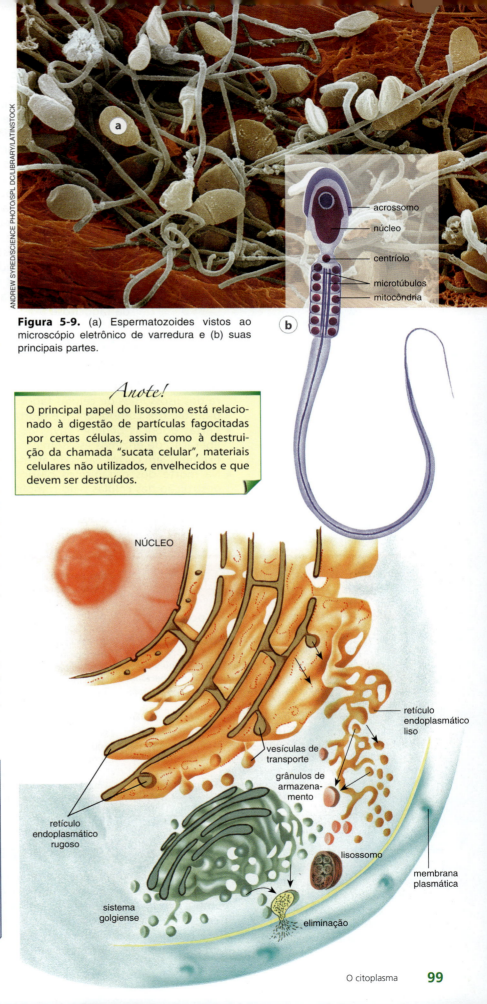

Figura 5-9. (a) Espermatozoides vistos ao microscópio eletrônico de varredura e (b) suas principais partes.

Anote!
O principal papel do lisossomo está relacionado à digestão de partículas fagocitadas por certas células, assim como à destruição da chamada "sucata celular", materiais celulares não utilizados, envelhecidos e que devem ser destruídos.

O citoplasma **99**

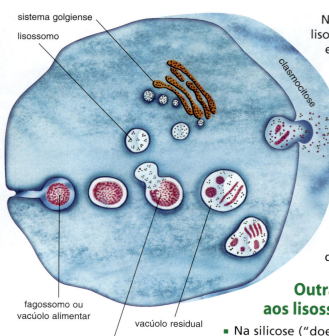

Figura 5-11. Atuação de um lisossomo no processo de digestão intracelular.

Nos glóbulos brancos é possível verificar o trabalho dos lisossomos no combate a microrganismos invasores. Pela emissão de pseudópodes, o glóbulo branco fagocita bactérias. Forma-se um *fagossomo* (também chamado de *vacúolo alimentar*) dentro do glóbulo branco. Lisossomos se aproximam e se fundem ao fagossomo, despejando suas enzimas sobre as bactérias. A fusão do fagossomo com os lisossomos forma o *vacúolo digestivo*, também conhecido como *lisossomo secundário*. Ocorre a digestão dos microrganismos. Das partículas provenientes da digestão, algumas podem ser aproveitadas pela célula. O restante permanece no *vacúolo digestivo*, agora chamado de *vacúolo residual*, que se funde à membrana plasmática e efetua a eliminação dos restos celulares, também chamada **clasmocitose** (veja a Figura 5-11), fenômeno inverso ao da fagocitose.

Outras ocorrências relacionadas aos lisossomos

- Na silicose ("doença dos mineiros", que ataca os pulmões), ocorre ruptura dos lisossomos de células fagocitárias (macrófagos), com consequente digestão dos componentes e morte celular.
- Certas doenças degenerativas do organismo humano são creditadas à liberação de enzimas lisossômicas dentro da célula; isso aconteceria, por exemplo, em certos casos de artrite, doença das articulações ósseas.
- Na morte dos organismos pluricelulares ocorre um processo de autodestruição das células pelo rompimento das membranas lisossômicas – e consequente liberação de enzimas destrutivas. A destruição das células também ocorre pela ação de bactérias decompositoras.

Tecnologia & Cotidiano

Proteassomos: os picotadores de proteínas

Muita gente acha que os lisossomos são as únicas organelas celulares que atuam na destruição de proteínas dentro de uma célula. Puro engano. No começo da década de 1970, pesquisadores descobriram que as células que não contêm lisossomos – bactérias e glóbulos vermelhos imaturos – destroem proteínas anormais rapidamente.

Na década de 1980, os mesmos pesquisadores perceberam que as proteínas eram degradadas por complexos multienzimáticos que receberam o nome de **proteassomos**, assim chamados por serem constituídos por inúmeras proteases (enzimas que degradam proteínas) que cortam proteínas em pedaços.

O mecanismo de ação dos proteassomos depende do trabalho conjunto de algumas proteínas, sendo que uma delas, a ubiquitina, parece ser a mais importante. É a partir da ligação das proteínas a serem destruídas à ubiquitina que a picotagem é iniciada.

O que chama mais a atenção, nesse caso, é que algumas doenças hereditárias, bem como a ação de alguns vírus, estão relacionadas à ação dos proteassomos. Em pelo menos um tipo de anemia hereditária, sabe-se que é produzida uma molécula anormal de hemoglobina, que não se dobra normalmente dentro da hemácia. Cabe, então, ao proteassomo a sua destruição. Na fibrose cística, um gene mutante é responsável pela formação de uma proteína defeituosa que impede a expulsão de íons sódio das células pulmonares. Essa proteína anormal deve ser prontamente destruída pelos proteassomos. Em pessoas normais, a proteína corretamente produzida liga-se à membrana plasmática das células e permite a saída de íons sódio. Com a proteína anômala, essa expulsão não ocorre, o que faz surgir uma camada de muco nos pulmões das pessoas afetadas.

No caso de algumas infecções virais, descobriu-se que certos vírus assumem o comando celular ao controlar o processo de ligação da ubiquitina às proteínas a serem destruídas.

Anote!
Mitocôndrias possuem DNA próprio, mitocondrial, frequentemente utilizado na identificação genética de um indivíduo e no reconhecimento da origem evolutiva de populações humanas.

As Mitocôndrias: Energia para a "Fábrica" Celular

A energia necessária para a realização do trabalho celular provém dos "combustíveis" energéticos que ingerimos, principalmente açúcares. Esses "combustíveis" terão de ser trabalhados pela célula, e a maior parte da liberação da energia neles contida ocorre nas mitocôndrias. Cada mitocôndria é um orgânulo globoso ou mais alongado, semelhante a um amendoim com casca. Ao microscópio eletrônico, evidencia-se sua ultraestrutura, que mostra uma membrana lipoproteica dupla; a parte interna é amplamente pregueada, formando as chamadas *cristas mitocondriais*. Entre as cristas, existe um material amorfo, fluido, conhecido como *matriz* (veja a Figura 5-12). As mitocôndrias constituem as baterias da fábrica celular. Em seu interior ocorre a maior parte da respiração aeróbia (com utilização de oxigênio).

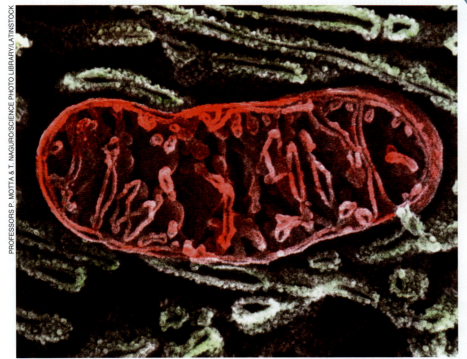

Observe as cristas dessa mitocôndria vista ao microscópio eletrônico de varredura. Elas são formadas pelo pregueamento da membrana interna desse organoide.

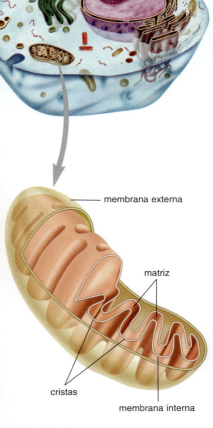

Figura 5-12. Componentes da mitocôndria.

De olho no assunto!

Doenças lisossômicas e mitocondriais

Quando você sente uma dor no estômago, sabe dizer perfeitamente o que o incomoda e de onde a dor vem, não é mesmo? O estômago é um órgão bem conhecido dos médicos e, na maioria das vezes, qualquer situação que provoque algum problema com ele é prontamente resolvida. Agora, já pensou em doenças causadas por defeitos no funcionamento de organelas celulares? Pois elas existem. No item correspondente aos peroxissomos há uma referência à *adrenoleucodistrofia*, doença decorrente do mau funcionamento dessas organelas. Defeitos no funcionamento de lisossomos e mitocôndrias também estão relacionados a doenças.

No caso dos lisossomos, a falha na produção de enzimas é a principal causa do que se conhece como doenças de depósito (ou *acúmulo*) *lisossômico* (também conhecidas como *doenças de inclusão lisossômica*). Três delas são bem significativas:

- **doença de Gaucher** – considerada a principal doença lisossômica, é devida à deficiência na produção da enzima beta-glicocerebrosidase, que acarreta depósitos da substância glicosilamida em células do fígado, baço e da medula óssea, com sérias consequências para o funcionamento desses órgãos;
- **doença de Tay-Sachs** – causada por deficiência na produção da enzima hexosaminidase, que provoca acúmulo de lipídios chamados de gangliosídeos, principalmente em células nervosas. É uma doença de efeito devastador, provocando cegueira, demência e morte precoce;
- **doença de Hurler-Scheie** – tem como causa a deficiência na produção da enzima L-iduronidase, provocando acúmulo de substâncias conhecidas como glicosaminoglicanos (GAGs). As consequências são aumento do tamanho do fígado, do baço, defeitos ósseos, alterações da visão, da audição e retardamento mental progressivo.

O mau funcionamento das mitocôndrias, relacionado a alterações nos genes dessas organelas, também é responsável por algumas doenças, dentre as quais podemos citar:

- **neuropatia óptica hereditária de Leber** – defeitos nos processos de liberação de energia que ocorrem nessas organelas provocam a degeneração do nervo óptico e, como consequência, a cegueira dos portadores dessa anomalia;
- **síndrome de Kearns-Sayre** – anomalias no funcionamento das mitocôndrias resultam em defeitos na musculatura ocular, nos batimentos cardíacos e degeneração do sistema nervoso;
- **miopatia mitocondrial** – defeitos no funcionamento das mitocôndrias causam fraqueza dos músculos esqueléticos, notadamente dos membros superiores. Nota-se aumento do tamanho e da quantidade dessas organelas nas células musculares estriadas, sinal característico da existência de anomalia na função das mitocôndrias.

Os Peroxissomos: Intensa Utilização de Oxigênio

Nas células de fígado humano, os **peroxissomos** são pequenas organelas esféricas de cerca de 0,5 a 1,2 μm de diâmetro, dotadas de *uma única membrana envolvente* e que, diferentemente das mitocôndrias e dos cloroplastos, não contêm material genético nem ribossomos. No interior dessas organelas ocorre intensa utilização de oxigênio molecular por algumas enzimas, que removem átomos de hidrogênio de certas substâncias orgânicas, durante reações em que há formação de água oxigenada. Por outro lado, a água oxigenada produzida é utilizada pela enzima *catalase* para inativar substâncias tóxicas existentes em células do fígado e dos rins. Sabe-se, por exemplo, que cerca de 25% do álcool etílico ingerido por uma pessoa é destruído por enzimas peroxissômicas, resultando na formação de aldeídos. Se começar a haver excesso de formação de água oxigenada (que também é tóxica) nessas células, a catalase efetua a sua decomposição em oxigênio e água.

Outra importante função associada aos peroxissomos é a atuação de algumas de suas enzimas na quebra de moléculas de ácidos graxos, processo conhecido como beta-oxidação. Entre os fragmentos produzidos destacam-se os da substância acetilcoenzima A, que são enviados para o citoplasma (citosol) a fim de serem utilizados em várias reações metabólicas, notadamente nas mitocôndrias, em que participam de processos de liberação de energia. Nas células hepáticas, os peroxissomos também participam da síntese de ácidos biliares e colesterol. É importante destacar que as proteínas existentes nessas organelas são sintetizadas por ribossomos livres no citosol e transportadas para o seu interior. Após atingirem certo tamanho, duplicam-se, originando novos peroxissomos. Veja a Figura 5-13.

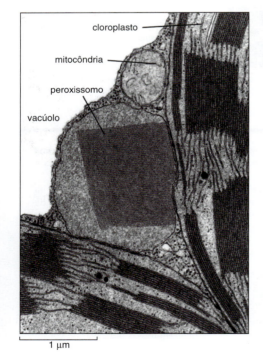

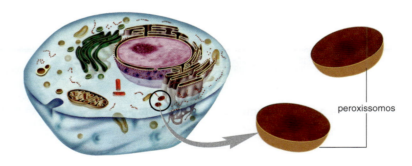

Figura 5-13. Esquema tridimensional de célula animal em corte, ilustrando como seriam visualizados os peroxissomos. O material denso (escuro) no interior dessas organelas corresponde a acúmulo de material proteico. A foto que acompanha o esquema mostra como são visualizadas essas organelas em uma célula vegetal, ao microscópio eletrônico.

A adrenoleucodistrofia (ALD), uma grave doença neurológica relatada no filme *O óleo de Lorenzo*, é associada a defeitos em uma proteína de membrana transportadora de ácidos graxos para o interior dos peroxissomos, nos quais sofreriam a beta-oxidação. O acúmulo de ácidos graxos no tecido nervoso provoca lesões em um revestimento lipídico (bainha de mielina) das células nervosas, acarretando distúrbios no funcionamento dessas células, com vários sintomas neurológicos decorrentes (retardamento mental, deficiências motoras, perturbação da fala, da audição, da visão, entre outros).

Os Glioxissomos: Os Peroxissomos dos Vegetais

Em vegetais, as células das folhas e das sementes em germinação possuem peroxissomos especiais, conhecidos como **glioxissomos**. Nas células das folhas, essas estruturas atuam em algumas reações do processo de fotossíntese, relacionadas à fixação de gás carbônico. Nas sementes, essas organelas são importantes na transformação de ácidos graxos em substâncias de menor tamanho, que acabarão sendo convertidas em glicose e utilizadas pelo embrião em germinação.

Os Cloroplastos: Baterias Solares dos Vegetais

As células vegetais de algas contêm organoides que são verdadeiras baterias solares: os cloroplastos. Embora a forma desses orgânulos seja extremamente variável, nos vegetais é mais comum a esférica. Por meio da microscopia eletrônica foi possível descobrir também sua estrutura. A membrana lipoproteica é dupla. A interna é preguedada e forma **lamelas** (que significam *lâminas*) que mergulham no *estroma* (semelhante à matriz na mitocôndria). De cada lamela maior brotam, em certos pontos, pilhas de lamelas menores, semelhantes a moedas.

Cada "moeda" é chamada de **tilacoide**. O conjunto de tilacoides é chamado de *granum* (do latim, *granum* = grão). O conjunto de *granum* é conhecido como *grana* (veja a Figura 5-14).

Os cloroplastos estão envolvidos com a fotossíntese. Para que o processo se realize, é importante a participação de moléculas de *clorofila*, que se localizam nos *grana*. No Capítulo 8, estudaremos as diferentes etapas da fotossíntese.

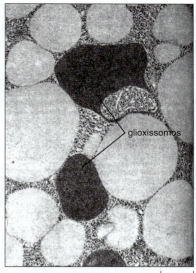

Glioxissomos presentes em célula vegetal.

Anote!

Assim como as mitocôndrias, também os cloroplastos possuem DNA próprio e ribossomos, além de outros componentes que lhes permitem realizar a síntese de suas próprias proteínas. A presença de material genético próprio é um apoio à hipótese endossimbiótica (que você lerá no quadro *Leitura* da página 113), que propõe que mitocôndrias e cloroplastos são derivados de bactérias que passaram a conviver harmoniosamente em uma célula primitiva. Tanto os cloroplastos como as mitocôndrias são consideradas organelas semiautônomas, capazes de se duplicar de modo semelhante ao que ocorre com uma célula bacteriana.

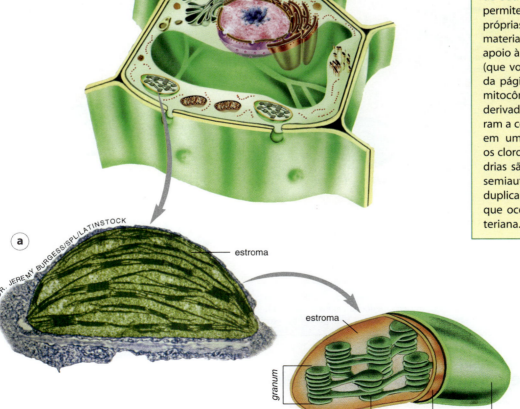

Figura 5-14. (a) Micrografia eletrônica de um cloroplasto (colorida artificialmente). (b) Os componentes do cloroplasto.

O citoplasma **103**

De olho no assunto!

Plastos (plastídios): origem e destino

Cloroplastos pertencem a uma categoria de organelas membranosas exclusivas de células vegetais e de algas conhecidas como **plastos** (também chamados de **plastídios**). Nessa categoria, incluem-se, também, os **cromoplastos** e os **leucoplastos**.

Cromoplastos não contêm clorofila nem sistema interno de membranas, mas possuem pigmentos do grupo dos carotenoides. Esses plastos estão presentes em células de flores, frutos, folhas envelhecidas e raízes (como as cenouras). Toda vez que você olhar para uma flor colorida ou para um fruto amadurecido, associe a cor que possuem à presença de cromoplastos nas células dessas estruturas vegetais. Você poderia imaginar alguma função associada à coloração apresentada por elas?

Leucoplastos são pouco diferenciados, sem pigmentos nem sistema interno de membranas. Os mais conhecidos são os **amiloplastos**, presentes em tecidos de armazenamento de raízes (mandioca), caules (batata comum) e muitas sementes (o milho, por exemplo). A riqueza de um polissacarídeo de reserva nos amiloplastos justifica a sua inclusão em nossa alimentação diária.

Em células vegetais jovens, que estão em constante divisão, existem precursores dos plastos, conhecidos como **proplastos** (também chamados de **proplastídios**). São organelas indiferenciadas, de pequeno tamanho, com um rudimentar sistema interno de membranas. A Figura 5-15 mostra o processo de origem dos diversos tipos de plastos a partir dos proplastos. Note que há uma possível conversão de mão dupla entre cloroplastos, cromoplastos e amiloplastos. Como exemplo, pense em batatas que ficam por muito tempo expostas à luz. Progressivamente, os amiloplastos sintetizam clorofila e se transformam em cloroplastos. Outro fato curioso é que se a diferenciação de um proplasto ocorrer no escuro, ele acaba se transformando em um **estioplasto**, que não contém clorofila. Esse fato acontece, por exemplo, em folhas mantidas por muito tempo em escuridão. Colocadas em ambiente dotado de luz, os estioplastos das células dessas folhas sintetizam clorofila e se transformam em cloroplastos.

Em resumo, você precisa saber que sob a denominação *plastos* (ou plastídios) incluem-se três tipos de organelas membranosas: cloroplastos, cromoplastos e leucoplastos (dos quais os mais significativos são os amiloplastos).

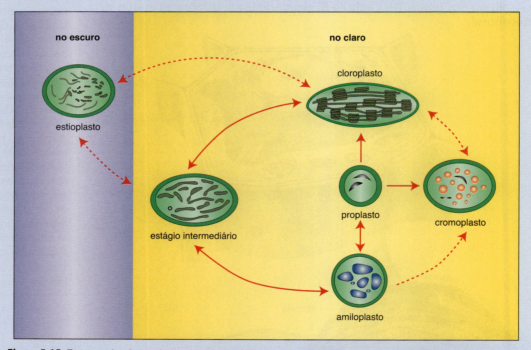

Figura 5-15. Esquema da origem e interconversão dos diferentes tipos de plastos (plastídios). A fase intermediária ocorre na passagem de amilo para cloroplasto, podendo ser invertida, ou na transformação em estioplasto. *Extraído e modificado de*: meyer, s.; reeb, c.; bosdeveix, R. *Botanique* – Biologie et Physiologie Végétales. Paris: Maloine, 2004. p. 40.

Os Centríolos: Orgânulos da Divisão Celular

Os centríolos são organelas não envolvidas por membrana e que participam do processo de divisão celular. Nas células de fungos complexos, plantas complexas (gimnospermas e angiospermas) e nematoides não existem centríolos. Eles estão presentes na maioria das células de animais, algas e vegetais pouco complexos como as briófitas (musgos) e pteridófitas (samambaias).

Estruturalmente, são constituídos por um total de nove trios de microtúbulos proteicos, que se organizam em cilindro (veja a Figura 5-16).

São autoduplicáveis no período que precede a divisão celular, migrando, logo a seguir, para polos opostos da célula.

Uma das providências que a fábrica celular precisa tomar é a construção de novas fábricas, isto é, sua multiplicação. Isso envolve a elaboração prévia de uma série de "andaimes" proteicos, o chamado **fuso de divisão**, formado por inúmeros filamentos de microtúbulos.

Embora esses microtúbulos não sejam originados dos centríolos, e sim de uma região da célula conhecida como **centrossomo**, é comum a participação deles no processo de divisão de uma célula animal. Já em células de vegetais complexos, como não existem centríolos, sua multiplicação se processa sem eles.

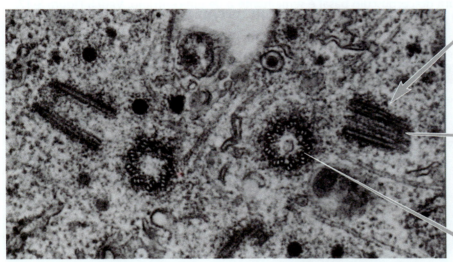

Figura 5-16. Centríolos. Note o arranjo dos nove trios de microtúbulos proteicos. A região central é desprovida de proteínas. Na foto central, obtida em microscopia eletrônica, aparecem 4 centríolos, resultados da duplicação de um par precedente. Questiona-se, hoje, a existência de material genético nessas organelas.

Os Cílios e Flagelos:
Locomoção ou Remoção de Impurezas

São estruturas móveis, encontradas externamente em células de diversos seres vivos.

Os **cílios** são curtos e podem ser relacionados à locomoção ou à remoção de impurezas.

Nas células que revestem a traqueia humana, por exemplo, os batimentos ciliares empurram impurezas provenientes do ar inspirado, trabalho facilitado pela mistura com o muco que, produzido pelas células traqueais, lubrifica e protege a traqueia. Em alguns protozoários, como o paramécio, por exemplo, os cílios são utilizados para a locomoção.

Paramécio. Note a presença de grande quantidade de cílios.

O citoplasma **105**

Os **flagelos** são longos e também se relacionam à locomoção de certas células, como a de alguns protozoários (por exemplo, o tripanossomo causador da doença de Chagas) e a do espermatozoide.

Em alguns organismos pluricelulares, como as esponjas, o batimento flagelar cria correntes de água que percorrem canais e cavidades internas, trazendo, por exemplo, partículas de alimento.

Estruturalmente, cílios e flagelos são idênticos. Ambos são cilíndricos, exteriores às células e cobertos por membrana plasmática. Internamente, cada cílio ou flagelo é constituído por um conjunto de nove pares de microtúbulos periféricos de tubulina, circundando um par de microtúbulos centrais. É a chamada estrutura 9 + 2.

Tanto cílios como flagelos são originados de uma região organizadora no interior da célula, conhecida como **corpúsculo basal**. Em cada corpúsculo basal há um conjunto de nove trios de microtúbulos (em vez de duplas, como nos cílios e flagelos), dispostos em círculo. Nesse sentido, a estrutura do corpúsculo basal é semelhante à de um centríolo. Veja a Figura 5-17.

A Tabela 5-1 apresenta as principais características das organelas estudadas.

Tabela 5-1. Resumo das principais organelas celulares e sua função.

Organela	Tipo		Função/participa do(a)	Observações
Ribossomo	Não membranoso.		■ Processo de síntese de proteína.	—
Centríolo	Não membranoso.		■ Divisão celular.	não existe em fungos complexos, gimnospermas, angiospermas e nematoides.
Retículo endoplasmá-tico	liso	Membranoso.	■ Transporte de substâncias. ■ Síntese de lipídios.	—
	rugoso	Membranoso.	■ Armazenamento. ■ Regulação osmótica. ■ Síntese de substâncias.	—
Sistema golgiense ou de Golgi	Membranoso.		■ "Empacotamento" de proteínas. ■ Produção de muco. ■ Formação do acrossomo dos espermatozoides.	—
Lisossomo	Membranoso.		■ Digestão intracelular.	—
Peroxissomo	Membranoso.		■ Produção de oxigênio molecular. ■ Quebra de moléculas de ácidos graxos.	—
Glioxissomo	Membranoso.		■ Fixação de C na fotossíntese.	—
Mitocôndria	Membranosa.		■ Liberação de energia.	—
Plastos	cloroplasto	Membranoso.	■ Papel na fotossíntese.	—
	cromoplasto	Membranoso.	■ Transporte de pigmentos.	—
	leucoplasto	Membranoso.	■ Armazenamento de amido.	—
Cílio	Membranoso.		■ Remoção de impurezas. ■ Locomoção.	—
Flagelo	Membranoso.		■ Locomoção.	—
Vacúolo	Membranoso.		■ Regulação osmótica.	Presente apenas em células vegetais e protozoários de água doce.

Figura 5-17. (a) Cílio (em destaque, corpúsculo basal) e (b) cílios das células de brônquio humano.

O citoplasma

▪ O CITOESQUELETO

Quando se diz que o hialoplasma é um fluido viscoso, fica-se com a impressão de que a célula animal tem uma consistência amolecida e que se deforma a todo momento. Não é assim.

Um verdadeiro "esqueleto" formado por vários tipos de fibras de proteínas cruza a célula em diversas direções, dando-lhe consistência e firmeza (veja a Figura 5-18).

Essa "armação" é importante se lembrarmos que a célula animal é desprovida de uma membrana rígida, como acontece com a membrana celulósica das células vegetais.

Entre as fibras proteicas componentes desse "citoesqueleto" podem ser citados os **microfilamentos de actina**, os **microtúbulos** e os **filamentos intermediários**.

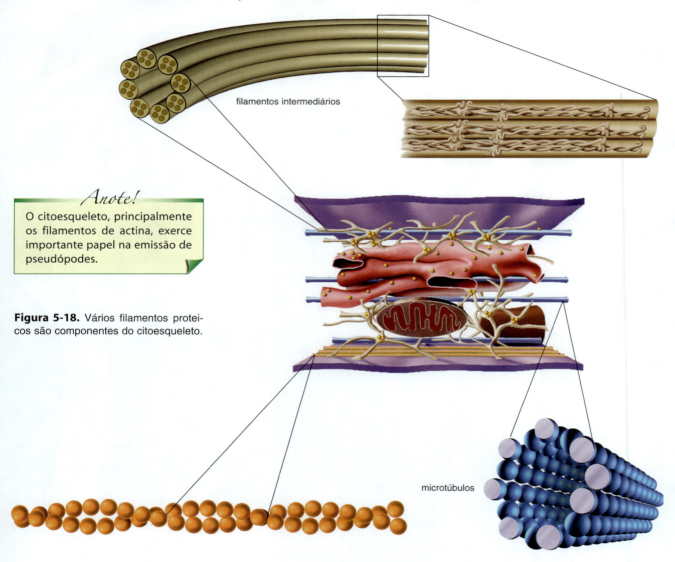

Anote!
O citoesqueleto, principalmente os filamentos de actina, exerce importante papel na emissão de pseudópodes.

Figura 5-18. Vários filamentos proteicos são componentes do citoesqueleto.

De olho no assunto!

Nas células musculares, além de microfilamentos de *actina*, existem outros, mais grossos, de *miosina*, também contráteis. Como veremos no estudo do tecido muscular, a interação dos filamentos de *actina* com os de *miosina* possibilita a ocorrência de inúmeros movimentos em órgãos que contêm esses dois componentes contráteis. Por exemplo, neste exato instante, a parede dos seus intestinos deve estar apresentando uma contração rítmica, lenta e suave, muitas vezes imperceptível, conhecida como *peristaltismo*, responsável pelo deslocamento do bolo alimentar neles contido. O mesmo acontece com os movimentos rítmicos apresentados pelo seu coração, no qual existe um tecido rico em células contráteis contendo *actina* e *miosina*. Na musculatura ligada ao seu esqueleto também existem células dotadas de uma grande quantidade desses filamentos.

Os **microfilamentos** são os mais abundantes, constituídos da proteína contrátil **actina** e encontrados em todas as células eucarióticas. São extremamente finos e flexíveis, chegando a ter de 3 a 6 nm (nanômetros) de diâmetro, cruzando a célula em diferentes direções, embora se concentrem em maior número na periferia, logo abaixo da membrana plasmática. Muitos movimentos executados por células animais e vegetais são possíveis graças aos microfilamentos de actina.

Os **microtúbulos**, por sua vez, são filamentos mais grossos, de cerca de 20 a 25 nm de diâmetro, que funcionam como verdadeiros andaimes de todas as células eucarióticas. São, como o nome diz, tubulares, rígidos e constituídos por moléculas de proteínas conhecidas como **tubulinas**, dispostas helicoidalmente, formando um cilindro. Um exemplo desse tipo de filamento é o que organiza o chamado *fuso de divisão celular*. Nesse caso, inúmeros microtúbulos se originam e irradiam a partir de uma região da célula conhecida como **centrossomo** (ou **centro celular**) e desempenham papel extremamente importante na movimentação dos cromossomos durante a divisão de uma célula.

Anote!
A movimentação das células brancas do sangue, bem como a fagocitose de partículas estranhas que elas realizam, só é possível graças à ação de moléculas de actina envolvidas nesse movimento.

De olho no assunto!

Outro papel atribuído aos microtúbulos é o de servir como verdadeiras "esteiras" rolantes que permitem o deslocamento de substâncias, de vesículas e de organoides como as mitocôndrias e os cloroplastos pelo interior da célula. Isso é possível a partir da associação de **proteínas motoras** com os microtúbulos. Essas proteínas motoras ligam-se, de um lado, aos microtúbulos e, de outro, à substância ou organoide que será transportado, promovendo o seu deslocamento (veja a Figura 5-19). Por exemplo, no axônio (prolongamento) de um neurônio, as proteínas motoras conduzem, ao longo da "esteira" formada pelos microtúbulos, diversas substâncias para as terminações do axônio e que terão importante participação no funcionamento da célula nervosa.

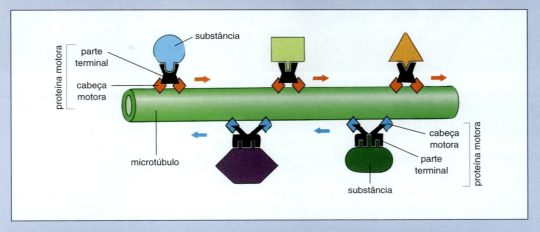

Figura 5-19. As proteínas motoras favorecem o deslocamento de substâncias ao longo do microtúbulo.

Os **filamentos intermediários** são assim chamados por terem um diâmetro intermediário – cerca de 10 nm – em relação aos outros dois tipos de filamentos proteicos.

Nas células que revestem a camada mais externa da pele existe grande quantidade de um tipo de filamento intermediário conhecido como **queratina**. Um dos papéis desse filamento é impedir que as células desse tecido se separem ou rompam ao serem submetidas, por exemplo, a um estiramento. Além de estarem espalhadas pelo interior das células, armando-as, moléculas de queratina promovem uma "amarração" entre elas em determinados pontos, o que garante a estabilidade do tecido no caso da ação de algum agente externo que tente separá-las. Esse papel é parecido ao das barras de ferro que são utilizadas na construção de uma coluna de concreto.

Anote!
Os filamentos intermediários são os mais rígidos e duráveis de todas as proteínas do citoesqueleto. Encontram-se espalhados no citoplasma da maioria das células animais, concentrando-se, preferencialmente, na periferia.

O citoplasma

Outras células possuem apreciável quantidade de outros filamentos intermediários. É o caso das componentes dos tecidos conjuntivos e dos neurofilamentos encontrados no interior das células nervosas.

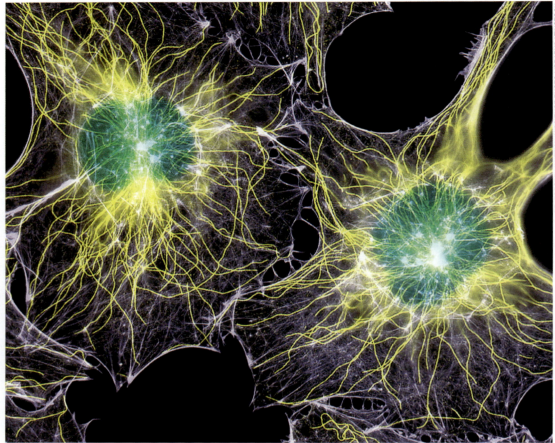

Na foto, microscopia de dois fibroblastos, células do tecido conjuntivo, evidenciando o núcleo (em verde) e o citoesqueleto. As fibras de tubulina do citoesqueleto estão em amarelo e as de actina em azul.

De olho no assunto!

Citoesqueleto e emissão de pseudópodes

O citoesqueleto exerce importante papel na emissão de pseudópodes ("falsos pés"), particularmente em algumas células de defesa do nosso organismo. Normalmente, nesse tipo de célula, o citoplasma apresenta duas regiões bem definidas: uma interna, mais fluida, que dizemos estar no estado de *sol*, e outra mais periférica, menos fluida – mais consistente –, que dizemos estar no estado de *gel*.

Para ocorrer a emissão de um pseudópode e, assim, permitir o "rastejamento" da célula, surge subitamente um ponto de "enfraquecimento" do gel na periferia, o que permite ao citoplasma mais fluido (sol) "vazar" em direção à região enfraquecida, resultando na formação do pseudópode. Uma vez constituído, o pseudópode se estabiliza no estado de gel, contando, para isso, com a participação de filamentos de actina, que se reúnem nessa região. Nesse momento, graças à participação de algumas proteínas da membrana plasmática, ocorre a fixação do pseudópode no substrato, o que puxa o restante da célula para a frente, resultando no movimento celular.

É graças a esse mecanismo que as células brancas do sangue abandonam os capilares sanguíneos e se dirigem a um tecido lesado, na tentativa de "ingerir" microrganismos invasores, por exemplo.

▪ A CÉLULA BACTERIANA

Em uma bactéria a célula possui dois envoltórios: a *membrana esquelética* e a *membrana plasmática*. A membrana esquelética não é celulósica; a membrana plasmática apresenta constituição molecular idêntica à de qualquer célula. Internamente, os componentes celulares da bactéria são: *hialoplasma*, *ribossomos*, espalhados pelo hialoplasma, e *cromatina*, material genético que se apresenta como uma longa molécula de DNA com formato de anel filamentoso, mergulhada no hialoplasma. O filamento de cromatina corresponde ao cromossomo bacteriano. Essas estruturas são indispensáveis, constituindo um conjunto mínimo de componentes de uma célula. Por isso, dizemos que o modelo representado pela bactéria aproxima-se do modelo de uma célula mínima.

A célula bacteriana não possui carioteca separando o material genético do hialoplasma. Pela ausência de carioteca, diz-se que a célula bacteriana é **procariótica** (veja a Figura 5-20). É uma célula sem núcleo diferenciado, com material de comando – a cromatina – disperso pelo hialoplasma. Tampouco existem organoides envolvidos por membrana. Não há, portanto, mitocôndrias, cloroplastos, retículo endoplasmático, complexo de Golgi etc. Os únicos organoides citoplasmáticos são os ribossomos, estruturas não envolvidas por membrana.

Anote!

As **células procarióticas** – isto é, que não possuem carioteca, nem orgânulos envolvidos por membrana – são características dos seres procariotos (bactérias e cianobactérias).

De olho no assunto!

Cromatina e cromossomos

Cromatina e cromossomos correspondem, em essência, ao mesmo material – DNA e proteínas. No entanto, essas duas denominações são usadas apenas com o intuito de expressar graus diferentes de organização desse mesmo material. Assim, *cromatina* refere-se ao material genético menos organizado, mais disperso. Quando esse material se apresenta organizado sob a forma de orgânulos visíveis e contáveis – geralmente durante o processo de divisão celular –, usa-se a expressão *cromossomos*.

Figura 5-20. Esquema de célula bacteriana, baseado em foto obtida com microscópio eletrônico.

▪ AS CARACTERÍSTICAS EM COMUM

Pelo que estudamos neste capítulo, ficou claro que as células vegetal e animal correspondem a células mais complexas que a bacteriana. As três executam as mesmas atividades celulares básicas, porém as primeiras possuem estruturas mais sofisticadas.

Alguns componentes aparecem nos três tipos de célula. São eles: *membrana plasmática*, *hialoplasma*, *ribossomos* e *cromatina*.

Componentes Exclusivos

Centríolos são exclusivos da célula animal. Já os cloroplastos, a membrana esquelética celulósica e o grande vacúolo central são típicos da célula vegetal (veja a Figura 5-21).

Figura 5-21. Uma célula vegetal.

A Tabela 5-2 (na página seguinte) apresenta, de forma objetiva, as organelas que se encontram em cada tipo celular.

O citoplasma **111**

Tabela 5-2. Comparação entre as células bacteriana, animal e vegetal.

Estrutura	Célula bacteriana	Célula animal	Célula vegetal
Parede celular	Presente (glicopeptídica).	Ausente.	Presente (celulósica).
Membrana plasmática	Presente.	Presente.	Presente.
Hialoplasma	Presente.	Presente.	Presente.
Flagelos	Podem existir.	Podem existir.	Existem apenas em gametas de algumas plantas.
Retículo endoplasmático	Ausente.	Presente.	Presente.
Ribossomos	Presentes.	Presentes.	Presentes.
Microtúbulos	Ausentes.	Presentes.	Presentes
Centríolos	Ausentes.	Presentes.	Geralmente ausentes; presentes apenas em algas e vegetais inferiores.
Sistema golgiense	Ausente.	Presente.	Presente.
Mitocôndria	Ausente.	Presente.	Presente.
Cloroplasto	Ausente.	Ausente.	Presente.
Peroxissomos	Ausentes.	Presentes.	Podem estar presentes.
Glioxissomos	Ausentes.	Ausentes.	Presentes.
Lisossomos	Ausentes.	Presentes.	Presentes, porém mais raros.
Vacúolos	Ausentes.	Pequenos ou ausentes.	Presentes, grandes e centrais em células adultas.
Cromatina	Presente, sob a forma de anel circular de DNA.	Presente, filamentosa, composta de DNA e proteínas	Presente, filamentosa, composta de DNA e proteínas.
Núcleo	Ausente (não organizado).	Presente (organizado).	Presente (organizado).

112 BIOLOGIA 1 • 4.ª edição

Leitura

A hipótese endossimbiótica

A citologista Lynn Margulis é autora da hipótese de que, no passado, células eucarióticas teriam fagocitado células menores de bactérias respiradoras. A convivência das duas teria sido tão proveitosa que as bactérias teriam se transformado nas mitocôndrias das células maiores.

Outras células teriam ingerido tanto bactérias respiradoras como cianobactérias, capazes de fazer fotossíntese. Nova simbiose passou a ocorrer e as cianobactérias ingeridas passaram a constituir os cloroplastos da célula eucariótica.

Essa hipótese possui uma base de sustentação lógica. Tanto cloroplastos quanto mitocôndrias possuem material genético próprio, na forma de pequenas moléculas de DNA e RNA. Também possuem ribossomos, o que lhes permite efetuar sínteses proteicas e ter, assim, uma atividade autônoma em relação à célula hospedeira. Não conseguiriam, porém, viver isolados da célula, assim como esta também não conseguiria viver sem as organelas. Dessa forma teriam surgido, segundo Margulis, os primeiros organismos celulares eucariotos.

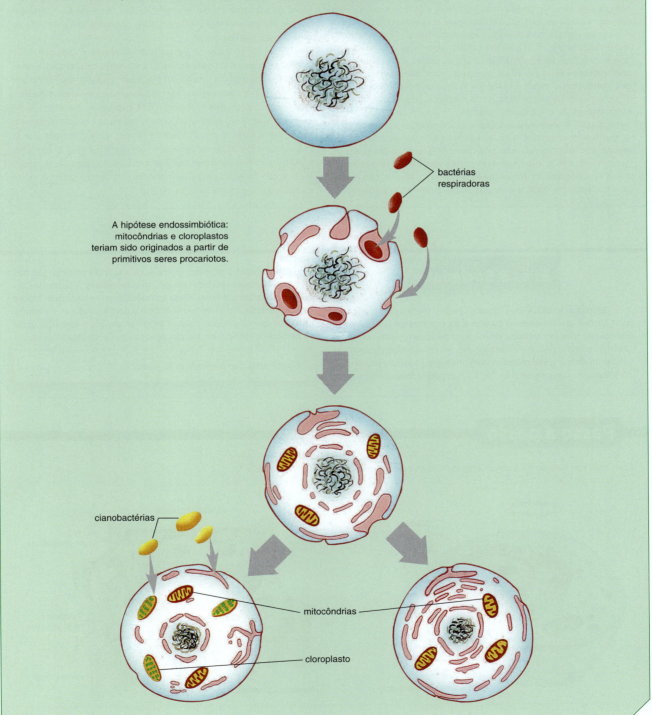

A hipótese endossimbiótica: mitocôndrias e cloroplastos teriam sido originados a partir de primitivos seres procariotos.

O citoplasma

De olho no assunto!

Apoptose: a morte celular programada

O que faz a cauda de um girino (estádio larval de sapos) ser reabsorvida, durante a metamorfose que leva ao sapo adulto? De que modo as membranas que existem entre os dedos de um embrião humano são eliminadas durante a modelagem da mão? Essas alterações contam com a participação de enzimas lisossômicas, que atuam no processo de remoção das células que fazem parte dessas estruturas. Mas, como é que o organismo sabe que está na hora de efetuar essas transformações? Esses e outros acontecimentos remodeladores, que são comuns para a maioria dos seres pluricelulares, incluindo as plantas, são característicos da *apoptose* ou *morte celular programada*. Muitas células, durante os diferentes processos de formação dos organismos pluricelulares, são programadas para morrer! Várias pesquisas demonstraram que um dos fatores que conduzem à morte celular é a liberação, pelas mitocôndrias, dos chamados *fatores de indução da apoptose*. Depois de liberados, esses fatores desencadeiam uma série de acontecimentos, com a participação de enzimas, que acabam atingindo o núcleo da célula, que é o local em que a morte celular é programada. Embora o mecanismo exato ainda não seja bem conhecido, o bloqueio de genes nucleares é, provavelmente, uma das etapas importantes desse acontecimento. No organismo humano adulto, são exemplos clássicos de *apoptose* os que ocorrem em células de revestimento que são continuamente renovadas em alguns órgãos, como esôfago, estômago e intestino. Também é verificado esse processo na eliminação de células para que seja esculpida a forma dos órgãos durante o desenvolvimento embrionário, na regressão da mama após o desmame e na do útero pós-parto.

Não se deve confundir *apoptose* com *necrose* celular. A necrose, que também envolve a morte celular, é um processo ativo, em que acontecem reações inflamatórias, com grande gasto de energia, fato que não ocorre na apoptose. Na necrose, as células aumentam de volume, os retículos liso, rugoso e as mitocôndrias vacuolizam, rompem-se as membranas dessas organelas e se verifica a dissolução da estrutura celular. A digestão do DNA e do RNA também ocorre, por meio da ação de enzimas lisossômicas, o que resulta na degradação total da célula.

Você deve estar se perguntando: por que não acontece apoptose nas células cancerosas? Realmente, células cancerosas deveriam morrer ou, como dizem muitos cientistas, deveriam ser induzidas a cometer suicídio. Sabe-se que em muitos tecidos cancerosos existe uma proteína, a *P53*, que induz a ocorrência de morte celular. Pesquisas feitas com células que causam o *melanoma maligno*, um dos piores tipos de câncer, demonstraram que as células cancerosas desenvolveram um mecanismo que bloqueia a ação da *P53*, livrando-as do "suicídio". Muitas pesquisas, atualmente, são dirigidas para o reconhecimento do mecanismo exato de ação que conduz à inibição da *P53*.

Ética & Sociedade

Médicos da UCLA, nos Estados Unidos, removeram o baço de John Moore, um tratamento padrão para um tipo de leucemia, e a doença não teve recorrências. Os médicos decidiram manter vivas em um meio nutriente as células do baço retirado. Viram que algumas das células produziam uma proteína sanguínea que se tornou promissora no tratamento do câncer e da AIDS. Os pesquisadores patentearam as células. Moore processou os médicos, exigindo participação nos lucros de qualquer produto derivado de suas células. A Suprema Corte americana deu ganho de causa aos médicos, atestando que "Moore ameaçava destruir o incentivo econômico para a condução de importantes pesquisas médicas". Moore argumentou que o veredicto deixa os pacientes "vulneráveis à exploração nas mãos do Estado".

- Você acha que o veredicto foi justo?

Passo a passo

Com base nas ilustrações a seguir, responda às questões **1** e **2**.

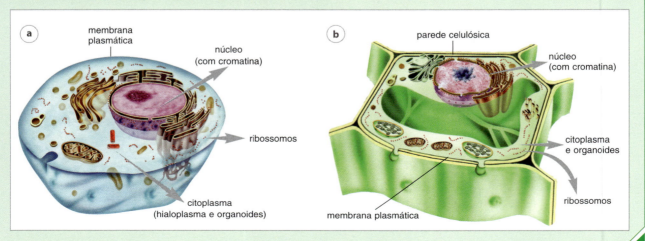

114 BIOLOGIA 1 • 4.ª edição

As células eucarióticas animal e vegetal possuem setores semelhantes a uma fábrica:

a) um *revestimento* que as separa do meio;
b) um *ambiente geral de trabalho que contém orgânulos e diversas substâncias químicas dissolvidas;*
c) uma *central de comando.*

1. Considerando as informações das ilustrações e do texto:
   a) Quais são os três componentes básicos de uma célula eucariótica animal ou vegetal, na ordem em que comparecem grifados no texto?
   b) Qual desses componentes representa o conjunto formado pelo hialoplasma (citosol) e os orgânulos envolvidos ou não por membrana?
   c) Por que razão as células esquematizadas nas ilustrações são consideradas eucarióticas?

2. a) Como caracterizar o hialoplasma em termos de composição e função?
   b) As substâncias químicas dissolvidas e os orgânulos permanecem em constante movimentação no hialoplasma. Que termo é utilizado para descrever esse constante deslocamento?

Tendo por base a ilustração a seguir, responda às questões de **3** a **6**.

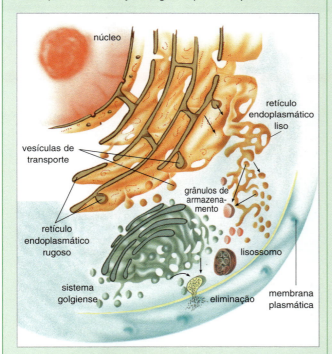

3. a) Cite os organoides (orgânulos ou organelas) revestidos por membrana e os que não são revestidos por membrana que são vistos na ilustração.
   b) Como é organizado o ribossomo estruturalmente e em termos de constituintes químicos? Como são distribuídos os ribossomos em uma célula eucariótica, animal ou vegetal? Qual a função básica dessas organelas celulares?

4. Constituído de túbulos, sacos achatados, vesículas e vacúolos, o retículo endoplasmático corresponde a um verdadeiro sistema de comunicação, de síntese e de distribuição interna da célula, conectando-se tanto à membrana plasmática quanto à membrana nuclear (carioteca). Com relação a essa organela celular:
   a) Cite as suas duas formas de organização, relacionando a principal diferença existente entre elas.
   b) Cite as funções atribuídas a essa organela celular, diferenciando, se for o caso, o papel exercido pelas duas formas de organização.

5. Com relação ao sistema golgiense (frequentemente também denominado de complexo de Golgi):
   a) Como é organizada essa organela membranosa celular? Cite as funções a ela atribuídas.
   b) Qual é a origem das vesículas componentes dessa organela?

6. a) Como é originado um lisossomo e que função é atribuída a essa organela celular?
   b) O que significa dizer que o retículo endoplasmático, o sistema golgiense e os lisossomos são componentes do sistema de endomembranas da célula?

7. Utilize as informações dos textos a seguir para responder a esta questão.

   I – "Organela membranosa que é considerada a bateria da fábrica celular, gerando, por meio da respiração aeróbia, a maior parte da energia necessária à realização do trabalho executado pela célula. Está presente tanto em células animais quanto vegetais."

   II – "É uma organela exclusiva das células de vegetais e de algas. Atua como 'bateria solar', captando a energia luminosa que será utilizada na realização do processo de fotossíntese. Sua membrana lipoproteica dupla foi visualizada com o auxílio do microscópio eletrônico."

   a) A que organela o texto I se refere? Como essa organela é organizada estruturalmente?
   b) A que organela o texto II se refere? Cite as estruturas derivadas do pregueamento da membrana interna dessa organela. Cite a região interna em que as estruturas derivadas da membrana interna mergulham. Qual o principal pigmento nelas existente, relacionado à realização do processo de fotossíntese?

8. Segundo a hipótese endossimbiótica proposta pela cientista Lynn Margulis e atualmente aceita pela comunidade científica, acredita-se que cloroplasto e mitocôndria são organelas derivadas de bactérias que ingressaram em uma célula eucariótica primitiva, nela convivendo em harmonia, em uma relação mutuamente vantajosa. Cite os principais argumentos que tornam viável a elaboração dessa hipótese.

9. Ao estudarem o assunto organelas celulares, quatro estudantes escreveram os resumos a seguir:

   Letícia – Organelas não envolvidas por membranas, presentes apenas em células animais, algas e vegetais pouco complexos e que participam do processo de divisão celular.

   Olavo – Organela com uma única membrana envolvente, presente em células do fígado, na qual existe intensa atividade da enzima catalase sobre a água oxigenada gerada em reações químicas.

   Valéria – Estruturas móveis, encontradas externamente em células de diversos seres vivos. Algumas são curtas e se relacionam à locomoção de unicelulares. As longas se relacionam ao deslocamento de unicelulares e de espermatozoides.

   Márcio – Organela considerada equivalente à descrita no resumo do Olavo, só que presente apenas em células vegetais. Nas sementes, atua na transformação de ácidos graxos em substâncias de menor tamanho, que serão convertidas em glicose e utilizadas pelo embrião em germinação.

   a) A quais organelas os resumos dos estudantes se referem?
   b) Cite em poucas palavras a organização estrutural das organelas e estruturas descritas por Letícia e Valéria.

10. São filamentos proteicos presentes em qualquer célula, incluindo a procariótica bacteriana. Atuam como um verdadeiro "esqueleto" filamentoso, cruzando a célula em várias direções. Algumas possibilitam a "amarração" entre células, outras possibilitam a ocorrência de divisão celular e algumas até facilitam o deslocamento de certas células.

a) A que componente celular o texto acima se refere?
b) Quais são os três tipos de fibras proteicas componentes dessa estrutura celular? Cite pelo menos um exemplo de sua localização nas células em que ocorrem.

11. *Questão de interpretação de texto*

"Uma nova pesquisa diz ter mostrado que as mitocôndrias – as usinas de energia das células – são, ao mesmo tempo, a base da existência do câncer e o calcanhar de aquiles da doença. Nessas organelas ocorre a liberação da maior parcela da energia necessária à execução do trabalho celular. Usando amostras de células causadoras de câncer de mama, cercadas de tecido saudável, não afetado pelo tumor, cientistas verificaram que as células cancerosas aparentemente estavam "sugando" as sadias, usando-as como combustível para suas mitocôndrias. O que eles viram é que, enquanto as células de câncer apresentavam marcas de altíssima atividade das mitocôndrias, as células sadias no entorno estavam quase ou totalmente paradas, com pouca ação mitocondrial. É uma espécie de parasitismo celular – com as cancerosas, é claro, no papel parasitário."

Adaptado de: LOPES, R. J. Usina das células é o ponto fraco dos tumores, diz estudo. *Folha de S.Paulo*, São Paulo, 2 dez. 2011. Caderno Ciência, p. C9.

Utilizando as informações do texto e seus conhecimentos sobre as organelas citoplasmáticas presentes em células eucarióticas, responda:

a) Considere que a energia liberada pelas mitocôndrias seja utilizada para a *produção de proteínas*, seu *empacotamento e secreção* pelas células, bem como para a *digestão intracelular de estruturas próprias das células ou por elas fagocitadas*. Cite as organelas da célula eucariótica envolvidas nessas atividades, na ordem em que estão grifadas.
b) Conforme o texto, as substâncias derivadas das células sadias são utilizadas pelas células cancerosas como combustíveis para a liberação da energia necessária à atividade dessas células, em presença de oxigênio, no interior de suas mitocôndrias. Cite o nome do processo bioenergético que ocorre no interior dessas organelas e que resulta na liberação da energia necessária ao trabalho celular.

Questões objetivas

1. (UFMS) Observe as figuras *A* e *B*, que são representações de dois organismos distintos, e assinale a alternativa correta.

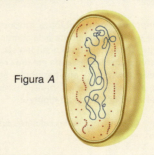

Figura *A*

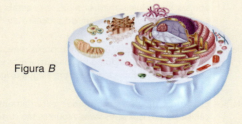

Figura *B*

a) A Figura *A* representa um organismo eucarionte e a Figura *B* representa um organismo procarionte. Apresentam diferença na forma. Em *B*, há a presença de membrana nuclear e cloroplasto. Em *A*, as enzimas responsáveis pelo processo de respiração localizam-se na mitocôndria.
b) A Figura *A* representa um organismo eucarionte e a Figura *B* representa um organismo procarionte. Apresentam diferença no tamanho. Em *B*, há a presença de membrana plasmática e organelas citoplasmáticas. Em *A*, as enzimas responsáveis pelo processo de respiração localizam-se na membrana plasmática.
c) A Figura *A* representa um organismo procarionte e a Figura *B* representa um organismo eucarionte. Apresentam diferença no tamanho. Em *B*, há a presença de membrana nuclear e organelas citoplasmáticas. Em *A*, as enzimas responsáveis pelo processo de respiração localizam-se na membrana plasmática.
d) A Figura *A* representa um organismo procarionte e a Figura *B* representa um organismo eucarionte. Apresentam diferença na forma. Em *B*, há a presença de membrana nuclear e cloroplastos. Em *A*, as enzimas responsáveis pelo processo de respiração localizam-se no núcleo.
e) A Figura *A* representa um organismo procarionte e a Figura *B* representa um organismo eucarionte. Apresentam diferença no tamanho. Em *B*, há a presença de membrana plasmática e mitocôndrias. Em *A*, as enzimas responsáveis pelo processo de respiração localizam-se no citoplasma.

2. (UFSE – SE – adaptada) Observe o modelo de célula abaixo.

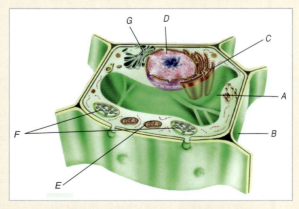

É correto afirmar que esse modelo representa uma célula

a) vegetal e a letra *C* é o retículo endoplasmático rugoso.
b) animal e a letra *A* é o núcleo.
c) vegetal e a letra *B* é membrana plasmática.
d) animal e a letra *F* são mitocôndrias.
e) animal e a letra *G* é o complexo golgiense.

3. (PUC – RJ) Marque a afirmativa **incorreta** sobre estruturas celulares.

   a) Citoesqueleto é uma rede de moléculas proteicas que confere forma à célula, ancora outras estruturas celulares e está envolvido no movimento celular. Ele pode ser de três tipos: microtúbulos, filamentos de actina e filamentos intermediários.
   b) Cloroplastos, vacúolos e parede celular são estruturas exclusivas das células vegetais.
   c) Mitocôndrias e cloroplastos são estruturas que apresentam duas membranas, ribossomos e DNA.
   d) O retículo endoplasmático rugoso apresenta ribossomos aderidos a sua superfície e tem um papel importante na síntese de proteínas.
   e) A membrana plasmática é uma bicamada lipídica que tem a função de controlar a entrada e a saída de substâncias da célula, bem como de atuar no reconhecimento e sinalização celular.

4. (UERJ) Durante o processo evolutivo, algumas organelas de células eucariotas se formaram por endossimbiose com procariotos. Tais organelas mantiveram o mesmo mecanismo de síntese proteica encontrado nesses procariotos.

Considere as seguintes organelas celulares, existentes em eucariotos:

1 – mitocôndrias
2 – aparelho golgiense
3 – lisossomos
4 – cloroplastos
5 – vesículas secretoras
6 – peroxissomos

Nas células das plantas, as organelas que apresentam o mecanismo de síntese proteica igual ao dos procariotos correspondem às de números:

   a) 1 e 4.
   b) 2 e 3.
   c) 3 e 6.
   d) 4 e 5.

5. (UFSM – RS) Uma vida saudável combina com exercícios físicos aliados a uma dieta alimentar balanceada, mas não combina com a ingestão de drogas e álcool. A organela celular que atua auxiliando na degradação do álcool e outras drogas é chamada de

   a) retículo endoplasmático liso.
   b) retículo endoplasmático rugoso.
   c) complexo de Golgi.
   d) centríolos.
   e) ribossomos.

6. (UFF – RJ) As células animais, vegetais e bacterianas apresentam diferenças estruturais relacionadas às suas características fisiológicas.

A tabela abaixo mostra a presença ou ausência de algumas dessas estruturas.

Estruturas	Células		
	Animal	Vegetal	Bacteriana
Centríolos	+	−	−
Citoplasma	+	+	+
Membrana citoplasmática	+	+	+
Núcleo	+	+	−
Parede celular	−	+	+
Plastos	−	+	−

Legenda: (+) presente (−) ausente

Analisando as informações apresentadas, é correto afirmar que
   a) tanto os vegetais quanto as bactérias são autótrofos devido à presença da parede celular.
   b) o citoplasma de todas as células são iguais.
   c) as bactérias não possuem cromossomos por não possuírem núcleo.
   d) a célula animal é a única que realiza divisão celular com fuso mitótico com centríolos nas suas extremidades.
   e) todos os plastos estão envolvidos na fotossíntese.

7. (UEL – PR) Na década de 1950, a pesquisa biológica começou a empregar os microscópios eletrônicos, que possibilitaram o estudo detalhado da estrutura interna das células.

Observe, na figura a seguir, a ilustração de uma célula vegetal e algumas imagens em micrografia eletrônica.

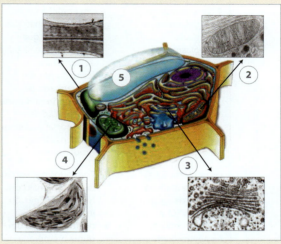

Adaptado de: SADAVA, D. *et al. Vida*: a ciência da Biologia. v. 1. 8. ed. Porto Alegre: Artmed, 2009. p. 77.

Quanto às estruturas anteriormente relacionadas, é correto afirmar:

   a) A imagem 1 é de uma organela onde as substâncias obtidas do ambiente externo são processadas, fornecendo energia para o metabolismo celular.
   b) A imagem 2 é de uma organela na qual a energia da luz é convertida na energia química presente em ligações entre átomos, produzindo açúcares.
   c) A imagem 3 é de uma organela que concentra, empacota e seleciona as proteínas antes de enviá-las para suas destinações celulares ou extracelulares.
   d) A imagem 4 é de uma organela na qual a energia química potencial de moléculas combustíveis é convertida em uma forma de energia passível de uso pela célula.
   e) A imagem 5 é de uma organela que produz diversos tipos de enzimas capazes de digerir grande variedade de substâncias orgânicas.

8. (UEG – GO – adaptada)

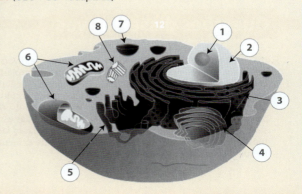

O citoplasma **117**

Em relação às organelas apresentadas na figura e suas respectivas estruturas e funções, é CORRETO correlacionar:

	Organelas	Estrutura e função
a)	Os números 1 e 2 correspondem ao nucléolo e ao núcleo, respectivamente	1 – São conglomerados de moléculas de RNAr; 2 – encerra nos seus cromossomos todo o material genético (DNA) responsável pela programação das atividades celulares.
b)	Os números 3 e 4 correspondem ao ergastoplasma ou retículo endoplasmático rugoso (RER) e ao complexo de Golgi, respectivamente	3 – Apresenta-se como um empilhamento de bolsas achatadas ou cisternas que armazenam e liberam as proteínas; 4 – formado por um emaranhado de túbulos membranosos com função de transportar proteínas (há ribossomos grudados nele).
c)	Os números 5 e 6 correspondem ao vacúolo de suco celular (VSC) e às mitocôndrias, respectivamente.	5 – Formados por sistemas de membranas com função de digestão intracelular; 6 – delimitadas por uma dupla membrana lipoproteica com função de sintetizar lipídios, somente encontradas nas células procariotas.
d)	Os números 7 e 8 correspondem ao lisossomos e aos centrossomos, respectivamente.	7 – Formados por sistemas de túbulos proteicos com função de digestão intracelular; 8 – formados por sistemas de membranas envolvidos nos processos de divisão intracelular.

9. (UPE) A figura a seguir ilustra o processo de digestão intracelular, no qual estão envolvidas várias organelas celulares. Identifique as estruturas e/ou processos enumerados na figura a seguir:

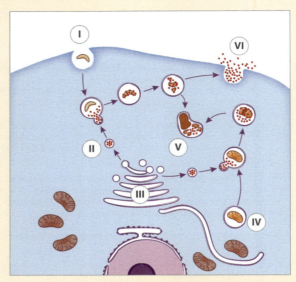

Adaptada de: <http://3.bp.blogspot.com>.

Estão CORRETAS:

a) I – endocitose; II – peroxissomo; III – retículo endoplasmático rugoso; IV – vacúolo digestivo; V – fagossomo; VI – exocitose.
b) I – fagocitose; II – lisossomo; III – complexo de Golgi; IV – vacúolo autofágico; V – corpo residual; VI – clasmocitose.
c) I – pinocitose; II – vacúolo; III – retículo endoplasmático liso; IV – mitocôndria; V – fagossomo; VI – autofagia.
d) I – heterofagia; II – ribossomo; III – complexo de Golgi; IV – vacúolo; V – exocitose; VI – excreção celular.
e) I – fagossomo; II – grânulo de inclusão; III – retículo endoplasmático liso; IV – mitocôndria; V – heterofagia; VI – clasmocitose.

10. (UFSM – RS) O excesso de exercícios físicos pode até ser prejudicial à saúde, pois, quando as células são colocadas em situação de injúria, podem sofrer danos irreversíveis e morrer por necrose. Outro tipo de morte celular, na qual as próprias células desencadeiam mecanismos que as levam à morte, é conhecido como

a) silicose.   c) asbestose.   e) glicosidase.
b) apoptose.   d) fagocitose.

Questões dissertativas

1. (UFPR) O cultivo de células possibilita o estudo de diversos processos moleculares sob condições bastante controladas. O seguinte experimento foi realizado para comparar células em cultivo normais com células mutantes: no meio de cultivo foram colocados nutrientes necessários ao crescimento das células, como polissacarídeos, proteínas e lipídios. Todas essas substâncias são normalmente endocitadas. A tabela ao lado mostra os produtos metabólicos obtidos depois de as células permanecerem por 24 horas no meio.

Substância fornecida no meio de cultivo	Produto do metabolismo	
	Células normais	Células mutantes
Polissacarídeos	Monossacarídeos	Polissacarídeos
Proteínas	Aminoácidos	Aminoácidos
Lipídios	Ácidos graxos	Ácidos graxos

A partir dos dados da tabela, responda:
a) Qual a organela celular envolvida no defeito apresentado pelas células mutantes?
b) Qual a provável causa do defeito apresentado?

2. (UEG – GO) A figura abaixo representa as relações evolutivas entre os grupos de seres vivos.

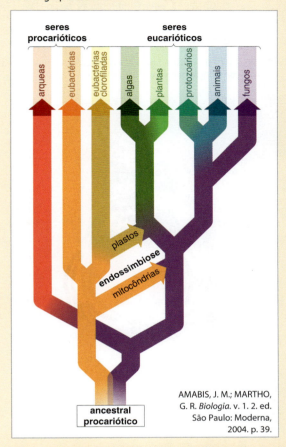

AMABIS, J. M.; MARTHO, G. R. *Biologia*. v. 1. 2. ed. São Paulo: Moderna, 2004. p. 39.

Com base na análise da figura, responda ao que se pede:
a) A endossimbiose foi um processo importante na história de vida dos organismos eucarióticos multicelulares. Explique a teoria da endossimbiose.
b) Qual diferença exclusiva é ressaltada ao se comparar cloroplastos e mitocôndrias com as demais organelas citoplasmáticas na evolução dos organismos?

3. (UERJ) É possível marcar determinadas proteínas com um isótopo radioativo, a fim de rastrear sua passagem através da célula, desde a síntese até a excreção. O gráfico abaixo ilustra o rastreamento da passagem de uma proteína marcada radioativamente por três compartimentos celulares.

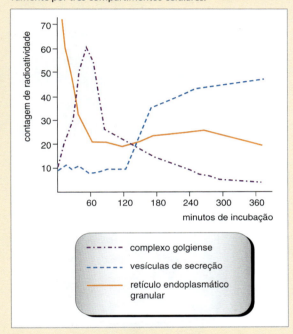

Indique a sequência do percurso seguido por essa proteína através dos três compartimentos celulares citados e a função de cada um dos compartimentos durante o percurso.

Programas de avaliação seriada

1. (PASES – UFV – MG) "Comigo-ninguém-pode" (*Dieffenbachia picta*) é uma planta herbácea que, de acordo com uma parcela da população, é capaz de neutralizar sentimentos negativos, como a inveja e o mau-olhado. É uma planta tóxica, pois sintetiza e armazena em suas células dois componentes: cristais longos, reunidos em feixes, chamados de ráfides, e uma proteína com atividade enzimática, a dumbcaína. A mastigação de pequenas porções da folha causa liberação desses componentes, provocando irritação na boca, faringe, laringe e edema de glote, podendo matar a pessoa ou o animal que a ingeriu. Os dois componentes citados anteriormente são armazenados, respectivamente, no:
a) plastídio e vacúolo.
b) vacúolo e vacúolo.
c) retículo endoplasmático e complexo de Golgi.
d) complexo de Golgi e retículo endoplasmático.

2. (SAS – UPE) As organelas membranosas, presentes nas células eucarióticas, desempenham funções específicas, interagem e dependem umas das outras para o metabolismo celular. Observe as descrições das organelas a seguir:

I – Participam da síntese proteica, são encontradas livres no citoplasma, aderidas à membrana da carioteca ou ligadas a outras membranas celulares.
II – São pequenas vesículas contendo enzimas, que inativam e/ou decompõem substâncias tóxicas, como o álcool e muitas drogas.
III – Estão presentes nos protozoários de água doce, são responsáveis pela regulação do equilíbrio osmótico desses organismos.
IV – Formam um conjunto de membranas, que delimitam cavidades de formas diversas, apresentam ribossomos aderidos a sua superfície, onde ocorrem a síntese e o transporte de várias substâncias.
V – Constituem a rede membranosa, em cujas cavidades ocorrem a síntese de lipídios e também a reserva de íons cálcio.

Assinale a alternativa que correlaciona CORRETAMENTE a organela à sua respectiva descrição.
a) I – ribossomos; II – peroxissomos; III – vacúolo contrátil; IV – retículo endoplasmático rugoso; V – retículo endoplasmático liso.

b) I – mitocôndrias; II – peroxissomos; III – vacúolo contrátil; IV – complexo golgiense; V – retículo endoplasmático liso.
c) I – ribossomos; II – lisossomos; III – vacúolo contrátil; IV – retículo endoplasmático rugoso; V – complexo golgiense.
d) I – mitocôndrias; II – peroxissomos; III – vesículas secretoras; IV – retículo endoplasmático liso; V – retículo endoplasmático rugoso.
e) I – ribossomos; II – lisossomos; III – vesículas secretoras; IV – retículo endoplasmático rugoso; V – retículo endoplasmático liso.

3. (PISM – UFJF – MG – adaptada) As figuras abaixo representam uma célula animal e uma vegetal:

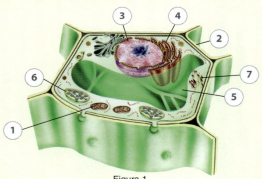

Figura 1

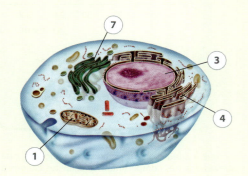

Figura 2

a) IDENTIFIQUE a qual figura corresponde a célula animal.
b) Cite o NOME das estruturas celulares numeradas que estão presentes na célula da Figura 1 e não são encontradas na célula da Figura 2.
c) Lynn Margulis, em 1981, postulou a TEORIA DA ENDOSSIMBIOSE, na qual organelas celulares seriam derivadas de organismos ancestrais procariontes. Quais seriam as ORGANELAS endossimbiônticas responsáveis pelas CONDIÇÕES AERÓBIA E AUTOTRÓFICA nas células atuais, respectivamente? Cite UMA característica dessas organelas que confirme a teoria.

4. (PISM – UFJF – MG) A figura abaixo representa uma célula animal com função secretora:

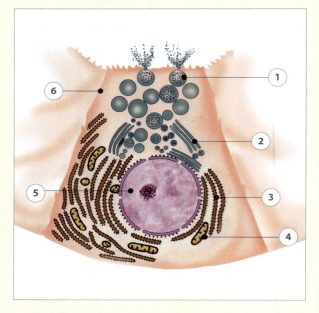

a) Quais estruturas correspondem aos números 1, 2, 3 e 4?
b) Quais organelas dessa célula participam da síntese de glicoproteínas para secreção celular?
c) Onde são produzidas as proteínas citosólicas que permanecem dentro da célula para uso interno?

Núcleo e divisões celulares

Capítulo 6

Um grande desastre

No dia 11 de março de 2011, uma sexta-feira, um terremoto de magnitude 8,9 graus na escala Richter foi registrado na costa do Japão e provocou um tsunami (onda gigante) que destruiu diversas cidades litorâneas japonesas próximas ao epicentro. Uma das muitas repercussões desse terremoto e tsunami foi o vazamento de material radioativo dos reatores nucleares da usina de Fukushima Daiichi, localizada a 250 km de Tóquio. Nos dias que se seguiram ao desastre, a radiação liberada atingiu, em algumas regiões, níveis que se aproximavam do preocupante.

Mas qual é o risco dessas substâncias radioativas, como o iodo radioativo, por exemplo, para a saúde? Em um primeiro momento, a exposição a níveis moderados de radiação pode resultar em náusea, vômito, diarreia, dor de cabeça e febre. Em altos níveis, essa exposição pode incluir também danos possivelmente fatais aos órgãos internos do corpo. No longo prazo, o maior risco é o câncer, e as crianças são potencialmente mais vulneráveis. A explicação para isso é que, nas crianças, as células estão se multiplicando e reproduzindo mais rapidamente os efeitos da radiação. O desastre de Chernobyl, em 1986 na ex-URSS, resultou em um aumento de casos de câncer de tireoide (região em que o iodo radioativo absorvido pelo corpo tende a se concentrar) na população infantil da vizinhança da usina.

Neste capítulo você irá aprender sobre o núcleo celular e os diferentes tipos de divisão celular, entre eles a mitose, que permite que as células se dividam e produzam cópias de si mesmas.

Adaptado de: <http://www.bbc.co.uk>. Acesso em: 14 set. 2011.

Vimos que no hialoplasma (citosol) estão dispersas várias organelas celulares, com diferentes funções. Mas nenhuma delas é como o **núcleo**, local de comando de toda a atividade celular.

▪ NÚCLEO: O CENTRO DE COMANDO DA CÉLULA EUCARIÓTICA

O núcleo é separado do citoplasma pela **carioteca**, um envoltório membranoso, formado por uma dupla camada lipoproteica. Essa membrana é dotada de inúmeros *poros*, através dos quais se dá a comunicação e a passagem de diversas substâncias entre o núcleo e o citoplasma.

Na parte externa da membrana há ribossomos aderidos, sendo que, em certos locais, nota-se uma continuidade entre a carioteca e o retículo endoplasmático (veja a Figura 6-1).

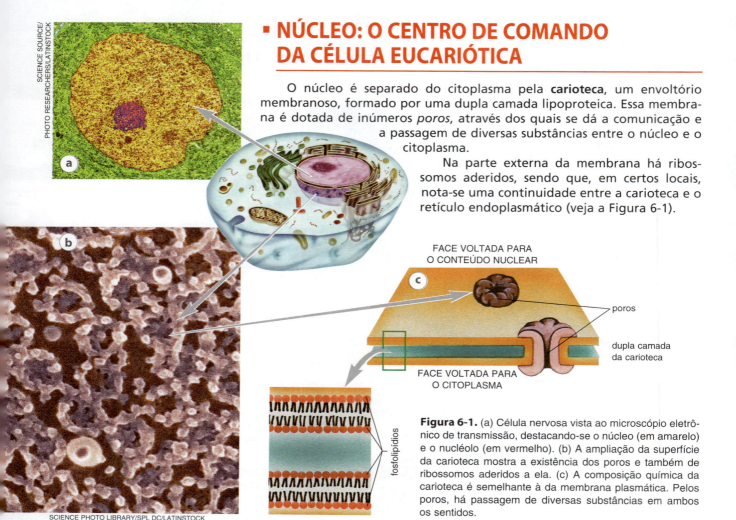

Figura 6-1. (a) Célula nervosa vista ao microscópio eletrônico de transmissão, destacando-se o núcleo (em amarelo) e o nucléolo (em vermelho). (b) A ampliação da superfície da carioteca mostra a existência dos poros e também de ribossomos aderidos a ela. (c) A composição química da carioteca é semelhante à da membrana plasmática. Pelos poros, há passagem de diversas substâncias em ambos os sentidos.

De olho no assunto!

Trânsito: movimento de moléculas entre núcleo e citoplasma

Você deve estar se perguntando: *como ocorre a passagem de substâncias entre núcleo e citoplasma*? A passagem de micro e macromoléculas entre o núcleo e o citoplasma ocorre através de "portões" conhecidos como *complexos de poros nucleares*. Cada uma dessas vias de passagem – ou seja, cada *complexo de poro* – é recheada de várias cópias (cerca de 30) de subunidades de proteínas, as *nucleoporinas*, compostas predominantemente de repetições dos aminoácidos **F**enilalanina e **G**licina (repetições **FG**). A carioteca de uma célula somática de vertebrado, por exemplo, pode conter entre 1.000 e 10.000 *complexos de poro*, cada qual se comportando como se fosse uma válvula (ou porteira), com cerca de alguns nanômetros de diâmetro. Moléculas pequenas passam livremente em ambos os sentidos. Moléculas maiores só passam pelo *complexo de poro* ao se associarem com *receptores de transporte solúveis* existentes no núcleo, que acompanham a substância na sua passagem para o outro lado da membrana, também em ambos os sentidos. Veja a Figura 6-2.

Fonte: BURKE, B. Nuclear Pore Complex Models Gel. *Science*, EUA, v. 314, n. 5.800, p. 766

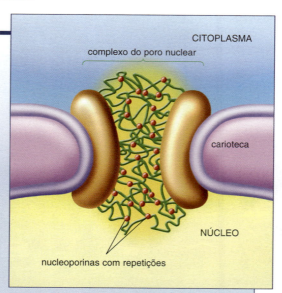

Figura 6-2. A estrutura do complexo do poro nuclear.

Cromatina e Cromossomos

No interior do núcleo existe um material viscoso, o **nucleoplasma** (equivalente ao hialoplasma), no qual se encontram diversas substâncias e local onde acontecem várias reações químicas.

Mergulhado no nucleoplasma de uma célula que não se encontra em divisão há um conjunto de filamentos conhecido por **cromatina**. Cada filamento de cromatina (ou **cromonema**) é um complexo formado por moléculas de DNA associadas a alguns tipos de proteína, entre as quais se destacam as chamadas **histonas**.

Os filamentos de cromatina são os "dirigentes" da célula. As moléculas de DNA que deles participam são os constituintes dos **genes**, as unidades de informação genética características de todos os seres vivos.

Na fase em que a célula eucariótica não se encontra em divisão, os filamentos de cromatina encontram-se desenrolados, espiralando-se intensamente durante o período em que a célula entra em divisão, passando a ser chamados de **cromossomos** (veja a Figura 6-3). Antes da espiralação, esses filamentos se duplicam, isto é, a informação genética faz cópias de si mesma. Por isso, após a condensação, cada cromossomo mostra-se como na foto "b". Podemos dizer, então, que cromossomos e filamentos de cromatina correspondem ao mesmo material, com aspectos diferentes, dependendo da fase em que a célula é estudada.

O termo *cromossomo* (*crom(o)* = cor; *som(o)* = = corpo) tem origem nas pesquisas com células em divisão, realizadas por citologistas. Para melhor visibilidade, eram utilizados corantes especiais que permitiam verificar a presença desses organoides em forma de bastonetes nas células estudadas.

Nucleossomos: unidades formadoras de cromatina

Com base em estudos feitos com microscopia eletrônica, verificou-se que o filamento de cromatina é formado por unidades, denominadas de **nucleossomos**. Em cada nucleossomo, a molécula de DNA enrola-se ao redor de oito unidades de histonas (proteína) e cada unidade fica separada da outra por uma molécula de histona intermediária (veja a Figura 6-4).

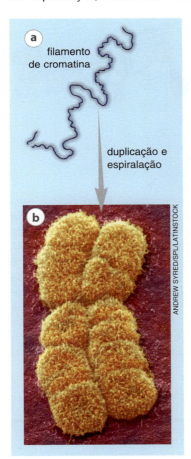

Figura 6-3. O cromossomo e o filamento de cromatina correspondem à mesma estrutura, com aspectos diferentes, dependendo da fase em que a célula é estudada. Na foto, cromossomo condensado, típico de uma célula prestes a se dividir.

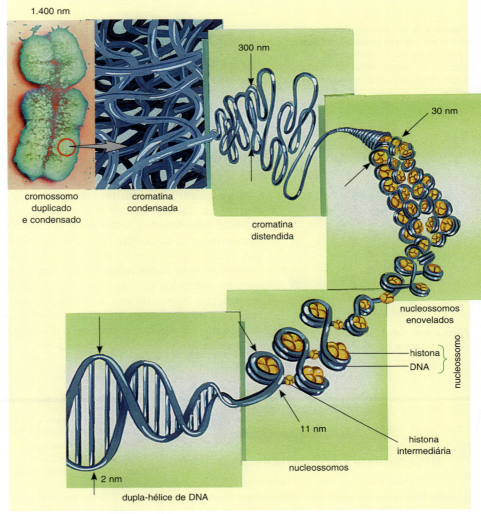

Figura 6-4. Estrutura da cromatina.

Núcleo e divisões celulares **123**

Heterocromatina e eucromatina

Se você pudesse observar um filamento de cromatina durante a fase em que a célula não se encontra em divisão (fase denominada de interfase), perceberia que certos trechos ficam permanentemente espiralados, enquanto outros permanecem desespiralados. As regiões espiraladas constituem a **heterocromatina**, enquanto as desespiraladas correspondem à **eucromatina**.

Nos trechos de heterocromatina, os nucleossomos ficam próximos uns dos outros, compactamente unidos, e os genes neles existentes permanecem inativos. Nos de eucromatina, os nucleossomos permanecem afastados uns dos outros, expondo os genes que podem, assim, "trabalhar" (veja a Figura 6-5).

É interessante notar que, na fase em que a célula está em divisão, as regiões de eucromatina também se espiralam, dando um aspecto uniforme, de bastão cromossômico, à cromatina.

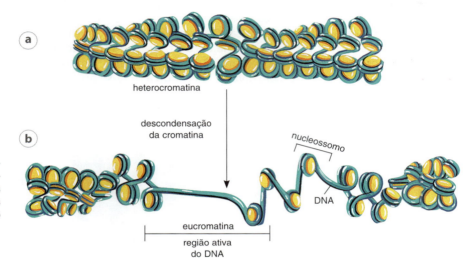

Figura 6-5. (a) Nas regiões de heterocromatina, há condensação dos filamentos e os genes ficam inativos. (b) Nas regiões de eucromatina, os filamentos estão desespiralados e os genes são ativos.

Nucléolos

Na fase em que a célula eucariótica não se encontra em divisão é possível visualizar vários **nucléolos**, associados a algumas regiões específicas da cromatina. Cada *nucléolo* é um corpúsculo esférico, não membranoso, de aspecto esponjoso quando visto ao microscópio eletrônico, rico em *RNA ribossômico* (a sigla RNA provém do inglês <u>Ribo</u><u>N</u>ucleic <u>A</u>cid). Esse RNA é um ácido nucleico produzido a partir do DNA de regiões específicas da cromatina e se constituirá em um dos principais componentes dos ribossomos encontrados no citoplasma. É importante perceber que, ao ocorrer a espiralação cromossômica, os nucléolos vão desaparecendo lentamente. Isso acontece durante os eventos que caracterizam a divisão celular. O reaparecimento dos nucléolos ocorre com a desespiralação dos cromossomos, no final da divisão do núcleo. Veja a Figura 6-6.

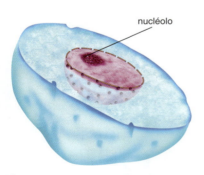

Figura 6-6. Célula em que se evidenciam o núcleo e um nucléolo.

De olho no assunto!

Nova organela é descoberta dentro do núcleo

O estudo conduzido por três faculdades, duas norte-americanas e uma brasileira, culminou em uma descoberta fantástica: **o retículo nucleoplasmático**, também conhecido pela sigla RN. Este é o nome dado à mais nova organela celular, que parece estar envolvida em processos bastante importantes, como morte celular e formação de tumores.

Mas cuidado, não confunda o retículo nucleoplasmático com o retículo endoplasmático. Apesar de terem nomes parecidos e forma e função também semelhantes, suas localizações são distintas. O RE localiza-se no citoplasma, e o RN fica restrito ao núcleo, mas apresenta pontos de contato com a membrana nuclear e com o RE.

▪ O DNA E OS GENES

O DNA (do inglês *DesoxirriboNucleic Acid*) é uma macromolécula constituída pelo ácido desoxirribonucleico. É a molécula portadora das informações de comando da célula. O DNA é um longo filamento, cuja estrutura lembra uma escada retorcida (veja a Figura 6-7). É comum dizer que esse ácido nucleico forma uma dupla-hélice. Ao longo dela, há uma sequência de informações.

um filamento de cromatina ampliado

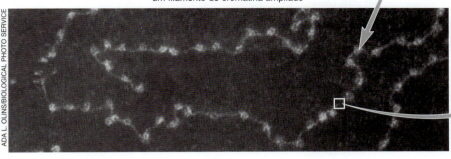

Cada trecho de DNA que contém informação é conhecido como **gene**. Assim, em um cromossomo há genes encarregados das mensagens que determinarão as características do ser vivo, como, por exemplo, cor do olho, tipo sanguíneo, habilidade de dobrar a língua longitudinalmente etc.

Figura 6-7. Gene e molécula de DNA.

A Duplicação do DNA: Uma Breve Descrição

É durante a **intérfase**, período de intensa atividade metabólica que precede e prepara a célula para a divisão celular, que a célula duplica a sua "diretoria". Claro que a molécula de DNA componente de cada filamento de cromatina deve se duplicar e produzir duas cópias idênticas, portando a mesma informação. A Figura 6-8 ilustra resumidamente esse processo, que você verá com mais detalhes adiante.

A molécula de DNA lembra uma escada retorcida. Dizemos que é uma *dupla-hélice*. Ao ocorrer a duplicação, a escada destorce, separam-se suas duas metades, cada qual servindo de molde para a produção de nova metade complementar. Novos nucleotídeos são adicionados até que se formem duas duplas-hélices, ou seja, duas moléculas de DNA. Perceba que, em cada molécula produzida, um dos filamentos é velho e o outro é novo. Por esse motivo, diz-se que a duplicação da molécula de DNA é *semiconservativa*.

Genoma: Os Genes de Cada Espécie

Genoma é o número total de genes presentes em uma célula. O genoma de vários seres – homem, cana-de-açúcar, milho, arroz, rato, camundongo, plasmódio da malária, ouriço-do-mar, abelha e algumas espécies de bactérias – já foi reconhecido e mapeado.

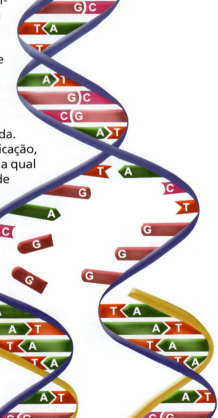

Figura 6-8. Duplicação semiconservativa do DNA. Cada molécula-filha possui uma fita velha (azul) e uma fita nova (amarela).

Núcleo e divisões celulares

▪ O CICLO CELULAR

Anote!
Essas fases da célula, de duração variável, são sucessivas: após a intérfase, ocorre a divisão, a qual, depois de concluída, é seguida de novo período interfásico para cada célula-filha e assim por diante.

A vida da maioria das células eucarióticas, ou seja, o **ciclo celular**, pode ser dividida em dois grandes períodos: **intérfase**, de modo geral o mais longo, em que a célula não está em divisão e os cromossomos encontram-se desespiralados; e o **período de divisão**, em que os cromossomos estão espiralados, os nucléolos e a carioteca desaparecem e ocorrem vários eventos que culminarão com a divisão da célula (veja a Figura 6-9).

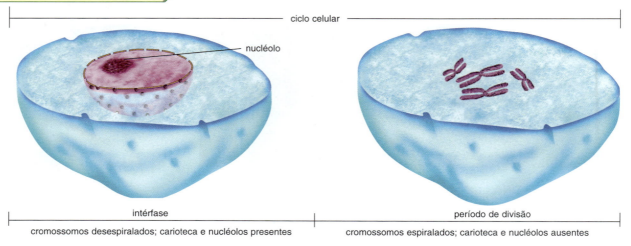

Figura 6-9. O ciclo celular envolve a alternância intérfase/divisão.

Cromátides: Componentes do Cromossomo Duplicado

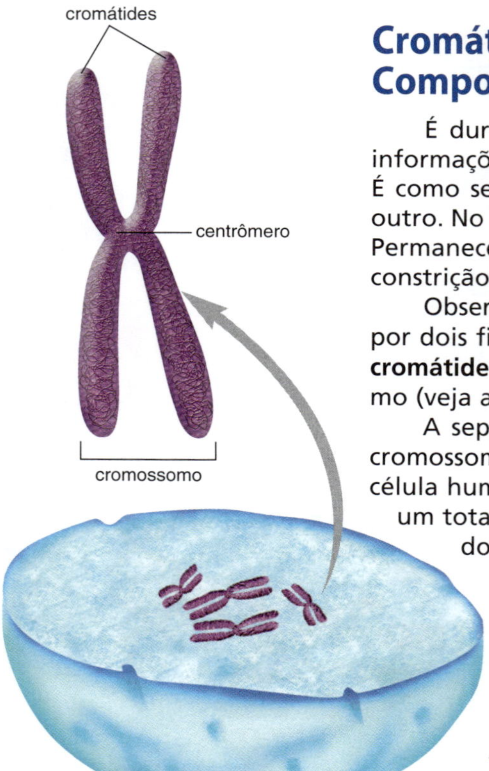

É durante a intérfase que a célula duplica sua "diretoria". Todas as informações contidas nos filamentos cromossômicos devem ser duplicadas. É como se fizéssemos uma cópia do conteúdo de um CD de música para outro. No caso do cromossomo, as duas cópias não se separam de imediato. Permanecem ligadas uma à outra por uma região chamada **centrômero** (ou constrição primária).

Observando-se o cromossomo nesse momento, vê-se que é formado por dois filamentos unidos pelo centrômero. Cada filamento-irmão é uma **cromátide**. As duas cromátides são componentes de um mesmo cromossomo (veja a Figura 6-10).

A separação completa das cromátides-irmãs e sua transformação em cromossomos-filhos ocorrem apenas durante a divisão celular. Em uma célula humana com 46 cromossomos, que esteja prestes a se dividir, existe um total de noventa e duas cromátides, pois cada cromossomo é formado por duas delas.

Durante a divisão, para formar duas células-filhas iguais à célula-mãe, as cromátides-irmãs se separam, formando dois lotes de 46 cromossomos. Cada célula-filha receberá, desse modo, um lote completo de 46 cromossomos ao final da divisão (veja a Figura 6-11, que ilustra a trajetória de um cromossomo hipotético ao longo de um ciclo celular).

Figura 6-10. Cromossomos duplicados e a constrição primária ou centrômero.

Anote!
Em uma célula humana comum, há 46 cromossomos, nos quais se localizam cerca de 30.000 a 40.000 genes. Entre eles, podem ser citados, como exemplo, os que determinam a cor dos olhos, ou a cor da pele, e os que comandam a síntese de hemoglobina, importante proteína sanguínea responsável pelo transporte de oxigênio para os tecidos.

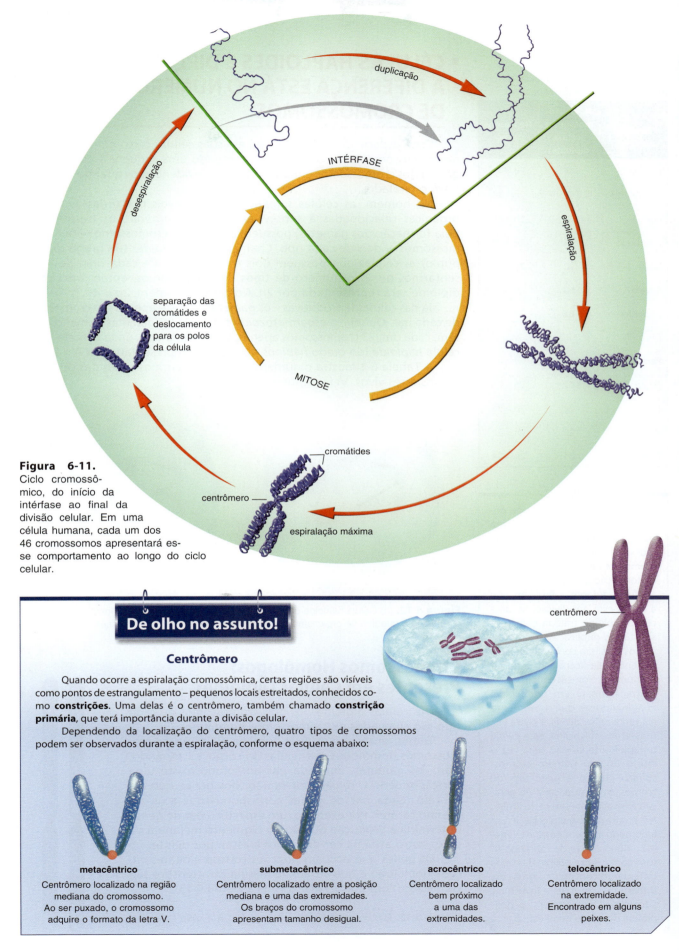

Figura 6-11. Ciclo cromossômico, do início da intérfase ao final da divisão celular. Em uma célula humana, cada um dos 46 cromossomos apresentará esse comportamento ao longo do ciclo celular.

De olho no assunto!

Centrômero

Quando ocorre a espiralação cromossômica, certas regiões são visíveis como pontos de estrangulamento – pequenos locais estreitados, conhecidos como **constrições**. Uma delas é o centrômero, também chamado **constrição primária**, que terá importância durante a divisão celular.

Dependendo da localização do centrômero, quatro tipos de cromossomos podem ser observados durante a espiralação, conforme o esquema abaixo:

metacêntrico
Centrômero localizado na região mediana do cromossomo. Ao ser puxado, o cromossomo adquire o formato da letra V.

submetacêntrico
Centrômero localizado entre a posição mediana e uma das extremidades. Os braços do cromossomo apresentam tamanho desigual.

acrocêntrico
Centrômero localizado bem próximo a uma das extremidades.

telocêntrico
Centrômero localizado na extremidade. Encontrado em alguns peixes.

Núcleo e divisões celulares **127**

Tabela 6-1. Número diploide de cromossomos de algumas espécies.

Espécie	N.º de cromossomos (célula diploide)	Representação
Homem	46	2n = 46
Chimpanzé	48	2n = 48
Boi	60	2n = 60
Cachorro	78	2n = 78
Sapo	22	2n = 22
Cavalo	64	2n = 64
Jumento	62	2n = 62
Drosófila	8	2n = 8
Pernilongo	6	2n = 6
Feijão	22	2n = 22
Tabaco	24	2n = 24
Milho	20	2n = 20
Tomate	24	2n = 24

Anote!

O uso de uma substância de origem vegetal chamada **colchicina** pode tornar uma célula poliploide (ou seja, célula com mais de 2n cromossomos) pelo impedimento da formação das chamadas fibras do fuso, durante a fase em que a célula está em divisão. Se uma célula diploide tratada com essa substância duplicar seus cromossomos mas não conseguir se dividir, então ela ficará com o dobro do número cromossômico, isto é, se transformará em tetraploide. Imaginando-se que novamente ela tentasse se dividir e outra vez usássemos colchicina, essa célula tetraploide teria mais uma vez o dobro do seu número cromossômico, ou seja, a quantidade de cromossomos duplicaria de geração a geração até um certo limite. Na natureza, a poliploidia é um fenômeno comum entre os vegetais. Alguns tipos de morango ficam com células poliploides após tratamento com colchicina e costumam crescer mais e ficar mais adocicados. Em animais, a poliploidia de modo geral é letal.

▪ CÉLULAS HAPLOIDES E DIPLOIDES: A DIFERENÇA ESTÁ NO NÚMERO DE CROMOSSOMOS

Cada espécie de ser vivo possui em suas células certo número de tipos de cromossomo. Os tipos (cada um contendo uma sequência específica de genes) dos cromossomos em uma célula são evidenciados quando se encontram espiralados.

No homem, as células *somáticas* (responsáveis por todas as funções orgânicas relacionadas à sobrevivência) e as *germinativas* (responsáveis pela formação dos gametas) possuem 23 pares de cromossomos – ou 46 cromossomos –, dois de cada tipo. Chamamos de **diploides** (do grego *diploos*, duplo) as células que possuem dois cromossomos de cada tipo. Se representarmos por n o número de tipos de cromossomos, então, uma célula diploide será representada por 2n. No caso do homem, 2n = 46.

Já nas células reprodutivas – os *gametas* –, existe apenas um cromossomo de cada par. Ou seja, o *espermatozoide* e o *óvulo* (os gametas humanos) contêm, cada um, 23 cromossomos apenas, um de cada tipo. Cada gameta é uma célula **haploide** (do grego *haploos*, simples) e é representado por n = 23.

A Tabela 6-1 mostra o número *diploide* de cromossomos das células de alguns seres vivos. Veja também a Figura 6-12.

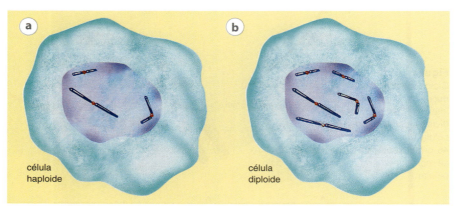

Figura 6-12. (a) Célula haploide com n = 3 e (b) diploide com 2n = 6. Consulte a Tabela 6-1 e verifique a que tipo de organismo corresponde esse número de cromossomos.

Cromossomos Homólogos: Presentes em Células Diploides

Nas células diploides, os dois cromossomos de cada tipo são chamados de cromossomos **homólogos**.

Temos, então, na espécie humana, 23 pares de cromossomos homólogos nas células do corpo, excetuando, claro, os gametas. Em cada par homólogo existe uma correspondência, região por região, dos genes que ele contém. Cada par de genes correspondentes atua no mesmo caráter. Por exemplo, um específico par de genes determina a produção ou não do pigmento melanina na pele, outro atua na cor dos olhos e assim por diante.

Os genes que ocupam posições correspondentes em cada homólogo e que atuam na mesma característica são conhecidos como genes **alelos** (veja a Figura 6-13).

Figura 6-13. Par de cromossomos homólogos: *A* é alelo de *a*; *D* é alelo de *d*.

De olho no assunto!

Cariótipo: a fotografia dos cromossomos

É possível realizar um estudo dos tipos de cromossomo de uma célula por meio do seu **cariótipo**, que consiste na montagem fotográfica, em sequência, de cada um dos tipos cromossômicos.

Como isso é feito? Na espécie humana, algumas amostras de células brancas do sangue são estimuladas a se dividir em meios apropriados. No momento em que essas células preparam a divisão, ocorre a condensação dos cromossomos. É, então, utilizada a substância *colchicina*, para impedir a formação das chamadas fibras do fuso de divisão celular sem, no entanto, interferir na espiralação cromossômica, que se dá com maior intensidade em determinada etapa da divisão, a metáfase (mais adiante, você aprenderá como ocorre a divisão de uma célula). Sem a formação do fuso de divisão, não haverá distribuição dos cromossomos-filhos para os polos das células, isto é, eles permanecerão em metáfase. Assim, as células podem ser coradas, rompidas a fim de que os cromossomos não fiquem muito aglomerados, e possam ser fotografados ao microscópio comum. A foto obtida é ampliada. Os cromossomos da foto são recortados e montados em sequência, segundo a ordem de tamanho e o tipo de cada um. Essa montagem é o cariótipo.

A partir do cariótipo, obtêm-se informações valiosas, como a existência de cromossomos extras ou de quebras cromossômicas. O cariótipo é um importante auxiliar no diagnóstico de certas anomalias.

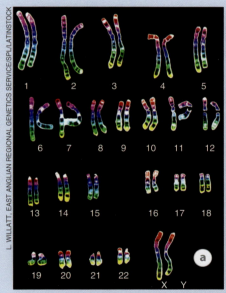
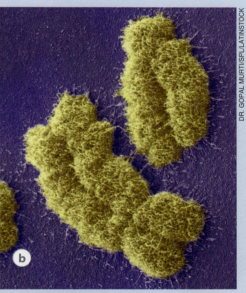
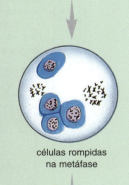

As imagens mostram (a) cariótipo de mulher normal, com os 23 pares de cromossomos numerados, sendo o último formado por dois cromossomos X. O cariótipo de mulher e de homem normal difere apenas por esse último par (cromossomos sexuais); no homem (b) temos um cromossomo X (à esquerda na foto) e um cromossomo Y (à direita na foto). Note que o cromossomo X é bem maior do que o cromossomo Y.

Procedimentos para a obtenção de um cariótipo.

Núcleo e divisões celulares **129**

A DIVISÃO CELULAR

Do mesmo modo que uma fábrica pode ser multiplicada pela construção de várias filiais, também as células se dividem e produzem cópias de si mesmas.

Nos eucariotos há dois tipos de divisão celular: **mitose** e **meiose**.

Na mitose, a divisão de uma "célula-mãe" gera *duas* "células-filhas" geneticamente idênticas e com o mesmo número cromossômico que existia na célula-mãe. Uma célula *n* produz duas células *n*, uma célula *2n* produz duas células *2n* etc. Trata-se de uma divisão *equacional*.

Já na meiose, a divisão de uma "célula-mãe" *2n* gera *quatro* "células-filhas" *n*, geneticamente diferentes. Neste caso, como uma célula *2n* produz *quatro células n*, a divisão é chamada *reducional*.

Intérfase – A Fase que Precede a Mitose

É possível imaginar a construção de filiais de uma fábrica, de modo que todas sejam extremamente semelhantes à matriz, com cópias fiéis de todos os componentes, até mesmo dos diretores? Essa ideia pode parecer absurda no mundo empresarial; porém, no caso da maioria das células, é um acontecimento rotineiro. A divisão celular corresponde à criação de uma cópia da fábrica, e sua meta é a duplicação de todos os componentes.

A principal atividade da célula, antes de se dividir, refere-se à duplicação de seus arquivos de comando, ou seja, à reprodução de uma cópia fiel dos dirigentes que se encontram no núcleo.

Tecnologia & Cotidiano

Toda vez que se forma uma célula cancerosa, ela inicia uma série de divisões celulares de maneira descontrolada, originando inúmeras células-filhas que invadem órgãos e se espalham, muitas vezes, por todo o organismo.

Para diagnosticar um câncer, um médico patologista analisa um pequeno pedaço da lesão e observa diversas características no tecido, entre elas a coloração e os tamanhos variados dos núcleos e a quantidade de células que se encontram em fase de divisão (mitose).

Observe na foto a quantidade de células em mitose (aquelas com os cromossomos mais condensados, marcados em roxo), os diferentes tamanhos de células, sendo algumas maiores e outras menores, e a grande variação na coloração do núcleo, indicando que é um câncer maligno.

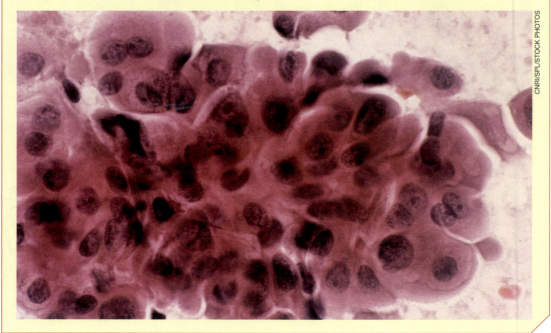

A **intérfase** é o período que precede qualquer divisão celular, sendo de intensa atividade metabólica. Nesse período, há a preparação para a divisão celular, que envolve a duplicação da cromatina, material responsável pelo controle da atividade da célula. Todas as informações existentes ao longo da molécula de DNA são passadas para a cópia, como se correspondessem a uma cópia fotográfica da molécula original. Em pouco tempo, cada célula formada na divisão receberá uma cópia exata de cada cromossomo da célula que se dividiu.

As duas cópias de cada cromossomo permanecem juntas por certo tempo, unidas pelo centrômero comum, constituindo duas cromátides de um mesmo cromossomo. Na intérfase, os centríolos também se duplicam (veja a Figura 6-14).

A intérfase e a duplicação do DNA

Houve época em que se falava que a intérfase era o período de "repouso" da célula. Hoje, sabemos que na realidade a intérfase é um período de intensa atividade metabólica no ciclo celular: é nela que se dá a duplicação do DNA, crescimento e síntese. Costuma-se dividir a intérfase em três períodos distintos: G_1, S e G_2.

O intervalo de tempo em que ocorre a duplicação do DNA foi denominado de S (de *síntese*) e o período que o antecede é conhecido como G_1 (G, provém do inglês *gap*, que significa "intervalo"). O período que sucede o S é conhecido como G_2 (veja a Figura 6-15).

célula em intérfase

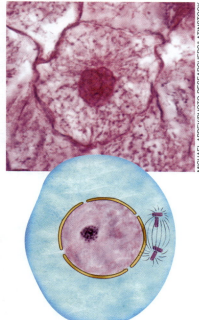

Figura 6-14. A intérfase, que precede a mitose, é um período de intensa atividade celular.

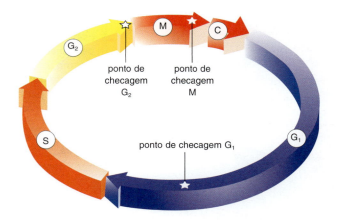

Figura 6-15. Esquema ilustrando a duração relativa dos períodos do ciclo celular (intérfase e mitose). As fases da mitose têm duração curta se comparadas aos períodos da intérfase. A célula também possui pontos próprios em que há controle do processo de divisão celular, os chamados **pontos de checagem**. (Na imagem, M = mitose e C = citocinese.)

Anote!

Nas células, existe uma espécie de "manual de verificação de erros" que é utilizado em algumas etapas do ciclo celular e que é relacionado aos chamados **pontos de checagem**. Em cada ponto de checagem a célula avalia se é possível avançar ou se é necessário fazer algum ajuste, antes de atingir a fase seguinte. Muitas vezes, a escolha é simplesmente cancelar o processo ou até mesmo conduzir a célula à morte.

O ciclo celular todo, incluindo a *intérfase* (G_1, S e G_2) e a *mitose* (M) – prófase, metáfase, anáfase e telófase –, pode ser representado em um gráfico no qual se colocam a quantidade de DNA na ordenada (*y*) e o tempo na abscissa (*x*). Vamos supor que a célula que vai se dividir tenha, no período G_1, uma quantidade 2*c* de DNA (*c* é uma unidade arbitrária). O gráfico da variação de DNA, então, seria semelhante ao da Figura 6-16.

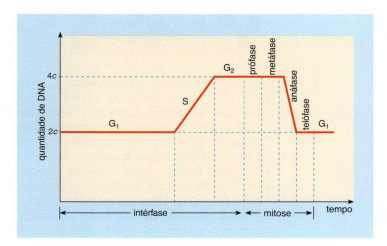

Figura 6-16. Variação da quantidade de DNA durante o ciclo celular.

Núcleo e divisões celulares **131**

MITOSE: DIVISÃO EQUACIONAL

A mitose é um processo contínuo de divisão celular, mas, por motivos didáticos, para melhor compreendê-la, vamos dividi-la em fases: **prófase**, **metáfase**, **anáfase** e **telófase**. Alguns autores costumam citar uma quinta fase – a **prometáfase** – intermediária entre a prófase e a metáfase. O final da mitose, com a separação do citoplasma, é chamado de **citocinese**.

A seguir, vamos descrever as diferentes fases da mitose para uma célula 2n = 4.

As Fases da Mitose

Prófase – fase de início

- Os cromossomos começam a ficar visíveis devido à espiralação (veja a Figura 6-17).

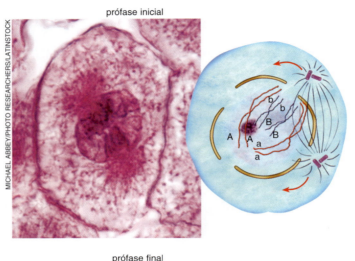

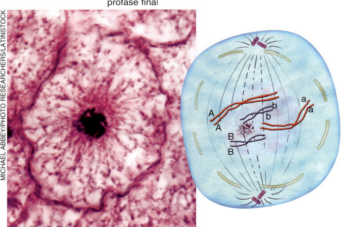

Anote!

A formação de um novo par de centríolos é iniciada na fase G_1, continua na fase S e na fase G_2 a duplicação é completada. No entanto, os dois pares de centríolos permanecem reunidos no mesmo centrossomo. Ao iniciar-se a prófase, o centrossomo parte-se em dois e cada par de centríolos começa a dirigir-se para polos opostos da célula que irá entrar em divisão.

Figura 6-17. Célula em dois momentos de prófase. (Nos esquemas que acompanham cada foto, as letras – A, a, B, b – foram empregadas apenas com o intuito de melhorar a identificação dos pares de cromossomos homólogos.)

- O nucléolo começa a desaparecer.
- Organiza-se em torno do núcleo um conjunto de fibras (nada mais são do que microtúbulos) originadas a partir dos centrossomos, constituindo o chamado **fuso de divisão** (ou fuso mitótico). Embora os centríolos participem da divisão, não é deles que se originam as fibras do fuso. Na mitose em célula animal, as fibras que se situam ao redor de cada par de centríolos opostas ao fuso constituem o **áster** (do grego, *áster* = estrela).
- O núcleo absorve água, aumenta de volume e a carioteca se desorganiza.
- No final da prófase, curtas fibras do fuso, provenientes dos centrossomos, unem-se aos centrômeros. Cada uma das cromátides-irmãs fica ligada a um dos polos da célula. Note que os cromossomos ainda não estão alinhados na região equatorial da célula, o que faz alguns autores designarem essa fase de prometáfase.

Metáfase – fase do meio

- Os cromossomos atingem o máximo em espiralação, encurtam e se localizam na região equatorial da célula (veja a Figura 6-18).
- Com a carioteca já desfeita, os cromossomos, localizados na região equatorial da célula, prendem-se às fibras do fuso pelos centrômeros.

Anáfase – fase do deslocamento

- No início da anáfase ocorre a duplicação dos centrômeros, separando-se as cromátides-irmãs, agora cromossomos.
- As fibras do fuso começam a encurtar (veja a Figura 6-19).
- Em consequência, cada lote de cromossomos-irmãos é puxado para os polos opostos da célula.
- Como cada cromátide passa a ser um novo cromossomo, pode-se considerar que a célula fica temporariamente tetraploide.

Telófase – fase do fim

- Os cromossomos iniciam o processo de desespiralação (veja a Figura 6-20).
- Os nucléolos reaparecem nos novos núcleos celulares.
- A carioteca se reorganiza em cada núcleo-filho.
- Cada dupla de centríolos já se encontra no local definitivo nas futuras células-filhas.

Citocinese – separação das células

A partição em duas cópias é chamada de **citocinese** e ocorre, na célula animal, de fora para dentro, isto é, como se a célula fosse estrangulada e partida em duas (citocinese centrípeta). (Veja a Figura 6-21). Há uma distribuição de organelas pelas duas células-irmãs. Perceba que a citocinese é, na verdade, a divisão do citoplasma. Essa divisão pode ter início já na anáfase, dependendo da célula.

A Mitose na Célula Vegetal

Na mitose de células de vegetais superiores, basicamente duas diferenças podem ser destacadas, em comparação ao que ocorre na mitose da célula animal:

- a mitose ocorre sem centríolos. A partir de certos locais, correspondentes aos centrossomos, irradiam-se as fibras do fuso. Uma vez que não há centríolos, então não existe áster. Por esse motivo, diz-se que a mitose em células vegetais é **anastral** (do grego, *an* = negativo);

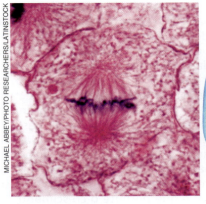

Figura 6-18. Metáfase.

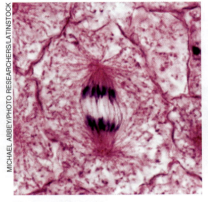 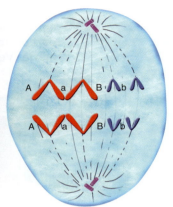

Figura 6-19. Anáfase.

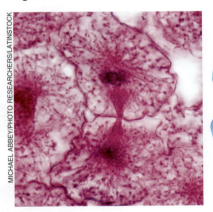 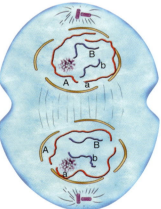

Figura 6-20. Telófase.

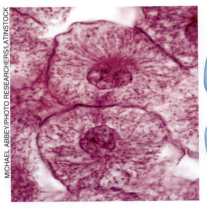 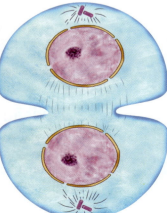

Figura 6-21. Citocinese.

Núcleo e divisões celulares **133**

- a **citocinese é centrífuga**, ocorre do centro para a periferia da célula. No início da telófase forma-se o **fragmoplasto**, um conjunto de microtúbulos proteicos semelhantes aos do fuso de divisão. Os microtúbulos do fragmoplasto funcionam como andaimes que orientam a deposição de uma *placa celular* mediana semelhante a um disco, originada de vesículas fundidas do sistema golgiense. Progressivamente, a placa celular cresce em direção à periferia e, ao mesmo tempo, no interior das vesículas, ocorre a deposição de algumas substâncias, entre elas pectina e hemicelulose, ambas polissacarídeos. De cada lado da placa celular, as membranas fundidas contribuem para a formação, nessa região, das membranas plasmáticas das duas novas células e que acabam se conectando com a membrana plasmática da célula-mãe. Em continuação à formação dessa *lamela média*, cada célula-filha deposita uma parede celulósica primária, do lado de fora da membrana plasmática. A parede primária acaba se estendendo por todo o perímetro da célula. Simultaneamente, a parede celulósica primária da célula-mãe é progressivamente desfeita, o que permite o crescimento de cada célula-filha, cada qual dotada, agora, de uma nova parede primária. Então, se pudéssemos olhar essa região mediana de uma das células, do citoplasma para fora, veríamos, inicialmente, a membrana plasmática, em seguida a parede celulósica primária e, depois, a lamela média. Eventualmente, uma parede secundária poderá ser depositada entre a membrana plasmática e a parede primária. Veja a Figura 6-22.

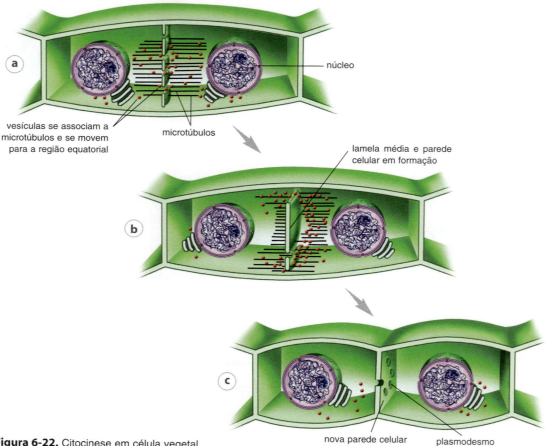

Figura 6-22. Citocinese em célula vegetal.

Divisão Celular em Bactérias

Nas bactérias, a divisão celular é um evento relativamente simples. Relembre que a célula bacteriana é procariótica, desprovida de carioteca, ou seja, não possui núcleo organizado. O genoma bacteriano, contido em uma única molécula de DNA de dupla-hélice em formato de anel, encontra-se enovelado e empacotado dentro da célula. Uma estimativa otimista permite dizer que o DNA da bactéria *Escherichia coli* chega a ter um tamanho 500 vezes maior do que a célula em que está contido.

A célula bacteriana divide-se em duas em um *processo* conhecido como **divisão binária**. O *mecanismo* da divisão é extremamente simples e envolve, inicialmente, a fixação do DNA bacteriano em determinado ponto da membrana plasmática, conhecido como *mesossomo*. A seguir, inicia-se a duplicação do DNA a partir de um ponto de origem. Terminada a duplicação, as duas moléculas idênticas permanecem lado a lado, até iniciar-se a sua separação para cada uma das células-filhas. Ao atingir determinado tamanho, a célula bacteriana começa a se partir em duas. Formam-se novas membranas plasmáticas e novas paredes celulares, até que as duas células se separem, cada qual contendo a sua molécula de DNA em dupla-hélice em formato de anel. Perceba que não ocorre mitose. Alguns autores preferem denominar esse tipo de divisão de **amitose**. Veja a Figura 6-23.

A divisão binária bacteriana possibilita a ocorrência de reprodução assexuada nas bactérias, uma vez que o clone de células produzido é geneticamente idêntico. Por meio desse processo, cada célula bacteriana, em condições ideais, produz duas a cada 20 minutos. Lembre-se da última vez que você teve uma infecção das tonsilas faringianas (que até pouco tempo eram chamadas de amígdalas). Provavelmente, pela manhã você não sentia nada em sua garganta. Ao longo do dia, porém, você sentiu dor de garganta e o médico diagnosticou "amigdalite". Explicação para isso? As bactérias multiplicaram-se explosivamente ao longo do dia e você acabou tendo uma "infecção de garganta".

Eventualmente, a ocorrência de uma alteração no material genético pode proporcionar o surgimento de uma bactéria dotada de uma nova característica. Em seres como as bactérias, que se reproduzem assexuadamente e em que o ritmo de multiplicação é intenso, mutações gênicas são mecanismos de geração de variabilidade.

Para que Serve a Mitose?

A mitose é um tipo de divisão muito frequente entre os organismos da Terra atual. Nos unicelulares, serve à reprodução assexuada e à multiplicação dos organismos. Nos pluricelulares, ela repara tecidos lesados, repõe células que normalmente morrem e também está envolvida no crescimento.

No homem, a pele, a medula óssea e o revestimento intestinal são locais onde a mitose é frequente. Nem todas as células do homem, porém, são capazes de realizar mitose. Neurônios e células musculares são dois tipos celulares altamente especializados em que não ocorre esse tipo de divisão (acontece apenas na fase embrionária). Nos vegetais, a mitose ocorre em locais onde existem tecidos responsáveis pelo crescimento, por exemplo, na ponta das raízes, na ponta dos caules e nas gemas laterais. Serve, também, para produzir gametas, ao contrário do que ocorre nos animais, em que a meiose é o processo de divisão mais diretamente associado à produção das células gaméticas.

O Controle do Ciclo Celular e a Origem do Câncer

Vimos, no começo deste capítulo, que a intérfase é o período de intensa atividade metabólica e o de maior duração do ciclo celular. Células nervosas e musculares, que não se dividem por mitose, mantêm-se permanentemente em intérfase, estacionadas no chamado período G_0. Nas células que se dividem ativamente, a intérfase é seguida da mitose, culminando na citocinese. Sabe-se que a passagem de uma fase para a outra é controlada por *fatores de regulação* – de modo geral proteicos – que atuam nos chamados *pontos de checagem* do ciclo celular. Entre essas

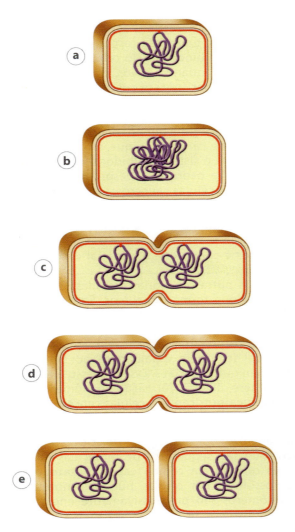

Figura 6-23. Divisão celular em bactérias, também chamada divisão binária ou bipartição. Em (a), cromossomo bacteriano liga-se a um ponto da membrana plasmática e (b) duplica-se ponto a ponto. (c) Os anéis de DNA afastam-se e a divisão celular dá-se de fora para dentro, com a constricção da membrana plasmática e da parede celular. A divisão do citoplasma (d) entre as duas células avança até atingir a sua completa separação (e).

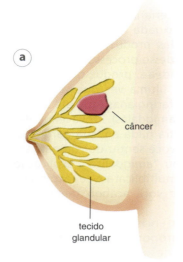
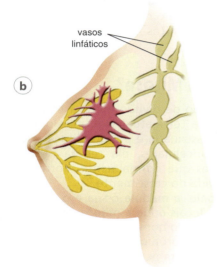
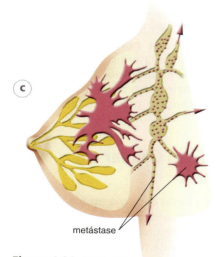

Figura 6-24. Uma única célula cancerosa que passa a se dividir desordenadamente pode dar origem a (a) um tumor maligno (um câncer de mama, por exemplo). Essas células cancerosas podem invadir (b) os tecidos adjacentes. (c) A migração de células cancerosas para além do seu local de origem é chamada **metástase**.

proteínas, destacam-se as *ciclinas*, que controlam a passagem da fase G_1 para a fase S e da G_2 para a mitose. Se em alguma dessas fases houver alguma anomalia, por exemplo, algum dano no DNA, o ciclo será interrompido até que o defeito seja reparado e o ciclo celular possa continuar. Caso contrário, a célula será conduzida à apoptose (morte celular programada). Outro ponto de checagem é o da metáfase, promovendo a distribuição correta dos cromossomos pelas células-filhas. Perceba que o ciclo celular é perfeitamente regulado, está sob controle de vários genes e o resultado final é a produção e diferenciação das células componentes dos diversos tecidos do organismo. Os pontos de checagem correspondem, assim, a mecanismos que impedem a formação de células anômalas (reveja a Figura 6-15).

A origem de células cancerosas está associada a anomalias na regulação do ciclo celular e à perda de controle da mitose. Alterações do funcionamento dos genes controladores do ciclo celular, em decorrência de mutações, são relacionadas ao surgimento de um câncer. Duas classes de genes, os *proto-oncogenes* e os *genes supressores de tumor*, são os mais diretamente relacionados à regulação do ciclo celular. Os *proto-oncogenes* são responsáveis pela produção de proteínas que atuam na estimulação do ciclo celular, enquanto os *genes supressores de tumor* são responsáveis pela produção de proteínas que atuam inibindo o ciclo celular. Dizendo de outro modo: os *proto-oncogenes*, quando ativos, estimulam a ocorrência de divisão celular, e os *genes supressores de tumor*, quando ativos, inibem a ocorrência de divisão celular. O equilíbrio na atuação desses dois grupos de genes resulta no perfeito funcionamento do ciclo celular. Mutações nos *proto-oncogenes* os transformam em *oncogenes* (*genes causadores de câncer*). As que afetam os *genes supressores de tumor* perturbam o sistema inibidor e o ciclo celular fica desregulado, promovendo a ocorrência desordenada de divisões celulares e o surgimento de células cancerosas, que possuem as seguintes características:

- são indiferenciadas, não contribuindo para a formação normal dos tecidos;
- seus núcleos são volumosos e com número anormal de cromossomos;
- empilham-se umas sobre as outras em várias camadas, originando um aglomerado de células que forma um *tumor*. Se ficar restrito ao local de origem e for encapsulado, diz-se que o tumor é benigno, podendo ser removido;
- nos tumores malignos, ocorre a *metástase*, ou seja, as células cancerosas abandonam o local de origem, espalham-se, por via sanguínea ou linfática, e invadem outros órgãos. Esse processo é acompanhado por uma *angiogênese*, que é a formação de inúmeros vasos sanguíneos responsáveis pela nutrição das células cancerosas. Veja a Figura 6-24.

Outra ocorrência envolvendo alterações do ciclo celular é relativa aos *telômeros*, que são segmentos de moléculas de DNA com repetição de bases que atuam como "capas protetoras" da extremidade dos cromossomos. Em células humanas normais, a cada ciclo celular os telômeros são progressivamente encurtados, as extremidades dos cromossomos ficam cada vez mais curtas, até atingir um limite mínimo de tamanho incompatível com a vida da célula, paralisando-se as divisões celulares e sinalizando o fim da vida da célula. Em células cancerosas, esse limite é transposto graças à atividade de uma enzima, a *telomerase*, que atua na reposição constante dos telômeros, mantendo-os sempre com o tamanho original, permitindo, assim, que as células se dividam continuamente e se tornem praticamente "imortais".

▪ MEIOSE: DIVISÃO REDUCIONAL

Diferentemente da mitose, em que uma célula *diploide*, por exemplo, se divide formando duas células também *diploides* (divisão equacional), a meiose é um tipo de divisão celular em que uma célula diploide produz quatro células haploides, sendo por esse motivo uma divisão reducional (veja a Figura 6-25).

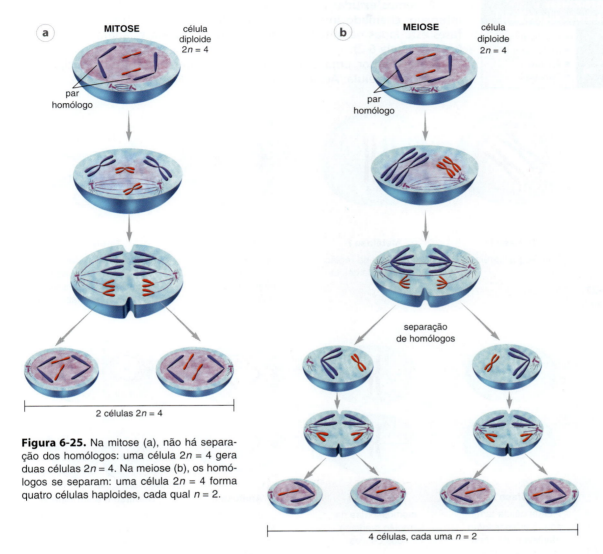

Figura 6-25. Na mitose (a), não há separação dos homólogos: uma célula 2n = 4 gera duas células 2n = 4. Na meiose (b), os homólogos se separam: uma célula 2n = 4 forma quatro células haploides, cada qual n = 2.

Um fato que reforça o caráter reducional da meiose é que, embora compreenda duas etapas sucessivas de divisão celular, os cromossomos só se duplicam uma vez, durante a intérfase – período que antecede tanto a mitose como a meiose. No início da intérfase, os filamentos de cromatina não estão duplicados (veja a Figura 6-26). Posteriormente, ainda nessa fase, ocorre a duplicação, ficando cada cromossomo com duas cromátides.

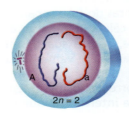

Figura 6-26. Antecedendo a meiose, ocorre a intérfase, período em que se dá a duplicação dos cromossomos.

Núcleo e divisões celulares **137**

As Várias Fases da Meiose

Tabela 6-2. Fases da meiose.

Meiose I (primeira divisão meiótica)	■ Prófase I ■ Metáfase I ■ Anáfase I ■ Telófase I
INTERCINESE (intervalo entre as duas etapas)	
Meiose II (segunda divisão meiótica)	■ Prófase II ■ Metáfase II ■ Anáfase II ■ Telófase II

A redução no número cromossômico da célula é importante fator para a conservação do lote cromossômico das espécies, pois com a meiose formam-se gametas com metade do lote cromossômico. Quando da fecundação, ou seja, do encontro de dois gametas, o número de cromossomos da espécie se restabelece.

Podemos estudar a meiose em duas etapas, separadas por um curto intervalo, chamado **intercinese**. Em cada etapa, encontramos as mesmas fases estudadas na mitose, ou seja, prófase, metáfase, anáfase e telófase (veja a Tabela 6-2).

Vamos supor uma célula $2n = 2$ e estudar os eventos principais da meiose nessa célula. Acompanhe o texto pelas Figuras 6-27 e 6-28.

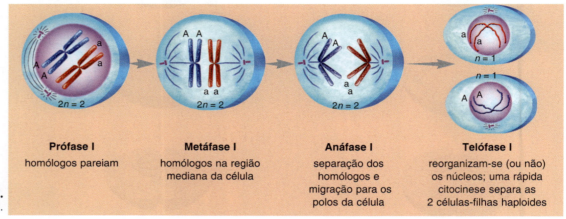

Figura 6-27. Fases da meiose I.

- **Prófase I** — homólogos pareiam
- **Metáfase I** — homólogos na região mediana da célula
- **Anáfase I** — separação dos homólogos e migração para os polos da célula
- **Telófase I** — reorganizam-se (ou não) os núcleos; uma rápida citocinese separa as 2 células-filhas haploides

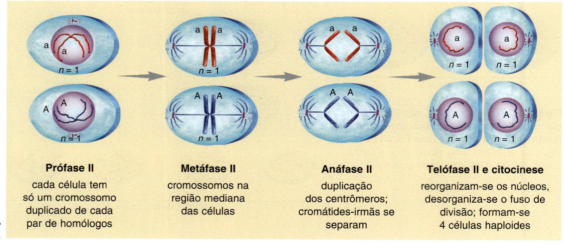

Figura 6-28. Fases da meiose II.

- **Prófase II** — cada célula tem só um cromossomo duplicado de cada par de homólogos
- **Metáfase II** — cromossomos na região mediana das células
- **Anáfase II** — duplicação dos centrômeros; cromátides-irmãs se separam
- **Telófase II e citocinese** — reorganizam-se os núcleos, desorganiza-se o fuso de divisão; formam-se 4 células haploides

Meiose I (Primeira Divisão Meiótica)

- **Prófase I** – os cromossomos homólogos duplicados pareiam devido à atração que ocorre entre eles. Poderá haver o fenômeno chamado *crossing-over*.
- **Metáfase I** – os cromossomos homólogos pareados se dispõem na região mediana da célula; cada cromossomo está preso a fibras de um só polo.
- **Anáfase I** – o encurtamento das fibras do fuso separa os cromossomos homólogos, que são conduzidos para polos opostos da célula; não há separação das cromátides-irmãs. Quando os cromossomos atingem os polos, ocorre sua desespiralação, embora não obrigatória, mesmo porque a segunda etapa da meiose vem a seguir. Às vezes, nem mesmo a carioteca se reconstitui.
- **Telófase I** – no final dessa fase, ocorre a citocinese, separando as duas células-filhas haploides. Segue-se um curto intervalo, a **intercinese**, que precede a prófase II.

De olho no assunto!

Prófase I: uma fase longa

A prófase I é a etapa mais marcante da meiose. Nela ocorre o *pareamento dos cromossomos homólogos* e pode acontecer um fenômeno conhecido como *crossing-over* (também chamado de **permuta**).

Como a prófase I é longa, há uma sequência de eventos que, para efeito de estudo, pode ser dividida nas seguintes etapas:

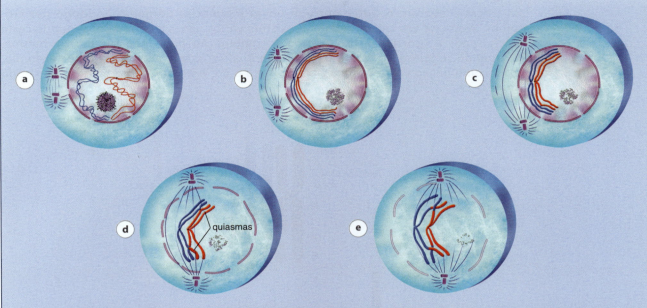

a) Inicia-se a espiralação cromossômica. É a fase de **leptóteno** (*leptós* = = fino), em que os filamentos cromossômicos são finos, pouco visíveis e já constituídos cada um por duas cromátides.

b) Começam a atração e o pareamento dos cromossomos homólogos; é um pareamento ponto por ponto conhecido como *sinapse* (o prefixo *sin* provém do grego e significa união). Essa é a fase de **zigóteno** (*zýgós* = par).

c) A espiralação progrediu: agora, são bem visíveis as duas cromátides de cada homólogo pareado; como existem, então, quatro cromátides, o conjunto forma uma **tétrade** ou par **bivalente**. Essa é a fase de **paquíteno** (*pakhús* = espesso).

d) Ocorrem quebras casuais nas cromátides e uma troca de pedaços entre as *cromátides homólogas*, fenômeno conhecido como *crossing-over* (ou **permuta**). Em seguida, os homólogos se afastam e evidenciam-se entre eles algumas regiões em que estão ainda em contato. Essas regiões são conhecidas como **quiasmas** (*qui* corresponde à letra "x" em grego). Os quiasmas representam as regiões em que houve as trocas de pedaços. Essa fase da prófase I é o **diplóteno** (*diplóos* = duplo).

e) Os pares de cromátides afastam-se um pouco mais e os quiasmas parecem "escorregar" para as extremidades; a espiralação dos cromossomos aumenta. É a última fase da prófase I, conhecida por **diacinese** (*diá* = através; *kínesis* = movimento).

Enquanto acontecem esses eventos, os centríolos, que vieram duplicados da intérfase, migram para polos opostos e organizam o fuso de divisão; os nucléolos desaparecem; a carioteca se desfaz após o término da prófase I, prenunciando a ocorrência da metáfase I.

Meiose II (Segunda Divisão Meiótica)

- **Prófase II** – cada uma das duas células-filhas tem apenas um lote de cromossomos duplicados. Nesta fase os centríolos duplicam novamente e nas células em que houve formação da carioteca, esta começa a se desintegrar.
- **Metáfase II** – como na mitose, os cromossomos prendem-se pelo centrômero às fibras do fuso, que partem de ambos os polos.
- **Anáfase II** – ocorre duplicação dos centrômeros; só agora as cromátides-irmãs separam-se (lembrando a mitose).
- **Telófase II** e **citocinese** – com o término da telófase II reorganizam-se os núcleos. A citocinese separa as quatro células-filhas haploides, isto é, sem cromossomos homólogos e com a metade do número de cromossomos em relação à célula que iniciou a meiose.

Anote!
A meiose não é exclusiva dos animais; nos vegetais ela também acontece. Na maior parte das vezes ocorre ao longo de um ciclo de reprodução e, no lugar de gametas, são formadas células chamadas **esporos**. O destino desses esporos será compreendido mais claramente quando estudarmos os ciclos reprodutivos nos vegetais.

Crossing-Over e Variabilidade

A principal consequência da meiose, sem dúvida, é o surgimento da diversidade entre os indivíduos que são produzidos na reprodução sexuada de uma espécie.

A relação existente entre meiose e variabilidade é baseada principalmente na ocorrência de *crossing-over*.

O *crossing* é um fenômeno que envolve cromátides homólogas. Consiste na quebra dessas cromátides em certos pontos, seguida de uma troca de pedaços correspondentes entre elas.

As trocas provocam o surgimento de novas sequências de genes ao longo dos cromossomos. Assim, se em um cromossomo existem vários genes combinados segundo certa sequência, após a ocorrência do *crossing* a combinação pode não ser mais a mesma. Então, quando se pensa no *crossing*, é comum analisar o que aconteceria, por exemplo, quanto à combinação entre os genes alelos *A* e *a* e *B* e *b* no par de homólogos, ilustrado na Figura 6-29.

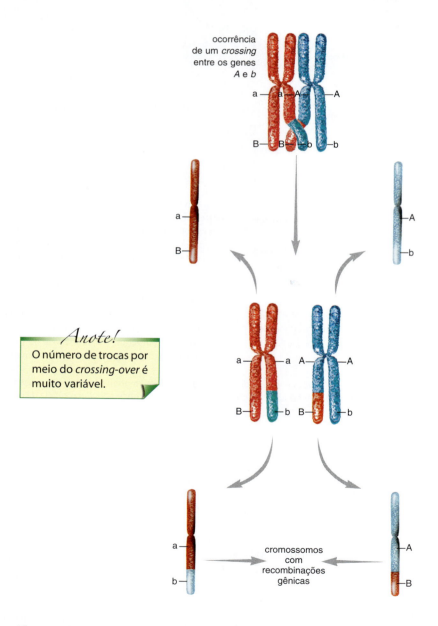

Anote! O número de trocas por meio do *crossing-over* é muito variável.

Figura 6-29. A ocorrência de permuta ou *crossing* entre cromátides homólogas (não irmãs) conduz a novas combinações gênicas.

Nessa combinação, os genes *A* e *b* encontram-se em um mesmo cromossomo, enquanto *a* e *B* estão no cromossomo homólogo. Se a distância entre *A* e *b* for considerável, será grande a chance de ocorrer uma permuta. E, se tal acontecer, uma nova combinação gênica poderá surgir.

As combinações *AB* e *ab* são novas. São recombinações gênicas que contribuem para a geração de maior variabilidade nas células resultantes da meiose. Se pensarmos na existência de três genes ligados em um mesmo cromossomo (*A*, *b* e *C*, por exemplo), as possibilidades de ocorrência de *crossings* dependerão da distância em que esses genes se encontram – caso estejam distantes, a variabilidade produzida será bem maior.

Outro processo que conduz ao surgimento de variabilidade na meiose é a *segregação independente dos cromossomos*. Imaginando-se que *uma* célula com dois pares de cromossomos homólogos (1 e 1', 2 e 2') se divida por meiose, as quatro células resultantes ao final da divisão poderão ter a seguinte constituição cromossômica: (1 e 2), (1 e 2'), (1' e 2) e (1' e 2').

A variabilidade genética existente entre os organismos das diferentes espécies é muito importante para a ocorrência da evolução biológica. Sobre essa variabilidade é que atua a seleção natural, favorecendo a sobrevivência de indivíduos dotados de características genéticas adaptadas ao meio. Quanto maior a variabilidade gerada na meiose, por meio de recombinação gênica permitida pelo *crossing-over*, maiores as chances para a ação seletiva do meio.

Anote!

A meiose é, enfim, um tipo de divisão celular que persistiu entre os seres vivos como mecanismo gerador de variabilidade. Pode-se dizer que a seleção natural "preservou" a meiose como método de gerar diferenças entre indivíduos de uma espécie, sobre os quais se dá a ação seletiva do ambiente, fundamental no processo de evolução biológica de qualquer espécie.

De olho no assunto!

Na meiose, a variação da quantidade de DNA pode ser representada como na Figura 6-30, partindo-se, por exemplo, de uma célula que tenha uma quantidade $2c$ de DNA em G_1.

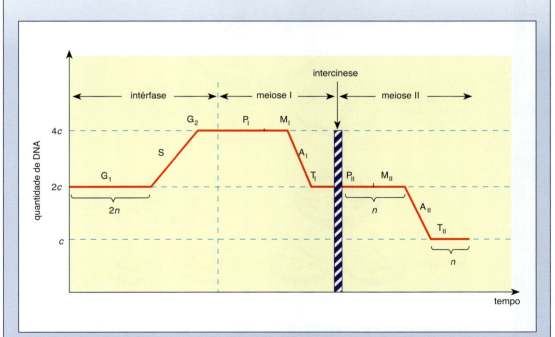

Figura 6-30. Variação da quantidade de DNA durante a intérfase e a meiose.

Gametogênese

A **gametogênese**, ou seja, a produção de células sexuais no organismo humano, é um processo em que ocorrem os dois tipos de divisão celular estudados (veja a Figura 6-31).

A gametogênese masculina, chamada **espermatogênese**, começa na fase embrionária, em que as células diploides germinativas do testículo do embrião multiplicam-se ativamente por mitose. As células assim formadas são as **espermatogônias** ou **espermatócitos jovens**.

Entre o nascimento e a puberdade há um período de atividade lenta nas mitoses formadoras de células jovens. Na puberdade, o processo mitótico é retomado. Formam-se constantemente mais espermatócitos jovens (espermatogônias), que passam por um curto período de crescimento e se transformam em **espermatócitos primários** (ou espermatócitos I). Então, começa a meiose. Cada espermatócito primário efetua a primeira divisão meiótica, originando dois **espermatócitos secundários** (ou espermatócitos II), que farão, em seguida, a segunda divisão meiótica. Originam-se quatro células haploides, as **espermátides**, que, passando por um processo de diferenciação celular, conhecido como **espermiogênese**, transformam-se em **espermatozoides**.

Assim, se imaginarmos 1.000 espermatogônias crescendo e se transformando em espermatócitos primários, e se esses 1.000 espermatócitos terminarem a meiose, então serão formados 4.000 espermatozoides.

Figura 6-31. Gametogênese: as diversas fases características da espermatogênese e da ovulogênese.

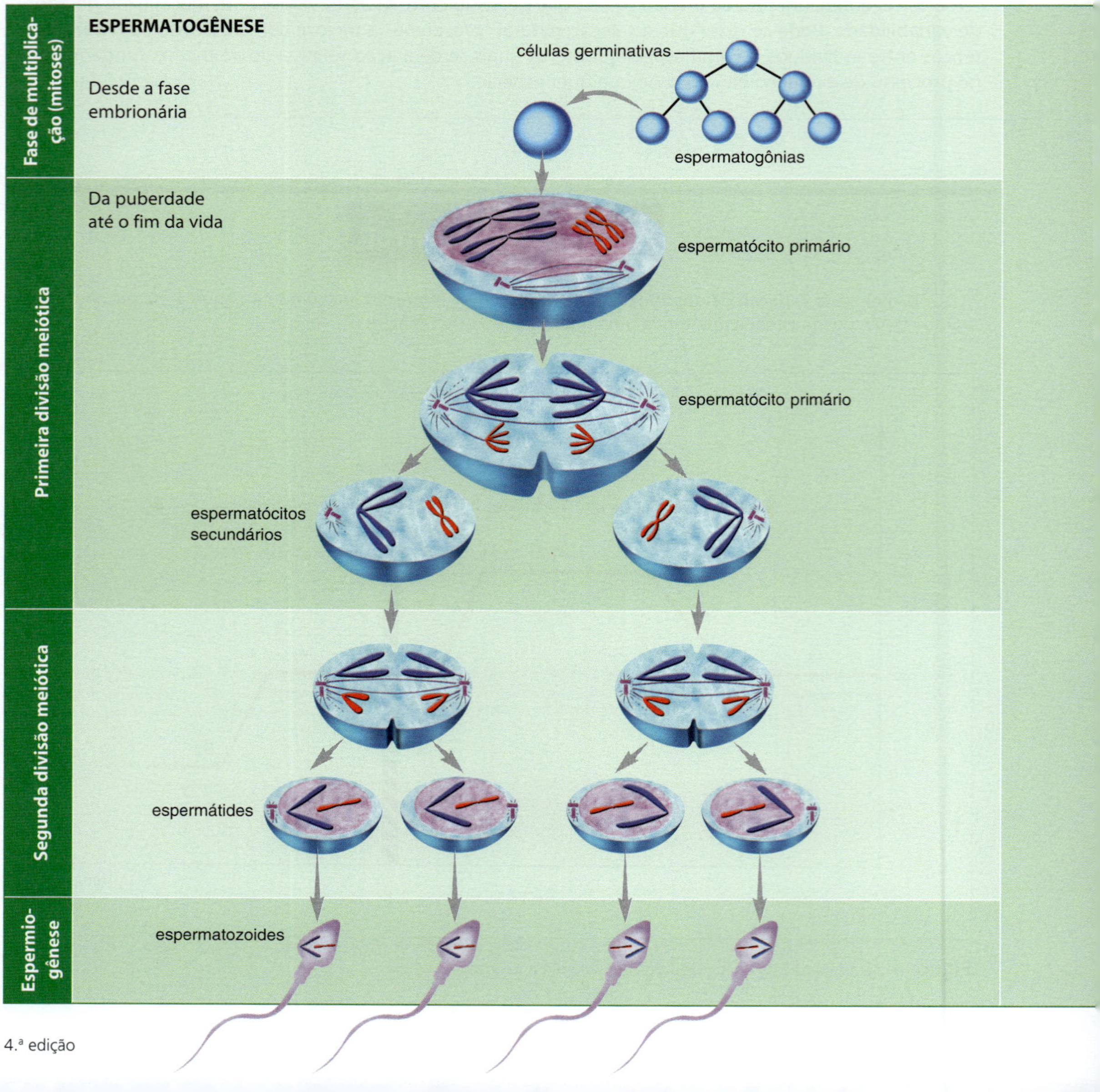

No homem, a espermatogênese se processa desde o início da puberdade até o fim da vida. Na mulher, a **ovulogênese** (gametogênese feminina) é um pouco diferente. Toda menina já nasce com um número limitado de ovogônias. Isso quer dizer que as mitoses cessam cedo nas células germinativas dos ovários.

Do nascimento até a puberdade, as ovogônias passam por um longo período de crescimento e acumulam reservas, constituindo-se, então, em **ovócitos primários** (ou ovócitos I).

A partir da puberdade, recomeça a meiose que foi iniciada e interrompida no período fetal na prófase I, mas, em geral, somente um ovócito primário por mês fará meiose. Os demais permanecem dormentes.

O ovócito primário completa a primeira meiose e – outra diferença em relação à espermatogênese – surge apenas um **ovócito secundário** (ou ovócito II) grande, sendo a outra célula menor e chamada de **primeiro corpúsculo polar** (ou primeiro glóbulo polar). Se o ovócito secundário completar a meiose, forma-se um **óvulo** apenas, funcional, e outro corpúsculo polar. O primeiro corpúsculo polar também pode completar a segunda meiose, formando-se mais dois corpúsculos polares.

Assim, na ovulogênese humana forma-se apenas um gameta funcional, o **óvulo**, e mais três células que degeneram, os **corpúsculos polares**.

Anote!

Em cada ejaculação do homem são liberados cerca de 500 milhões de espermatozoides. Quantos espermatócitos devem ter iniciado a meiose para produzir esses 500 milhões de gametas?

Anote!

Na espécie humana, a ovulação não corresponde à saída de um óvulo do ovário. O que se libera, na verdade, é o ovócito secundário e o primeiro corpúsculo polar. Somente se houver penetração do espermatozoide no ovócito secundário é que este completa a meiose e se transforma em óvulo. Simultaneamente, são formados os três corpúsculos polares. Após a fusão dos *núcleos* do espermatozoide e do óvulo forma-se o **zigoto**, o ponto de partida para um novo organismo.

OVULOGÊNESE

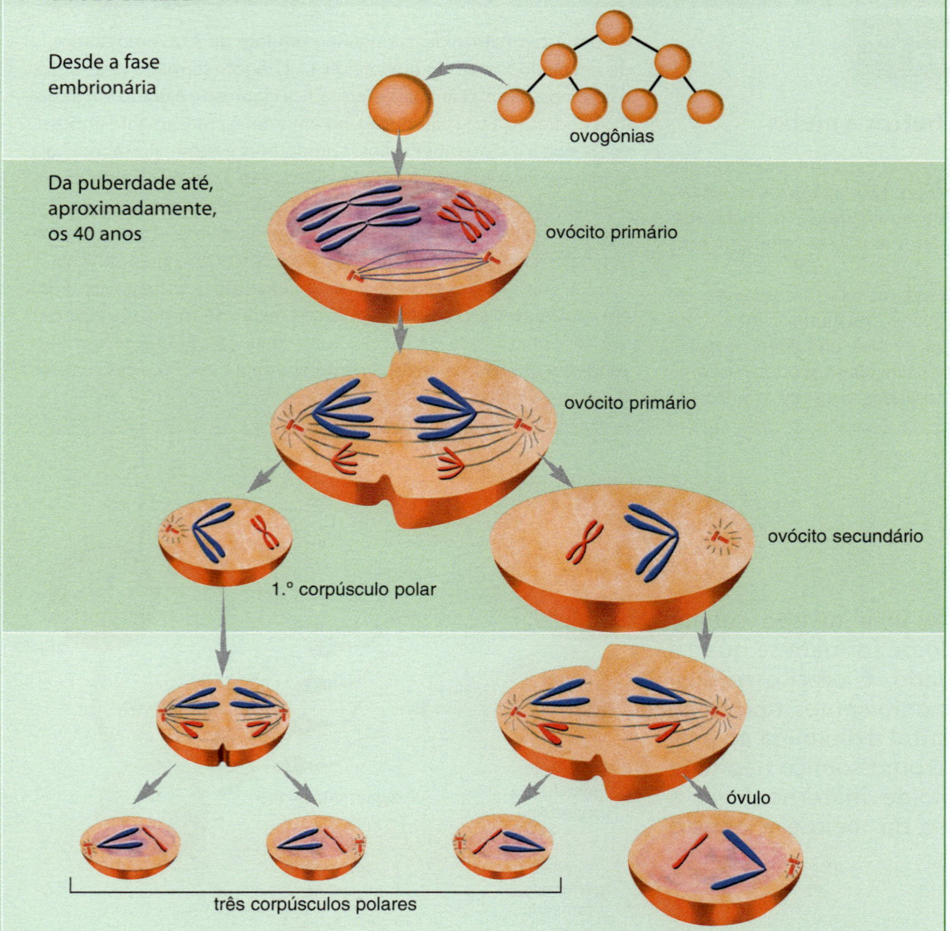

Desde a fase embrionária

ovogônias

Da puberdade até, aproximadamente, os 40 anos

ovócito primário

ovócito primário

1.º corpúsculo polar

ovócito secundário

três corpúsculos polares

óvulo

Núcleo e divisões celulares **143**

De olho no assunto!

A síndrome de Down ocorre em apenas 0,15% de todos os nascimentos, mas sua incidência aumenta com a idade da mulher. É 100 vezes maior nos filhos de mulheres que possuem 45 anos ou mais do que nas mulheres com cerca de 19 anos de idade (veja a Figura 6-32). A ocorrência dessa síndrome é menos afetada pela idade do homem.

A não separação dos cromossomos (na meiose I) do par 2, ou das cromátides-irmãs (na meiose II), que resultam na síndrome de Down, caracteriza uma não disjunção cromossômica.

Pode acontecer que, durante as divisões *mitóticas* que ocorrem nas células embrionárias humanas, cromátides-irmãs do cromossomo 21 não se separem, gerando células trissômicas. Então, apenas em certos locais do corpo haverá células com trissomia do cromossomo 21, enquanto nas demais o quadro cromossômico será normal, caracterizando uma situação conhecida como **mosaicismo**.

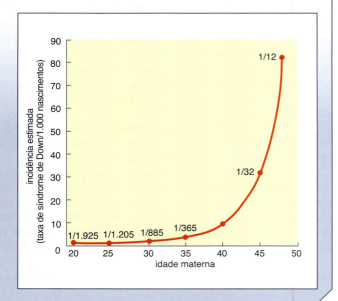

Figura 6-32. Ocorrência da síndrome de Down.

Leitura

Jumentos e éguas, burros e mulas

É conhecido o fato de que o cruzamento de jumento (jegue) e égua, dois animais de espécies diferentes, produz burros ou mulas, descendentes estéreis. A causa dessa esterilidade é a incapacidade, por parte dos descendentes, de realizar meiose nas células de seus órgãos reprodutores.

Cada célula diploide de égua possui 64 cromossomos. Da meiose realizada nas células do ovário, resultam óvulos com 32 cromossomos. No jumento, cujas células diploides possuem 62 cromossomos, a meiose das células testiculares produz espermatozoides com 31 cromossomos. Na fecundação ocorre o encontro de um espermatozoide, carregando um lote de 31 cromossomos, e de um óvulo, contendo um lote de 32. O zigoto formado terá, então, 63 cromossomos. O animal se forma, fica vigoroso e é usado em trabalhos de tração. Sua reprodução, no entanto, é praticamente impossível, já que a meiose nos órgãos reprodutores é anormal. Embora haja alguns cromossomos homólogos, outros não o são. Não existe pareamento entre todos eles. Além disso, há um cromossomo a mais, que não é homólogo a nenhum outro. Por isso, a meiose ocorre de forma anômala, não há produção de gametas e não ocorre a reprodução.

Muito raramente, verifica-se uma meiose que chega até o fim em mulas. Nesse caso, produz-se um óvulo. Se for fecundado por um espermatozoide de cavalo, surge o zigoto. Forma-se um descendente que, porém, é totalmente anormal e com poucas chances de sobrevivência.

Fecundação: A Volta à Diploidia

Já vimos que a meiose é uma divisão celular reducional. De uma célula diploide formam-se quatro células haploides. Por outro lado, é preciso reconstituir o número diploide de cromossomos típicos de cada espécie. A **fecundação** restitui a diploidia ao promover o encontro de um lote cromossômico haploide paterno com outro lote haploide materno (veja a Figura 6-33). Então, o processo da meiose é oposto ao da fecundação.

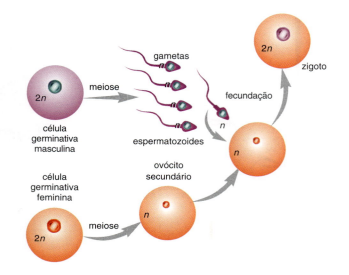

Figura 6-33. Meiose e fecundação são fenômenos opostos. Enquanto a meiose é uma divisão formadora de células haploides a partir de células diploides, a fecundação restabelece a diploidia.

Ética & Sociedade

Um erro de meiose: a síndrome de Down

Na espécie humana há um caso de erro meiótico que resulta na síndrome de Down (popularmente chamada de mongolismo). Durante o processo de meiose que ocorre no ovário, principalmente de mulher idosa, pode acontecer uma falha na meiose I ou na anáfase II, envolvendo um dos homólogos do par número 21. As duas cromátides-irmãs permanecem juntas em uma das células-filhas – caracterizando uma não disjunção cromossômica – e se transformam em cromossomos que continuarão juntos na mesma célula, que poderá transformar-se no óvulo funcional. Esse óvulo terá, então, 22 cromossomos mais dois de número 21. No total, 24 cromossomos, em lugar dos 23 que seriam esperados em um óvulo normal. Se o núcleo desse óvulo juntar-se com o núcleo de um espermatozoide normal, forma-se um zigoto com 47 cromossomos, ou seja, 23 provenientes do espermatozoide e 24 do óvulo. Os cromossomos 21 serão três (dois do óvulo e um do espermatozoide). Essa anomalia é conhecida como "trissomia do 21" e é responsável pela síndrome de Down.

Quantas pessoas portadoras da síndrome de Down você conhece? Muito provavelmente poucas, ou até mesmo nenhuma. Essa é uma realidade muito comum entre os brasileiros e pode levar a uma falsa impressão de que estes casos são bastante raros.

Para termos uma ideia da incidência dessa síndrome, a cada gravidez, independentemente da idade materna, a chance de se ter um bebê portador de Down é de aproximadamente 1,3 para cada 1.000 nascimentos, fazendo com que, anualmente, 8 mil bebês nasçam com esta condição. Como a maioria das mulheres tem filhos com idade inferior a 35 anos, aproximadamente 80% das crianças portadoras dessa síndrome nascem de mulheres jovens. Já para as futuras mamães com idade superior a 35 anos, as chances de gerar um bebê com síndrome de Down aumentam muito, chegando a 1 para 400 nascimentos.

- Se você tivesse um filho portador dessa síndrome, que tipo de atividade você conhece que poderia ser realizada por ele? Apesar de algum preconceito que ainda persiste, hoje em dia a síndrome de Down não é mais sinônimo de exclusão social e incapacidade. Essas crianças podem se desenvolver quase normalmente e, se lhes derem chance, vão aprender e trabalhar como qualquer um de nós.

Cariótipo de uma pessoa com síndrome de Down. Note que há três cromossomos 21 (trissomia do 21).

Núcleo e divisões celulares

Passo a passo

Texto para as questões **1** e **2**.

"Central de comando da célula eucariótica, o núcleo celular é constituído de um material viscoso, o nucleoplasma, no qual está mergulhada a cromatina – material genético constituído de filamentos desespiralados – característica da intérfase. Na fase de divisão da célula cada filamento de cromatina espirala intensamente e recebe outra denominação. Na verdade, é o mesmo material, em duas etapas diferentes da vida celular. O trânsito de substâncias entre o nucleoplasma e o hialoplasma é intenso e ocorre por meio de "portões" denominados de *complexos de poros nucleares*. Em cada um desses "portões" existem várias cópias de subunidades de proteínas, que regulam o trânsito de substâncias entre os dois compartimentos celulares."

1. a) Que denominação recebe cada filamento de cromatina, na fase em que a célula está em divisão?
b) Como são denominadas as subunidades de proteína constituintes dos complexos de poros nucleares?

2. a) Estudos feitos com utilização do microscópio eletrônico desvendaram a estrutura da cromatina. Por meio dessa visualização foi possível reconhecer a existência de unidades denominadas de *nucleossomos*. Como é constituído o *nucleossomo*?
b) Heterocromatina e eucromatina são regiões observáveis em um filamento de cromatina na fase em que a célula não se encontra em divisão. Como caracterizar essas regiões do filamento de cromatina nessa fase da vida celular?
c) Como estão organizados os nucleossomos em cada uma dessas regiões? Na fase em que a célula está em divisão, como se comportam as regiões de eucromatina?

3. Observe as figuras abaixo:

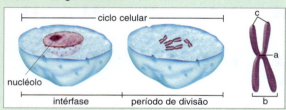

Comparando a célula que está em intérfase com a que se encontra em divisão:
a) Cite as duas principais diferenças existentes entre elas, relativamente ao núcleo celular.
b) Caracterize o nucléolo quanto à sua estrutura e constituição química. Em que região essa organela se origina? Qual o papel dessa organela na fisiologia celular?
c) Reconheça o que está apontado em *a*, *b* e *c*. Quanto à posição da estrutura apontada em *a*, como você classificaria a estrutura *b*: acrocêntrico, telocêntrico, metacêntrico ou submetacêntrico? Justifique brevemente sua resposta.

4. Considere a ilustração a seguir, que representa esquematicamente uma célula com alguns cromossomos, numerados de 1 a 6. As letras correspondem simbolicamente a alguns genes encontrados ao longo dos cromossomos.

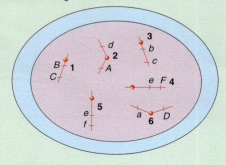

a) Observando o esquema, um estudante concluiu, corretamente, que representava uma célula diploide. Justifique, em poucas palavras, a conclusão correta do estudante. Como representar, quanto ao número de cromossomos, a ploidia dessa célula esquematizada?
b) Como são denominados os cromossomos 1 e 3 representados no esquema?
c) O mesmo estudante afirmou que as letras *B* e *b* simbolizam os *alelos* do mesmo gene. Justifique a afirmação do estudante.

5. Na ilustração a seguir, *a* e *b* representam, esquematicamente, os dois tipos de divisão celular estudados neste capítulo. Observando-as atentamente, responda:

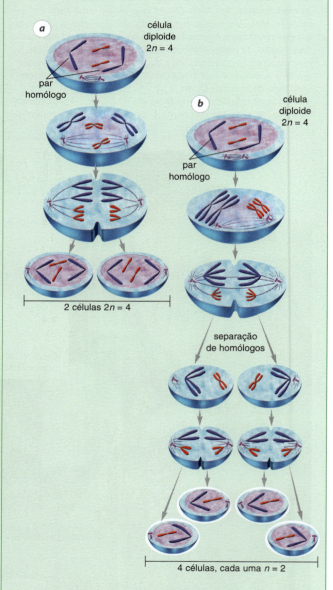

a) Que divisões celulares estão esquematizadas, respectivamente, em *a* e *b*?
b) Diferencie a divisão celular esquematizada em *a*, da esquematizada em *b*.
c) Em ambos os tipos de divisão celular, existe uma fase da vida celular que as precede. Qual é essa fase?

6. A figura a seguir ilustra esquematicamente as duas fases do ciclo celular e as etapas da divisão celular mitótica. Observando-as atentamente:

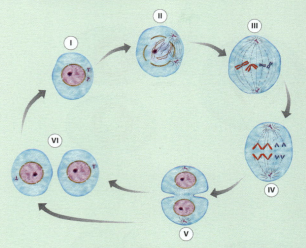

KROGH, D. *A Brief Guide to Biology*. New York: Prentice-Hall, 2007. p. 146, 147.

a) Reconheça as fases representadas de I a VI.
b) Relativamente às etapas de I a V, cite as principais características de cada uma delas.

7. Considerando a ilustração abaixo, responda:

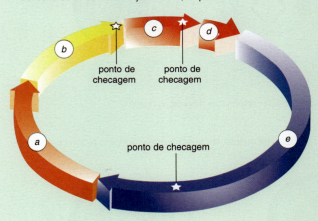

a) Que fases do ciclo celular estão indicadas pelas setas de *a* até *e*.
b) Qual o significado de *ponto de checagem*?

8. Considere o gráfico a seguir, representativo da ocorrência do ciclo celular.

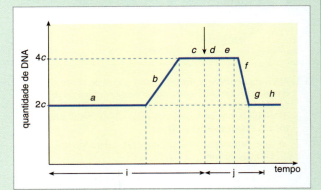

a) Que etapas do ciclo celular estão representadas pelas letras *i* e *j*?
b) Reconheça os eventos do ciclo celular indicados de *a* até *h*.

9. O esquema a seguir ilustra a ocorrência de mitose em células vegetais. Observando-o atentamente:

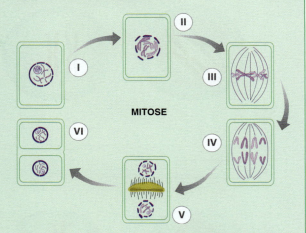

MAUSETH, J. D. *Botany* – an introduction to plant biology. 3. ed. Sudbury: Jones and Bartlett, 2003. p. 97.

a) Reconheça as etapas representadas de I a VI. Represente, em números, a ploidia da célula que iniciou a divisão celular.
b) Cite as duas principais diferenças constatadas na mitose de células vegetais em relação à que ocorre em células animais.

10. O esquema a seguir ilustra a ocorrência da divisão celular em bactérias. Observando-o atentamente, responda:

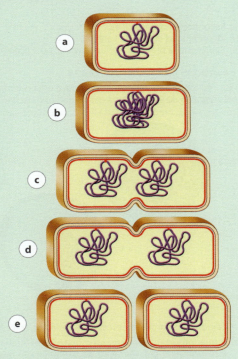

a) Por que essa divisão celular é denominada de *amitose*?
b) A divisão celular representada ocorre, de modo geral, a cada vinte minutos. Considerando esse tempo de divisão e na ausência de impedimentos para sua ocorrência, quantas células bacterianas serão originadas, após 2 horas? Como é denominado o conjunto de células idênticas originado?

Núcleo e divisões celulares **147**

11. As ilustrações a seguir representam esquematicamente a ocorrência de meiose.

A – ☐

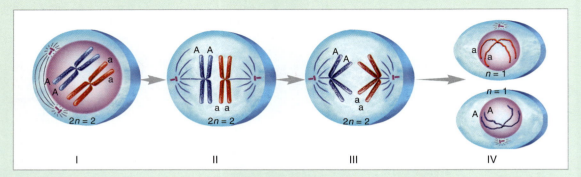

B – ☐   C – ☐

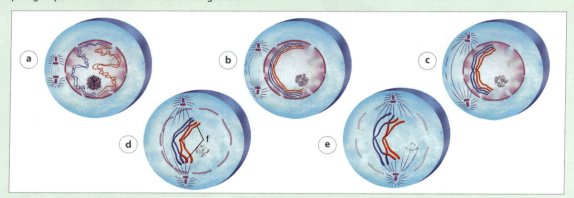

a) Reconheça as fases A, B e C.
b) Identifique as etapas de I até VIII.
c) Represente a ploidia da célula que iniciou o processo meiótico e das células resultantes das etapas IV e VIII.

Texto e ilustrações para as questões **12** e **13**.

A prófase I meiótica, a seguir esquematizada, é uma das mais longas do processo de meiose. Nela ocorre um importante fenômeno, responsável pela geração de variabilidade nas células originadas.

12. Utilizando seus conhecimentos sobre a meiose, responda:
   a) A que importante fenômeno o texto faz referência e que é responsável pela geração de variabilidade nas células resultantes? Explique brevemente como ocorre esse fenômeno.
   b) Qual a consequência da ocorrência desse fenômeno em termos de variabilidade genética?
   c) Que denominação é dada às estruturas simbolizadas pela letra *f*?

13. Além da ocorrência do fenômeno a que se refere a questão anterior, na meiose ocorre outro acontecimento que também conduz à geração de variabilidade. Nesse outro fenômeno, a distribuição dos cromossomos pelas células resultantes é aleatória. A esse respeito, responda:
   a) Que denominação é comumente utilizada para designar essa ocorrência?
   b) Meiose é um tipo de divisão reducional que ocorre em células animais e vegetais. Como são denominadas as células resultantes da meiose nesses grupos de seres vivos?

148 BIOLOGIA 1 • 4.ª edição

14. O gráfico a seguir, que relaciona a quantidade de DNA em núcleos celulares ao longo de determinado intervalo de tempo, refere-se ao que ocorre ao longo da divisão meiótica.

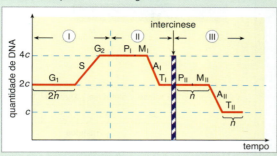

a) Reconheça as etapas indicadas pelos números de I a III.
b) Justifique, em poucas palavras e utilizando a quantidade de DNA presente nos núcleos celulares, por que o gráfico é relacionado à divisão meiótica.

15. A seguir estão esquematizadas, lado a lado, as gametogêneses masculina e feminina que ocorrem nos seres humanos.

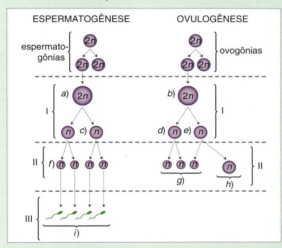

Observe-as com cuidado e responda às questões:
a) O que representam as etapas numeradas de I a III?
b) Que células estão representadas de *a* até *i*?
c) Por que é comum dizer-se que a fecundação é um fenômeno antagônico ao da meiose?

16. Questão de interpretação de texto

"Os indivíduos não são coisas estáveis. Eles são efêmeros, duram pouco. Com o tempo, os cromossomos também caem no esquecimento, como as mãos num jogo de cartas, pouco depois de serem distribuídas. Mas, as cartas, em si, sobrevivem ao embaralhamento. As cartas são os *genes*. Eles apenas trocam de parceiros e seguem em frente. É claro que eles seguem em frente. É essa a sua vocação. Eles são os replicadores e nós, suas máquinas de sobrevivência. Quando tivermos cumprido a nossa missão, seremos descartados. Os genes, porém, são os cidadãos do tempo geológico: os genes são para sempre. E, cada vez que eles participam de um conhecido tipo de divisão celular, eles trocam de lugar, como as cartas trocam de mãos, a cada rodada."

Adaptado de: DAWKINS, R. *O Gene Egoísta.* São Paulo: Companhia das Letras, 2008.

Baseando-se nas informações do texto e nos seus conhecimentos sobre a divisão celular, responda:

a) A que tipo de divisão celular o autor se refere ao dizer que "os genes trocam de lugar em um conhecido tipo de divisão celular"?
b) Qual o processo que permite a ocorrência de "troca de lugar" na divisão celular a que se refere o texto? Qual a consequência desse processo em termos de variabilidade nas células resultantes desse tipo de divisão celular?
c) Lembrando que "genes" correspondem a segmentos da molécula de DNA, qual o significado da afirmação de que "os genes são para sempre", relativamente ao processo de duplicação dessa molécula de ácido nucleico?

Questões objetivas

1. (UFSC) Utilizando-se microscopia eletrônica de transmissão foram obtidas as imagens ao lado. Na Figura *A*, observa-se um plasmócito obtido da medula óssea de cobaia (aumento de 25.000 X). Na Figura *B*, observa-se uma célula pancreática de um morcego (aumento de 95.000 X).

Adaptado de: FAWCETT, D. W. *An Atlas of Fine Structure:* the cell, its organelles and inclusions. Philadelphia: W. B. Saunders, 1966.

Com relação às estruturas apontadas pelas setas, indique a(s) proposição(ões) CORRETA(S) e dê sua soma ao final.

(01) A estrutura indicada pelo número **2** é a menos condensada do núcleo e corresponde ao nucleoplasma.
(02) A estrutura indicada pelo número **3** é o retículo endoplasmático liso.
(04) A estrutura indicada pelo número **1** corresponde aos lisossomos responsáveis pela digestão celular.

Figura *A*

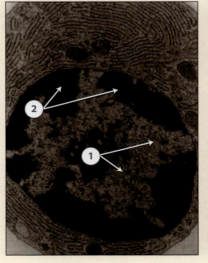

Figura *B*

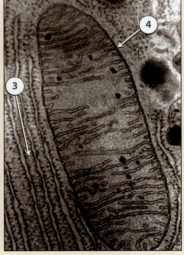

(08) Nas regiões escuras do núcleo, indicadas pelo número **2**, encontra-se a maior concentração de DNA.
(16) A estrutura indicada pelo número **4** corresponde a um cloroplasto, pois se visualiza nitidamente a estrutura lamelar do *granum*.
(32) As organelas presentes nas Figuras *A* e *B* não apresentam membranas de separação com o citoplasma.
(64) Dentro da estrutura indicada pelo número **4** ocorrem etapas da cadeia respiratória e do ciclo de Krebs.

2. (PUC – MG) Analise a figura a seguir e assinale a alternativa INCORRETA.

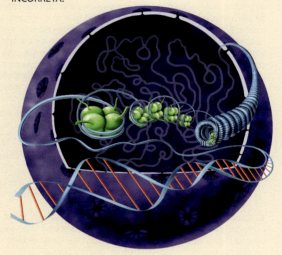

a) A estrutura representada apresenta dupla membrana com poros que permitem a passagem de algumas moléculas.
b) A cromatina é constituída por moléculas de DNA enroladas em torno de histonas e pode apresentar-se em níveis variados de condensação.
c) Durante a divisão celular, a cromatina se desenrola das histonas para que possa ocorrer a duplicação do DNA.
d) Cromatina e cromossomos são encontrados em fases diferentes, na intérfase e na divisão celular, respectivamente.

3. (PUCCAMP – SP) Os cromossomos das células somáticas de um dado animal foram assim esquematizados:

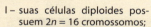

A partir desse esquema, foram feitas as seguintes deduções sobre esse animal:

I – suas células diploides possuem 2n = 16 cromossomos;
II – suas células haploides possuem n = 8 cromossomos;
III – seu cariótipo é formado por 4 cromossomos metacêntricos, 2 cromossomos submetacêntricos e 2 cromossomos acrocêntricos.

Dessas afirmações,

a) apenas I é verdadeira.
b) apenas II é verdadeira.
c) apenas III é verdadeira.
d) apenas I e II são verdadeiras.
e) I, II e III são verdadeiras.

4. (UNICAMP – SP) Em relação a um organismo diploide, que apresenta 24 cromossomos em cada célula somática, pode-se afirmar que

a) seu código genético é composto por 24 moléculas de DNA de fita simples.
b) o gameta originado desse organismo apresenta 12 moléculas de DNA de fita simples em seu genoma haploide.
c) uma célula desse organismo na fase G_2 da intérfase apresenta 48 moléculas de DNA de fita dupla.
d) seu cariótipo é composto por 24 pares de cromossomos.

5. (UEL – PR) O processo de mitose é essencial para o desenvolvimento e o crescimento de todos os organismos eucariotos.

Intérfase			Mitose
G_1	S	G_2	M
5	7	3	1

horas

Prófase	Metáfase	Anáfase	Telófase
36	3	3	18

minutos

Tempo despendido em cada intervalo de um ciclo celular completo de uma célula humana em cultura. Esse tempo varia de acordo com os tipos e as condições das células.

KLUG, W. *et al. Conceitos de Genética*. 9. ed. Porto Alegre: Artmed, 2010. p. 24.

Com base na figura e nos conhecimentos sobre o ciclo celular, é correto afirmar:

a) O período durante o qual ocorre a síntese do DNA é maior que o período em que não ocorre síntese alguma de DNA.
b) Ao final de um ciclo celular, a quantidade de material genético, nos núcleos de cada célula-filha, equivale ao dobro da célula parental.
c) O tempo gasto para o pareamento cromossômico na placa equatorial equivale ao tempo gasto para síntese de DNA.
d) Em mais da metade do tempo da mitose, as cromátides estão duplicadas, separadas longitudinalmente, exceto no centrômero.
e) Durante a fase mais longa da mitose, as cromátides-irmãs se separam uma da outra e migram para as extremidades opostas da célula.

6. (FUVEST – SP) Considere os eventos abaixo, que podem ocorrer na mitose ou na meiose:

I – Emparelhamento dos cromossomos homólogos duplicados.
II – Alinhamento dos cromossomos no plano equatorial da célula.
III – Permutação de segmentos entre cromossomos homólogos.
IV – Divisão dos centrômeros resultando na separação das cromátides-irmãs.

No processo de multiplicação celular para reparação de tecidos, os eventos relacionados à distribuição equitativa do material genético entre as células resultantes estão indicados em

a) I e III, apenas.
b) II e IV, apenas.
c) II e III, apenas.
d) I e IV, apenas.
e) I, II, III e IV.

7. (UFRGS – RS) Observe as figuras abaixo, que representam diferentes anáfases.

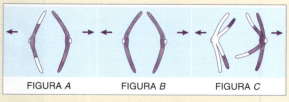

FIGURA *A* FIGURA *B* FIGURA *C*

Assinale a alternativa que identifica os processos representados nas Figuras *A*, *B* e *C*, respectivamente.

a) meiose II – meiose I – mitose.
b) mitose – meiose II – meiose I.
c) meiose II – mitose – meiose.
d) mitose – meiose I – meiose II.
e) meiose I – meiose II – mitose.

8. (UFSC) Indique a(s) proposição(ões) CORRETA(S) e dê sua soma ao final.

O ciclo celular é dividido em duas etapas: divisão celular e intérfase. Nesta última etapa (intérfase), subdividida em G_1–S–G_2, a célula realiza seu metabolismo e se prepara, quando necessário, para a etapa da divisão celular.

(01) O tempo que as células permanecem na etapa chamada de intérfase é o mesmo entre os diferentes tipos celulares.
(02) No período do desenvolvimento embrionário, o ciclo celular compreende etapas de intérfases longas e etapas de divisões celulares rápidas.
(04) Na fase S da intérfase ocorre o processo de duplicação do DNA.
(08) Durante a intérfase o DNA está em plena atividade, formando o RNA com as informações para a síntese proteica.
(16) Em G_2 a quantidade de DNA é a mesma que em G_1.
(32) A frequência com que as células entram em divisão celular varia com o tipo e o estado fisiológico de cada uma delas.
(64) Na etapa chamada de divisão celular, pode ocorrer tanto a mitose como a meiose em qualquer célula do corpo humano.

9. (UFTM – MG) A mitose e a meiose ocorrem no organismo humano e possibilitam a formação de diferentes células. A primeira ocorre em células somáticas e a segunda em células germinativas. Existem vários eventos que acontecem de forma semelhante nas duas divisões celulares; dentre eles, pode-se citar:

a) duplicação do DNA, separação dos cromossomos homólogos e duplicação dos centríolos.
b) separação das cromátides-irmãs, duplicação dos centríolos e permutação.
c) condensação cromossômica, duplicação do DNA e desaparecimento do envoltório nuclear.
d) citocinese, duplicação dos centríolos e separação dos cromossomos homólogos.
e) separação das cromátides-irmãs, pareamento dos homólogos e formação das fibras do fuso.

10. (PUC – SP) A célula a seguir pertence a uma espécie que apresenta quatro cromossomos (2n = 4):

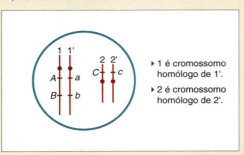

▸ 1 é cromossomo homólogo de 1'.
▸ 2 é cromossomo homólogo de 2'.

Um indivíduo heterozigoto para três pares de genes (*AaBbCc*) tem esses genes localizados nos cromossomos, conforme é mostrado na figura. Se uma célula desse indivíduo entrar em meiose e não ocorrer *crossing-over*, podem ser esperadas, ao final da divisão, células com constituição

a) *AbC*; *aBc* ou *Abc*; *aBC*.
b) *ABC*; *abc* ou *ABc*; *abC*.
c) apenas *ABC* e *abc*.
d) apenas *Abc* e *abC*.
e) apenas *AaBbCc*.

11. (UDESC) Indique a alternativa **correta** quanto à característica da meiose.

a) ( ) Quando sofre mutações, estas são do tipo somáticas e induzem a célula à apoptose.
b) ( ) Garante a manutenção das características genéticas ao longo dos anos.
c) ( ) Garante a variabilidade genética da espécie, através do *crossing-over*.
d) ( ) Reduz as características genéticas do indivíduo pela metade, ou seja, incompletas.
e) ( ) Reduz as características da célula, por isso requer uma nova duplicação do material genético.

12. (UFRGS – RS) Observe o quadro abaixo, referente a diferentes fases do ciclo celular de uma célula meiótica de determinada espécie.

	A	B	C	D	E	F
Número de cromátides por célula	20	40	40	20	20	10
Número de cromossomos por célula	20	20	20	10	10	10

Com base nos dados apresentados no quadro, assinale a afirmação correta.

a) A separação das cromátides-irmãs é responsável pela redução do número de cromossomos entre as fases **C** e **D**.
b) O aumento do número de cromátides em relação ao número de cromossomos na fase **B** é consequência da separação dos cromossomos homólogos.
c) O valor **n** mantém-se constante em todas as fases do ciclo celular.
d) O número de cromossomos de células haploides desta espécie é 20.
e) A redução do número de cromátides entre as fases **E** e **F** deve-se à separação das cromátides-irmãs.

13. (UFMS) Cada espécie animal apresenta um número determinado de cromossomos. Nesse sentido, o homem, o bovino e o equino apresentam número haploide de 23, 30 e 32 cromossomos, respectivamente. Com relação ao número normal de cromossomos, autossomos e sexuais, de gametas (haploides) e células somáticas (diploides), indique a(s) proposição(ões) correta(s) e dê sua soma ao final.

(01) Uma célula epitelial equina apresenta 62 cromossomos autossomos e 2 sexuais.
(02) Um neurônio bovino apresenta 1 cromossomo sexual e 59 autossomos.
(04) Um leucócito humano apresenta 44 cromossomos autossomos e 2 sexuais.
(08) Um espermatozoide equino apresenta 2 cromossomos sexuais e 30 autossomos.
(16) Um óvulo humano apresenta 2 cromossomos sexuais e 21 autossomos;
(32) Um espermatozoide bovino apresenta 29 cromossomos autossomos e 1 sexual.

14. (FGV – SP) Com relação ao início do período reprodutivo, as mulheres são, de forma geral, mais "precoces" que os homens. Isso ocorre porque a produção dos hormônios gonadotróficos hipofisários começa um pouco mais cedo no sexo feminino. Com relação à gametogênese, tal fato também é verificado, porém com uma precocidade ainda maior, pois

a) a formação meiótica dos gametas se inicia logo após o nascimento, sendo maturados e liberados a partir da puberdade.
b) por volta dos sete anos de idade se iniciam as meioses que formarão os folículos ovarianos.
c) cerca de três anos antes da puberdade as mulheres iniciam a meiose em células ovarianas para que ocorram as ovulações mensais.
d) as mulheres já nascem com os gametas prontos para serem fecundados, bastando serem liberados na ovulação a partir da puberdade.
e) ainda no útero materno células ovarianas precursoras dos gametas iniciam, porém não finalizam, a divisão meiótica.

Núcleo e divisões celulares **151**

Questões dissertativas

1. (VUNESP) Observe a imagem de um tecido vegetal vista em microscópio.

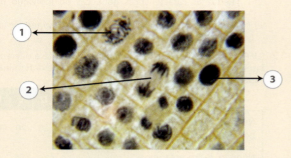

Disponível em: <http://www2.sluh.org/bioweb/microscopy/mitosis/index.html>.

Algumas células estão em diferentes fases do ciclo celular. A partir da imagem, responda:

a) Que número indica a célula em intérfase? O que ocorre com o material genético da fase S do ciclo celular?
b) Que número indica a célula em anáfase? Cite um acontecimento que é marcante nessa fase da divisão celular.

2. (UERJ) Normalmente, não se encontram neurônios no cérebro em plena divisão celular. Entretanto, no Mal de Alzheimer, grandes quantidades dessas células iniciam anormalmente o ciclo de divisão. Estudos mostram que até 10% dos neurônios nas regiões atingidas por tal degeneração tentaram iniciar a divisão celular. Contudo, nenhum deles conseguiu terminá-la, pois não foi observado o sinal mais característico da consumação da divisão de uma célula: cromossomos alinhados no meio dos neurônios.

Nomeie o tipo de divisão celular ao qual o texto faz referência e a fase dessa divisão correspondente ao alinhamento dos cromossomos.

3. (VUNESP) As figuras A e B representam duas fases de uma divisão celular que ocorreu em uma célula animal com $2n = 6$ cromossomos.

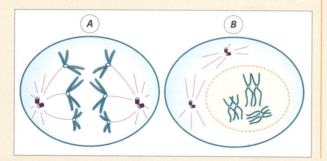

a) Identifique o tipo de divisão celular que ocorreu e justifique sua resposta, utilizando uma das figuras.
b) Caso haja uma alteração ambiental, explique por que o fenômeno que ocorreu em B é importante para o ser vivo que o realiza.

4. (UNIFESP) Durante a prófase I da meiose, pode ocorrer o *crossing-over* ou permuta gênica entre os cromossomos das células reprodutivas.

a) Explique o que é *crossing-over* e sua importância para as espécies.
b) Considerando que a maioria das células de um organismo realiza divisão celular mitótica para se multiplicar, justifique o fato de as células reprodutivas realizarem a meiose.

5. (UERJ) Observe, na ilustração, os tipos celulares da linhagem germinativa presentes nos túbulos seminíferos.

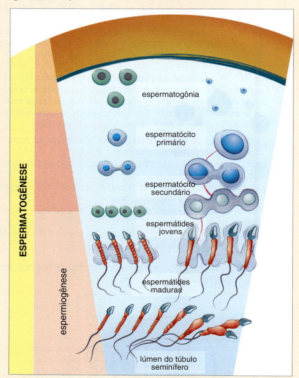

Adaptado de: GARTNER, L. P.;
HIATT, J. L. *Atlas Colorido de Histologia*.
Rio de Janeiro: Guanabara Koogan, 2010.

Cite o tipo de divisão celular que ocorre na transformação de espermatócito primário para espermatócito secundário e nomeie a célula resultante da espermiogênese.

Programas de avaliação seriada

1. (PAES – UNIMONTES – MG) Divisão celular é o processo que ocorre nos seres vivos através do qual uma célula-mãe pode dividir-se em duas ou quatro células-filhas. Todas as alternativas abaixo representam funções da divisão celular, **EXCETO**

   a) reconstituição celular.
   b) transmissão de caracteres genéticos entre gerações celulares.
   c) produção de vacinas e/ou medicamentos.
   d) transmissão do impulso nervoso.

2. (PASES – UFU – MG) Na divisão celular mitótica, a anáfase é caracterizada pela

   a) ligação do fuso mitótico aos cromossomos e seu posicionamento no equador da célula.
   b) desorganização do envoltório celular e formação do fuso mitótico.
   c) separação e migração das cromátides-irmãs para os polos opostos da célula.
   d) descondensação dos cromossomos e reorganização do envoltório celular.

3. (PSS – UFAL) Seres unicelulares e multicelulares multiplicam-se na natureza por mecanismos característicos. As fotos abaixo, por exemplo, mostram diferentes momentos do processo de divisão celular de um organismo. Ao observá-las atentamente, pode-se concluir que:

   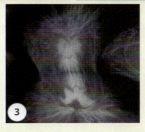

   a) as fases 1 e 2 se sucedem durante a divisão celular de procariontes.
   b) as fases 1, 2 e 3 ocorrem após a fase S do ciclo celular.
   c) na prófase (1), os cromossomos condensam-se, e ocorre formação do fuso acromático.
   d) na metáfase (2), os cromossomos saem da região mediana da célula em direção aos polos.
   e) a telófase (3) marca o início da fase M da divisão celular.

4. (PSC – UFAM) Responda em que fase da meiose se encontra uma célula da linhagem germinativa com as seguintes características: a membrana nuclear desaparece, forma-se um fuso e os cromossomos pareados alinham-se na placa equatorial com seus centrômeros orientados para polos diferentes.

   a) Telófase I.   c) Prófase I.   e) Metáfase II.
   b) Anáfase I.   d) Metáfase I.

5. (PAIES – UFU – MG) O processo de meiose está relacionado à formação de células haploides. Nesse processo existem duas fases conhecidas como meiose I e meiose II.

   Marque, para as afirmativas abaixo, (V) Verdadeira, (F) Falsa ou (SO) Sem Opção.

   1 ( ) Na anáfase II, ocorre a separação de cromátides-irmãs.
   2 ( ) O *crossing-over*, típico das prófases I e II, aumenta a variabilidade genética.
   3 ( ) Ao final da meiose II, as células terão a mesma quantidade de DNA que as das células da prófase II.
   4 ( ) Centrômeros são locais de quebra e troca de fragmentos de cromossomos.

6. (PSIU – UFPI) A meiose consiste em duas divisões nucleares e, embora o núcleo se divida duas vezes, o DNA é replicado uma só vez. Ao contrário dos produtos da mitose, os produtos da meiose diferem tanto entre eles quanto em relação à célula que os originou. Sobre os processos de divisão celular, analise as proposições abaixo.

   I – É função da meiose reduzir o número de cromossomos de diploide para haploide.
   II – Tanto a mitose quanto a meiose estão envolvidas na reprodução, porém, com funções reprodutivas diferentes.
   III – A mitose garante que cada um dos produtos haploides possua um conjunto completo de cromossomos.

   A opção CORRETA é:

   a) Nenhuma das proposições está correta.
   b) Todas as proposições estão corretas.
   c) Somente I e II estão corretas.
   d) Somente I e III estão corretas.
   e) Somente II e III estão corretas.

Unidade

4

Metabolismo celular

Estudar as reações químicas que ocorrem nas células é o objetivo desta unidade.

Capítulo 7
Metabolismo energético: respiração e fermentação

Coma coalhada, ela faz bem

Diarreia é uma alteração intestinal, de modo geral provocada por contaminação dos alimentos que consumimos. Frequentemente, as diarreias são causadas por bactérias que produzem toxinas lesivas às células intestinais. E o nosso organismo não está adaptado a esse tipo de bactérias. Qual a solução? Muitas vezes, recorre-se a antibióticos que, embora atuem sobre essas bactérias, também acabam eliminando as chamadas bactérias benéficas que fazem parte da "flora" bacteriana intestinal, normalmente existente no intestino.

Uma solução milenar que ajuda a combater os efeitos maléficos das bactérias prejudiciais que invadem nosso intestino consiste em ingerir alimentos contendo microrganismos benéficos que ajudam a reconstituir a "flora" intestinal normal. Um desses alimentos é a coalhada. Ela é produzida a partir da ação de bactérias (entre elas os lactobacilos) sobre o leite. Atuando inicialmente na lactose do leite e desdobrando-a em galactose e glicose, essas bactérias *fermentam* os monossacarídeos, produzindo ácido láctico. A acidez decorrente do acúmulo de ácido láctico desnatura as proteínas do leite, fazendo aumentar a consistência e transformando-o em coalhada. Mais recentemente, tem-se proposto a utilização de *probióticos*, ou seja, a adição de microrganismos (entre eles os lactobacilos) à dieta, no sentido de ajudar a refazer a "flora" bacteriana normal. Se você não puder consumi-los, pelo menos comece com a coalhada.

Neste capítulo, conheceremos dois importantes processos de liberação de energia que ocorrem na maioria dos seres vivos, a respiração celular aeróbia e a fermentação.

OS SERES VIVOS TAMBÉM PRECISAM DE COMBUSTÍVEL

Os combustíveis mais utilizados nos automóveis, álcool etílico e gasolina, são constituídos de moléculas energéticas. A combustão, que ocorre nas câmaras de explosão do motor, na presença do oxigênio, libera a energia que estava armazenada nas ligações químicas dessas moléculas e produz alguns resíduos, entre eles o gás carbônico, o monóxido de carbono e a água. A energia liberada faz o carro andar, movimenta o limpador de para-brisas, faz funcionar o rádio, e uma boa parte é convertida em calor (basta encostar a mão no capô depois de andar alguns minutos com o carro para sentir o calor).

Nos seres vivos, o combustível mais utilizado é a **glicose**, substância altamente energética cuja quebra no interior das células libera a energia armazenada nas ligações químicas e produz resíduos, entre eles gás carbônico e água.

A energia liberada é utilizada para a execução de atividades metabólicas: síntese de diversas substâncias, eliminação de resíduos tóxicos produzidos pelas células, geração de atividade elétrica nas células nervosas, circulação do sangue etc.

O conjunto de reações químicas e de transformações de energia, incluindo a síntese (anabolismo) e a degradação de moléculas (catabolismo), constitui o **metabolismo**. Essas reações contam com a participação de enzimas.

Toda vez que o metabolismo servir para a *construção* de novas moléculas que tenham uma finalidade biológica, falamos em **anabolismo**. Por exemplo: a realização de exercícios que conduzem a um aumento da massa muscular de uma pessoa envolve a síntese de proteínas nas células musculares.

Por outro lado, a *decomposição* de substâncias, que ocorre, por exemplo, no processo de respiração celular, com a liberação de energia para a realização das atividades celulares, constitui uma modalidade de metabolismo conhecida como **catabolismo**.

Associe anabolismo a *síntese* e catabolismo a *decomposição* de substâncias. De modo geral, essas duas modalidades ocorrem juntas.

Durante o catabolismo, que ocorre nos processos energéticos, por exemplo, a energia liberada em decorrência da utilização dos combustíveis biológicos poderá ser canalizada para as reações de síntese de outras substâncias, que ocorre no anabolismo.

Nos automóveis, dos mais simples aos mais sofisticados, a queima do combustível ocorre somente em um local: o motor. Nos seres unicelulares, como as bactérias, a utilização do combustível ocorre dentro da única célula. Em um ser vivo pluricelular, como você, o combustível é utilizado em cada uma de suas células vivas. É como se em cada célula existisse um "motorzinho" transformador de energia.

> *Anote!*
> Para que os organismos possam manter-se vivos é preciso de **energia**.

> *Anote!*
> No **anabolismo** há síntese de moléculas. No **catabolismo** há fragmentação de moléculas.

A LIBERAÇÃO DA ENERGIA ARMAZENADA

Na maioria dos seres vivos, a liberação da energia contida nas moléculas de glicose pode ocorrer por meio de dois processos: a **respiração celular aeróbia** e a **fermentação**.

Na respiração aeróbia, a "quebra" da glicose é total, há a participação do oxigênio, libera-se muita energia e os resíduos produzidos são o gás carbônico e a água (veja a Figura 7-1).

> *Anote!*
> Nas trocas gasosas, que ocorrem em nossos pulmões – *respiração orgânica* –, o oxigênio que ingressa no sangue é enviado aos tecidos e utilizado na respiração celular aeróbia.

glicose + oxigênio + água $\longrightarrow$ gás carbônico + água + energia

$C_6H_{12}O_6$ $6\,O_2$ $6\,H_2O$ $6\,CO_2$ $12\,H_2O$

Figura 7-1. Equação da respiração aeróbia.

Anote!

O álcool etílico (etanol) armazena energia nas ligações químicas que mantêm os dois átomos de carbono unidos. Este é o motivo da utilização do etanol como biocombustível.

Na fermentação, a "quebra" da glicose é parcial, não há participação do oxigênio, libera-se pequena quantidade de energia e também são produzidos alguns resíduos. Na fermentação alcoólica, por exemplo, os resíduos produzidos são o álcool etílico (etanol) e o gás carbônico. Veja a Figura 7-2.

$$\text{glicose} \rightarrow \text{álcool etílico} + \text{gás carbônico} + \text{energia}$$
$$C_6H_{12}O_6 \qquad 2\ C_2H_5OH \qquad 2\ CO_2$$

Figura 7-2. Equação da fermentação alcoólica.

Anote!

A fermentação, devido à sua simplicidade, é considerada o mecanismo mais primitivo de obtenção da energia armazenada nos combustíveis biológicos. Na Terra atual, os seres vivos que fazem respiração aeróbia podem também fermentar, se faltar oxigênio. São poucos os organismos exclusivamente fermentadores, como, por exemplo, a bactéria do tétano.

Como os Seres Vivos Conseguem a Glicose

Muitos seres vivos conseguem fabricar a glicose que utilizam nos processos de liberação de energia. Entre eles se destacam desde seres simples, como algumas bactérias e algas, até alguns mais complexos, como as samambaias, os pinheiros e os eucaliptos. Esses organismos são produtores de glicose por meio de um processo chamado de **fotossíntese**.

Seres vivos que conseguem sintetizar glicose a partir da fotossíntese são chamados de **autótrofos** (*trofos* significa *nutrição*; *auto* possui o significado de *a si mesmo – autótrofos*, portanto, são os seres que nutrem a si mesmos, isto é, produzem seu próprio alimento).

Todos os demais seres vivos precisam consumir a glicose contida nos alimentos extraídos de algum outro ser vivo.

Os seres vivos que não conseguem produzir glicose, devendo obtê-la pronta a partir de outra fonte, são chamados de **heterótrofos** (*hetero*, termo grego que significa *outro, diferente*), isto é, que se nutrem de outro.

Energia sob a Forma de ATP

Cada vez que ocorre a desmontagem da molécula de glicose, a energia não é simplesmente liberada para o meio.

A energia é transferida para outras moléculas (chamadas de **ATP**), que servirão de reservatórios temporários de energia, "bateriazinhas" que poderão liberar "pílulas" de energia nos locais em que estiverem.

No citoplasma das células é comum a existência de uma substância solúvel conhecida como **adenosina difosfato**, **ADP**. É comum também a existência de radicais solúveis livres de **fosfato inorgânico** (que vamos simbolizar por **Pi**), ânions monovalentes do ácido ortofosfórico. Cada vez que ocorre a liberação de energia na respiração aeróbia, essa energia é utilizada para a união de ADP + Pi. Essa combinação resulta em moléculas de **ATP**, **adenosina trifosfato** (veja a Figura 7-3). Como o ATP também é solúvel, ele se difunde por toda a célula.

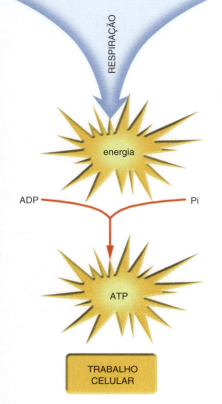

Figura 7-3. A energia que une os átomos de carbono é liberada na respiração aeróbia e armazenada em moléculas de ATP.

A ligação do ADP com o fosfato é reversível. Então, toda vez que é necessária energia para a realização de qualquer trabalho na célula, ocorre a conversão de algumas moléculas de ATP em ADP + Pi e a energia liberada é utilizada pela célula (veja a Figura 7-4). A recarga dos ADP acontece toda vez que há liberação de energia na desmontagem da glicose, o que ocorre na respiração aeróbia ou na fermentação.

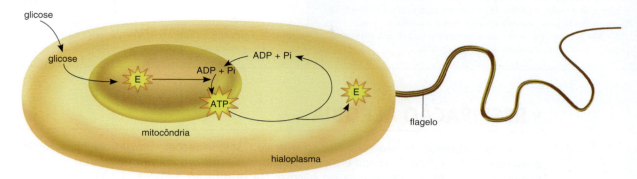

Figura 7-4. A energia para movimentar um flagelo de uma célula, por exemplo, vem da transformação de moléculas de ATP em ADP + Pi.

A estrutura do ATP

O ATP é um composto derivado de nucleotídeo em que a adenina é a base e o açúcar é a ribose. O conjunto adenina mais ribose é chamado de *adenosina*. A união da adenosina com três radicais fosfato leva ao composto *adenosina trifosfato*, ATP (veja a Figura 7-5). As ligações que mantêm o segundo e o terceiro radicais fosfato presos no ATP são altamente energéticas (liberam cerca de 7 kcal/mol de substância).

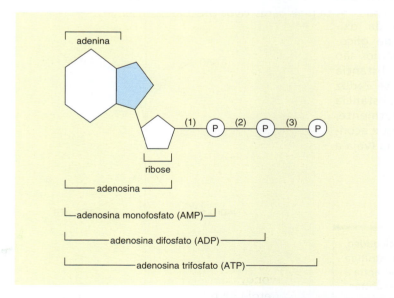

Figura 7-5. Quando se rompe a ligação (1) com o radical fosfato, são liberados 2 kcal/mol de substância. Já as ligações (2) e (3) são mais energéticas, pois a quebra de cada uma delas libera cerca de 7 kcal/mol de substância.

Assim, cada vez que o terceiro grupo fosfato se desliga do conjunto, ocorre a liberação da energia que o mantinha unido ao ATP. É essa energia que é utilizada quando andamos, falamos, pensamos ou realizamos qualquer trabalho celular.

De olho no assunto!

A transferência de energia de uma substância rica em energia para outra ocorre na forma de liberação de elétrons e prótons.

Na *oxidação* ocorre a saída de um átomo completo de hidrogênio e a *redução* envolve o ganho de um átomo completo de hidrogênio. Quem se oxida perde energia e quem se reduz ganha energia.

Nas reações que acontecem na respiração aeróbia, esses dois processos costumam ocorrer simultaneamente.

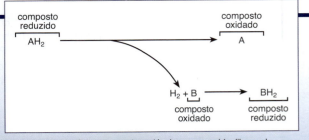

Na respiração aeróbia, para cada molécula que se oxida, liberando energia, outra se reduz, elevando o seu nível energético.

• RESPIRAÇÃO AERÓBIA

A vida depende da ocorrência constante de transformações energéticas. Na fotossíntese, a energia do Sol é transformada em energia química armazenada nas ligações que unem, por exemplo, os átomos da molécula de glicose. Na respiração aeróbia, a energia das ligações químicas é liberada e uma porção dela é transferida a moléculas de ATP para que possa ser aproveitada pela célula. A energia não é criada, mas se transforma de uma modalidade em outra.

A respiração aeróbia envolve várias etapas, sendo que a primeira ocorre no hialoplasma e é conhecida como **glicólise** (*lysis* é um termo grego que significa *dissolução*, *destruição*, *quebra*); as outras acontecem inteiramente no interior das mitocôndrias.

Glicólise

Nessa fase, em que não ocorre a participação de moléculas de O_2, a glicose é desmontada em duas moléculas de ácido pirúvico, ao final de uma longa sequência de reações químicas, e o saldo energético resultante da glicólise é de duas moléculas de ATP.

Como resultado da oxidação da molécula de glicose, elétrons e hidrogênios são captados por uma substância chamada NAD, que se reduz em $NADH_2$. Essa substância participará, posteriormente, de uma das subfases que acontecerão na mitocôndria (veja a Figura 7-6).

Anote!

NAD é a sigla de **N**icotinamida **A**denina **D**inucleotídeo, substância que atua como coenzima. Da sua estrutura constam dois nucleotídeos, em um dos quais entra a base nitrogenada adenina e no outro entra a substância nicotinamida, que é derivada de uma vitamina do complexo B, a niacina. O modo quimicamente correto de representar o NAD oxidado é NAD^+ e o NAD reduzido é $NADH^+ + H^+$. Para as finalidades deste livro, porém, vamos representá-los simplesmente como NAD e $NADH_2$.

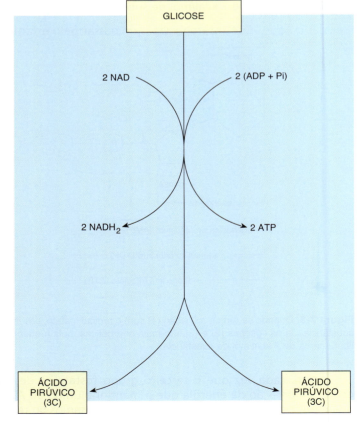

Figura 7-6. A glicólise.

Oxidação do Ácido Pirúvico

Na matriz da mitocôndria, ocorre a seguinte sequência de acontecimentos, que resultarão em muitas moléculas de ATP:

- *ingresso do ácido pirúvico na mitocôndria*. Cada molécula de ácido pirúvico, contendo três átomos de carbono, entra na mitocôndria;
- *transformação do ácido pirúvico em ácido acético*. O ácido pirúvico perde uma molécula de CO_2 (em um processo conhecido como *descarboxilação*) e se converte em ácido acético, contendo dois átomos de carbono;
- *formação de acetilcoenzima A*. O ácido acético se une a uma substância chamada coenzima A (CoA) e se transforma em *acetilcoenzima A* (*acetilCoA*). Há, também, a produção de um $NADH_2$ a partir de hidrogênios liberados na oxidação do ácido pirúvico (veja a Figura 7-7).

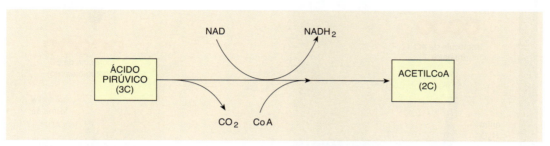

Figura 7-7. Cada molécula de ácido pirúvico, formada no hialoplasma, entra na mitocôndria e sofre modificação, levando à formação de moléculas de acetilcoenzima A.

Ciclo de Krebs

A molécula de acetilCoA, formada a partir de cada molécula de ácido pirúvico, é o ponto de partida do ciclo de Krebs. Além da glicose, vários aminoácidos podem gerar moléculas de ácido pirúvico e, portanto, de acetilCoA, ao serem degradados. Já os ácidos graxos formam moléculas de acetilCoA diretamente, sem passar pelo estágio intermediário de ácido pirúvico (veja a Figura 7-8).

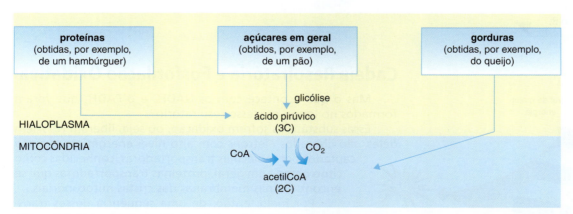

Figura 7-8. Moléculas de acetilCoA podem ser formadas de glicose, aminoácidos e, até mesmo, de ácidos graxos.

Na etapa inicial do ciclo, há a reação entre acetilCoA e ácido oxalacético (molécula de 4C), resultando na formação do ácido cítrico (molécula de 6C) – daí este ciclo ser conhecido também como ciclo do ácido cítrico. Após várias reações, a molécula de ácido oxalacético é recuperada para ser utilizada em nova sequência do ciclo de Krebs. Acompanhe pela Figura 7-9 alguns detalhes desse ciclo. Observe as várias reações de oxidação (com saída de H) e a formação de $NADH_2$, $FADH_2$, CO_2 e GTP (uma molécula equivalente, energeticamente, ao ATP).

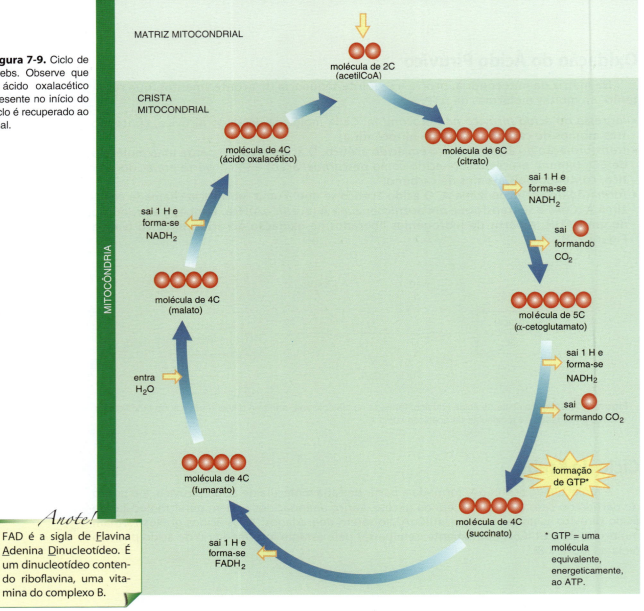

Figura 7-9. Ciclo de Krebs. Observe que o ácido oxalacético presente no início do ciclo é recuperado ao final.

Anote!
FAD é a sigla de Flavina Adenina Dinucleotídeo. É um dinucleotídeo contendo riboflavina, uma vitamina do complexo B.

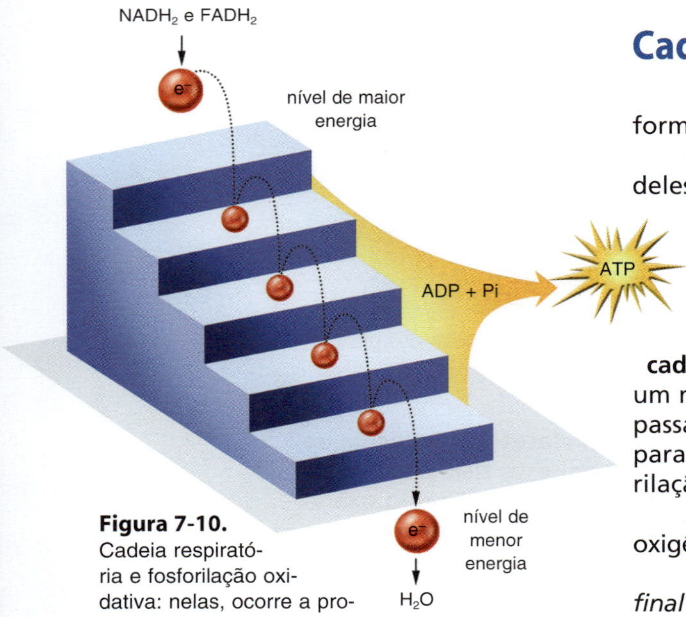

Figura 7-10. Cadeia respiratória e fosforilação oxidativa: nelas, ocorre a produção de ATP e H_2O.

Cadeia Respiratória e Fosforilação Oxidativa

Mas o que acontece com os $NADH_2$ e o $FADH_2$ que foram formados no longo processo respiratório?

Essas substâncias sofrem **oxidação**, ou seja, liberam H^+. Além deles, são liberados elétrons com alto nível energético, que são captados por moléculas transportadoras, conhecidas como **citocromos** – em geral, proteínas transportadoras que se encontram nas membranas das cristas mitocondriais.

Por meio, então, de uma sequência desses transportadores, que atuam como uma cadeia (daí o nome **cadeia respiratória**), há a transferência gradativa de elétrons de um nível de maior energia para outro de menor energia. A cada passagem para outro nível, é liberada energia que é canalizada para a produção de ATP, o que ocorre por uma reação de fosforilação (adição de fosfato inorgânico, Pi) do ADP.

Já os H^+ liberados das moléculas de $NADH_2$ e $FADH_2$ unem-se ao oxigênio e formam água ao final do processo (veja a Figura 7-10).

Portanto, na respiração aeróbia, o oxigênio atua como *aceptor final* de hidrogênio, formando, como resultado, moléculas de H_2O.

De olho no assunto!

Quimiosmose

Como vimos, os elétrons de alta energia, que foram liberados quando da oxidação do NADH$_2$ e do FADH$_2$, são levados por meio de transportadores (como, por exemplo, os citocromos) ao longo de uma cadeia de proteínas presentes na membrana interna da mitocôndria. Cada cadeia é formada por três proteínas. Estas utilizam parte da energia desses elétrons para enviar os prótons H$^+$ para fora da matriz mitocondrial (como uma bomba de prótons, como vimos no Capítulo 4). (Veja a Figura 7-11.)

Com o envio sucessivo de prótons para o espaço entre a membrana interna e a externa da mitocôndria, aumenta a concentração de H$^+$ nesse espaço. Isso provoca uma pressão de difusão dos prótons de volta para o interior da matriz mitocondrial, mas sua membrana só é permeável a esses íons em determinados pontos, onde haja uma enzima que sintetize ATP, chamada *sintetase* do ATP. Nesse retorno dos íons H$^+$, parte da energia é utilizada para a produção de ATP (veja a Figura 7-12).

Esse processo de produção de ATP pela conversão de energia mecânica (dos íons H$^+$) em energia química (ATP) é conhecido como **quimiosmose**.

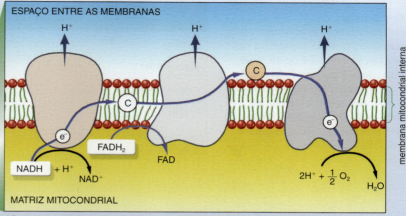

Figura 7-11. Citocromos (c) e outras moléculas transportadoras presentes na membrana mitocondrial interna transportam sucessivamente os elétrons, ao longo de uma cadeia de proteínas da membrana, para níveis de energia cada vez menores. Ao mesmo tempo, íons H$^+$ são impulsionados para o espaço entre as membranas interna e externa da mitocôndria.

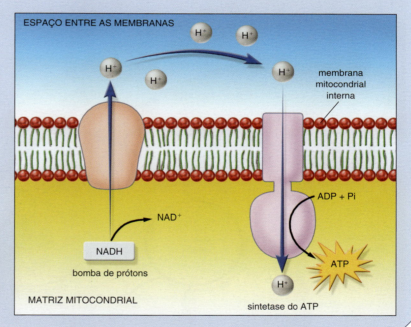

Figura 7-12. O aumento da concentração de prótons H$^+$ no espaço entre membranas acarreta uma pressão de difusão desses íons de volta para o interior da matriz mitocondrial, o que só pode ocorrer em pontos da membrana onde haja a enzima sintetase do ATP. Parte da energia desses íons é utilizada na síntese de ATP a partir de ADP + Pi.

Saldo Energético da Respiração Aeróbia

- Na glicólise, para cada molécula de glicose resultam 2 ATP e 2 NADH$_2$.
- Na mitocôndria, os 2 ácidos pirúvicos formados na glicólise são transformados em 2 acetilCoA e 2 NADH$_2$.
- No ciclo de Krebs são produzidos 6 NADH$_2$, 2 FADH$_2$ e 2 ATP livres.
- Cada NADH$_2$ é capaz de gerar, na cadeia respiratória, 3 ATP. Como são formados 10 NADH$_2$, no total são gerados 30 ATP.
- Cada FADH$_2$ é capaz de gerar, na cadeia respiratória, 2 ATP. Como são formados 2 FADH$_2$, então são gerados mais 4 ATP.

Anote!

Quando o oxigênio atua como aceptor final de hidrogênios, a respiração é *aeróbia*. Se o aceptor final de hidrogênios for outra molécula ou íon inorgânico (por exemplo, o íon nitrato, NO^{-3}), a respiração é *anaeróbia*. Se uma molécula orgânica for o aceptor de hidrogênios, então trata-se de *fermentação*.

Acompanhe pela Tabela 7-1 e Figura 7-13 as várias etapas da quebra da glicose e o saldo energético de todo o processo. O ATP gerado nesse processo atravessa as membranas das mitocôndrias e difunde-se pelo citoplasma, podendo ser utilizado pela célula.

Anote!

Em algumas células (musculares esqueléticas e nervosas, por exemplo), o saldo energético da respiração aeróbia é de 36 moléculas de ATP por molécula de glicose utilizada. Em outras células (hepáticas, renais e cardíacas), o total de moléculas de ATP formadas é 38 por molécula de glicose utilizada.

Tabela 7-1. Quantidade de moléculas de ATP produzidas por molécula de glicose utilizada.

Fase	Onde ocorre	Moléculas de ATP formadas
glicólise	hialoplasma	2
ciclo de Krebs	matriz mitocondrial	2
cadeia respiratória NADH$_2$ FADH$_2$	membrana da crista mitocondrial	30 4
total de moléculas de ATP por molécula de glicose utilizada		38

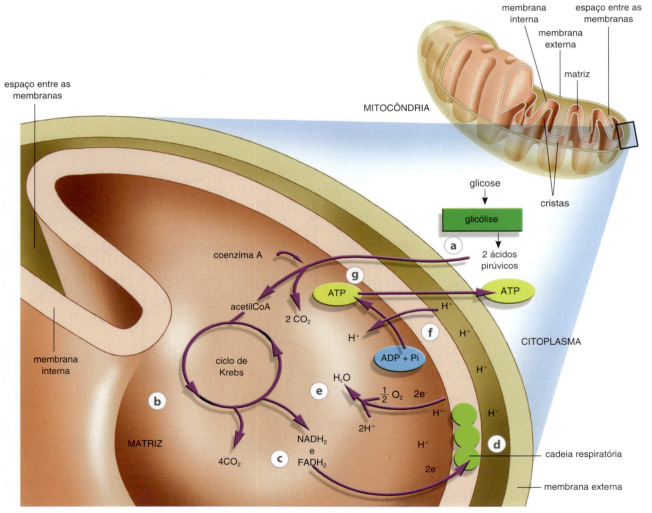

Figura 7-13. A respiração aeróbia. (a) As duas moléculas de ácido pirúvico formadas na glicólise (que ocorre no hialoplasma) penetram na mitocôndria e são convertidas em acetilCoA que, por sua vez, (b) participa do ciclo de Krebs. Nele, além de CO$_2$ e ATP, (c) são formadas NADH$_2$ e FADH$_2$, moléculas que sofrem oxidação, liberando íons H$^+$ e elétrons altamente energéticos. Por sua vez, esses elétrons são captados pelas (d) proteínas da cadeia respiratória que utilizam parte de sua energia para transferir os íons H$^+$ para o espaço entre a membrana da crista e a membrana externa da mitocôndria, e para a formação de água (e). O acúmulo de H$^+$ no espaço entre as membranas cria uma pressão de difusão e força a volta desses íons para a matriz mitocondrial através de pontos onde haja a enzima sintetase do ATP. Ao passar por essa enzima, (f) parte da energia dos íons é usada para a produção de ATP a partir de ADP e Pi. O ATP formado nesse processo (g) retorna para o citoplasma, onde pode ser utilizado pela célula.

Em resumo, a respiração aeróbia é um processo bioenergético que envolve a participação de moléculas de glicose e de oxigênio, com produção de gás carbônico, água e moléculas de ATP. Veja a Tabela 7-2.

Tabela 7-2. Resumo da respiração aeróbia.

	Glicólise	Oxidação do ácido pirúvico	Ciclo de Krebs	Cadeia respiratória
Local em que ocorre	hialoplasma	matriz mitocondrial	matriz mitocondrial	membranas das cristas mitocondriais
Inicia com	uma molécula de **glicose**	2 ácidos pirúvicos 2 CoA	2 acetilCoA	10 $NADH_2$ 2 $FADH_2$ **O_2** (aceptor final)
Produz	2 ácidos pirúvicos 2 $NADH_2$ **2 ATP**	**2 CO_2** 2 acetilCoA 2 $NADH_2$	6 $NADH_2$ 2 FAD_2 **2 GTP** **4 CO_2**	**ATP** **H_2O**

De olho no assunto!

Valores mais precisos para o saldo energético da respiração aeróbia

Vimos que, em presença de oxigênio, a célula utiliza a energia contida na glicose, por um processo conhecido como respiração aeróbia. A equação resumida desse processo é:

$$C_6H_{12}O_6 + 6 O_2 \rightarrow 6 CO_2 + 12 H_2O + energia$$

Detalhamos todo o processo e vimos que, ao final dele, espera-se a formação de 38 moléculas de ATP. Porém, na prática, esse número tem se revelado menor.

De alguma forma, nem todos os íons H^+ retornam para a matriz mitocondrial por meio da enzima sintetase do ATP e a grande concentração de íons no espaço entre as membranas das mitocôndrias também pode ser utilizada para o transporte de ácido pirúvico para a matriz mitocondrial. Assim, atualmente, diz-se que a partir de cada molécula de $NADH_2$ são obtidas aproximadamente 2,5 moléculas de ATP e para cada uma de $FADH_2$ obtém-se aproximadamente 1,5 molécula de ATP. Isso resultaria em 30 moléculas de ATP formadas para cada molécula de glicose utilizada.

Esses valores também dependem da célula em questão. Em células musculares esqueléticas e células nervosas, por exemplo, cada $NADH_2$ gera apenas 2 ATP.

O Papel da Mitocôndria

O ciclo de Krebs e a cadeia respiratória (e a fosforilação oxidativa a ela associada) poderiam acontecer no hialoplasma? Sim, poderiam. Mas, então, qual a vantagem de se realizarem dentro das mitocôndrias? A grande vantagem é a rapidez da ocorrência das reações químicas em um "recinto" fechado. No hialoplasma, os reagentes estariam espalhados, o seu encontro seria dificultado e, como consequência, o processo da respiração aeróbia seria muito lento.

Anote!

O ciclo de Krebs ocorre na matriz mitocondrial e a cadeia respiratória, nas cristas da mitocôndria.

O número de mitocôndrias por célula é muito variável, sendo maior naquelas que apresentam intensa atividade de liberação de energia para o trabalho celular, como é o caso das células musculares e das células nervosas.

De olho no assunto!

Célula sem mitocôndria pode respirar?

Pode. Nas bactérias, organismos procariotos, não há organoides membranosos. As reações correspondentes à glicólise e

ao ciclo de Krebs ocorrem no hialoplasma, e as relacionadas à cadeia respiratória (e à fosforilação oxidativa a ela associada) são efetuadas nos *mesossomos*, que correspondem a dobras existentes em certos locais da membrana plasmática.

Ali, as substâncias envolvidas na ocorrência dessas duas últimas fases estão organizadas de modo semelhante ao que ocorre nas cristas mitocondriais das células dos eucariotos, e a respiração aeróbia se processa normalmente.

Metabolismo energético: respiração aeróbia e fermentação **165**

FERMENTAÇÃO: OUTRA VIA PARA LIBERAÇÃO DE ENERGIA

> **Anote!**
> Não confunda fermentação com respiração anaeróbia. Nesta – realizada por algumas bactérias – ocorrem as mesmas etapas da respiração aeróbia, com a diferença de que o aceptor final de elétrons na cadeia respiratória não é o oxigênio.

A fermentação é um processo de liberação de energia que ocorre **sem a participação do oxigênio**. É importante perceber que as reações químicas da fermentação são equivalentes às da glicólise. A desmontagem da glicose é parcial, são produzidos resíduos de tamanho molecular maior que os produzidos na respiração e o rendimento em ATP é pequeno.

Nos seres vivos, dois tipos de fermentação são mais comuns, a **fermentação alcoólica** e a **fermentação láctica**.

A Fermentação Alcoólica

Na fermentação alcoólica, as duas moléculas de ácido pirúvico produzidas são convertidas em álcool etílico (também chamado *etanol*), com liberação de duas moléculas de CO_2 e formação de 2 moléculas de ATP (veja a Figura 7-14).

Figura 7-14. Esquema de fermentação alcoólica. Note que, ao final, os 6 átomos de carbono (representados por ○) da molécula de glicose estão distribuídos nas duas moléculas de etanol (de 2 carbonos cada) e nas duas moléculas de gás carbônico (de 1 átomo de carbono cada).

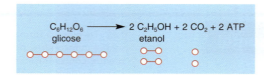

Esse tipo de fermentação é realizado por diversos organismos, destacando-se os chamados "fungos de cerveja", da espécie *Saccharomyces cerevisiae*. O homem há tempos aproveita a atividade fermentadora desses fungos para a produção de bebidas (cerveja, vinho, cachaça) e pão. Mais recentemente, tem-se utilizado esses fungos para a produção industrial de álcool combustível.

Os fungos que fermentam são também capazes de respirar aerobicamente, no caso de haver oxigênio no meio de vida. Com isso, a glicose por eles utilizada é mais profundamente transformada e o saldo em energia é maior (38 ATP) do que os 2 ATP obtidos na fermentação.

Tecnologia & Cotidiano

A tecnologia da fermentação foi uma das primeiras que o homem dominou.

Diz a lenda que o vinho surgiu entre os deuses: os sucos de uva eram deixados em jarras. Uma delas, esquecida em um canto, começou a borbulhar e a formar espuma, sendo, por isso, deixada de lado. Depois de algum tempo, uma jovem – desejando dar cabo à própria vida – bebe o líquido da jarra, acreditando tratar-se de um veneno. A bebida, agora transformada em vinho, não mata a jovem e por seu sabor delicado passa a ser a bebida dos deuses.

Mas nada há de divino na produção do vinho e de outras bebidas fermentadas, como o caso da cerveja, do uísque ou mesmo da cachaça. O açúcar presente nas frutas (como a uva no caso dos vinhos) e nos cereais (como a cevada germinada, também chamada malte, no caso das cervejas) é utilizado por lêvedos (um tipo de fungo) presentes na casca das frutas ou dos cereais. Esses fungos reproduzem-se rapidamente. Quando há presença de oxigênio, eles transformam o açúcar em água e gás carbônico. Porém, em sua ausência, as moléculas desse açúcar são transformadas, por fermentação, primeiramente em ácido pirúvico, que, em seguida, se transforma em gás carbônico e álcool etílico.

Foi Louis Pasteur, microbiologista francês, quem demonstrou em 1860 que a fermentação era devida a microrganismos e não aos deuses – ele ferveu as uvas esmagadas que estavam em processo de fermentação e demonstrou que o processo era interrompido.

O que era artesanal e ficava por conta do acaso, hoje tornou-se uma indústria rentável e de alta tecnologia. Para a produção de vinho, as uvas colhidas são abundantemente lavadas e tratadas para que todos os fungos da casca sejam eliminados. A seguir, adicionam-se ao mosto as leveduras adequadas para a produção de um vinho melhor.

A Fermentação Láctica

A fermentação láctica é executada por diversos organismos, entre eles lactobacilos (bactérias), que transformam o leite em coalhada. Nesse processo, o açúcar do leite, a lactose, é inicialmente desdobrado, por ação enzimática que ocorre fora das células bacterianas, em glicose e galactose. A seguir, os monossacarídeos entram nas células, onde ocorre a fermentação. Cada molécula de ácido pirúvico é convertida em ácido láctico, que também contém três átomos de carbono.

A acidez decorrente da produção de ácido láctico aumenta e isso provoca a alteração da forma das proteínas do leite que, precipitando-se no meio, acarretam o aumento de consistência, característico da coalhada. O soro que fica na parte superior é água, que existia no leite, com alguns sais minerais e outras substâncias dissolvidas (veja a Figura 7-15).

Anote!
Durante a fermentação láctica, não há produção de gás carbônico (lembre-se de que na produção de coalhada não há formação de bolhas gasosas, como na cerveja). Nos vinhos "maduros" e na aguardente, o CO_2 já se desprendeu totalmente. Na água ou nos refrigerantes gaseificados, o CO_2 é adicionado pelo fabricante.

$$C_6H_{12}O_6 \longrightarrow 2\ C_3H_5O_3 + 2\ ATP$$
glicose   ácido láctico

Figura 7-15. Esquema de fermentação láctica, em que, ao final do processo de degradação da glicose, temos a formação de duas moléculas de ácido láctico (de 3 átomos de carbonos cada, representados por ○) e 2 ATP.

De olho no assunto!

No homem existe fermentação láctica?

Sim, existe. Você já deve ter ouvido que é comum a produção de ácido láctico nos músculos de uma pessoa, em ocasiões em que há esforço muscular exagerado. A quantidade de oxigênio que as células musculares recebem para a respiração aeróbia é insuficiente para a liberação da energia necessária para a atividade muscular intensa. Nessas condições, ao mesmo tempo que as células musculares continuam respirando, elas começam a fermentar uma parte da glicose, na tentativa de liberar energia extra.

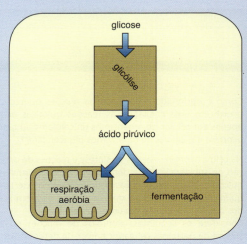

Esforço muscular exagerado resulta em fadiga muscular, levando, muitas vezes, a dores musculares e cãibras.

Leitura

Você tem cãibra ou fadiga muscular?

Provavelmente, em algum momento da sua vida, você já teve *cãibra*. E, com certeza, também teve *fadiga muscular*. Como diferenciar essas duas situações?

Cãibra é a **contração** repentina de um músculo ou grupo muscular, sendo, de modo geral, acompanhada de dor. É de curta duração (alguns minutos) e pode acontecer ao ficar parado na mesma posição por muito tempo, dormindo, andando, digitando ou mesmo durante a realização de exercício físico. *Fadiga muscular*, que geralmente também é acompanhada de dor, é a **impossibilidade de manter um músculo ou grupo muscular contraído**.

De modo geral, acontece após a realização de exercícios físicos extenuantes, de longa duração (corridas, maratonas, jogos de futebol etc.).

Os fatores que provocam cãibra são muito discutidos e, entre eles, podemos citar: frio intenso, deficiências na circulação de sangue no músculo e exercícios continuados, realizados principalmente em elevada temperatura ambiente, com sudorese intensa, o que provoca perda de água e de nutrientes minerais (notadamente sódio e potássio).

Os fatores que conduzem à fadiga muscular são, ainda, pouco compreendidos. Pelo menos uma certeza parece existir: ela não é causada pelo acúmulo de ácido láctico (ou o íon lactato) como se acreditou por muito tempo. Supõe-se que o ácido láctico (ou o íon lactato) produzido durante a contração muscular em condições anaeróbias seja prontamente removido pela circulação e enviado ao fígado para reutilização. Assim, entre as causas sugeridas para a ocorrência de fadiga muscular, a mais valorizada, hoje, é a diminuição do pH (aumento da acidez) do hialoplasma da célula muscular, devido à grande produção de íons hidrogênio (H^+) provenientes de algumas fontes (entre elas a derivada do ácido láctico, que se ioniza em lactato e H^+). Algumas hipóteses foram sugeridas para explicar a ocorrência de fadiga muscular causada pela diminuição do pH (aumento da acidez): inibição da atuação de certas enzimas, interferência na liberação de íons Ca^{2+} necessários para a ocorrência de contração, inibição da liberação da energia contida em moléculas de ATP e, por último, alteração do processo de transmissão dos impulsos nervosos necessários para a ocorrência de contração da célula muscular.

De qualquer modo, uma coisa é certa: a realização de exercícios físicos depende de um bom condicionamento muscular, de uma dieta equilibrada e da reposição constante de líquidos e de nutrientes minerais.

Ética & Sociedade

Energéticos, a falsa sensação de estar sóbrio

Algumas vezes consumidos nas vésperas de provas para "ajudar a ficar acordado", outras por atletas que vão participar de provas de resistência, os energéticos vêm ganhando espaço nas prateleiras e na mídia.

Longe de representarem um problema à saúde quando consumidos esporadicamente e em quantidades razoáveis (o consumo intenso e por períodos prolongados pode, por exemplo, aumentar a chance de osteoporose), os energéticos são compostos, fundamentalmente, de grande quantidade de carboidratos, cafeína e taurina.

Atualmente, a maior parte dos consumidores de energéticos, entretanto, é formada pelos "baladeiros" que perceberam que os carboidratos são responsáveis por uma dose extra de energia, e, principalmente, que a cafeína atua ligando-se aos receptores de adenosina (que controla a atividade cerebral)

gerando com isso um aumento de excitação nos neurônios. Quando a hipófise percebe a variação, acredita que o corpo está sendo submetido a uma emergência, e libera adrenalina que coloca o corpo em estado de alerta. Daí vem a taurina, que aumenta o ritmo cardíaco e, combinada à cafeína, passa a sensação de enorme aumento da energia do corpo.

Mas é aí que mora o perigo. Nas baladas, os energéticos são tomados em combinação com drinques alcoólicos, pois diminuem o efeito depressivo do álcool. Sem sentir a sonolência e lentidão impostas pelo álcool, o "baladeiro" ingere uma quantidade de álcool muito superior à que normalmente faria. Mas o energético não corta o efeito do álcool, apenas disfarça... E o "baladeiro", apesar de ter ultrapassado o seu limite, acredita que está em plena condição para dirigir. Está "aceso", fala muito, mas seus reflexos estão "derrubados" pelo álcool.

- O que você faria se um amigo seu tivesse ingerido bebida alcoólica e decidisse dirigir um veículo automotivo?

Passo a passo

Utilize as informações do texto para responder às questões **1** e **2**.

"No motor de um automóvel *flex*, o álcool combustível ou a gasolina são submetidos a um processo de 'quebra', liberando a energia armazenada nessas moléculas e que servirá para a movimentação do veículo. Por outro lado, em uma célula procariótica ou eucariótica, as reações químicas que conduzem à 'quebra' de combustíveis liberam a energia necessária para a realização de outras reações químicas."

1. a) Qual o combustível mais comumente utilizado na liberação da energia necessária à ocorrência do trabalho celular?

b) Como é designado o conjunto de reações químicas que ocorre em uma célula? Essas reações químicas ocorrem apenas em células de organismos unicelulares ou também ocorrem nas células de organismos pluricelulares?

2. a) Na célula ocorrem reações de síntese e reações de degradação de substâncias. Que denominações são normalmente utilizadas para designar esses dois conjuntos de reações químicas celulares? Esses dois conjuntos ocorrem separados ou conjuntamente em uma célula?

b) Considere os seguintes exemplos de reações químicas: síntese de proteínas celulares; síntese de determinado hor-

168 BIOLOGIA 1 • 4.ª edição

mônio; digestão de uma proteína pela ação de uma enzima; produção de glicogênio no fígado a partir de inúmeras unidades de monossacarídeos; digestão enzimática de um lipídio em seus dois componentes, glicerol e ácidos graxos. Classifique essas reações químicas, associando-as às denominações que você utilizou na resposta do item *a*.

Na maioria dos seres vivos celulares, a liberação da energia contida nas moléculas de glicose pode ocorrer, de modo geral, por meio de dois processos básicos: a respiração aeróbia e a fermentação. Considere as duas equações químicas simplificadas a seguir e responda às questões **3** e **4**:

I – $C_6H_{12}O_6 + 6 O_2 + 6 H_2O \rightarrow 6 CO_2 + 12 H_2O$ + energia

II – $C_6H_{12}O_6 \rightarrow C_2H_5OH + 2 CO_2$ + energia

3. a) Qual das reações representa simplificadamente uma modalidade de fermentação? Qual representa a respiração aeróbia? Justifique sua resposta.

b) Em qual dos processos representados ocorre maior liberação de energia? Em qual dos processos formam-se resíduos de tamanho molecular maior e qual é a importância desse conhecimento em termos da liberação de energia ao ocorrer o processo?

4. a) Cite os resíduos produzidos em cada um dos processos representados pelas equações acima destacadas. Qual será a utilidade da energia liberada nessas reações químicas?

b) Em alguns seres procarióticos (bactérias) existe outra modalidade, anaeróbia, de liberação de energia, na qual se costuma dizer que o "aceptor final de elétrons não é o oxigênio, podendo ser, por exemplo, o íon nitrato". Qual é essa modalidade bioenergética de liberação de energia nesses seres?

Utilize as informações do texto para responder às questões **5** e **6**.

"Esta é uma época de preocupações quanto à acentuação do aquecimento global gerado pela crescente emissão de gases de estufa, como o gás carbônico. Aumentam as pesquisas que visam à produção de biocombustíveis, considerados ecologicamente corretos. Há décadas o Brasil saiu na frente, com a utilização do açúcar de cana para a geração de energia considerada limpa. Atualmente, as pesquisas dirigem-se à utilização de restos de vegetação – madeira, folhas e outros resíduos – para a mesma finalidade. A ideia é aproveitar a celulose existente nesses restos e, por meio dela, extrair moléculas de glicose que sirvam à produção de combustíveis. O problema, nesse caso, está relacionado à hidrólise da celulose. Esse procedimento pode ser obtido com a utilização de enzimas, como a celulase, ou, então, recorrendo-se a métodos físicos que efetuem o "desmonte" da celulose, sem a atuação de enzimas. A seguir, as moléculas de glicose obtidas serão oferecidas a fungos unicelulares (*Saccharomyces cerevisiae*), para a produção de biocombustível."

5. a) Justifique a utilização da celulose contida em resíduos vegetais no intuito de se produzir biocombustíveis considerados ecologicamente corretos.

b) Que mecanismo deve ser utilizado no sentido de se aproveitar a celulose como fonte de energia para a produção de biocombustíveis?

6. O texto informa que "... as moléculas de glicose obtidas serão oferecidas a fungos unicelulares para a produção de biocombustível". Considerando essa informação:

a) Que biocombustível será, então, produzido por esses fungos?

b) Por meio de que processo bioenergético será produzido o biocombustível por esses fungos?

7. "E por falar em moeda energética, aqui temos o ATP. Essa molécula participa de todas as transações energéticas que ocorrem na célula, quer na membrana plasmática, quer no interior celular. É fantástico concluir que, em todo e qualquer ser vivo unicelular ou pluricelular, a modalidade de trânsito de energia, utilizando esse tipo de moeda, foi um sucesso absoluto."

Com base no texto acima e utilizando os conhecimentos sobre o assunto, responda:

a) A que categoria molecular pertence o ATP? Cite os três componentes dessa molécula.

b) Por meio de quais processos bioenergéticos pode ocorrer a transferência de energia para a formação da molécula de ATP?

c) Como se dá a produção de moléculas de ATP, ao ocorrerem os processos bioenergéticos citados no item *b*?

8. A respiração aeróbia é um processo bioenergético no qual a molécula de glicose é inicialmente fragmentada em dois derivados moleculares. A seguir, esses derivados penetram na mitocôndria, local em que ocorre a maior parte desse processo, resultando, ao final, em moléculas de gás carbônico, água e ATP. A respeito desse processo bioenergético, responda:

a) Por motivos puramente didáticos, costuma-se dividir a respiração aeróbia em três ou quatro etapas, dependendo da abordagem que se faça desse processo bioenergético. Quais são essas etapas?

b) Em que locais da célula ou da mitocôndria essas etapas ocorrem? Em que compartimento celular ocorre a maior parte da respiração aeróbia?

9. Seres procarióticos, como inúmeras bactérias, por exemplo, também são capazes de realizar a respiração aeróbia. Ao estudar esse tópico do assunto, dois estudantes, Mariana e Felipe, estabeleceram o diálogo a seguir.

Mariana: na célula bacteriana, as fases da respiração aeróbia ocorrem em locais correspondentes aos da célula eucariótica.

Felipe: nada disso, na célula bacteriana, que é procariótica, apenas o ciclo de Krebs ocorre em dobras mitocondriais da membrana plasmática, denominadas de mesossomos, enquanto as demais fases ocorrem no hialoplasma.

Marcelo, que ouvia atentamente o diálogo, interferiu e disse que os dois colegas estavam errados. Justifique a interferência de Marcelo e relate o que ele deve ter dito aos colegas, no sentido de corrigir as afirmações incorretas que fizeram.

10. Uma importante diferença entre a fermentação alcoólica e a fermentação láctica é que, nesta, não ocorre a liberação de gás carbônico, além de o resíduo molecular produzido não ser o álcool etílico. Com relação a esse processo bioenergético, responda:

a) Que organismos microscópicos procarióticos a realizam? Cite o nome do resíduo molecular por eles produzido e o uso industrial (alimentar) decorrente dessa produção.

b) Na espécie humana também ocorre fermentação láctica. Em que ocasiões esse processo bioenergético ocorre no ser humano? Qual a consequência fisiológica dessa situação, notadamente quanto ao acúmulo do resíduo molecular citado na musculatura?

11. **Questão de interpretação de texto**

Duas variedades do fungo *Pestalotiopsis microspora*, descobertas por pesquisadores americanos na Amazônia equatoriana, mostraram um enorme potencial na degradação de poliuretano, um tipo de polímero muito utilizado para a confecção de espumas, adesivos, plásticos e tintas. Foi identificada uma enzima secretada pelos fungos e que é responsável pelo enfraquecimento das ligações químicas do polímero. A pesquisa trouxe consigo uma descoberta inusitada: a enzima funciona tanto na presença como na ausência de oxigênio. Dessa forma, os fungos poderiam funcionar também nos aterros sanitários, onde uma grossa camada de dejetos e terra costuma cobrir os plásticos descartados, diminuindo a oxigenação e, dessa forma, dificultando sua decomposição aeróbia. Ambientalistas argumentam que a descoberta é interessante, uma vez que os plásticos demoram muito para se decompor na natureza. O polietileno, por exemplo, leva cerca de 50 anos. O PET, utilizado na produção de garrafas plásticas, permanece até 200 anos no ambiente.

Disponível em: <http://www.estadao.com.br/noticias/vidae>.
Acesso em: 22 fev. 2012.

Metabolismo energético: respiração aeróbia e fermentação **169**

Utilizando as informações do texto e seus conhecimentos sobre o metabolismo energético dos seres vivos, responda:

a) Por meio de qual processo bioenergético o fungo poderia gerar a energia necessária ao trabalho enzimático, em presença de oxigênio?

b) Na ausência de oxigênio, qual seria o processo bioenergético utilizado pelo fungo na geração da energia necessária ao trabalho enzimático?

c) Considerando que a decomposição de plásticos de polietileno é um processo muito demorado, de acordo com o texto, sugira uma medida que pudesse abreviar o tempo necessário à realização desse processo.

Questões objetivas

1. (UDESC) Observe o esquema abaixo:

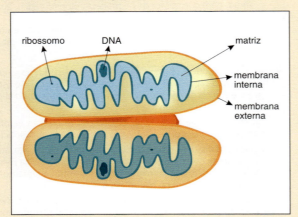

Assinale a alternativa **correta** quanto à morfologia e fisiologia da estrutura interna (organela) de uma célula animal, que se encontra partida ao meio, permitindo a sua visualização interna.

a) ( ) O esquema se refere à mitocôndria, que é responsável pela fermentação celular; a mitocôndria utiliza o ribossomo e a matriz para realizar a glicólise.
b) ( ) O esquema se refere à mitocôndria, que é responsável pela digestão celular. Para realizar essa função, ocorre o processo de cadeia respiratória em sua membrana externa.
c) ( ) O esquema se refere ao peroxissoma, que é responsável pela reação de oxidação de moléculas orgânicas e que utiliza sua membrana externa para realizar essa função.
d) ( ) O esquema se refere ao complexo de Golgi, que é responsável pela conversão da acetilCoA com o ácido oxalacético, existente na matriz, e forma o ácido cítrico.
e) ( ) O esquema se refere à mitocôndria, que é responsável por algumas etapas da respiração celular. Na matriz ocorre o ciclo de Krebs, e na membrana interna ocorre a cadeia respiratória.

2. (UFPE – adaptada) João está enfrentando a maratona do vestibular e, para tanto, além de estudar bastante, se prepara comendo uma dieta equilibrada em nutrientes e fazendo exercícios físicos regularmente. No dia da prova, leva uma garrafa d'água e uma barrinha de cereal, para garantir, respectivamente, sua hidratação e o suprimento energético para seu cérebro em atividade. Sobre este assunto, observe a figura a seguir e considere as afirmativas que se seguem.

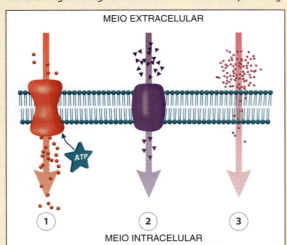

(0) O transporte de moléculas e íons nutrientes para dentro das células de João geralmente ocorre por um mecanismo de difusão facilitada (1) por proteínas de membrana.
(1) O transporte de moléculas e íons, ilustrado em (1 e 2), é suplementar para a nutrição celular, mas desnecessário, uma vez que essas substâncias podem atravessar passivamente a membrana (3), sem a necessidade de proteínas transportadoras.
(2) O metabolismo de carboidratos como a glicose, presente na barra de cereal de João, libera íons hidrogênio que são carregados pelas coenzimas NAD e FAD até as cristas mitocondriais, onde é gerado ATP e água.
(3) Caso João realize exercícios físicos intensos antes das provas, um processo fermentativo de produção de ácido lático poderá ocorrer em suas células musculares, expresso pela equação abaixo:

$$\text{glicose} + 2\ ADP + 2\ Pi \rightarrow$$
$$\rightarrow 2\ \text{lactato} + 2\ ATP + 2\ H_2O + 2\ H^+$$

3. (UFPE) A energia não pode ser criada ou destruída, mas apenas transformada de uma forma a outra. Considerando que as reações metabólicas são o meio que a célula possui para transformar "energia potencial" em "energia cinética" e, portanto, realizar trabalho celular, considere as proposições a seguir.

(0) A participação de enzimas no conjunto das reações metabólicas celulares diminui a energia de ativação dos compostos reagentes.
(1) Além de energia, a oxidação de ácidos graxos e carboidratos, tanto na respiração aeróbica de eucariotos quanto na fermentação de procariotos, gera como produtos finais gás carbônico e água.
(2) A fermentação de carboidratos gera um saldo energético de 2 ATPs, que resulta da transferência de fosfatos inorgânicos para moléculas de adenosina difosfato.
(3) As reações do ciclo do ácido cítrico que ocorrem na matriz mitocondrial liberam íons hidrogênio que convertem as coenzimas NAD e FAD em suas formas reduzidas.
(4) A teoria quimiosmótica aponta que a passagem de íons H^+ através da enzima ATP sintetase localizada na membrana das cristas mitocondriais é responsável pelo principal saldo energético da respiração celular.

4. (UEL – PR) Analise o esquema da respiração celular em eucariotos a seguir:

Adaptado de: LOPES, S. *Bio 1*. São Paulo: Saraiva, 1992. p. 98.

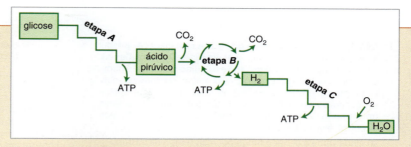

Com base nas informações contidas no esquema e nos conhecimentos sobre respiração celular, considere as afirmativas a seguir:

I – A glicose é totalmente degradada durante a etapa *A* que ocorre na matriz mitocondrial.
II – A etapa *B* ocorre no hialoplasma da célula e produz menor quantidade de ATP que a etapa *A*.
III – A etapa *C* ocorre nas cristas mitocondriais e produz maior quantidade de ATP que a etapa *B*.
IV – O processo anaeróbico que ocorre no hialoplasma corresponde à etapa *A*.

Assinale a alternativa correta.

a) Somente as afirmativas I e II são corretas.
b) Somente as afirmativas I e III são corretas.
c) Somente as afirmativas III e IV são corretas.
d) Somente as afirmativas I, II e IV são corretas.
e) Somente as afirmativas II, III e IV são corretas.

5. (UFPE) A glicólise é um processo exotérmico, comum tanto na fermentação quanto na respiração celular aeróbica. Esse processo encerra-se com a formação de duas moléculas de ácido pirúvico que podem seguir caminhos metabólicos distintos. Sobre esse tema, analise o esquema abaixo e assinale a alternativa correta.

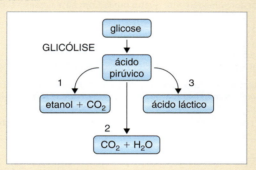

a) 1 e 2 são formas de fermentação.
b) 2 e 3 são formas de respiração celular aeróbica.
c) Apenas 2 é o caminho da respiração celular aeróbica.
d) Fermentação é mostrada apenas em 3.
e) Os produtos em 1 são oriundos da respiração aeróbia e imprescindíveis ao término do processo respiratório.

6. (UFMS) A obtenção de energia para os processos vitais é um dos problemas mais interessantes do metabolismo dos seres vivos. Os cientistas supõem que os seres primitivos simples utilizavam um mecanismo também simples e semelhante à fermentação para extrair energia das moléculas orgânicas. Após o surgimento dos primeiros autótrofos fotossintetizantes, o acúmulo de oxigênio na atmosfera permitiu que grupos de organismos passassem a utilizar o oxigênio para obter energia no processo da respiração celular. Com relação aos processos de fermentação e de respiração celular, identifique as alternativas corretas e dê sua soma ao final.

(01) o processo de respiração aeróbica é muito mais eficiente que o da fermentação, pois, para cada molécula de glicose degradada, são produzidas, na respiração, 38 moléculas de ATP.
(02) a degradação da glicose, na respiração celular, se processa em 3 etapas fundamentais, ou seja, glicólise, ciclo de Krebs e cadeia respiratória, todas ocorrendo no interior das mitocôndrias.
(04) em atividade física intensa e sem o suprimento adequado de oxigênio, nossas células musculares trabalham anaerobicamente, realizando fermentação lática.
(08) atualmente, apenas algumas bactérias e alguns fungos utilizam o processo de fermentação para obter energia.
(16) o rendimento energético da glicólise é de oito moléculas de ATP para cada molécula de glicose degradada, o que resulta em um rendimento líquido de quatro moléculas de ATP, pois quatro são investidas para iniciar o processo.

7. (UERJ) No fígado, o transporte de glicose é realizado por difusão passiva mediada por proteínas transportadoras da membrana plasmática.

Em um experimento, cuja base consistiu em cultivar células hepáticas em um meio adequado, foram seguidos os seguintes passos:

– adicionar ao meio de cultivo uma concentração de glicose suficiente para manter, já no primeiro minuto, seu transportador saturado;
– medir, a partir do primeiro minuto de incubação, a velocidade *v* do transporte de glicose para o interior dos hepatócitos;
– bloquear, após três minutos de incubação, o metabolismo da glicose já absorvida, por meio da adição de um inibidor da enzima glicoquinase.

Nos gráficos abaixo, os valores de *v* são medidos em função do tempo de incubação:

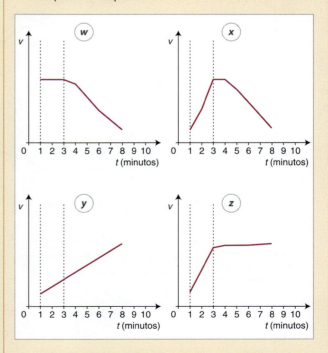

O resultado do experimento descrito está representado na curva do gráfico indicado por:

a) *W*.   b) *X*.   c) *Y*.   d) *Z*.

Metabolismo energético: respiração aeróbia e fermentação **171**

8. (UNIFESP) Primeiro, o suco obtido de uvas esmagadas é juntado a fungos do gênero *Saccharomyces* em tonéis fechados. Depois de certo tempo, o fungo é retirado e o líquido resultante é filtrado e consumido como vinho. As uvas podem ser colhidas mais cedo (menor exposição ao Sol) ou mais tardiamente (maior exposição) ao longo da estação. Um produtor que deseje obter um vinho mais seco (portanto, menos doce) e com alto teor alcoólico deve colher a uva

a) ainda verde e deixar o fungo por mais tempo na mistura.
b) ainda verde e deixar o fungo por menos tempo na mistura.
c) mais tarde e deixar o fungo por menos tempo na mistura.
d) mais tarde e deixar o fungo por mais tempo na mistura.
e) mais cedo e deixar o fungo por menos tempo na mistura.

9. (UFMS) Após intensa atividade física realizada por um velocista em uma competição, suas células musculares obtiveram energia a partir da glicose em situação de anaerobiose. Nesse caso, espera-se como metabólito acumulado no músculo do atleta

a) ácido acético.   c) ácido fórmico.   e) ácido lático.
b) ácido glicólico.   d) ácido cítrico.

10. (UFS – SE) A adição de lactobacilos vivos ao leite é uma forma de produzir coalhada (iogurte), muito apreciada na alimentação humana. Entretanto, esse processo requer horas de preparação em virtude da necessidade de crescimento das bactérias e da fermentação dos açúcares do leite por esses organismos. Outra forma prática e instantânea de se preparar uma coalhada consiste em adicionar suco de limão ao leite até que ele fique talhado.

O coalho, a pasta insolúvel formada nesse processo, corresponde

a) às proteínas do leite, que foram desnaturadas.
b) à gordura do leite, que foi precipitada.
c) ao amido, que foi produzido pelos lactobacilos.
d) aos sais, que foram formados pela neutralização.
e) aos triglicerídeos, que foram desestabilizados.

Questões dissertativas

1. (UFC – CE) Para a produção de iogurte caseiro, uma cozinheira esquentava o leite a aproximadamente 40 ºC e adicionava meio copo de iogurte. Depois disso, mantinha essa mistura nessa temperatura por aproximadamente quatro horas. Com base nessas informações, responda o que se pede a seguir.

a) Quais microrganismos são responsáveis pela produção do iogurte?
b) Que tipo de processo é realizado pelos microrganismos para que o leite se torne iogurte?
c) Por que não haveria a formação de iogurte se a mistura fosse mantida a 80 ºC?
d) Por que não haveria a formação de iogurte se, ao invés de adicionar iogurte, a cozinheira tivesse adicionado fermento biológico?

2. (UERJ) Algumas funções metabólicas opostas são realizadas por células eucariotas específicas. Nos compartimentos I, II e III de uma dessas células, ilustrados no esquema abaixo, ocorrem reações que levam tanto à degradação de glicose, gerando CO_2, quanto à síntese desse carboidrato, a partir do CO_2.

Nomeie os compartimentos celulares I, II e III. Em seguida, identifique o compartimento que mais produz ATP e o que mais consome ATP.

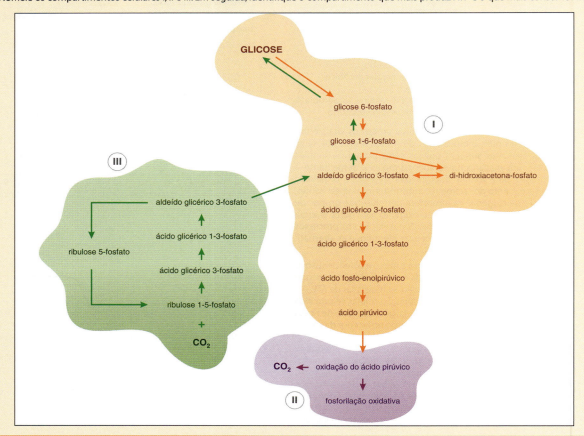

3. (UERJ) Em um experimento, foram removidas as membranas externas de uma amostra de mitocôndrias. Em seguida, essas mitocôndrias foram colocadas em um meio nutritivo que permitia a respiração celular. Uma das curvas do gráfico ao lado representa a variação de pH desse meio nutritivo em função do tempo de incubação. Observe a figura:

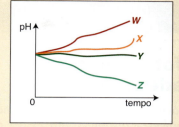

Identifique a curva que representa a variação de pH do meio nutritivo no experimento realizado. Justifique sua resposta.

4. (UERJ) O monóxido de carbono é um gás que, ao se ligar à enzima citocromo c-oxidase, inibe a etapa final da cadeia mitocondrial de transporte de elétrons.

Considere uma preparação de células musculares à qual se adicionou monóxido de carbono. Para medir a capacidade de oxidação mitocondrial, avaliou-se, antes e depois da adição do gás, o consumo de ácido cítrico pelo ciclo de Krebs.
Indique o que ocorre com o consumo de ácido cítrico pelo ciclo de Krebs nas mitocôndrias dessas células após a adição do monóxido de carbono. Justifique sua resposta.

Programas de avaliação seriada

1. (PSC – UFAM) A respiração, que se processa em três etapas distintas: glicólise, ciclo de Krebs e cadeia respiratória, é um processo de liberação de energia através de complexas moléculas orgânicas. Indique a alternativa correta relacionada a esse processo.
  a) Os processos de glicólise e de fermentação são idênticos, com exceção da etapa inicial, dependendo apenas da presença de oxigênio.
  b) No ciclo de Krebs ocorre a formação de ácido pirúvico em compostos intermediários por várias reações químicas, resultando como produto final no ácido oxalacético e na liberação de CO_2 para a cadeia respiratória.
  c) Na glicólise ocorre a quebra da molécula de glicose e a formação de duas moléculas de ácido pirúvico, com lucro de dois ATPs para a célula.
  d) Na cadeia respiratória ocorre o transporte de hidrogênio, consumo de oxigênio molecular e produção de CO_2.
  e) No ciclo de Krebs ocorre a transformação de glicose em ácido pirúvico e H_2O.

2. (PISM – UFJF – MG) A fermentação é um processo de liberação de energia que ocorre na ausência de oxigênio. Considere os processos abaixo:

  I – Conversão de CO_2 a glicose.
  II – Produção de cerveja.
  III – Produção de iogurtes.
  IV – Síntese de proteínas.

Assinale a alternativa que indica os processos que representam, **corretamente**, exemplos de fermentação.
  a) I e II   b) I e III   c) II e III   d) II e IV   e) III e IV

3. (SAS – UEG – GO) Fazer ginástica é saudável e importante para nossa saúde física; entretanto, quando uma pessoa realiza atividade física muito intensa há insuficiência "muscular" para manter a respiração celular e liberar a energia necessária. Sobre este fenômeno, é CORRETO afirmar:
  a) na fermentação lática, o piruvato é transformado em ácido lático pela utilização de íons H, transportados pelo NADH e formados na glicose.
  b) a fermentação lática é amplamente utilizada comercialmente na fabricação de pães, produção de vinho, cerveja, queijos, iogurtes e coalhadas.
  c) a fermentação de forma geral é um processo aeróbico de síntese de ATP, que ocorre na presença de oxigênio e envolve a cadeia respiratória.
  d) na fermentação lática, o piruvato libera o CO_2, formando um composto com três carbonos, que sofre redução pelo NADH e forma o álcool etílico.

4. (PISM – UFJF – MG) As mitocôndrias são organelas fundamentais para o funcionamento das células por, entre outras coisas, participarem dos processos de produção de energia. Sobre essas organelas, responda às questões abaixo.
  a) Apresente duas características das mitocôndrias que reforcem a ideia de que elas se originaram de organismos procariontes que se instalaram em outras células.
  b) A maior parte do oxigênio (O_2) que inspiramos é utilizado nas mitocôndrias. Explique qual o principal papel do O_2 nessas organelas.
  c) As mitocôndrias são capazes de sintetizar proteínas no seu interior. Você concorda com essa afirmativa? Explique.

Capítulo 8 — Metabolismo energético: fotossíntese e quimiossíntese

Carro que faz fotossíntese? Pode ser realidade em 2030...

Em 2010, durante uma feira de exposições de automóveis realizada na China, uma montadora chinesa apresentou um projeto de carro bastante diferente que poderia estar disponível em 2030. E qual a novidade? Além do *design* arrojado, esse carro, inspirado nas plantas, seria movido por um processo semelhante à fotossíntese, isto é, o carro absorveria gás carbônico e liberaria oxigênio.

O carro seria pequeno, com capacidade para dois ocupantes. O mais interessante é que, para funcionar, o teto do carro absorveria energia solar, enquanto as rodas seriam capazes de gerar energia eólica. A liga da qual o veículo seria feito teria também a capacidade de absorver água e gás carbônico, e os transformaria em energia elétrica, que poderia então ser armazenada em uma bateria.

O conceito de energia limpa, aplicado a esse carro do futuro, já é bem conhecido da ciência, uma vez que a fotossíntese artificial vem tendo algumas aplicações nos últimos anos. Porém, ainda há muita coisa que precisa ser feita para que um carro possa utilizar essa tecnologia.

E o nome desse novo carro? Ele é bem sugestivo e tem muito a ver com seu conceito ecologicamente correto e sustentável. É YeZ, que significa folha, em mandarim.

Baseado em: <http://info.abril.com.br/noticias/tecnologias-verdes/carro-de-2030-faria-fotossintese-21052010-17.shl>.
Acesso em: 26 set. 2011.

FOTOSSÍNTESE: LUZ DO SOL CONVERTIDA EM ALIMENTO ORGÂNICO

A **fotossíntese** é um processo de conversão de energia solar em energia química armazenada em alimentos orgânicos.

Por esse processo, todos os dias as plantas fotossintetizantes absorvem a luz do Sol e, utilizando substâncias simples do meio, como o gás carbônico e a água, produzem a matéria orgânica que serve como reservatório de energia, liberando, como subproduto, oxigênio para o ar.

As plantas retiram o gás carbônico do ar, e a água, de modo geral, é retirada do solo pelas raízes. Para absorver a luz do Sol, todas as plantas fotossintetizantes, sem exceção, possuem o pigmento clorofila, de cor verde, que funciona como uma verdadeira "antena" captadora de energia solar. Mesmo nas plantas cuja cor não é verde, há considerável quantidade de clorofila. É que outros pigmentos, de diferentes colorações, por existirem em maior quantidade, mascaram a cor verde da clorofila.

Se você tiver em casa um vaso com *Tradescantia*, pode estar certo de que essa planta está fazendo fotossíntese.

O armazenamento de substâncias orgânicas é muito importante para a planta, principalmente em ocasiões em que ela não pode fazer fotossíntese, o que acontece à noite e em dias muito nublados, em que a quantidade de luz é insuficiente. Assim, a reserva energética contida na matéria orgânica por elas produzida durante o dia é vital para sua sobrevivência. Por outro lado, a produção de matéria orgânica na fotossíntese é fundamental para a sobrevivência dos demais seres vivos que, direta ou indiretamente, dependem das plantas para sobreviver.

Ao fazerem fotossíntese, as plantas renovam o ar que respiramos. Cada vez que elas retiram certo volume de CO_2 do ar, igual volume de O_2 é liberado, renovando continuamente os estoques de oxigênio necessários para a respiração aeróbia das próprias plantas e da maioria dos demais seres vivos do planeta.

A fotossíntese é um complexo processo no qual estão envolvidas várias reações químicas, cada qual contando com a participação de diversas enzimas (veja a Figura 8-1).

$$\text{gás carbônico} + \text{água} + \text{luz} \xrightarrow{\text{clorofila}} \text{glicose} + \text{água} + \text{oxigênio}$$

$$6\ CO_2 \qquad 12\ H_2O \qquad\qquad C_6H_{12}O_6 \quad 6\ H_2O \quad 6\ O_2$$

Figura 8-1. Equação geral da fotossíntese.

Onde Ocorre a Fotossíntese?

Nos organismos mais simples, como as cianobactérias, a fotossíntese ocorre no **hialoplasma**, que é onde se encontram dispersas as moléculas de clorofila, associadas a uma rede interna de membranas, que são extensões da membrana plasmática. Recorde que cianobactérias são procariontes e não possuem organelas dotadas de membranas. Por outro lado, nos organismos autótrofos eucariontes a fotossíntese ocorre totalmente no interior dos **cloroplastos**.

Anote!
Plantas, algas e inúmeras bactérias fazem fotossíntese.

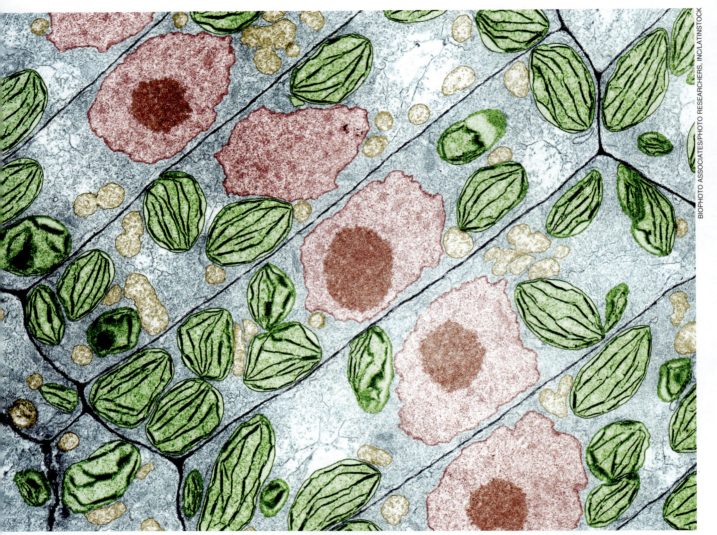

Corte longitudinal de células de raiz de *Spirodela sp.* ao microscópio eletrônico de transmissão. Observe em cada célula a parede celular nítida, o núcleo centralizado (roxo) e os numerosos cloroplastos (verdes).

A Estrutura dos Cloroplastos

Os cloroplastos são verdadeiras "fábricas" – são os locais de síntese de matéria orgânica durante a fotossíntese. Nas plantas, são pequenos, com diâmetro médio da ordem de 3 a 10 μm e comprimento de 3 a 8 μm.

Há cerca de 50 cloroplastos por célula. Cada um possui envoltório formado por duas capas membranosas de constituição química lipoproteica, de modo idêntico à membrana plasmática ou à de qualquer organoide membranoso da célula. A observação dessa organela ao microscópio eletrônico revela que a membrana interna é pregueada e origina uma rede que se estende para o interior do cloroplasto, constituindo um sistema de **lamelas**.

De intervalo a intervalo, em certos pontos das lamelas, surgem bolsinhas com formato achatado, conhecidas como **tilacoides**, que são os locais em que se situam os pigmentos responsáveis pela captação da energia solar.

Os tilacoides costumam aparecer empilhados, formando um conjunto que lembra moedas colocadas uma em cima da outra. Esse conjunto é chamado de ***granum***. Verifique na Figura 8-2 a grande quantidade de *grana* (plural de *granum*) presente no cloroplasto representado.

O espaço entre as lamelas é preenchido por um material semelhante ao existente no hialoplasma, e que é conhecido como **estroma**. Nos tilacoides estão arranjados os "pigmentos-antenas", verdadeiros coletores de energia solar. No estroma, ficam as enzimas necessárias para a realização das reações químicas típicas de uma das fases da fotossíntese e que levarão à síntese de carboidratos.

É importante citar que moléculas de clorofila, isoladas do cloroplasto, não conseguem efetuar sozinhas a fotossíntese.

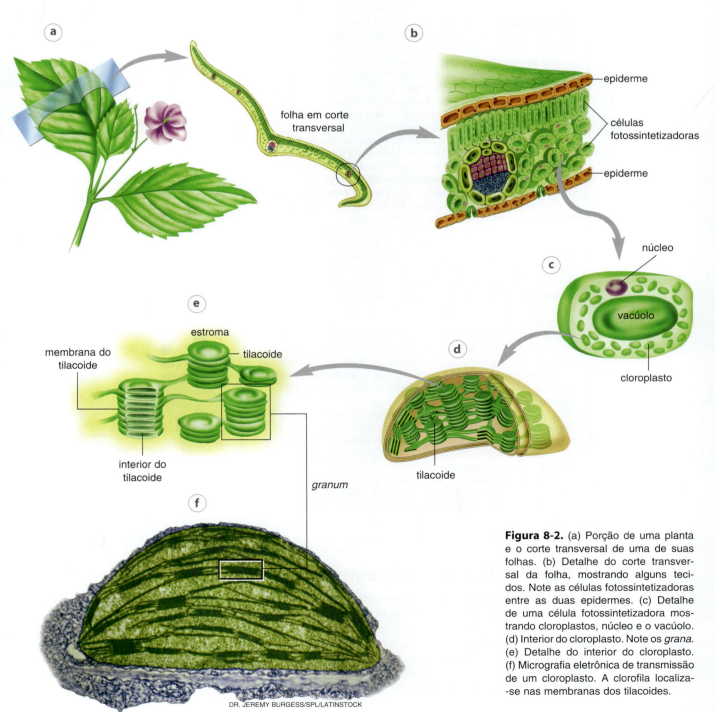

Figura 8-2. (a) Porção de uma planta e o corte transversal de uma de suas folhas. (b) Detalhe do corte transversal da folha, mostrando alguns tecidos. Note as células fotossintetizadoras entre as duas epidermes. (c) Detalhe de uma célula fotossintetizadora mostrando cloroplastos, núcleo e o vacúolo. (d) Interior do cloroplasto. Note os *grana*. (e) Detalhe do interior do cloroplasto. (f) Micrografia eletrônica de transmissão de um cloroplasto. A clorofila localiza-se nas membranas dos tilacoides.

Metabolismo energético: fotossíntese e quimiossíntese **177**

De olho no assunto!

A história da fotossíntese

Antigamente, os cientistas acreditavam que tudo que as plantas precisavam para o seu crescimento vinha do solo. No início do século XVII, o cientista Van Helmont plantou uma pequena árvore em um vaso acrescentando água apenas quando necessário. Verificou que durante anos a massa da árvore aumentou e chegou a cerca de 74 kg!, enquanto a massa do solo tinha diminuído apenas 57 gramas! Concluiu que toda a massa da planta tinha sido derivada principalmente da água, sendo pequena a participação do solo.

Por volta de 1771, Joseph Priestley, clérigo e químico inglês, propôs claramente a ideia de que a combustão de qualquer objeto tornava o ar impuro. Para provar a sua hipótese, ele colocou (a) uma vela acesa dentro de um recipiente de vidro fechado e percebeu que a vela apagava após algum tempo. Colocou, também, (b) um ratinho dentro do recipiente e ele morreu. A seguir, no mesmo recipiente em que a vela tinha apagado ele colocou um ramo novo de hortelã e verificou que, se tornasse a acender a vela, a chama mantinha-se por algum tempo. Colocando (c) outro rato no recipiente com a planta de hortelã, verificou que o animal vivia por mais tempo do que no primeiro experimento.

Jan Ingenhousz, médico holandês, repetiu os experimentos de Priestley com ramos de hortelã, mas introduziu uma novidade: todos os experimentos foram feitos durante o dia. Sucesso. Não só as velas permaneciam acesas por mais tempo, como os ratos permaneciam vivos. Verificou, também, que somente as partes verdes das plantas eram capazes de restaurar o ar e que o Sol, isoladamente, sem plantas, não tinha o poder de purificar o ar.

Por essa época, o famoso químico francês, Antoine Lavoisier, com o auxílio do matemático Laplace, confinou uma cobaia durante 10 horas em um recipiente de vidro contendo oxigênio e mediu a quantidade de gás carbônico que o animal havia liberado, e também a quantidade de oxigênio que ele havia consumido. Em outra série de experiências, também mediu a quantidade de oxigênio consumido por uma pessoa quando em repouso e em atividade física.

Com seus experimentos, Lavoisier mostrou que o calor que um animal libera durante sua atividade é devido à combustão de compostos orgânicos na presença de oxigênio, o que ocorre no interior do organismo. E concluiu que a respiração é um processo em tudo similar ao que acontece durante a combustão de uma vela.

Ingenhousz repetiu o que Lavoisier fez e concluiu que as plantas não efetuavam simplesmente a troca de um ar ruim por um ar bom. Afirmou que, durante o dia, as plantas absorvem gás carbônico e liberam oxigênio ao mesmo tempo e, além disso, acumulam carbono na forma de alimento.

Como já se sabia da participação da água na sobrevivência das plantas, completava-se, assim, a relação dos componentes necessários para que as plantas pudessem sobreviver: água, gás carbônico e luz.

As experiências de Priestley foram fundamentais para o estabelecimento da relação entre renovação do ar e vegetais.

O Papel da Clorofila e de outros Pigmentos

A fotossíntese só pode ocorrer em seres vivos cujas células possuam pigmentos capazes de reter a energia proveniente da luz do Sol.

Entre os pigmentos capazes de absorver a energia luminosa destaca-se a **clorofila**, de cor verde (veja a Figura 8-3). Outros pigmentos funcionam como acessórios na captação da energia solar e complementam o papel desempenhado pela clorofila na fotossíntese. Entre esses pigmentos acessórios podemos citar os **carotenoides**, de cor amarelo-alaranjado, encontrados, por exemplo, na cenoura.

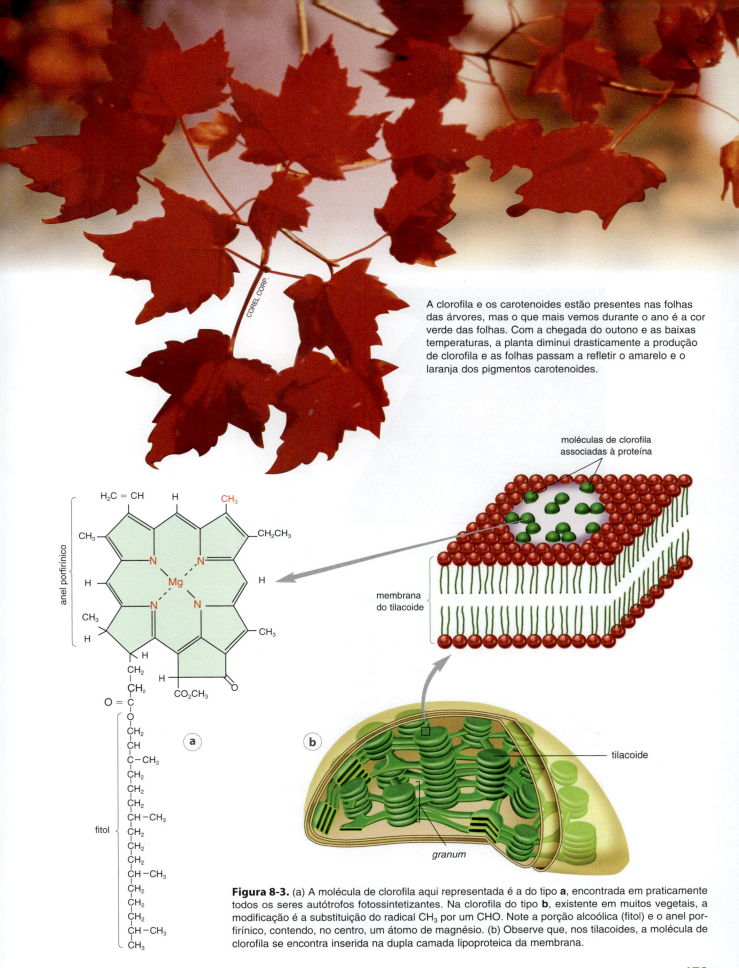

Figura 8-3. (a) A molécula de clorofila aqui representada é a do tipo **a**, encontrada em praticamente todos os seres autótrofos fotossintetizantes. Na clorofila do tipo **b**, existente em muitos vegetais, a modificação é a substituição do radical CH_3 por um CHO. Note a porção alcoólica (fitol) e o anel porfirínico, contendo, no centro, um átomo de magnésio. (b) Observe que, nos tilacoides, a molécula de clorofila se encontra inserida na dupla camada lipoproteica da membrana.

Metabolismo energético: fotossíntese e quimiossíntese **179**

Luz, Componente Indispensável da Fotossíntese

Anote!
A distância entre duas cristas da onda é chamada de comprimento de onda.

A luz que banha a Terra é componente do amplo espectro de radiações eletromagnéticas provenientes do Sol, e que se propagam como **ondas**. O modo como essas ondas se propagam depende da energia: quanto mais energia uma onda tiver, menor será seu comprimento.

Dentro do amplo espectro de radiações eletromagnéticas, apenas uma pequena parte é visível aos nossos olhos – são as radiações cujos comprimentos de onda vão de 380 a 760 nanômetros. Essa estreita faixa de comprimentos de onda da luz visível corresponde às diferentes cores que são observadas quando se faz passar a luz por um prisma, o que provoca a dispersão (separação) dessas diferentes radiações (veja a Figura 8-4).

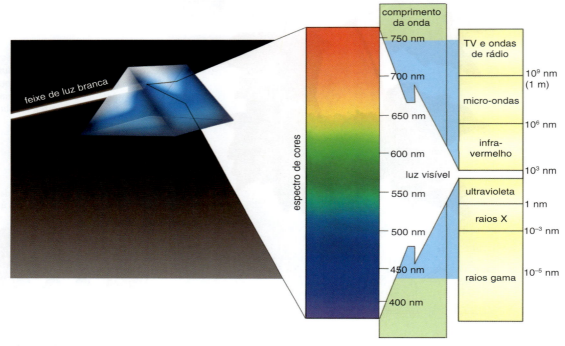

Figura 8-4. A luz branca, ao atravessar um prisma, é decomposta nas diversas cores do espectro visível, que varia de ondas de comprimento de 360 a 780 nm.

Outra característica importante da luz é a sua **natureza corpuscular**, ou seja, a luz é caracterizada por incidir na forma de corpúsculos, conhecidos como **fótons**. Os fótons são considerados "pacotes" de energia associados a cada comprimento de onda particular. Luz de pequeno comprimento de onda, como a luz violeta, possui fótons altamente energéticos. Luz de grande comprimento de onda, como a vermelha e a laranja, possui fótons pouco energéticos. Assim, cada radiação luminosa, cada comprimento de onda luminosa, é portadora de certa energia. E o fato notável é que as plantas aproveitam essa energia para a produção de matéria orgânica na fotossíntese.

A interação luz e pigmentos fotossintetizantes

No processo de fotossíntese, por quem é coletada a energia luminosa? Lembre-se de que dissemos que diversos tipos de pigmento, entre eles a clorofila, funcionam como verdadeiras "antenas" coletoras da energia contida na luz do Sol, e que pigmentos são moléculas formadas por diversos átomos. Quando a luz atinge os pigmentos, ocorre a absorção de energia e um aumento de teor energético dos átomos. Dizemos que os átomos assim energizados ficam "excitados".

Nos átomos excitados, certos elétrons tendem a saltar para níveis mais elevados de energia, mas imediatamente tendem a voltar para os níveis anteriores que ocupavam antes de serem excitados. Nesse retorno, liberam a energia absorvida sob a forma de calor ou de uma radiação visível.

De olho no assunto!

Fotossistema: antena captadora de energia

Na membrana dos tilacoides, o *complexo de pigmentos* (formado pelas clorofilas *a* e *b*, além de carotenoides) que funciona como uma *antena*, encontra-se associado a uma cadeia *transportadora de elétrons*. Esse conjunto forma o que se denomina de **fotossistema**. Como funciona todo esse complexo fotossistema?

A energia luminosa captada pela *antena* é transferida de um pigmento a outro, até chegar a determinada molécula de clorofila *a*, chamada de "centro de reação", localizada próximo da cadeia transportadora de elétrons. Quando o centro de reação da clorofila *a* recebe energia, um dos seus elétrons é energizado (absorve essa energia), deixa a clorofila e salta para a cadeia transportadora de elétrons. Assim energizado, esse elétron passa de um carregador para outro e, ao longo desse trajeto, a energia liberada é canalizada para reações que resultam em síntese de ATP e de $NADPH_2$ (veja a Figura 8-5).

Figura 8-5. A energia luminosa, ao atingir o complexo de pigmentos, é transferida até chegar ao centro de reação, uma molécula de clorofila *a* diferenciada.

Existem dois fotossistemas: PSI_{700} e $PSII_{680}$, assim chamados porque as suas moléculas de clorofila *a* dos centros de reação absorvem o máximo de luz nos comprimentos de onda, respectivamente, de 700 nm e 680 nm (veja a Figura 8-6).

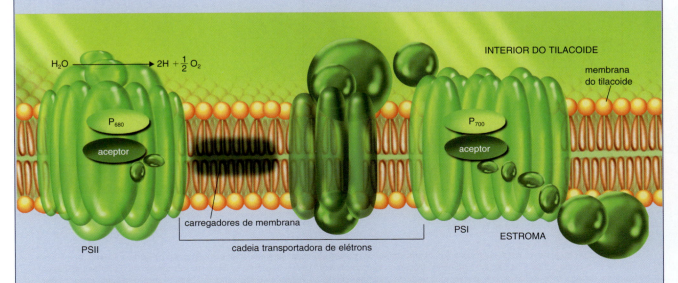

Figura 8-6. Esquema ilustrando a disposição dos fotossistemas I e II na membrana do tilacoide.

Metabolismo energético: fotossíntese e quimiossíntese **181**

Leitura

Um experimento revelador

Até meados do século XIX não se sabia ao certo como era a interação entre a clorofila e a luz. Foi a partir dos experimentos realizados em 1882 por T. W. Engelmann, pesquisador alemão, que se pôde conhecer melhor esse processo.

Utilizando bactérias aeróbias e a alga filamentosa *Spirogyra*, cujo cloroplasto tem a forma de uma fita elíptica, Engelmann avaliou a taxa de produção de oxigênio e utilizou esse dado para inferir qual o comprimento de onda da luz que favorece a ocorrência de fotossíntese.

Com um prisma, ele decompôs um feixe de luz branca e dirigiu esse espectro luminoso para uma lâmina em que estavam as bactérias aeróbias e a alga *Spirogyra*. Dispôs a alga de tal forma que cada pedaço de um filamento dela recebesse luz de determinado comprimento de onda (de determinada cor). Passado tempo suficiente para que ocorresse a fotossíntese, Engelmann constatou que havia acúmulo de bactérias em torno da alga nos pontos em que incidiam luz violeta e vermelha.

Esse experimento permitiu a Engelmann constatar o **espectro de ação** da fotossíntese – a relação entre taxa de fotossíntese e comprimento de onda da luz visível.

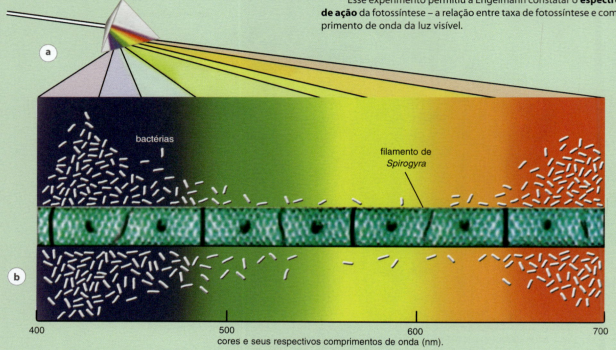

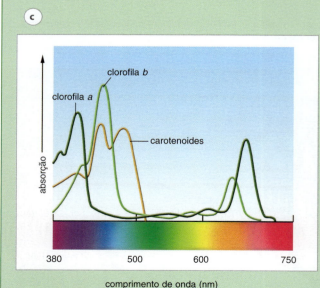

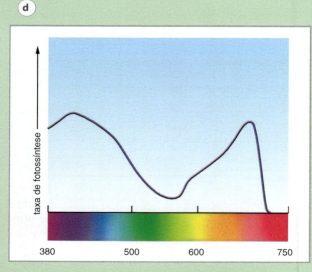

O experimento de Engelmann. (a) A luz branca é decomposta por um prisma de cristal segundo seus comprimentos de onda e ilumina (b) a lâmina em que se encontram a alga e as bactérias aeróbias. Decorrido tempo suficiente para a fotossíntese, observa-se acúmulo de bactérias nas partes do filamento da alga onde incidiam os comprimentos de onda correspondentes ao violeta e ao vermelho. (c) Cada pigmento tem seu espectro de absorção próprio. Em (d), espectro de ação da fotossíntese.

AS ETAPAS DA FOTOSSÍNTESE

A fotossíntese ocorre em duas grandes etapas, que envolvem várias reações químicas: a primeira é a **fase de claro** (também chamada de fase fotoquímica) e a segunda é a **fase de escuro** (também conhecida como fase química).

Em linhas gerais, os eventos principais da fotossíntese são a **absorção** da energia da luz pela clorofila ❶; a **redução** de um aceptor de elétrons chamado NADP, que passa a NADPH$_2$ ❷; a formação de **ATP** ❸ e a **síntese** de glicose ❹ (veja a Figura 8-7).

> *Anote!*
> A fase de escuro da fotossíntese não precisa ocorrer no escuro. O que o nome quer indicar é que ela ocorre mesmo na ausência de luz – ela só precisa de ATP e NADPH$_2$ para ocorrer.

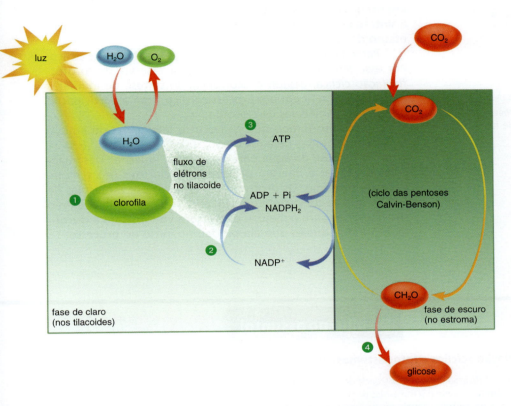

Figura 8-7. As fases da fotossíntese. Na fase de claro, que ocorre nos tilacoides, participam a água e a clorofila. Ocorre produção de oxigênio (que é liberado para o meio), além de ATP e NADPH$_2$, que serão utilizados na fase de escuro. Nessa fase, que ocorre no estroma do cloroplasto, participa o gás carbônico, com produção de glicose no ciclo de Calvin-Benson.

Fase de Claro ou Fotoquímica: Quebra da Água e Liberação de Oxigênio

Essa fase ocorre na membrana dos tilacoides e dela participam um complexo de pigmentos existente nos *grana*, aceptores de elétrons, moléculas de água e a luz. Como resultado dessa fase temos a produção de oxigênio, ATP (a partir de ADP + Pi) e também a formação de uma substância chamada NADPH$_2$. Tanto o ATP quanto o NADPH$_2$ serão utilizados na fase de escuro.

Na fase de claro, a luz penetra nos cloroplastos e atinge o complexo de pigmentos, ao mesmo tempo em provoca alterações nas moléculas de água. De que maneira essa ação da luz resulta em produtos que podem ser utilizados na segunda fase da fotossíntese?

Um dos acontecimentos marcantes da fase de claro são as chamadas fotofosforilações cíclica e acíclica.

> *Anote!*
> NADP é uma substância derivada da vitamina do complexo B, a niacina, também chamada de nicotinamida. A diferença em relação ao NAD, visto na respiração, é que no NADP existe um grupo fosfato a mais.

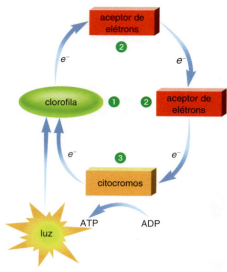

Figura 8-8. Representação simplificada da etapa de fotofosforilação cíclica.

Na fotofosforilação **cíclica**, ao ser atingida pela luz do Sol, a molécula de clorofila ❶ libera elétrons (acompanhe pela Figura 8-8). Esses elétrons são recolhidos por determinadas moléculas orgânicas chamadas de *aceptores de elétrons* ❷, que os enviam a uma cadeia de citocromos ❸ (substâncias associadas ao sistema fotossintetizante e que são assim chamadas por possuírem cor). Daí, os elétrons retornam à clorofila.

Você poderá perguntar: qual a vantagem desse ciclo de transporte de elétrons? A resposta é que, ao efetuar o retorno para a molécula de clorofila, a partir dos citocromos, os elétrons liberam energia, pois retornam aos seus níveis energéticos originais. E essa energia é aproveitada para a síntese de moléculas de ATP, que serão utilizadas na fase de escuro da fotossíntese.

Perceba que o caminho executado pelos elétrons é cíclico. Por esse motivo, costuma-se denominar essa via de *fotofosforilação cíclica*, devido à ocorrência de síntese de inúmeras moléculas de ATP em um processo cíclico, com a participação da luz e de moléculas de clorofila.

Ao mesmo tempo que isso ocorre, moléculas de água – ao serem atingidas pela luz do Sol – são "quebradas" (usa-se o termo **fotólise da água** para designar a "quebra" das moléculas de água) e liberam prótons (H^+), elétrons (e^-) e moléculas de oxigênio. Os prótons são captados por moléculas de NADP, que se convertem em $NADPH_2$; moléculas de oxigênio são liberadas para o meio; e os elétrons voltam para a clorofila, repondo aqueles que ela perdeu no início do processo.

De olho no assunto!

Fotofosforilação acíclica e fotossistemas: moléculas de açúcar armazenam energia solar

A fotossíntese é realizada graças à existência de duas *antenas* captadoras de energia solar. Cada uma dessas antenas é um **fotossistema**, formado por moléculas de clorofila (tipos a e b) e outros pigmentos acessórios, acoplados a uma cadeia de transporte de elétrons (constituída basicamente por citocromos). Existem dois fotossistemas: **PSII**$_{680}$ e **PSI**$_{700}$, assim chamados porque suas moléculas de clorofila absorvem o máximo de luz nos comprimentos de onda de, respectivamente, 680 nm e 700 nm. Esses dois fotossistemas trabalham conjuntamente e o resultado é a produção de açúcares na fase de escuro da fotossíntese. Veja, a seguir, como isso acontece (acompanhe pela figura ao lado).

Os dois fotossistemas absorvem energia luminosa, o que resulta na liberação de elétrons. Os liberados pela clorofila do fotossistema II são captados por uma cadeia de transporte ❶ e são conduzidos "de mão em mão" até a clorofila ❷ do fotossistema I. Nesse caminho, são produzidas moléculas de ATP ❸. Simultaneamente, elétrons liberados pela clorofila do fotossistema I, ao receber energia da luz, são captados por outra cadeia de transporte ❹, que os entrega a moléculas de NADP, resultando na produção de $NADPH_2$ ❺. Essas duas substâncias (ATP e $NADPH_2$) serão utilizadas para a síntese de açúcares e outras moléculas orgânicas na fase de escuro da fotossíntese.

Neste ponto, você poderia perguntar: os elétrons perdidos pelas clorofilas não são repostos? Sim. Aí entra o papel da molécula de água. Sob a ação da luz do Sol, ela é "quebrada" ❻, em um processo conhecido como *fotólise da água*, e os elétrons dela liberados repõem os perdidos pela clorofila do fotossistema II, enquanto os prótons são encaminhados, pelo $NADPH_2$, à síntese de açúcar, com a participação do gás carbônico ❼. O subproduto da fotólise da água é a molécula de oxigênio.

Toda essa descrição caracteriza a chamada **fotofosforilação acíclica**, termo utilizado para se contrapor à fotofosforilação cíclica, que você viu no item anterior. Como você deve ter percebido, os elétrons liberados pela clorofila b não retornam para ela. Não há a execução de um ciclo, em que elétrons liberados retornam para a sua fonte. Ao contrário, eles caminham da clorofila b para a clorofila a e terminam no NADP. Graças à água é que a clorofila b recupera os elétrons que perdeu.

Como devem ter se originado esses dois fotossistemas ao longo da evolução vegetal?

Sabe-se que certas espécies de cianobactérias primitivas (que se acredita serem as precursoras dos vegetais e das algas) possuem ou o fotossistema II ou o fotossistema I. Provavelmente, em algum momento do processo evolutivo, os dois coexistiram em uma cianobactéria, constituindo o ponto de partida do processo de fotossíntese acima descrito.

> *Anote!*
> Fotólise da água é a "quebra" de moléculas de água pela luz. O oxigênio liberado na fotossíntese provém da água.

Mandacaru na caatinga de Caicó, Rio Grande do Norte.

Leitura

Nos cactos, a fotossíntese ocorre no caule

Se alguém perguntar a você em que órgãos de uma planta a fotossíntese ocorre, certamente você responderá: nas folhas. Na maioria das plantas, essa resposta é correta. Lembre-se, porém, de que nos cactos não existem folhas, pelo menos não da forma como as conhecemos. Admite-se que os espinhos dos cactos correspondam a folhas modificadas, o que é uma adaptação para a economia de água em regiões extremamente secas. Nessas plantas, é no caule que a fotossíntese ocorre. É nele que existem as células fotossintetizantes (de modo geral, a coloração do caule é verde) e é através do seu revestimento que se dá o ingresso do gás carbônico necessário para a realização da fotossíntese, bem como a liberação do oxigênio produzido naquele processo. É o que acontece, por exemplo, no mandacaru (*Cereus peruvianus*), um cacto abundante na Região Nordeste do Brasil.

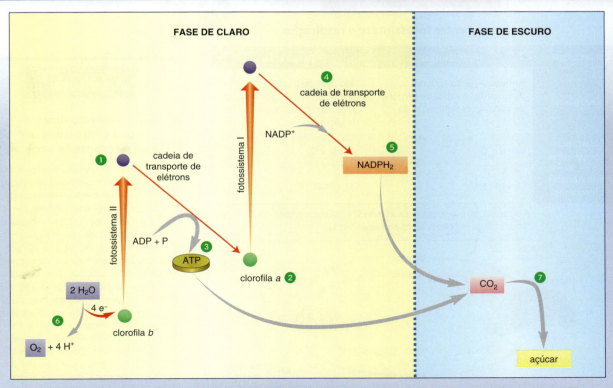

Resumo do que ocorre na fotofosforilação acíclica, com a participação dos fotossistemas. Substâncias produzidas na fase de claro (ATP e NADPH$_2$) atuam na fase de escuro, em que o gás carbônico é utilizado na produção de açúcares.

Fase de Escuro ou Química: Produção de Glicose

Anote!
O ciclo de Calvin-Benson também é chamado de **ciclo das pentoses**, porque é iniciado com uma reação química de uma molécula de gás carbônico com uma molécula de 5 átomos de carbono, a ribulose difosfato (uma pentose).

Nessa fase, a energia contida nos ATP e os hidrogênios dos $NADPH_2$ serão utilizados para a construção de moléculas de glicose. A síntese de glicose ocorre durante um complexo ciclo de reações (chamado **ciclo das pentoses** ou **ciclo de Calvin-Benson**), do qual participam vários compostos simples.

Durante o ciclo, moléculas de CO_2 unem-se umas às outras formando cadeias carbônicas que levam à produção de glicose. A energia necessária para o estabelecimento das ligações químicas ricas em energia é proveniente do ATP, e os hidrogênios que promoverão a redução dos CO_2 são fornecidos pelos $NADPH_2$ (veja a Figura 8-9).

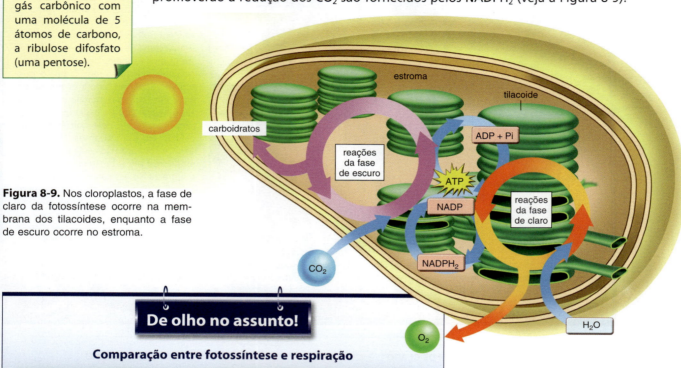

Figura 8-9. Nos cloroplastos, a fase de claro da fotossíntese ocorre na membrana dos tilacoides, enquanto a fase de escuro ocorre no estroma.

De olho no assunto!

Comparação entre fotossíntese e respiração

Características	Fotossíntese	Respiração
Energia (ε)	Armazenamento de ε nas ligações dos átomos de carbono da glicose, com utilização da luz do Sol.	Liberação de ε por rompimento das ligações entre os átomos de carbono da glicose.
Substâncias consumidas	CO_2 e H_2O	glicose e O_2
Substâncias liberadas	O_2 e glicose	CO_2 e H_2O

A figura abaixo relaciona as atividades da mitocôndria na respiração e do cloroplasto na fotossíntese.

Atividades da mitocôndria na respiração e do cloroplasto na fotossíntese. Os autótrofos clorofilados realizam os dois processos. E os heterótrofos?

Leitura

É correto dizer que a fotossíntese é uma respiração vegetal?

Não é correto. Como você percebeu, a fotossíntese consiste na produção de matéria orgânica (glicose) e liberação de oxigênio, com a utilização de gás carbônico, água e a participação da energia solar. Por outro lado, a respiração é um processo bioenergético em que ocorre oxidação da glicose, com liberação de gás carbônico e produção de água. O que precisa ficar bem claro para você é que uma célula vegetal clorofilada, durante o período diurno, realiza fotossíntese e também respira. A fotossíntese é realizada nos cloroplastos e a respiração, em sua maior parte, nas mitocôndrias. Durante a noite, na ausência de luz, porém, ela apenas respira.

▪ FOTOSSÍNTESE E QUIMIOSSÍNTESE EM BACTÉRIAS

Os seres autótrofos, como as plantas, as algas e as bactérias denominadas de cianobactérias, realizam a fotossíntese que acabamos de descrever e que pode, simplificadamente, ser representada pela equação química

$$CO_2 + 2\ H_2O + luz \xrightarrow{\text{clorofila}} (CH_2O) + H_2O + O_2$$

em que (CH_2O) representa o carboidrato produzido. Outra modalidade de fotossíntese é a realizada por algumas espécies de bactérias, em que a água não é a fonte doadora de hidrogênios. A bactéria *Chlorobium*, por exemplo, utiliza H_2S (sulfeto de hidrogênio) e a clorofila é a *bacterioclorofila*, um pigmento diferente em relação ao existente nas plantas. Esse tipo de fotossíntese não resulta em oxigênio, mas em enxofre, conforme se pode conferir na equação

$$CO_2 + 2\ H_2S + luz \xrightarrow{\text{bacterioclorofila}} (CH_2O) + H_2O + 2\ S$$

Outra modalidade de autotrofismo é a **quimiossíntese**, também realizada por bactérias, em que a fonte de energia não é a luz do Sol, mas a liberada em uma reação química inorgânica. É o que ocorre na bactéria *Nitrosomonas*. Ao efetuar a oxidação da amônia, segundo a reação química $2\ NH_3 + 3\ O_2 \rightarrow 2\ NO_2^- + 2\ H_2O + energia$, essa bactéria utiliza a energia liberada para a síntese de matéria orgânica.

Tecnologia & Cotidiano

Fotossíntese sintética

Nunca uma fonte de energia limpa esteve tão associada ao termo "verde". A invenção, que recebeu o apelido de "folha artificial", é do químico estadunidense Daniel Nocera, do Instituto de Tecnologia de Massachusetts (MIT, na sigla em inglês). O motivo da designação é que o dispositivo é capaz de converter luz e água em energia sem gerar poluentes, de forma semelhante ao que ocorre nas plantas no processo de fotossíntese.

A folha artificial não gera eletricidade diretamente a partir do Sol, explica Nocera. Ela utiliza a luz solar para quebrar moléculas de água (H_2O). Os átomos de hidrogênio e oxigênio são então armazenados em uma célula combustível que poderá produzir energia elétrica imediatamente ou ser utilizada mais tarde.

O grupo do MIT não é o primeiro a reproduzir artificialmente o processo de fotossíntese, mas seu resultado é o mais bem-sucedido até aqui. (...) o baixo investimento para a produção do equipamento do químico do MIT é uma das principais características ressaltadas por Nocera.

De tamanho aproximado ao de uma carta de baralho, o aparelho utiliza basicamente células solares de silício, circuitos eletrônicos e catalisadores (substâncias que provocam ou aceleram reações químicas). Os catalisadores são compostos de níquel e cobalto e, estimulados por luz, são capazes de quebrar moléculas de água.

Segundo Nocera, com aproximadamente quatro litros de água e sob o Sol, o dispositivo pode produzir energia suficiente para abastecer uma casa por um dia. A expectativa do químico é que seu invento sirva como fonte de energia alternativa, principalmente em países em desenvolvimento.

Adaptado de: YANO, C. Fotossíntese sintética. *Disponível em:* <http://ciencia-hoje.uol.com.br>. *Acesso em:* 10 jun. 2012.

Ética & Sociedade

Definindo alcoolismo

Embora centenas de livros tenham sido escritos sobre o assunto e milhões de pessoas tenham perguntado: "Meu marido (ou mulher) é alcoólatra?", a definição exata de alcoolismo ainda está sujeita a debates. Geralmente há acordo quando a dependência é grave e a maioria dos componentes da síndrome de dependência ao álcool estão claramente presentes. Mas não há nenhum ponto de transição nítido a partir do qual alguém que beba muito passe a ser repentinamente um alcoólatra.

A dependência alcoólica não é um fenômeno de tudo-ou-nada, mas, como a surdez ou a obesidade, apresenta-se gradativamente. Quando sabemos que uma pessoa é surda e não simplesmente meio surda? Em que ponto dizemos que uma pessoa é obesa

e não roliça? Dado que a dependência ao álcool representa um contínuo que vai desde a dependência leve até a grave, não se tem nada a ganhar em concordar sobre um ponto limite acima do qual o grande bebedor seja alcoólatra e abaixo do qual seja apenas alguém com problema de bebida.

Fonte: JAFFE, J. *et al.* Tóxicos e outros Vícios.
In: BIRNER, E; UZUNIAN, A. *Drogas* – você faz seu caminho!
São Paulo: HARBRA. 2000.

▪ Se você estiver pensando se um membro de sua família ou algum parente próximo é alcoólatra, pergunte a si mesmo: ele (ela) está bebendo cada vez mais de ano para ano? Seu hábito de beber muito e com frequência costuma ter consequências psicológicas, sociais e físicas desagradáveis, como, por exemplo, brigas na família, acidentes ou problemas no trabalho?

Passo a passo

Utilize as informações do texto para responder às questões **1** e **2**.

"A fotossíntese é um processo de *transformação* de energia solar em energia química, armazenada em alimentos orgânicos. Cada vez que as plantas fazem fotossíntese, elas retiram certo volume de CO_2 do ar, devolvendo igual volume de O_2 para o ar, renovando continuamente os estoques desse gás, necessário para a respiração aeróbia das próprias plantas e da maioria dos seres vivos do planeta."

1. a) Escreva a equação geral da fotossíntese. Que pigmento funciona como "antena" ao captar a energia necessária à realização do processo?
b) Que outra substância inorgânica é essencial para a realização da fotossíntese? Que importante carboidrato é produzido por meio desse processo? Qual a fonte de energia utilizada pelas plantas na realização da fotossíntese?

2. Bactérias, cianobactérias, algas e plantas executam fotossíntese.
a) Nos seres citados, em que local da célula ocorre a fotossíntese?
b) Qual a importância da fotossíntese para os demais seres vivos?

3. As ilustrações representam, em I, a micrografia eletrônica de um cloroplasto e, em II, esquemas dessa organela, com os seus componentes.

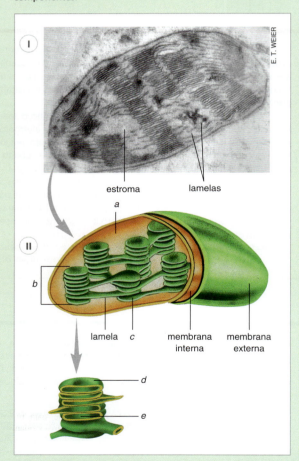

a) Reconheça as estruturas apontadas pelas setas *a* a *e*.
b) Em qual das estruturas do esquema II localizam-se moléculas de clorofila?
c) Outros pigmentos atuam como *acessórios* na coleta da energia solar e complementam o papel desempenhado pela clorofila na fotossíntese. Cite pelo menos um desses pigmentos *acessórios*.

4. A luz solar é a fonte de energia necessária para a realização da fotossíntese, nos seres autótrofos clorofilados. Propagando-se na forma de ondas corpusculares, a energia dos fótons é captada pelos pigmentos "antena" e, assim, canalizada para a síntese de carboidratos. A respeito desse assunto, responda:
a) Qual a faixa da radiação solar aproveitada pelos seres fotossintetizantes? Cite os comprimentos de onda dessa faixa.
b) Cite uma radiação de grande comprimento de onda e outra de pequeno comprimento de onda e relacione o teor energético de cada uma delas.
c) Relate, em poucas palavras, o que ocorre no mecanismo de absorção de energia quando a luz atinge os pigmentos "antena" da fotossíntese.

5. Os gráficos representam, em *a*, o espectro de absorção dos pigmentos que atuam na fotossíntese e, em *b*, o espectro de ação da fotossíntese.

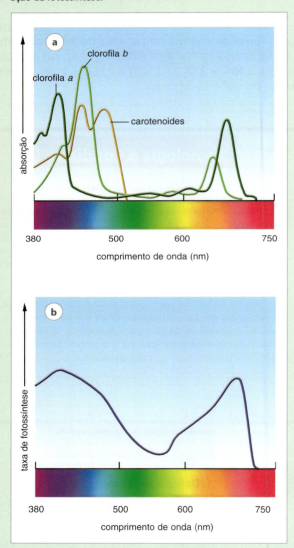

Observando-os atentamente, responda:
a) Relativamente ao gráfico *a*, em que faixas de comprimentos de onda da luz branca ocorrem as maiores absorções da energia luminosa pelos pigmentos fotossintetizantes?
b) Quanto ao espectro de ação da fotossíntese, quais as faixas de comprimento de onda mais eficientes para a realização desse processo bioenergético?

6. A ilustração se refere ao célebre experimento de T. S. Engelman, ao procurar estabelecer a relação existente entre os comprimentos de onda da luz branca e a ação dos pigmentos fotossintetizantes, notadamente a clorofila.

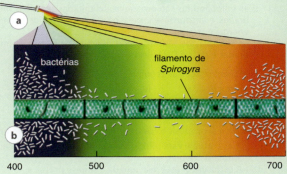

cores e seus respectivos comprimentos de onda (nm).

Observando o esquema:
a) Justifique a maior concentração de bactérias nos dois extremos do espectro luminoso.
b) É correto dizer que na faixa de onda de 500 a 600 nm não há liberação de oxigênio na fotossíntese executada pela alga? Justifique sua resposta.

7. O cientista Van Helmont achava que a massa de uma planta era decorrente da água absorvida do solo. Outro cientista, Joseph Priestley, sugeriu que as plantas renovam o ar que respiramos. Coube a Jan Ingenhousz, no entanto, repetindo experimentos de outro famoso cientista, Antoine Lavoisier, a brilhante conclusão de que durante o dia as plantas absorvem gás carbônico e liberam oxigênio. E, ao realizarem esse processo, acumulam carbono na forma de alimento. Então, considerando a evolução do pensamento científico referente ao processo de fotossíntese:
a) A que conclusão se pode chegar, relativamente à massa de uma planta?
b) Que outros componentes foram considerados indispensáveis para a realização da fotossíntese?

8. O esquema a seguir é um resumo das duas fases da fotossíntese, a de claro, representada em *a*, e a de escuro, representada em *b*.
a) Cite as substâncias participantes e resultantes do processo de fotossíntese, indicadas de *b* a *h*.
b) Qual o participante essencial à ocorrência do processo de fotossíntese que está indicado em *a*?
c) Observando atentamente o esquema, é possível concluir qual a origem do oxigênio liberado na fotossíntese. Então, qual é a origem do oxigênio e em que fase ele é liberado?

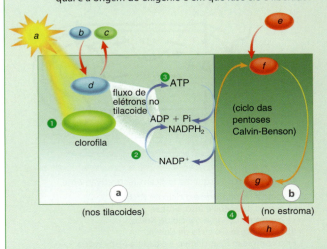

9. Qual a principal diferença entre a fotofosforilação cíclica e a fotofosforilação acíclica? Cite os dois fotossistemas participantes do processo de fotossíntese. Por que razão eles são assim denominados? Quais as duas modalidades de clorofila participantes dos fotossistemas?

10. Na fase de escuro da fotossíntese ocorre a síntese de moléculas de glicose. A respeito dessa fase, responda:
a) Quais são as duas substâncias produzidas na fase de claro que participarão dessa fase?
b) Como é denominado o ciclo de reações na qual ocorrerá, ao final, a produção de moléculas de glicose?
c) Qual a origem dos átomos de carbono presentes nas moléculas de glicose produzidas nessa fase?

11. *Questão de interpretação de texto*

Pesquisadores da Universidade do Arizona, EUA, pretendem turbinar a fotossíntese. Alegam que o sistema enzimático que atua no processo fica saturado após longo tempo de exposição à luz e, assim, deixa de ser eficiente na produção de glicose. Para conseguir esse objetivo, pretendem separar as duas fases da fotossíntese, realizando cada uma delas em uma estrutura diferente. A primeira seria feita com a utilização da bactéria fotossintetizante *Shewanella oneidensisi*, que atuaria como captadora de energia luminosa. A seguir, como se fosse um fio condutor, a bactéria, por meio de seus prolongamentos, denominados pelos pesquisadores como *nanofios*, transferiria energia para um equipamento artificial, no qual ocorreria a segunda fase da fotossíntese. O objetivo dessas pesquisas, segundo os cientistas, é aumentar a eficiência na produção de alimentos e produzir combustíveis renováveis de um jeito sustentável e em grandes quantidades. Veja o esquema proposto pelos cientistas.

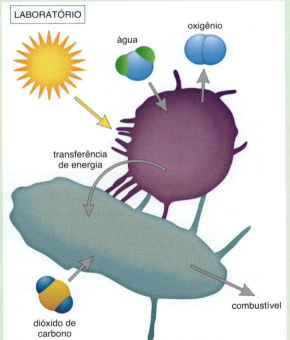

Adaptado de: MIRANDA, J. Cientistas criam métodos para "turbinar" fotossíntese. Objetivo é produzir combustíveis em maior quantidade e de forma sustentável.
Folha de S.Paulo, São Paulo, 18 fev. 2012. Caderno Ciência, p. C13.

Utilizando as informações do texto e do esquema e os seus conhecimentos sobre a fotossíntese, responda:
a) Qual das etapas da fotossíntese seria realizada na bactéria e qual seria realizada no equipamento artificial?
b) Que combustível renovável poderia ser produzido com a utilização da glicose gerada na fase de escuro?

Questões objetivas

1. (UEG – GO) A fotossíntese e a respiração são processos biológicos fundamentais na manutenção metabólica dos organismos. Esses processos envolvem a redução e a oxidação complementar do carbono e do oxigênio:

$$\text{energia} + 6\,CO_2 + 6\,H_2O \rightarrow C_6H_{12}O_6 + 6\,O_2$$

Sobre esses processos, é CORRETO afirmar:

a) o oxigênio, durante a respiração, é oxidado para formar água, e o carbono é reduzido para formar dióxido de carbono.
b) as plantas, quando realizam a fotossíntese, oxidam o átomo de carbono em dióxido de carbono, utilizando a energia luminosa.
c) o oxigênio, à medida que o carbono é reduzido durante a fotossíntese, é oxidado de sua forma na água para sua fórmula molecular, O_2.
d) os organismos, quando realizam a respiração, reduzem o carbono orgânico em dióxido de carbono, utilizando energia para sintetizar proteínas.

2. (FMABC – SP) O fungo *Saccharomyces cerevisae*, conhecido por levedura, é unicelular e apresenta mitocôndrias em seu citoplasma. Já a alga verde *Ulva lactuca*, conhecida por alface-do-mar, é multicelular e tem mitocôndrias e cloroplastos. Os esquemas abaixo resumem etapas metabólicas realizadas pelos seres vivos:

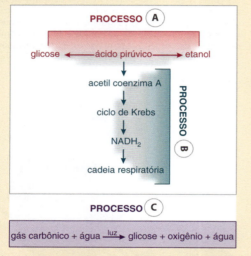

Analisando esse esquema, um estudante fez três afirmações:

I – Na ausência de oxigênio, a levedura realiza o processo **A**, no qual há liberação de gás carbônico.
II – A levedura e a alface-do-mar são capazes de realizar o processo **B**.
III – O processo **C** é realizado apenas pela alface-do-mar.

Assinale:

a) se apenas uma das afirmações for correta.
b) se apenas as afirmações I e II forem corretas.
c) se apenas as afirmações I e III forem corretas.
d) se apenas as afirmações II e III forem corretas.
e) se as três afirmações forem corretas.

3. (UFRR) Uma das características das células eucarióticas é a abundância de membranas formando bolsas e canais citoplasmáticos, denominados organelas, que desempenham funções específicas no metabolismo celular. Com relação a essas organelas, é INCORRETO afirmar que:

a) o retículo endoplasmático liso é uma rede de canais e vesículas que participam apenas da síntese de proteínas destinadas ao meio extracelular.
b) o aparelho de Golgi, formado por bolsas membranosas achatadas e empilhadas, tem como uma de suas funções a glicosilação de proteínas e lipídios.
c) os lisossomos são bolsas membranosas que contêm enzimas capazes de digerir a grande maioria das substâncias orgânicas normalmente encontradas nas células.
d) as mitocôndrias são organelas delimitadas por duas membranas e responsáveis pela produção da maior parte da energia nos organismos aeróbicos.
e) os cloroplastos são organelas delimitadas por duas membranas e possui DNA, RNA e ribossomos próprios.

4. (UFMS) Em relação às seguintes estruturas celulares:

I – mitocôndrias IV – cloroplastos
II – lisossomos   V – complexo golgiense
III – peroxissomos VI – ribossomos

Assinale a(s) proposição(ões) correta(s) e dê sua soma ao final.

(01) A estrutura II está relacionada com a heterofagia e com a autofagia celular.
(02) A estrutura VI está relacionada à síntese proteica.
(04) A doença silicose e a doença de Tay-Sachs estão relacionadas à estrutura I.
(08) A estrutura V é abundante em células secretoras como as células das glândulas que produzem enzimas digestivas.
(16) O processo de fotossíntese está relacionado à estrutura IV.
(32) A estrutura III está relacionada ao transporte de substâncias e à síntese de esteroides na célula.

5. (UFRGS – RS) O bloco superior, abaixo, apresenta quatro tipos de organismos primitivos, classificados de acordo com seu metabolismo; o inferior, características de dois desses organismos.

Associe adequadamente o bloco inferior ao superior.

1 – fermentadores heterótrofos
2 – aeróbios heterótrofos
3 – quimiossintetizantes autótrofos
4 – fotossintetizadores autótrofos

( ) Na ausência de luz, em ambientes com temperatura elevada, obtinham energia para sintetizar seus materiais orgânicos essenciais a partir de reações envolvendo sulfeto de hidrogênio e compostos de ferro.
( ) Na ausência de oxigênio, degradavam o alimento absorvido do meio para liberar etanol, gás carbônico e energia, aproveitada para realizar seus processos vitais.

A sequência correta de preenchimento dos parênteses, de cima para baixo, é

a) 1 – 2.   b) 4 – 2.   c) 1 – 4.   d) 3 – 1.   e) 2 – 3.

6. (UFRGS – RS) O esquema abaixo representa processos bioquímicos no interior de uma organela.

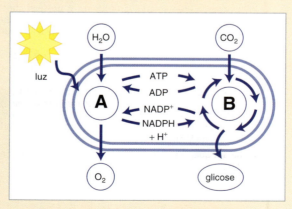

As letras *A* e *B* do esquema indicam, respectivamente,

a) cadeia respiratória e o ciclo de Krebs.
b) o ciclo de Krebs e fotossíntese.
c) o ciclo de Calvin e o ciclo de Krebs.
d) fotossíntese e o ciclo de Calvin.
e) o complexo fosforilativo e a cadeia respiratória.

Questões dissertativas

1. (FUVEST – SP)

Luz do sol
Que a folha traga e traduz
Em verde novo
Em folha, em graça, em vida, em força, em luz

Caetano Veloso

Os versos de Caetano Veloso descrevem, poeticamente, um processo biológico. Escolha, entre as equações abaixo (1, 2 ou 3), a que representa esse processo, em linguagem química. Justifique sua resposta, relacionando o que dizem os versos com o que está indicado na equação escolhida.

(1) $6 CO_2 + 6 H_2O + energia \rightarrow C_6H_{12}O_6 + 6 O_2$
(2) $C_6H_{12}O_6 + 6 O_2 \rightarrow 6 CO_2 + 6 H_2O + energia$
(3) $ADP + Pi + energia \rightarrow ATP + H2O$

2. (UEG – GO) As reações abaixo representam importantes processos biológicos para a manutenção do metabolismo dos organismos vivos.

A. $C_6H_{12}O_6 + 6 O_2 \xrightarrow{luz} 6 CO_2 + 6 H_2O + ENERGIA$

B. $6 CO_2 + 12 H_2O \rightarrow C_6H_{12}O_6 + 6 O_2 + 6 H_2O$

Com base nessas reações, responda ao que se pede:

a) Quais os processos metabólicos representados em *A* e *B*?
b) Explique a importância desses processos para a manutenção da vida.

3. (UFJF – MG) O experimento ilustrado abaixo foi montado para demonstrar a origem das moléculas de O_2 e das de **glicose** produzidas na fotossíntese, utilizando-se precursores radioativos e não radioativos.

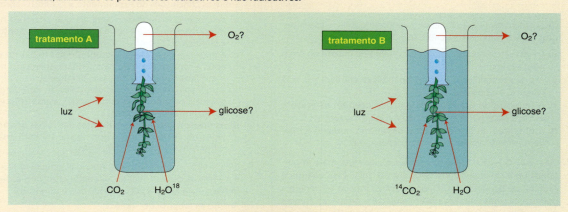

Preencha o quadro, indicando a natureza **radioativa** ou **não radioativa** das moléculas de O_2 e das de **glicose** produzidas.

Tratamento	Luz + Pigmentos + ...	O_2	Glicose
A	$...CO_2 + H_2O^{18} \rightarrow$		
B	$...^{14}CO_2 + H_2O \rightarrow$		

4. (UNESP) Em comemoração aos cinco séculos do descobrimento do país, em 21 de setembro de 2000 foi inaugurado no Horto Florestal da cidade de São Paulo o *Arboreto 500 anos*. No local foram plantadas 500 mudas de 24 espécies de árvores nativas do Brasil. Em 2008, aos 8 anos, a área possuía exemplares com altura de até 26 metros, como o mutambo e o ingá. Nesse ano, os organizadores do *Arboreto 500 anos* resolveram calcular o sequestro de CO_2 pelas árvores plantadas. Para isso, calcularam o volume dos troncos, ramos, raízes e densidade da madeira das árvores do local.

Estimaram que, em oito anos, o Arboreto absorveu 60 toneladas de CO_2.

Contudo, os pesquisadores acreditam que este número esteja subestimado, pois, ao longo dos oito anos de crescimento das árvores, o total de carbono sequestrado teria sido maior que aquele presente quando do cálculo do volume dos troncos, ramos e raízes. Outro importante fator deveria ter sido considerado.

Que processo fisiológico permitiu às árvores o acúmulo de 60 toneladas de carbono e que fator deveria ter sido considerado no cômputo do total de carbono sequestrado pelas árvores do Arboreto ao longo dos oito anos? Justifique sua resposta.

Arboreto 500 anos, Parque Estadual Alberto Löfgren (Horto Florestal), São Paulo.
Disponível em: <www.abjica.org.br>.

Metabolismo energético: fotossíntese e quimiossíntese **191**

Programas de avaliação seriada

1. (PAES – UNIMONTES – MG) Metabolismo é a soma de processos químicos e físicos que ocorrem dentro de um organismo vivo. A figura abaixo serve para ilustrar esse assunto. Analise-a.

De acordo com a figura e o assunto abordado, analise as afirmativas abaixo e assinale a **CORRETA**.
a) C e D correspondem somente à quebra de glicose no organismo humano.
b) A e B exemplificam reações anabólicas enquanto C e D, reações catabólicas.
c) A mitocôndria é a organela em que ocorrem as reações evidenciadas por A e B, mas não é o local das reações C e D.
d) A obtenção de energia para o organismo humano é mais bem evidenciada em A e B do que em C e D.

2. (SAS – UEG – GO) Uma das fontes de energia mais importantes para os organismos vivos é a luz solar. Essa energia é captada pelos seres clorofilados e transformada em energia química, que fica armazenada em moléculas orgânicas, como a glicose. Considerando-se que a luz é uma forma de energia radiante composta de vários comprimentos de onda, é CORRETO afirmar:
a) a clorofila, participante da fotossíntese, tem a propriedade de absorver várias ondas, uma vez que sua cor é determinada pelo comprimento de onda refletido.
b) os pigmentos carotenoides são participantes do processo de quimiossíntese, uma vez que seus comprimentos de onda são menores que os das clorofilas.
c) o processo elucidado acima é a fotossíntese que ocorre devido à presença de pigmentos especializados que conseguem captar a energia luminosa.
d) o processo elucidado acima é a quimiossíntese realizado por organismos procariontes e eucariontes clorofilados.

3. (SAS – UEG – GO) A figura abaixo representa as etapas de um experimento realizado com as folhas da planta *Coleus sp*. Inicialmente, foram mergulhados pedaços pequenos das folhas dessa planta em um tubo de ensaio com álcool e, posteriormente, esse tubo foi aquecido em banho-maria durante cerca de 15 minutos. Após essa etapa, o tubo esfriou-se e filtrou-se o álcool que, após a fervura, continha os pigmentos da folha. A solução do tubo de ensaio foi colocada em uma placa de Petri e, durante cinco minutos, colocou-se um papel-filtro na placa. Observou-se que, após algum tempo, formaram-se faixas verdes, amarelas, alaranjadas e de outras colorações no papel.

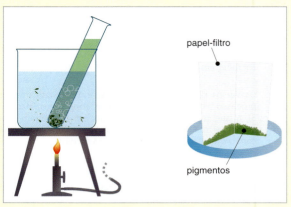

LINHARES, S.; GEWANDSZNAJDER, F. *Biologia Série Brasil*. São Paulo: Ática, 2005. p. 81.

Sobre as conclusões do experimento, é CORRETO afirmar:
a) a coloração alaranjada e amarela que apareceu no papel-filtro deve-se à presença nas folhas dos pigmentos amido e clorofila do tipo a.
b) a presença da organela cloroplasto nas folhas faz com que após a fervura e a filtragem tenham aparecido no papel-filtro faixas verdes, amarelas e alaranjadas.
c) a utilização de microscopia eletrônica de varredura permite a visualização dos pigmentos verdes, alaranjados e violáceos encontrados nas folhas.
d) os diversos pigmentos existentes nas folhas ficaram dissolvidos no álcool, sendo absorvidos, e subiram pelo papel-filtro com velocidades diferentes.

4. (PSS – UFS – SE) Os constituintes das células procarióticas e eucarióticas podem realizar diferentes funções, todas importantes para a manutenção da vida dos organismos.
Analise as proposições abaixo.
(0) Uma célula mantém concentração elevada de determinado íon no seu interior, apesar da concentração desse íon no meio exterior ser muito baixa, através de um processo denominado osmose.
(1) Os ribossomos estão presentes tanto nas células procarióticas como nas eucarióticas.
(2) Durante a metamorfose de um sapo ocorre regressão da cauda do girino. A organela celular responsável por esse processo é o lisossomo.
(3) Considere as seguintes funções atribuídas a uma organela celular:
– secreção celular;
– modificação de proteínas;
– formação de lisossomos.
A organela em questão é o complexo golgiense.
(4) Para verificar se o oxigênio liberado na fotossíntese provém da água ou do dióxido de carbono, foram preparados quatro frascos contendo algas unicelulares e as substâncias abaixo descritas:

I – H_2O com O^{16} e CO_2 com O^{16}
II – H_2O com O^{18} e CO_2 com O^{16}
III – H_2O com O^{16} e CO_2 com O^{18}
IV – H_2O com O^{18} e CO_2 com O^{18}

Ao fim de certo tempo verificou-se que oxigênio com O^{16} foi produzido nos frascos I e III, enquanto oxigênio com O^{18} foi produzido nos frascos II e IV. Os frascos que comprovam que o oxigênio liberado provém da água são SOMENTE I e IV.

Metabolismo de controle: ácidos nucleicos e ação gênica

Capítulo 9

Você pode estar se arriscando

Sabe aquela "pinta" que está constantemente arranhada ou inflamada, quer por um aparelho de barba que insistentemente passa sobre ela ou por suas unhas que teimam em cutucá-la ou, ainda, por roupas muito apertadas que a "lixam" o tempo todo? Pois é, ela pode ser um fator de risco para você.

Sua pele constantemente arranhada, ferida, inflamada, também.

Aquele bronzeado que você conseguiu na praia enquanto assistia ao vôlei, em pleno meio-dia, sem proteção adequada, também. Verdade!

Você deve estar se perguntando: qual o problema nisso? O problema é que existem alguns "agentes" que podem causar mudanças (mutações) em nosso DNA, em nossos genes. Entre esses agentes, podemos citar fumo, raios X e luz ultravioleta proveniente do Sol (ou de determinadas lâmpadas para bronzeamento artificial).

Com a diminuição da camada do gás ozônio que circunda a atmosfera terrestre, aumenta a incidência desse tipo de radiação, o que pode afetar a pele das pessoas. Com isso, podem ocorrer lesões no material genético.

Apesar dos controles genéticos de nosso organismo para reparar nosso DNA, feitos principalmente por proteínas, essas lesões podem degenerar – pode haver uma quebra no controle celular e essas alterações de pele, aparentemente inócuas, podem se transformar em câncer, alguns deles extremamente malignos.

Neste capítulo, você conhecerá o mecanismo de ação dos ácidos nucleicos no comando celular e a síntese de proteínas.

▪ ÁCIDOS NUCLEICOS

Os **ácidos nucleicos** são moléculas gigantes (macromoléculas), formadas por unidades monoméricas menores conhecidas como **nucleotídeos**. Cada nucleotídeo, por sua vez, é formado por três partes (veja a Figura 9-1):

- um açúcar do grupo das pentoses (monossacarídeos com cinco átomos de carbono);
- um radical "fosfato", derivado da molécula do ácido ortofosfórico (H_3PO_4);
- uma base orgânica nitrogenada.

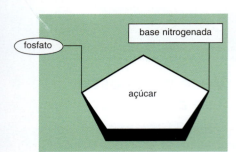

Figura 9-1. Cada nucleotídeo é formado por uma pentose (açúcar de 5 carbonos) ligada a uma base nitrogenada e a um radical fosfato.

Sabia-se de sua presença nas células, mas a descoberta de sua função como substâncias *controladoras da atividade celular* foi um dos passos mais importantes da história da Biologia.

A partir do século XIX, com os trabalhos do médico suíço Miescher, iniciaram-se as suspeitas de que os ácidos nucleicos eram os responsáveis diretos por tudo o que acontecia em uma célula.

Em 1953, o bioquímico norte-americano James D. Watson e o biologista molecular Francis Crick propuseram um modelo que procurava esclarecer a estrutura e os princípios de funcionamento dessas substâncias.

O volume de conhecimentos acumulados a partir de então caracteriza o mais extraordinário acontecimento biológico que culminou, nos dias de hoje, com a criação da *Engenharia Genética*, área da Biologia que lida diretamente com os ácidos nucleicos e o seu papel biológico.

Anote!
Em 25 de abril de 1953, a revista *Nature* publicou o trabalho de Watson e Crick relativo à estrutura do DNA. Em 25 de abril de 2003 comemorou-se o cinquentenário dessa publicação.

Watson (à esquerda) e Crick (à direita) com o modelo de DNA por eles proposto.

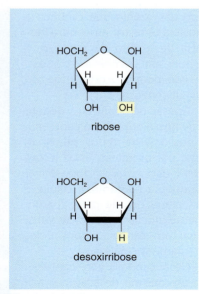

Figura 9-2. Estrutura molecular dos dois açúcares encontrados nos ácidos nucleicos.

De seus três componentes (açúcar, radical fosfato e base orgânica nitrogenada), apenas o radical fosfato não varia no nucleotídeo. Os açúcares e as bases nitrogenadas são variáveis.

Quanto aos açúcares, dois tipos de pentose podem fazer parte de um nucleotídeo: ribose e desoxirribose (assim chamada por ter um átomo de oxigênio a menos em relação à ribose). Veja a Figura 9-2.

Já as bases nitrogenadas pertencem a dois grupos (veja a Figura 9-3):

- as púricas: **adenina (A)** e **guanina (G)**; e
- as pirimídicas: **timina (T)**, **citosina (C)** e **uracila (U)**.

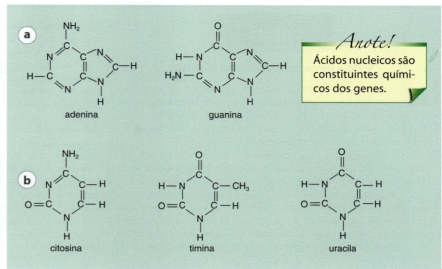

Figura 9-3. Em (a), encontramos a estrutura molecular das bases nitrogenadas adenina e guanina. Em (b), estão representadas as bases nitrogenadas timina, citosina e uracila. Qual estrutura molecular é a mais complexa: a das bases púricas ou a das bases pirimídicas?

Anote! Ácidos nucleicos são constituintes químicos dos genes.

A partir dos componentes citados, oito tipos de nucleotídeo podem ser formados: quatro contendo o açúcar ribose e quatro contendo o açúcar desoxirribose (veja a Figura 9-4).

Os nucleotídeos podem se associar formando longos filamentos, que são macromoléculas de ácidos nucleicos. A ligação entre os nucleotídeos ocorre sempre desta forma: o fosfato de um nucleotídeo une-se ao açúcar do seguinte, que se liga ao fosfato do próximo e, assim, sucessivamente (veja a Figura 9-5).

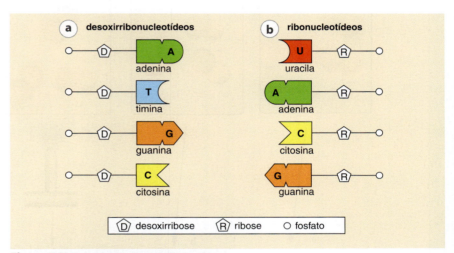

Figura 9-4. Representação dos nucleotídeos.

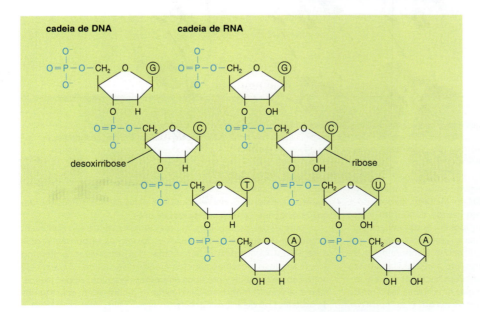

Figura 9-5. A associação dos nucleotídeos: ligações sucessivas fosfato-açúcar-fosfato.

Metabolismo de controle: ácidos nucleicos e ação gênica **195**

Leitura

Vale a pena conhecer esta história

As descobertas científicas, em geral, não ocorrem ao acaso. São fruto de conhecimentos adquiridos passo a passo. Os estudos de um cientista servem como ferramenta para outro e, assim, gradativamente, temos conseguido elucidar ao longo da história os mecanismos de funcionamento de nossa complexa máquina corporal.

O mesmo ocorreu com os cientistas Watson e Crick, que, em 1953, revolucionaram a ciência com sua tese a respeito da estrutura do DNA. Até o século XIX nem sequer se conheciam os ácidos nucleicos.

Naquele século, um médico suíço, Johann Friedrich Miescher, por volta de 1869, se intrigava observando os núcleos das células presentes no pus. Segundo ele, esses núcleos continham uma substância ácida, rica em fósforo. Sabia que não eram proteínas, pois ao tratar as células para estudo usava a enzima pepsina, que, já se sabia, digere proteínas. Miescher batizou as substâncias desconhecidas com o nome provisório de *nucleínas*, até que, em 1900, com a aceitação de seus trabalhos, elas passaram a ser denominadas de *ácidos nucleicos*.

O questionamento diante dos fatos possibilita à ciência dar novos passos. Foi assim com o bacteriologista Frederick Griffith. Ele estudava, em 1928, a bactéria *Streptococcus pneumoniae*, na época conhecida como *pneumococo*, a fim de desenvolver uma vacina contra as doenças causadas por ela, em uma época em que ainda não tínhamos antibióticos. Nessa espécie de bactéria, há duas linhagens de aparência bem distinta quando em meio de cultura: uma *virulenta*, causadora de doença – que forma colônias lisas, brilhantes, e com uma cápsula que envolve os organismos, dois a dois –, e uma *não virulenta*, inofensiva – cujas colônias possuem aspecto rugoso e não possuem cápsula. Mas havia algo, um *princípio transformante*, que fazia as bactérias adquirirem uma característica que não possuíam: quando se juntavam as virulentas, mortas pelo calor, com as não virulentas, alguma coisa as *transformava* em capsuladas. Qual a natureza dessa substância transformadora?

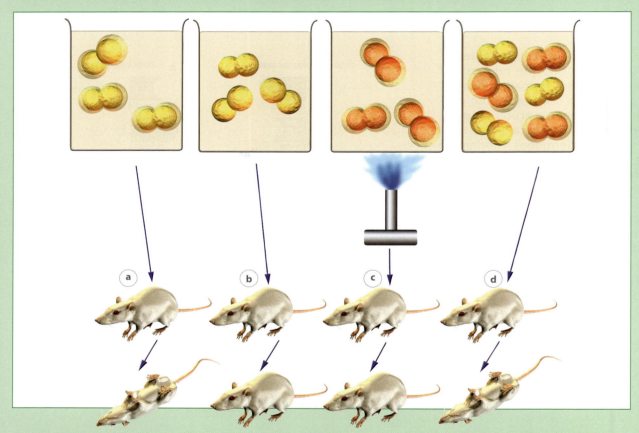

O experimento de Griffith. (a) Ratos inoculados com bactérias capsuladas adoecem e morrem, enquanto (b) os inoculados com bactérias não encapsuladas não adoecem. (c) Bactérias capsuladas mortas pelo calor, quando inoculadas nos ratos, não causam doença. Porém, quando essas bactérias eram (d) inoculadas juntamente com as não capsuladas vivas, os ratos adoeciam e morriam. A análise do sangue desses ratos mortos mostrou que ele continha bactérias capsuladas vivas.

A resposta veio alguns anos depois, com os trabalhos de Oswald T. Avery, Colin MacLeod e Maclyn McCarty. Repetindo e aprimorando cuidadosamente os experimentos de Griffith, esses pesquisadores testaram um a um os componentes das células bacterianas – proteínas, lipídios e carboidratos – na esperança de que um deles fosse o agente transformante. Negativo. Nenhum deles era capaz de transformar as bactérias. Sobrou um material filamentoso que, ao ser dissolvido e posto em contato com bactérias não encapsuladas, se mostrou capaz de transformá-las em capsuladas. A análise química desse material revelou que se tratava de *ácidos nucleicos*, mais especificamente *DNA*. Para esses pesquisadores, então, os agentes transformadores responsáveis pelas características "herdadas" – os genes – *eram constituídos de DNA*.

Apesar desses trabalhos, muitos cientistas ainda não aceitavam a hipótese de que os ácidos nucleicos fossem os responsáveis pela geração das características hereditárias dos seres vivos, preferindo acreditar que as proteínas, com sua grande diversidade – gerada pela utilização de cerca de vinte tipos diferentes de aminoácido –, exerceriam esse papel. Então, restava a dúvida: os genes seriam constituídos de proteínas ou de ácidos nucleicos?

Mentes brilhantes, porém, produzem resultados surpreendentes. Foi o que aconteceu em 1950 com os cientistas Alfred Hershey e Martha Chase. Em seu trabalho, Hershey e Chase utilizaram vírus bacteriófagos e bactérias da espécie *Escherichia coli*. Cada vírus bacteriófago é extremamente simples e constituído de uma molécula de DNA envolvida em uma carapaça proteica dotada de cabeça, cauda e fibras de fixação. Para multiplicar-se na bactéria, cada vírus adere à parede bacteriana com as fibras de fixação e, embora uma boa parte do corpo do vírus fique do lado de fora, após cerca de 25 minutos a bactéria explode, liberando cerca de uma centena de vírus completos. Mas como isso seria possível? Hershey e Chase demonstraram com seus experimentos que apenas o DNA do vírus entrava nas bactérias e comprovaram, com isso, que o DNA era o constituinte dos genes.

Naquela época, Erwin Chargaff já havia apresentado (em 1947) a composição de bases nitrogenadas do DNA de diferentes organismos – embora a quantidade de bases não fosse a mesma em todas as espécies, a proporção entre elas era a mesma dentro de determinada espécie. Com isso, ficava evidenciada a grande diversidade molecular do DNA, um dado que faltava para se aceitar a sua participação como o material genético dos seres vivos.

Estava aberto, assim, o caminho para que Watson e Crick, com o auxílio de outros pesquisadores, entre eles Rosalind Franklin, elucidassem a estrutura em dupla-hélice da molécula de DNA.

Diferenças entre DNA e RNA

É da associação dos diferentes nucleotídeos que se formam as macromoléculas dos dois tipos de ácidos nucleicos: o **ácido ribonucleico (RNA)** e o **ácido desoxirribonucleico (DNA)**. Eles foram assim chamados em razão do açúcar presente em suas moléculas: o RNA contém o açúcar **ribose** e o DNA contém o açúcar **desoxirribose**.

Anote!

Sempre que lhe perguntarem se toda enzima é proteína, a resposta que você deve dar é **não**. Isso porque foi descoberto que certas moléculas de RNA, sob determinadas condições, funcionam como enzimas, tendo, por isso, recebido o nome de **ribozimas**.

Outra diferença importante entre a molécula de DNA e a de RNA diz respeito às bases nitrogenadas: no DNA, as bases são citosina, guanina, adenina e timina; no RNA, no lugar da timina, encontra-se a uracila. Veja a Figura 9-6.

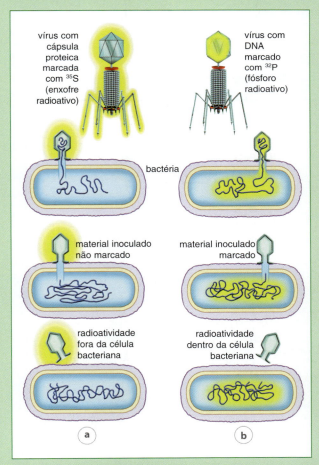

Hershey e Chase marcaram com substância radioativa a (a) carapaça proteica dos vírus e perceberam que as bactérias inoculadas não apresentavam radioatividade. (b) Repetiram o experimento marcando, dessa vez, o DNA do vírus. As bactérias inoculadas apresentavam seu interior radioativo, o que provava que apenas o DNA dos vírus é que penetra nas bactérias.

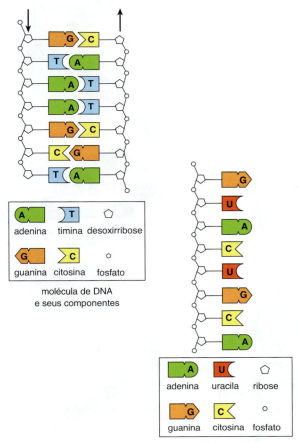

Figura 9-6. Na molécula de DNA, o açúcar é a desoxirribose e existe a base timina. No RNA, o açúcar é a ribose e no lugar da timina entra a uracila.

▪ DNA: UMA "ESCADA RETORCIDA"

> **Anote!**
> O DNA é o constituinte químico dos genes, os determinantes das características hereditárias de todos os seres vivos.

A partir de experimentos feitos por vários pesquisadores e utilizando os resultados da complexa técnica de *difração com raios X*, Watson e Crick concluíram que, no DNA, as cadeias complementares são helicoidais, sugerindo a ideia de uma escada retorcida.

Nessa escada, os corrimãos são formados por fosfatos e desoxirribose, enquanto os degraus são constituídos pelos pares de bases nitrogenadas (veja a Figura 9-7).

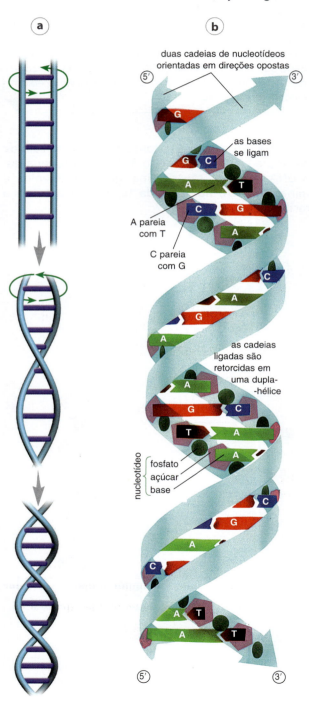

Figura 9-7. (a) A "escada" retorcida representativa da molécula de DNA (b).

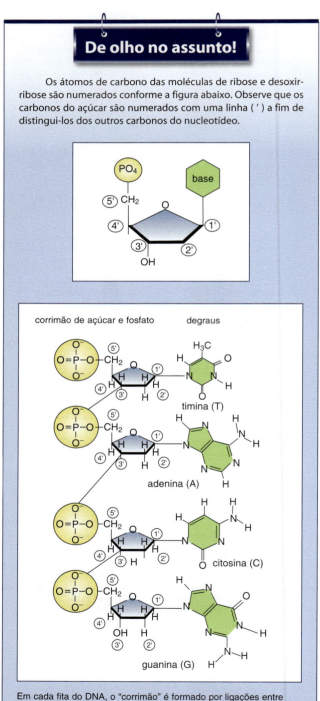

De olho no assunto!

Os átomos de carbono das moléculas de ribose e desoxirribose são numerados conforme a figura abaixo. Observe que os carbonos do açúcar são numerados com uma linha (') a fim de distingui-los dos outros carbonos do nucleotídeo.

Em cada fita do DNA, o "corrimão" é formado por ligações entre moléculas de açúcar e radicais fosfato. Note, na figura acima, que o radical fosfato se liga ao carbono 3' de um açúcar e ao carbono 5' do seguinte.

198   BIOLOGIA 1 • 4.ª edição

As duas cadeias de nucleotídeos do DNA são unidas uma à outra por ligações chamadas de *pontes de hidrogênio*, que se formam entre as bases nitrogenadas de cada fita (veja a Figura 9-8). O pareamento de bases ocorre de maneira precisa: *uma base púrica se liga a uma pirimídica* – adenina (A) de uma cadeia pareia com timina (T) da outra e guanina (G) pareia com citosina (C).

Anote!
No RNA, como temos uracila em lugar de timina, o pareamento das bases é diferente: adenina (A) pareia com uracila (U) e guanina (G) pareia com citosina (G).

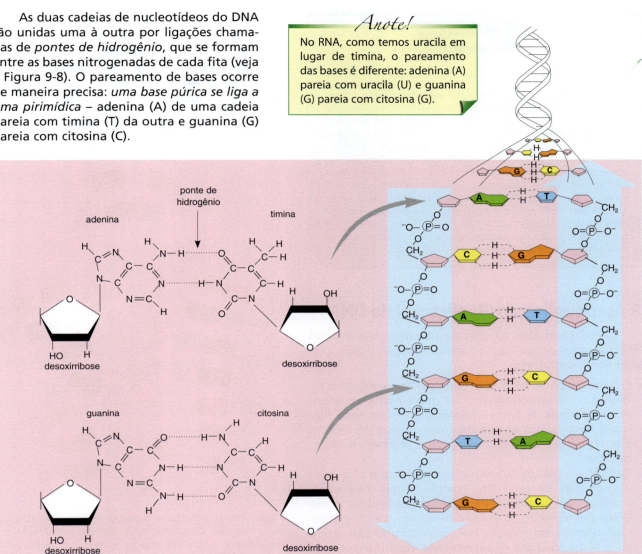

Figura 9-8. Os filamentos de DNA são complementares um em relação ao outro. Note que entre adenina e timina formam-se 2 pontes de hidrogênio; entre citosina e guanina, há 3 pontes de hidrogênio.

O DNA *controla toda a atividade celular*. Ele possui a "receita" para o funcionamento de uma célula. Toda vez que uma célula se divide, a "receita" deve ser passada para as células-filhas. Todo o "arquivo" contendo as informações sobre o funcionamento celular precisa ser duplicado para que cada célula-filha receba o mesmo tipo de informação que existia na célula-mãe. Para que isso ocorra, é fundamental que o DNA sofra "autoduplicação".

De olho no assunto!

Fazendo estudos com DNA obtido de células humanas, o bioquímico norte-americano Erwin Chargaff notou que as proporções de adenina e timina eram idênticas, o mesmo acontecendo entre citosina e guanina. No DNA de uma célula humana há cerca de 30% de adenina e 30% de timina e cerca de 20% de citosina e 20% de guanina. Com base nesses dados, foram estabelecidas as chamadas regras de Chargaff, ou seja:

1. <A> = <T> e <C> = <G>, que também pode ser representado como:

$$\frac{A}{T} = 1 \quad e \quad \frac{C}{G} = 1$$

2. a taxa <A> + <T>/<C> + <G> é constante dentro de uma espécie, embora varie entre diferentes espécies.

Leitura

Telômeros e envelhecimento

Telômeros (do grego *télos* = fim, conclusão + *méros* = parte, porção) são regiões localizadas na extremidade de cromossomos dotadas de repetições de bases TTAGGG e que parecem encurtar à medida que ocorre o envelhecimento celular. Acredita-se que uma porção correspondente a cerca de 100 pares de bases é perdida a cada ciclo celular. Graças à atuação da enzima *telomerase* essas porções podem ser repostas, o que retarda o fim da vida de uma célula. Um fato interessante é que, em células cancerosas, o mecanismo de perda das extremidades teloméricas é retardado, fazendo supor que essas células permanecem sempre jovens por meio de uma ação continuada das enzimas telomerases. Diversas pesquisas têm sido feitas no sentido de compreender a ação dessas enzimas no processo de renovação de células e do envelhecimento celular.

A Autoduplicação (Replicação) do DNA

O esclarecimento da estrutura da molécula de DNA levou à compreensão do seu mecanismo de duplicação. Veja como isso ocorre:

- O primeiro passo para a autoduplicação (replicação) do DNA é o "desenrolamento" da dupla-hélice, separando-se os pares de bases complementares de cada fita. Isso é feito com o auxílio de enzimas, que promovem a quebra das pontes de hidrogênio que unem os pares de bases.
- Cada fita separada funciona, agora, como molde para a produção de uma fita complementar. Nos eucariontes, com o auxílio de enzimas conhecidas como DNA *polimerases*, e iniciando-se em certo ponto, nucleotídeos em solução no nucleoplasma vão sendo encaminhados para o pareamento com nucleotídeos complementares nas fitas-moldes: nucleotídeos de *adenina* são encaminhados para o pareamento com os de *timina*. Nucleotídeos de *timina* são levados para o pareamento com os de *adenina* da fita-molde. O mesmo acontece com nucleotídeos de *citosina*, que são levados para o pareamento com os de *guanina*. E nucleotídeos de *guanina* são conduzidos para o pareamento com os de *citosina* da fita-molde. Isso acontece até que para cada fita-molde original uma nova fita complementar seja construída (veja a Figura 9-9).
- Terminado o processo de pareamento de bases, duas novas moléculas de DNA se formaram, com uma importante particularidade: em cada uma das moléculas, *uma das fitas é inteiramente nova*, *a outra é a original que serviu de molde* (veja a Figura 9-10).
- A duplicação do DNA é, portanto, *semiconservativa*, ou seja, em cada nova molécula formada, um filamento é velho e o outro é novo.
- Completada a autoduplicação, cada molécula de DNA contendo a "receita" de funcionamento de toda a atividade celular é encaminhada, como parte integrante de cromossomos, para uma célula-filha que está sendo formada no processo de divisão celular.

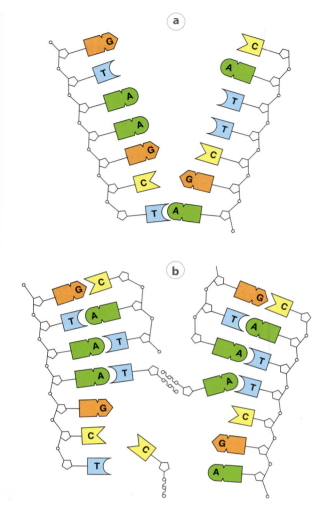

Figura 9-9. Duplicação da molécula de DNA. Em (a), separação das fitas complementares. Em (b), pareamento dos nucleotídeos com as fitas-moldes. Note que as novas moléculas de DNA formadas são exatamente iguais à molécula original.

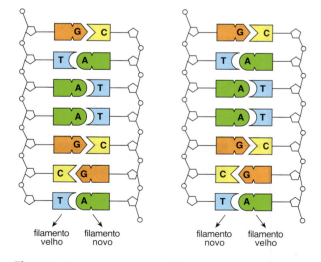

Figura 9-10. A duplicação do DNA é semiconservativa. De cada molécula formada, um dos filamentos é velho e o outro é novo.

De olho no assunto!

A prova da duplicação semiconservativa: o experimento de Meselson-Stahl

Em 1957, os cientistas Matthew Meselson e Franklin W. Stahl, trabalhando no Instituto de Tecnologia da Califórnia, descobriram um método engenhoso para testar a hipótese da duplicação semiconservativa do DNA. Acompanhe pelas figuras o procedimento dos dois cientistas.

a. Bactérias da espécie *Escherichia coli* foram cultivadas em dois meios de cultura diferentes. Em um deles, adicionaram NH_4Cl contendo ^{15}N, isótopo pesado, não radioativo, do elemento nitrogênio. No outro, foi adicionado NH_4Cl contendo o nitrogênio normal, ^{14}N.

b. Em ambos os meios, as bactérias utilizaram o nitrogênio para a síntese das bases nitrogenadas do DNA. No primeiro caso, todas as moléculas de DNA sintetizadas pelas bactérias deveriam ser do tipo "pesado", por conterem o ^{15}N. No outro, todas as bactérias deveriam ter DNA "leve", por conterem o ^{14}N. Como, porém, descobrir isso?

c. A determinação da massa molecular do DNA foi feita com a dissolução dessas moléculas em soluções contendo o sal cloreto de césio e, em seguida, submetidas a ultracentrifugação em um equipamento semelhante ao esquematizado na Figura 9-11.

f. Uma amostra dessas bactérias com praticamente 100% do DNA contendo ^{15}N foi, então, transferida para outro meio, contendo ^{14}N. No momento da transferência (tempo zero), o DNA de algumas bactérias foi colhido e sua densidade foi testada conforme a Figura 9-12(a).

g. Após 20 minutos (tempo que as bactérias "gastam" para se dividir e formar a primeira geração), foram coletadas algumas delas, extraídos os seus DNAs e testadas as suas densidades, conforme a Figura 9-12(b).

h. Mais um ciclo de duplicação (segunda geração), nova coleta de células, nova extração de DNA e outro teste de densidade, conforme a Figura 9-12(c).

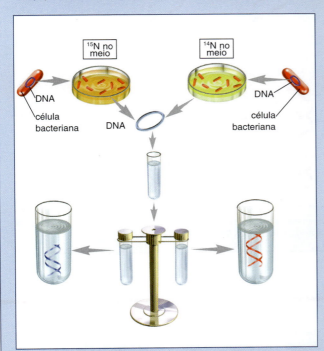

Figura 9-11. Determinação das densidades das fitas de DNA.

d. Verificaram que o DNA contendo ^{15}N (mais denso) formava uma faixa que era visível próximo ao fundo do tubo, enquanto no outro tubo o DNA contendo ^{14}N (menos denso) formava uma faixa mais acima. Assim, com esse procedimento inicial, os cientistas conseguiram distinguir as densidades das moléculas de DNA, de acordo com seu conteúdo de nitrogênio, "leve" ou "pesado".

e. A seguir, os pesquisadores criaram bactérias em um meio de cultivo contendo apenas ^{15}N, deixando-as crescer por diversas gerações.

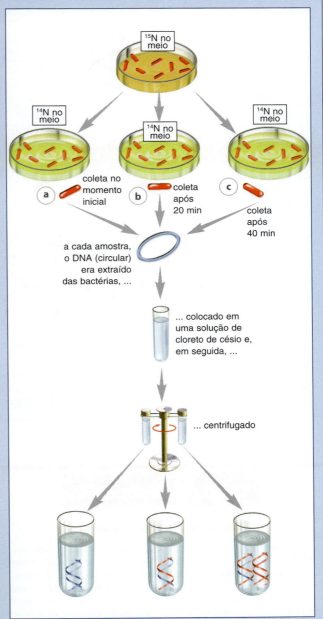

Figura 9-12. O DNA das bactérias em (a), momento em que se iniciou o experimento, continha apenas ^{15}N, "pesado". Decorrido tempo suficiente para a primeira duplicação, (b) obtiveram coleta de DNA mais "leve", intermediário entre o da coleta inicial e o da (c) terceira coleta, ocorrida após nova duplicação do DNA.

Metabolismo de controle: ácidos nucleicos e ação gênica

i. Na amostra inicial, as moléculas de DNA formavam uma faixa próxima ao fundo do tubo, revelando que eram muito densas (DNA do tipo "pesado"), isto é, as duas fitas de DNA eram constituídas de ^{15}N. O DNA colhido da primeira geração de bactérias formava uma faixa intermediária no meio do tubo, revelando que era "intermediário", ou seja, uma das fitas continha ^{15}N e a outra, ^{14}N. No terceiro tubo, formaram-se duas faixas: uma contendo DNA intermediário e outra contendo DNA do tipo "leve", em que as duas fitas do DNA continham ^{14}N. Veja a Figura 9-13.

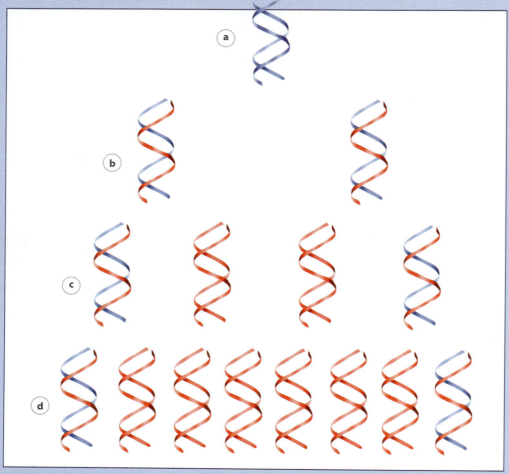

Figura 9-13. (a) No início do experimento, o DNA é do tipo "pesado". (b) Na primeira geração, ele é do tipo "intermediário" e, (c) na segunda, tanto DNA "intermediário" quanto DNA "leve" estão presentes. (d) Na terceira geração há ainda maior proporção de DNA do tipo "leve".

Tecnologia & Cotidiano

DNA como prova de inocência

Seja nas séries de ficção, seja em algum caso da vida real, todos nós já ouvimos falar sobre a utilização de DNA para provar que determinada pessoa é culpada de algum crime ou delito. Mas hoje, principalmente nos Estados Unidos e em alguns países da Europa, existem organizações que estão se preocupando em provar não a culpa, mas a inocência de pessoas condenadas erroneamente.

Uma das mais famosas organizações é o "The Innocence Project" (em português, Projeto Inocência), organização norte-americana que já inocentou, desde 1992, usando provas de DNA, cerca de 300 pessoas condenadas erroneamente à prisão, entre as quais 17 haviam sido condenadas à morte.

Um dos casos famosos de alguém que foi inocentado pelo DNA pela organização não governamental Ohio Innocence Project é o de Raymond Towler, de 52 anos, que havia sido condenado à prisão perpétua em 1981. Ele trabalhava como músico e tinha acabado de fazer 24 anos quando foi condenado por ter violentado crianças. Depois da intervenção da organização, ficou provado, com base em exames de DNA retirado do sêmen encontrado nas roupas íntimas de uma das vítimas, que ele não era o estuprador das vítimas.

Assim como nesse caso, cada vez mais o DNA estará presente na resolução de crimes e delitos, identificando corretamente os culpados e garantindo a liberdade de inocentes.

Adaptado de:
<http://www.bbc.co.uk/portuguese/noticias>.
Acesso em: 28 set. 2011.

A Mensagem do DNA É Passada para o RNA

O material genético representado pelo DNA contém uma mensagem em código que precisa ser decifrada e traduzida em proteínas, muitas das quais atuarão nas reações metabólicas da célula. A mensagem contida no DNA deve, inicialmente, ser passada para moléculas de RNA que, por sua vez, orientarão a síntese de proteínas. O *controle* da atividade celular pelo DNA, portanto, é indireto e ocorre por meio da fabricação de moléculas de RNA, em um processo conhecido como **transcrição**.

> *Anote!*
> O processo de síntese de RNA a partir de DNA é chamado de **transcrição**.

▪ RNA: UMA CADEIA (FITA) SIMPLES

As moléculas de RNA são constituídas por uma sequência de *ribonucleotídeos*, formando uma cadeia (fita) simples (veja a Figura 9-14).

Existem três tipos básicos de RNA, que diferem um do outro no peso molecular: o **RNA ribossômico**, representado por RNAr (ou rRNA), o **RNA mensageiro**, representado por RNAm (ou mRNA), e o **RNA transportador**, representado por RNAt (ou tRNA).

O **RNA ribossômico** é o de maior peso molecular e constituinte majoritário do ribossomo, organoide relacionado à síntese de proteínas na célula. O **RNA mensageiro** é o de peso molecular intermediário e atua conjuntamente com os ribossomos na síntese proteica. O **RNA transportador** é o mais leve dos três e encarregado de transportar os aminoácidos que serão utilizados na síntese de proteínas.

> *Anote!*
> Os tipos de RNA são:
> RNAr
> RNAm
> RNAt

> *Anote!*
> Nas células eucarióticas, o DNA está localizado no interior do núcleo, enquanto nas procarióticas ele fica disperso no hialoplasma. Lembre-se de que o DNA também está presente em mitocôndrias e cloroplastos.

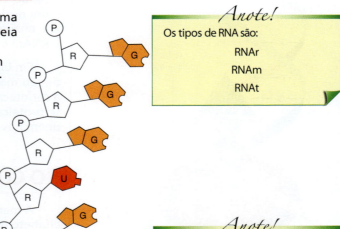

Figura 9-14. O RNA é ácido nucleico de fita (cadeia) simples.

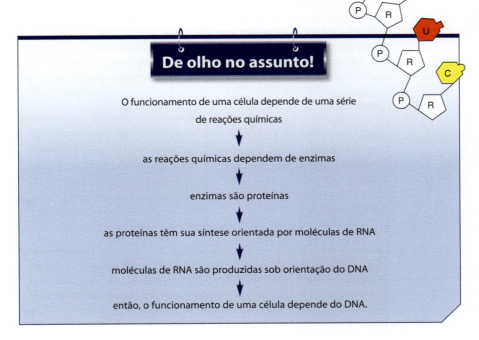

Metabolismo de controle: ácidos nucleicos e ação gênica

> **Anote!**
> Imaginando um segmento hipotético de um filamento de DNA com a sequência de bases (1) abaixo, o segmento de RNAm formado na transcrição terá a sequência de bases (2):
> (1) ATGCCGAAATTTGCG
> (2) UACGGCUUUAAACGC

Transcrição: A Síntese de RNA

A síntese de RNA (mensageiro, por exemplo) se inicia com a separação das duas fitas de DNA. Apenas uma das fitas do DNA serve de molde para a produção da molécula de RNAm. A outra fita não é transcrita. Essa é uma das diferenças entre a duplicação do DNA e a produção do RNA.

As outras diferenças são:

- os nucleotídeos utilizados possuem o açúcar *ribose* no lugar da desoxirribose;
- há a participação de nucleotídeos de *uracila* no lugar de nucleotídeos de timina. Assim, se na fita de DNA que está sendo transcrita aparecer adenina, encaminha-se para ela um nucleotídeo complementar contendo uracila;
- a enzima que intervém no processo de polimerização de RNAm é a RNA *polimerase* (veja a Figura 9-15).

Em uma célula eucariótica, o RNAm produzido destaca-se de seu molde e, após passar por um processamento, atravessa a carioteca e se dirige para o citoplasma, onde se dará a síntese proteica. Com o fim da transcrição, as duas fitas de DNA se unem novamente, refazendo-se a dupla-hélice.

▪ O CÓDIGO GENÉTICO

A mensagem genética contida no DNA é formada por um alfabeto de quatro letras que correspondem aos quatro nucleotídeos: A, T, C e G. Com essas quatro letras é preciso formar "palavras" que possuam o significado de "aminoácidos". Cada proteína corresponde a uma "frase" formada pelas "palavras", que são os aminoácidos. De que maneira apenas quatro letras do alfabeto do DNA poderiam ser combinadas para corresponder a cada uma das vinte "palavras" representadas pelos vinte aminoácidos diferentes que ocorrem nos seres vivos?

Uma proposta brilhantemente sugerida por vários pesquisadores, e depois confirmada por métodos experimentais, foi a de que a cada três letras (uma trinca de bases) do DNA corresponderia uma "palavra", isto é, um aminoácido. Nesse caso, haveria 64 combinações possíveis de três letras, o que seria mais do que suficiente para codificar os vinte tipos diferentes de aminoácidos (matematicamente, utilizando o método das combinações, seriam, então, 4 letras combinadas 3 a 3, ou seja, $4^3 = 64$ combinações possíveis).

O código genético do DNA se expressa por *trincas* de bases, que foram denominadas **códons**. Cada códon, formado por três letras, corresponde a certo aminoácido.

> **Anote!**
> Um códon equivale a uma trinca de bases do DNA ou do RNA mensageiro. Por exemplo: o códon AAA corresponde à colocação do aminoácido lisina na proteína.

> **Anote!**
> A correspondência existente entre o trio de bases do DNA, o trio de bases do RNA e os aminoácidos por eles especificados constitui uma mensagem em código que passou a ser conhecida como "código genético".

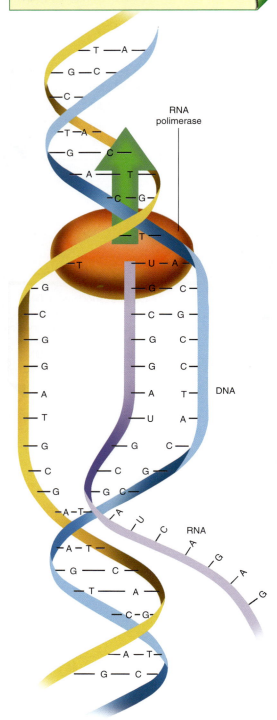

Figura 9-15. Produção de RNA: só uma das fitas de DNA participa.

No entanto, surge um problema. Como são vinte os diferentes aminoácidos, há mais códons do que tipos de aminoácidos! Deve-se concluir, então, que há aminoácidos que são especificados por mais de um códon, o que foi confirmado. A Tabela 9-1 a seguir apresenta os códons de RNAm que podem ser formados e os correspondentes aminoácidos que especificam.

Tabela 9-1. Os códons de RNAm e os aminoácidos que especificam.

		Segunda letra		
Primeira letra	**U**	**C**	**A**	**G**
U	UUU ⎤ Phe UUC ⎦ UUA ⎤ Leu UUG ⎦	UCU ⎤ UCC ⎥ Ser UCA ⎥ UCG ⎦	UAU ⎤ Tyr UAC ⎦ UAA Parada UAG Parada	UGU ⎤ Cys UGC ⎦ UGA Parada UGG ⎤ Trp	**U C A G**
C	CUU ⎤ CUC ⎥ Leu CUA ⎥ CUG ⎦	CCU ⎤ CCC ⎥ Pro CCA ⎥ CCG ⎦	CAU ⎤ His CAC ⎦ CAA ⎤ Gln CAG ⎦	CGU ⎤ CGC ⎥ Arg CGA ⎥ CGG ⎦	**U C A G**
A	AUU ⎤ AUC ⎥ Ile AUA ⎦ AUG ⎤ Met (Início)	ACU ⎤ ACC ⎥ Thr ACA ⎥ ACG ⎦	AAU ⎤ Asn AAC ⎦ AAA ⎤ Lys AAG ⎦	AGU ⎤ Ser AGC ⎦ AGA ⎤ Arg AGG ⎦	**U C A G**
G	GUU ⎤ GUC ⎥ Val GUA ⎥ GUG ⎦	GCU ⎤ GCC ⎥ Ala GCA ⎥ GCG ⎦	GAU ⎤ Asp GAC ⎦ GAA ⎤ Glu GAG ⎦	GGU ⎤ GGC ⎥ Gly GGA ⎥ GGG ⎦	**U C A G**

Abreviações dos aminoácidos:

Ala – alanina	Cys – cisteína	His – histidina	Met – metionina	Thr – treonina
Arg – arginina	Gln – glutamina	Ile – isoleucina	Phe – fenilalanina	Trp – triptofano
Asn – asparagina	Glu – ácido glutâmico	Leu – leucina	Pro – prolina	Tyr – tirosina
Asp – ácido aspártico	Gly – glicina	Lys – lisina	Ser – serina	Val – valina

Anote!

Dizemos que o código genético é **universal**, pois em todos os organismos da Terra atual ele funciona da mesma maneira, quer seja em bactérias, quer seja em um abacateiro, quer seja no homem.

O códon AUG, que codifica para o aminoácido metionina, também significa início de leitura, ou seja, é um códon que indica aos ribossomos que é por esse trio de bases que deve ser iniciada a leitura do RNAm.

Note que três códons não especificam nenhum aminoácido. São os códons UAA, UAG e UGA, chamados *códons de ponto final* (parada) durante a "leitura" do RNA pelos ribossomos, na síntese proteica.

Diz-se que o código genético é **degenerado** porque cada "palavra" (entenda-se aminoácido) pode ser especificada por mais de uma trinca.

Anote!

Para cada aminoácido pode haver mais de um códon correspondente.

Metabolismo de controle: ácidos nucleicos e ação gênica **205**

De olho no assunto!

Na verdade, um gene, uma enzima?

A ideia de que o gene expressa sua mensagem por meio da produção de proteínas é antiga. Desde 1909, o médico Archibald Garrod sugeriu que os sintomas de doenças hereditárias seriam decorrentes da falta de determinadas enzimas. Ele achava, por exemplo, que na alcaptonúria – anomalia em que a urina de uma pessoa fica escura devido ao acúmulo da substância alkapton – faltava a enzima que destruía essa substância; então, esta se acumulava no sangue e acabava indo para a urina, escurecendo-a. Já em pessoas normais, que possuem essa enzima, o alkapton é normalmente metabolizado e não ocorre acúmulo. Porém, era preciso comprovar essa hipótese.

Aos poucos, os cientistas foram percebendo que as células sintetizam e degradam substâncias ao longo das chamadas *vias metabólicas*, em que, após uma sequência de reações, cada qual catalisada por uma enzima diferente, forma-se um produto. Por exemplo, a cor da pele humana é resultado da existência do pigmento melanina, produzido pelas células. Essa síntese ocorre em várias etapas sequenciais, ao final das quais resulta o pigmento. Se uma dessas etapas falhar, muito certamente a pele humana ficará descolorida.

A comprovação da existência das vias metabólicas veio como resultado de um brilhante trabalho de pesquisa de dois cientistas, George Beadle e Edward Tatum, ao estudar o comportamento de mutantes do fungo *Neurospora crassa*, um conhecido bolor de pão. (Veja a Figura 9-16).

- O tipo selvagem do bolor é capaz de crescer no chamado *meio de cultura mínimo*, no qual se adicionam apenas sais inorgânicos, sacarose e a vitamina biotina. Com a quantidade mínima de nutrientes, adicionados ao ágar do meio de cultivo, esse fungo é capaz de, a partir de um precursor, executar a via metabólica esquematizada em (A), culminando na produção da arginina necessária para o seu crescimento. Note que nessa via metabólica há três reações que ocorrem em cadeia, cada qual catalisada por uma enzima diferente.
- Os mutantes descobertos por Beadle e Tatum não cresciam em meio mínimo, provavelmente por não serem capazes de sintetizar determinadas substâncias essenciais a partir dos ingredientes mínimos colocados no meio de cultivo. Muitos desses mutantes, que foram chamados de *auxotróficos*, só eram capazes de crescer se o meio de cultivo fosse *completo*, isto é, suplementado com todos os vinte aminoácidos conhecidos e alguns outros nutrientes.
- Como descobrir qual a falha ou o defeito metabólico existente em cada mutante auxotrófico? Beadle e Tatum pegaram mutantes auxotróficos crescidos em meio completo e os distribuíram em diversos tubos de ensaio, contendo meio mínimo. Cada tubo de ensaio recebia, além do meio mínimo, determinado nutriente – aminoácido – adicional. O nutriente que permitia o crescimento do mutante era o indicador do defeito metabólico existente. Por exemplo, se o aminoácido acrescentado fosse a ornitina (B) e esta permitisse o crescimento do bolor, ficava demonstrado que o mutante não era capaz de sintetizar ornitina. Sendo acrescentado, a via metabólica transcorria normalmente até o fim, com a síntese de arginina e, assim, o mutante acabava crescendo normalmente. Se outro mutante crescesse apenas com a adição de citrulina (C), ficava provado que a falha metabólica consistia na ausência de produção dessa substância. Com isso, os dois pesquisadores acabaram descobrindo a composição da via metabólica que resultava na síntese final de arginina e que permitia o crescimento do bolor.

A partir desses experimentos, Beadle e Tatum concluíram que a falha metabólica existente em determinado mutante era devida à ausência de produção de determinada enzima. Consulte novamente os esquemas e observe que, por exemplo, se faltar a enzima A, não há produção de ornitina a partir do precursor. Assim, a via metabólica fica parada e não é produzida arginina. Acrescentando-se ornitina ao meio, a via metabólica prossegue normalmente e é produzida a arginina. Mas qual a origem do defeito? Como enzimas são proteínas e proteínas são produzidas a partir da orientação de um gene, concluíram que essa falha só poderia ser atribuída a uma mutação que afetou o gene da enzima A. No outro mutante, a alteração ocorreu no gene B, e assim por diante. Supondo, então, que cada mutante possuía um defeito em determinado gene, eles formularam a hipótese *um gene, uma enzima*, resumindo a função do gene na produção de determinada enzima.

Mas, em ciência, é muito comum as hipóteses elaboradas por determinados pesquisadores serem testadas por outros, além de serem enriquecidas por novas descobertas.

Hoje, sabemos que nem todas as proteínas são enzimas. A hemoglobina, por exemplo, é uma proteína não enzimática. Além disso, é composta de dois tipos de cadeias polipeptídicas. Cada uma delas é construída a partir da orientação de um gene.

Assim, a ideia de Beadle e Tatum acabou sendo reformulada e passou a ser conhecida como hipótese de *um gene, um polipeptídio*.

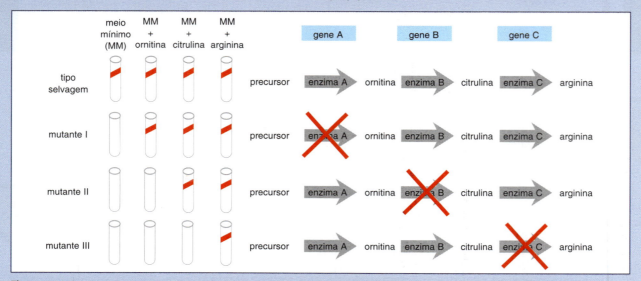

Figura 9-16. Esquema da hipótese de Beadle e Tatum.

Ética & Sociedade

Fenilcetonúria – uma doença que pode ser evitada

Por um erro genético, alguns bebês nascem com uma doença chamada fenilcetonúria, que não é sintomática inicialmente, mostrando seus primeiros efeitos por volta dos 4 meses de vida.

Essa doença é caracterizada por um problema no metabolismo do aminoácido fenilalanina (Phe). Os portadores de fenilcetonúria, à medida que recebem leite materno e outros alimentos que contenham o aminoácido Phe, gradativamente apresentam um atraso irreversível em seu desenvolvimento. Se não tratada a tempo, a fenilcetonúria traz como graves consequências retardo mental, distúrbios de comportamento e complicações neurológicas.

A boa notícia é que o indivíduo pode ter desenvolvimento normal se a doença for diagnosticada logo após o nascimento e se ele não ingerir alimentos que contenham fenilalanina. O diagnóstico é feito por meio da análise de uma simples amostra de sangue colhida do pezinho do recém-nascido (conhecido como "Teste do Pezinho").

- Dados do Portal do Ministério da Saúde apontam que, em 2011, aproximadamente 3 milhões de crianças realizaram o Teste do Pezinho. Desse total, somente 62,11% teve acesso aos serviços de saúde para coleta sanguínea no período ideal (até sete dias de nascido).

Levando-se em conta as informações acima e sabendo da obrigatoriedade do teste, que ações você sugere para que maior percentual de crianças realize esse exame dentro da primeira semana de vida?

▪ TRADUÇÃO: SÍNTESE DE PROTEÍNAS

Tradução é o nome utilizado para designar o processo de síntese de proteínas. Ocorre no citoplasma, com a participação, entre outros, de RNA e de aminoácidos.

Quem Participa da Síntese de Proteínas?

O RNA produzido que contém uma sequência de bases nitrogenadas transcrita do DNA é um RNA mensageiro. No citoplasma, ele será um dos participantes da síntese de proteínas, juntamente com outros dois tipos de RNA, todos de fita simples e produzidos segundo o mesmo processo descrito para o RNA mensageiro:

Anote! Cístron (gene) é o segmento de DNA que contém as informações para a síntese de um polipeptídio ou proteína.

- RNA ribossômico, RNAr. Associando-se a proteínas, as fitas de RNAr formarão os *ribossomos*, orgânulos responsáveis pela leitura da mensagem contida no RNA mensageiro;
- RNAs transportadores, RNAt. Assim chamados porque serão os responsáveis pelo transporte de aminoácidos até o local onde se dará a síntese de proteínas junto aos ribossomos. São moléculas de RNA de fita simples, de pequeno tamanho, contendo, cada uma, cerca de 75 a 85 nucleotídeos. Cada fita de RNAt torce-se sobre si mesma, adquirindo o aspecto indicado na Figura 9-17.

Duas regiões se destacam em cada transportador: uma é o local em que se ligará o aminoácido a ser transportado e a outra corresponde ao *trio de bases complementares* (chamado **anticódon**) do RNAt, que se encaixará no códon correspondente do RNAm.

Anote! Anticódon é o trio de bases do RNAt, complementar do códon do RNAm.

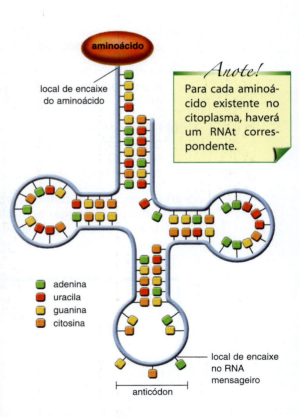

Figura 9-17. Modelo esquemático de uma molécula de RNA transportador.

Metabolismo de controle: ácidos nucleicos e ação gênica **207**

A Tradução Passo a Passo

A **tradução** é um processo no qual haverá a leitura da mensagem contida na molécula de RNAm pelos ribossomos, decodificando a linguagem de ácido nucleico para a linguagem de proteína.

Cada RNAt em solução liga-se a determinado aminoácido, formando-se uma molécula chamada *aminoacil-RNAt*, que conterá, na extremidade correspondente ao anticódon, um trio de bases que se encaixará ao respectivo códon do RNAm.

Para entendermos bem esse processo, vamos admitir que ocorra a síntese de um peptídio contendo apenas sete aminoácidos, o que se dará a partir da leitura de um RNAm contendo sete códons (21 bases nitrogenadas). A leitura (tradução) será efetuada por um ribossomo que se deslocará ao longo do RNAm.

Esquematicamente, na síntese proteica teríamos (acompanhe pelas figuras ao lado):

a) Um RNAm, processado no núcleo, contendo sete códons (21 bases nitrogenadas), se dirige ao citoplasma.

b) No citoplasma, um ribossomo se liga ao RNAm na extremidade correspondente ao início da leitura. Dois RNAt, carregando os seus respectivos aminoácidos (*metionina* e *alanina*), prendem-se ao ribossomo. Cada RNAt liga o seu trio de bases (anticódon) ao trio de bases correspondentes ao códon do RNAm. Uma ligação peptídica une a *metionina* à *alanina*.

c) O ribossomo se desloca ao longo do RNAm. O RNAt que carregava a metionina se desliga do ribossomo e fica livre no citoplasma, podendo ligar-se a outra metionina. Um terceiro RNAt, carregando o aminoácido *leucina*, une o seu anticódon ao códon correspondente do RNAm. Uma ligação peptídica é feita entre a *leucina* e a *alanina*.

d) O ribossomo novamente se desloca. O RNAt que carregava alanina se desliga do ribossomo. O quarto RNAt, transportando o aminoácido *ácido glutâmico*, encaixa-se no ribossomo. Ocorre a união do anticódon desse RNAt com o códon correspondente do RNAm. Uma ligação peptídica une o *ácido glutâmico* à *leucina*.

e) Novo deslocamento do ribossomo. O quinto RNAt, carregando o aminoácido *glicina*, se encaixa no ribossomo. Ocorre a ligação peptídica da *glicina* com o *ácido glutâmico*.

f) Continua o deslocamento do ribossomo ao longo do RNAm. O sexto RNAt, carregando o aminoácido *serina*, se encaixa no ribossomo. Uma ligação peptídica une a *serina* à *glicina*.

g) Fim do deslocamento do ribossomo. O último transportador, carregando o aminoácido *triptofano*, encaixa-se no ribossomo. Ocorre a ligação peptídica do *triptofano* com a *serina*. O RNAt que carregava o triptofano se separa do ribossomo. O mesmo ocorre com o transportador que portava a serina.

h) O peptídio contendo sete aminoácidos fica livre no citoplasma. Claro que outro ribossomo pode se ligar ao RNAm, reiniciando o processo de tradução, que resultará em um novo peptídio. Perceba, assim, que o RNAm contendo sete códons (21 bases nitrogenadas) conduziu a síntese de um peptídio formado por sete aminoácidos.

De olho no assunto!

Síntese de proteínas no núcleo celular

No núcleo de todas as células eucarióticas, a produção de RNA se dá a partir do molde de uma fita do DNA. Então, o RNA sofre algumas alterações e segue para o citoplasma, onde se associa aos ribossomos para a formação das proteínas. Acreditava-se que a síntese de proteínas (tradução) ocorresse somente no citoplasma, mas em recente trabalho publicado na prestigiada revista *Science* foi demonstrado que os elementos necessários à tradução se associam no núcleo, onde proteínas seriam formadas. Além disso, os pesquisadores constataram que as estruturas responsáveis pela tradução estão em atividade no núcleo celular.

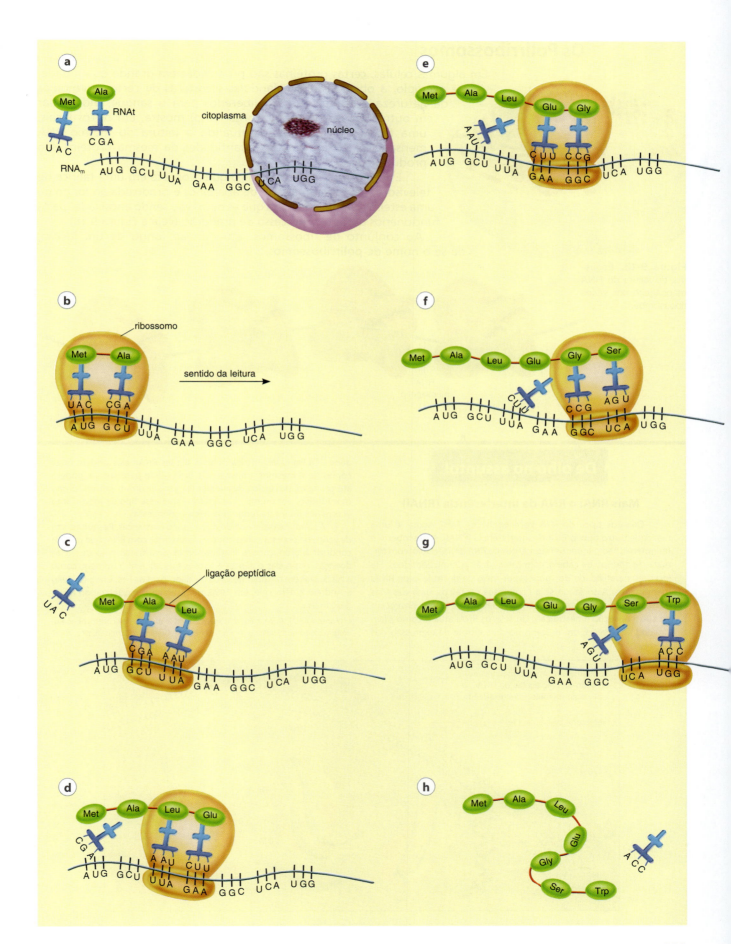

Os Polirribossomos

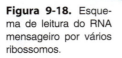

Em algumas células, certas proteínas são produzidas em grande quantidade. Por exemplo, a observação de glândulas secretoras de certos hormônios de natureza proteica (que são liberados para o sangue, indo atuar em outros órgãos do mesmo organismo) mostra, em certos locais, uma fileira de ribossomos efetuando a leitura do mesmo RNA mensageiro. Assim, grandes quantidades da mesma proteína são produzidas.

Esse processo lembra muito o que acontece em uma fábrica de televisores, em que uma série de aparelhos é produzida ao longo de uma esteira rolante, à medida que as peças vão sendo encaixadas pelos funcionários durante o processo de produção (veja a Figura 9-18).

Ao conjunto de ribossomos, atuando ao longo de um RNAm, dá-se o nome de **polirribossomos**.

Figura 9-18. Esquema de leitura do RNA mensageiro por vários ribossomos.

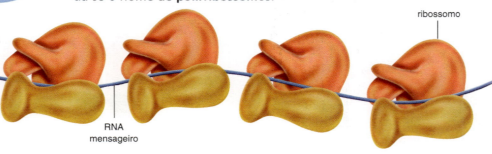

De olho no assunto!

Mais RNA: o RNA de interferência (RNAi)

Quantos tipos de RNA você conhece? Três? Agora, é uma realidade outro tipo: o RNA de interferência (RNAi). A descoberta é fenomenal. São pequenos fragmentos de *RNA de fita dupla*, com formato de grampo de cabelo, com cerca de 21 a 25 nucleotídeos. Ele interfere na atividade dos genes, por meio da destruição de RNAs mensageiros. Associando-se a complexos proteicos, uma das fitas desses RNAs pareia com a sequência específica de RNAm, provocando sua inativação e destruição. Ou seja, os RNAi atuam como *silenciadores de genes*. É um mecanismo de controle da expressão dos genes. Outra característica notável desses RNAi: eles podem fazer cópias de si mesmos, transitam de uma célula para outra e podem até ser herdados pelos descendentes caso ocorram em um órgão reprodutivo, por exemplo. Acredita-se que esse tipo de mecanismo ocorra nos genes de todas as espécies conhecidas.

As implicações dessa descoberta são fantásticas. Pesquisadores de vários países estão efetuando experimentos com RNAi que podem conduzir à produção de medicamentos para tratamento de várias doenças, entre elas o câncer e viroses que afligem o homem, como a AIDS. O Prêmio Nobel de 2006 foi dado para os Drs. Craig C. Mello e Andrew Z. Fire, que, em 1998, publicaram artigo relatando a sua descoberta.

Fonte: ABBOT, A. Youthful duo snags a swift Nobel for RNA control of genes. *Nature collections, Suplement – RNAi Nobel Prize Celebration*, London, Dec. 2006.

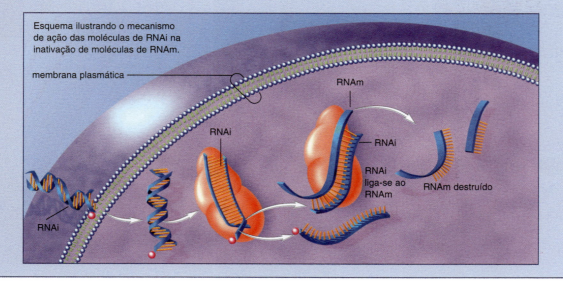

De olho no assunto!

O processamento do RNAm em eucariotos: introns e exons

Nos eucariotos, o RNAm, antes de ser enviado ao citoplasma para participar da síntese proteica, passa por um *processamento*. Isso ocorre porque, ao longo da fita de DNA que gerou o RNAm – chamado de transcrito primário (ou pré-RNA) – nem toda sequência de bases representa a mensagem para a síntese de um polipeptídio ou proteína. Explicando melhor: ao longo da fita de DNA a ser transcrita existem algumas sequências de bases, conhecidas como **introns**, que representam sequências não codificantes, e outras, os **exons**, que são as sequências realmente codificantes e que resultarão em uma proteína (ou polipeptídio).

Assim, depois que o RNAm (o transcrito primário) é produzido, ele passa por um processamento em que os introns são removidos, por ação de um complexo de natureza enzimática, que, ao mesmo tempo, promove a união dos fragmentos contendo os exons. Os biólogos moleculares denominam essa ação de remover introns e unir exons de "*splicing*" (que, na língua inglesa, possui o significado de *emendar* ou *unir fragmentos*). Do mesmo modo, o complexo de ação enzimática (na verdade, uma reunião de ribonucleoproteínas) que atua no processamento é denominado de spliceossomo. Agora, um fato notável: nos eucariotos, é comum ocorrer o "*splicing*" *alternativo*. O que significa isso? Na verdade, a junção dos exons, após a remoção dos introns, pode ser feita em diferentes combinações, cada uma delas resultando em polipeptídios (ou proteínas) diferentes. Por meio desse mecanismo alternativo, os cerca de 30.000 genes humanos, por exemplo, poderiam codificar a síntese de cerca de 120.000 tipos diferentes de RNAm processados! É conhecido o fato de que células de glândulas humanas – a tireoide, por exemplo – efetuam o processamento do mesmo transcrito primário diferentemente, conduzindo, assim, à produção de hormônios diferentes.

A título de comparação, é preciso dizer que na maioria dos procariotos (bactérias) o processamento do RNAm é praticamente inexistente. Relembre que nesses seres as células não possuem núcleo organizado. O RNAm produzido (o transcrito primário) contém em sua sequência a informação para a síntese de várias proteínas. Outra importante diferença reside no fato de que, à medida que a transcrição vai acontecendo, ao mesmo tempo ocorre a síntese proteica. Os ribossomos aderem ao RNAm e promovem a tradução da mensagem, o que conduz à síntese de várias proteínas em série. A figura ao lado resume o que ocorre em células de eucariotos e procariotos em termos da produção de RNAm e síntese de proteínas.

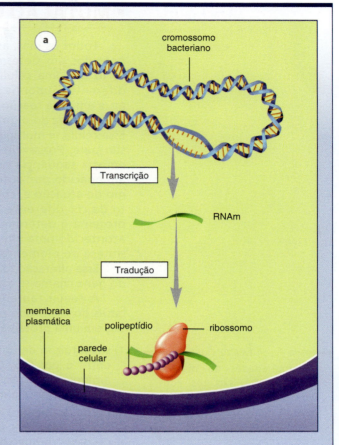

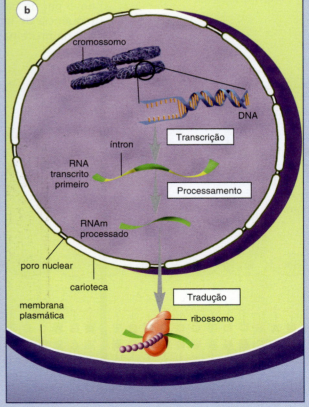

(a) Transcrição e tradução em procariotos: não há processamento de RNAm.
(b) Processamento de RNAm em eucariotos.

Adaptado de: RAVEN. P. H. *et al. Biology.* 7. ed. New York: McGraw-Hill, 2005.

▪ MUTAÇÃO GÊNICA: O ERRO GENÉTICO

Todos os dias, as suas células produzem proteínas que contêm aminoácidos em determinada sequência. Imagine, por exemplo, que em certo dia uma célula da epiderme de sua pele produza uma proteína diferente. Suponha também que essa proteína seja uma enzima que atue em uma reação química que leva à produção de um pigmento amarelo, em vez do pigmento normalmente encontrado na pele, a melanina. Essa célula se multiplica e, de repente, aparece uma mancha amarelada em sua pele. Provavelmente, essa enzima pode ter sofrido uma alteração em sua sequência de aminoácidos, tendo havido a substituição de um aminoácido por outro, o que acarretou uma mudança em seu mecanismo de atuação e, como consequência, levou à produção de um pigmento de cor diferente. Agora, como a sequência de aminoácidos em uma proteína é determinada pela ação de certo gene, é possível que tenha acontecido uma alteração na sequência de bases no gene que conduz à síntese do pigmento.

Essa alteração na sequência de bases na molécula de DNA constituinte do gene chama-se **mutação gênica**.

A seguir, apresentamos três tipos de modificação na sequência de bases do DNA, que podem acarretar mudanças na sequência de aminoácidos em uma proteína (acompanhe pela Figura 9-19):

1) substituição de um par de bases do DNA original – no lugar do par A-T, entra o par C-G. O códon ACC muda para GCC. Há a substituição do aminoácido triptofano pelo aminoácido arginina. A proteína correspondente não será a mesma;

2) perda (supressão) do par de bases A-T, sem haver substituição por outro par de bases – a partir do segundo códon, muda a sequência de trios de bases, o que conduz à modificação da sequência de aminoácidos na proteína;

3) novo par de bases é adicionado a partir do segundo códon – altera-se a sequência de leitura dos trios de bases. Muda a sequência de aminoácidos na proteína.

Anote!
As propriedades do material genético (DNA) são três: autoduplicação, controle do metabolismo celular e possibilidade de sofrer mutações.

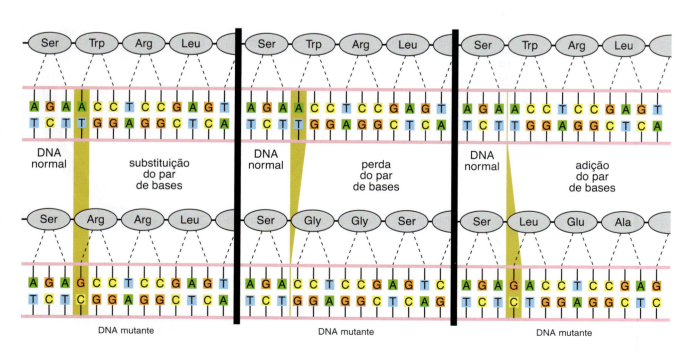

Figura 9-19. Mutações possíveis em uma molécula de DNA envolvendo substituição, perda ou adição de bases.

De olho no assunto!

A mutação e suas consequências

Se a alteração na sequência de aminoácidos na proteína não afetar o funcionamento da molécula e não prejudicar o organismo, de modo geral ela passa despercebida, é indiferente.

Outras vezes, a alteração leva a um favorecimento. Imagine, por exemplo, que certa célula do seu intestino passe a produzir uma enzima chamada celulase, capaz de digerir a celulose dos vegetais que você come. Provavelmente, a mutação que levou a esse erro será vantajosa para você, que poderá eventualmente até alimentar-se de papel picado!

Muitas vezes, porém, a mutação pode ser prejudicial. Na anemia falciforme, a substituição do aminoácido ácido glutâmico pelo aminoácido valina, em uma das cadeias da hemoglobina, conduz a uma alteração na forma da proteína toda. Essa alteração muda o formato do glóbulo vermelho, que passa a ser incapaz de transportar oxigênio. Outra consequência, grave, é que hemácias com formato de foice grudam umas nas outras nos capilares sanguíneos, o que pode provocar obstruções no trajeto para os tecidos.

As mutações são hereditárias

Dependendo da célula em que a mutação ocorre, ela pode ser transmitida à descendência. Nas suposições que fizemos, relacionadas ao pigmento da pele e à enzima celulase, evidentemente não ocorrerá a transmissão dos genes mutantes para os seus filhos, pois trata-se de *mutações somáticas*, ou seja, ocorreram em células não envolvidas na confecção de gametas.

Já a mutação que conduziu à anemia falciforme deve ter ocorrido, no passado, em células da *linhagem germinativa* de algum antepassado. O gene anômalo, então surgido, deve ter sido transportado por um gameta e daí se espalhou pela espécie humana.

As Causas das Mutações

De maneira geral, as mutações ocorrem como consequência de erros no processo de duplicação do DNA. Acontecem em baixíssima frequência. Muitas delas, até mesmo, são corrigidas por mecanismos especiais, como, por exemplo, a ação do gene p53, que evita a formação de tumores.

Há, no entanto, certos agentes do ambiente que podem aumentar a taxa de ocorrência de erros genéticos. Entre esses agentes mutagênicos podemos citar benzopireno e alcatrão, que são substâncias existentes no fumo, os raios X, a luz ultravioleta, o gás mostarda, ácido nitroso e alguns corantes existentes nos alimentos. Não é à toa que, em muitos países, é crescente a preocupação com a diminuição da espessura da camada do gás ozônio (O_3) que circunda a atmosfera terrestre. Esse gás atua como filtro de luz ultravioleta proveniente do Sol. Com a diminuição da sua espessura, aumenta a incidência desse tipo de radiação, o que pode afetar a pele das pessoas. Ocorrem lesões no material genético, que podem levar a certos tipos de câncer de pele.

De olho no assunto!

Epigenética: silenciando ou liberando genes

Pesquisas recentes sugerem que o funcionamento dos genes pode ser modificado por meio da ação de substâncias químicas e, mais importante, sem alterar a sequência de bases, ou seja, sem causar mutações no material genético. Essa é a base do que hoje é denominado de **epigênese** ou **epigenética** (do grego *epi* = sobre, em cima de).

Obesidade, certos tipos de câncer e distúrbios psiquiátricos, entre outros, estão na mira dos estudos dos cientistas que acreditam que a ação de certas substâncias pode estar envolvida no silenciamento ou na liberação de genes em muitos animais e, até, na espécie humana. Quanto ao mecanismo dessa ação, discute-se, hoje, a participação de substâncias relacionadas à dieta humana. Por exemplo, trabalhos realizados pela geneticista Emma Whitelaw evidenciaram que ratas prenhes alimentadas com uma dieta rica em vitamina B_{12}, ácido fólico e soja tiveram filhotes não obesos, muito embora possuíssem o gene para obesidade. Sabe-se, também, que o principal mecanismo envolvido no silenciamento ou na liberação do trabalho gênico reside na ação de grupos metil. São pequenas moléculas que, ligando-se a uma determinada sequência de bases de DNA, podem promover o seu silenciamento, enquanto a remoção dessas moléculas libera o gene, que pode, então, voltar a funcionar normalmente. O mais curioso nesses trabalhos é que esse tipo de ação pode ser herdado, ou seja, transmitido de geração a geração.

Passo a passo

1. Utilize os esquemas ao lado para responder às questões:
   a) Ao se basear na estrutura das moléculas de ácidos nucleicos esquematizadas, um estudante afirmou, corretamente, que em (a) está representado um trecho de molécula de DNA e, em (b), um trecho de molécula de RNA. Cite a característica estrutural dessas moléculas que foi fundamental para esse reconhecimento.

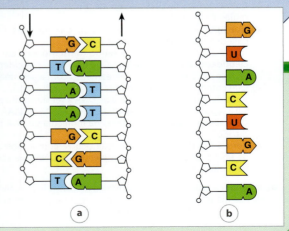

Metabolismo de controle: ácidos nucleicos e ação gênica

b) Ácidos nucleicos são macromoléculas constituídas de "tijolos" básicos conhecidos como nucleotídeos. Cite os três componentes de um nucleotídeo.
c) Cite as quatro bases nitrogenadas que podem estar presentes em um nucleotídeo de DNA. Quais são bases púricas e quais são pirimídicas?
d) Cite as quatro bases nitrogenadas que podem estar presentes em um nucleotídeo de RNA. Quais são bases púricas e quais são pirimídicas?
e) Cite a base nitrogenada exclusiva da molécula de DNA e a base nitrogenada exclusiva da molécula de RNA.
f) Cite a pentose presente em nucleotídeos de DNA e a pentose presente em nucleotídeos de RNA.

2. Na dupla-hélice típica da molécula de DNA os filamentos são complementares, ocorrendo uniões entre as bases nitrogenadas.
a) Como são unidas as duas cadeias de nucleotídeos nos filamentos complementares da molécula de DNA?
b) Como ocorre o pareamento de bases nessa molécula, ou seja, que bases participam do pareamento?
c) Em quais pareamentos se formam duas pontes de hidrogênio e em quais se formam três pontes de hidrogênio?

3. O DNA é uma molécula informacional cujos arquivos devem ser duplicados toda vez que uma célula se divide. Cada uma das células deve receber uma cópia exata da molécula original. Com relação a esse processo:
a) Explique em poucas palavras como ocorre a autoduplicação (replicação) da molécula de DNA.
b) Por que a autoduplicação do DNA é considerada *semiconservativa*? Cite o experimento conclusivo idealizado pela dupla de pesquisadores que demonstrou que a duplicação do DNA é *semiconservativa*.

4. As mensagens contidas em moléculas de DNA não são executadas diretamente por esse ácido nucleico. As mensagens devem ser repassadas a moléculas de RNA, que atuam como executoras do comando junto às estruturas celulares. Com relação a esse tipo de ácido nucleico, responda:
a) Como caracterizar o filamento da molécula de RNA, em termos estruturais?
b) Quais são os três tipos de RNA produzidos por uma célula? Utilize símbolos.
c) Como diferenciar esses três tipos de moléculas de RNA, em termos de peso molecular?
d) Como é denominado o processo de síntese de RNA a partir do molde representado por um dos filamentos de DNA?

5. A produção de RNA mensageiro com base em determinado trecho de molécula de DNA ocorre em uma série de etapas. A respeito desse assunto, responda:
a) Como se inicia o processo de síntese dessa molécula de RNA?
b) Ambas as fitas de DNA servem de molde para a síntese da molécula de RNA?
c) Que tipos de nucleotídeos participam da síntese da molécula de RNA, quanto ao açúcar pentose?
d) No trecho de DNA que está sendo transcrito, existem nucleotídeos contendo adenina. Que tipo de nucleotídeo de RNA se encaminha para o pareamento com a adenina?
e) Que complexo enzimático atua na síntese do RNA?
f) Considere que o trecho da fita de DNA a ser transcrito possui a seguinte sequência de bases: ATCGACTAACCTAAATTT. Qual será a sequência de bases na molécula de RNA produzida?
g) Com o fim da transcrição, o que ocorre com a molécula de RNA produzida? E com a molécula de DNA que serviu de molde para a transcrição?

6. Entender a ação do material genético no controle das atividades celulares depende da compreensão de alguns conceitos básicos. Com relação a esses conceitos:

a) O que significa códon? Cite um exemplo.
b) Cite três dos códons da Tabela 8-1 conhecidos como códons de parada. Eles especificam algum aminoácido?
c) O códon AUG é denominado *de início* de leitura, além de especificar um aminoácido. Qual é o aminoácido por ele especificado?
d) Qual o significado de código genético? Por que se diz que o código genético é universal? Por que se diz que o código genético é degenerado? Cite um exemplo.
e) Por outro lado, alguns códons diferentes podem especificar o mesmo aminoácido. Cite um exemplo.

7. O que é tradução? Onde ocorre esse processo? Quais são os seus participantes? O que significa anticódon e em qual molécula de RNA está presente? O que significa cístron?

8. Com relação ao processo de síntese proteica, responda:
a) Que organela celular participa do processo? Como essa organela atua ao longo do processo?
b) Como participam as moléculas de RNA transportador no processo?
c) Qual o significado de polirribossomos? Como atuam no processo de síntese proteica?

9. O esquema a seguir mostra as principais etapas do processamento de uma molécula de RNA, antes de ser enviada ao citoplasma para sua atuação na síntese de proteínas.
A respeito do esquema e do que ele representa, responda:
a) O que são íntrons e éxons?
b) Esse mecanismo de processamento ocorre em células de eucariotos ou de procariotos? Justifique em poucas palavras a sua resposta.

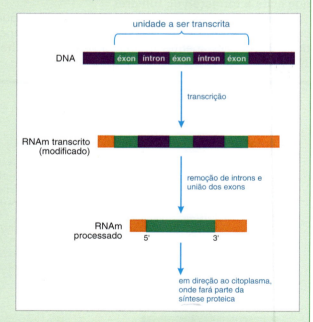

10. Acidentes nucleares como os que ocorreram em Goiânia em 1989 e em Fukushima, no Japão, em 2011, liberaram grande quantidade de radiação e material radioativo. Impactos no ambiente e na saúde das pessoas são preocupantes devido à possibilidade de a radioatividade poder induzir a ocorrência de mutações no material genético dos seres vivos.
Em poucas palavras, diga o que você entende por *mutações gênicas* e o que elas podem representar quanto à alteração na sequência de bases nitrogenadas do DNA.

11. *Questão de interpretação de texto*

Em 2010 a equipe da pesquisadora da NASA (EUA) Felisa Wolfe-Simon divulgou um achado polêmico que revolucionou os conhecimentos atuais acerca da estrutura do DNA. Em um lago norte-americano rico em arsênio, foi encontrada uma espécie de bactéria que produzia moléculas de DNA com esse elemento, no lugar do fósforo. A polêmica surgiu quando pesquisadores de outros centros de pesquisa, ao repetirem o procedimento da equipe de Wolfe-Simon, não obtiveram o mesmo resultado, acusando a equipe da NASA de falsificar resultados. Se o achado da pesquisadora for eventualmente confirmado, abre-se uma nova possibilidade acerca da existência de seres vivos que, ao contrário da grande maioria atualmente existente, recorrem a outra modalidade de construção de moléculas de ácidos nucleicos. A única diferença estrutural relativa ao DNA dessa espécie de bactéria, em relação ao DNA das demais espécies, seria a utilização do arsênio, no lugar do elemento fósforo, já tão bem conhecido. Será que a vida, ao se desenvolver em nosso planeta, recorreu a mais de uma estratégia molecular de sucesso para a construção do material genético? Só o tempo dirá. Por enquanto, é preciso aguardar os resultados que confirmem ou desmintam o achado dessa equipe de pesquisa.

Fonte: HAYDEN, E. C. Will you take the "arsenic-life" test? *Nature*, London, v. 474, n. 7349, p. 19, 2 June 2011.

Utilizando as informações do texto e seus conhecimentos a respeito da estrutura dos ácidos nucleicos, responda:

a) Quais são os dois tipos de ácidos nucleicos encontrados na maioria dos seres vivos da Terra atual?
b) Ácidos nucleicos são macromoléculas constituídas de "tijolos" básicos, os nucleotídeos. Quais são os componentes de um nucleotídeo, nos dois tipos de ácidos nucleicos existentes na maioria dos seres vivos da Terra atual?
c) Caso o achado da equipe de pesquisadores citada no texto seja confirmado por outros pesquisadores, qual será a modificação na estrutura do nucleotídeo, pelo menos do ácido nucleico por eles referido na espécie de bactéria estudada?

Questões objetivas

1. (UDESC) Analise o quadro abaixo:

Ácido nucleico	N.º de fitas	Bases nitrogenadas	Tipo de açúcar
DNA	(1)	(3)	(5)
RNA	(2)	(4)	(6)

Assinale a alternativa **correta** em relação à correspondência entre o número indicado no quadro acima e a característica do ácido nucleico DNA ou RNA, respectivamente:

a) (1) duas, (2) uma, (3) adenina, citosina, guanina, timina e uracila, (4) adenina, citosina, guanina, timina e uracila, (5) desoxirribose, (6) ribose.
b) (1) duas, (2) uma, (3) uracila, (4) timina, (5) desoxirribose, (6) ribose.
c) (1) duas, (2) uma, (3) adenina, citosina, guanina e timina, (4) adenina, citosina, guanina e uracila, (5) desoxirribose, (6) ribose.
d) (1) duas, (2) uma, (3) adenina, citosina, guanina e timina, (4) adenina, citosina, guanina e uracila, (5) ribose, (6) desoxirribose.
e) (1) uma, (2) duas, (3) adenina, citosina, guanina e uracila, (4) adenina, citosina, guanina e timina, (5) desoxirribose, (6) ribose.

2. (UERJ) Algumas células da pele de uma mesma rã foram retiradas em sua fase girino e, depois, em sua fase adulta. Observe a tabela abaixo, na qual são mostradas as combinações possíveis das macromoléculas DNA e RNA mensageiro.

Comparação entre as macromoléculas	
DNA	**RNAm**
1) mesma molécula	3) mesmo tipo
2) moléculas diferentes	4) tipos diferentes

Os resultados referentes à comparação das macromoléculas das células da rã nas fases girino e adulta estão indicados pelos seguintes números:

a) 1 e 3.   b) 1 e 4.   c) 2 e 3.   d) 2 e 4.

3. (UDESC) Assinale a alternativa **correta** quanto aos ácidos nucleicos.

a) A duplicação do DNA é conservativa, pois as moléculas-filhas são formadas por dois filamentos antigos provenientes do DNA original.
b) Na classificação do ácido nucleico DNA são encontradas as bases nitrogenadas: citosina, adenina, guanina e uracila.
c) Os ácidos nucleicos são formadores dos genes pela sequência de várias unidades de nucleotídeos.
d) Na classificação do ácido nucleico RNA são encontradas as bases nitrogenadas: citosina, adenina, guanina e timina.
e) O DNA comanda as características de um organismo, por meio da tradução que ocorre no núcleo e da transcrição que ocorre nos ribossomos situados no citoplasma da célula.

4. (UEL – PR) Em uma população, foi identificado um indivíduo que possui resistência genética a um vírus que provoca uma importante doença. Em um estudo comparativo, verificou-se que esse indivíduo produz uma proteína que confere tal resistência, com a seguinte sequência de aminoácidos: serina-tirosina-cisteína-valina-arginina. A partir da tabela de código genético, a seguir:

AGU – serina	AGC – serina
UAC – tirosina	UAU – tirosina
UGC – cisteína	UGU – cisteína
GUA – valina	GUU – valina
AGG – arginina	CGA – arginina

e considerando que o RNA mensageiro deste gene contém: 46,7% de uracila; 33,3% de guanina; 20% de adenina e 0% de citosina, assinale a alternativa que apresenta a sequência correta de bases de fita-molde deste gene.

a) TCA – ATA – ACA – CAA – TCC
b) TCA – ATA – ACG – CAT – TCC
c) TCA – ATG – ACA – CAT – TGG
d) AGU – UAU – UGU – GUU – AGG
e) AGC – UAC – UGC – CAA – CGA

Metabolismo de controle: ácidos nucleicos e ação gênica   **215**

5. (UFSM – RS) Os atletas obtêm sucesso através de muito treinamento, entretanto as características genéticas de cada indivíduo colaboram para um resultado final positivo.

No esquema, as bases do DNA que dão origem ao RNA mensageiro, no sentido da seta, são:

a) C–A–U–G–A–C–G–U.
b) A–U–A–C–U–G–C–A.
c) G–T–A–C–U–G–C–A.
d) C–A–T–G–A–C–G–T.
e) A–G–C–T–C–T–A–T.

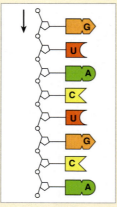

6. (UNICAMP – SP) Em um experimento, um segmento de DNA que contém a região codificadora de uma proteína humana foi introduzido em um plasmídeo e passou a ser expresso em uma bactéria. Considere que o 50.º códon do RNA mensageiro produzido na bactéria a partir desse segmento seja um códon de parada da tradução. Nesse caso, é correto afirmar que:

a) a proteína resultante da tradução desse RNA mensageiro possui 50 aminoácidos.
b) a proteína resultante da tradução desse RNA mensageiro possui 49 aminoácidos.
c) a proteína resultante da tradução desse RNA mensageiro possui 150 aminoácidos.
d) nenhuma proteína é formada, pois esse RNA mensageiro apresenta um códon de parada.

7. (UERJ) Observe a sequência de bases nitrogenadas que compõem a porção inicial de um RNA mensageiro transcrito em uma determinada proteína de uma célula eucariota:

AUGGCUAAAUUAGAC....................

Nessa proteína, o aminoácido introduzido pelo códon iniciador foi removido durante o processo de síntese.

Admita que uma mutação tenha atingido o códon correspondente ao aminoácido número 3 da estrutura primária desse polipeptídio, acarretando a troca de uma base A, na célula original, pela base U, na célula mutante.

A tabela abaixo permite a identificação dos códons dos aminoácidos encontrados tanto na proteína original como na mutante, codificados pelo trecho inicial desse RNA mensageiro:

Aminoácido	Códons
alanina	GCU, GCC, GCA, GCG
arginina	CGU, CGC, CGA, CGG, AGA, AGG
aspártico	GAU, GAC
fenilalanina	UUU, UUC
leucina	UUA, UUG, CUU, CUC, CUA, CUG
lisina	AAA, AAG
metionina e códon de iniciação	AUG
serina	UCU, UCC, UCA, UCG, AGU, AGC
tirosina	UAU, UAC
triptofano	UGG

Agora, a estrutura primária da proteína mutante tem como terceiro aminoácido:

a) tirosina
b) leucina
c) triptofano
d) fenilalanina

8. (PUC – RJ) O projeto genoma humano fez uma estimativa do número de genes em um ser humano como sendo em torno de 30.000, sendo que cada gene tem uma extensão média de aproximadamente 5.000 nucleotídeos. No entanto, parte do genoma humano é formada por DNA não codificador.

Sobre o DNA não codificador, é **incorreto** afirmar que:

a) ele não codifica proteínas ou moléculas que controlam a produção de proteínas.
b) ele é constituído em parte por sequências nucleotídicas repetidas.
c) ele é tratado por alguns pesquisadores como DNA-lixo ou DNA sem função.
d) ele pode possuir apenas função estrutural.
e) ele constitui a menor parte do genoma humano.

9. (UERJ) A gripe conhecida popularmente como gripe suína é causada por um vírus *influenza A*.

Esse tipo de vírus se caracteriza, dentre outros aspectos, por:

- ser formado por RNA de fita simples (–), incapaz de atuar como RNA mensageiro ou de sintetizar DNA;
- os RNA complementares do RNA viral poderão ser traduzidos em proteínas pelo aparelhamento celular.

Os esquemas a seguir apresentam um resumo de etapas dos processos de replicação de alguns dos vírus RNA, após penetrarem nas células.

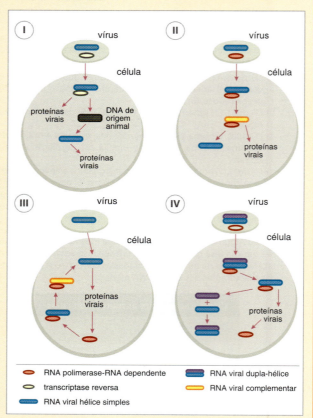

O tipo de replicação encontrado no vírus *influenza A* está representado no esquema de número:

a) I.   b) II.   c) III.   d) IV.

10. (UFSC) O Código Genético é universal por ser praticamente o mesmo em todos os seres vivos, embora existam raríssimas exceções a esta universalidade. Ele também é chamado de degenerado, porque para a codificação de quase todos os aminoácidos existem mais de um códon, conforme é mostrado na Tabela do Código Genético, abaixo:

1.ª base do códon	2.ª base do códon				3.ª base do códon
	U	C	A	G	
U	fenilalanina	serina	tirosina	cisteína	U
	fenilalanina	serina	tirosina	cisteína	C
	leucina	serina	parada (*stop*)	parada (*stop*)	A
	leucina	serina	parada (*stop*)	triptofano	G
C	leucina	prolina	histidina	arginina	U
	leucina	prolina	histidina	arginina	C
	leucina	prolina	glutamina	arginina	A
	leucina	prolina	glutamina	arginina	G
A	isoleucina	treonina	asparagina	serina	U
	isoleucina	treonina	asparagina	serina	C
	isoleucina	treonina	lisina	arginina	A
	metionina	treonina	lisina	arginina	G
G	valina	alanina	ac. aspártico	glicina	U
	valina	alanina	ac. aspártico	glicina	C
	valina	alanina	glutamina	glicina	A
	valina	alanina	glutamina	glicina	G

Ao final da tradução de um RNA mensageiro foi formado um polipeptídio que apresenta os seguintes aminoácidos em suas posições relativas:

metionina – triptofano – triptofano – arginina – lisina – cisteína – fenilalanina
1   2   3   4   5   6   7

Assinale a(s) proposição(ões) **CORRETA(S)** e dê sua soma ao final.

(01) O RNA mensageiro que forma este polipeptídio apresenta 7 (sete) pares de bases nitrogenadas.
(02) Se o códon do RNA mensageiro que codifica o segundo aminoácido for modificado na sua terceira base (de G para A), a cadeia polipeptídica será formada faltando um aminoácido.
(04) Existem no total 16 sequências possíveis de RNA mensageiro para formarem este polipeptídio.
(08) Os aminoácidos da primeira e da segunda posição são exemplos da razão pela qual o código genético é chamado de degenerado.
(16) A presença do códon UAA no RNA mensageiro faz com que a maquinaria de tradução (ribossomo + RNA mensageiro) seja desmontada.
(32) Pela análise da tabela do código genético podemos afirmar que o aminoácido da 7.ª (sétima) posição pode ser codificado por apenas um códon.
(64) Uma mutação no DNA pode ou não levar a modificações na sequência dos aminoácidos deste polipeptídio.

Questões dissertativas

1. (UERJ) Em uma pesquisa, cientistas extraíram amostras de DNA de três espécies diferentes e determinaram suas relações $\left(\dfrac{G + C}{A + T}\right)$, apresentadas na tabela ao lado.

Em seguida, aqueceram-se as amostras e mediu-se a temperatura de desnaturação de cada uma delas. Sabe-se que, na temperatura de desnaturação, todas as pontes de hidrogênio entre as bases nitrogenadas estão rompidas.

Identifique a amostra com maior temperatura de desnaturação. Justifique sua resposta.

Amostra	$\left(\dfrac{G + C}{A + T}\right)$
1	0,82
2	1,05
3	1,21

Metabolismo de controle: ácidos nucleicos e ação gênica **217**

2. (UERJ) O esquema abaixo representa o mecanismo de biossíntese proteica em um trecho de DNA de uma célula eucariota. Observe que sua hélice inferior será transcrita e que as bases nitrogenadas, em destaque, compõem um íntron, a ser removido no processamento do pró-RNAm.

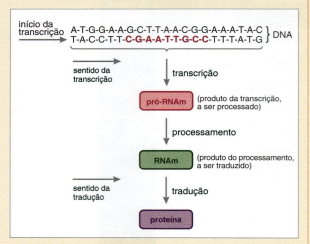

Identifique a sequência de bases que irá compor o trecho de RNA mensageiro a ser traduzido em proteína e determine o número de aminoácidos a serem introduzidos na proteína nascente.

3. (UNICAMP – SP) Os esquemas I e II a seguir mostram as etapas da expressão gênica em dois organismos distintos, um procarioto e um eucarioto.

a) Indique, com justificativa, qual esquema se refere ao eucarioto. Em qual ou quais compartimentos celulares ocorrem as etapas indicadas por 1 e 2 no esquema I, e as etapas 3 e 5 do esquema II?

b) A remoção diferencial de íntrons do RNA mensageiro pode resultar na produção de diferentes peptídios. Qual das etapas indicadas nos esquemas corresponde ao processo de remoção de íntrons? Explique por que a remoção diferencial de íntrons pode acarretar a produção de diferentes peptídios.

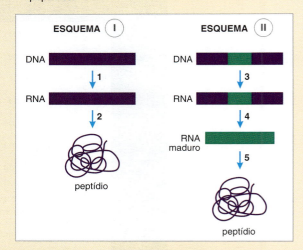

4. (UFPR) A partir de apenas 20 tipos diferentes de aminoácidos, uma célula pode produzir aproximadamente 20.000 diferentes tipos de proteínas, como, por exemplo, hemoglobina, colágeno e miosina. Essa produção acontece pela ligação dos aminoácidos em sequências específicas, que são diferentes para cada proteína. Entretanto, a mesma proteína (por exemplo, hemoglobina) tem exatamente a mesma sequência de aminoácidos todas as vezes que é produzida em uma mesma célula. Explique como a célula controla essa produção, para que todas as hemoglobinas sejam iguais.

Programas de avaliação seriada

1. (SAS – UEG – GO – adaptada) Em 1962, o prêmio Nobel de Fisiologia e Medicina foi concedido aos cientistas Francis Crick, Maurice Wilkins e James Watson por suas pesquisas que determinaram a estrutura molecular do DNA, observada abaixo.

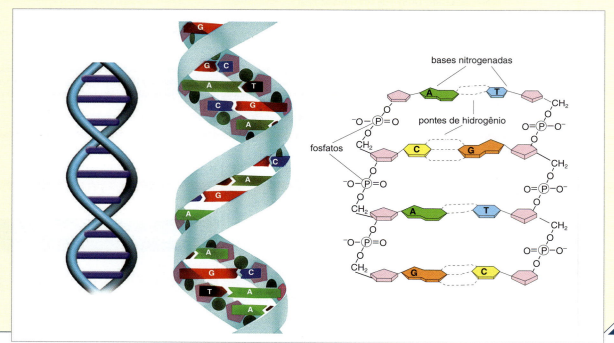

Sobre esta estrutura, é CORRETO afirmar:

a) as pontes de hidrogênio pelo potencial de energia de ativação mantêm a ligação dos fosfatos e pentoses.
b) na molécula de DNA, a adenina e a citosina possuem um anel de átomos de carbono e derivam da pirimidina.
c) o ácido desoxirribonucleico (DNA) aparece nos cromossomos associado às proteínas, cuja fórmula molecular são hidrocarbonetos.
d) o DNA possui uma base nitrogenada, composto cíclico com nitrogênio, a pentose, um açúcar de cinco carbonos e um radical do ácido fosfórico.

2. (SSA – UPE) Na natureza, existem dois tipos celulares básicos: procarióticos e eucarióticos. Entre os eucariontes, temos células animais e vegetais. Sobre a estrutura química do material genético dos referidos tipos celulares, analise as afirmativas a seguir:

I. Nos procariontes, o DNA (material genético) é composto por unidades chamadas nucleotídeos, constituídos de um açúcar de cinco carbonos, a desoxirribose, uma base nitrogenada e um radical fosfato. No entanto, nos eucariontes, o açúcar é a ribose.

II. Em todos os tipos celulares, o DNA (material genético) é composto de um açúcar, a desoxirribose, uma base nitrogenada (púrica ou pirimídica) e um radical fosfato, formando uma molécula dupla-hélice (modelo de Watson e Crick).

III. Em todos os tipos celulares, o DNA (material genético) é formado por duas cadeias de nucleotídeos, compostos de um açúcar de cinco carbonos, a desoxirribose, um radical fosfato e uma base nitrogenada cujas quantidades de adenina e guanina são iguais, bem como as de citosina e timina.

IV. Nos procariontes, seres unicelulares mais simples, o DNA (material genético) é um polinucleotídeo de fita simples, enquanto, nos eucariontes, é um polinucleotídeo do tipo dupla-hélice (modelo de Watson e Crick).

V. Em todos os tipos celulares, o DNA (material genético) é uma dupla-hélice resultante de dois polinucleotídeos paralelos, ligados entre si por suas bases, através de pontes de hidrogênio entre pares de bases específicas: a adenina emparelha-se com a timina, e a guanina, com a citosina.

Estão CORRETAS

a) I e III.
b) II, IV e V.
c) II e V.
d) III e V.
e) IV e V.

3. (PSS – UFS – SE) O comando e a coordenação de todas as atividades celulares são efetuados pelo núcleo interfásico. Analise as proposições a seguir, identificando com V as alternativas verdadeiras e com F as falsas.

0 – O nucléolo está presente tanto nas células procarióticas como nas eucarióticas.

1 – A região organizadora do nucléolo é uma região de intensa síntese de ácido ribonucleico ribossômico (RNAr).

2 – Cada molécula de DNA é formada por unidades chamadas nucleotídeos, cada um deles formado por uma molécula de ácido fosfórico, uma molécula de açúcar e uma molécula de base nitrogenada.

3 – Em uma molécula de DNA, a quantidade de adenina mais timina é, obrigatoriamente, igual à de citosina mais guanina.

4 – Nas células, ocorre o abaixo esquematizado:

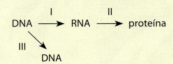

Tradução e transcrição estão representadas, respectivamente, pelas setas I e II.

Unidade 5

Reprodução e embriologia animal

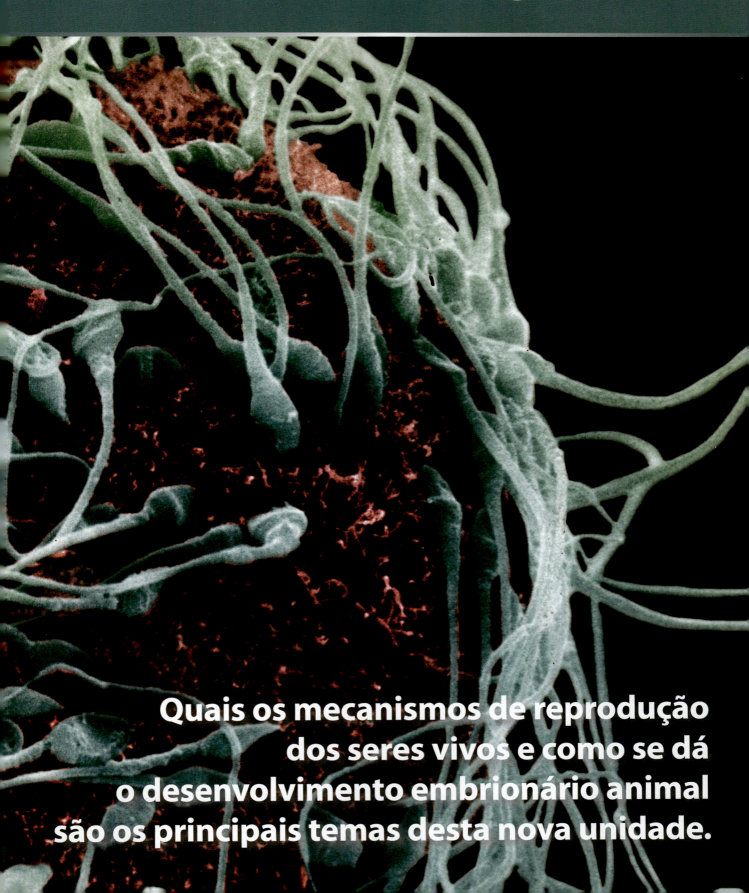

Quais os mecanismos de reprodução dos seres vivos e como se dá o desenvolvimento embrionário animal são os principais temas desta nova unidade.

Capítulo 10

Reprodução

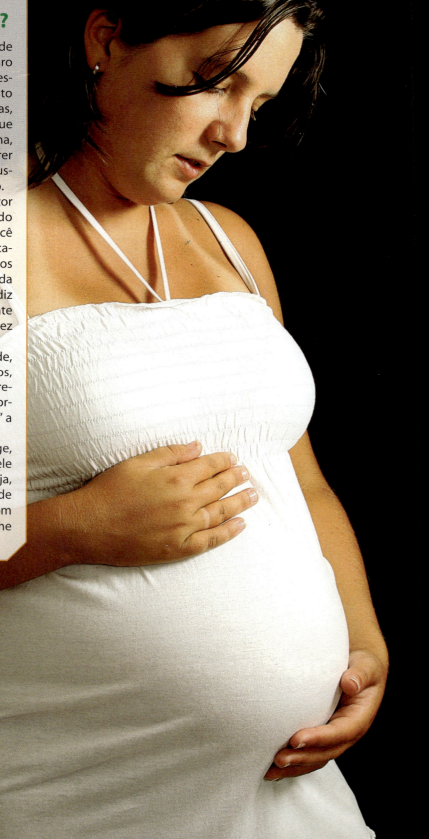

Você age ou reage?

Você sabe como o motor de um automóvel funciona? É claro que não é absolutamente necessário conhecer o funcionamento de algo para poder utilizá-lo, mas, quando usamos alguma coisa que também sabemos como funciona, ficamos mais seguros. E, se ocorrer algum problema, poderemos buscar mais facilmente uma solução.

O nosso sistema reprodutor também pode ser comparado ao motor de um carro. Se você souber como ele funciona, ficará mais seguro para lidar com os assuntos relacionados a sua vida sexual, principalmente no que diz respeito às doenças sexualmente transmissíveis e a uma gravidez indesejada.

A vida sexual, a sexualidade, envolve profundos sentimentos, emoções. Mostra grande despreparo quem acredita que o importante é "sentir", "ficar", e o "resto" a gente pensa depois.

Quem é dono de si, quem age, pensa e planeja sua vida. Já aquele que reage, aquele que não planeja, boa parte das vezes é levado de roldão! Na vida, cada um arca com suas escolhas, e cada um escolhe seu caminho.

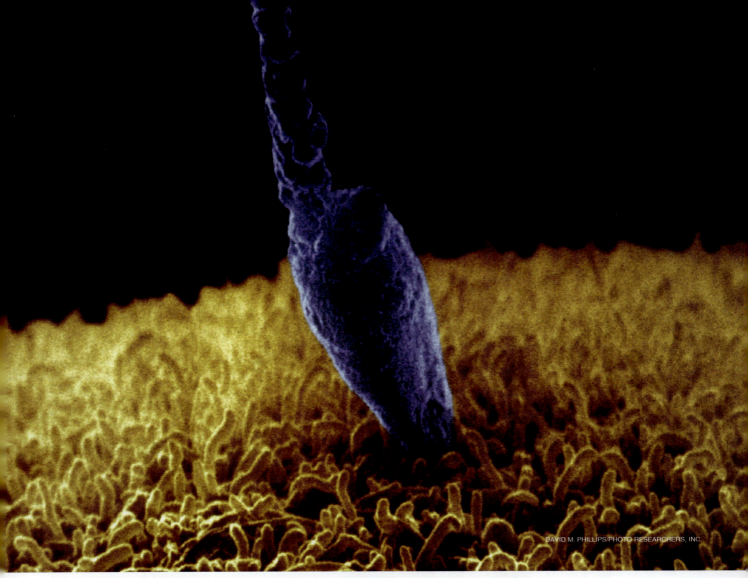

Micrografia (em microscópio eletrônico de varredura) de espermatozoide no momento em que penetra a superfície de um ovócito humano.

▪ MECANISMO DE PERPETUAÇÃO DAS ESPÉCIES

Ao mecanismo pelo qual os seres vivos se multiplicam é dado o nome de **reprodução**. Em muitos seres vivos, ela envolve a formação de células específicas para essa finalidade, chamadas gametas. Neles, estão contidas as informações genéticas necessárias para o desenvolvimento de um novo ser, com as características próprias de sua espécie.

Há duas modalidades básicas de reprodução: a **assexuada** e a **sexuada**.

Na reprodução **sexuada**, existe grande possibilidade de surgimento de variabilidade genética entre os descendentes. Isso se deve à ocorrência de dois eventos fundamentais: meiose e fecundação. No tipo mais frequente de reprodução sexuada, os novos indivíduos originam-se de dois gametas, na maioria das vezes vindos de indivíduos diferentes.

Na reprodução **assexuada**, as chances de ocorrer variabilidade entre os descendentes são menores. De modo geral, os descendentes são geneticamente iguais, já que o tipo de divisão celular utilizado é a mitose. Um único indivíduo origina seus descendentes. Nesse caso, a única fonte de variabilidade é a ocorrência casual de **mutações**, que pode levar a diferenças individuais entre os componentes de uma população.

Os dois tipos de reprodução ocorrem em praticamente todos os grupos de seres vivos. Nos mais primitivos, de pequena complexidade, por exemplo, as esponjas, a reprodução assexuada é mais comum, embora também seja constatada em grupos mais complexos, como nos equinodermos (estrelas-do-mar), protocordados (ascídias) e inúmeros vegetais. Nesses últimos grupos, a reprodução sexuada é mais frequente.

Reprodução Assexuada

Os tipos mais comuns de reprodução assexuada são: propagação vegetativa dos vegetais, brotamento, cissiparidade, reprodução múltipla e regeneração (quando leva à formação de outros indivíduos). Ao conjunto de indivíduos produzidos assexuadamente por um único ser vivo dá-se o nome de **clone**. A Tabela 10-1 ilustra as principais características dessas modalidades de reprodução.

Tabela 10-1. Tipos de reprodução assexuada.

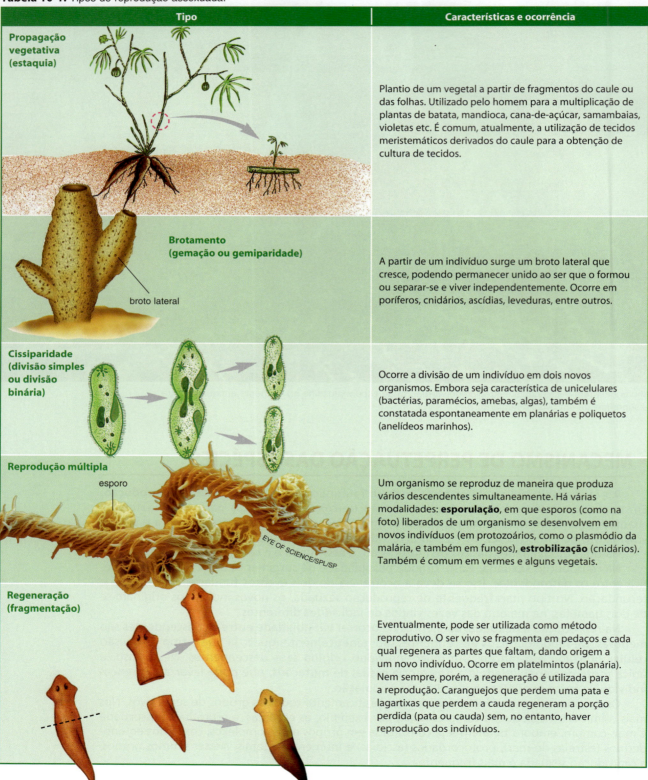

Tipo	Características e ocorrência
Propagação vegetativa (estaquia)	Plantio de um vegetal a partir de fragmentos do caule ou das folhas. Utilizado pelo homem para a multiplicação de plantas de batata, mandioca, cana-de-açúcar, samambaias, violetas etc. É comum, atualmente, a utilização de tecidos meristemáticos derivados do caule para a obtenção de cultura de tecidos.
Brotamento (gemação ou gemiparidade)	A partir de um indivíduo surge um broto lateral que cresce, podendo permanecer unido ao ser que o formou ou separar-se e viver independentemente. Ocorre em poríferos, cnidários, ascídias, leveduras, entre outros.
Cissiparidade (divisão simples ou divisão binária)	Ocorre a divisão de um indivíduo em dois novos organismos. Embora seja característica de unicelulares (bactérias, paramécios, amebas, algas), também é constatada espontaneamente em planárias e poliquetos (anelídeos marinhos).
Reprodução múltipla	Um organismo se reproduz de maneira que produza vários descendentes simultaneamente. Há várias modalidades: **esporulação**, em que esporos (como na foto) liberados de um organismo se desenvolvem em novos indivíduos (em protozoários, como o plasmódio da malária, e também em fungos), **estrobilização** (cnidários). Também é comum em vermes e alguns vegetais.
Regeneração (fragmentação)	Eventualmente, pode ser utilizada como método reprodutivo. O ser vivo se fragmenta em pedaços e cada qual regenera as partes que faltam, dando origem a um novo indivíduo. Ocorre em platelmintos (planária). Nem sempre, porém, a regeneração é utilizada para a reprodução. Caranguejos que perdem uma pata e lagartixas que perdem a cauda regeneram a porção perdida (pata ou cauda) sem, no entanto, haver reprodução dos indivíduos.

Reprodução Sexuada

Em geral, na reprodução sexuada dos seres vivos pluricelulares eucariontes (aqueles em que as células possuem membrana nuclear e organelas envolvidas por membrana), dois gametas (células haploides) fundem-se para dar origem a um novo organismo diploide (2n). Os gametas podem ser iguais na forma e no tamanho (isogamia) ou não (heterogamia ou anisogamia), como nos seres humanos.

Três tipos de ciclos reprodutivos sexuados podem ser considerados entre os seres vivos: *haplonte*, *diplonte* e *haplontediplonte*.

> **Anote!**
> Quando os organismos apresentam sexos separados, eles são chamados de **dioicos** (= duas "casas"). Já aqueles em que os diferentes gametas são produzidos por um único organismo são chamados de **monoicos** (= uma "casa").

Ciclo haplonte

Nesse tipo de ciclo, a geração adulta é haploide (acompanhe pela Figura 10-1). Em certa fase da vida são produzidos gametas, por mitose, que se fundem gerando um zigoto. Essa célula sofre meiose e origina células haploides, chamadas de esporos. Cada esporo gera, então, um novo organismo adulto haploide. A meiose é denominada de *zigótica* (porque é executada pelo zigoto) ou *inicial* (os esporos correspondem ao início de um novo indivíduo). Ocorre em algas unicelulares e filamentosas.

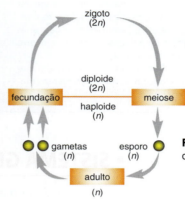

Figura 10-1. Esquema de ciclo de vida haplonte.

Ciclo diplonte

A geração adulta é diploide e produz gametas por meiose (veja a Figura 10-2). Ocorre a fecundação e é gerado um zigoto e, por mitoses sucessivas, forma-se um novo indivíduo adulto. A meiose é denominada de *gamética* (destina-se a produzir gametas) ou *final* (de modo geral, coincide com a maturidade do indivíduo adulto). Ocorre em algumas espécies de algas e em todos os animais.

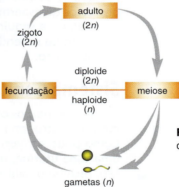

Figura 10-2. Esquema de ciclo de vida diplonte.

Ciclo haplontediplonte

Duas gerações adultas, uma diploide e outra haploide, alternam-se durante o ciclo reprodutivo. A geração diploide reproduz-se por meio de esporos produzidos por meiose (veja a Figura 10-3). A geração haploide é a responsável pela produção de gametas, por mitose. A meiose é denominada de *espórica* (por servir para a produção de esporos) ou *intermediária* (por ocorrer entre as fases diploide e haploide). Ocorre em algumas espécies de algas e em todos os vegetais. Nesse caso, a fase adulta diploide é chamada de *esporófito* (produz esporos) e a fase adulta haploide é conhecida pelo nome de *gametófito* (produz gametas). Note que o esporo, sozinho, é capaz de gerar um novo organismo haploide, enquanto são necessários dois gametas para a produção de um novo indivíduo diploide.

Nos seres humanos, objeto de estudo deste capítulo, a reprodução envolve uma série de órgãos e glândulas acessórias que constituem o **sistema genital**.

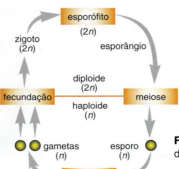

Figura 10-3. Esquema de ciclo de vida haplontediplonte.

De olho no assunto!

Tipo particular de reprodução

Certos tipos de reprodução fogem à regra comum da reprodução sexuada e adotam vias diferentes das analisadas anteriormente. São eles a *partenogênese*, a *pedogênese*, a *neotenia* e a *poliembrionia*. Dentre eles, vamos explorar um pouco mais a partenogênese.

Na **partenogênese** (do grego, *parthénos* = virgem e *génesis* = origem) ocorre o desenvolvimento de uma célula sexual feminina sem ser fecundada. É clássico o caso das abelhas, em que os óvulos produzidos pela rainha e que são fecundados dão origem a fêmeas diploides, enquanto os óvulos que não são fecundados desenvolvem-se e originam machos haploides (os zangões). É um caso de partenogênese natural e facultativa, uma vez que há formação de indivíduos diploides e haploides, estes do sexo masculino. Em outros insetos (os pulgões), a partenogênese gera apenas fêmeas. Em algumas espécies de pulgões, no entanto, ocorre partenogênese, que origina tanto machos como fêmeas.

A partenogênese pode também ser induzida artificialmente em laboratório, por meio de picadas com agulhas, tratamentos químicos ou com variações na temperatura.

A **pedogênese** (do grego, *paidós* = criança e *génesis* = origem) corresponde a um tipo de reprodução em que óvulos são formados na fase larvária, sem haver fecundação. É considerada um caso de partenogênese que ocorre em larvas de alguns insetos e nas de certos vermes parasitas do homem, como o *Schistosoma mansoni*.

A **neotenia** (do grego, *néos* = novo e *teíno* = estender) é um tipo de reprodução em que ocorre a formação de gametas produzidos por meiose no estágio larval de certos animais. Os gametas são fecundados, formam-se zigotos, que produzirão novos indivíduos diploides. Ocorre em larvas de certos anfíbios do grupo das salamandras.

Na **poliembrionia** (do grego, *polús* = numeroso e *émbruon* = crescer com abundância), zigotos recém-formados dividem-se por mitose e originam células que, ao se separarem, desenvolvem-se independentemente em novos indivíduos. Essa separação de células pode ser considerada como um processo de reprodução assexuada. Ocorre em tatus, em que as quatro primeiras células resultantes da segmentação (divisão) do zigoto originam quatro filhotes. A formação de gêmeos univitelinos (gemelaridade) em seres humanos também é considerada um caso de poliembrionia.

▪ SISTEMA GENITAL

Na espécie humana, para que se dê a formação de um novo indivíduo, é necessário que haja o encontro dos gametas e a formação de um zigoto. No homem, esses gametas são chamados de espermatozoides e nas mulheres, óvulos. Já vimos, no Capítulo 6, a formação dessas células por meio dos processos de espermatogênese e ovulogênese, respectivamente.

Vamos, a seguir, acompanhar a descrição dos sistemas genitais humanos a fim de entender o caminho que os gametas percorrem até a formação do zigoto.

Sistema Genital Feminino

Na mulher, os **ovários** são responsáveis pela produção de óvulos e hormônios – estrógeno e progesterona – em resposta ao comando da hipófise. Como pode ser visto na Figura 10-4, cada ovário fica localizado perto de uma **tuba uterina**, uma estrutura em forma de funil que, durante a ovulação, recolhe o óvulo e o conduz até o útero.

Anote!

Vários órgãos genitais são importantes para o desejo sexual, e sua estimulação provoca sensações de prazer. A vagina, os pequenos e grandes lábios e o clitóris (pequena estrutura com várias terminações nervosas e muito sensível ao toque) recebem maior volume sanguíneo e aumentam de tamanho durante o ato sexual.

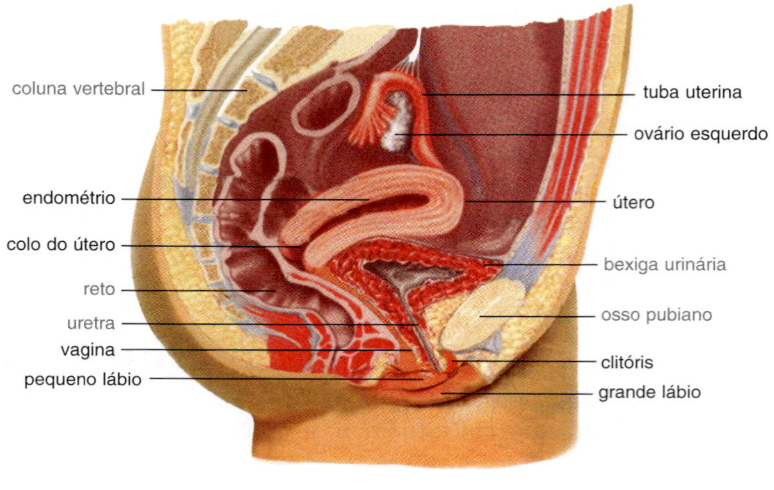

Figura 10-4. Sistema genital feminino em corte. Note que a coluna vertebral, o osso pubiano, a bexiga urinária, a uretra e o reto não fazem parte desse sistema.

O **útero** é um órgão com espessas paredes musculares e com uma camada interna, o endométrio, ricamente vascularizada. O embrião se implanta nessa camada, em que completa o seu desenvolvimento. A parte final do útero, que se abre na **vagina**, é chamada de **cérvix** ou **colo do útero**. A vagina é uma estrutura com paredes musculares finas, porém bastante fortes, que serve como canal de parto e também acomoda o pênis (órgão masculino) durante o ato sexual.

Note que a vagina se abre para o meio externo atrás da uretra, canal por onde sai a urina. Duas dobras de pele revestem e protegem a região genital: os **grandes lábios** e os **pequenos lábios**. Glândulas localizadas ao redor da entrada vaginal são responsáveis pela secreção de uma substância lubrificante, que facilita o ato sexual. As paredes vaginais também secretam essas substâncias.

> *Anote!*
>
> A abertura da vagina e da uretra e os pequenos e grandes lábios formam a **vulva**.

De olho no assunto!

Folículo ovariano: é nele que se forma o ovócito

Em cada ovário existem vários *folículos ovarianos*. Cada folículo é uma estrutura repleta de células que circundam o futuro óvulo em formação. Por estímulo do *hormônio folículo estimulante* (FSH), uma gonadotrofina produzida pela hipófise, um dos folículos aumenta de tamanho e as células foliculares iniciam a produção do hormônio *estrógeno*. Esse hormônio atinge o útero pela circulação e estimula o crescimento do endométrio uterino. Outra gonadotrofina hipofisária, o *hormônio luteinizante* (LH), atinge o ovário e estimula a ruptura folicular, promovendo a liberação do ovócito secundário. O folículo rompido se transforma no *corpo lúteo* (ou *corpo amarelo*), que produz um segundo hormônio ovariano, a *progesterona*, que também atinge o útero, fazendo crescer ainda mais a capa endometrial, tornando-a rica em vasos e glândulas, essenciais para a nutrição do futuro embrião que se implantará no endométrio. Portanto, para haver a liberação do ovócito secundário – no processo conhecido como *ovulação* –, é preciso haver a ação de dois hormônios hipofisários sobre o ovário.

Leitura

As glândulas mamárias e a importância da amamentação

As glândulas mamárias são glândulas sudoríparas modificadas que produzem leite. Cada glândula mamária consiste de compartimentos chamados **lobos**, separados por tecido adiposo, cuja quantidade é responsável pelo volume da mama. Em cada lobo, numerosas estruturas alveolares, com formato de cacho de uva, constituem as unidades produtoras do leite materno. Circundando os alvéolos, células musculares lisas auxiliam a expulsão do leite produzido em direção aos mamilos durante a sucção exercida pelo bebê. À medida que o leite é produzido pelas glândulas, ele passa dos alvéolos para ductos mamários e, em seguida, para seios lactíferos, ali permanecendo até que o leite seja passado para ductos lactíferos, em direção à boca do bebê.

A produção de leite é estimulada pelo hormônio hipofisário prolactina, enquanto a ejeção é induzida pelo hormônio neuroipofisário *ocitocina*, que atua na musculatura lisa que circunda os alvéolos, fazendo-a contrair, estimulando, assim, a expulsão do leite.

Nos últimos dias de gravidez e nos primeiros dias após o parto, as glândulas mamárias liberam o colostro, um fluido que contém pequeno teor de lactose e quase nenhuma gordura, embora seja rico em anticorpos protetores para o recém-nascido. Ao longo dos dias, é iniciada a produção copiosa de leite, rico em cálcio, gorduras, lactose e proteínas, dentre as quais os anticorpos que são fundamentais para a proteção do bebê durante as primeiras semanas após o nascimento.

Sistema Genital Masculino

No homem, os testículos, localizados em uma bolsa chamada **escroto**, são responsáveis pela síntese dos hormônios sexuais – andrógenos – e pela produção de espermatozoides.

Ao sair dos **testículos**, os espermatozoides são armazenados no **epidídimo** até que eles atinjam motilidade suficiente para a fertilização. Os espermatozoides saem do epidídimo durante a ejaculação, que é o ato de liberação do esperma pela uretra. Nessa hora, contrações musculares propelem os espermatozoides ao longo dos ductos deferentes, canais que passam pelo abdômen e que contornam a bexiga urinária. Os **ductos deferentes** se unem à **uretra**, que excreta urina e libera sêmen.

Reprodução: mecanismo de perpetuação das espécies **227**

Além dos testículos e ductos, o sistema genital masculino ainda conta com diferentes glândulas: as **vesículas seminais**, a **próstata** e as **glândulas bulbouretrais** (veja a Figura 10-5). As duas vesículas seminais secretam um fluido viscoso e de cor clara que lubrifica e nutre os espermatozoides. A próstata secreta um fluido alcalino e leitoso, que neutraliza a acidez da urina presente na uretra e protege os espermatozoides da acidez natural da vagina. As duas glândulas bulbouretrais secretam poucas gotas de fluido na uretra durante o ato sexual. Esse fluido ajuda na lubrificação da uretra durante o estímulo sexual.

Juntos, os espermatozoides e as secreções glandulares formam o **sêmen** (ou esperma), que é expelido na ejaculação durante o orgasmo.

O **pênis** consiste basicamente em tecido que pode ser preenchido por sangue para provocar a ereção durante o ato sexual. A ereção é essencial para a inserção do pênis na vagina. O pênis é formado por **corpos cavernosos** (tecidos esponjosos que se enchem de sangue na ereção) e pela **glande**, localizada na extremidade do pênis. A glande é ricamente enervada e muito sensível à estimulação. Ela é coberta por uma dobra de pele conhecida como **prepúcio**.

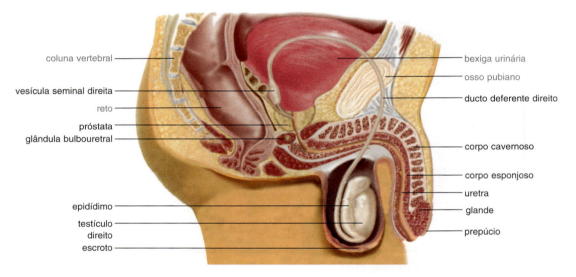

Figura 10-5. Sistema genital masculino em corte. Note que a coluna vertebral, o osso pubiano, a bexiga urinária e o reto não fazem parte desse sistema.

De olho no assunto!

Testículos: produção de gametas e de hormônios

Os testículos se encontram no interior da bolsa escrotal. No interior de cada testículo existem inúmeros *túbulos seminíferos*, dentro dos quais se encontram as células germinativas que originarão os espermatozoides, durante a espermatogênese. Misturadas às células germinativas se encontram as *células de Sertoli*, responsáveis pela defesa, nutrição das células gaméticas em formação e pela regulação hormonal no processo de gametogênese. Entre os túbulos seminíferos existe um tecido conjuntivo no qual se situam as *células de Leydig*, responsáveis pela produção dos hormônios sexuais masculinos. Do mesmo modo que o ovário, também a atuação dos testículos está sob controle hormonal da hipófise. O FSH atua nos túbulos seminíferos estimulando a espermatogênese. As células de Leydig, sob influência do LH hipofisário, são as produtoras da *testosterona*, o hormônio sexual masculino.

▪ DO ZIGOTO AO EMBRIÃO: UM LONGO E DELICADO PROCESSO

Dos cerca de 200 milhões a 300 milhões de espermatozoides que são liberados na ejaculação, somente de 300 a 500 conseguem chegar ao terço distal da tuba uterina. Para que ocorra a formação do zigoto é necessário que haja a **fecundação** (ou **fertilização**), em que apenas um dos espermatozoides, sem a cauda, ingressa no citoplasma do ovócito secundário. Após o ingresso, o ovócito secundário completa a meiose e se transforma em óvulo. A seguir, unem-se os núcleos haploides do espermatozoide e do óvulo (**cariogamia** ou **anfimixia**), originando-se o núcleo diploide do zigoto. E esse zigoto, uma célula apenas, será o ponto de partida para a formação de milhares de células que se organizarão, inicialmente, em um ser incapaz de sobreviver por conta própria, chamado de embrião.

Durante a fase embrionária, as células passam por um processo de **diferenciação**, agrupando-se em diversos *tecidos*, formando a seguir os *órgãos* e *sistemas* do futuro indivíduo. Que fantástico processo é esse que, a partir de uma célula, consegue levar à formação de um complexo de múltiplas células que constituirá um novo *organismo*?

Tecnologia & Cotidiano

Fertilização *in vitro*

A fertilização *in vitro* começou sua história na Inglaterra, em 1978, com o nascimento do primeiro bebê de proveta. A partir daí, muitos casais vêm recorrendo a esse recurso para resolver alguns dos problemas de infertilidade mais comuns. Uma razão para o aumento dos problemas de infertilidade hoje em dia é que muitos casais estão demorando mais para ter filhos, e a taxa de infertilidade aumenta com a idade. Uma segunda razão é a grande incidência de doenças sexualmente transmissíveis (DST) que podem bloquear as trompas e os ductos espermáticos. A baixa contagem de espermatozoides é outro fator importante na infertilidade. A fertilização *in vitro* resolve esses problemas por ser o óvulo usado retirado diretamente do ovário e o encontro com o espermatozoide ser feito em laboratório.

A técnica parece simples, mas o processo é complexo e delicado. Em um primeiro momento, a mulher recebe injeções diárias de hormônios para estimular uma ovulação múltipla. Com exames de sangue e ultrassom dos ovários, os médicos determinam o momento exato da ovulação. A mulher passa a receber injeções de gonadotrofina coriônica (outro hormônio) que faz com que o ovócito seja expelido do folículo. Imediatamente antes do ovócito ser expelido, os médicos fazem um pequeno corte abdominal por onde inserem uma fibra óptica que ajudará na localização dos folículos maduros. Logo após, inserem uma agulha longa e oca no folículo e aspiram as células e seu conteúdo, que serão examinadas ao microscópio. Com alguma sorte, um ovócito estará presente.

Normalmente, quatro ovócitos são fertilizados usando-se o esperma colhido do homem. Em 48 horas, dois terços dos ovócitos devem ter atingido o estágio embrionário. Poucos desses embriões são colocados em um tubo e gentilmente transferidos para o útero. Alguns embriões extras podem ser congelados para outra tentativa. Quanto maior o número de embriões levados ao útero, maior a chance de se obter sucesso na implantação, mas também é maior a possibilidade de gestação múltipla, o que acarreta maior risco.

Essa técnica se mostrou capaz de solucionar muitos casos de infertilidade, mas nada podia fazer por casais em que o homem não produzisse espermatozoides viáveis. Atualmente, entretanto, já é possível alterar essa situação com o avanço de uma técnica chamada *injeção intracitoplasmática de esperma*. Nessa técnica, espermatozoides imaturos ou até mesmo suas células precursoras são retirados dos testículos. Uma micropipeta é usada para ultrapassar a membrana plasmática do ovócito e injetar um único espermatozoide diretamente dentro do seu citoplasma. Na maioria dos casos, a fertilização é conseguida com sucesso.

De olho no assunto!

Homúnculo

Houve uma época em que se acreditava que dentro do espermatozoide ou dentro do óvulo haveria uma miniatura de ser vivo já formado (homúnculo) e que bastava haver o encontro dos gametas para o embrião se desenvolver.

No século XX, os cientistas perceberam que não era assim. Os cromossomos existentes no espermatozoide e os existentes no óvulo é que determinarão todo o desenvolvimento embrionário. No fundo, são os genes, existentes nos cromossomos, que comandarão todo o processo. Da interação de genes paternos e maternos é que surgirá o novo ser.

Os fundamentos científicos no passado eram incipientes. E o conhecimento surge aos poucos, à medida que novas conquistas tecnológicas permitem a compreensão de como ocorrem os processos vitais. A Genética Molecular moderna promoveu um grande avanço nos conhecimentos de como ocorre o desenvolvimento embrionário.

Reprodução: mecanismo e perpetuação das espécies

As Três Consequências da Fecundação

A primeira consequência da fecundação é o *restabelecimento da diploidia*. O espermatozoide é haploide. O óvulo também. Logo, a mistura dos lotes cromossômicos de ambos forma uma célula diploide, a célula-ovo ou zigoto.

A segunda consequência é a *determinação do sexo*, uma ocorrência particularmente importante nos mamíferos. A terceira consequência da fecundação é que ela desencadeia uma série de eventos que permitirão o *desenvolvimento do zigoto em futuro embrião*.

Leitura

Gravidez fora do útero

Normalmente, a implantação do embrião ocorre na parede uterina, mais propriamente na camada interna, denominada **endométrio**. Algumas vezes, porém, a implantação ocorre fora do útero e, nesse caso, é conhecida como gravidez extrauterina ou ectópica. De modo geral, esse tipo de gravidez ocorre em 1% das mulheres que engravidam, sendo uma causa comum de mortalidade materna.

O local mais comum de implantação anormal do embrião é a tuba uterina, situação conhecida como *gravidez tubária*. É claro que nesse local o embrião não pode se desenvolver. O grande risco é que, com o progredir do desenvolvimento, a tuba acaba arrebentando, com a ocorrência de grave hemorragia interna, que coloca a vida da mulher em risco. Nesse caso, somente a cirurgia, com a remoção da tuba uterina afetada, pode salvar a vida da gestante. No entanto, procedimentos utilizados na Universidade Federal de São Paulo visam contornar esse quadro por meio da detecção precoce da gravidez tubária. Por meio de exames que confirmam a ocorrência é possível efetuar-se um tratamento medicamentoso que acaba preservando a tuba uterina e, logicamente, impede que a gravidez prossiga. Mas o importante é que a mulher possa novamente engravidar e, dependendo da resolução das causas que provocaram a implantação errada, esperar que, da próxima vez, a implantação do embrião ocorra no lugar certo, ou seja, na parede uterina.

Fonte: <http://www.unifesp.br/comunicacao/jpta/ed165/pesq3.htm>.
Acesso em: 24 maio 2007.

De olho no assunto!

Gêmeos: uma agradável surpresa

A formação de gêmeos é fato comum para algumas famílias. Há dois tipos de gêmeos: univitelinos (monozigóticos) e os bivitelinos (dizigóticos).

No primeiro caso, um único óvulo é fecundado por um único espermatozoide. Normalmente, nesses casos, ao final da primeira semana a massa celular embrionária separa-se em dois grupos celulares equivalentes, cada qual dando origem a um embrião envolto por uma vesícula amniótica própria e, em geral, uma placenta comum. Gêmeos univitelinos possuem o mesmo sexo, são geneticamente idênticos e com uma aparência física similar.

No caso dos gêmeos dizigóticos, dois óvulos diferentes são fecundados, cada um por um espermatozoide diferente. Podem pertencer ao mesmo sexo ou a sexos diferentes. De modo geral, cada feto é envolvido por sua própria vesícula amniótica e as placentas podem ser separadas ou fundidas.

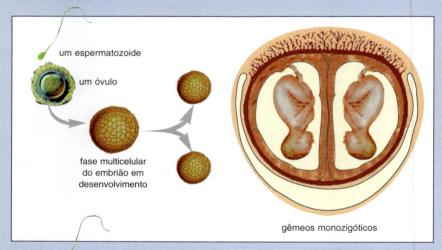

gêmeos monozigóticos

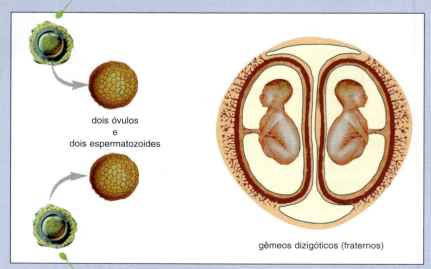

gêmeos dizigóticos (fraternos)

▪ PARTO

O parto normal é o natural. Começa quando ocorre a dilatação do colo uterino e o rompimento da bolsa d'água. Esses são os sinais de que o trabalho de parto está começando. Normalmente, a cabeça do feto é a primeira porção a se exteriorizar.

Continuando as contrações uterinas e com o auxílio do médico obstetra ou de uma parteira experiente, o bebê é trazido ao mundo, fazendo-se a seguir o corte do cordão umbilical que o unia à placenta. Logo depois, ocorre a expulsão da placenta (veja a Figura 10-6).

Algumas vezes, para facilitar a passagem do futuro bebê pelo canal vaginal, o médico efetua um pequeno corte (claro que precedido por anestesia local), em geral atingindo o lábio maior direito, principalmente quando o bebê possui dimensões que exijam esse procedimento.

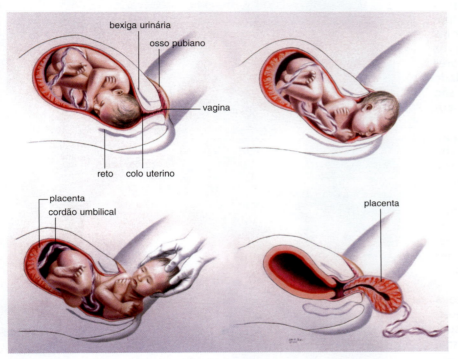

Figura 10-6. Fases do parto e expulsão da placenta.

Anote!

A **bolsa d'água**, que é o nome popular da **vesícula amniótica**, é um anexo que desempenha importante função para a **proteção** do embrião. No interior dessa vesícula, cheia de **líquido amniótico**, o embrião, e posteriormente o feto, **flutua** livremente.

Essa bolsa amniótica também ajuda a amortecer possíveis choques que poderiam prejudicar o feto.

Um dos primeiros sinais de que o trabalho de parto está começando é a eliminação de um tampão mucoso protetor, que ocluía o colo do útero. A seguir, ocorre o rompimento da bolsa amniótica, com a saída de pequena quantidade de líquido amniótico. A maior parte do líquido é expulsa após a saída do bebê.

Parto Normal é Melhor do que Cesariana?

Ultimamente, com o avanço das técnicas cirúrgicas e graças à segurança que a moderna anestesia oferece às pacientes, tem-se recorrido, com frequência, ao parto cesariano. Através de uma incisão na região inferior do abdômen e, depois, do útero, sob anestesia (raquidiana ou peridural), o feto é retirado. É uma maneira de se efetuar o parto principalmente quando o futuro bebê não se apresenta no canal vaginal com a cabeça, mas, sim, pela região pélvica, o que dificulta a sua saída. Muitas vezes, a própria parturiente prefere essa via.

Em virtude do aumento da frequência de partos cesarianos em nosso país, o Ministério da Saúde tem estimulado a ocorrência de partos normais. É a via natural de dar à luz. A recuperação da mulher é mais rápida, não é necessária a realização de anestesia (a não ser que seja preciso dar algum ponto e aplicar anestésico local na região dos grandes lábios, no caso de alguma ruptura) e há pequeno risco de infecção hospitalar.

A cesariana é uma cirurgia e, como se diz na linguagem médica, é invasiva. Há os riscos típicos de uma anestesia, da ocorrência de infecções hospitalares, possíveis lesões de órgãos internos e complicações pós-operatórias, como, por exemplo, as relacionadas a cicatrizações e hemorragias. De qualquer maneira, sempre deve caber ao médico obstetra, em acordo com a mãe, a escolha do método mais adequado para o parto.

SEXUALIDADE

O grande número de adolescentes grávidas dos últimos anos tem sido um fator importante para que se oriente com mais cuidado as atividades sexuais entre adolescentes. É indiscutível o fato de que em nossa cultura as primeiras relações sexuais estão ocorrendo cada vez mais cedo na vida do adolescente.

O desejo de ser considerado adulto, de ser sentido pelo grupo como importante e atraente, de ser abraçado e de abraçar, de "desafiar" a própria família e de provar a sua própria capacidade sexual são fatores importantes para a experimentação sexual cada vez mais cedo. É difícil separar os fatores que são próprios de uma sexualidade em desenvolvimento daqueles que são meramente reações à sociedade e seus padrões culturais.

Na idade adulta, há um conjunto de relacionamentos e responsabilidades que devem ser gerenciados. Algumas das etapas críticas, como a escolha da profissão, por exemplo, em geral já foram superadas. No entanto, o adulto sabe que seu futuro depende de seu passado: das escolhas feitas, das escolhas não feitas, das oportunidades perdidas ou aproveitadas, das responsabilidades aceitas.

Nessa fase, há desafios quanto à sexualidade a serem vencidos – a necessidade de intimidade, de ajustar suas necessidades sexuais às da outra pessoa, de empenhar-se constantemente para que a monotonia e o cansaço não se instalem nos relacionamentos afetivos, a necessidade de formação de família e de filhos.

Todos esses desafios trazem para o adulto, cujo modo de sentir é diferente do modo de sentir do adolescente, a possibilidade constante de desenvolvimento e de mudança.

Leitura

Mas são *elas* que ficam grávidas

A gravidez precoce é considerada como um problema de saúde pública no Brasil e em outros países. No Brasil, uma em cada quatro mulheres que dão à luz nas maternidades tem menos de 20 anos de idade. Essas meninas, que não são mais crianças, tampouco adultas, estão em processo de transformação e, ao mesmo tempo, prestes a serem mães. O papel de criança que brinca de boneca e o de mãe na vida real se confundem e, na hora do parto, é o momento em que tudo acontece. A fantasia deixa de existir para dar lugar à realidade. É um momento muito delicado para essas adolescentes, e que gera medo, angústia, solidão e rejeição.

As adolescentes grávidas vivenciam dois tipos de problemas emocionais: um pela perda de seu corpo infantil e outro por um corpo adolescente recém-adquirido, que está se modificando novamente pela gravidez. Essas transformações corporais rapidamente ocorridas, de um corpo em formação para o de uma mulher grávida, são vividas muitas vezes com certo espanto pelas adolescentes. Por isso são muito importantes a aceitação e o apoio quanto às mudanças que estão ocorrendo, por parte do companheiro, dos familiares, dos amigos e principalmente dos pais.

A escola muitas vezes não dispõe de estrutura adequada para acolher uma adolescente grávida. O resultado é que a menina acaba abandonando os estudos durante a gestação, ou após o nascimento da criança, trazendo consequências gravíssimas para o seu futuro profissional.

Os riscos de complicações para a mãe e a criança são consideráveis quando o atendimento médico pré-natal é insatisfatório. Isso ocorre porque, normalmente, a adolescente costuma esconder a gravidez até a fase mais adiantada, impedindo uma assistência pré-natal desde o início da gestação. É muito comum também o consumo de bebidas alcoólicas e de cigarros, o que aumenta os riscos de problemas.

Ainda existe a possibilidade de gestações sucessivas, os riscos do aborto provocado e as dificuldades para a amamentação. Por isso, a gravidez entre adolescentes deve ser encarada como um problema não apenas médico, mas de toda a sociedade. É importante a participação da família, dos serviços médicos e das instituições, tanto governamentais como não governamentais, no (...) [esclarecimento dos riscos associados] à gravidez precoce e indesejada.

Fonte: DE CICCO, L. H. S. *Gravidez Precoce*. Disponível em: <http://www.saudevidaonline.com.br/gravprec.htm>. *Acesso em:* 16 abr. 2012.

Ética & Sociedade

Os adolescentes agem e se parecem com os adultos, mas em alguns aspectos eles não são adultos.

O aspecto mais problemático em que os adolescentes se parecem com os adultos é o fato de eles serem capazes de se reproduzir.

- *Temos* de fazer hoje o que *queremos* fazer?
- Se ficasse grávida (ou se minha namorada engravidasse), estaria preparada(o) para assumir as responsabilidades de criar um filho?
- Seria importante para mim ter o apoio dos meus amigos e de minha família nesse período? e eu o teria?

▪ MÉTODOS CONTRACEPTIVOS

Sem entrar em considerações a respeito da validade ou não desse procedimento, contracepção significa impedir a formação do zigoto ou, ainda, a implantação do embrião na parede uterina, em caso de sua formação. O impedimento pode ser obtido a partir de métodos naturais ou artificiais. Entre os naturais, destacam-se a abstinência sexual, a "tabelinha" e o coito interrompido. Dos métodos artificiais, podemos citar a realização de vasectomia, a ligadura (laqueadura) das tubas uterinas, a utilização de pílulas anticoncepcionais, o uso de implantes ou adesivos contendo substâncias anticoncepcionais, além do uso de preservativos (camisinhas), de diafragmas, de geleias espermicidas e do DIU (dispositivo intrauterino). É importante alertar que a escolha de qualquer um desses métodos deve ser precedida de uma consulta a um profissional médico competente e de confiança, que saberá recomendar o procedimento adequado para cada caso.

Reprodução: mecanismo de perpetuação das espécies **233**

Métodos Naturais

- **Abstinência:** evitar o ato sexual com penetração.
- **"Tabelinha":** método natural em que se evita a relação sexual propriamente dita no chamado período fértil da mulher. Esse método não é muito confiável, pois o ciclo da mulher pode apresentar variações.
- **Coito interrompido:** método em que o homem retira o pênis da cavidade vaginal antes da ejaculação. Esse procedimento não é seguro, pois mesmo antes da ejaculação uma pequena quantidade de líquido espermático contendo espermatozoides é liberada na vagina.
- **Muco cervical:** método que se baseia na análise da consistência do muco cervical, uma secreção produzida pelo colo do útero em virtude da ação dos hormônios femininos. Próximo da ovulação, o muco cervical costuma ter consistência elástica, transparente e cor parecida com a da clara de ovo.
- **Temperatura basal (temperatura do corpo em repouso):** método que tem como base as alterações da temperatura do corpo decorrentes da ação dos hormônios femininos. Antes da ovulação, a temperatura basal é mais baixa, assim permanecendo até a ovulação. Após a ovulação, ela sobe alguns décimos de grau até a menstruação.
- **Método sintotérmico:** é uma combinação dos métodos da tabela, muco cervical, temperatura basal e observação de sinais e sintomas que indicam o período fértil da mulher (dor ou aumento do volume abdominal, sensação de peso ou inchaço das mamas, mudanças no humor etc.).

Métodos Artificiais

- **Pílula anticoncepcional:** é uma combinação de hormônios femininos sintéticos que atuam inibindo a liberação de gonadotrofinas pela hipófise (FSH e LH). Sem os hormônios hipofisários, não há ovulação; sem ovulação, não há concepção.

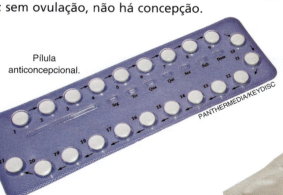

Pílula anticoncepcional.

- **Preservativos:** o uso de preservativos visa impedir o encontro dos gametas por meio de barreiras representadas por uma borracha razoavelmente elástica. Existem os preservativos masculinos (também chamados condons) e os femininos (conhecidos por femidons).

- **Diafragma e geleia espermicida:** o diafragma é um objeto de borracha com forma de capuz, que é introduzido na vagina pela própria mulher e se adapta ao colo uterino, impedindo que os espermatozoides penetrem no útero. Antes da colocação, unta-se a borracha com creme ou geleia espermicida. Sem espermatozoides, não ocorre a fecundação.

Diafragma.

- **Injeções hormonais:** aplicação de injeções de hormônios sintéticos, semelhantes ao estrogênio e à progesterona. Impedem a ovulação e também atuam dificultando a passagem de espermatozoides para o interior do útero. Podem ser aplicadas mensalmente ou trimestralmente.
- **Dispositivo intrauterino (DIU):** é uma peça de plástico da qual sai um eixo de aproximadamente 3,5 cm de comprimento, circundado por um filamento de cobre. Essa peça é inserida na cavidade uterina por um profissional médico especializado. Ela impede a implantação de possível embrião e, para muitos, é considerada um método abortivo.

Anote!
O elemento cobre (Cu), componente do DIU, tem, teoricamente, ação espermicida e, portanto, impede a ocorrência de fertilização. Por esse motivo, não é considerado abortivo, sendo liberado o seu uso em nosso país.

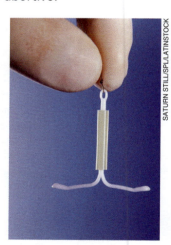

Dispositivo intrauterino.

Camisinha.

- **DIU hormonal:** a peça (semelhante ao DIU comum) possui um reservatório contendo o hormônio *levonorgestrel* (uma espécie de progesterona sintética), liberado lentamente. Em tese, não possui ação anovulatória. Age localmente sobre o endométrio uterino, impedindo sua proliferação. Também não é considerado método abortivo.
- **Vasectomia:** método cirúrgico em que são seccionados os ductos deferentes, impedindo, assim, que os espermatozoides atinjam o pênis durante a ejaculação, que, neste caso, elimina apenas os líquidos prostático e seminal, sem os espermatozoides. Não causa impotência, uma vez que não há qualquer interferência na produção hormonal dos testículos.
- **Ligadura (laqueadura) de tubas uterinas:** procedimento cirúrgico que consiste na secção das tubas uterinas, seguida da oclusão, por meio de fios cirúrgicos, das extremidades resultantes. Evita a descida do ovócito pela tuba seccionada e ligada, prevenindo a ocorrência de fecundação. É considerado um método de esterilização voluntária, definitiva e irreversível.
- **Implantes e adesivos contraceptivos:** utilização de substâncias hormonais semelhantes às utilizadas nas pílulas anticoncepcionais, de aplicação cutânea. Inibem a liberação de ovócitos e considera-se que possuem elevada eficiência.

Para mais informações acesse o portal do Ministério da Saúde, em especial o endereço <http://portal.saude.gov.br/portal/arquivos/pdf/cartilha_direitos_sexuais_2006.pdf>. (*Acesso em:* 25 ago. 2011).

Adesivo contraceptivo.

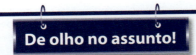

De olho no assunto!

Aborto e pílula do dia seguinte

O aborto é a perda do embrião nas fases precoces do desenvolvimento. Na maioria das vezes é natural e decorre de alguma anomalia, quer do embrião, quer do sistema genital feminino.

O aborto provocado, prática não permitida pela legislação brasileira, a não ser em casos especiais, pode implicar risco de vida para a mulher, visto que, muitas vezes, são utilizados métodos totalmente inadequados para a sua execução.

Anticoncepção de emergência, ou pílula do dia seguinte, é a utilização de medicamentos de natureza hormonal, assim que possível, em ocasiões em que houve relação sexual indesejada ou desprotegida. Possui múltiplas ações, entre as quais podemos citar a interferência na capacidade de fertilização dos espermatozoides e a supressão ou alteração da liberação de ovócitos. É considerada, por muitos, um método de interrupção de gravidez. Pode acarretar efeitos colaterais indesejáveis.

Leitura

O que você faria?

Esta imagem correu o mundo. É uma das mais importantes fotos médicas dos últimos tempos. Um feto de 21 semanas de gestação, portador de espinha bífida, foi submetido a uma intervenção cirúrgica ainda dentro do corpo materno. A espinha bífida pode levar a danos cerebrais, gerar paralisias diversas e até mesmo resultar em incapacidade total. O bebê corria risco de vida e a única alternativa que os médicos tinham era tentar corrigir a anomalia ainda dentro do útero, fechá-lo e deixar que o feto continuasse seu desenvolvimento normal.

O fotógrafo Paul Harris cobria, na Universidade de Vanderbilt, em Nashville, Tennessee, uma cirurgia que poderia ser considerada um verdadeiro avanço no campo da ciência, quando o bebê tirou sua pequenina mão do interior do útero materno e tentou segurar um dos dedos do cirurgião.

Mais do que a recordação de uma cirurgia extraordinária, essa imagem tem sido usada em muitos países como uma forte bandeira contra a realização do aborto e representa a luta de um casal que preferiu esgotar todas as possibilidades, até o último recurso, para salvar a vida de seu primeiro filho.

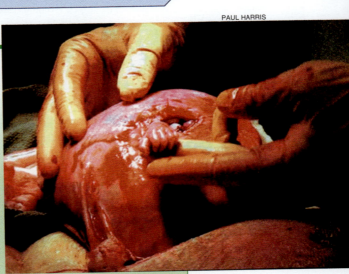

PAUL HARRIS

Reprodução: mecanismo de perpetuação das espécies

▪ DOENÇAS SEXUALMENTE TRANSMISSÍVEIS (DSTs)

Se é verdade que podemos dizer que algumas doenças que acometem o homem são, ainda hoje, inevitáveis – como é o caso de alguns tipos de câncer –, acreditamos que o mesmo não se aplica às doenças sexualmente transmissíveis – DSTs (veja a Tabela 10-2). Embora algumas delas sejam reconhecidas desde os primórdios da civilização humana, os métodos diagnósticos hoje disponíveis, aliados a inúmeros métodos preventivos, nos autorizam a concluir que as DSTs são perfeitamente evitáveis.

Tabela 10-2. Principais doenças sexualmente transmissíveis.

Doenças	Agente causador	Sintomas	Prevenção
Condiloma acuminado (crista-de-galo)	HPV (vírus)	Formação de verrugas na região anogenital ou colo do útero.	Evitar o contato com pessoas contaminadas; usar camisinha. Há vacina.
Herpes genital	HSV tipo 2 (vírus)	Aparecimento de vesículas (bolhas) típicas na região anogenital.	Evitar a autoinoculação, ou seja, evitar que, ao manipular as lesões, a pessoa espalhe o agente causador para outros locais; evitar o contágio por meio do ato sexual.
AIDS	HIV (retrovírus)	Queda de imunidade, perda de peso, fraqueza, febre, gânglios. Aparecimento de infecções oportunistas.	Não entrar em contato com os líquidos transmissores de HIV (sangue, esperma, líquido da vagina, leite materno contaminado); usar camisinha independentemente de quem seja o parceiro; não compartilhar agulhas ou seringas.
Cancro mole	*Haemophilus ducreyi* (bactéria)	Formação de uma ferida no pênis ou na região anal, dolorosa, com secreção clara. Predomina no sexo masculino.	Evitar a autoinoculação; evitar o contágio por meio de parceiros portadores.
Gonorreia (blenorragia)	*Neisseria gonorrhoeae* (bactéria)	Coceira, corrimento purulento, ardor ao urinar, várias micções (urinar várias vezes). Pode levar à infertilidade.	Evitar a multiplicidade de parceiros; usar camisinha; em recém-nascidos, gotejar solução diluída de nitrato de prata na conjuntiva do olho (método de Credé).
Sífilis	*Treponema pallidum* (bactéria)	Ferida coberta de secreção clara, com pus (cancro duro), pouco dolorosa. Pode levar a complicações no sistema nervoso central e sistema cardiovascular.	Usar preservativos regularmente; reduzir o número de parceiros sexuais; fazer diagnóstico precoce em mulheres em idade reprodutiva e em seus parceiros; realizar o teste VDRL (para identificação de sífilis) em mulheres que manifestem intenção de engravidar.
Tricomoníase	*Trichomonas vaginalis* (protozoário)	Corrimento vaginal amarelado, fétido, e dor ao urinar. O homem, geralmente, é portador assintomático.	Evitar o contato sexual com portadores.
Linfogranuloma venéreo, buba, "mula" (doença de Nicolas-Favre-Durand)	*Chlamydia trachomatis* (bactéria)	De início, vesículas no local de penetração das bactérias. A seguir, formação de ínguas (inchaços dos linfonodos), que evoluem para o bubão, inchaço avermelhado e doloroso, conhecido como "mula".	Evitar o contato sexual com portadores.
Pediculose pubiana (ftiríase)	*Phthirus pubis* ("chato", um artrópode)	Prurido (coceira), ferimentos leves (escoriações) e infecções bacterianas secundárias.	Evitar contato com portadores e incentivar a higiene pessoal e a lavagem adequada de roupas.
Hepatite tipo B	Vírus da hepatite B	Icterícia (amarelecimento da pele e da conjuntiva ocular). Dores abdominais. Cirrose hepática. Insuficiência hepática. Câncer hepático.	Evitar contato sexual com portadores. Existe vacina.
Hepatite tipo C	Vírus da hepatite C	Icterícia, febre, cansaço fácil. Pode evoluir para câncer hepático.	Evitar contato sexual com portadores. Por ora, não há vacina.

AIDS – Prevenção é o Melhor Remédio

Até o presente, não há cura para a AIDS. Desde o momento em que uma pessoa é infectada pelo vírus HIV, ela passa a transmitir esse vírus para outras pessoas. O que deve ser temido não é a pessoa portadora ou doente de AIDS, mas sim o vírus HIV.

Algumas importantes formas de não contrair o vírus HIV são:

- NÃO entrar em contato com os líquidos transmissores de HIV, ou seja:
  - **sangue**
  - **esperma**
  - **líquido da vagina**
  - **leite materno contaminado**;
- usar camisinha sempre que tiver relações sexuais, independentemente de quem seja o parceiro ou a parceira;
- NÃO compartilhar agulhas ou seringas.

Um fator importantíssimo de transmissão do vírus HIV é sangue contaminado, e isso muitas vezes independe do cuidado do doente. A vigilância dos bancos de sangue é uma obrigação do governo, que deve zelar para que todos os exames diagnósticos sejam feitos nos doadores.

A mulher infectada com o vírus HIV pode transmiti-lo para seu bebê na gravidez, no parto e na amamentação. Essa transmissão se dá:

- durante a gestação, por meio da placenta;
- na hora do parto, porque o sangue e as secreções da mãe podem infectar o bebê;
- na amamentação, por meio do leite materno contaminado que é sugado pelo bebê.

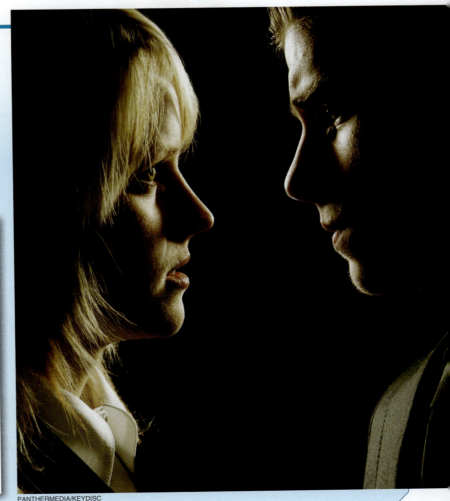
PANTHERMEDIA/KEYDISC

Ética & Sociedade

Criança × adulto

Uma importante diferença entre a criança e o adulto é que a criança faz afirmações constantemente, mesmo sem ter como sustentá-las.

Já o adulto, por meio do contato com os outros e do conhecimento, é capaz de dar base às suas opiniões. É também mediante esse contato constante com outras pessoas que conseguimos desenvolver nosso autocontrole.

- O que faz com que pessoas bem informadas a respeito das DSTs não levem em conta as medidas de segurança para evitá-las?

- Se as complicações das DSTs são tantas e tão sérias – esterilidade no homem ou na mulher; inflamação nos órgãos genitais do homem, podendo levar à impotência; inflamação no útero, nas tubas uterinas e nos ovários da mulher, podendo levar à infecção generalizada e à morte; maiores possibilidades de câncer de colo de útero e no pênis; nascimento de bebês prematuros ou com deficiências físicas ou natimortos; destruição das defesas do organismo, abrindo as portas para doenças e, muitas vezes, para a morte –, como fazer para evitar a contaminação se meu parceiro (ou parceira) não aceita ter relações com camisinha?

Reprodução: mecanismo de perpetuação das espécies

Passo a passo

Texto e ilustrações para as questões **1** a **4**.

Reprodução é o mecanismo por meio do qual os seres vivos se multiplicam. Há duas modalidades básicas: sexuada e assexuada. Ocorrem em praticamente todos os grupos de seres vivos eucarióticos, desde os mais primitivos, como protozoários e esponjas, até os mais complexos animais e vegetais conhecidos. Há várias modalidades de reprodução assexuada. Quanto à reprodução sexuada, de modo geral ocorre ao longo de ciclos, nos quais dois eventos fundamentais são de ocorrência obrigatória. Existem, ainda, tipos particulares de reprodução, como a partenogênese, a pedogênese, a neotenia e a poliembrionia, cada uma delas dotada de características típicas.

1.
   a) Considerando a ocorrência de variabilidade, qual a principal diferença entre os dois tipos de reprodução, sexuada e assexuada?
   b) Quais são os dois eventos fundamentais, citados no texto, que ocorrem nos ciclos de reprodução sexuada dos seres vivos eucarióticos?

2. Os esquemas I a V a seguir representam algumas modalidades de reprodução assexuada que ocorrem nos seres vivos eucariontes. Observando-os atentamente, responda:

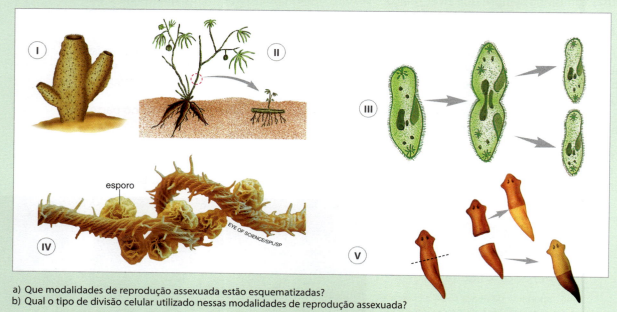

   a) Que modalidades de reprodução assexuada estão esquematizadas?
   b) Qual o tipo de divisão celular utilizado nessas modalidades de reprodução assexuada?

3. Os esquemas a seguir ilustram os três tipos de ciclos reprodutivos sexuados que comumente ocorrem nos seres vivos eucariontes. Observando-os atentamente:

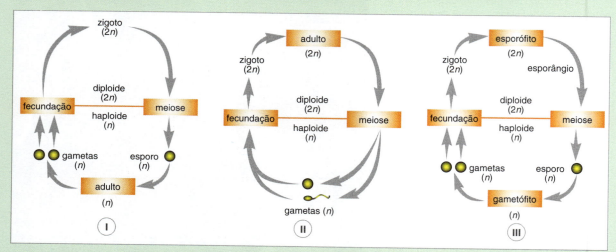

   a) Reconheça os tipos de ciclos reprodutivos esquematizados. Cite pelo menos um grupo de seres vivos eucariontes em que ocorre cada um desses ciclos.
   b) Cite os três eventos comuns aos três ciclos representados.
   c) No ciclo III há uma característica exclusiva, relacionada às fases adultas nele representada. Qual é essa característica?

4. Com relação aos tipos particulares de reprodução citados no texto:
   a) Descreva, em poucas palavras, as características típicas de cada um deles.
   b) Cite pelo menos um ser vivo ou grupo de seres vivos em que ocorrem esses tipos particulares de reprodução.

238 BIOLOGIA 1 • 4.ª edição

Texto e ilustrações para as questões **5** a **8**.

Para a formação de um ser humano ocorre a participação de gametas e órgãos componentes dos sistemas reprodutores a seguir esquematizados. O sucesso na geração de um novo indivíduo depende também da participação de hormônios produzidos por alguns desses órgãos. O zigoto formado será conduzido a um desses órgãos, onde ocorrerá o desenvolvimento embrionário e fetal. O nascimento, evento cercado de grande expectativa familiar, conta com recursos modernos e a escolha do método depende de critérios médicos associados, na medida do possível, à concordância dos pais.

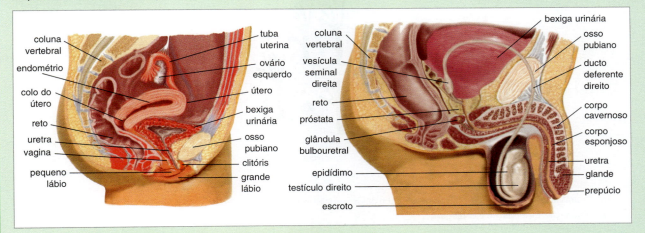

5. a) Dos órgãos relacionados nas ilustrações, quais são responsáveis pela produção de gametas?
b) No interior de quais estruturas existentes nos órgãos citados serão originados, respectivamente, o gameta feminino e o gameta masculino?

6. A produção de gametas depende da produção e liberação de dois hormônios produzidos pela glândula hipófise. Por sua vez, os órgãos citados na questão anterior respondem a essas substâncias estimuladoras por meio da produção de seus próprios hormônios, garantindo a formação dos gametas, além de atuar na ocorrência do desenvolvimento embrionário e fetal. Utilizando seus conhecimentos sobre o assunto:
a) Cite os dois hormônios produzidos pela glândula hipófise, descrevendo brevemente suas ações nos órgãos produtores de gametas na mulher e no homem.
b) Cite os hormônios produzidos pelo órgão produtor de gametas na mulher, descrevendo brevemente suas ações, relativamente à reprodução.

7. Tendo ocorrido fecundação e a formação do zigoto, este se divide algumas vezes por mitose, originando o embrião que, por meio de movimentos próprios da tuba uterina, é conduzido ao órgão no qual ocorrerá sua implantação e o desenvolvimento embrionário.
a) Em que órgão ocorre, normalmente, a implantação do embrião?
b) O órgão no qual o embrião se implantará é dotado de uma camada de revestimento e uma parede musculosa. Em qual dessas estruturas ocorre implantação do embrião?

8. As autoridades de Saúde Pública recomendam que, sempre que possível, seja estimulado o parto normal. Por outro lado, a ocorrência de parto cesariano tem-se acentuado em nosso país. Qual a diferença entre esse tipo de parto e o parto normal? Quais os riscos associados a esse tipo de parto? Cite uma vantagem para a mulher e para o bebê. Em sua opinião, qual das duas modalidades deveria ser mais incentivada? Justifique sua resposta.

9. Considerando as doenças sexualmente transmissíveis citadas no texto deste capítulo:
a) Cite as causadas por bactérias e por vírus. Para quais DSTs causadas por vírus citadas na tabela existe vacina preventiva?
b) Em relação às DSTs relacionadas na Tabela 10-2, na pág. 236, qual o melhor procedimento no sentido de não ocorrer o contágio?

10. As ilustrações mostram duas situações que podem propiciar o nascimento de gêmeos.

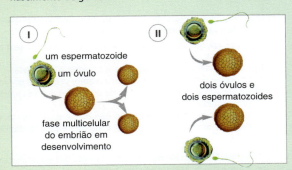

Indique os tipos de formação de gêmeos ilustrados. Justifique sua resposta em cada caso.

11. Questão de interpretação de texto

Um extenso estudo envolvendo 45 mil mulheres mostrou que o teste para detecção do DNA do vírus HPV, associado ao exame preventivo ginecológico, é mais eficiente para o diagnóstico das lesões que podem levar ao câncer de colo do útero. No Brasil, o câncer de colo do útero é o segundo mais frequente entre as mulheres, atrás apenas do câncer de mama, e representa a quarta causa de morte de mulheres por câncer no país. O vírus HPV está diretamente relacionado à doença, estando presente em cerca de 90% dos casos. A infecção pelo vírus, porém, não leva necessariamente ao desenvolvimento de tumores. Só uma pequena parte das pacientes chega a desenvolver a doença, por isso é importante fazer o acompanhamento constante. O estudo chega num momento em que está em discussão no país a inclusão da vacina contra o vírus HPV no Programa Nacional de Imunização.

Fonte: FERNANDES, T. Exame de DNA para HPV deve ser rotina, diz pesquisa. *Folha de S.Paulo,* São Paulo, 17 dez. 2011. Caderno Saúde, p. 6.

Utilizando as informações do texto e seus conhecimentos sobre o assunto, responda:
a) O condiloma acuminado, popularmente também conhecido como crista-de-galo, que tem como causador o vírus HPV, se enquadra em qual categoria de doenças humanas?
b) Que outras doenças humanas, causadas por vírus, possuem o mesmo mecanismo de transmissão?

Reprodução: mecanismo de perpetuação das espécies **239**

Questões objetivas

1. (UFRN) Bactérias, hidras e paramécios são organismos que apresentam reprodução assexuada.

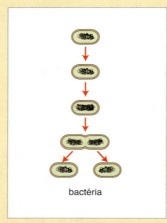
bactéria

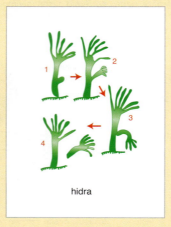
hidra

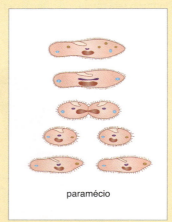
paramécio

Nas figuras acima, o tipo de reprodução de cada um desses organismos é, respectivamente,

a) conjugação, esporulação e conjugação.
b) conjugação, brotamento e conjugação.
c) divisão simples, brotamento e divisão simples.
d) divisão simples, esporulação e divisão simples.

2. (FCC) A diferença fundamental entre reprodução assexuada e sexuada é que a reprodução assexuada:

a) exige apenas um indivíduo para se cumprir, e a sexuada exige dois.
b) não cria variabilidade genética, e a sexuada pode criar.
c) só ocorre entre vegetais, e a sexuada entre vegetais e animais.
d) dá origem a vários indivíduos de uma só vez, e a sexuada a um indivíduo apenas.
e) só ocorre entre espécies onde não existem dois sexos, e a sexuada ocorre nos seres em que há diferenciação dos dois sexos.

3. (CESGRANRIO – RJ) Na reprodução sexuada dos vegetais, ocorre a alternância entre gerações haploide (n) e diploide ($2n$). Nas briófitas, a fase dominante e duradoura é o gametófito, enquanto, nas pteridófitas, a fase dominante é o esporófito.

Nos vegetais com flores, também há o predomínio do esporófito. Sobre a reprodução sexuada dos vegetais, afirma-se que

a) a geração diploide corresponde ao gametófito e produz gametas através da mitose.
b) a geração haploide corresponde ao gametófito, produzindo gametas através da mitose.
c) a geração haploide corresponde ao esporófito e produz esporos através da meiose.
d) a fecundação dos gametas origina um zigoto que é diploide, o qual se desenvolve e cresce através de sucessivas mitoses, formando o gametófito.
e) os esporos se desenvolvem através de sucessivas mitoses e originam o gametófito diploide.

4. (ENEM) Em certas localidades ao longo do rio Amazonas, são encontradas populações de determinada espécie de lagarto que se reproduzem por partenogênese. Essas populações são constituídas, exclusivamente, por fêmeas que procriam sem machos, gerando apenas fêmeas. Isso se deve a mutações que ocorrem ao acaso nas populações bissexuais. Avalie as afirmações seguintes, relativas a esse processo de reprodução.

I – Na partenogênese, as fêmeas dão origem apenas a fêmeas, enquanto nas populações bissexuadas cerca de 50% dos filhotes são fêmeas.
II – Se uma população bissexuada se mistura com uma que se reproduz por partenogênese, esta última desaparece.
III – Na partenogênese, um número x de fêmeas é capaz de produzir o dobro do número de descendentes de uma população bissexuada de x indivíduos, uma vez que, nesta, só a fêmea põe ovos.

É correto o que se afirma

a) apenas em I.
b) apenas em II.
c) apenas em I e III.
d) apenas em II e III.
e) em I, II e III.

5. (UFJF – MG) Existem muitos métodos para se evitar a concepção, entre eles os chamados reversíveis e irreversíveis. Os métodos reversíveis são aqueles que evitam a gestação enquanto são utilizados, já os métodos irreversíveis cessam definitivamente a capacidade reprodutora. Com base nessas informações, correlacione a coluna da esquerda com a coluna da direita.

1) método reversível 2) método irreversível	( ) coito interrompido ( ) camisinha ( ) laqueadura tubária ( ) dispositivo intrauterino (DIU) ( ) diafragma vaginal ( ) anticoncepcionais hormonais

A opção CORRETA é:

a) 1, 1, 2, 1, 1, 1.
b) 1, 1, 1, 2, 1, 1.
c) 1, 1, 1, 1, 2, 1.
d) 1, 1, 1, 2, 2, 1.
e) 1, 1, 1, 1, 1, 1.

6. (UFLA – MG) As formas anticonceptivas para evitar a gravidez são agrupadas, basicamente, em quatro grupos: métodos comportamentais, métodos hormonais, métodos de barreira e métodos de esterilização.

Assinale a alternativa que apresenta, na ordem, método comportamental, hormonal, de barreira e de esterilização.

a) Diafragma, DIU, camisinha masculina, laqueadura.
b) Abstinência, pílula, camisinha feminina, vasectomia.
c) Temperatura, método de Billings, diafragma, laqueadura.
d) Tabelinha, implante hormonal, preservativo, DIU.

7. (UFRN) Para um grande número de mulheres, a camisinha feminina e o diafragma vaginal representam a conquista da liberdade de escolha para fazer o sexo seguro, sem depender da iniciativa masculina. Ambos os dispositivos apresentam uma relativa eficiência como métodos contraceptivos e na prevenção de doenças sexualmente transmissíveis (DSTs), entretanto, têm seu uso corrente limitado por razões de custo econômico e cuidados especiais quanto ao uso correto. Na tomada de decisão para a escolha entre esses dois métodos, é preciso considerar que o diafragma vaginal

a) dispensa o uso de espermicidas e previne as DSTs.
b) precisa ser retirado logo após o término do ato sexual.
c) impede a ovulação e a implantação do zigoto.
d) apresenta uma menor proteção contra as DSTs.

8. (UPE) A gravidez na adolescência apresenta riscos por causa da imaturidade anatomofisiológica, dificultando o desenvolvimento e o desfecho do processo de gestação, parto e puerpério. Observe a figura a seguir:

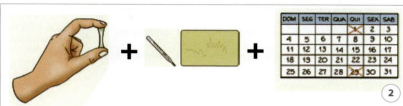
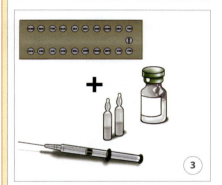

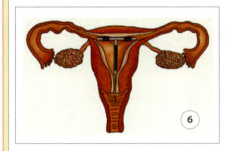
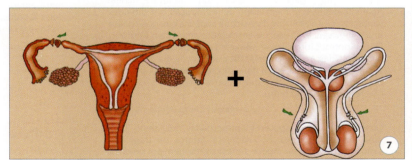

Adaptada de: <http://portal.saude.gov.br/portal/arquivos/pdf/cartilha_direitos_sexuais_2006.pdf>.

Sobre isso, preencha as lacunas do texto, correlacionando-as com os métodos de contracepção, representados pelas figuras numeradas em algarismos arábicos.

De uma maneira geral, os adolescentes podem usar a maioria dos métodos anticoncepcionais disponíveis. No entanto, alguns métodos são mais adequados que outros nessa fase da vida. _____ deve(m) ser usada(s) em todas as relações sexuais, independentemente do uso de outro método anticoncepcional, pois é o único que oferece dupla proteção, protegendo-os ao mesmo tempo das doenças sexualmente transmissíveis e da gravidez não desejada. Os métodos _____ são pouco recomendados, porque exigem do adolescente disciplina e planejamento, e as relações sexuais nessa fase, em geral, não são planejadas. _____ podem ser usadas(os) desde a primeira menstruação, pois agem impedindo a ovulação. _____ pode ser usada(o) pelas garotas, entretanto as que nunca tiveram filhos correm mais risco de expulsá-la(lo) e também não é indicada(o) para aquelas com mais de um parceiro sexual ou cujos parceiros têm outros parceiros/parceiras e não usam camisinha em todas as relações sexuais, pois, nessas situações, existe risco maior de contrair doenças sexualmente transmissíveis. _____ não são indicadas(os) para adolescentes.

Assinale a alternativa cuja sequência numérica preenche **CORRETAMENTE** as lacunas.

a) 1; 2; 3; 5; 7.   b) 1; 3; 4; 6; 2.   c) 1; 2; 3; 6; 7.   d) 4; 3; 1; 5; 2.   e) 5; 2; 3; 4; 6.

9. (UFPB) A precocidade da atividade sexual é mundialmente reconhecida como uma das causas do aumento na ocorrência de casos de gravidez não planejada. Entre os métodos de prevenção, os contraceptivos orais são considerados bastante eficazes. Em geral, esses contraceptivos consistem de uma mistura de derivados sintéticos dos hormônios progesterona e estrógeno.

Com base na literatura sobre reprodução humana e ação hormonal, é correto afirmar que contraceptivos orais são eficientes por

a) impedirem a implantação do óvulo no útero.
b) impedirem a entrada do espermatozoide no óvulo.
c) inibirem a secreção do hormônio testosterona, responsável pela lactação.
d) inibirem a secreção dos hormônios FSH e LH, responsáveis pela ovulação.
e) impedirem o crescimento da mucosa uterina, necessária à fixação do embrião.

10. (UFSC) As DSTs (doenças sexualmente transmissíveis) constituem um dos grandes problemas de saúde pública mundial. É direito e dever de todo cidadão manter-se informado sobre as doenças sexualmente transmissíveis, de forma a se proteger do contágio e evitar a sua transmissão. Sobre elas, identifique as alternativas corretas e dê sua soma ao final.

(01) Caso uma gestante tenha DST, seu filho não corre perigo de contrair a doença, pois não há contato entre o sangue da mãe e do bebê.
(02) A AIDS (em português, síndrome da imunodeficiência adquirida) sempre causa lesões nos órgãos genitais.
(04) A grande maioria das DSTs pode ser prevenida com o uso de preservativo (camisinha) durante a relação sexual.
(08) As DSTs ocorrem apenas em pessoas que mantêm relações sexuais.
(16) Toda DST causa lesões nos órgãos genitais.
(32) A AIDS pode ser transmitida por meio do contato direto com o paciente, como um aperto de mão, ou por meio do contato indireto, como o uso dos mesmos pratos, copos e talheres.
(64) A AIDS é causada pelo vírus HIV (em português, vírus da imunodeficiência humana), que ataca as células do sistema imunológico, diminuindo a capacidade do organismo de reagir às infecções mais comuns.

Questões dissertativas

1. (VUNESP) Os seres vivos podem reproduzir-se sexuada e assexuadamente.

a) Qual é o tipo de divisão celular envolvido em cada uma destas modalidades reprodutivas?
b) Qual é a importância biológica da reprodução sexuada?

2. (UNESP) **Apelo assexual – Caso único na natureza, espécie de formiga dispensou seus machos e descobriu que, ao menos para ela, sexo não vale a pena.**

Trata-se da *Mycocepurus smithii*, uma espécie de formiga que não tem machos: a rainha bota ovos que crescem sem precisar de fertilização, originando operárias estéreis ou futuras rainhas. Aparentemente, este mecanismo de reprodução traz uma desvantagem, que é a falta de diversidade genética que pode garantir a sobrevivência da espécie em desafios ambientais futuros. Duas hipóteses foram levantadas para explicar a origem destes ovos diploides: a primeira delas diz que os ovos são produzidos por mitoses e permanecem diploides sem passar por uma fase haploide; a segunda sugere que se formam dois ovos haploides que fertilizam um ao outro.

Adaptado de: Unesp Ciência, nov. 2009.

Considere as duas hipóteses apresentadas pelo texto. Cada uma dessas hipóteses, isoladamente, reforça ou fragiliza a suposição de que essa espécie teria desvantagem por perda de variabilidade genética? Justifique suas respostas.

3. (UNIRIO – RJ) **Cirurgia de vasectomia**

Embora os homens possam usar a vasectomia como método contraceptivo, estudo realizado pela enfermeira Flávia Ribeiro Manhoso mostra que "a técnica é escolhida na maioria dos casos devido a problemas com a saúde da mulher causados por outros anticoncepcionais, em especial a pílula, injeções e o Dispositivo Intrauterino (DIU), e medo de complicações na cirurgia da laqueadura de trompas". A pesquisa também aponta que os homens não se preocupam em usar preservativo após a vasectomia, o que aumenta o risco do contágio de doenças sexualmente transmissíveis (DSTs) como a AIDS.

Disponível em: <http://www.copacabanarunners.net>.

A vasectomia ou deferentectomia é um método contraceptivo através da ligadura dos canais deferentes do homem. É uma pequena cirurgia feita com anestesia local em cima do escroto. Não precisa de internação.

Disponível em: <http://pt.wikipedia.org>.

A ligadura dos canais deferentes interfere na fertilidade masculina.

a) Em que fase da espermatogênese a ligadura interfere?
b) Como se dá esta interferência na fertilidade masculina?

4. (UFV – MG) Na primeira aula de anatomia e reprodução humana, um grupo de calouros universitários deparou-se com o esquema parcial do sistema reprodutivo, em corte anatômico, representado a seguir. O objetivo da aula era verificar se alguns deles já tinham conhecimentos básicos desse assunto. Observe o esquema e resolva os itens.

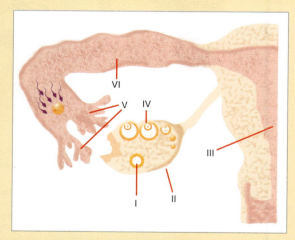

a) A gônada está indicada pelo número: _____.
b) Cite um número que indica a tuba uterina: _____.
c) Observa-se que o número IV indica uma das etapas que antecede a ovulação. Que tipo de divisão celular está ocorrendo nessa etapa?
d) O local de implantação normal do embrião, no endométrio, está mais próximo do número _____.

Programas de avaliação seriada

1. (PAIES – UFU – MG) As duas maneiras como os seres vivos podem reproduzir são sexuada ou assexuada. Sobre essas formas de reprodução, marque para as alternativas abaixo (**V**) verdadeira, (**F**) falsa ou (**SO**) sem opção.

1 (　) A reprodução sexuada tem como característica a ocorrência de meiose, formação de gametas e fecundação.

2 (　) A reprodução sexuada promove maior variabilidade genética.

3 (　) A reprodução assexuada propicia maior possibilidade de evolução das espécies.

4 (　) Excetuando a ocorrência de mutações, a reprodução sexuada produz indivíduos geneticamente idênticos.

2. (PSIU – UFPI) Na maioria dos protozoários, ocorre reprodução assexuada por mitose, e este é o único modo de reprodução conhecido em algumas espécies. A divisão do organismo em duas ou mais células-filhas é chamada de fissão. Quando esse processo resulta em duas células-filhas semelhantes, ele é chamado de fissão binária; quando uma célula-filha é muito menor do que a outra, o processo é chamado de:

a) brotamento.

b) cissiparidade.

c) estrobilização.

d) gemiparidade

e) esporulação.

3. (SAS – UEG – GO) A reprodução sexual ocorre em organismos diploides, no qual cada célula contém dois conjuntos de cromossomos, cada um herdado do pai e da mãe, respectivamente. Sobre estas células, é CORRETO afirmar:

a) as células germinativas ou gaméticas, na espécie humana, são diploides e contêm 46 cromossomos, no espermatozoide e no óvulo.

b) em animais, o espermatozoide é uma célula haploide, maior e sem modalidade, e o óvulo, também haploide, é menor e móvel.

c) as células germinativas haploides são geradas quando uma célula diploide inicia o processo de divisão conhecido como meiose.

d) a meiose gera células diploides a partir de células haploides, enquanto a mitose gera células diploides a partir de células haploides.

4. (SAS – UPE) Sobre as palavras destacadas em negrito nas estrofes do cordel a seguir, analise as afirmativas referentes aos temas *doenças sexualmente transmissíveis, gravidez, métodos de prevenção e uso de drogas.*

CORDEL DO AMOR À VIDA

Por Mary Cristianny

Trechos do cordel

VII

Gonorreia, sífilis, cancro mole
Que horror
Doença de nome engraçado
Que nos traz pavor
E pra evitá-la te dou uma solução
Use camisinha pra não contrair um problema

VIII

Mas pra evitar essas doenças
E a **gravidez** fora de hora
Só tem **a camisinha**, **a pílula** não
Nem a **tabelinha** funciona...

XI

Drogas não é a solução
É esconder-se da vida
Dificultando a situação
A maconha, a cocaína faz o cérebro atrofiar
E a pessoa esquece
Até de se cuidar

Disponível em: <http://www.idbrasil.org.br/drupal/?q=node/13570>.

I – As doenças sexualmente transmissíveis, relacionadas na estrofe VII, são causadas por vírus, enquanto a AIDS, o condiloma acuminado e a hepatite C são causadas por bactérias.

II – Para haver gravidez, é necessário que ocorram cópula e fecundação. Assim, o zigoto irá se deslocando pela tuba uterina, sofrendo clivagens, e o embrião poderá se implantar no útero.

III – Os métodos de contracepção destacados na estrofe VIII são classificados como não hormonais, temporários e de barreira.

IV – As drogas citadas na estrofe XI são ditas ilegais, mas o álcool, droga legalizada, pode causar diversos danos sociais, além de prejuízo à saúde física e psíquica da pessoa.

Estão **CORRETAS**

a) I, II e III.

b) I e III.

c) II, III e IV.

d) II e IV.

e) III e IV.

Capítulo 11 — Embriologia animal

"De olho" na vida que se desenvolve no útero

Hoje em dia vivemos cercados de câmeras por todos os lados. Parece que nossa vida está sempre sendo vigiada e, em algumas situações, temos até a nítida sensação de que tudo o que fazemos está sendo, de alguma maneira, monitorado.

Se andamos na rua, somos monitorados por câmeras de segurança instaladas em prédios e vias públicas. Se entramos em lojas, supermercados e bancos, também estamos sendo vigiados. Até mesmo em elevadores e dentro de algumas residências existem câmeras que estão "de olho" em todos. É quase um *Big Brother* da vida real!

Mas nem só adultos e crianças estão atualmente em constante monitoramento. Mesmo antes do nascimento, embriões e fetos também estão sob olhares zelosos e constantes de médicos e pais. Com o uso do ultrassom nos exames pré-natais, os fetos podem ser analisados em detalhes durante as diversas fases de seu desenvolvimento. Podemos observar esses pequenos seres enquanto dormem, se movimentam, chupam seus dedinhos, reagem a diversos estímulos e até sorriem!

Além de auxiliar médicos e pesquisadores a acompanhar o desenvolvimento dos bebês, os exames de imagem durante a gestação – verdadeiros *reality shows* – podem detectar precocemente algum problema e garantir maior sobrevida das crianças após o nascimento.

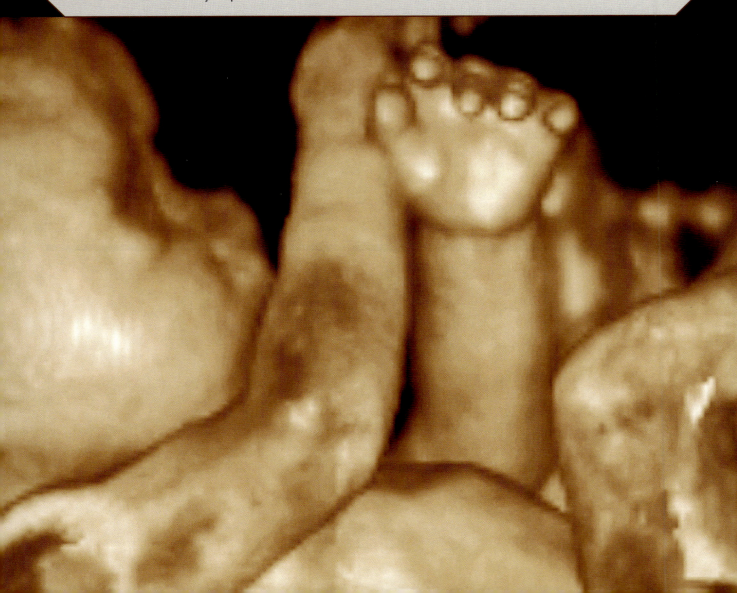

A embriologia animal é o estudo do desenvolvimento de um ser pluricelular, desde o estádio de uma célula (zigoto) até a diferenciação e especialização das células, tecidos e órgãos que conduzem à construção do corpo de um ser jovem. Dependendo da espécie, o novo ser pode apresentar-se como uma larva independente (girino, por exemplo) ou ter características muito semelhantes à fase adulta de sua espécie (embrião humano, por exemplo).

A embriologia da maioria dos animais é extremamente parecida. Começa com a fecundação, originando a célula-ovo (ou zigoto), passando, a seguir, por algumas fases características do desenvolvimento embrionário, que serão descritas logo mais.

▪ O ENCONTRO DOS GAMETAS

De maneira geral, o óvulo das diferentes espécies de mamíferos é circundado por alguns envoltórios protetores, destacando-se, em primeiro lugar, a membrana plasmática, componente obrigatório em qualquer célula. Externamente à membrana plasmática existe um envoltório gelatinoso, a **zona pelúcida**. Ao redor da zona pelúcida há uma **corona radiata**, formada por uma ou mais camadas de células derivadas do folículo ovariano.

O espermatozoide também possui características próprias e fundamentais para a ocorrência de fecundação. Ao abrir caminho pelas células da corona radiata e entrar em contato com a zona pelúcida, ocorre a chamada *reação acrossômica*. O que é isso? O acrossomo possui várias enzimas que, em contato com o envoltório gelatinoso da zona pelúcida, são liberadas. Elas digerem o envoltório gelatinoso e abrem uma passagem (veja a Figura 11-1(a, b)). A seguir, proteínas efetuam a ligação da membrana plasmática do espermatozoide com a membrana plasmática do óvulo. É um complexo processo em que as proteínas são específicas para cada espécie e garantem que o ingresso do espermatozoide só ocorrerá se o óvulo pertencer à mesma espécie dele.

Ocorrida a junção das membranas plasmáticas das duas células, a seguir surgem várias microvilosidades na membrana plasmática do óvulo que rodeiam o espermatozoide e promovem a fusão da membrana plasmática do gameta masculino com a membrana plasmática do gameta feminino (veja a Figura 11-1(c)). Tudo está pronto para o citoplasma do espermatozoide entrar em contato com o citoplasma do óvulo. Isso acontece a partir da contração de fibras de actina que trazem para o interior do óvulo a maior parte da célula do gameta masculino. Entram o citoplasma e o núcleo. A membrana plasmática do espermatozoide fundiu-se com a do óvulo.

Anote!
Não confunda óvulo com ovócito! Na espécie humana, o óvulo só é formado depois de o ovócito ser fecundado.

Anote!
Na espécie humana, as mitocôndrias do zigoto são provenientes do ovócito. Nesse aspecto, a participação do espermatozoide é desprezível. Esse fato é importante em pesquisas genéticas relacionadas principalmente à evolução humana.

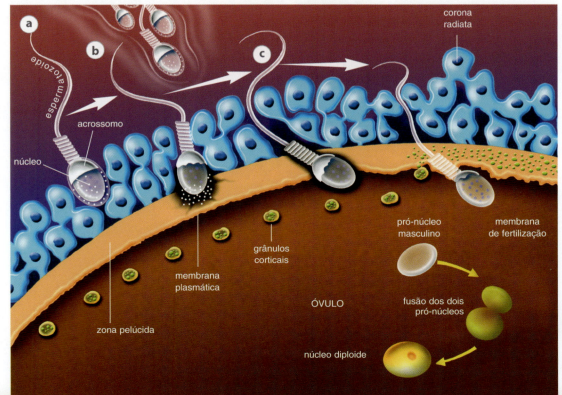

Figura 11-1. O ingresso do espermatozoide no óvulo.

De olho no assunto!

Só um espermatozoide penetra no ovócito?

Assim que o espermatozoide entra, ocorrem algumas reações na membrana do ovócito humano, e também no seu citoplasma, cuja finalidade é evitar o ingresso de mais espermatozoides, isto é, impedir a chamada **polispermia**.

Essas reações são chamadas coletivamente de **reação cortical** e se resumem em:

- alteração da polaridade elétrica da membrana plasmática do ovócito. Antes da fecundação, o interior da membrana plasmática do ovócito é carregado negativamente. Havendo o contato com o espermatozoide, há um ingresso intenso de íons sódio, tornando o interior da célula positivo, em relação ao lado externo. Essa alteração de polaridade acaba impedindo o ingresso de mais espermatozoides;

- liberação de enzimas pelos grânulos ovulares. Essas enzimas atuam na zona pelúcida, transformando-a em uma *membrana de fertilização* praticamente impermeável. Essa espessa membrana impede o contato de outros espermatozoides com os receptores existentes na membrana plasmática do ovócito, garantindo, assim, a **monospermia**, isto é, a participação de apenas um espermatozoide na fecundação.

Os Núcleos se Fundem

Entre os vários eventos que acontecem no citoplasma do óvulo, o mais importante é a cariogamia, ou seja, a fusão dos dois núcleos (do espermatozoide e do óvulo) e o encontro dos cromossomos masculinos com os cromossomos femininos. Está formada a célula diploide, o **zigoto**.

Nesse momento, ocorre a ativação do zigoto. Diversas substâncias que já existiam no citoplasma do óvulo, principalmente os RNAs mensageiros e os ribossomos, entram em atividade. Imediatamente aciona-se o mecanismo da mitose. Começa a multiplicação do zigoto em inúmeras células-filhas. Inicia-se o longo caminho que levará à formação do embrião e do futuro indivíduo. Está dada a partida para o desenvolvimento embrionário. É esse desenvolvimento que passaremos a analisar e que é o objeto de estudo da *Embriologia*.

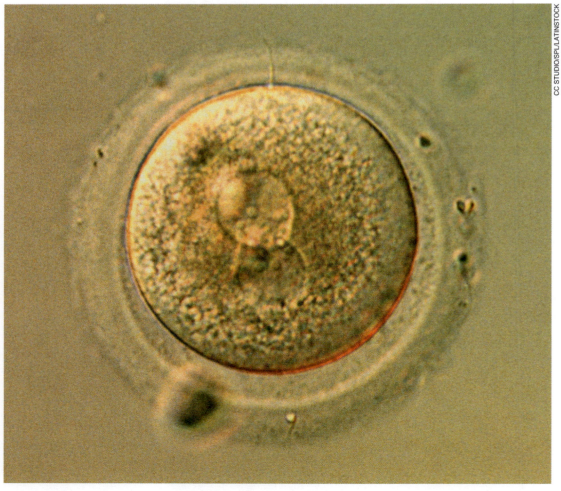

Observe nesta imagem, de microscopia óptica, os dois pró-núcleos (no centro, levemente deslocados para a esquerda). Quando eles se fundirem, o zigoto humano conterá 46 cromossomos — 23 vindos de cada genitor. Pode-se ver nitidamente, em torno da célula-ovo, a espessa *zona pelúcida*, agora membrana de fertilização, circundada por vários espermatozoides.

O Anfioxo é o nosso Modelo

Este capítulo será dedicado ao estudo da Embriologia dos cordados. Para compreender como ocorre o desenvolvimento embrionário, é preciso escolher um modelo que sirva para todo o grupo. O *anfioxo*, um pequeno animal marinho que mede, na fase adulta, cerca de 5 cm de comprimento e possui formato semelhante ao de uma lâmina de canivete, é o escolhido porque o seu desenvolvimento se assemelha – pelo menos na maioria das fases – ao dos demais animais que pertencem ao seu grupo, entre eles o homem.

Anfioxo.

▪ O ZIGOTO

O óvulo é o gameta que armazena o alimento a ser utilizado pelo embrião durante seu desenvolvimento. Após a fecundação (que, no anfioxo, é externa e ocorre na água), forma-se o *zigoto*, ou *célula-ovo*, que contém toda a reserva alimentar do óvulo. Essa reserva servirá para nutrir as células do embrião, um organismo desprovido de condições de sobrevivência independente.

O alimento ou substância nutritiva, composto principalmente de proteínas e lipídios, é conhecido pelo nome de **vitelo**.

No anfioxo, o ovo é pobre em vitelo. Em compensação, o desenvolvimento embrionário é rápido e logo surge uma larva, que se alimentará por conta própria.

Apesar de possuir pequena quantidade de vitelo, há uma ligeira irregularidade na distribuição dessa reserva no ovo do anfioxo, definindo-se, assim, um **polo inferior** ou **vegetativo**, no qual a quantidade de vitelo é um pouco maior do que no polo oposto – o **polo superior** ou **animal**. O núcleo do zigoto fica, então, um pouco deslocado para o polo superior.

Anote!
O ovo humano também é pobre em vitelo (quantidade suficiente apenas para as fases iniciais do desenvolvimento), porém, o desenvolvimento do embrião humano ocorrerá dentro do útero materno e sua nutrição, até o nascimento, será garantida por meio de um órgão chamado placenta.

célula-ovo (zigoto)

2 blastômeros

▪ A SEGMENTAÇÃO

Assim que é formado, o zigoto se divide por mitose e origina duas células-filhas. Cada uma dessas células é chamada de blastômero (veja a Figura 11-2). No desenvolvimento embrionário, as primeiras divisões celulares caracterizam uma etapa conhecida pelo nome de **segmentação** ou **clivagem**.

É evidente que a segmentação promove aumento da quantidade de blastômeros. A rapidez da segmentação depende estritamente do tipo de ovo, que é classificado de acordo com a quantidade de vitelo e da maneira como essa reserva se distribui no citoplasma do ovo. Fica fácil compreender que ovos com pouco vitelo dividem-se mais rapidamente do que aqueles que o têm em grande quantidade.

Figura 11-2. (a) Ovo oligolécito. (b) A primeira segmentação ocorre de polo a polo; (c) surgem os dois primeiros blastômeros.

De olho no assunto!

	Tipo de ovo	Características e ocorrência		
	Oligolécito *sem* diferenciação polar (isolécito).	Pouco vitelo uniformemente distribuído. Equinodermos, homem.	**TOTAL OU HOLOBLÁSTICA**	**IGUAL**
	Oligolécito *com* diferenciação polar.	Pouco vitelo com distribuição ligeiramente irregular. Anfioxo.		**DESIGUAL**
	Heterolécito (mediolécito, telolécito incompleto).	Quantidade média de vitelo, concentrado no polo inferior (polo vegetativo) do ovo. Anfíbios.		
	Megalécito (telolécito completo).	Quantidade máxima de vitelo. Peixes, répteis, aves, mamíferos ovíparos (ornitorrinco, por exemplo).	**PARCIAL OU MEROBLÁSTICA**	**DISCOIDAL**
	Centrolécito.	Vitelo relativamente abundante, ocupando a região central do ovo. Insetos.		**SUPERFICIAL**

Obs.: as figuras não obedecem a uma escala de proporcionalidade.

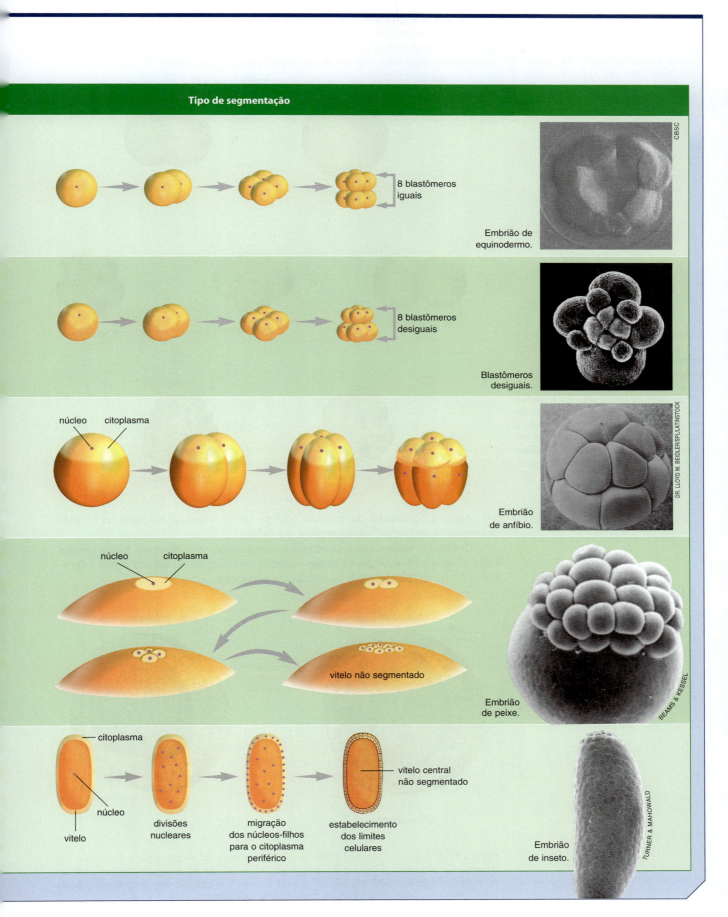

> **Anote!**
> O tamanho da mórula é igual ao do zigoto. Durante as fases iniciais da segmentação, não ocorre aumento do tamanho das células, apenas aumento do número delas.

À medida que aumenta o número de blastômeros, o conjunto adquire forma aproximadamente esférica, compacta e o aspecto de uma amora, o que lhe deu o nome de **mórula**. A mórula é uma fase embrionária em que há vários blastômeros e nenhuma cavidade (veja a Figura 11-3).

Figura 11-3. Do ovo à mórula: (a) o ovo é oligolécito. (b) A primeira segmentação ocorre de polo a polo. (c) Surgem os dois primeiros blastômeros. (d) Em seguida, quatro, por segmentação também de polo a polo. (e) A terceira segmentação, porém, ocorre segundo um plano transversal, determinando o aparecimento de quatro micrômeros em cima e quatro macrômeros embaixo. (f) A partir daí, as segmentações prosseguem até a formação da mórula (g).

Após a formação da mórula, chega um momento em que as células começam a se dispor na superfície da esfera.

Define-se, então, uma cavidade interna onde, inicialmente, havia células (veja a Figura 11-4). A partir desse instante, o conjunto de células passa a receber o nome de **blástula** e a cavidade, de **blastocela**.

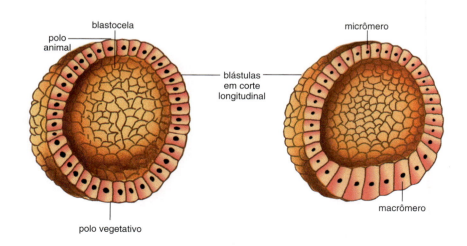

Figura 11-4. Pouco a pouco vai aumentando a quantidade de células, a partir da mórula. Em determinado momento, surge uma cavidade no interior do que era antes uma esfera compacta, solidamente preenchida por células. A partir de agora, o embrião está em fase de blástula (aqui, vista em corte) e sua cavidade denomina-se blastocela.

▪ A GASTRULAÇÃO

A etapa seguinte do desenvolvimento embrionário do anfioxo é aquela em que acontecerá um conjunto de movimentos celulares que darão ao embrião um aspecto inteiramente novo.

Os movimentos celulares consistem em migrações de células, levando, ao final do processo migratório, à formação de uma fase embrionária denominada **gástrula**, em que a principal novidade é o surgimento de três camadas de células: **ectoderme**, **mesoderme** e **endoderme**. Essas três camadas constituem os **folhetos embrionários primordiais**, e originarão os tecidos e órgãos do animal.

Para entender esse processo, imagine o polo vegetativo de uma blástula de anfioxo sendo empurrado em direção ao polo animal, o que é possível graças à existência da blastocela. Na verdade, isso ocorre porque o ritmo de divisão celular dos micrômeros é mais intenso do que o dos macrômeros. Assim, o polo inferior da blástula é empurrado em direção ao superior, com a invasão da blastocela. Esse tipo de movimento celular, que conduzirá a uma nova fase embrionária, é conhecido como **gastrulação por embolia**, por sugerir que um hipotético êmbolo desloca o polo inferior em direção ao superior. Como resultado, a forma do embrião, que era de uma esfera oca, passa a ser, aproximadamente, a de uma hemisfera de paredes duplas, determinando, assim, a origem da fase **gástrula** (veja a Figura 11-5).

Perceba que, com a ocorrência da migração celular, a blastocela aos poucos desaparece e surge outra cavidade. Essa nova cavidade, contendo uma abertura, recebe o nome de **arquêntero** – também é comum chamá-la de *intestino primitivo*. Veja ainda que já se definem pelo menos duas camadas: a **ectoderme** e a **mesendoderme**. Posteriormente, a partir da mesendoderme serão destacadas as células que originarão a camada mesodérmica e a camada endodérmica. Note, nas figuras, que o arquêntero se comunica com o exterior por uma abertura circular, o **blastóporo**.

Anote!
A gastrulação é importante porque define os folhetos embrionários responsáveis pela formação futura de todos os tecidos e órgãos que fazem parte do corpo do animal.

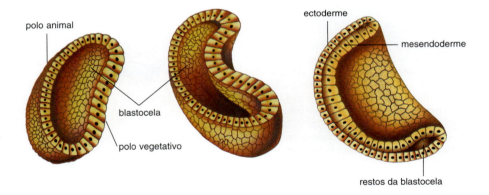

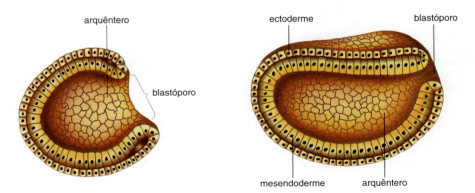

Figura 11-5. O polo vegetativo da blástula desloca-se em direção ao polo animal. É como se alguém, com o punho cerrado, empurrasse um polo em direção ao outro. Como resultado, surge uma figura embrionária em que há duas camadas celulares, uma sobreposta à outra. A de fora é a ectoderme. A de dentro é a mesendoderme, que recebe esse nome porque suas células originarão a mesoderme e a endoderme. Nova cavidade, o arquêntero (também chamado de intestino primitivo), surge como resultado do deslocamento celular característico da gastrulação. Blastóporo é o nome do orifício que comunica o arquêntero com o meio externo.

Embriologia animal   **251**

De olho no assunto!

Os diferentes tipos de gastrulação

Gastrulação por	Ocorrência	Características	
Embolia ou invaginação	Ouriço-do-mar, anfioxo.	O hemisfério vegetativo aprofunda-se na blastocela. A cavidade da blástula desaparece gradativamente; surge uma nova cavidade, o arquêntero (intestino primitivo), dotado de uma abertura, o blastóporo (futuro ânus dos equinodermos e cordados).	blastocela blástula
Epibolia (e embolia)	Anfíbios.	Micrômeros periféricos multiplicam-se, recobrindo os macrômeros do polo vegetativo, os quais se tornam internos. Inicia-se uma invaginação de células superficiais para o interior da blastocela, definindo-se a cavidade do arquêntero e uma *fenda* blastoporal. As células que invaginam formam a mesoderme. Os macrômeros menores, no assoalho do arquêntero, elevam-se bilateralmente, formando a endoderme.	blastocela blástula
Migração	Peixes, répteis, aves.	Células da "calota" discoidal (disco embrionário) no topo da gema (vitelo) migram para o interior da pequena blastocela, subdividindo-a: a cavidade acima do forro celular é a blastocela secundária; abaixo do forro, tendo como assoalho o vitelo, forma-se o arquêntero. Através de um sulco (linha primitiva) na camada de células superficiais, há migração de células que, interpondo-se entre as 2 camadas anteriores, constituem a mesoderme.	blastocela blástula
Migração	Mamíferos primatas.	Forma-se uma nova cavidade na massa celular acima da blastocela – é a cavidade amniótica precoce. A lâmina de tecido que separa ambas as cavidades constitui a região embrionária propriamente dita. Células da face inferior da plataforma embrionária (endoderme) migram e forram o interior da blastocela primitiva. A cavidade passa a saco vitelínico (vazio).	cavidade do blastocisto (blastocela) blástula (blastocisto)

BIOLOGIA 1 • 4.ª edição

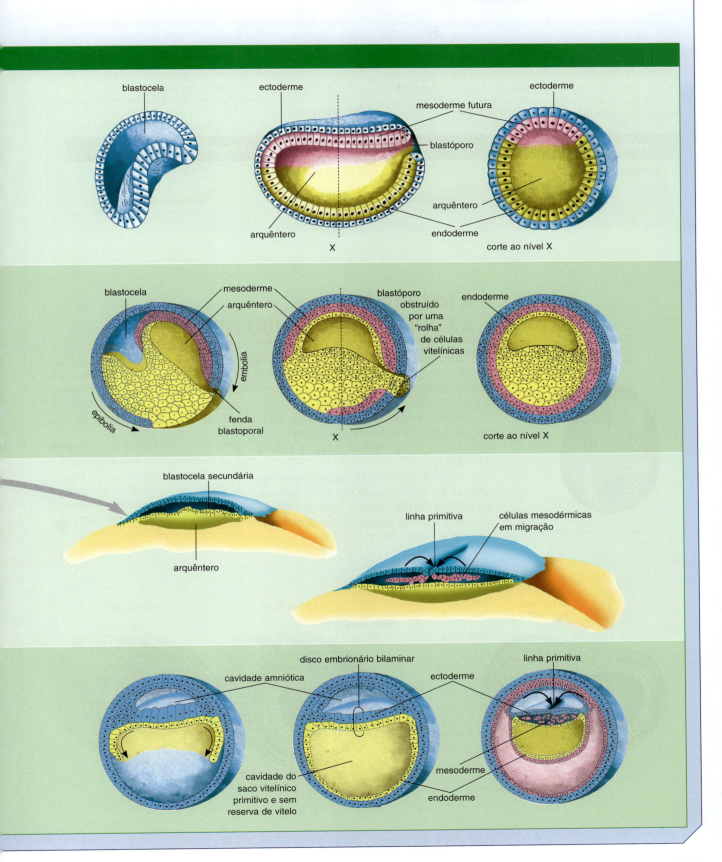

De olho no assunto!

Uma classificação dos diversos grupos animais pode ser feita tendo como base alguns critérios embriológicos. Nos cnidários, apenas a ectoderme e a endoderme são formadas. É um grupo de animais **diploblásticos** (do grego, *diplóos* = duplo).

Animais que possuem os três folhetos embrionários – ectoderme, mesoderme e endoderme – são considerados **triploblásticos**. Nesse grupo, estão incluídos os vermes, os moluscos, os artrópodes, os equinodermos e os cordados, como o anfioxo.

Outra caracterização que se aplica aos triploblásticos é referente ao destino do blastóporo ao longo do desenvolvimento. Em muitos grupos animais, o blastóporo diferencia-se em boca. Esses animais são denominados de **protostômios** (do grego, *proto* = primitivo e *stoma* = boca), que inclui os vermes (platelmintos, nematelmintos e anelídeos), os moluscos e os artrópodes. Nos cordados (grupo do anfioxo) e nos equinodermos (grupo do ouriço-do-mar), o blastóporo diferencia-se em ânus. A boca forma-se em etapa posterior, na região oposta. Esses animais são conhecidos como **deuterostômios** (do grego, *deúteros* = secundário).

cnidários	vermes	moluscos	artrópodes	equinodermos	cordados
diploblásticos	triploblásticos				
	protostômios			deuterostômios	

■ A NÊURULA: A FORMAÇÃO DO TUBO NEURAL

Ao terminar a gastrulação, o embrião já apresenta forma ovoide. Em sua região dorsal, ocorrem achatamentos nas células ectodérmicas, levando à formação de uma placa que recebe o nome de **placa neural**. Progressivamente, a placa afunda e novas células ectodérmicas passam a cobri-la, escondendo-a na região dorsal do embrião (veja a Figura 11-6). Com o tempo, os bordos da placa neural se fundem e ela se transforma em **tubo neural** (veja a Figura 11-7(b-e)).

O recobrimento da placa neural por células ectodérmicas é notado também na região do blastóporo, que permite a comunicação temporária do arquêntero com o tubo neural.

Anote!
A fase de nêurula é aquela em que é iniciada a diferenciação do sistema nervoso. É preciso entender que, concomitantemente, outras estruturas também se formam.

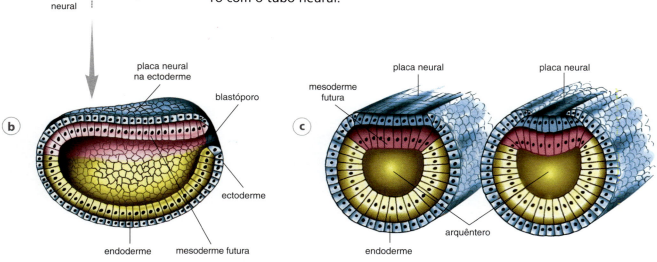

Figura 11-6. Nêurula: (a) vista dorsal; (b) corte longitudinal; (c) cortes transversais.

▪ A MESODERME E A NOTOCORDA

Simultaneamente a essas transformações na placa neural, a **mesoderme** (teto do arquêntero) inicia um processo de separação de grupos de células ao longo de todo o comprimento do embrião, determinando a diferenciação delas em **somitos** e **notocorda**. Essa última estrutura consiste em um bastão cilíndrico, localizado logo abaixo do tubo neural. A notocorda é típica dos animais classificados dentro do filo dos Cordados. Nos vertebrados, ela será substituída, totalmente ou em parte, pela coluna vertebral. Tem a função primordial de sustentação.

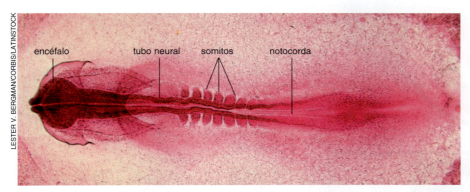

Vista dorsal de embrião de galinha em que se observam a notocorda, a formação do tubo neural e os somitos. Animal com 28 h de desenvolvimento embrionário.

Os somitos, tal como a notocorda, são formados pela mesoderme e, de início, assemelham-se a bolsas esféricas, dispostas de maneira segmentada de ambos os lados do eixo formado pela notocorda e pelo tubo neural. A pequena cavidade de cada somito chama-se **celoma**.

À medida que os somitos crescem bilateralmente, no sentido dorsiventral, interpondo-se entre a ectoderme e a endoderme, até se encontrarem ventralmente na linha média, a cavidade celomática de cada somito amplia-se.

As células constituintes de cada somito, em contato com a endoderme, constituem a **mesoderme visceral** ou **esplancnopleura** (essa camada revestirá a endoderme do tubo digestivo). Aquelas células do somito que aderem internamente à ectoderme constituem a **mesoderme parietal** ou **somatopleura**, que participará da formação de tecidos e órgãos da parede do corpo do adulto.

As cavidades dos somitos juntam-se em uma só, pois as paredes somíticas que se tocam no sentido longitudinal desaparecem. No adulto, o celoma passa a ser chamado de **cavidade geral do organismo** – trata-se de um espaço totalmente forrado por mesoderme (veja a Figura 11-7) e importante para a disposição dos diversos órgãos internos do animal.

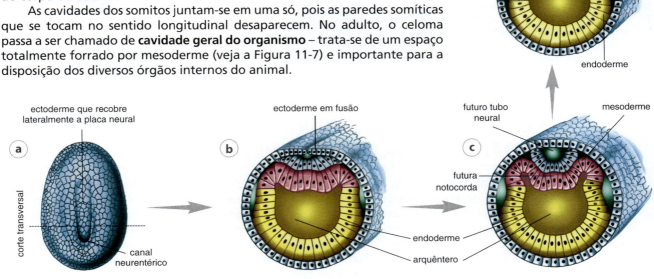

Figura 11-7. Diferenciação da mesoderme e do tubo neural. Note em (c) o início da separação entre a mesoderme e a endoderme. A notocorda e os somitos são de origem mesodérmica.

A partir dos folhetos embrionários primordiais surgirão todos os tecidos e órgãos componentes do animal adulto. A Figura 11-8 resume as estruturas deles derivadas em um cordado.

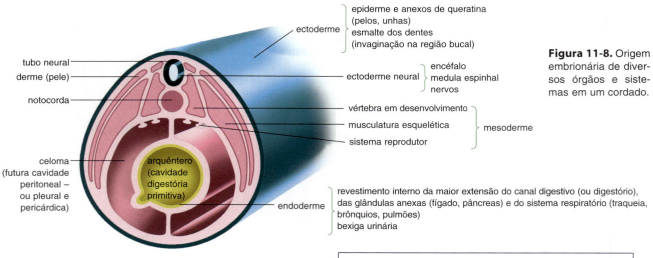

Figura 11-8. Origem embrionária de diversos órgãos e sistemas em um cordado.

De olho no assunto!

Acelomados, pseudocelomados e eucelomados

Você deve estar pensando que toda vez que existir *mesoderme* em um animal triploblástico ele deve possuir celoma, certo? A resposta é não. Existem animais triploblásticos que, embora possuam mesoderme, são *acelomados*. É o que ocorre nos vermes platelmintos, cuja mesoderme é um tecido que não forma cavidade, ou seja, não há celoma (veja a Figura 11-9). Na maioria dos animais pertencentes a esse grupo (e um dos exemplos mais conhecidos é a planária, um pequeno verme achatado que vive em ambientes de água doce), a única cavidade corporal é o intestino, revestido pela endoderme. Por outro lado, nos animais que possuem celoma, ele nem sempre é uma cavidade inteiramente revestida pela mesoderme. Nos vermes nematelmintos (por exemplo, a lombriga, um dos mais conhecidos desse grupo), a cavidade geral do corpo é um *pseudoceloma*. Isso porque a mesoderme reveste apenas a parede corporal interna, deixando de fazê-lo na endoderme que circunda o intestino desses animais. Celoma verdadeiro, ou seja, cavidade revestida inteiramente por mesoderme, existe apenas nos animais *eucelomados* (ou celomados verdadeiros), representados, hoje, por componentes dos moluscos (caramujos), anelídeos (minhocas), artrópodes (baratas e pernilongos), equinodermos (ouriços e estrelas-do-mar) e cordados (homem, galinha, anfioxo).

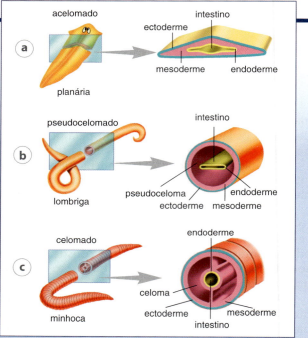

Figura 11-9. Os animais triblásticos podem ser (a) acelomados, (b) pseudocelomados ou (c) celomados verdadeiros.

OS ANEXOS EMBRIONÁRIOS: ADAPTAÇÃO AO MEIO TERRESTRE

Na maioria dos répteis, em todas as aves e em alguns mamíferos ovíparos (ornitorrinco e equidna), o desenvolvimento embrionário ocorre inteiramente no interior de um ovo dotado de *casca protetora calcária porosa*, que permite a ocorrência de trocas gasosas. Nos mamíferos placentários, o desenvolvimento ocorre no interior do corpo materno, dentro de um útero. A efetiva conquista do meio terrestre pelos vertebrados, iniciada pelos répteis, envolveu a ocorrência de fecundação interna e o desenvolvimento de estruturas associadas ao embrião, os **anexos embrionários**, características que se repetem nas aves e nos mamíferos. Os anexos são o **âmnio**, o **cório**, o **saco vitelínico** e a **alantoide** (veja a Figura 11-10). Embora não façam parte do corpo embrionário, são indispensáveis para o desenvolvimento do embrião, exercendo várias funções.

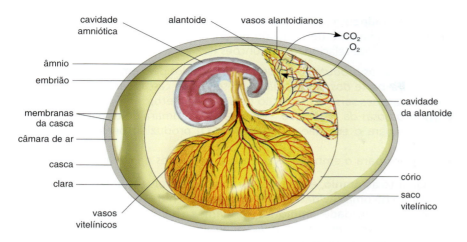

Figura 11-10. Esquema de ovo de réptil ou ave. Observe os anexos embrionários: saco vitelínico, âmnio, cório e alantoide. A casca, suas membranas e a clara são secretadas pelo oviduto. O saco vitelínico, também chamado de vesícula vitelínica, é a membrana extraembrionária que envolve a gema original.

Diferenciando-se a mesoderme e o tubo neural, parte dos folhetos germinativos desenvolve-se formando uma membrana que envolve toda a gema, constituindo (membrana + gema) o **saco vitelínico**, um anexo embrionário que permanece ligado ao intestino do embrião. À medida que este se desenvolve, há o consumo do vitelo e, consequentemente, o saco vitelínico vai se reduzindo até desaparecer.

Além do saco vitelínico, todos os répteis e aves apresentam outros três anexos embrionários: a alantoide, o âmnio e o cório (veja a Figura 11-11).

Anote!
A vesícula vitelínica ocorre em peixes, mas não em anfíbios. No desenvolvimento embrionário de sapos e rãs, o vitelo fica contido no interior de macrômeros e os nutrientes resultantes da digestão enzimática são distribuídos para as demais células.

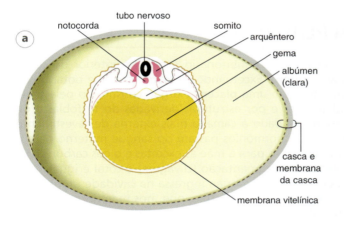
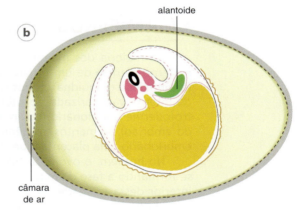
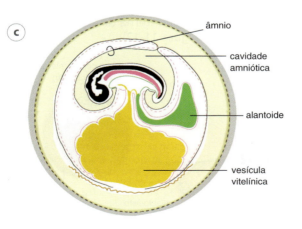
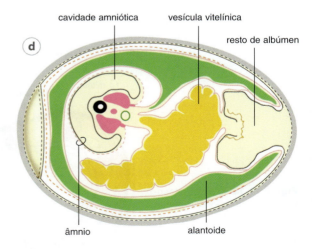

Figura 11-11. (a, b) Observe que as regiões laterais do disco embrionário formam dobras que se elevam e recobrem dorsalmente o embrião, criando uma bolsa cujo revestimento é formado por ectoderme mais mesoderme. (c, d) Com o desenvolvimento do embrião, há um aumento da alantoide e uma redução da vesícula vitelínica.

Embriologia animal **257**

> **De olho no assunto!**
>
> No desenvolvimento embrionário das aves, os ovos são chocados. O calor emanado da fêmea (às vezes, do macho) é fundamental para o desenvolvimento desses animais, pois trata-se de homeotermos, cuja temperatura corporal deve permanecer relativamente constante. Assim, para que durante o desenvolvimento embrionário as reações enzimáticas do metabolismo ocorram satisfatoriamente, essa temperatura deve ser mantida. Nas aves, assim como nos répteis, não há fase larval.
>
> Concluído o desenvolvimento, o jovem indivíduo, com as características do adulto, quebra a casca e sai do ovo.

A **alantoide** surge como um divertículo do intestino do embrião e aumenta consideravelmente de tamanho durante o desenvolvimento embrionário. Está intimamente relacionada às funções de:

- *armazenar os produtos de excreção* produzidos pelo embrião (ácido úrico);
- *transferir parte dos sais de cálcio*, presentes na casca, para o embrião, que utilizará esses sais na formação de seu esqueleto;
- *trocas gasosas da respiração* – o O_2 passa da câmara de ar para a alantoide e desta para o embrião, enquanto o CO_2 produzido percorre o caminho inverso;
- *transferir* para o embrião as *proteínas* presentes na clara.

Quanto ao **âmnio**, é uma membrana que envolve o embrião. Entre ela e o embrião há uma cavidade (amniótica) preenchida pelo líquido amniótico. Âmnio mais cavidade amniótica formam a chamada **vesícula amniótica**. Seu papel é *amortecer os choques*, além de constituir *um meio líquido de desenvolvimento* e permitir a *flutuação* e a *mobilidade* do embrião. Ao final do desenvolvimento de répteis e aves, todo o líquido da cavidade amniótica foi absorvido pelo animal.

O último dos anexos embrionários é a **serosa** ou **cório**, membrana que circunda o âmnio, a alantoide e o saco vitelínico e fica justaposta à membrana da casca. A princípio, entre ela e os demais anexos existe uma cavidade. Porém, com o desenvolvimento do embrião, essa cavidade passa a ser ocupada pela alantoide. Quando o ovo eclode, o âmnio, a alantoide e o cório são eliminados juntamente com a casca.

▪ MAMÍFEROS: SURGE A PLACENTA

Na maioria dos mamíferos, o desenvolvimento embrionário ocorre no interior do corpo materno, dentro de um órgão musculoso, o **útero**. Excetuando os mamíferos que botam ovos (ornitorrinco e equidna), todos os demais formam uma **placenta**, órgão constituído pela parede interna vascularizada do útero (endométrio) e por estruturas derivadas do trofoblasto ou trofoderme embrionário (nos mamíferos, nome dado à camada mais externa de revestimento do embrião). Alimentos, oxigênio, anticorpos e hormônios passam do sangue materno para o embrionário pela placenta, que, em troca, transfere para a mãe as excretas e o gás carbônico.

No homem, o ovo é do tipo oligolécito e a segmentação (clivagem) é total e igual, logo se formando a fase de mórula. Atingida essa fase, o embrião ingressa na cavidade uterina. No interior dessa cavidade, surge a fase correspondente à blástula, que, nos mamíferos, é denominada de *blastocisto*. Nesse estádio, o embrião é dotado de uma camada externa de células, o *trofoblasto*, que envolve um aglomerado interno de células, a *massa celular interna*. Cabe a essa massa celular a formação do corpo do embrião, enquanto o trofoblasto será o responsável pela penetração do embrião no interior do *endométrio* (a camada interna da parede uterina) e pela organização da parte embrionária da placenta (veja a Figura 11-12).

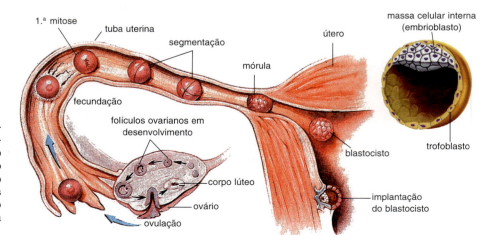

Figura 11-12. Início do desenvolvimento embrionário humano. O blastocisto – constituído da *massa celular interna* e do *trofoblasto* – se implanta no endométrio uterino. As células dessa camada de revestimento organizam a parte embrionária da placenta.

No embrião humano, o trofoblasto e a mesoderme extraembrionária formam o **cório**. Esse duplo revestimento é responsável pela organização das **vilosidades coriônicas**, que invadem o endométrio uterino; o blastocisto, então, aprofunda-se nesse endométrio. À medida que a invasão prossegue, os vasos e as glândulas do endométrio podem ser corroídos por enzimas embrionárias e o sangue materno acaba jorrando nas lacunas que estão se formando. Essas lacunas fornecem a nutrição inicial e oxigênio ao embrião. No entanto, os sangues materno e embrionário não se misturam. Existe uma barreira separando-os, constituída pela parede das vilosidades.

Como se pode notar, a placenta é construída com a participação de tecidos maternos e embrionários. Ao contrário do que se poderia pensar, a placenta não envolve o embrião. Essa função é exercida pelo **âmnio** (bolsa d'água), dentro do qual o embrião fica imerso. Esse anexo, cuja origem estudamos anteriormente, é muito desenvolvido nos mamíferos. O cório adere ao âmnio e ambos contornam a cavidade amniótica, preenchida pelo *líquido amniótico* (veja a Figura 11-13).

Nos mamíferos placentários, o saco vitelínico e a alantoide possuem tamanho pequeno e deixam de exercer a função desempenhada em répteis e aves. Contribuem, no entanto, para a formação do **cordão umbilical**, uma espécie de pedúnculo que liga a placenta ao embrião e é forrado pela membrana do âmnio, que reveste o saco vitelínico e a alantoide regredidos. No interior do cordão umbilical, duas artérias conduzem sangue do embrião para a mãe, enquanto uma veia transporta sangue em sentido contrário. Veja as Figuras 11-13 e 11-14.

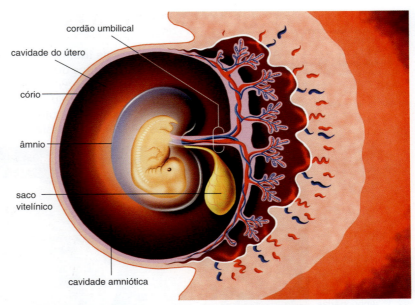

Figura 11-13. O feto humano ocupa a cavidade uterina. É banhado pelo líquido amniótico contido na cavidade do âmnio, cuja membrana acabará por encostar no cório à medida que o crescimento prosseguir. O saco vitelínico e a alantoide possuem tamanho reduzido, porém contribuem para a formação do cordão umbilical. A placenta também secreta hormônios que contribuem para a manutenção da gravidez.

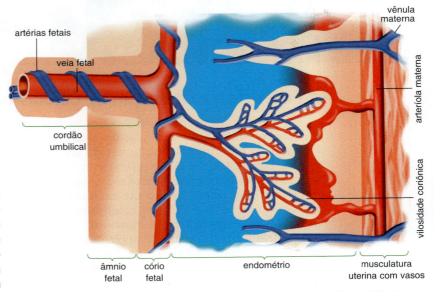

Figura 11-14. Detalhe esquemático dos vasos sanguíneos no cordão umbilical e nas vilosidades coriônicas. Observe, também, à direita, os vasos da parede uterina.

Leitura

Síndrome alcoólica fetal

Você já ouviu falar na síndrome alcoólica fetal? Fique tranquilo, a maioria das pessoas também não conhece esse problema tão importante que pode acometer fetos de mães que ingerem álcool durante a gestação. Para se ter uma noção da gravidade do problema, a Organização Mundial da Saúde (OMS) revela que, a cada ano, nascem entre 10 mil e 15 mil bebês afetados em algum grau por essa síndrome, que tem, como características, a presença de malformações, atraso mental e deficiências orgânicas. Ainda de acordo com as estatísticas da OMS, entre todos os casos de bebês que apresentam defeitos congênitos ao nascer, aproximadamente 20% são devidos ao consumo de alguma bebida alcoólica pela mãe.

Engana-se quem pensa que só as gestantes com problemas de alcoolismo ou que ingerem grande quantidade de bebida é que correm mais riscos. Hoje, sabe-se que qualquer quantidade de álcool pode comprometer o desenvolvimento do feto. Isso porque as bebidas alcoólicas chegam à criança através da corrente sanguínea da mãe, só que a mulher, adulta, consegue eliminar duas vezes mais rapidamente o álcool do organismo do que o feto, forçando seus órgãos ainda em formação a realizar a mesma tarefa.

▪ CÉLULAS-TRONCO: A ESPERANÇA DA MEDICINA

A cura ou a simples melhora de inúmeras doenças humanas – entre elas as que afetam o coração, o cérebro, o pâncreas e muitos outros órgãos – conta com a esperança do desenvolvimento da *terapia com* **células-tronco**.

Células-tronco são células *indiferenciadas* (não especializadas), *autorrenováveis* (multiplicam-se constantemente gerando novas células-tronco) e capazes de originar, por *diferenciação*, as células dos diversos tecidos do organismo humano.

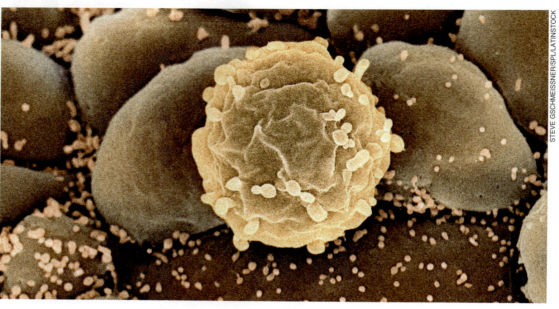

Células-tronco embrionárias (micrografia eletrônica de varredura). O tipo de célula em que se diferenciam depende de estímulos (sinais) bioquímicos recebidos pelas células imaturas.

A Potência e a Obtenção de Células-tronco

A célula-tronco prototípica é o *zigoto*. É uma célula *totipotente* (do latim, *totus* = todo) da qual resultam *todas* as células do organismo. Ao longo do desenvolvimento embrionário humano, os blastômeros resultantes da segmentação do zigoto organizam-se em mórula e, depois, em blastocisto. Dessa última estrutura, mais propriamente da *massa celular interna*, é que se obtêm as chamadas *células-tronco embrionárias*, que são consideradas *pluripotentes* (do latim, *plus, pluris* = mais) ou *multipotentes* (do latim, *multus* = abundante, numeroso). São células de potência menor, relativamente ao zigoto, mas que ainda são capazes de gerar as células de todos os tecidos humanos.

Outras fontes de células-tronco utilizáveis para fins terapêuticos são as que se encontram no *cordão umbilical* e na *medula óssea vermelha*. São células de potência menor e, de maneira geral, capazes de gerar apenas elementos sanguíneos. Costuma-se denominá-las de *células-tronco adultas* e, mais recentemente, tem-se aceito a denominação de *células-tronco pós-natais* (obtidas após o nascimento do indivíduo).

Sabe-se que em muitos outros tecidos e órgãos existem *células-tronco residentes adultas*. É o caso da epiderme, tecido muscular, tecido nervoso, pâncreas, fígado, revestimento do intestino etc., porém, de difícil acesso e extração. Por isso, atualmente, para fins de terapia, prefere-se a utilização das células-tronco embrionárias ou, na impossibilidade de seu uso por vários motivos, as originadas da medula óssea e do cordão umbilical.

Tecnologia & Cotidiano

A utilização de células diferenciadas visando à obtenção de células-tronco já é uma realidade. Cientistas têm reprogramado células já diferenciadas, no sentido de fazê-las voltar ao estágio indiferenciado. Tais células, denominadas **células-tronco pluripotentes induzidas** (da sigla em inglês iPS), são obtidas por meio da utilização de vários mecanismos. Dentre eles, a inserção de moléculas de RNA em vírus modificados, que direcionam essas moléculas a certos locais do genoma da célula diferenciada, fazendo-a retornar ao estágio indiferenciado e, assim, possibilitando a sua utilização como células-tronco para fins terapêuticos.

Fonte: *Nature*, Research Highlights, London, v. 467, n. 7.316, p. 637, Oct. 2010.

Aspectos Éticos, Religiosos e Políticos da Utilização das Células-tronco Embrionárias

Sem dúvida, as melhores células-tronco são as embrionárias, provenientes do blastocisto (massa celular interna). No entanto, a sua extração resulta na morte do embrião. É válido provocar a morte do embrião, ao se retirar dele as células-tronco embrionárias, para tentar corrigir uma lesão no coração, uma lesão cerebral resultante de acidente vascular ou a degeneração do tecido nervoso característica do mal de Alzheimer? Para muitos, a resposta é não. Aí é que surgem os aspectos éticos, religiosos e políticos resultantes da utilização dessas células. Muitos países, entre eles o nosso, proíbem a utilização de embriões recém-produzidos para fins de extração de células-tronco embrionárias. No Brasil, a Lei de Biossegurança autoriza o uso de células-tronco apenas de embriões congelados há 3,5 anos ou mais em clínicas de fertilização artificial, já que, após certo tempo, esses embriões não seriam mais viáveis e, portanto, descartados.

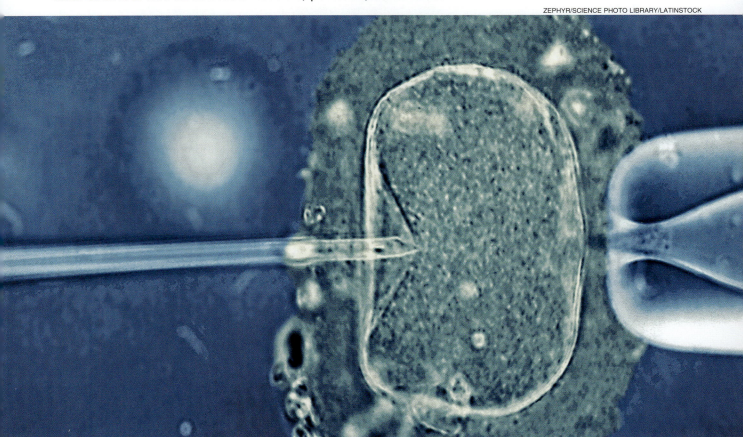

ZEPHYR/SCIENCE PHOTO LIBRARY/LATINSTOCK

As Alternativas: a Procura de Células-tronco Éticas

Várias pesquisas têm sido feitas no sentido de aprimorar o uso de células-tronco de cordão umbilical e de medula óssea, que, como vimos, têm potencial limitado. No Brasil, alguns procedimentos estão em andamento e, segundo os seus executores, com resultados ainda incertos.

Outra alternativa refere-se à técnica de *transferência nuclear*. Por meio dessa técnica, frequentemente denominada de *clonagem terapêutica*, retira-se o núcleo de uma célula somática (de pele, por exemplo) e se faz a sua transferência para o citoplasma de um ovócito do qual se extraiu o núcleo (ovócito enucleado). Claro que, nesse caso, é necessário recorrer a uma doadora de ovócitos, procedimento também envolvido por problemas éticos. A célula assim obtida é estimulada a se dividir, gerando células-tronco que poderiam ser utilizadas para fins terapêuticos. As objeções levantadas por pessoas contrárias a essa técnica referem-se à eventual possibilidade de se efetuar a chamada *clonagem reprodutiva*: a célula obtida geraria um embrião que poderia originar um clone do indivíduo doador do núcleo.

Embriologia animal

Estão em andamento pesquisas que extraem blastômeros (células resultantes da segmentação do zigoto) de mórula, no sentido de se gerar um conjunto de células-tronco sem interferir na sobrevivência do embrião. Em muitas clínicas de fertilização artificial é comum o procedimento de se retirar um blastômero na fase em que o embrião possui de 8 a 10 células. Qual é a proposta dos cientistas? Uma vez obtido o blastômero, ele é cultivado em meio apropriado e estimulado a se dividir. Uma das células seria destinada ao chamado Diagnóstico Genético de Pré-implantação (DGP). É feita uma análise genética, em que se verifica a existência de alguma anomalia. Não existindo, o embrião é implantado no útero da doadora. A outra célula seria estimulada a se dividir várias vezes, gerando uma linhagem de células-tronco. Como se pode perceber, tal procedimento não afetaria a sobrevivência do embrião. Espera-se, assim, por meio dessa técnica, resolver os obstáculos éticos ao uso de células-tronco embrionárias. Veja a Figura 11-15.

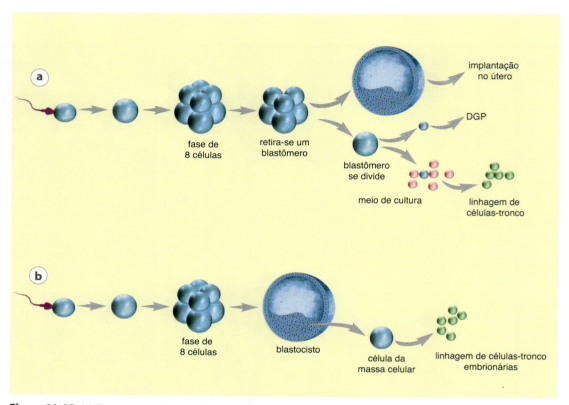

Figura 11-15. (a) Esquema da técnica de produção de células-tronco a partir de um blastômero e (b) a partir da massa interna celular. No último caso, são obtidas as melhores células-tronco, porém levam à destruição do blastocisto.

Ética & Sociedade

Uma questão polêmica

Os meios de comunicação (revistas, jornais e telejornais) frequentemente fazem referência a células-tronco. Apontadas como as grandes armas para a cura de inúmeras doenças em um futuro próximo, como, por exemplo, diabetes, infarto cardíaco e mal de Alzheimer, elas são um polêmico assunto que veio para ficar.

A maior fonte de células-tronco embrionárias são os embriões que não foram utilizados nos processos de fertilização artificial; porém, para a remoção dessas células, é preciso destruí-los. Essa discussão tem dividido a sociedade: alguns acham que esses embriões devem ser utilizados para a pesquisa, uma vez que os resultados poderiam trazer muitos benefícios e cura de várias doenças; outros acreditam que a vida se inicia na fecundação e que a destruição desses embriões significa acabar com uma vida humana.

- E você, o que acha? É a favor ou contra o uso, nessas pesquisas, de embriões que não foram utilizados nos processos de fertilização?

Passo a passo

Texto para as questões **1** e **2**.

Para haver fecundação, o espermatozoide da maioria dos mamíferos precisa superar "barreiras" que envolvem o ovócito. Substâncias liberadas pelo acrossomo favorecem a penetração do espermatozoide. Uma sequência de eventos garante o ingresso de apenas um espermatozoide. No ser humano, ocorrem algumas reações no ovócito que evitam a polispermia. Após o ingresso do citoplasma do espermatozoide no citoplasma do ovócito, ocorre o acontecimento fundamental: o encontro dos núcleos. Com a formação do zigoto, é dado o "pontapé inicial" para o desenvolvimento embrionário.

1. Com base nas informações do texto:
   a) Cite e descreva as "barreiras" que envolvem o ovócito.
   b) Que substâncias liberadas pelo acrossomo atuam no processo de superação das barreiras? Como se denomina essa fase do encontro gamético, em que o espermatozoide "abre caminho" em direção ao citoplasma do ovócito?

2. Ainda com base no texto, responda:
   a) Como se denomina o ingresso de apenas um espermatozoide no citoplasma do ovócito? O que significa reação cortical?
   b) Como se denomina o encontro dos núcleos masculino e feminino? Que substâncias e organelas citoplasmáticas ovulares entram em atividade, com a formação do zigoto? Qual o significado do trecho "é dado o 'pontapé inicial' para o desenvolvimento embrionário", relativamente ao zigoto formado?

3. As ilustrações correspondem a esquemas dos processos de segmentação que ocorrem durante o desenvolvimento embrionário de alguns animais. Observando-as atentamente:

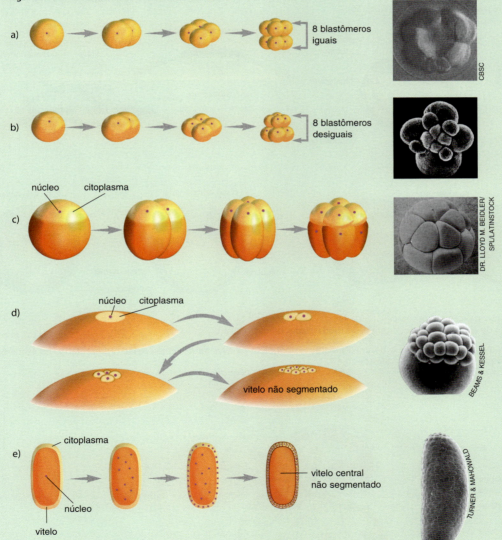

   a) Classifique, inicialmente, os tipos de ovos que iniciaram o processo de desenvolvimento embrionário, relativamente à quantidade de vitelo presente em seus citoplasmas, nos esquemas de *a* a *e*.
   b) Cite a modalidade de segmentação executada em cada caso representado. Cite um exemplo de animal em que ocorre cada tipo de segmentação representado.

Embriologia animal **263**

4. Os esquemas a seguir representam quatro fases que ocorrem durante o desenvolvimento embrionário do anfioxo. Observando-os atentamente, responda:

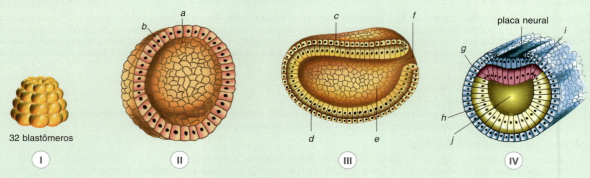

a) Que fases estão esquematizadas de I a IV?
b) Nos esquemas de II a IV, reconheça o que está apontado pelas setas *a* a *j*.

5. Utilize os esquemas a seguir, que representam modalidades de gastrulação que ocorrem durante o desenvolvimento embrionário de alguns animais, para responder aos itens da questão.

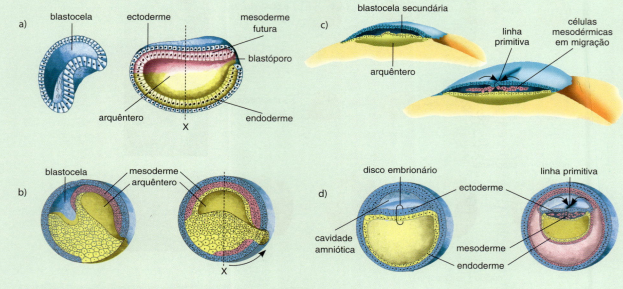

a) Cite os tipos de gastrulação representados.
b) Cite um exemplo de animal em que ocorrem essas modalidades de gastrulação.

Os anexos embrionários que ocorrem durante o desenvolvimento embrionário de aves ou de répteis estão representados no esquema a seguir, que deve ser utilizado para responder às questões **6** e **7**.

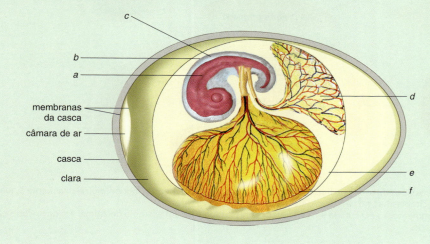

6. a) Quais são os anexos embrionários apontados em *b, d, e* e *f*?
b) O que representa a estrutura apontada em *a* e a cavidade apontada em *c*?

7. a) Cite as funções desempenhadas pelos anexos embrionários indicados em *b, d* e *f*.
b) Qual a importância da existência dos anexos embrionários representados para o desenvolvimento embrionário dos animais que os possuem?

8. As ilustrações representam esquemas do início do desenvolvimento embrionário humano. À direita, em destaque, o esquema simplificado do embrião humano após aproximadamente uma semana de desenvolvimento.

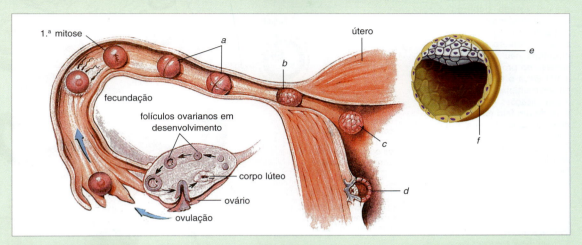

a) Reconheça o que está indicado pelas letras *a* a *f*.
b) A ilustração representa, esquematicamente, uma fase do desenvolvimento embrionário humano. Reconheça o que está apontado pelas setas.

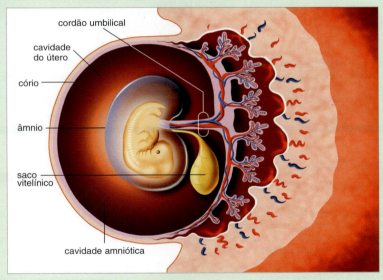

c) No embrião humano, que órgão substitui os papéis desempenhados pela alantoide e pelo saco vitelínico nas aves e nos répteis? Nesse órgão, por meio de quais estruturas ocorrem as trocas metabólicas entre o sangue materno e o sangue fetal? Por que se diz que esse é um órgão de dupla natureza?

9. A ilustração ao lado é o esquema de um embrião humano com aproximadamente uma semana de idade.

a) Qual o destino das células que constituem as camadas *a* e *b*? Que fase do desenvolvimento embrionário está representada?
b) De qual dessas estruturas podem ser extraídas células-tronco com finalidade terapêutica?

10. Utilizando o critério *existência de celoma verdadeiro*, os animais triploblásticos podem ser classificados em *acelomados*, *pseudocelomados* e *eucelomados* (*celomados verdadeiros*). Com base nesse critério embriológico de classificação animal:

a) Explique o significado desses termos.
b) Cite os grupos animais que se enquadram em cada uma dessas categorias.

Embriologia animal **265**

11. *Questão de interpretação de texto*

"Mulheres que se submetem à fertilização *in vitro* (FIV), técnica mais utilizada de reprodução assistida, devem ter implantados um ou dois embriões, nunca três ou mais, é a conclusão de um estudo publicado no periódico inglês *Lancet*. Segundo os autores da pesquisa, o número maior de embriões não aumenta o sucesso do procedimento e ainda eleva o risco de gestações múltiplas, associadas a complicações. Quando há mais de um feto no útero, a prematuridade é regra. E o nascimento prematuro está ligado a um maior risco de problemas de saúde para o bebê, como sequelas no sistema nervoso."

Texto e ilustração adaptados de: VERSOLATO, M. Fertilização deveria usar até dois embriões. *Folha de S.Paulo*, São Paulo, 17 jan. 2012. Caderno Saúde, p. C10.

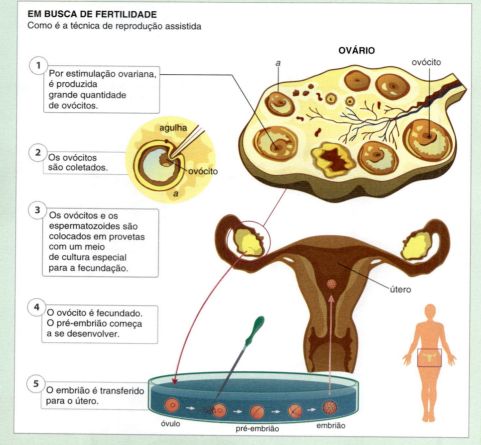

EM BUSCA DE FERTILIDADE
Como é a técnica de reprodução assistida

1. Por estimulação ovariana, é produzida grande quantidade de ovócitos.
2. Os ovócitos são coletados.
3. Os ovócitos e os espermatozoides são colocados em provetas com um meio de cultura especial para a fecundação.
4. O ovócito é fecundado. O pré-embrião começa a se desenvolver.
5. O embrião é transferido para o útero.

Considerando as informações do texto e da ilustração e utilizando seus conhecimentos sobre o assunto, responda:

a) Qual é a estrutura ovariana simbolizada por *a*, na qual ocorre o desenvolvimento do ovócito?
b) Em que fase do desenvolvimento provavelmente se encontra o embrião que será implantado no útero? Em que camada uterina a implantação ocorre?
c) Sugira uma provável explicação para a ocorrência de prematuridade e complicações citadas no texto, no caso de haver a implantação de múltiplos embriões.

Questões objetivas

1. (UFSM – RS) Considere os seguintes organismos: anfioxo (animal A); galinha (animal B); jacaré (animal C); aranha (animal D); sapo (animal E) e cão (animal F). Em função da quantidade e da distribuição de vitelo nos óvulos, identifique as alternativas corretas e dê sua soma ao final.

(01) O animal C apresenta óvulo do tipo alécito.
(02) O animal B apresenta óvulo do tipo telolécito.
(04) O animal A apresenta óvulo do tipo heterolécito.
(08) O animal D apresenta óvulo do tipo centrolécito.
(16) O animal E apresenta óvulo do tipo heterolécito.
(32) O animal F apresenta óvulo do tipo telolécito.

2. (UFRGS – RS) Assinale a alternativa que preenche corretamente as lacunas do enunciado abaixo, na ordem em que aparecem.

A _____ é o processo no qual os folhetos germinativos embrionários são formados. Nos vertebrados, o folheto denominado _____ originará o coração, os vasos e as células sanguíneas.

a) clivagem – ectoderma
b) gastrulação – mesoderma
c) neurulação – endoderma
d) clivagem – endoderma
e) gastrulação – ectoderma

3. (UFMS) Os anexos embrionários são responsáveis por diversas funções durante o desenvolvimento embrionário. Qual das funções relacionadas a seguir corresponde ao anexo embrionário alantoide de um embrião de uma ave?

a) defesa imunológica
b) armazenamento de excretas nitrogenadas
c) proteção contra dessecação
d) armazenamento de reservas nutritivas lipídicas
e) proteção contra choques mecânicos

4. (UPE) Com relação ao tipo de óvulo encontrado nos seres humanos, é CORRETO afirmar que ele é

a) telolécito, como o da maioria dos mamíferos.
b) alécito, pois a nutrição do embrião se processará via placenta.
c) alécito, com grande quantidade de vitelo na região central, o que provoca uma segmentação holoblástica igual.
d) centrolécito, o que se justifica pelo consumo inicial do vitelo pelo embrião, até que a placenta esteja pronta para a função.
e) isolécito, com segmentação holoblástica desigual antes do processo de nidação.

5. (UFV – MG – adaptada) A figura abaixo representa a segmentação da célula-ovo em quatro diferentes organismos (I, II, III e IV).

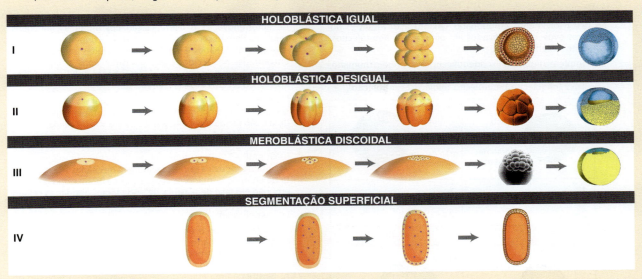

Assinale a alternativa que contém as quatro associações CORRETAS:

a) I – inseto, II – anfíbio, III – ave, IV – mamífero.
b) I – anfíbio, II – mamífero, III – inseto, IV – réptil.
c) I – mamífero, II – anfíbio, III – réptil, IV – inseto.
d) I – réptil, II – ave, III – mamífero, IV – inseto.

6. (UEG – GO) O estudo da embriologia fornece subsídios para a compreensão dos processos biológicos envolvidos na formação e no desenvolvimento embrionário e fetal humano. Sobre esse assunto, é CORRETO afirmar:

a) a fase de segmentação acontece a partir da terceira semana de gestação, onde ocorrem as clivagens e a formação gastrular do embrião.
b) na formação do feto, a endoderma origina os revestimentos do tubo neural assim como os somitos, células pertencentes à notocorda.
c) a fase de blastulação refere-se aos eventos de formação do arquêntero e da blastocele, ambos responsáveis pela proteção embrionária.
d) na fase de organogênese, ocorre a formação dos tecidos especializados e dos órgãos através da diferenciação da ectoderma, mesoderma e endoderma.

7. (UFRGS – RS) Assinale a alternativa que preenche corretamente as lacunas do enunciado abaixo, na ordem em que aparecem.

Em mamíferos, o _____ e as células trofoblásticas interagem com o útero materno para formar a _____, a qual fornece nutrientes e atua nas trocas gasosas do embrião.

a) saco vitelino – cavidade amniótica
b) alantoide – vilosidade coriônica
c) alantoide – placenta
d) córion – placenta
e) âmnio – vilosidade coriônica

8. (UNEMAT – MT) Após aproximadamente 30 horas de fecundação, o ovo inicia a primeira divisão, dando origem a dois blastômeros. Entre o terceiro e o quarto dia após a fecundação, o embrião apresenta-se no estágio de mórula. Posteriormente, forma-se a blástula, também chamada de blastocisto.

O texto em questão refere-se à blástula que aparece em:

a) embriologia de peixes.
b) embriologia de répteis.
c) embriologia de anfíbios.
d) embriologia de mamíferos.
e) embriologia de aves.

9. (UEL – PR) Pesquisas recentes mostraram que células-tronco retiradas da medula óssea de indivíduos com problemas cardíacos foram capazes de reconstituir o músculo do coração, o que abre perspectivas de tratamento para pessoas com problemas cardíacos. Células-tronco também podem ser utilizadas no tratamento de doenças genéticas, como as doenças neuromusculares degenerativas.

A expectativa em torno da utilização das células-tronco decorre do fato de que essas células

a) incorporam o genoma do tecido lesionado, desligando os genes deletérios.
b) eliminam os genes causadores da doença no tecido lesionado, reproduzindo-se com facilidade.
c) alteram a constituição genética do tecido lesionado, pelo alto grau de especialização.
d) sofrem diferenciação, tornando-se parte integrante e funcional do tecido lesionado.
e) fundem-se com o tecido lesionado, eliminando as possibilidades de rejeição imunológica.

10. (UERJ) Células adultas removidas de tecidos normais de uma pessoa podem ser infectadas com certos tipos de retrovírus ou com adenovírus geneticamente modificados, a fim de produzir as denominadas células-tronco induzidas. Essa manipulação é feita com a introdução, no genoma viral, de cerca de quatro genes retirados de células embrionárias humanas, tornando a célula adulta indiferenciada. O uso terapêutico de células-tronco induzidas, no entanto, ainda sofre restrições. Observe a tabela a seguir:

Consequências do uso de células-tronco em geral	
1. regeneração de qualquer tecido	2. regeneração de poucos tecidos
3. indução impossível de outras doenças	4. indução possível de outras doenças
5. compatibilidade imunológica	6. rejeição imunológica

Células-tronco induzidas originárias de um paciente, se usadas nele próprio, apresentariam as consequências identificadas pelos números:

a) 1, 3 e 6.   b) 1, 4 e 5.   c) 2, 3 e 5.   d) 2, 4 e 6.

Embriologia animal **267**

Questões dissertativas

1. (UFF – RJ) Os seres vivos apresentam diferenças importantes no desenvolvimento embrionário. Quanto à distribuição do vitelo, os ovos são classificados em oligolécitos, heterolécitos, telolécitos e centrolécitos.

   a) Complete a figura abaixo, identificando sua origem (humano, anfíbio, ave e artrópode) na caixa 1 e sua classificação na caixa 2 (oligolécito, heterolécito, telolécito, centrolécito).

1 –	1 –
2 –	2 –

1 –	1 –
2 –	2 –

   b) Classifique os ovos dos seres humanos, anfíbios, aves e artrópodes, respectivamente, quanto à segmentação.

2. (UFPR) Após a fecundação, o zigoto humano passa por um período de intensa proliferação celular, denominado clivagem, originando um concepto multicelular conhecido como blastocisto. Mais tarde, esse concepto sofrerá o processo de gastrulação e prosseguirá em diversas etapas de desenvolvimento, com uma duração média total de 38 semanas contadas a partir da fecundação.

   a) Em que locais do aparelho reprodutor feminino humano normalmente ocorrem a fecundação, a clivagem e a gastrulação?

Evento	Local
fecundação	
clivagem	
gastrulação	

   b) Que partes dos embriões humanos estão formadas ao final da gastrulação?

3. (UERJ) As células-tronco se caracterizam por sua capacidade de autorrenovação e diferenciação em múltiplas linhagens celulares. Podem ser classificadas, quanto à origem, em células-tronco embrionárias e células-tronco adultas. As adultas são encontradas nos tecidos dos organismos após o nascimento, sendo capazes de promover a diferenciação celular específica apenas do tecido de que fazem parte.

Nomeie a estrutura do blastocisto na qual se encontram as células-tronco embrionárias. Identifique, também, no caso de uma lesão tecidual, a vantagem da existência de células-tronco adultas nos tecidos.

4. (UNICAMP – SP) Recentemente pesquisadores brasileiros conseguiram produzir a primeira linhagem de células-tronco a partir de embrião humano. As células-tronco foram obtidas de um embrião em fase de blástula, de onde foram obtidas as células que posteriormente foram colocadas em meio de cultura para se multiplicarem.

   a) As células-tronco embrionárias podem solucionar problemas de saúde atualmente incuráveis. Quais características dessas células-tronco permitem que os pesquisadores possam utilizá-las no futuro para este fim?

   b) Blástula é uma etapa do desenvolvimento embrionário de todos os animais. Identifique entre as figuras abaixo qual delas corresponde à fase blástula e indique uma característica que a diferencia da fase anterior e da posterior do desenvolvimento embrionário.

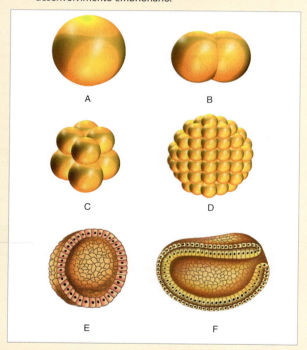

Programas de avaliação seriada

1. (SSA – UPE) As colunas abaixo referem-se a processos que ocorrem no embrião. Na 1.ª coluna, são encontradas imagens que exemplificam cada um desses processos; na 2.ª coluna, encontra-se a descrição e, na 3.ª coluna, a denominação utilizada relativa a esses processos.

a)	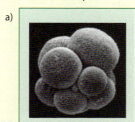	I) Formação de cavidade interna.	1) Gástrula.
b)	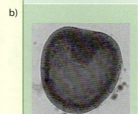	II) Sua formação inicia-se durante o processo de segmentação ou clivagem do óvulo fecundado.	2) Blástula.
c)	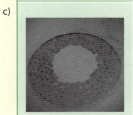	III) Formação de sulco no ectoderma, que dará origem ao Sistema Nervoso Central.	3) Nêurula.
d)	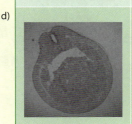	IV) Invaginação do tecido com criação do arquêntero ou intestino primitivo.	4) Mórula.

Fonte: <http://www.google.com.br>.

Assinale a alternativa que apresenta a correlação CORRETA.
a) A – II – 4; B – IV – 1; C – I – 2; D – III – 3.
b) A – I – 4; B – II – 1; C – III – 2; D – IV – 3.
c) A – II – 3; B – IV – 1; C – I – 2; D – III – 4.
d) A – III – 3; B – IV – 1; C – II – 2; D – I – 4.
e) A – I – 4; B – IV – 1; C – II – 2; D – III – 3.

2. (PSS – UFS – SE) Analise as proposições abaixo sobre a fecundação e o desenvolvimento embrionário dos animais.
0 – Na espécie humana, a ovogênese só pode ser completada quando ocorre a penetração do espermatozoide no oócito secundário.
1 – Após a terceira divisão de um ovo fecundado, o embrião é formado por 8 blastômeros de igual tamanho. Por esse dado, pode-se afirmar corretamente que esse ovo é isolécito.
2 – O esquema abaixo representa a fase da neurulação do desenvolvimento embrionário do anfioxo.

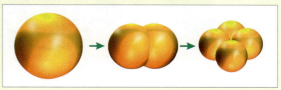

Fonte: PAULINO, W. R. *Biologia*. 3. ed. São Paulo: Ática, 1999, volume único. p. 394.

3 – A figura representa uma gástrula formada a partir de um ovo oligolécito.

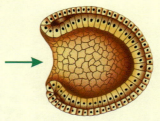

Fonte: LOPES, S. *Bio 1*. São Paulo: Saraiva, 1992. p. 194.

No caso de ovos heterolécitos, as células da camada interna da gástrula são muito maiores do que as que constam da figura.
4 – Se ocorrerem problemas no desenvolvimento do mesoderma do embrião de uma tartaruga, poderão surgir defeitos na formação do encéfalo e do coração.

3. (PASES – UFV – MG) No desenvolvimento embrionário, os folhetos germinativos ectoderma, mesoderma e endoderma são formados durante a:
a) espermatogênese.   c) organogênese.
b) segmentação.   d) gastrulação.

4. (PSC – UFAM) Se houver problemas no desenvolvimento embrionário da mesoderma de um mamífero, este, posteriormente, poderá apresentar defeitos nas seguintes estruturas:
a) musculatura lisa, miocárdio e revestimento interno do sistema reprodutor.
b) pericárdio, musculatura lisa e esqueleto axial.
c) epiderme, musculatura estriada e revestimento interno do sistema digestivo.
d) vasos, musculatura estriada e revestimento da boca e do ânus.
e) epitélio do tubo digestivo, musculatura lisa e esqueleto axial.

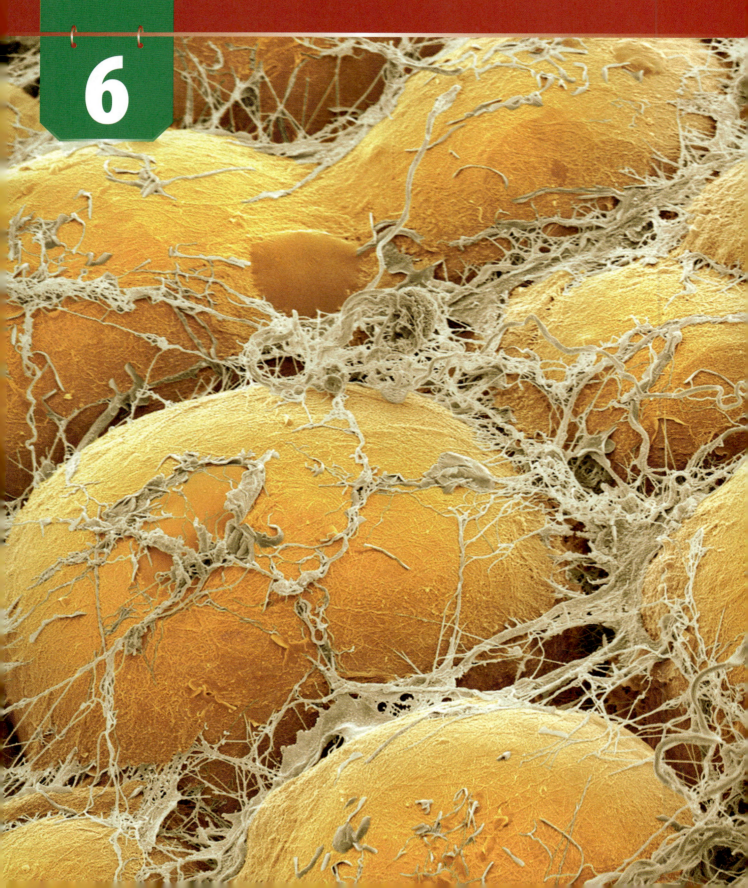

Unidade
6

Histologia animal

Nesta unidade, estudaremos os tecidos de que são formados os animais, suas células e características principais.

Capítulo 12

Tecido epitelial

Curtas, compridas, de cantos arredondados ou quadradas?

A pele é o maior órgão de nosso corpo e corresponde a cerca de 16% da massa corporal de um indivíduo. Isso quer dizer que se você pesa 50 kg, sua pelte tem um peso aproximado de 8 kg. Em contato com o meio externo, ela nos confere proteção, nos dá informações sensoriais diversas e até mesmo auxilia na regulação da temperatura corporal.

A parte externa da pele é formada por tecido epitelial, tema deste nosso capítulo, e as unhas, assim como nossos cabelos, são consideradas anexos a esse tecido.

Secretadas por glândulas que se encontram em sua raiz, as células que darão origem às unhas são gradativamente queratinizadas (lembre-se: queratina é uma proteína), compondo lâminas endurecidas, fortemente ligadas umas às outras, formando uma placa rígida (córnea).

É por isso que não se deve retirar a cutícula das unhas, pois ela protege a região onde as unhas são formadas, evitando a entrada de bactérias e agentes químicos na matriz ungueal.

Coloridas, desenhadas, à francesinha (com a ponta pintada em cor diferente) ou sem esmalte, unhas limpas e bem cuidadas, além de embelezar as mãos e os pés, evidenciam saúde e higiene.

▪ O QUE É HISTOLOGIA?

Histologia é o estudo dos **tecidos**. O conceito tradicional de tecido é o de um *conjunto de células semelhantes na forma e que desempenham, na maioria das vezes, o mesmo tipo de função.* É preciso lembrar, porém, que em alguns tecidos existem células diferentes, como ocorre, por exemplo, nos tecidos sanguíneo e nervoso.

A grande diferença entre um ser unicelular e outro pluricelular é que, no primeiro, todas as funções vitais devem ser executadas pela única célula. Não é o caso do pluricelular complexo, em que as células se reúnem, organizando-se em tecidos especializados com diferentes funções. Em um tecido, as células trabalham integradas, como se fizessem parte de uma equipe. Do trabalho conjunto resulta a eficiente execução de uma tarefa que, juntamente com as outras, realizadas pelos demais tecidos, possibilita a sobrevivência do ser vivo e facilita sua adaptação ao meio. Neste capítulo, analisaremos os tecidos dos animais vertebrados, destacando principalmente os relacionados ao homem.

Costuma-se admitir a existência de quatro tecidos fundamentais presentes no homem: **epitelial, conjuntivo** (abrangendo osso, cartilagem e sangue), **muscular** e **nervoso**.

A Figura 12-1 é um esquema genérico de alguns desses tecidos.

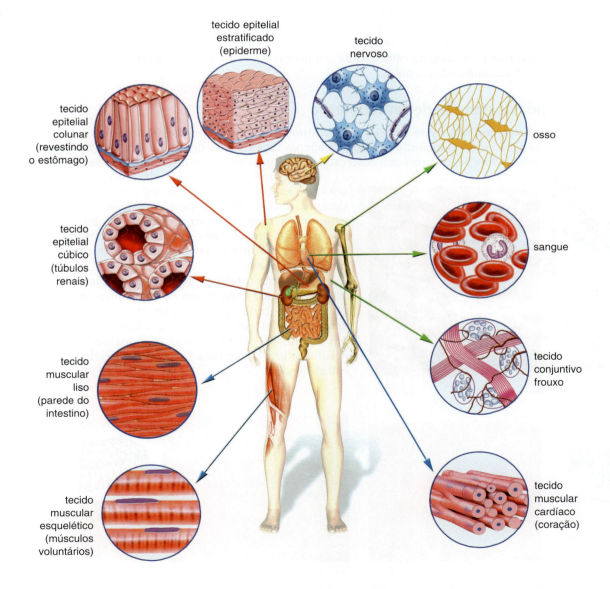

Figura 12-1. Os diferentes tecidos do corpo humano. Observe que a seta amarela indica tecido nervoso; as setas verdes, conjuntivo; as azuis, muscular; e as vermelhas, epitelial.

▪ TECIDO EPITELIAL

A superfície do corpo dos organismos pluricelulares necessita de uma cobertura de células que os proteja contra os vários fatores adversos do meio. Órgãos internos, dotados de cavidades, também precisam de proteção adequada contra vários tipos de agentes lesivos. Além disso, é preciso produzir substâncias que lubrifiquem superfícies ou que possam ser enviadas para atuar em outros locais. Essas funções são desempenhadas pelo tecido **epitelial**, especializado, portanto, no revestimento de partes internas e externas, assim como na produção de glândulas que fabricam secreções, devendo ser eliminadas para uma superfície (interna ou externa) ou para o sangue. Além dessas funções, como veremos adiante, o tecido epitelial também possui as funções de absorção (no intestino) e de remoção de partículas (traqueia). Costuma-se dividir o tecido epitelial em:

- epitélio de revestimento;
- epitélio glandular.

Epitélio de Revestimento: Proteção

Funciona como uma membrana que isola o organismo, ou parte dele, do meio externo. Está relacionado ao revestimento e à proteção de superfícies externas (por exemplo, na pele) e internas (por exemplo, no estômago). Atua, também, na absorção de substâncias, na secreção de diversos produtos, na remoção de impurezas e pode conter vários tipos de receptores sensoriais (notadamente na pele).

Os tipos de epitélio de revestimento

Há dois tipos básicos de epitélio de revestimento: o **simples** e o **estratificado**.

No epitélio simples (*uniestratificado*), há apenas uma camada de células. É o caso do epitélio relacionado às funções de proteção, absorção e secreção, existente no intestino delgado humano.

No *estratificado* (*pluriestratificado*), há mais de uma camada de células. A epiderme – epitélio de revestimento encontrado na pele – enquadra-se nessa categoria e exerce função protetora. Na bexiga urinária existe um *epitélio estratificado de transição*, distensível, em que as células se achatam quando a bexiga está cheia.

Existe uma categoria de epitélio simples, o *pseudoestratificado*, encontrado no revestimento da traqueia e dos brônquios, em que as células parecem estar dispostas em camadas. Na verdade, há apenas um estrato de células – estas não possuem todas a mesma altura, o que dá a falsa impressão de epitélio estratificado.

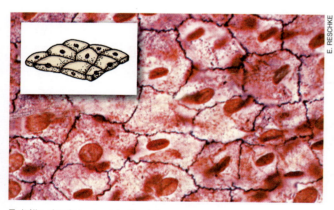
Epitélio simples em vista frontal.

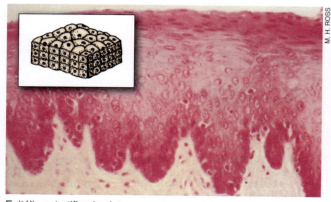
Epitélio estratificado visto em corte.

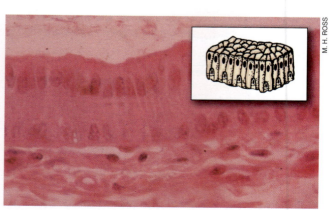
Epitélio pseudoestratificado visto em corte.

De olho no assunto!

Os formatos celulares nos epitélios simples

Nos epitélios simples, três formas básicas de células podem ser encontradas: pavimentosa, cúbica e colunar.

Epitélio pavimentoso simples

Células achatadas e delgadas, assemelhando-se a escamas.

Local: revestimento dos alvéolos pulmonares e do interior dos vasos sanguíneos (nesse caso, constituem uma camada conhecida como *endotélio*).

Função: favorecem a difusão de diversos tipos de substâncias (água, gases, nutrientes etc.).

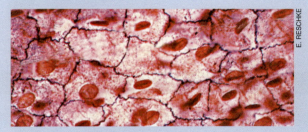

Epitélio pavimentoso simples.

Epitélio cúbico simples

Células cúbicas e baixas. Ao corte transversal, são poliédricas.

Local: revestem ductos de glândulas e os túbulos renais.

Função: secreção ou absorção.

Epitélio cúbico simples.

Epitélio colunar (prismático) simples

Células altas, cilíndricas e hexagonais ao corte transversal. O núcleo localiza-se geralmente na porção basal da célula. É comum a existência de células caliciformes contendo vesículas de secreção cheias de muco e complexo de Golgi bem desenvolvido. Em certos órgãos, as células possuem cílios na porção livre.

Local: é o tipo celular do revestimento intestinal e traqueal.

Função: absorção, secreção e remoção de partículas estranhas (traqueia).

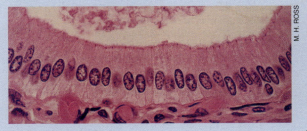

Epitélio colunar simples.

Microvilosidades e cílios: especializações das células epiteliais

Microvilosidades são inúmeros pregueamentos da membrana plasmática, comuns, por exemplo, nas células do epitélio de revestimento simples do intestino. Elas *ampliam a superfície de absorção das células* (veja a Figura 12-2).

Cílios são projeções da membrana plasmática, livres, alongadas e móveis, comuns, por exemplo, no epitélio de revestimento da traqueia, onde são recobertos por muco. Batimentos coordenados e em uma só direção auxiliam a *remoção de partículas estranhas* (veja a Figura 12-3).

Figura 12-2. Microvilosidades ampliam a superfície de absorção.

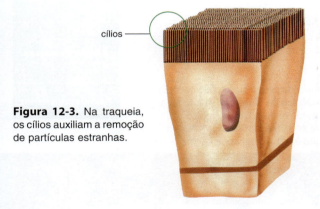

Figura 12-3. Na traqueia, os cílios auxiliam a remoção de partículas estranhas.

A união das células no tecido epitelial

Estudos efetuados com base em fotos obtidas ao microscópio eletrônico revelam, principalmente no epitélio de revestimento do intestino, a existência de um **complexo unitivo** entre as células. Desse complexo, fazem parte as estruturas chamadas **zônula de oclusão, desmossomo, junção tipo *gap*, zônula de adesão** e **hemidesmossomo** (veja a Figura 12-4 e a Tabela 12-1).

A existência dessas estruturas regula a passagem de substâncias pelo interior das células, o que resulta em um eficiente mecanismo de seleção do que pode e do que não pode ser absorvido pelos órgãos e/ou estruturas que são revestidas pelo tecido epitelial.

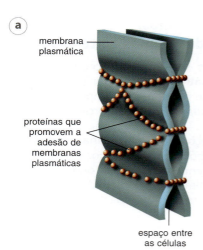
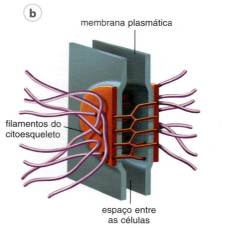
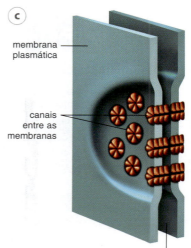

Figura 12-4. (a) Na zônula de oclusão, proteínas da membrana plasmática de células adjacentes estão em firme contato (observe que não se formam espaços entre as células; apenas nos pontos afastados da zônula de oclusão é que eles existem). (b) Note que nos desmossomos há filamentos do citoesqueleto transpassando as células adjacentes. (c) As junções tipo *gap* permitem a comunicação entre células adjacentes por meio de canalículos que possibilitam a passagem de substâncias entre essas células.

Tabela 12-1. As estruturas componentes do complexo unitivo.

Estrutura	Tipo de junção	Característica
Zônula de oclusão	Ocupa todo o perímetro celular.	As membranas plasmáticas ficam intimamente aderidas, não permanecendo nenhum espaço entre elas.
Desmossomos	Pontos de junção descontínuos.	Microfilamentos proteicos cruzam as duas células nessa região e "amarram" as membranas plasmáticas.
Junções tipo *gap*	Pontos de junção descontínuos.	Canais de comunicação entre duas células, que permitem a passagem de pequenas moléculas e íons entre elas.
Zônula de adesão	Ocupa todo o perímetro celular.	Presença de pequeno espaço entre as células; nota-se a existência de um material denso do lado de dentro da membrana plasmática.
Hemidesmossomos	Nas regiões de contato com a membrana basal.	Servem de ligação entre o epitélio e o tecido adjacente.

Célula da pele vista ao microscópio eletrônico de varredura (em laranja, núcleo central). Os filamentos que se estendem de uma célula a outra são os chamados desmossomos.

STEVE GSCHMEISSNER/SPL/LATINSTOCK

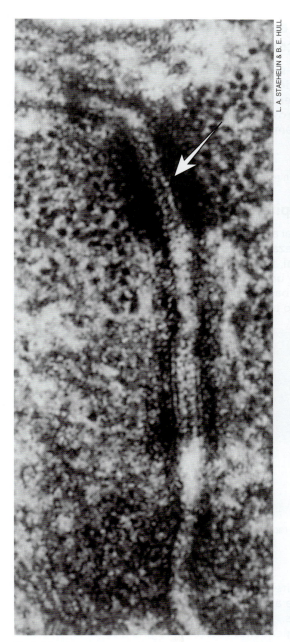

Nesta foto, desmossomos conectam as membranas de duas células epiteliais do intestino grosso de um rato.

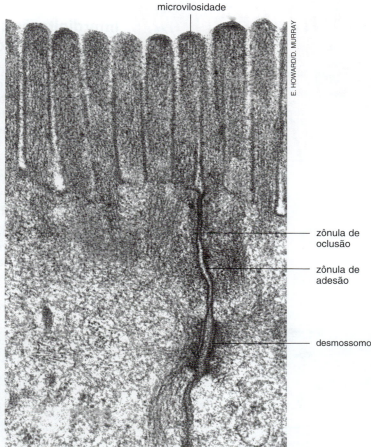

O complexo unitivo, constituído de três componentes estruturais: zônula de oclusão, zônula de adesão e desmossomo.

De olho no assunto!

Pequenas lacunas

Por meio de micrografia eletrônica de alta resolução, pode-se observar que as membranas de duas células não estão unidas em toda a sua extensão. Em alguns pontos, elas estão separadas por um pequenino espaço, algo em torno de 3 nm, como se fosse uma lacuna.

Na foto abaixo, podemos observar um corte de células epiteliais de traqueia, mostrando desmossomos e, entre eles, uma pequena lacuna entre duas células.

Fonte: CORMACK, D. H. *Ham's Histology*. 9. ed. Philadelphia: Lippincott, 1987.

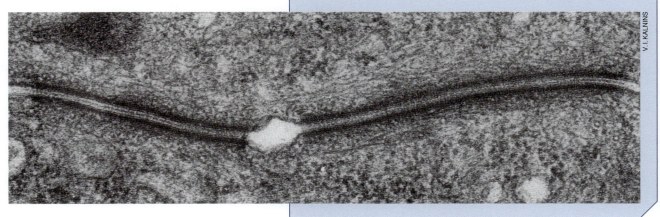

Tecido epitelial **277**

Interdigitações: aumento da superfície de contato

É comum observar-se a ocorrência de pregueamentos entre as membranas plasmáticas de duas células adjacentes. Esses pregueamentos, conhecidos como **interdigitações** (à maneira dos dedos das mãos colocados uns entre os outros), ampliam a superfície de contato entre as células e facilitam a passagem de substâncias de uma para outra (veja a Figura 12-5).

Figura 12-5. A superfície de contato entre células é ampliada por interdigitações.

Membrana basal: é sobre ela que o epitélio se assenta

Todo epitélio está assentado em um material acelular por ele produzido, a **membrana basal**, constituída de complexas substâncias de natureza polissacarídica e delicadas fibras. Na região de contato entre o epitélio e a membrana basal, frequentemente existem **hemidesmossomos** (*hemi* = metade). São estruturas que lembram um desmossomo e que são originadas apenas das células epiteliais, uma vez que a membrana basal é acelular. Acredita-se que essas estruturas sirvam de ligação entre o epitélio e algum outro tecido.

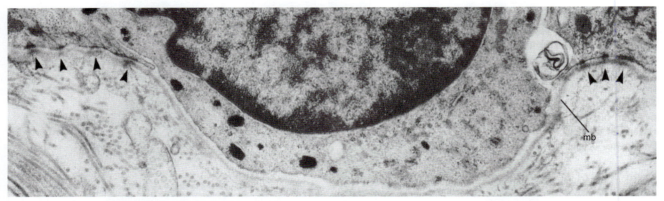

Micrografia eletrônica de epiderme humana, mostrando os hemidesmossomos (apontados por setas) e membrana basal (mb).

Epitélio Glandular: Secreção

Há dois tipos de glândula de origem epitelial. As que têm um *ducto* através do qual saem as secreções são as **glândulas exócrinas** e as que lançam suas secreções diretamente no sangue são chamadas de **glândulas endócrinas**.

Ambos os tipos glandulares, com algumas pequenas exceções, originam-se de um epitélio. As glândulas exócrinas ficam ligadas a ele através do *ducto* secretor de eliminação da secreção. Já as endócrinas separam-se do epitélio e constituem bloquinhos de células rodeadas por capilares, no interior dos quais eliminam suas secreções. Veja a Figura 12-6.

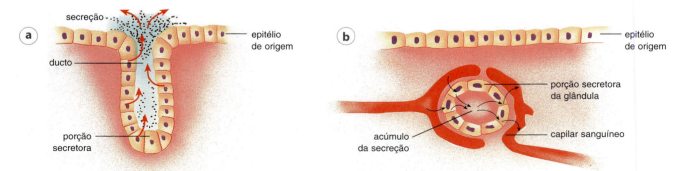

Figura 12-6. (a) Esquema de glândula exócrina. Observe que a porção secretora elimina sua secreção para o exterior através de um ducto. Já nas glândulas endócrinas (b), a porção secretora é rodeada por vasos sanguíneos que lhes fornecem substâncias. A secreção glandular é eliminada diretamente para o interior dos capilares sanguíneos.

De olho no assunto!

Classificação das glândulas

Critérios	Classificação	Característica
Quantidade de células	Unicelulares.	Formadas por uma só célula.
	Pluricelulares.	Formadas por várias células.
Produto de secreção	Merócrinas.	Apenas o produto de secreção é liberado. Ex.: glândulas sudoríparas.
	Holócrinas.	A célula toda é eliminada levando junto o produto de secreção. Ex.: glândulas sebáceas do couro cabeludo.
	Apócrinas.	Apenas uma pequena parte do citoplasma das células é perdida, junto com o produto de secreção. Ex.: glândulas axilares.
Natureza das secreções	Serosas.	Secreção fluida, aquosa e clara. Ex.: glândulas secretoras do pâncreas.
	Mucosas.	Secreção viscosa, grande quantidade de mucina. Ex.: glândulas salivares sublinguais.
	Seromucosas.	Secreção mista. Ex.: glândulas salivares parótidas.
Estrutura da glândula	Endócrinas.	Não têm ducto para a eliminação de secreções. Ex.: hipófise, tireoide.
	Exócrinas.	Possuem ducto por onde as secreções são lançadas para o meio externo ou para cavidades dos órgãos. Ex.: glândulas sudoríparas, fígado.

Imagem Merócrinas — legendas: vesícula contendo secreção.

Imagem Holócrinas — legendas: célula morta liberando secreção; novas células em formação.

Imagem Apócrinas — legendas: parte da célula liberando secreção; porção restante da célula.

Obs.: o pâncreas é uma glândula mista, pois possui uma porção endócrina e outra exócrina.

Ética & Sociedade

Casaco de pele é coisa de homem das cavernas

Houve um tempo em que nossos longínquos ancestrais viviam em cavernas, se alimentavam do que conseguiam caçar ou coletar e se aqueciam vestindo a pele de animais caçados ou encontrados mortos. Nesse tempo, utilizar a pele animal era uma necessidade, era uma questão de sobrevivência.

Com o tempo, o homem passou a criar animais exclusivamente para utilizar sua pele na confecção de peças do vestuário, que se tornaram símbolo de *status*, desejadas por muitos. Porém, a retirada da pele nem sempre é feita sem sofrimento para o animal, pois muitos têm o pescoço torcido a 90° e permanecem agonizantes enquanto sua pele é retirada.

O mundo evoluiu. Surgiu a indústria têxtil, que desenvolveu tecidos com texturas, estampas e cores dos mais variados, conseguindo se aproximar de tal forma do que existe na natureza que muitos confundem as peles naturais com as artificiais. Esses "couros" e "peles" artificiais podem ser utilizados na confecção do mesmo tipo de peça (sapatos, bolsas, casacos) que os naturais e, em geral, têm maior resistência, durabilidade, qualidade térmica e são muito mais fáceis de conservar. Assim, a única causa possível para essa matança é a manutenção da vaidade de algumas pessoas.

- Será que esse tipo de comportamento ainda tem lugar em nossa sociedade?
- O Projeto de Lei n.° 616/2011 da Assembleia Legislativa do Estado de São Paulo visa proibir a criação ou manutenção de qualquer animal doméstico, domesticado, nativo, exótico, silvestre ou ornamental com a finalidade de extração de peles. Se você fosse legislador, que tipo de pena você sugeriria para aqueles que retiram a pele dos animais de forma cruel?

Tecido epitelial **279**

Passo a passo

1. Com base no texto e na ilustração a seguir, responda:

A principal característica de um esporte coletivo, como o futebol, é o trabalho em equipe. A atuação em conjunto resulta em benefícios, principalmente se, no final, a equipe for vencedora. A histologia animal é assim. Trabalho em conjunto das "atletas", que são as células. Nesse caso, não há perdedores. O organismo, como um todo, é beneficiado. Assim como a prática do futebol não pode ser exercida por apenas um indivíduo, também o estudo da histologia só faz sentido em organismos pluricelulares.

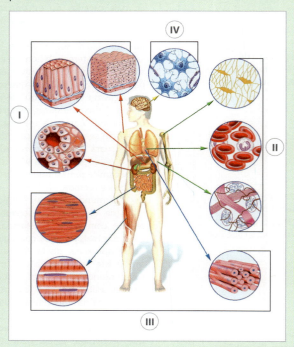

a) O que é histologia? Qual é o conceito *tradicional* de tecido? Que reparo deve ser feito em relação a esse conceito tradicional, quanto aos tipos celulares componentes de certos tecidos?
b) A ilustração relaciona os quatro tecidos fundamentais do organismo humano. Reconheça os tecidos, numerados de I a IV.

Texto para as questões **2** e **3**.

Cremes aplicados na pele, com finalidade estética ou terapêutica, devem exercer sua atividade mesmo considerando a existência de uma barreira protetora, representada por células do tecido epitelial. Por outro lado, medicamentos administrados por via oral devem atingir o sangue após atravessarem a barreira epitelial existente no intestino. Presente em vários órgãos, o tecido epitelial exerce funções adaptativas importantes para a sobrevivência do organismo.

2. Com base nas informações do texto e utilizando seus conhecimentos sobre o assunto, responda:

a) Por que razão o tecido epitelial constitui uma *barreira* protetora, como informa o texto? Que importante característica desse tecido está relacionada a essa propriedade?
b) Quais são as duas categorias básicas do tecido epitelial?

3. a) É correto dizer que epitélios de revestimento são ricamente vascularizados e sangram quando feridos? Justifique sua resposta.
b) Cite as importantes funções gerais desempenhadas pelo tecido epitelial.

4. A ilustração a seguir representa uma micrografia eletrônica na qual se destaca o *complexo unitivo* existente entre duas células do epitélio de revestimento do intestino. Observando-a atentamente:

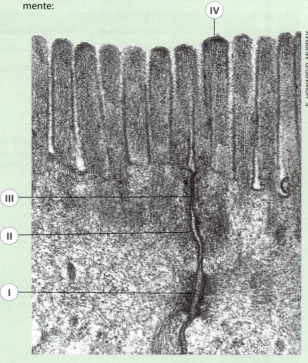

a) Reconheça o que está apontado pelas setas I a IV.
b) A existência desse *complexo unitivo* está relacionada a uma importante característica geral do tecido epitelial. Qual é essa característica?

5. As ilustrações a seguir correspondem a esquemas de adaptações existentes em células do tecido epitelial.

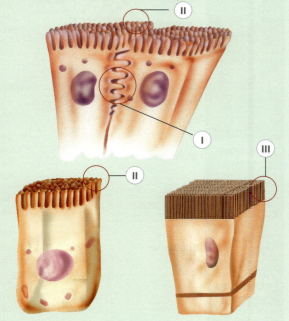

a) Reconheça as adaptações destacadas nos esquemas.
b) A que funções estão relacionadas as adaptações destacadas em I, II e III?

6. As fotos feitas com auxílio do microscópio óptico e os esquemas que as acompanham mostram os tipos principais de epitélio encontrados nos seres vivos pluricelulares complexos.

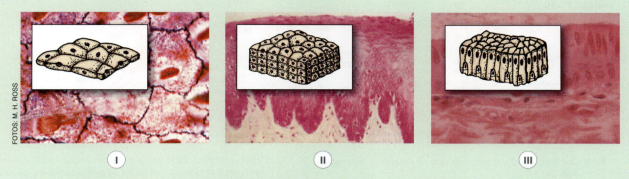

I II III

a) Reconheça os três tipos de tecido epitelial representados.
b) Cite as principais funções associadas a esses tipos de tecido epitelial.

7. A seguir, fotos, obtidas com a utilização de microscopia óptica, de tecido epitelial, com destaque para os tipos celulares de que são constituídos.

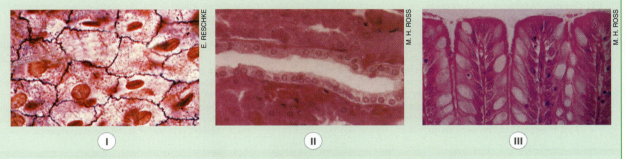

I II III

a) Reconheça as três modalidades de tecido epitelial, com base no formato das células que as constituem.
b) Descreva em poucas palavras as características de cada uma das modalidades de tecido epitelial.

8. Os esquemas referem-se a algumas etapas da origem das duas modalidades básicas de tecido epitelial glandular. Utilizando os seus conhecimentos sobre o assunto, responda:

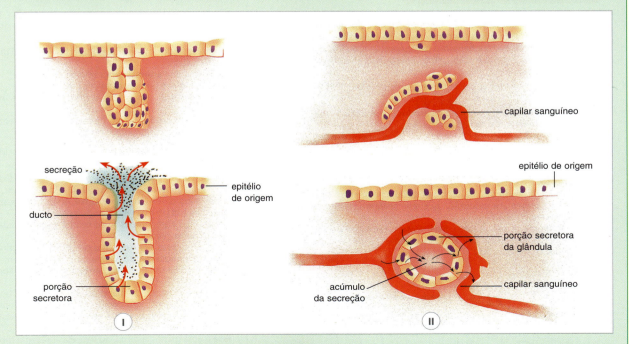

a) Qual o tipo glandular cuja origem é representada nos esquemas I e II?
b) Qual a principal característica de cada modalidade glandular representada?

Quanto ao produto de secreção, glândulas exócrinas podem ser merócrinas, holócrinas e apócrinas. Relativamente à natureza da secreção, são classificadas em serosas, mucosas e seromucosas. Utilizando essas informações e as ilustrações a seguir representadas, responda às questões 9 e 10.

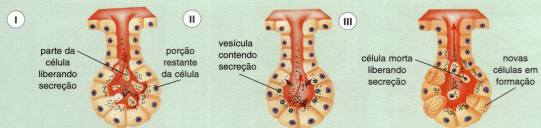

9. a) Que tipo glandular exócrino está representado nos esquemas de I a III?
b) Cite pelo menos um exemplo de cada glândula representada.

10. Qual a característica principal das glândulas serosa, mucosa e seromucosa?

11. Questão de interpretação de texto

Pesquisadores da USP estão testando uma nova estratégia para livrar os portadores de diabetes tipo 1 das injeções diárias do *hormônio* insulina. O objetivo da técnica é aumentar a segurança e a eficácia do transplante de *ilhotas de Langerhans*, um conglomerado de células do pâncreas responsável pela produção do *hormônio* insulina. A técnica consiste, inicialmente, em obter células das *ilhotas de Langerhans* de pessoas saudáveis. A seguir essas células são envolvidas com uma cápsula protetora feita com alginato, substância existente na parede celular de algas marrons. Esse procedimento evita o ataque das células de defesa do organismo em que serão transplantadas. Por fim, o conjunto é implantado embaixo da pele do abdome da pessoa diabética. A cápsula permite a entrada de oxigênio para as células e a *saída do hormônio insulina para o sangue*. De tempos em tempos, a cápsula será trocada, se deixar de fazer efeito.

Adaptado de: VERSOLATO, M. USP testa nova técnica contra diabetes. *Folha de S.Paulo*, São Paulo, 8 set. 2011. Caderno Saúde, p. C10.

Utilizando as informações do texto e seus conhecimentos sobre o epitélio glandular, responda:

a) Em que categoria glandular – exócrina ou endócrina – as células das *ilhotas de Langerhans* se enquadram, relativamente à produção e secreção da substância insulina? Cite o trecho do texto que deixa claro esse tipo de atividade.
b) O pâncreas também produz, em outras células, uma secreção serosa, conhecida como suco pancreático, que, por meio de um ducto, é liberada na cavidade do intestino delgado. Nesse caso, a que tipo glandular – endócrino ou exócrino – essas células pertencem? Justifique sua resposta.

Questões objetivas

1. (UFJF – MG) Uma das funções mais importantes dos tecidos epiteliais de revestimento é, justamente, a proteção dos tecidos e órgãos internos, como a barreira a patógenos. Os epitélios são altamente resistentes à tração, graças à forte adesão entre as suas células.

Em relação aos tecidos epiteliais de revestimento, é INCORRETO afirmar que:

a) os alvéolos e o estômago são revestidos por epitélio formado por apenas uma camada de células.
b) a mucosa que reveste a cavidade intestinal e o peritônio que reveste a cavidade abdominal têm origem endodérmica.
c) no epitélio de revestimento do intestino são encontradas células secretoras e células especializadas na função de absorção.
d) o endotélio é um tipo de tecido epitelial pavimentoso simples, de origem mesodérmica, que reveste internamente os vasos sanguíneos.
e) a epiderme é um epitélio pavimentoso estratificado, de origem ectodérmica, que apresenta, entre outros tipos de células, os melanócitos.

2. (UnB – DF)

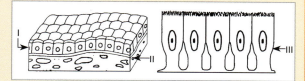

Com relação aos tecidos esquematizados, julgue os itens que se seguem.

1. O tecido representado em I recobre a superfície corporal dos mamíferos terrestres.
2. Uma lesão no tecido I acarreta sangramento.
3. A diversidade celular é uma característica do tecido II.
4. O tecido representado em II tem distribuição restrita no corpo.
5. Em III, está representado o tecido epitelial de revestimento comum aos órgãos com alto índice de absorção.

3. (UDESC) Assinale a alternativa incorreta a respeito do tecido epitelial glandular.

a) A paratireoide é um exemplo de glândula endócrina. Esse tipo de glândula não possui uma comunicação com o epitélio por meio de um ducto ou canal. A secreção dessa glândula é liberada para os vasos sanguíneos.
b) As glândulas são agrupamentos de células especializadas na produção de secreções.
c) Glândulas sudoríparas são exemplos de glândula exócrina. Esse tipo de glândula mantém uma comunicação com o epitélio por meio de um ducto ou canal, que permite a liberação da secreção.
d) A tireoide é um exemplo de glândula endócrina. Esse tipo de glândula não possui uma comunicação com o epitélio por meio de um ducto ou canal. A secreção dessa glândula é liberada para os vasos sanguíneos.
e) A hipófise é uma glândula mista, ou seja, ela apresenta uma parte endócrina que libera o hormônio antidiurético e outra exócrina que libera oxitocina (ocitocina).

4. (UFPR) O esquema abaixo é representativo de um epitélio de revestimento estratificado. Pode-se observar que as camadas superiores, em contato com o meio externo, são compostas de células cada vez mais achatadas. Além disso, essas células achatadas geralmente estão mortas e descamam do tecido. Um exemplo desse tipo de epitélio é encontrado no esôfago de animais carnívoros.

Qual o principal motivo que leva essas células a morrerem e descamarem do epitélio?

a) O atrito causado pelos componentes de meio externo que entram em contato com o epitélio.
b) A justaposição das células, que cria uma falta de espaço para que todas se acomodem na superfície do epitélio.
c) O contato com o meio externo, que leva a uma hiperoxigenação das células.
d) A distância dessas células em relação às fontes de oxigênio e alimento, trazidos pelos tecidos adjacentes ao epitélio.
e) O deslocamento da posição das organelas intracelulares, por conta do achatamento promovido pelo citoesqueleto.

5. (UFSC) Tecido epitelial, ou simplesmente epitélio, é aquele que reveste todas as superfícies internas ou externas do corpo, além de formar as glândulas. Com relação a esse tecido, identifique as alternativas corretas e dê sua soma ao final.

(01) Os epitélios de revestimento caracterizam-se por apresentar células justapostas, de forma prismática, cúbica ou achatada, praticamente sem material intercelular.
(02) Os epitélios de revestimento não são vascularizados, recebendo alimento por difusão a partir de capilares existentes no tecido conjuntivo sobre o qual repousam.
(04) Os epitélios de revestimento conferem proteção contra atritos e invasão de microrganismos, servindo também para a absorção de alimento e oxigênio.
(08) As epidermes glandulares apresentam células especializadas em produzir secreções e, no caso das glândulas endócrinas, apresentam ductos por onde seus produtos são eliminados para o exterior do corpo.
(16) A epiderme humana é pluriestratificada e queratinizada e apresenta-se bastante espessa nas áreas de muito atrito, como a sola dos pés.
(32) As células do epitélio intestinal apresentam cílios que auxiliam no movimento e deslocamento das substâncias que transitam pelo intestino.
(64) Nas células do epitélio intestinal existe o complexo unitivo, constituído pela zônula de adesão e desmossomos, que funciona como eficiente barreira à passagem de substâncias indesejáveis.

6. (UFF – RJ – adaptada) As glândulas multicelulares se formam a partir da proliferação celular de um tecido e, após a sua formação, ficam imersas em outro tecido, recebendo nutrientes e oxigênio. De acordo com o tipo de secreção que é produzido, as glândulas são classificadas basicamente em endócrinas e exócrinas. Entretanto, existe uma glândula que possui duas partes, uma exócrina e outra endócrina.

A figura a seguir mostra um esquema comparativo da formação de dois tipos de glândulas.

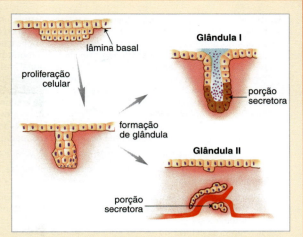

Com base na figura, assinale a opção que identifica, respectivamente, o tecido de onde as glândulas se originam, o tecido onde elas ficam imersas, a glândula I, a glândula II e um exemplo de uma glândula exócrina.

a) Tecido epitelial, tecido conjuntivo, glândula exócrina, glândula endócrina e glândula salivar.
b) Tecido conjuntivo, tecido epitelial, glândula exócrina, glândula endócrina e tireoide.
c) Tecido epitelial, tecido conjuntivo, glândula endócrina, glândula exócrina e pâncreas.
d) Tecido conjuntivo simples, tecido epitelial, glândula endócrina, glândula exócrina e paratireoide.
e) Tecido conjuntivo frouxo, tecido epitelial, glândula endócrina, glândula exócrina e glândula lacrimal.

7. (UFMS – adaptada) Observe a figura abaixo, que representa um tecido epitelial glandular. A seguir, identifique as alternativas corretas e dê sua soma ao final.

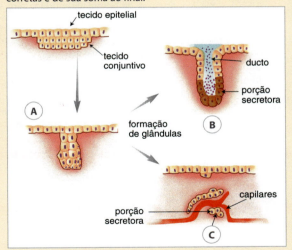

(01) A glândula salivar é um exemplo de glândula como ilustrado em C.
(02) Para formação das glândulas pelo tecido epitelial, ocorrem a proliferação e a penetração das células do tecido epitelial no tecido conjuntivo, como ilustrado em A.
(04) O produto de secreção da glândula, ilustrado em C, é liberado diretamente na circulação sanguínea.
(08) A glândula tireoide é um exemplo de glândula como ilustrado em B.
(16) O pâncreas, por apresentar atividade endócrina e exócrina, é considerado uma glândula mista.
(32) As glândulas exócrinas mantêm sua conexão com o epitélio que as originou, e seus produtos são eliminados para o meio exterior pelo ducto até a superfície do corpo, ou até uma cavidade interna de um órgão, como ilustrado em B.

8. (UFPel – RS) A técnica convencional para reconstruir uma bexiga consiste em extrair pedaços do intestino delgado ou do estômago, porém esse procedimento traz várias complicações. Recentemente, cientistas 'construíram' bexigas em laboratório para pacientes que apresentam deficiência funcional nesse órgão. Os cientistas construíram com colágeno uma estrutura de sustentação e a recobriram internamente com células da bexiga e externamente com células musculares. Esse conjunto foi colocado em uma sopa de nutrientes para facilitar o crescimento celular. Depois de dois meses, as células já haviam recoberto o modelo e estava pronta uma bexiga feita sob medida.

Adaptado de: Ciência Hoje, Rio de Janeiro, v. 38, 2006.

De acordo com o texto e seus conhecimentos, analise as seguintes afirmativas.

I – A cavidade da bexiga é revestida pelo tecido epitelial, o qual não é vascularizado e apresenta pouca substância intercelular.
II – Tanto as células do tecido epitelial quanto as do tecido muscular são ricas em fibras colágenas. Essas fibras têm a capacidade de ceder facilmente às pressões e voltar ao estado normal quando as pressões terminam.
III – O corpo humano apresenta dois tipos de tecido muscular estriado: o cardíaco e o esquelético. As estrias são resultados da organização dos miofilamentos dentro das células.
IV – Todos os órgãos citados no texto pertencem ao sistema digestório, por isso é comum fazer a reconstituição da bexiga com pedaços de intestino ou estômago.
V – Uma vantagem da nova técnica desenvolvida é a não ocorrência de rejeição do novo órgão, uma vez que o tecido implantado é do próprio paciente.

Estão corretas as seguintes afirmativas:

a) I, II e III.
b) II, IV e V.
c) I, IV e V.
d) II, III e IV.
e) I, III e V.

9. (UFRGS – RS) Alguns casos de obesidade mórbida têm sido tratados por meio de cirurgia que inclui o encurtamento do intestino delgado, com o objetivo de diminuir a superfície de absorção de nutrientes. A grande capacidade de absorção do epitélio intestinal se deve à presença de:

a) desmossomos.
b) glicocálix.
c) plasmodesmos.
d) zonas de oclusão.
e) microvilosidades.

10. (UFJF – MG) Observe a figura a seguir, que ilustra uma célula eucariota e seus principais constituintes citoplasmáticos, e analise as afirmativas.

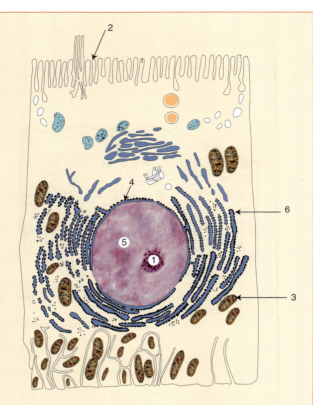

I – A estrutura indicada em **1** é maior em células que apresentam intensa atividade de síntese proteica.
II – O glicocálice é encontrado na superfície da estrutura indicada em **2**.
III – A estrutura indicada em **3** produz energia para o transporte de íons ou de substâncias contra um gradiente de concentração.
IV – A estrutura indicada em **4** apresenta poros que impedem a saída de componentes produzidos na estrutura indicada em **5**.
V – A estrutura indicada em **6** sintetiza lipídios que serão transportados para o retículo endoplasmático liso.

Assinale a opção que apresenta somente afirmativas **CORRETAS**:

a) I, II e III.
b) I, II e V.
c) I, III e V.
d) II, III e IV.
e) III, IV e V.

Questões dissertativas

1. (UFJF – MG) Os tecidos de revestimento nos animais são especializados na proteção do organismo, embora sejam capazes de exercer outras funções importantes para a manutenção da vida celular.

a) Analise as figuras ao lado, que ilustram um epitélio cilíndrico simples e um epitélio estratificado pavimentoso queratinizado, e responda:
1. Qual a importância das microvilosidades no epitélio intestinal humano?
2. Apresente **duas** funções da camada de queratina para a proteção do organismo.
3. Por que o tecido conjuntivo é importante para a sobrevivência do tecido epitelial?

b) A pele, o maior órgão do corpo humano, é constituída pela epiderme e pela derme. Nas camadas mais profundas da epiderme é produzida a melanina, pigmento responsável pela cor da pele no homem. Por que as pessoas de pele escura, que ficam expostas muito tempo ao sol, têm menor propensão a desenvolver câncer de pele do que as pessoas de pele clara?

2. (UFJF – MG) Analise o esquema ao lado, que ilustra o processo de formação de algumas glândulas, e responda ao que se pede.

a) É CORRETO afirmar que os dois tipos de glândulas ilustradas (A e B) secretam hormônios? Justifique.
b) Qual é a relação do tecido conjuntivo e epitelial com as glândulas ilustradas ao lado?
c) A leptina é um hormônio proteico, sintetizado e secretado principalmente pelo tecido adiposo. A partir dessa informação, conclui-se que o tecido adiposo é também uma glândula. Além de sua ação como glândula, cite duas outras características do tecido adiposo.

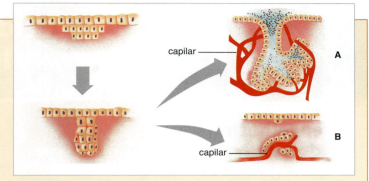

3. (FUVEST – SP) Existe uma doença hereditária humana em que o indivíduo é incapaz de produzir uma das proteínas que constituem os cílios e os flagelos. Essa doença traz problemas respiratórios e esterilidade masculina.

Qual a relação entre esses dois sinais clínicos e ausência da proteína?

Programas de avaliação seriada

1. (PSIU – UFPI) Em uma expedição à Serra da Capivara, no estado do Piauí, um jovem pesquisador encontrou um fragmento de tecido humano conservado. A análise do fragmento revelou que o tecido era constituído por células prismáticas com cílios na região apical e estavam organizadas em pseudoestratificação. Assinale, entre as opções abaixo, aquela que apresenta o tecido com as mesmas características do tecido encontrado pelo jovem pesquisador.

a) Tecido epitelial da mucosa intestinal.
b) Tecido epitelial da mucosa gástrica.
c) Tecido epitelial da traqueia.
d) Tecido epitelial dos túbulos renais.
e) Tecido conjuntivo do oviduto.

2. (SSA – UPE) Os tecidos epiteliais são classificados tomando-se como base a estrutura e a organização celular e suas funções. Sobre isso, analise o quadro a seguir:

Tecido	Número de camadas celulares	Forma e aspectos celulares	Funções
I	única camada	células cúbicas	absorção e secreção
II	várias camadas	células achatadas	proteção mecânica e proteção contra a perda de água
III	única camada	células com núcleos em diferentes alturas	proteger e limpar as vias respiratórias
IV	única camada	células altas e prismáticas	digestão e absorção de alimentos
V	única camada	células achatadas	permite a passagem de substâncias
VI	várias camadas	células de forma variável	proteção

Assinale a alternativa que contém a classificação **CORRETA** dos tecidos.

a) I – epitélio cúbico simples; II – epitélio estratificado de transição; III – epitélio pseudoestratificado; IV – epitélio simples prismático; V – epitélio simples pavimentoso; VI – epitélio estratificado pavimentoso.
b) I – epitélio cúbico simples; II – epitélio pseudoestratificado; III – epitélio estratificado pavimentoso; IV – epitélio simples pavimentoso; V – epitélio simples prismático; VI – epitélio estratificado de transição.
c) I – epitélio simples pavimentoso; II – epitélio estratificado pavimentoso; III – epitélio estratificado de transição; IV – epitélio simples prismático; V – epitélio cúbico simples; VI – epitélio pseudoestratificado.
d) I – epitélio cúbico simples; II – epitélio estratificado pavimentoso; III – epitélio pseudoestratificado; IV – epitélio simples prismático; V – epitélio simples pavimentoso; VI – epitélio estratificado de transição.
e) I – epitélio simples pavimentoso; II – epitélio estratificado pavimentoso; III – epitélio pseudoestratificado; IV – epitélio cúbico simples; V – epitélio simples prismático; VI – epitélio estratificado de transição.

3. (PAIES – UFU – MG) Considere o trecho abaixo.

O corpo de um organismo multicelular é constituído por diferentes tipos de células, especializadas em realizar diversas funções. As células com determinado tipo de especialização organizam-se em grupos, constituindo os tecidos.

AMABIS, J. M.; MARTHO, G. R. *Biologia das células*.
São Paulo: Moderna, 1999. p. 341-343.

Sobre os diferentes tipos de tecidos que constituem nosso organismo, faça o que se pede.

A) Classifique os tipos de tecidos representados nos desenhos esquemáticos abaixo que correspondem às letras apresentadas a seguir.

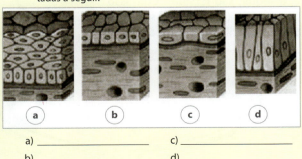

a) _____   c) _____
b) _____   d) _____

B) Quanto ao modo de secreção, estabeleça três diferenças entre os tipos de tecidos glandulares exócrinos.

Tecido epitelial **285**

Capítulo 13 — Tecido conjuntivo I: Introdução

O envelhecimento de nossa pele

Neste capítulo, você vai aprender, entre outras coisas, que o colágeno é uma das proteínas mais abundante no nosso corpo. Suas fibras estão presentes, por exemplo, nos tendões, nos músculos e até na pele.

Com o passar dos anos, nossa pele perde elasticidade e ganha flacidez em virtude do enfraquecimento das fibras de colágeno e elastina. Isso acontece com todos, variando a idade em função dos cuidados durante a vida e também da herança genética.

Para retardar o envelhecimento da pele, um dos cuidados mais importantes deve ser com a alimentação, incluindo vitamina A e proteínas. Um dos bons produtos indicados é a ingestão de gelatina, que é uma forma industrializada de colágeno.

A gelatina, presente em sobremesas e nos envoltórios de vários medicamentos, é obtida a partir do colágeno presente nos tendões e ossos de animais, principalmente porcos e bois. Essas estruturas animais são trituradas e submetidas à ação de substâncias que quebram suas estruturas celulares para liberar as proteínas e, a seguir, são fervidas. Com isso o colágeno (gelatina) se separa e pode ser facilmente extraído.

▪ UM TECIDO ESTRUTURAL

Você já deve ter ouvido falar nos diferentes tipos de tecido **conjuntivo**, ou **conectivo**, mas provavelmente não está associando esse nome ao que você já conhece. Por exemplo, fazem parte desse tecido as células de gordura, as cartilagens – como a da sua orelha ou a da ponta de seu nariz –, os ossos, os tendões, o sangue etc. Como você vê, são tecidos com características bem diferentes entre si, mas há uma particularidade constante em todos eles: têm como função principal a manutenção da forma do corpo e a ligação entre outros tecidos – daí o nome *conectivo*, que lembra *conexão*. Um tecido que está junto a outros, dando-lhes sustentação, formando com eles como que um conjunto, daí o nome *conjuntivo*.

É formado por diferentes tipos de **células** e de **fibras**, separadas entre si por abundante material extracelular fabricado pelas células, conhecido como **substância fundamental amorfa**.

> *Anote!*
> Conjuntivo possui o significado de "chegar junto", enquanto conectivo lembra "conexão", ligação de um tecido a outro.

Células do Tecido Conjuntivo

As principais células do tecido conjuntivo são: **fibroblastos, macrófagos, mastócitos** e **plasmócitos**. A Tabela 13-1 resume as características e funções dessas células.

> *Anote!*
> Deficiências de vitamina C causam escorbuto, doença que envolve a degeneração do tecido conjuntivo, e os fibroblastos param de sintetizar colágeno, provavelmente por deficiência no sistema enzimático, onde a vitamina atua como coenzima.

Tabela 13-1. Principais características e funções das células do tecido conjuntivo.

Célula	Características e funções
Fibroblasto / Fibrócito.	Célula metabolicamente ativa, contendo longos e finos prolongamentos citoplasmáticos. Sintetiza o colágeno e as substâncias da matriz (substância intercelular). O colágeno é sintetizado aos poucos, sob a forma de pequenas moléculas precursoras que, no meio extracelular, são polimerizadas. O material intercelular é composto de mucopolissacarídeos, dos quais o mais comum é o *ácido hialurônico*. Ao ficar metabolicamente inativo, o fibroblasto recebe o nome de **fibrócito**. Eventualmente, o fibrócito volta a se transformar em fibroblasto ativo, por exemplo, nos processos de cicatrização, e a síntese de colágeno é retomada.
Macrófago	Célula ovoide, podendo conter longos prolongamentos citoplasmáticos e inúmeros lisossomos. Responsável pela fagocitose e pinocitose de partículas estranhas ou não ao organismo. Remove restos celulares e promove o primeiro combate aos microrganismos invasores do nosso organismo. Ativo no processo de *involução fisiológica* de alguns órgãos ou estrutura. É o caso do útero que, após o parto, sofre uma redução de volume.
Mastócito	Célula globosa, grande, sem prolongamentos e repleta de grânulos que dificultam, pela sua quantidade, a visualização do núcleo. Os grânulos são constituídos de **heparina** (substância anticoagulante) e **histamina** (substância envolvida nos processos de *alergia*). Essa última substância é liberada em ocasiões de penetração de certos antígenos no organismo e seu contato com os mastócitos, desencadeando a consequente reação alérgica.
Plasmócito	Célula ovoide, rica em retículo endoplasmático rugoso (ou granular). Pouco numeroso no conjuntivo normal, mas abundante em locais sujeitos à penetração de bactérias, como intestino, pele e áreas em que existem infecções crônicas. Produtor de todos os anticorpos no combate a microrganismos. É originado no tecido conjuntivo a partir da diferenciação de células conhecidas como linfócitos do tipo B.

Tecido conjuntivo I: Introdução **287**

Leitura

Silicose, macrófagos e lisossomos

A silicose é uma doença ocupacional que afeta os pulmões de pessoas que trabalham com cerâmica, pedreiras, jatos de areia, perfuração de poços artesianos, minas profundas, vidraçarias etc. Ao trabalharem desprotegidas, sem a utilização de máscaras apropriadas, ocorre a inalação de finíssimos cristais de sílica (SiO_2), que penetram nos alvéolos pulmonares.

Fagocitados por *macrófagos*, os cristais de sílica interagem com as membranas dos *lisossomos*, provocando a sua ruptura e a liberação de enzimas lisossômicas, que acabam por provocar a morte das células. Concomitantemente, são liberados fatores de atração de *fibroblastos* que, acumulando-se na área lesada, produzem e liberam grande quantidade de colágeno, responsável pelo quadro de fibrose pulmonar típico dessa anomalia. Outras substâncias liberadas atraem inúmeros *neutrófilos*, *linfócitos* – B e T – e *mastócitos*, o que caracteriza a reação inflamatória típica dessa doença.

A silicose progride ao longo dos anos de atividade dos trabalhadores, podendo manifestar sintomas após cerca de 20 a 30 anos. Considera-se que as lesões fibróticas produzidas podem facilitar a ocorrência de infecções bacterianas – tuberculose, por exemplo –, além de propiciar o surgimento de câncer pulmonar.

Fonte: MURRAY, J. F.; NADEL, J. A. Textbook of Respiratory Medicine. 3. ed. Philadelphia: W. B. Saunders, 2000. p. 1816.

Segundo a Fundacentro, organismo ligado ao Ministério do Trabalho e Emprego, a silicose é a pneumoconiose mais frequente no Brasil. Segundo a Organização Internacional do Trabalho (OIT), pneumoconioses são "doenças pulmonares causadas pelo acúmulo de poeira nos pulmões e reação tissular à presença dessas poeiras". Mais de 6 milhões de trabalhadores são expostos a poeiras de sílica no Brasil, sendo que, destes, cerca de 4 milhões são trabalhadores da construção civil.

Na sua opinião, que ações, tanto do governo quanto da sociedade, poderiam ser tomadas para evitar essa doença?

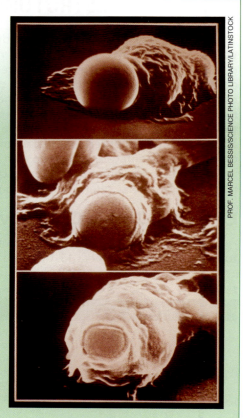

Sequência de micrografia eletrônica de varredura mostrando um macrófago, ao se aproximar, emitir pseudópodos e englobar um glóbulo vermelho. Os eritrócitos vivem, em média, 120 dias e depois são retirados da circulação pelos macrófagos ou pelos neutrófilos (outro tipo de glóbulo branco).

De olho no assunto!

Outras células do tecido conjuntivo

Além das células estudadas (fibroblastos, macrófagos, mastócitos e plasmócitos), outras células ou elementos celulares são encontrados nos diferentes tipos de tecido conjuntivo, e cada uma com sua função. Veja a tabela ao lado.

Tipo celular	Presentes no tecido	Função
Adipócitos.	Adiposo.	Armazenamento de lipídios.
Condrócitos.	Cartilaginoso.	Síntese da substância intercelular da cartilagem.
Osteoblasto, osteócito e osteoclasto.	Ósseo.	Formação e reabsorção do tecido ósseo.
Glóbulos vermelhos ou eritrócitos.	Sanguíneo.	Transporte de oxigênio.
Glóbulos brancos ou leucócitos.	Sanguíneo.	Defesa do organismo.
Plaquetas ou trombócitos (fragmentos celulares).	Sanguíneo.	Coagulação sanguínea.

Leitura

Mesênquima: a origem do tecido conjuntivo

Durante o período embrionário, uma caravana de células da mesoderme – um dos três folhetos embrionários – abandona o seu local de origem e migra ativamente pelo corpo do embrião para formar o tecido conjuntivo. Essas células – de aspecto estrelado, contendo muitos prolongamentos citoplasmáticos, núcleos ovalados e nucléolo visível – constituem o *mesênquima*, considerado o tecido conjuntivo embrionário. Desse tecido diferenciam-se todas as células do tecido conjuntivo propriamente dito, as células adiposas, as sanguíneas, as cartilaginosas, as ósseas, além dos vasos sanguíneos e das células musculares.

Acredita-se que no organismo adulto permanecem algumas células mesenquimais indiferenciadas derivadas das embrionárias, que constituiriam as células-tronco adultas, isto é, não embrionárias, capazes de originar as células de diversos tecidos.

Fibras do Tecido Conjuntivo

O tecido conjuntivo possui numerosas fibras proteicas entremeadas com as células e a substância fundamental amorfa (ou matriz). As fibras são de três tipos: **colágenas**, **elásticas** e **reticulares**, cujas principais características constam da Tabela 13-2. Veja também a Figura 13-1.

Tabela 13-2. Principais características das fibras do tecido conjuntivo.

Fibras	Constituição química e características
Colágenas	Constituídas da proteína *colágeno*, a mais abundante do corpo humano. Assemelhadas a cordas, as moléculas são alongadas e paralelas umas às outras, constituindo feixes. À microscopia eletrônica percebe-se que são formadas por unidades menores – as fibrilas – que, por sua vez, são constituídas por unidades ainda menores, as microfibrilas (tropocolágeno), extremamente delgadas. Fibroblastos secretam as microfibrilas de tropocolágeno, ocorrendo a polimerização fora das células para a formação das fibrilas e dos feixes colágenos. Presentes, por exemplo, nos tendões.
Elásticas Na foto, fibras elásticas em dourado. Em marrom, suprimento sanguíneo.	Constituídas da proteína *elastina*. À microscopia eletrônica, percebe-se que são constituídas de fibrilas, a exemplo do colágeno. Sua principal função é proporcionar elasticidade nos locais em que são encontradas. Pulmões, fígado e artérias são ricos nesse tipo de fibra. São facilmente deformadas quando sujeitas a forças de tração, mas logo retomam sua forma assim que cessa o agente gerador da deformação. Essa propriedade é útil em órgãos sujeitos à expansão de volume, como os pulmões.
Reticulares	Constituídas da proteína *colágeno*, são extremamente delicadas e possuem diâmetro semelhante ao das fibrilas colágenas. Nos locais em que ocorrem, frequentemente ficam interligadas aos feixes de fibras colágenas. As fibras reticulares organizam uma trama de sustentação das células de determinados órgãos, como o baço, os gânglios (linfonodos) linfáticos, o fígado, os rins e as glândulas endócrinas.

Tecido conjuntivo I: Introdução

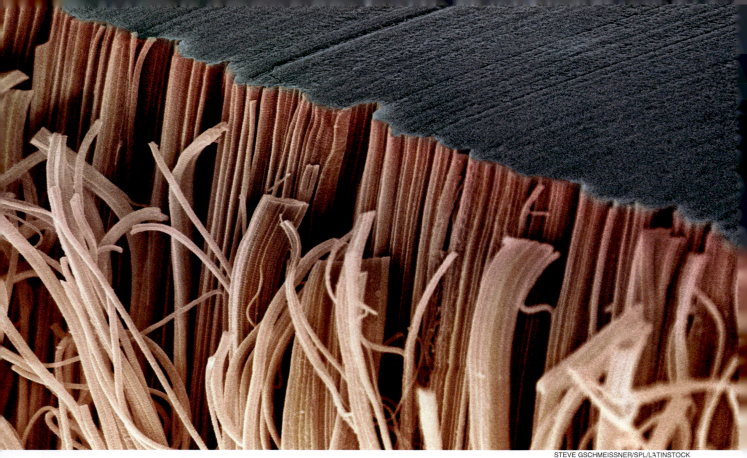

Quantidades grandes de colágeno proporcionam pouca elasticidade ao tecido. A disposição dos feixes nos tecidos é variável. Nos tendões, como o da foto, dispõem-se em apenas uma direção. Em outros tecidos, fazem-no irregularmente, constituindo malhas difusas misturadas às células.

Anote!

As fibras de colágeno são assim chamadas por fornecerem, após fervura prolongada, uma gelatina que atua como cola. No estado fresco, essas fibras possuem coloração esbranquiçada. A consistência de uma carne depende da quantidade de colágeno que ela possui. É válido dizer que carne de primeira tem pouco colágeno e a de terceira, muito. Associe isso com a dificuldade de mastigação. Tendões possuem muito colágeno. Cozinhar joelho ou pé de boi, com os respectivos tendões, por longo tempo – o conhecido *mocotó* –, acaba liberando o colágeno, um alimento rico em proteínas.

Já as fibras elásticas, no estado fresco, possuem coloração amarelada. Por esse motivo, são conhecidas como fibras amarelas do tecido conjuntivo.

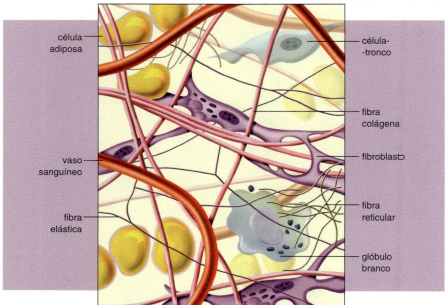

Figura 13-1. Esquema das fibras do tecido conjuntivo.

▪ CLASSIFICAÇÃO DOS TECIDOS CONJUNTIVOS

Os termos utilizados na classificação dos tecidos conjuntivos levam em conta os componentes predominantes desses tecidos, ou seja, as células ou as fibras. A classificação que veremos a seguir, na Tabela 13-3, é resumida e, embora não seja a mais completa, serve para os nossos propósitos de descrição desse tecido. Veja também a Figura 13-2.

Tabela 13-3. Características dos principais tipos de tecido conjuntivo.

Tipo			Características
T E C I D O C O N J U N T I V O	Propriamente dito	Frouxo	Há mais células que fibras. É o mais comum. Preenche espaços entre as fibras (células) e feixes musculares. Serve de apoio aos epitélios e envolve vasos sanguíneos, vasos linfáticos e nervos.
		Denso	Há predomínio de fibras. Podem ser orientadas todas na mesma direção (nos tendões) ou em várias direções (no tecido conjuntivo da derme, importante componente da pele).
	De propriedades especiais	Adiposo	Grande quantidade de células armazenadoras de lipídios. Unilocular (amarelo) e multilocular (pardo). É o tecido encontrado na hipoderme (também chamado de tecido celular subcutâneo) associada à pele humana. O "toucinho" da pele do porco é tecido adiposo.
		Sanguíneo (tecido reticular ou hemocitopoiético)	Células banhadas por abundante material extracelular que se desloca nos vasos sanguíneos, banhando praticamente todos os órgãos do corpo. Os elementos celulares são: glóbulos vermelhos (eritrócitos), glóbulos brancos (leucócitos) e plaquetas (ou trombócitos, que, na verdade, são restos celulares).
	De suporte	Cartilaginoso	Células conhecidas como *condrócitos*, imersas em uma matriz cartilaginosa de natureza orgânica. Tecido flexível e maleável encontrado em várias partes do organismo humano.
		Ósseo	Células – osteoblastos, osteócitos e osteoclastos – contidas em matriz orgânica (osseína) e inorgânica (fosfato de cálcio). Função de suporte e proteção de órgãos internos e reservatório de cálcio.

Anote! Lipomas são tumores de tecido adiposo unilocular.

Anote! Em pessoas obesas, aumenta a quantidade de tecido adiposo unilocular.

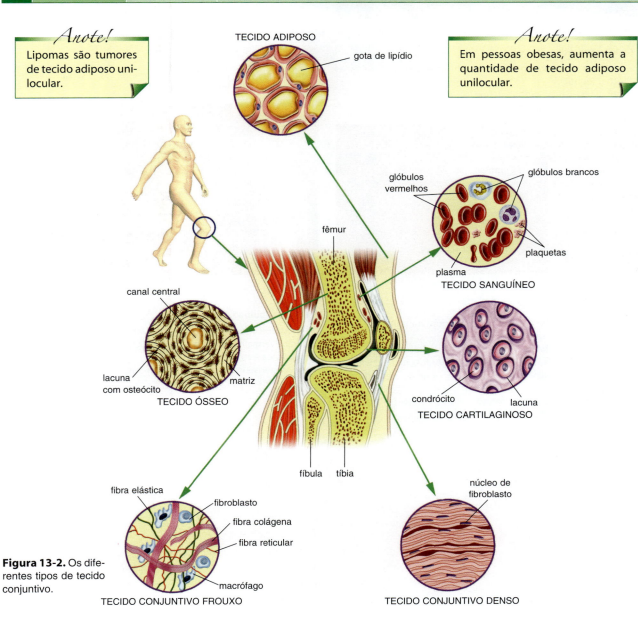

Figura 13-2. Os diferentes tipos de tecido conjuntivo.

De olho no assunto!

Os principais tipos de tecido conjuntivo

Tecido conjuntivo frouxo
Fibroblastos imersos em abundante substância intercelular e entremeados com fibras.
Local: vasos sanguíneos, vasos linfáticos, nervos.
Função: preenchimento.

Tecido conjuntivo frouxo.

Tecido conjuntivo denso
Fibras de colágeno orientadas em uma (tendões) ou várias direções (derme).
Local: tendões, ligamentos e derme.
Função: preenchimento, suporte.

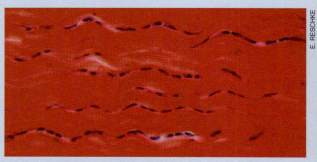

Tecido conjuntivo denso.

Tecido adiposo
a) *Amarelo* (unilocular): uma gotícula de gordura preenche quase toda a célula adiposa (adipócito).
   Local: pele, ao redor dos rins e coração, medula óssea.
b) *Pardo* (multilocular): várias gotículas de gordura no adipócito.
   Local: pele de animais hibernantes e algumas áreas do feto humano.
   Função: proteção, armazenamento (fonte de energia), secreção de hormônios, isolamento térmico.

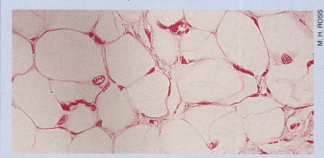

Tecido adiposo.

Tecido cartilaginoso
Matriz cartilaginosa e células cartilaginosas (condrócitos)
Local: esqueleto dos peixes cartilaginosos, discos intervertebrais, pavilhão auditivo, anéis das traqueias, abas do nariz.
Função: suporte flexível, diminuição de atrito entre os ossos.

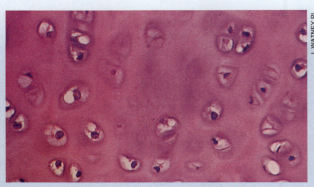

Tecido cartilaginoso.

Tecido ósseo
Matriz óssea orgânica (osseína) e inorgânica (Ca_3PO_4), osteócitos, osteoblastos e osteoclastos.
Local: esqueleto.
Função: suporte e proteção de órgãos internos, reserva de cálcio, apoio dos músculos esqueletais.

Tecido ósseo.

Tecido sanguíneo
Abundante fluido intercelular. Glóbulos brancos (leucócitos), glóbulos vermelhos (hemácias ou eritrócitos) e plaquetas.
Local: vasos e coração.
Função: transporte (hormônios, excretas, gases, alimentos etc.), defesa, coagulação.

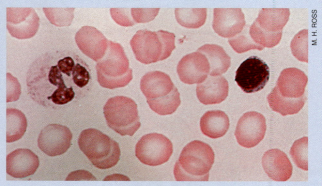

Tecido sanguíneo.

Tecnologia & Cotidiano

Obesidade deixa marcas nos espermatozoides, pelo menos em camundongos!

Camundongos obesos tendem a ter descendentes pouco saudáveis. E parece que a dieta hipergordurosa, que aumenta a espessura do tecido adiposo, é a grande culpada. A descoberta, feita por cientistas da Universidade de Adelaide, na Austrália, ajuda a entender como as escolhas dos meios de vida podem afetar as futuras gerações. O efeito da dieta parece estar relacionado a alterações epigenéticas que interferem com a atividade dos genes e da síntese de proteínas nas células. Acreditava-se que tais alterações epigenéticas fossem zeradas ao longo do processo de produção de gametas. No entanto, os estudos revelaram que camundongos submetidos a dietas não adequadas tiveram descendentes com algumas anomalias, entre outras, aumento na resistência à insulina. E a hipótese é que as alterações genéticas decorrentes da ação epigenética persistiram nos espermatozoides, conduzindo aos problemas de saúde observados nos filhotes. Resta saber se o mesmo pode ocorrer com os seres humanos.

Fonte: ZUKERMAN, W. High fat diet leaves its mark on sperm. *New Scientist*, London, p. 12, 17 Dec. 2011.

Passo a passo

1. Um pequeno detalhe de um tipo de tecido conjuntivo é mostrado no esquema abaixo. Observando-o e utilizando seus conhecimentos sobre esse tecido, responda:

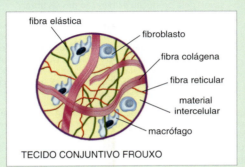

TECIDO CONJUNTIVO FROUXO

a) O esquema destaca os três componentes de um tecido conjuntivo. Quais são eles?
b) Por que esse tecido recebe a denominação de *conjuntivo* ou *conectivo*?

Texto e ilustrações para as questões **2** a **6**.

Das células e das fibras

"Tecido é um nível de organização biológico constituído por um conjunto de células, muitas vezes de formas e funções diferentes. No caso do tecido conjuntivo, esse conceito é mais amplo. Além de ser constituído de vários tipos celulares, é também dotado de inúmeras fibras, que cruzam o tecido em várias direções e sentidos. Algumas das células *produzem e secretam substâncias nas quais se assentam, e também as fibras*. Outras atuam *como se fossem "lixeiros"*, fagocitando e digerindo microrganismos e restos celulares. Há, ainda, as que *armazenam substâncias energéticas* e outras que respondem a antígenos, *liberando grande quantidade de grânulos contendo histamina*, substância relacionada a alergias, *além de liberar heparina*, uma substância anticoagulante. É preciso lembrar, também, das que *produzem anticorpos* e que se relacionam a processos inflamatórios que afetam esse tecido."

2. a) A que células se referem os trechos grifados no texto, na ordem em que suas funções são descritas? Cite os trechos do texto relativos às funções descritas com as células a elas associadas.
b) Tendo em vista as informações do texto, é válido considerar o conceito tradicional de "tecido" como sendo "um conjunto de células semelhantes na forma e na função"? Justifique sua resposta.

3. As ilustrações a seguir referem-se a esquemas de um fibroblasto (a) e de um fibrócito (b), duas células características do tecido conjuntivo. O fibroblasto é a principal célula responsável pela síntese das fibras do tecido conjuntivo e da substância intercelular amorfa (matriz). A substância intercelular amorfa (matriz) é assim denominada por não ser dotada de forma e de células, possuindo aspecto gelatinoso e sendo constituída de água, sais minerais, proteínas e outras substâncias. Observando os esquemas e utilizando seus conhecimentos sobre a histologia do tecido conjuntivo, responda:

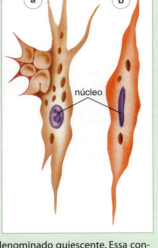

a) As fibras produzidas pelo fibroblasto são proteínas. Que organela membranosa celular é a responsável pela produção dessas fibras?
b) Fibrócitos são considerados fibroblastos que permanecem no estado denominado quiescente. Essa condição é permanente? Justifique sua resposta.

4. O esquema a seguir corresponde a um macrófago, célula constituinte do tecido conjuntivo responsável pela fagocitose e digestão de microrganismos e outros resíduos existentes nesse tecido. Em ocasiões de ferimentos que afetam o tecido conjuntivo, essas células são extremamente ativas na remoção e na digestão de partículas fagocitadas. Observando atentamente o esquema, responda:

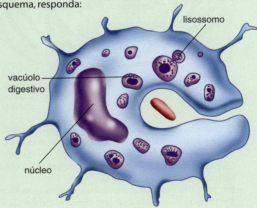

a) Considerando que a atuação do macrófago consiste em efetuar a digestão intracelular de partículas por meio da atuação de enzimas, em que organela membranosa, não destacada no esquema, essas enzimas são produzidas?
b) O esquema mostra um vacúolo digestivo e um lisossomo. Qual a participação dessas organelas no macrófago?

Tecido conjuntivo I: Introdução **293**

5. O esquema a seguir corresponde a um mastócito, célula do tecido conjuntivo dotada de grânulos que contêm histamina e heparina, substâncias não proteicas por ela produzidas. Utilizando seus conhecimentos sobre essa célula, responda:

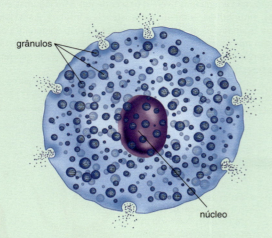

a) A que processo está relacionada a liberação de histamina por essa célula? Como esse processo é desencadeado?
b) A liberação de heparina pelo mastócito está relacionada a um importante fenômeno sanguíneo. Qual é a atuação da heparina nesse fenômeno?

6. O plasmócito, célula esquematizada na figura a seguir, é um importante elemento do tecido conjuntivo. Sua atividade está relacionada à produção de anticorpos, proteínas de defesa destinadas ao combate de antígenos invasores do tecido conjuntivo. Observando o esquema e utilizando seus conhecimentos sobre o assunto, responda:

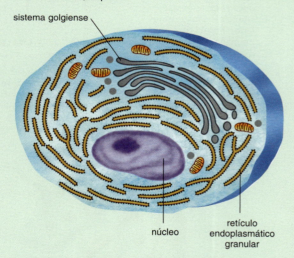

a) O esquema mostra três organelas membranosas citoplasmáticas: mitocôndrias, sistema golgiense e retículo endoplasmático granular. Em qual dessas organelas ocorre síntese de anticorpos? Qual a origem da energia necessária à síntese das proteínas de defesa?
b) Em uma das estruturas mostradas no esquema é gerada a *informação* necessária à síntese dos anticorpos. Qual é essa estrutura? Nessa estrutura, quais as entidades efetivamente responsáveis pela origem da *informação* que resulta na síntese de anticorpos?

O esquema a seguir é um detalhe de um tecido conjuntivo e nele evidenciam-se algumas células e fibras típicas desse tecido. Utilize-o para responder às questões **7** e **8**.

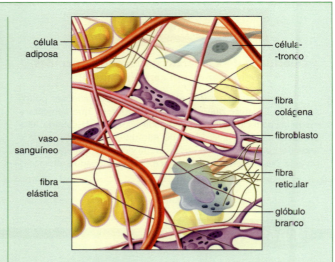

7. a) Cite as fibras componentes do tecido conjuntivo cujo esquema é mostrado na ilustração.
b) Das células mostradas nesse esquema, quais são as responsáveis pela produção e liberação dessas fibras?

8. a) No esquema, são mostradas células adiposas. Que função desempenham essas células no tecido conjuntivo?
b) Sugira uma provável hipótese que justifique a presença da célula-tronco mostrada no esquema. Das células mostradas no esquema, qual delas seria mais provavelmente originada a partir de uma célula-tronco, no caso de, por exemplo, ocorrer uma lesão no tecido conjuntivo?

A ilustração a seguir refere-se, esquematicamente, a uma possível classificação dos tecidos conjuntivos. Nela estão destacados os tipos de tecido conjuntivo propriamente dito, além dos tecidos conjuntivos de propriedades especiais e de suporte. Utilize-a para responder às questões **9** e **10**.

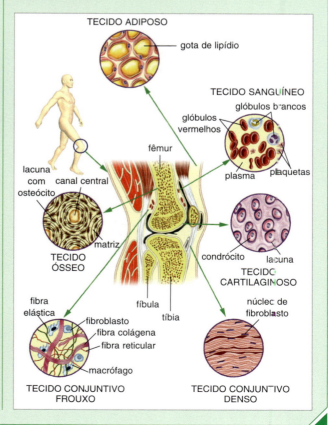

9. No esquema:
   a) Quais são os componentes correspondentes à categoria de tecido conjuntivo propriamente dito?
   b) Quais são os componentes correspondentes à categoria de tecido conjuntivo de propriedades especiais e tecido conjuntivo de suporte?

10. Relativamente às funções desempenhadas pelos tecidos conjuntivos esquematizados na ilustração:
    a) Quais os responsáveis pelo preenchimento de espaços e pelo armazenamento de substâncias energéticas? Que elementos celulares do tecido conjuntivo desempenham as funções de defesa do organismo e de reparação de partes lesadas?
    b) Quais os tecidos mostrados são responsáveis pelo transporte de substâncias e pela nutrição de outros tecidos? Que tecidos conjuntivos de propriedades especiais são responsáveis pela sustentação do organismo?

11. **Questão de interpretação de texto**

    "A superbactéria KPC – *Klebsiella pneumoniae carbapenemase* –, resistente à maior parte dos antibióticos, avançou nos hospitais brasileiros desde o surto inicial, em 2010. Segundo a Agência Nacional de Vigilância Sanitária (Anvisa), o primeiro caso de infecção pela KPC no Brasil ocorreu em 2005. Responsável pela ocorrência de pneumonias severas ou infecções na corrente sanguínea, essa bactéria é preocupante porque poucos antibióticos conseguem combatê-la, além do fato de afetar pacientes que já apresentam outras moléstias graves."

    Utilizando as informações do texto e seus conhecimentos sobre as funções desempenhadas pelo tecido conjuntivo, responda:
    a) Considerando que a bactéria em questão causa danos ao tecido conjuntivo associado aos pulmões, que tipos celulares normalmente presentes nesse tecido seriam responsáveis pela defesa desses importantes órgãos respiratórios no ser humano?
    b) Imaginando que a bactéria cause lesões no tecido conjuntivo associado aos pulmões, e que a pessoa afetada seja curada, quanto à infecção bacteriana, que células normalmente presentes no tecido conjuntivo seriam responsáveis pela reparação das lesões provocadas?

Questões objetivas

1. (UFRGS – RS) O esquema abaixo mostra alguns dos componentes do tecido conjuntivo frouxo.

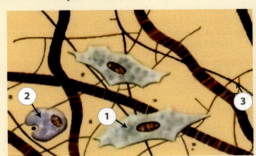

   Assinale a alternativa correta em relação ao tecido conjuntivo frouxo.
   a) Nele não ocorre vascularização.
   b) Ele apresenta distribuição corporal restrita.
   c) A célula marcada com a seta 1 é um fibroblasto.
   d) A célula marcada com a seta 2 é uma hemácia.
   e) As fibras assinaladas com as setas 3 são de actina e miosina.

2. (PUC – PR) O tecido conjuntivo possui três tipos de fibras: colágenas, reticulares e elásticas. Com relação a elas, analise as afirmativas e assinale a alternativa CORRETA:
   a) As fibras colágenas, assim como as elásticas, são constituídas de microfibrilas de colágeno, que se unem formando as fibrilas de colágeno, que, por sua vez, se unem formando as fibras de colágeno.
   b) As células de certos órgãos, como o baço e os rins, são envolvidas por uma trama de sustentação constituída de fibras reticulares, cujo principal componente é a elastina, uma escleroproteína.
   c) Os pulmões são órgãos facilmente sujeitos à expansão de volume, pois são ricos em fibras elásticas, constituídas de elastina, proteína cuja principal função é dar elasticidade aos locais onde se encontram.
   d) Quanto maior a quantidade de colágeno nos tecidos, maior a elasticidade, como, por exemplo, nos tendões, onde o colágeno se distribui em uma só direção, enquanto o cordão umbilical forma uma malha difusa entre as células dos tecidos.
   e) As fibras colágenas são constituídas da proteína colágeno, polimerizadas fora das células, a partir do tropocolágeno sintetizado pelos macrófagos.

3. (CESGRANRIO – RJ) Dos vários tipos de colágeno presentes no corpo humano, o colágeno do Tipo I é o mais abundante. Uma doença genética caracterizada por problemas na produção de colágeno do Tipo I é a chamada *osteogenesis imperfecta*, ou doença dos ossos de cristal. Pessoas acometidas dessa doença apresentam fragilidade óssea, ossos curvados e baixa estatura, entre outros sintomas. Os acometimentos do tecido ósseo na *osteogenesis imperfecta* se devem ao fato de que o colágeno
   a) promove a multiplicação dos osteoplastos.
   b) permite que os osteoclastos não fagocitem.
   c) faz parte da matriz extracelular do osso.
   d) forma depósitos cristalinos de fosfato de cálcio.
   e) preenche as trabéculas de ossos esponjosos.

4. (UFPel – RS) Podemos classificar os tecidos conjuntivos de acordo com suas funções. Com relação aos diferentes tipos de tecido conjuntivo, considere as afirmativas abaixo.

   I – O tecido conjuntivo propriamente dito frouxo é muito flexível, possui poucas fibras de colágeno e as células características estão imersas na substância fundamental amorfa.

   II – O tecido conjuntivo propriamente dito denso possui grande resistência a trações e pode ser de três tipos: modelado, não modelado e fibroso.

   III – O tecido conjuntivo denso não modelado compõe os tendões e os ligamentos.

   IV – O tecido conjuntivo denso fibroso forma a derme e os envoltórios de cartilagens.

   Estão corretas apenas as afirmativas
   a) I e IV.
   b) I, II e III.
   c) II e IV.
   d) II, III e IV.

5. (UFPR) A vitamina C atua na reação de hidroxilação enzimática da prolina em hidroxiprolina, aminoácidos essenciais para a formação do colágeno. A partir dessa informação, é possível afirmar que a vitamina C está relacionada à manutenção de qual tipo de tecido dos organismos multicelulares?

a) conjuntivo
b) epitelial
c) sanguíneo
d) nervoso
e) adiposo

6. (UFRGS – RS) Um indivíduo adulto submeteu-se a uma lipoaspiração para a retirada de 700 mL de gordura.

A respeito da gordura retirada no procedimento, é correto afirmar que ela é

a) armazenada no tecido muscular, rico em mitocôndrias que metabolizam as reservas de gorduras.
b) composta de ácidos graxos capazes de liberar mais energia que a glicose, em reações de oxidação nas mitocôndrias.
c) estocada nos adipócitos sob a forma de glicogênio.
d) utilizada pelas células do sistema nervoso para produção de ATP.
e) removida do tecido conjuntivo denso modelado.

7. (UFG – GO) Leia o trecho de reportagem a seguir.

Os riscos da lipoaspiração

Já existe até consórcio para fazer plástica. Mas casos recentes lembram que toda cirurgia pode trazer perigo. Recentemente foi noticiada a morte de uma paciente após intervenção cirúrgica para a retirada de umas gordurinhas do abdome e das costas.

Disponível em:
<http://revistaepoca.globo.com/revista/Epoca/0>.
Acesso em: 3 mar. 2010. (Adaptado.)

Quando se realiza uma cirurgia como a mencionada no texto, retira-se do organismo do paciente, principalmente, células do tecido

a) muscular.
b) epitelial.
c) hematopoiético.
d) adiposo.
e) cartilaginoso.

8. (UNEMAT – MT – adaptada) Dois amigos estão estudando para a prova de histologia e se depararam com a figura abaixo.

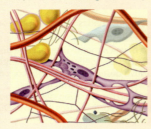
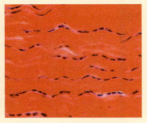

Figura A   Figura B

Fonte: UZUNIAN, A.; BIRNER, E. Biologia. 3 ed. São Paulo: HARBRA, 2008.

Após a análise da figura chegaram à conclusão de que se trata de tecido conjuntivo.

De acordo com o modo de organização de suas fibras e células, é **correto** afirmar:

a) Figura A é um tecido conjuntivo denso não modelado, Figura B é um tecido conjuntivo denso modelado.
b) Figura A é um tecido conjuntivo denso modelado, Figura B é um tecido conjuntivo denso não modelado.
c) Figura A é um tecido conjuntivo denso não modelado, Figura B é um tecido conjuntivo adiposo.
d) Figura A é um tecido conjuntivo denso modelado, Figura B é um tecido conjuntivo ósseo.
e) Figura A é um tecido conjuntivo mieloide, Figura B é um tecido conjuntivo linfoide.

Questões dissertativas

1. (UNICAMP – SP) Existe uma doença denominada "silicose" (também conhecida popularmente como "doença dos mineiros"), provocada pela inalação de fibras de sílica, as quais são fagocitadas pelos macrófagos (células especializadas em fagocitose) nos pulmões. As fibras são englobadas pelos lisossomos dos macrófagos, mas, como não podem ser digeridas, essas fibras são acumuladas e acabam causando o rompimento da membrana lisossomal, que assim derrama seu conteúdo. Nesse processo, o que acontece com os macrófagos e com os alvéolos pulmonares?

2. (UFRJ) Sabe-se que uma característica importante dos seres pluricelulares é a divisão de trabalho entre suas células. Essas células se reúnem e formam diversos tecidos que vão desempenhar, assim, funções bem específicas.

Considerando a afirmativa anterior, identifique a que tecido pertencem os tipos de células abaixo relacionados, citando a sua principal função.

a) macrófago   b) osteoclasto

3. (UDESC) A gordura em excesso é um fator de alerta em relação às condições de saúde dos indivíduos. Profissionais que atuam na área de Fisioterapia Dermato-funcional têm demonstrado a eficácia no tratamento de gordura localizada pela aplicação de ultrassom em células adiposas do tecido subcutâneo. Essa técnica permite o rompimento das membranas das células de gordura.

Em relação ao contexto acima, cite:

a) duas funções do tecido adiposo em nosso corpo;
b) dois tipos de lipídios contidos no organismo humano.

Programa de avaliação seriada

1. (PASES – UFV – MG) Com base nas características do tecido conjuntivo, assinale a afirmativa CORRETA:

a) Os tendões, que ligam os músculos aos ossos, são formados por tecido conjuntivo frouxo.
b) Os fibroblastos, presentes no tecido conjuntivo denso, sintetizam e secretam proteínas extracelulares.
c) Os tecidos conjuntivos apresentam células justapostas, com pequena quantidade de material entre elas.
d) As fibras colágenas, presentes na maioria dos tipos de tecido conjuntivo, são proteínas altamente elásticas.

Tecido conjuntivo II: tecidos cartilaginoso, ósseo e sanguíneo

Capítulo **14**

Como vai sua saúde? Um exame de sangue pode responder...

Todos nós, em algum momento da nossa vida, já realizamos um exame de sangue, seja quando estamos com suspeita de alguma doença ou até mesmo para controle da saúde. Esse exame é um procedimento relativamente tranquilo, em que uma pequena quantidade de sangue de uma veia periférica é coletada e encaminhada para análise.

Um dos principais tipos de exame de sangue pedido pelos médicos é o hemograma, em que são avaliadas as três principais linhagens de células presentes no sangue (hemácias, leucócitos e plaquetas). Além desse, outros exames de sangue também podem ser solicitados pelo médico para determinação, por exemplo, da quantidade de glicose, colesterol, triglicérides, hormônios e outras proteínas presentes no sangue. Os resultados são um bom indicador de como está nossa saúde e se há algo que precise ser analisado mais detalhadamente.

Neste capítulo, iremos aprender um pouco mais sobre o sangue, essencial para a manutenção da vida e da nossa saúde, e outros dois importantes tecidos conjuntivos, o cartilaginoso e o ósseo.

▪ TECIDO CARTILAGINOSO

> **Anote!**
> Quanto maior o número de fibras colágenas, mais rígida é a cartilagem. Quanto maior a quantidade de fibras elásticas, mais flexível é o tecido.

O tecido cartilaginoso, ou *cartilagem*, é um tecido maleável de sustentação, constituído de abundante substância intercelular e poucas células.

As células cartilaginosas são conhecidas como **condrócitos**. Sempre se encontram agrupadas, formando pilhas de células. São responsáveis pela síntese da substância intercelular que, na cartilagem, é também conhecida como **matriz**.

Toda cartilagem é revestida externamente por um tecido conjuntivo chamado **pericôndrio** (do grego, *peri* = ao redor de e *chondros* = cartilagem).

A matriz é rica em mucopolissacarídeos (complexas substâncias de natureza polissacarídica) e fibras (colágenas e elásticas), responsáveis pela elasticidade.

De olho no assunto!

Os tipos de cartilagem e onde são encontrados

Cartilagem hialina

Possui moderada quantidade de fibras colágenas. Forma o primeiro esqueleto do embrião, que, depois, é substituído por osso. Mesmo assim, alguns locais dos ossos (as regiões de crescimento) ainda mantêm esse tipo de cartilagem. É encontrada também nos anéis da traqueia, nos brônquios e nas superfícies articulares dos ossos longos.

Cartilagem fibrosa

Apresenta abundante quantidade de fibras colágenas. Encontrada nos chamados discos intervertebrais. Suporta altas pressões; mesmo assim, os discos intervertebrais podem achatar-se, formando as hérnias de disco, que podem comprimir a medula espinhal.

Cartilagem elástica

Pequena quantidade de colágeno, grande quantidade de fibras elásticas. Encontrada no pavilhão auditivo e nas abas do nariz.

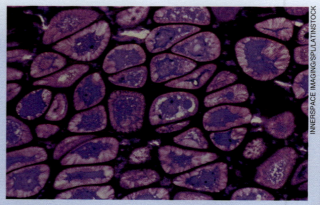
Cartilagem hialina.

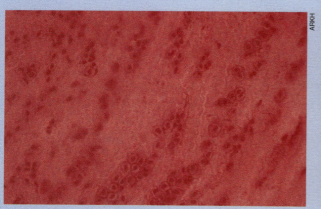
Cartilagem fibrosa.

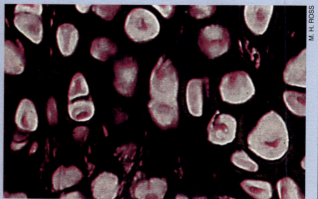
Cartilagem elástica.

Leitura

Cuidado: é difícil regenerar cartilagem

Cartilagens não recebem vasos sanguíneos. Como o pericôndrio (que é tecido conjuntivo) possui capilares, os alimentos e gases saem deles e lentamente, por difusão, dirigem-se aos condrócitos.

O metabolismo das células cartilaginosas é baixo. Acidentes que afetam esse tecido, como fraturas, por exemplo, são muito preocupantes, uma vez que, devido ao baixo metabolismo, a regeneração é muito vagarosa.

O crescimento de uma cartilagem se dá principalmente pela aposição de novo tecido cartilaginoso ao preexistente. As células do pericôndrio diferenciam-se em condrócitos, que sintetizam abundante matriz, o que leva ao aumento de tamanho da peça cartilaginosa.

TECIDO ÓSSEO

O tecido ósseo é rígido, especializado na sustentação do organismo, no suporte de partes moles e na proteção de órgãos vitais, como o encéfalo, que fica contido na caixa craniana. Excetuando-se os peixes cartilaginosos, nos demais vertebrados esse tecido surge nos locais anteriormente ocupados por cartilagem.

O tecido ósseo é componente dos ossos, órgãos que, juntamente com a cartilagem, constituem o esqueleto de um vertebrado. No interior de muitos ossos fica alojada a **medula óssea vermelha**, produtora de sangue.

Os ossos não são completamente homogêneos e compactos: todos eles possuem espaços entre seus elementos sólidos. São esses espaços que permitem a circulação do sangue por meio de vasos sanguíneos que levam nutrientes às células do tecido ósseo.

Anote!
Fraturas ósseas, de modo geral, levam a muita perda de sangue, já que o osso é um órgão ricamente vascularizado.

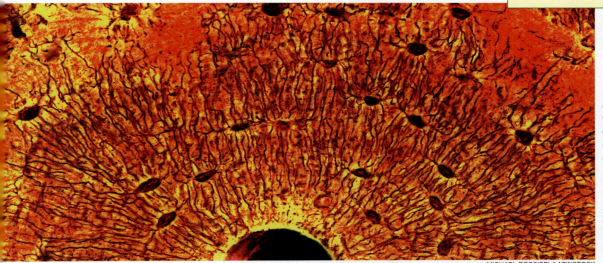

Fotomicrografia de uma porção de tecido ósseo em corte transversal ao microscópio óptico.
No osso vivo, as lacunas escuras, muito ramificadas, alojam as células ósseas (osteócitos), extremamente ramificadas.

MICHAEL ROSS/SPL/LATINSTOCK

Componentes do Tecido Ósseo

O tecido ósseo é formado por células e por uma matriz orgânica calcificada. As células são:

- **osteoblasto**: célula óssea jovem e secretora da matriz orgânica, que é conhecida como osteoide ou pré-osso;
- **osteócito**: é o osteoblasto maduro, que parou de secretar matriz orgânica;
- **osteoclasto**: célula gigante, multinucleada. Atua como macrófago e reabsorve constantemente tecido ósseo nos processos de remodelação do osso e no reparo de fraturas.

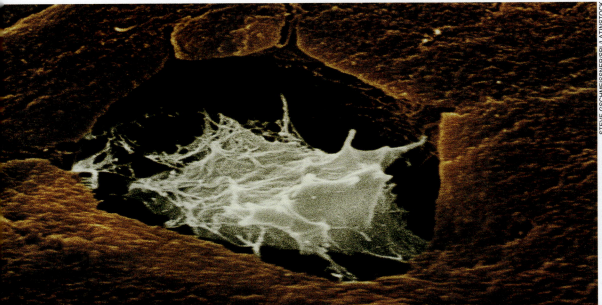

STEVE GSCHMEISSNER/SPL/LATINSTOCK

Microscopia eletrônica de varredura mostrando um osteócito (em branco) no interior de uma lacuna rodeada por matriz óssea.

299

A camada compacta de um osso é constituída por anéis concêntricos (**lamelas**) de substância intercelular dura; **lacunas**, que são pequenos espaços entre as lamelas onde estão alojados os osteócitos (veja a Figura 14-1); e uma rede de **minúsculos canais** que percorrem a matriz, interligando os osteócitos, permitindo que os nutrientes alcancem essas células. No centro de cada conjunto de lamelas e lacunas concêntricas há um canal, chamado **canal de Havers**, e ligando os inúmeros canais de Havers encontramos pequenos canais transversais, denominados **canais de Volkmann**. Pelos canais de Havers e de Volkmann passam os vasos sanguíneos e nervos.

A existência de um tecido conjuntivo de suporte, o periósteo, garante o contínuo fornecimento de células e nutrientes ao tecido ósseo.

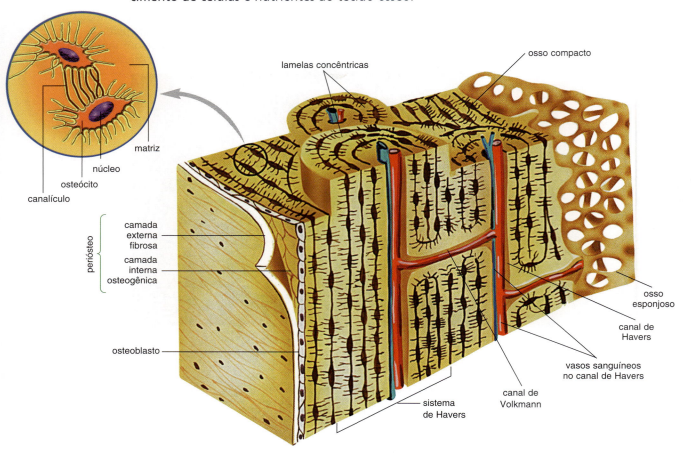

Figura 14-1. Estrutura do tecido ósseo. Observe os numerosos cilindros de lamelas ósseas concêntricas. Cada cilindro com seu canal central constitui um sistema de Havers.

Sustentação e armazenamento de cálcio é com o tecido ósseo

Além de servir à sustentação do organismo, proteger órgãos e apoiar a musculatura esquelética, o tecido ósseo está relacionado a diversos outros papéis fisiológicos.

É o maior reservatório de cálcio e fosfato do organismo. Cerca de 99% desses elementos se encontram no esqueleto. Nos casos de necessidade de cálcio para o organismo, ocorre uma transferência do elemento para o sangue. Dois mecanismos podem estar envolvidos nessa transferência:

- a remoção simples de íons cálcio para a corrente sanguínea;
- a ação do *paratormônio*, hormônio produzido pelas glândulas paratireoides (localizam-se na região dorsal da tireoide), que conduz a um aumento do número de osteoclastos, com consequente reabsorção óssea e elevação do teor de cálcio no sangue.

Por outro lado, uma dieta pobre em proteínas acarreta a deficiência de síntese da matriz óssea orgânica. A deficiência de vitamina D leva a uma deposição insuficiente de cálcio nos ossos, já que essa vitamina favorece a absorção de cálcio no intestino. A ausência de vitamina D conduz ao *raquitismo* e, consequentemente, a defeitos na confecção da matriz óssea.

A Formação do Tecido Ósseo

A *ossificação* – formação de tecido ósseo – pode se dar por dois processos: **ossificação intramembranosa** e **ossificação endocondral**. No primeiro caso, o tecido ósseo surge aos poucos em uma membrana de natureza conjuntiva, não cartilaginosa. Na ossificação endocondral, uma peça de cartilagem, com formato de osso, serve de molde para a confecção de tecido ósseo. Nesse caso, a cartilagem é gradualmente destruída e substituída por tecido ósseo.

Ossificação intramembranosa

Esse tipo de ossificação ocorre no interior de uma membrana de natureza conjuntiva, como é o caso, por exemplo, das que revestem o encéfalo de um embrião. Em diversos locais da membrana, células diferenciam-se em osteoblastos e iniciam a deposição de matriz orgânica que, aos poucos, vai sendo calcificada. Os vários centros de ossificação unem-se uns aos outros por finas traves calcificadas, dando ao conjunto um aspecto esponjoso. Entre as traves formam-se cavidades que são invadidas por capilares sanguíneos trazendo células indiferenciadas. Essas cavidades, ocupadas por vasos sanguíneos e células, originarão a medula óssea. Aos poucos o processo de ossificação espalha-se para a periferia, até que toda a peça membranosa sofra ossificação. Na formação dos ossos chatos do crânio, a continuação desse processo de ossificação leva à formação de uma placa óssea interna e outra externa, ficando entre elas o centro esponjoso que abriga a medula óssea.

Ossificação endocondral: cartilagem não vira osso

Nesse tipo de ossificação, uma peça de cartilagem com formato de osso serve de molde para deposição de tecido ósseo. O processo é iniciado com a morte das células cartilaginosas. A morte das células origina pequenas cavidades, que são ligadas umas às outras por finas travessas de matriz cartilaginosa, que sofrem calcificação. A seguir, as cavidades calcificadas são invadidas por capilares sanguíneos que trazem células indiferenciadas. Essas células diferenciam-se em osteoblastos, que iniciam a deposição de matriz óssea no que restou de matriz cartilaginosa calcificada. Vê-se, assim, que a cartilagem não se transforma em osso. Apenas serve de molde sobre o qual ocorre a formação de tecido ósseo, que acaba substituindo a peça cartilaginosa preexistente.

Crescimento nos Ossos Longos

A ossificação endocondral ocorre na formação de ossos longos, como os das pernas e os dos braços.

Nesses ossos, duas regiões principais sofrerão a ossificação: o cilindro longo, conhecido como **diáfise**, e as extremidades dilatadas, que correspondem às **epífises**.

Entre a epífise de cada extremidade e a diáfise é mantida uma região de cartilagem, conhecida como **cartilagem de crescimento**, que possibilitará a ocorrência de crescimento ósseo durante a fase de crescimento de uma pessoa (veja a Figura 14-2). Novas células cartilaginosas são constantemente geradas, seguidas da ocorrência constante de ossificação endocondral, levando à formação de mais osso. Nesse processo, os osteoclastos desempenham papel importante. Eles efetuam constantemente a reabsorção de tecido ósseo, enquanto novo tecido ósseo é formado.

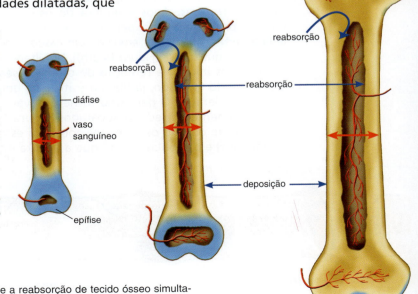

Figura 14-2. O crescimento de um osso longo envolve a reabsorção de tecido ósseo simultaneamente à formação de novo tecido ósseo.

Os osteoclastos atuam como verdadeiros demolidores de osso, enquanto os osteoblastos exercem papel de construtores de mais osso. Nesse sentido, o processo de crescimento de um osso depende da ação conjunta de reabsorção de osso preexistente e da deposição de novo tecido ósseo. Considerando, por exemplo, o aumento de diâmetro de um osso longo, é preciso efetuar a reabsorção da camada interna da parede óssea, enquanto na parede externa deve ocorrer deposição de mais osso.

O crescimento ocorre até que se atinja determinada idade, a partir da qual a cartilagem de crescimento também sofre ossificação e o crescimento em comprimento do osso cessa.

Medula Óssea

No interior de vários ossos, a formação esponjosa, constituída por traves ósseas que deixam muitos espaços entre si, é ocupada pela *medula óssea*, conhecida popularmente por "tutano".

Na medula óssea há células gordurosas que constituem a chamada *medula óssea amarela* e inúmeros vasos sanguíneos em formação que constituem a *medula óssea vermelha*. Na medula vermelha são produzidos os elementos do sangue.

Estima-se que, por quilo de massa corporal, a medula produza diariamente cerca de 2,5 bilhões de eritrócitos, além de glóbulos brancos e plaquetas.

Anote!
A medula óssea de um recém-nascido é do tipo vermelha. Com o crescimento, ela é substituída quase completamente pela amarela, restando medula vermelha em algumas partes do crânio, costelas, vértebras e esterno. Em casos de trauma, a medula amarela pode novamente transformar-se em medula vermelha.

De olho no assunto!

Como se forma a medula óssea dos ossos longos?

Na formação da medula óssea dos ossos longos ocorre a participação dos *osteoclastos*, células com atividade de fagocitose e que iniciam o processo de reabsorção de tecido ósseo formado. A atividade dessas células leva à formação de cavidades unidas por finas travessas (osso esponjoso) preenchidas por capilares sanguíneos e células, conduzindo à origem da medula óssea. Enquanto isso, a periferia do osso é formada por camadas de osso compacto, circundando a medula óssea.

Todo o processo de ossificação e formação da medula óssea se alastra longitudinalmente e atinge a região das epífises. Nelas, também se formam centros de ossificação endocondral.

Osteoclastos e Fraturas

Os osteoclastos também estão envolvidos na reparação de fraturas. Após a quebra do osso, ocorre uma intensa proliferação do periósteo (Figura 14-3(a)). Isso leva à formação de um anel, o *calo ósseo*, que envolve os pedaços quebrados (Figura 14-3(b)). Simultaneamente, os osteoclastos iniciam a remoção de células ósseas mortas e do coágulo formado, já que na fratura há uma hemorragia considerável. O periósteo fornece novas células iniciadoras de osso imaturo, que une provisoriamente os pedaços separados (Figura 14-3(c)). Com o passar do tempo, ocorre uma remodelação do calo ósseo e, aos poucos, a estrutura óssea é refeita, com a participação de osteoclastos e osteoblastos, até que a fratura esteja consolidada (Figura 14-3(d)).

Anote!
Fraturas de ossos em pessoas idosas liberam gordura para o sangue, o que pode levar à ocorrência de embolia gordurosa nos vasos sanguíneos.

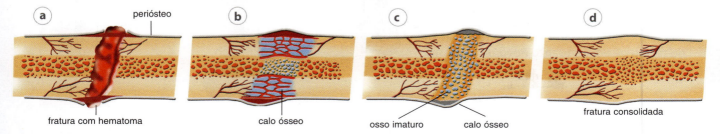

Figura 14-3. Fratura óssea: osteoblastos e osteoclastos estão envolvidos na remodelação do osso.

Osteogênese imperfeita: a doença dos ossos de vidro

Os ossos são importantes estruturas de sustentação do nosso corpo. Além disso, atuam no suporte dos tecidos moles e na proteção de órgãos vitais, como o cérebro, o coração e os pulmões.

O tecido ósseo é um tecido mineralizado, duro e resistente. Em condições normais, as fraturas podem acontecer em algumas situações, como, por exemplo, quando o osso recebe um impacto maior do que ele pode aguentar. Porém, de maneira geral, as fraturas são eventos esporádicos em nossa vida.

Entretanto, para os portadores de uma doença genética conhecida como osteogênese imperfeita, as fraturas são eventos bem mais frequentes. Nos portadores dessa doença, os ossos não são tão resistentes; ao contrário, eles são bastante frágeis e se quebram facilmente. É justamente por causa dessa característica que a osteogênese imperfeita é também conhecida como doença dos "ossos de vidro" ou dos "ossos de cristal".

A causa da osteogênese imperfeita é uma mutação em um gene que afeta a produção do colágeno, que, como você já sabe, é uma importante proteína encontrada nos ossos e em diversos outros tecidos.

▪ TECIDO SANGUÍNEO

O sangue (originado pelo tecido hemocitopoético) é um tecido altamente especializado, formado por alguns tipos de células, que compõem a *parte figurada*, dispersas em um meio líquido – o *plasma* –, que corresponde à *parte amorfa*.

Os constituintes celulares são: **glóbulos vermelhos** (também denominados *hemácias* ou *eritrócitos*); **glóbulos brancos** (também chamados *leucócitos*); e **plaquetas** (também conhecidas como *trombócitos*). Veja a Figura 14-4. O plasma compõe-se principalmente de água com diversas substâncias dissolvidas, que são transportadas através dos vasos do corpo (veja a Figura 14-5).

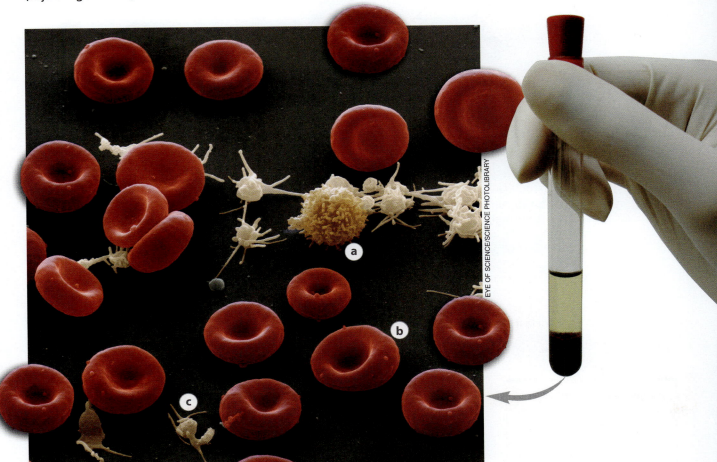

Figura 14-4. O sangue contém (a) glóbulos brancos, (b) vermelhos e (c) plaquetas.

Tecido conjuntivo II: tecidos cartilaginoso, ósseo e sanguíneo

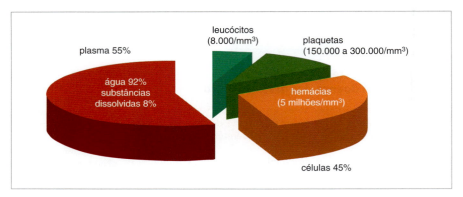

Figura 14-5. Quantidade relativa dos componentes do sangue.

Todas as células do sangue são originadas na medula óssea vermelha a partir de células indiferenciadas pluripotentes (células-tronco). Como consequência do processo de diferenciação celular, as células-filhas indiferenciadas assumem formas e funções especializadas (veja a Figura 14-6).

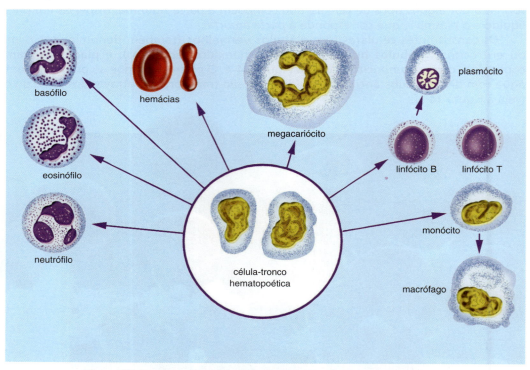

Figura 14-6. Diferenciação dos eritrócitos e leucócitos a partir de célula-tronco hematopoética. (*Baseado em:* JUNQUEIRA, L. C.; CARNEIRO, J. *Histologia básica*. 10. ed. Rio de Janeiro: Guanabara Koogan, 2004. p. 93.)

Células Sanguíneas: Características e Funções

Glóbulos vermelhos: transporte de oxigênio

Glóbulos vermelhos, hemácias ou eritrócitos (do grego, *eruthrós* = vermelho e *kútos* = célula) são anucleados, possuem aspecto de disco bicôncavo e diâmetro de cerca de 7,2 μm. São ricos em hemoglobina, a proteína responsável pelo transporte de oxigênio, importante função desempenhada pelas hemácias.

> *Anote!*
> A quantidade média de glóbulos vermelhos varia com o sexo, sendo de 4,5 milhões por mm³ de sangue na mulher e 5,5 milhões por mm³ de sangue no homem.

Glóbulos brancos: defesa do organismo

Glóbulos brancos, também chamados de leucócitos (do grego, *leukós* = = branco), são células sanguíneas envolvidas na defesa do organismo.

Essa atividade pode ser exercida por fagocitose ou por meio da produção de proteínas de defesa, os anticorpos.

Costuma-se classificar os glóbulos brancos de acordo com a presença ou ausência, em seu citoplasma, de grânulos específicos na forma e no tamanho e, também, pela afinidade que possuem a determinados corantes.

Assim, os glóbulos brancos são classificados em: **granulócitos**, os que possuem granulações específicas, e **agranulócitos**, os que não contêm granulações específicas no seu citoplasma, podendo ter outras granulações, inespecíficas, comuns a qualquer célula (veja a Tabela 14-1).

> *Anote!*
> A quantidade média de leucócitos em um indivíduo normal varia de 6.000 a 10.000 por mm^3 de sangue.

Tabela 14-1. Classificação e tipos de glóbulos brancos.

Glóbulos brancos		Características	Função
GRANULÓCITOS	Neutrófilo	Célula com diâmetro entre 10 e 14 µm; núcleo pouco volumoso, contendo de 2 a 5 lóbulos, ligados por pontes cromatínicas. Cerca de 55% a 65% do total dos glóbulos brancos.	Atuam ativamente na fagocitose de microrganismos invasores, a partir da emissão de pseudópodes. Constituem a primeira linha de defesa do sangue.
	Eosinófilo	Célula com diâmetro entre 10 e 14 µm; núcleo contendo dois lóbulos. Cerca de 2% a 3% do total de leucócitos.	Células fagocitárias. Atuação em doenças alérgicas. Abundantes na defesa contra diversos parasitas.
AGRANULÓCITOS	Basófilo	Célula com diâmetro que varia entre 10 e 14 µm. Núcleo volumoso, com forma de letra S. Cerca de 0,5% do total de glóbulos brancos.	Acredita-se que atuem em processos alérgicos, a exemplo dos mastócitos.
	Linfócito	Célula com diâmetro que varia de 8 a 10 µm. Dois tipos básicos: B e T. Núcleo esférico. Cerca de 25% a 35% do total de leucócitos.	Responsáveis pela defesa imunitária do organismo. Linfócitos B diferenciam-se em plasmócitos, as células produtoras de anticorpos. Linfócitos T amadurecem no timo, uma glândula localizada no tórax.
	Monócito	Célula com diâmetro entre 15 e 20 µm. Núcleo em forma de rim ou de ferradura. Cerca de 3% a 10% do total de glóbulos brancos.	Acredita-se que atravessem as paredes dos capilares sanguíneos e, nos tecidos, diferenciam-se em macrófagos ou osteoclastos, células especializadas em fagocitose.

Tecido conjuntivo II: tecidos cartilaginoso, ósseo e sanguíneo

De olho no assunto!

Os linfócitos

Certos linfócitos, antes de irem para a circulação sanguínea periférica, passam por um estágio de maturação e multiplicação na glândula timo. São os linfócitos T. Outros não passam por essa glândula, indo diretamente para a circulação periférica sanguínea e linfática (baço, amígdalas etc.). São os linfócitos B. Veja a Figura 14-7.

Os linfócitos B transformam-se em plasmócitos, que são as células produtoras de anticorpos. Os linfócitos T controlam as várias células do sistema imunitário, incluindo os linfócitos B e os macrófagos. Outra categoria de linfócitos, os *matadores*, destroem células portadoras de microrganismos invasores.

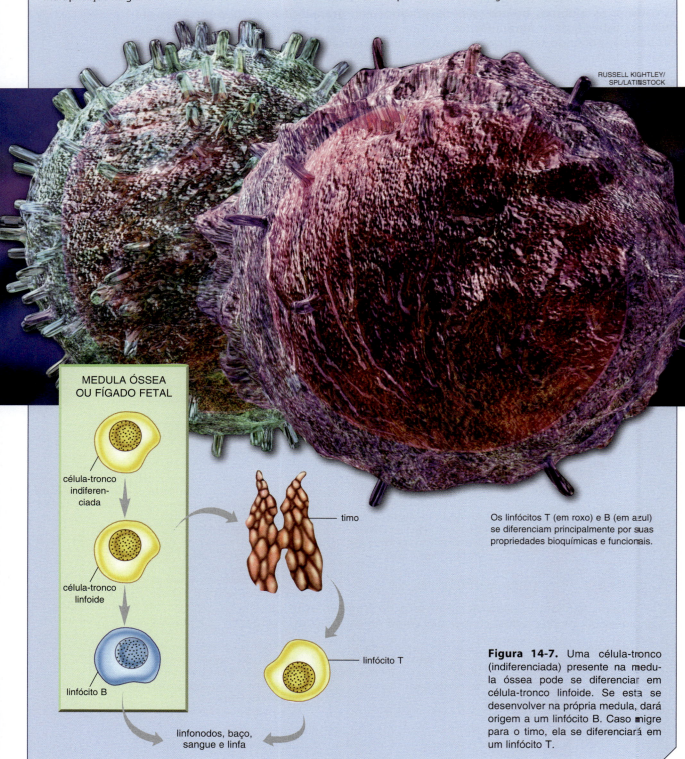

Figura 14-7. Uma célula-tronco (indiferenciada) presente na medula óssea pode se diferenciar em célula-tronco linfoide. Se esta se desenvolver na própria medula, dará origem a um linfócito B. Caso migre para o timo, ela se diferenciará em um linfócito T.

Os linfócitos T (em roxo) e B (em azul) se diferenciam principalmente por suas propriedades bioquímicas e funcionais.

De olho no assunto!

Células dendríticas: a novidade imunológica

Uma nova modalidade de glóbulo branco entra em cena na luta do nosso sistema imunológico contra antígenos invasores. Trata-se das *células dendríticas*, assim chamadas por possuírem prolongamentos que lembram os dendritos das células nervosas. São pouco numerosas – apenas 0,2% do total de glóbulos brancos – e também provenientes da medula óssea. Encontram-se espalhadas por muitos tecidos – particularmente na pele e nas membranas mucosas.

Seu modo de ação consiste em fagocitar as partículas invasoras (entre elas vírus e bactérias) e digeri-las em vacúolos digestivos. Pequenos fragmentos resultantes da digestão, e que correspondem a antígenos, são transportados para o lado externo da membrana plasmática dessas células e ali permanecem expostos. A seguir, as células dendríticas circulam pelo organismo e entram em contato com *linfócitos T auxiliadores* e "mostram" a eles os antígenos expostos. Os linfócitos T, devidamente estimulados, entram em contato com linfócitos B, que, transformando-se em plasmócitos, produzirão os anticorpos necessários para o combate aos invasores. Outro tipo de linfócito, os *matadores*, também entra em contato com as células dendríticas e com os linfócitos T e promove a destruição de células portadoras de microrganismos. A esperança dos pesquisadores é utilizar futuramente as células dendríticas para o tratamento de outras moléstias, tais como a AIDS e o câncer.

Fontes: Inside the Professionals. *Nature*, London, n. 418, p. 923, 29 Aug. 2002. The Long Arm of the Immune System. *Scientific American*, USA, p. 34, Nov. 2002.

Tecnologia & Cotidiano

Como nosso organismo se defende de uma infecção viral

Você já parou para se perguntar como é que seu organismo se cura de uma gripe?

O trabalho de defesa contra uma infecção viral fica a cargo das nossas células de defesa, das quais três são as mais importantes: macrófagos, linfócitos T (auxiliadores) e linfócitos B.

De início, assim que os vírus da gripe entram em você, a partir de gotículas do espirro de alguém gripado, por exemplo, eles invadem células do seu sistema respiratório. Lá, multiplicam-se e "arrebentam" as células, ficando livres para invadir mais células.

Nesse momento, "entram em cena" os macrófagos, uma espécie de tropa de choque de nosso sistema imunológico. Os macrófagos fagocitam os vírus e os destroem com o auxílio de enzimas lisossômicas.

A seguir, pedaços proteicos dos vírus são encaminhados para a membrana plasmática dos macrófagos, onde ficam expostos para reconhecimento pelos linfócitos T auxiliadores. Esses linfócitos entram em contato com as partículas virais apresentadas pelos macrófagos e "aprendem" as características dessa cobertura viral.

Os linfócitos T encontram-se, então, com os do tipo B e os informam das características dos vírus. Isso pode ser feito também a partir de linfocinas, substâncias mensageiras, produzidas pelos linfócitos T.

Esses mensageiros induzem os núcleos dos linfócitos B a ativar os genes que gerarão as ordens para a produção de anticorpos de combate aos vírus que estão circulando pelo seu organismo.

Havendo o encontro, os anticorpos inativam os vírus e o complexo formado é fagocitado por macrófagos, que terminam o trabalho, destruindo os complexos antígeno (vírus)/anticorpo.

Se algum vírus parecido com os que estavam no seu organismo voltar a invadi-lo nesse meio-tempo, haverá anticorpos ainda circulantes que efetuarão o seu papel.

E se a nova infecção ocorrer muito tempo depois, quando não há mais anticorpos? Ainda assim, a defesa será prontamente ativada. Nesse caso, não podemos esquecer que algumas células T e alguns linfócitos B permaneceram como células de memória. E, sempre que os mesmos tipos de vírus invadirem o seu organismo, a resposta ocorrerá prontamente.

No entanto, os vírus da gripe possuem elevada capacidade de mutação: novos vírus são formados e, portanto, novas proteínas externas terão de ser reconhecidas por suas células de defesa. O mecanismo de combate recomeça, até a execução final dos vírus.

É nesse sentido que são produzidas, atualmente, vacinas contra a gripe.

Alguns laboratórios lançam, periodicamente, no mercado, vacinas contra os tipos mais comuns de vírus da gripe. Como os vírus mutam com frequência, também as vacinas precisam ser constantemente atualizadas, contendo os vírus mais comuns no momento. Isso ajuda a manter o bem-estar de milhões de pessoas no mundo todo que, de outro modo, perderiam vários dias de trabalho, faltariam às aulas, deixariam de participar de competições esportivas e de outras atividades.

Plaquetas: atuam na coagulação do sangue

Plaquetas são restos celulares originados da fragmentação de células gigantes da medula óssea, conhecidas como *megacariócitos*. Possuem substâncias ativas no processo de coagulação sanguínea, sendo, por isso, também conhecidas como *trombócitos* (do grego *thrómbos* = coágulo), que impedem a ocorrência de hemorragias.

> *Anote!*
> A quantidade normal de plaquetas oscila entre 150.000 e 300.000 por mm^3 de sangue.

Coagulação: Um Bloqueio à Fuga do Sangue

Todos nós já tivemos algum dia pequenos cortes que sangraram e percebemos que, após o ferimento, o sangramento foi diminuindo até cessar completamente. Sobre ele formou-se a conhecida "casquinha".

Tecido conjuntivo II: tecidos cartilaginoso, ósseo e sanguíneo **307**

Anote!

Nos bancos de sangue, após coleta, o sangue é colocado em frascos contendo substâncias que impedem sua coagulação. Uma das medidas é a utilização de agentes descalcificantes (oxalato ou citrato de sódio), além da própria heparina, liberada por mastócitos.

De fato, depois do rompimento de um vaso, suas paredes se contraem, reduzindo o calibre do vaso e diminuindo o sangramento. Ao mesmo tempo, plaquetas aderem umas às outras e às fibras de colágeno do vaso rompido e formam um "tampão temporário". As plaquetas liberam, então, **tromboplastina**, uma *enzima* que é ativada por íons Ca^{++} e que catalisa a conversão da **protrombina** (proteína produzida no fígado) em **trombina**.

A trombina participa da conversão de uma proteína sanguínea solúvel, o **fibrinogênio** (também produzida no fígado), em uma rede insolúvel da proteína **fibrina**, conduzindo à formação do coágulo.

Para esse processo ocorrer, é importante a participação dos chamados "fatores de coagulação" (entre eles os fatores VIII e IX) e da vitamina K, produzida por bactérias que vivem em nosso intestino.

A coagulação, portanto, pode ser comparada a uma verdadeira "linha de montagem", com a participação de diversas "peças" em uma reação em cadeia, cujo resultado final é a produção de fibrina e a parada do sangramento. Veja a Figura 14-8.

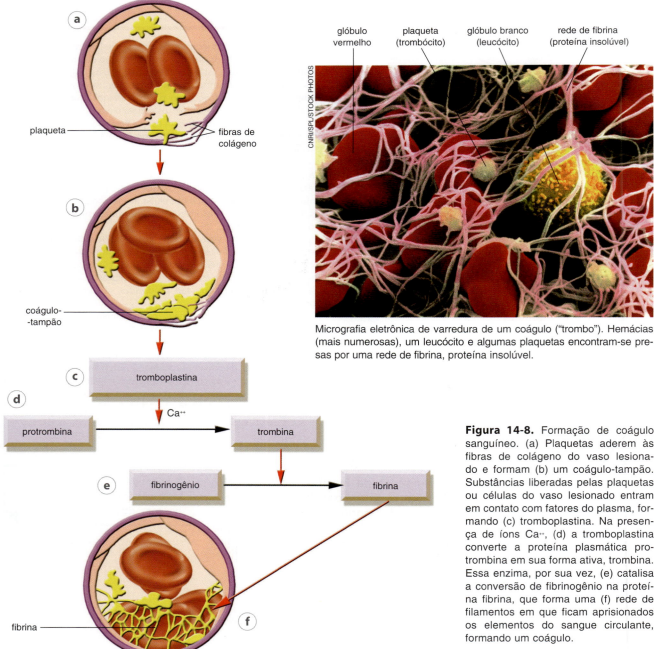

Micrografia eletrônica de varredura de um coágulo ("trombo"). Hemácias (mais numerosas), um leucócito e algumas plaquetas encontram-se presas por uma rede de fibrina, proteína insolúvel.

Figura 14-8. Formação de coágulo sanguíneo. (a) Plaquetas aderem às fibras de colágeno do vaso lesionado e formam (b) um coágulo-tampão. Substâncias liberadas pelas plaquetas ou células do vaso lesionado entram em contato com fatores do plasma, formando (c) tromboplastina. Na presença de íons Ca^{++}, (d) a tromboplastina converte a proteína plasmática protrombina em sua forma ativa, trombina. Essa enzima, por sua vez, (e) catalisa a conversão de fibrinogênio na proteína fibrina, que forma uma (f) rede de filamentos em que ficam aprisionados os elementos do sangue circulante, formando um coágulo.

Os Órgãos Hemocitopoéticos e a Renovação das Células do Sangue

A renovação das células sanguíneas (hematopoese ou hematopoiese) é uma atividade constante no organismo de todo ser humano. Isso ocorre porque elas têm curta duração e é preciso repô-las.

Essa atividade ocorre nos órgãos *hemocitopoéticos* (do grego, *haîma* = sangue, *kútos* = = célula e *poíesis* = fabricação), a partir de mitoses efetuadas por células-tronco ali existentes. As células formadas se diferenciam nas diversas linhagens sanguíneas e se dirigem ao sangue para exercer as funções a elas associadas (reveja a Figura 14-6).

No embrião, as primeiras células sanguíneas são produzidas no tecido mesodérmico existente no saco vitelínico. A seguir, o fígado e o baço passam a funcionar como órgãos hemocitopoéticos temporários, e a partir do segundo mês de vida intrauterina também passa a haver produção de células sanguíneas na medula óssea vermelha dos ossos em formação, entre eles a clavícula.

Após o nascimento e por toda a vida adulta, os elementos sanguíneos são produzidos por células-tronco da medula óssea vermelha. Antes de se dirigirem para o sangue, as células passam por vários estágios de maturação e diferenciação na medula óssea. Relembre que muitos linfócitos originados da medula óssea vermelha proliferam e passam por um processo de diferenciação em órgãos linfáticos – por exemplo, o timo – antes de exercerem a sua função.

Passo a passo

1. As fotos abaixo mostram detalhes dos três tipos de cartilagem encontrados no organismo humano. Observando-as e utilizando seus conhecimentos, responda:

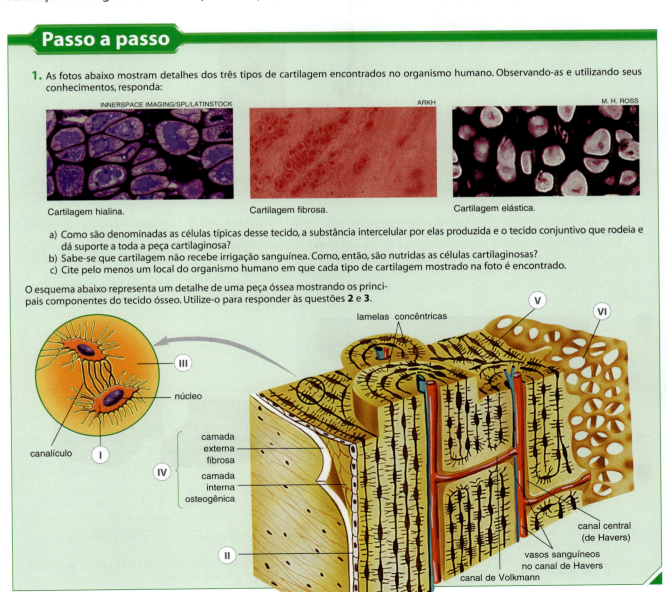

Cartilagem hialina. Cartilagem fibrosa. Cartilagem elástica.

   a) Como são denominadas as células típicas desse tecido, a substância intercelular por elas produzida e o tecido conjuntivo que rodeia e dá suporte a toda a peça cartilaginosa?
   b) Sabe-se que cartilagem não recebe irrigação sanguínea. Como, então, são nutridas as células cartilaginosas?
   c) Cite pelo menos um local do organismo humano em que cada tipo de cartilagem mostrado na foto é encontrado.

O esquema abaixo representa um detalhe de uma peça óssea mostrando os principais componentes do tecido ósseo. Utilize-o para responder às questões **2** e **3**.

2.
a) Reconheça o que está indicado nos números I a VI.
b) O esquema mostra duas das células normalmente encontradas nesse tecido. Uma terceira célula, no entanto, não está representada. Qual é essa célula e qual seu papel no tecido ósseo?

3.
a) Na camada mais interna da região indicada em IV localizam-se células denominadas de osteogênicas, indicadas pelo número II. Por que razão essas células são assim denominadas?
b) A camada indicada em VI possui importante função relacionada a outro importante tecido componente do organismo humano. Qual é essa função?

A ilustração a seguir representa um osso longo e detalhes dos principais componentes associados a esse órgão. Utilize-a, com os seus conhecimentos sobre o assunto, para responder às questões **4, 5** e **6**.

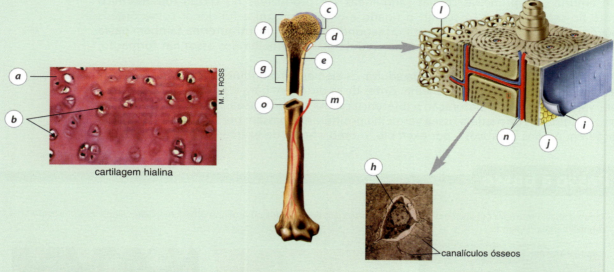

cartilagem hialina

canalículos ósseos

4.
a) Reconheça o que está indicado nas letras *a, b, c* e *h*.
b) Reconheça e cite as funções desempenhadas, respectivamente, pelas estruturas indicadas em *i* e *j*.

5.
a) Reconheça as regiões do osso longo indicadas em *d, e, f* e *g*.
b) A letra *o* indica a ocorrência de uma possível fratura no osso longo. No caso de ocorrer tal situação, que células serão responsáveis pela reabsorção de tecido ósseo fragmentado e pela formação de mais tecido ósseo regenerador na região da fratura, respectivamente?

6.
a) A letra *l* indica uma região óssea que desempenha uma importante função. Qual a denominação dada a essa região, que tipo de osso a constitui (osso compacto ou osso esponjoso) e qual sua importante função?
b) Em ocasiões de atividades esportivas intensas, um jogo de futebol, por exemplo, há choques às vezes violentos entre os competidores, com a possível ocorrência de fraturas. Nesses casos, costuma-se dizer que as fraturas ósseas são seguidas de hemorragias. Justifique essa afirmação, reconhecendo, antes, as estruturas indicadas em *m* e *n*.

A foto e o gráfico mostram a composição básica e as quantidades aproximadas dos componentes do sangue humano. Utilize-os para responder à questão **7**.

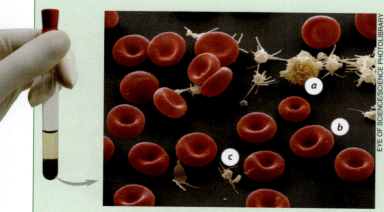
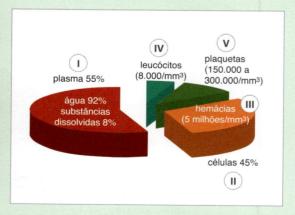

7.
a) O gráfico relaciona os dois componentes do sangue e sua porcentagem relativa, indicados em I e II. Reconheça esses dois componentes e cite a denominação genérica dada a eles.
b) Na foto, reconheça os elementos indicados em *a, b* e *c*, relacionando-os, respectivamente, aos números III a V, no gráfico que mostra as quantidades relativas desses elementos por mm³ de sangue.

310 BIOLOGIA 1 • 4.ª edição

O esquema abaixo é uma representação dos elementos celulares, ou figurados, do sangue humano. Utilize-o, juntamente com os seus conhecimentos sobre o assunto, para responder às questões **8** a **10**.

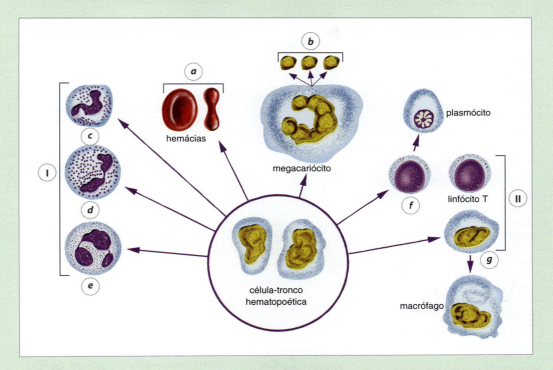

8. a) Células anucleadas, do tipo das esquematizadas em *a*, exercem importante função no organismo humano. Reconheça-as e cite sua função. Cite a proteína existente no interior dessas células, relacionada a essa função.
b) Fragmentos celulares, representados em *b*, originados de megacariócitos, conforme mostrado no esquema, atuam em um importante processo que evita a ocorrência de hemorragias, bem como na produção de partículas que podem obstruir vasos sanguíneos de pequeno calibre. Reconheça-os e cite o mecanismo em que atuam em ocasiões de ferimentos. Cite a proteína por eles liberada e a proteína resultante ao final do processo em questão.

9. a) Em I está esquematizado o grupo de células denominadas de granulócitos. Explique o significado desse termo e reconheça as células indicadas em *c*, *d* e *e*. A que categoria de células sanguíneas esse grupo pertence?
b) Em II está esquematizado o grupo de células denominadas de agranulócitos. Explique o significado desse termo e reconheça as células indicadas em *f* e *g*. A que categoria de células sanguíneas esse grupo pertence?
c) Qual será o destino do macrófago e do plasmócito esquematizados?

10. Considere a frase a seguir para responder aos itens desta questão: "A renovação das células sanguíneas é uma atividade constante no organismo de todo ser humano adulto".
a) Justifique, em poucas palavras, a atividade constante de renovação de células sanguíneas no ser humano adulto.
b) Que órgão é responsável pela produção de novas células sanguíneas no ser humano adulto? Nesse órgão, em que região as células sanguíneas são produzidas?

c) A partir de quais células, nesse órgão do ser humano adulto, são produzidas novas células sanguíneas? Por meio de qual modalidade de divisão celular ocorre a produção de novas células sanguíneas no ser humano adulto?

11. *Questão de interpretação de texto*

Cutucar ferida atrapalha a cura?

Sim, cutucar pode expor o machucado a infecções. Mas não remover a casca (crosta) da ferida também atrapalha, afirma o médico Antonio Carlos Lopes, clínico geral da Unifesp, Escola Paulista de Medicina (SP). Em ferimentos grandes, a crosta deve ser removida por médicos, para oxigenar o corte. Nos pequenos, passe creme hidratante para amolecer a casca e espere que ela caia naturalmente.

Fonte: Dúvidas cruéis.
Folha de S.Paulo, São Paulo, 14 ago. 2011.
Caderno Saúde, p. C12.

a) A casca de uma ferida na pele é produzida com a participação de fragmentos de células sanguíneas que atuam em importante processo. Quais são os fragmentos celulares e qual o processo no qual atuam? Que substância é produzida para estancar a perda sanguínea e elaborar a casca (crosta) protetora?
b) Após o ferimento na pele e a elaboração da casca (crosta) protetora, podem atuar células normalmente presentes na derme associada à pele e que contribuem para evitar a ocorrência de infecções. Quais são essas células e como atuam na "limpeza" de microrganismos e restos de tecidos formados?

Tecido conjuntivo II: tecidos cartilaginoso, ósseo e sanguíneo **311**

Questões objetivas

1. (UFAL) Os tecidos são unidades cooperativas de células similares que desempenham uma função específica. Considere as afirmações a seguir sobre diferentes tipos de tecido.

  I – O tecido cartilaginoso é muito vascularizado e pouco flexível.
  II – O tecido sanguíneo é formado por células e plasma.
  III – O tecido epitelial cobre a superfície do corpo e dos órgãos internos.
  IV – O músculo esquelético é composto de fibras musculares lisas e estriadas.

Está correto o que é afirmado SOMENTE em
a) I e II.
b) I e IV.
c) II e III.
d) I, III e IV.
e) II, III e IV.

2. (PUC – PR) Associe o tipo de tecido animal à sua correlação:

1) tecido ósseo compacto
2) tecido ósseo esponjoso
3) cartilagem hialina
4) cartilagem elástica
5) cartilagem fibrosa

( ) Ocorre nos pontos de ligação do tendão do osso.
( ) É formado por sistemas organizados.
( ) Ocorre na epiglote e no pavilhão auditivo.
( ) É formada por trabéculos.
( ) Constitui o primeiro esqueleto fetal.

Assinale a sequência correta:
a) 4; 2; 3; 1; 5.
b) 5; 3; 2; 1; 4.
c) 5; 1; 4; 2; 3.
d) 5; 4; 1; 3; 2.

3. (UEL – PR) Osteogênese é o termo que define a formação dos ossos. Este processo ocorre devido à transformação do tecido conjuntivo, rico em matriz extracelular orgânica, em um tecido abundante em matriz inorgânica. Com base nos conhecimentos sobre a formação dos ossos, considere as afirmativas a seguir:

  I – A matriz extracelular glicoproteica é a responsável pela retenção de sais de cálcio trazidos pelos capilares sanguíneos durante o processo de formação dos ossos.
  II – Os ossos longos e curtos são formados a partir do processo de ossificação intramembranosa, enquanto os ossos chatos são resultantes da ossificação endocondral.
  III – Osteoblastos são células do tecido ósseo reconhecidas por terem livre movimentação e metabolismo ativo, ao contrário dos osteócitos, que permanecem presos ao tecido calcificado.
  IV – Na organogênese, os ossos funcionam como um molde para a produção dos tecidos cartilaginosos e conjuntivos relacionados, como os discos invertebrais e tendões.

Assinale a alternativa correta.
a) Somente as afirmativas I e II são corretas.
b) Somente as afirmativas I e III são corretas.
c) Somente as afirmativas III e IV são corretas.
d) Somente as afirmativas I, II e IV são corretas.
e) Somente as afirmativas II, III e IV são corretas.

4. (UFPE) O desenho representa algumas variedades de *tecido conjuntivo*. Analise as proposições abaixo sobre a organização desses tecidos.

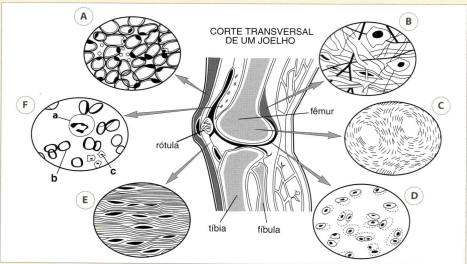

Assinale, na coluna I, as afirmativas verdadeiras e, na coluna II, as falsas.

I	II	
0	0	O tecido representado pela figura "**E**" é predominantemente constituído por fibroblastos e fibras colágenas que se apresentam organizadas em feixes compactos e paralelos, constituindo o tecido conjuntivo denso modelado, encontrado nos tendões, altamente resistente à tração e que promove a ligação entre os músculos esqueléticos e os ossos.
1	1	Os osteócitos, células jovens do tecido ósseo – figura "**C**" –, dotados de expansões citoplasmáticas ou canalículos, formam camadas concêntricas em torno dos canais de Havers por onde passam vasos sanguíneos. Essa organização é chamada de sistema de Havers e permite a nutrição e oxigenação do tecido ósseo.
2	2	Os elementos **a**, **b**, **c** da figura "**F**" são, respectivamente, glóbulos brancos (leucócitos), hemácias e plaquetas, elementos inicialmente produzidos pela medula óssea vermelha; esta, por sua vez, é substituída, nos adultos, pela medula óssea amarela que acumula gordura e promove a maturação dos linfócitos.
3	3	Osteócitos, osteoblastos e osteoclastos formam o tecido ósseo – figura "**D**" – composto de uma matriz intercelular constituída por substâncias inorgânicas, como o fosfato de cálcio, que confere rigidez ao osso, e por substâncias orgânicas, tais como o colágeno, que lhe dá certa flexibilidade.
4	4	Tecido adiposo, figura "**A**", consiste numa variedade de tecido conjuntivo onde há o predomínio de células adiposas, especializadas em armazenar gorduras neutras que servem de depósito de energia, proteção contra traumas mecânicos e isolante térmico.

5. (UNICAMP – SP) A osteoporose, principal causa de quedas entre idosos, é resultado da perda gradual da densidade da matriz óssea, que é remodelada por osteoblastos e osteoclastos. Segundo os especialistas, a prevenção contra a osteoporose deve começar na infância, com alimentação rica em cálcio e em vitamina D, exposição diária ao sol e exercícios físicos. Sobre os vários fatores envolvidos na formação do osso, é correto afirmar que:

a) A fixação do cálcio no tecido ósseo depende da presença de vitamina D, cuja síntese é diminuída em indivíduos que têm o hábito de tomar sol.
b) O excesso de vitamina C pode levar à diminuição da densidade óssea, pois essa vitamina causa degradação das moléculas de colágeno.
c) Os osteoblastos e os osteoclastos são células responsáveis, respectivamente, pela captura de cálcio e pela absorção de vitamina D.
d) Os osteoblastos e os osteoclastos são células responsáveis, respectivamente, pela produção e pela degradação de componentes da matriz óssea.

6. (UFRGS – RS) Em uma partida de futebol, um jogador fraturou o fêmur.

Considere os seguintes eventos, relacionados à recuperação da zona de lesão desse jogador.

1 – preenchimento por proliferação do periósteo
2 – remoção de células mortas e de restos de matriz óssea, por fagocitose
3 – ossificação do tecido regenerado
4 – formação de calo ósseo com tecido ósseo primário

A ordem em que esses eventos ocorrem no processo de regeneração do tecido ósseo é

a) 1 – 3 – 4 – 2.
b) 2 – 1 – 3 – 4.
c) 3 – 2 – 1 – 4.
d) 4 – 1 – 3 – 2.
e) 3 – 4 – 2 – 1.

7. (UFJF – MG – adaptada) Os tecidos conjuntivos originam-se do mesoderma e caracterizam-se por apresentarem diversos tipos de células imersas em grande quantidade de material extracelular. Observe a figura abaixo, que ilustra diferentes tipos de tecidos conjuntivos, e analise as afirmativas.

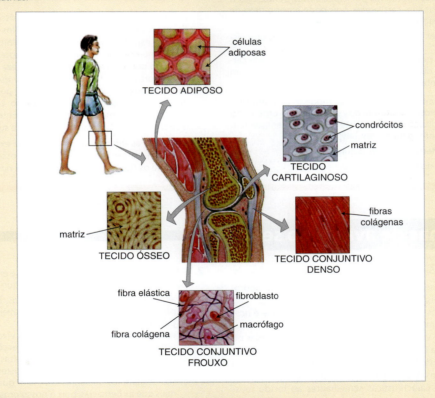

I – O tecido cartilaginoso é muito vascularizado e transforma-se em tecido ósseo.
II – O tecido conjuntivo denso forma feixes resistentes de fibras que unem os músculos aos ossos.
III – O tecido conjuntivo frouxo preenche espaços não ocupados por outros tecidos.
IV – O tecido ósseo, por não apresentar inervação e vasos sanguíneos, não se regenera.
V – O tecido adiposo exerce funções de reserva de energia e isolamento térmico.

Assinale a opção que apresenta somente afirmativas CORRETAS.

a) I, II e III.   b) I, IV e V.   c) II, III e IV.   d) II, III e V.   e) III, IV e V.

8. (UECE) O sangue pode ser considerado um tecido conjuntivo, pois

a) apresenta células dispostas em forma de fibra, com vários núcleos por célula, sendo a mioglobina que lhe dá a coloração avermelhada.
b) apresenta células separadas por grande quantidade de matriz extracelular, denominada plasma.
c) é veículo dos hormônios e a sede das glândulas endócrinas.
d) possui plaquetas envolvidas na sua coagulação, plaquetas estas resultantes da fragmentação de astrócitos.

Tecido conjuntivo II: tecidos cartilaginoso, ósseo e sanguíneo

9. (CESGRANRIO – RJ) Encontram-se arroladas a seguir algumas propriedades, características ou funções dos elementos figurados do sangue humano. Associe um número a cada uma, utilizando o seguinte código:

1. referente a hemácias
2. referente a leucócitos
3. referente a plaquetas

( ) transporte de oxigênio
( ) defesa fagocitária e imunitária
( ) coagulação do sangue
( ) riqueza em hemoglobina
( ) capacidade de atravessar a parede dos capilares intactos para atingir uma região infectada do organismo

Escolha, dentre as seguintes possibilidades, a que contém a sequência numérica correta:

a) 1, 2, 3, 1, 2.
b) 2, 2, 3, 1, 1.
c) 3, 1, 3, 1, 2.
d) 1, 2, 2, 1, 3.
e) 1, 2, 3, 2, 3.

10. (PUC – SP) No processo de coagulação do sangue na espécie humana, a tromboplastina tem o seguinte papel:

a) junto com íons de cálcio, transforma o fribrinogênio em trombina.
b) junto com íons de cálcio, transforma a protrombina em trombina.
c) pela ação dos íons de cálcio, transforma-se em protrombina.
d) pela ação dos íons de cálcio, transforma-se em trombina.
e) pela ação das tromboquinases, transforma-se em trombina.

Questões dissertativas

1. (UFRN) Para fazer um *piercing* é necessário saber quais são os principais cuidados apontados por especialistas, dentre eles, o de optar por áreas sem cartilagens, pois pode haver o risco de infecções e formação de queloides. Considerando isto,

a) apresente duas funções do tecido cartilaginoso no organismo humano.
b) justifique, do ponto de vista da constituição do tecido cartilaginoso, as dificuldades para controlar uma infecção em locais que contenham cartilagens.

2. (UDESC) Para montar um simulador de modelos anatômicos é necessário conhecer a anatomia dos seres vivos. O organismo humano é constituído de vários sistemas que desempenham funções importantes para a manutenção da vida.

A respeito do sistema esquelético humano, cite:

a) duas funções do sistema esquelético;

b) onde está localizada a medula óssea no organismo humano;
c) três células produzidas pela medula óssea.

3. (UFPR) A formação de um esqueleto ósseo deu-se ao longo do processo evolutivo das espécies. Nos dias de hoje, analisando a estrutura de sustentação dos corpos dos vertebrados, deparamo-nos com organismos que apresentam o esqueleto formado por tecidos de diferentes dureza e rigidez. Por exemplo, no organismo humano o primeiro esqueleto é de tecido cartilaginoso, o qual será substituído por tecido ósseo. Nos elasmobrânquios (raias e tubarões), o esqueleto é sempre cartilaginoso. Temos, assim, em diferentes espécies, tecidos diferentes desempenhando a função de sustentação.

A.1) Quais as diferenças entre a matriz extracelular do tecido cartilaginoso hialino e a do tecido ósseo?
A.2) Cite os tipos celulares encontrados nos referidos tecidos.

Programas de avaliação seriada

1. (PAVE – UFPel – RS) Analise as afirmativas abaixo sobre os ossos.

I – Podem apresentar diversas patologias, como a osteoporose e o raquitismo.
II – São formados por células e matriz extracelular, que é ricamente mineralizada, por isso o osso é duro.
III – Apresentam várias funções, como, por exemplo, alojar no seu interior a medula óssea e proteger a medula espinhal.
IV – Fazem parte do tecido conjuntivo, que tem como principal função a transmissão de impulsos elétricos.
V – Apresentam características semelhantes ao tecido muscular. Juntamente com o tecido estriado esquelético, eles permitem a movimentação do corpo.

Estão corretas somente as afirmativas

a) II, III, V.
b) I, II, III.
c) II, III, IV.
d) I, III, IV, V.
e) I, IV e V.
f) I.R.

2. (PAVE – UFPel – RS – adaptada) Com base em seus conhecimentos e no texto acima, é correto afirmar que os neutrófilos

a) assim como os eosinófilos, basófilos, linfócitos, hemácias, plaquetas e monócitos, são responsáveis pela defesa contra patógenos.
b) estão presentes em todos os seres vivos, pois sem eles os organismos seriam vulneráveis a infecções.
c) juntamente com as hemácias, plaquetas e o plasma, formam o sangue, que é transportado pelo sistema linfático.
d) são os glóbulos presentes em maior quantidade no sangue, mais que as hemácias, pois o nosso organismo está vivendo sob constante invasão de patógenos.
e) são células presentes no tecido hemocitopoiético, que é um tipo de tecido conjuntivo assim como o tecido ósseo, cartilaginoso e adiposo.
f) I.R.

3. (PASES – UFV – MG) Os leucócitos e os condrócitos são células encontradas nos tecidos:

a) adiposo e cartilaginoso.
b) ósseo e adiposo.
c) sanguíneo e ósseo.
d) sanguíneo e cartilaginoso.

Tecidos nervoso e muscular

Capítulo 15

A vida depende da ação dos músculos

Viver é mesmo uma ginástica. O coração se contorce para bombear o sangue que, por sua vez, corre o corpo inteiro. A respiração estica e encolhe os pulmões. O aparelho digestivo se dobra e desdobra com o alimento. Tudo na vida animal é movimento – músculos que se contraem, músculos que se estendem.

Graças a cerca de 650 músculos o homem pode, além de viver, ficar em pé, andar, dançar, falar, piscar os olhos, cair na gargalhada, prorromper em lágrimas, expressar no rosto suas emoções, escrever e ler este texto. Portanto, o desempenho da musculatura é muito mais forte que mera força bruta.

Ao ver o movimento dos músculos do corpo, os antigos talvez tivessem a impressão de que existiam ratinhos caminhando sob a pele, pois em latim *musculus* é o diminutivo de *mus*, ou camundongo.

Na verdade, o músculo é um feixe com milhões de fibras capazes de se contrair. São 78 por cento água, 20 por cento proteína, 1 por cento carboidrato e, ainda, em quantidades mínimas, sais minerais e gordura.

Disponível em: <http://super.abril.com.br/saude/maquina-eterno-movimento-438505.shtml>. *Acesso em:* 14 dez. 2011.

Neste capítulo, você vai conhecer os tecidos nervoso e muscular e aprender como as fibras musculares agem durante a realização dos muitos movimentos do nosso dia a dia.

▪ TECIDO NERVOSO

A maioria dos animais pluricelulares relaciona-se com o ambiente de forma dinâmica, recebe diferentes tipos de estímulo e elabora sofisticadas respostas. A percepção da luz, de variações de temperatura, de sons, de substâncias químicas, de variados tipos de toque, assim como a integração dos setores componentes do organismo pluricelular, ficam a cargo de um fascinante tecido de relação, o *tecido nervoso*.

O tipo celular responsável por essas atividades recebe o nome de **neurônio**, também conhecido como **célula nervosa**.

Neurônio: Condutor de Informação

O neurônio é uma célula ramificada, ao longo da qual ocorre a transmissão de informação, ou mensagem, na forma de uma corrente elétrica. De modo geral, possui três partes: **dendritos**, **corpo celular** e **axônio** (veja a Figura 15-1).

Dendritos: funcionam como "antenas" captadoras de "sinais". Possuem grande superfície de recepção de estímulos que serão enviados ao corpo celular.

Corpo celular: setor de "manutenção". Centro de controle e síntese de diversos tipos de substâncias.

Axônio: "cabo" de transmissão de mensagens que correm pela membrana plasmática. Por ele transitam substâncias produzidas no corpo celular.

As ramificações do axônio fazem a conexão com outras células (nervosas, musculares ou glandulares).

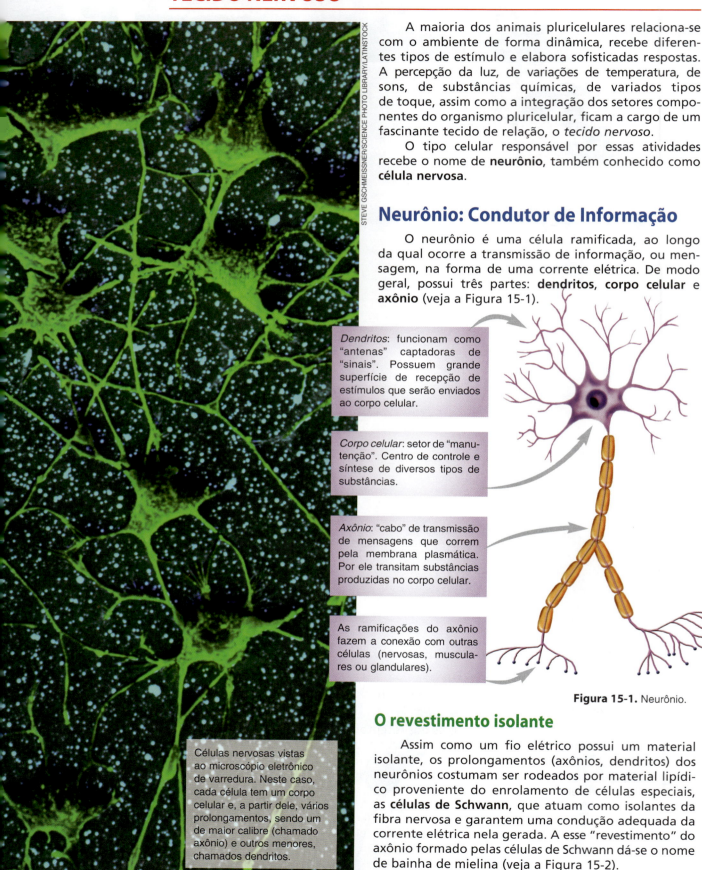

Figura 15-1. Neurônio.

Células nervosas vistas ao microscópio eletrônico de varredura. Neste caso, cada célula tem um corpo celular e, a partir dele, vários prolongamentos, sendo um de maior calibre (chamado axônio) e outros menores, chamados dendritos.

O revestimento isolante

Assim como um fio elétrico possui um material isolante, os prolongamentos (axônios, dendritos) dos neurônios costumam ser rodeados por material lipídico proveniente do enrolamento de células especiais, as **células de Schwann**, que atuam como isolantes da fibra nervosa e garantem uma condução adequada da corrente elétrica nela gerada. A esse "revestimento" do axônio formado pelas células de Schwann dá-se o nome de bainha de mielina (veja a Figura 15-2).

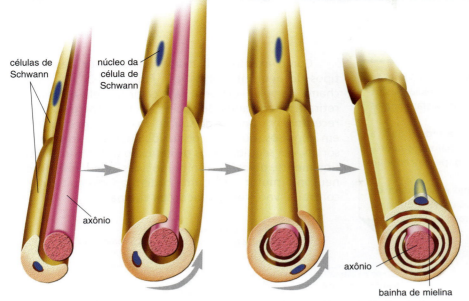

Figura 15-2. Células de Schwann e o isolamento de um axônio.

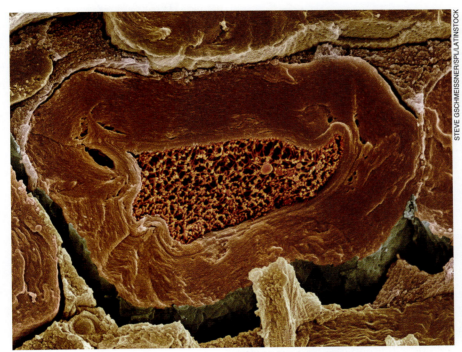

Microscopia eletrônica de varredura de uma secção transversal de célula nervosa. O axônio (região central, em vermelho) está envolvido por uma camada de mielina (em marrom), substância que, além de isolar a célula nervosa, aumenta a velocidade de transmissão dos impulsos nervosos.

Um Trabalho em Conjunto

Nenhum outro tecido ilustra tão bem o conceito de trabalho em equipe quanto o tecido nervoso. A transmissão de informação pelas células nervosas lembra uma verdadeira *corrida de revezamento*, em que um neurônio se conecta a outro, cada qual executando determinado papel no circuito por eles organizado. Assim, três tipos de neurônio podem ser reconhecidos com relação à atividade que desempenham:

- **neurônios sensoriais:** transmitem impulsos dos receptores sensoriais (nos órgãos dos sentidos) aos outros neurônios do percurso;
- **neurônios de associação (ou interneurônios):** situados nas partes centrais do sistema nervoso, recebem a mensagem dos neurônios sensoriais, processam-na e transferem um comando para as células nervosas seguintes do circuito. Alguns circuitos nervosos podem não ter esse tipo de neurônio;
- **neurônios efetores (ou motores):** são os que transmitem a mensagem para as células efetuadoras de resposta, isto é, células musculares ou glandulares que respondem por meio de contração ou secreção, respectivamente. No homem, por exemplo, há cerca de 3 milhões de neurônios motores.

Anote!
Os receptores sensoriais (células nervosas modificadas) encontram-se nos chamados órgãos sensoriais, cada qual com grande quantidade de células receptoras: por exemplo, 100 milhões na retina, 20.000 no ouvido etc. A percepção dos estímulos fica a cargo desses receptores, que os repassam para os neurônios sensoriais.

Tecidos nervoso e muscular **317**

Anote!

O trabalho do neurônio envolve grande consumo de energia, que deve ser obtida na respiração celular. Assim, é de esperar que em cada célula nervosa existam muitas mitocôndrias.

O diâmetro médio de um axônio é da ordem de 1 a 20 μm, podendo chegar a 1 mm nos chamados neurônios gigantes da lula (animal marinho, pertencente ao grupo dos moluscos).

O comprimento médio de um axônio é da ordem de dezenas de μm, chegando a 4 metros em neurônios de girafas, alguns dos quais vão do pescoço à pata.

Como exemplo do trabalho conjunto desses três tipos de neurônio, observe a Figura 15-3. Ao tocar a chama da vela, você sentirá o calor por ela emanado e retirará o dedo antes de queimá-lo. Isso ocorre porque os *receptores sensoriais* de sua pele convertem o *estímulo* em *impulsos*, que são conduzidos pelos neurônios sensoriais, em seguida pelos de conexão (interneurônios) e, finalmente, pelos neurônios motores. Imediatamente, o neurônio motor envia uma ordem ao músculo, que se contrai. E você retira o dedo da chama.

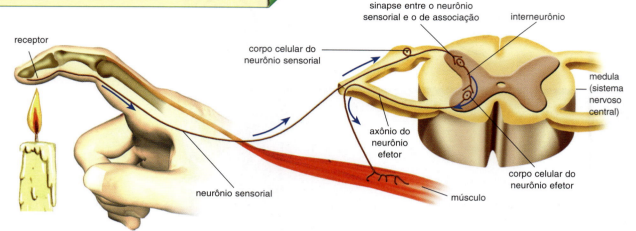

Figura 15-3. Integração dos neurônios sensorial, de associação e motor. Os três são componentes do que se denomina de arco reflexo.

Sinapse: a comunicação entre os neurônios

A passagem da informação, isto é, a propagação de um *impulso nervoso* em um neurônio, sempre se dá no sentido *dendrito → corpo celular → axônio*, qualquer que seja o tipo de neurônio.

Porém, como se dá a transmissão da mensagem de um neurônio para outro? Isso ocorre em uma área de contato de uma terminação de axônio com um dendrito ou com o próprio corpo celular e, às vezes, até com o axônio do neurônio seguinte. Essa região de contato é chamada de **sinapse** (veja a Figura 15-4).

Na verdade, na região da sinapse não há um contato íntimo entre as células. Fica um espaço da ordem de 20 nanômetros entre uma e outra. Substâncias químicas liberadas pelo axônio, que atuam como "transportadoras" da mensagem proveniente dele, ligam-se à membrana plasmática do neurônio seguinte e, assim, transferem-lhe a informação.

Anote!

Acetilcolina e noradrenalina são dois tipos de substâncias liberadas na sinapse. Por isso, são chamadas de *mediadores químicos* ou *neurotransmissores*.

De olho no assunto!

Nicotina e outras drogas

As substâncias "transportadoras" de mensagem, os neurotransmissores, atuam em conjunto com algumas estruturas das membranas das células nervosas. Auxiliam no transporte desses neurotransmissores *proteínas transportadoras* presentes na membrana da célula nervosa pré-sináptica e *receptores de membrana* da célula pós-sináptica. Entre as duas membranas, encontra-se o pequeno espaço da sinapse (fenda sináptica) em que é liberado o neurotransmissor. Logo que este "envia a mensagem", é decomposto pela ação de uma enzima e, em condições normais, as proteínas transportadoras da célula pré-sináptica rapidamente conduzem suas moléculas precursoras de volta à célula que o liberou (o reabsorvem).

Quando uma molécula de droga, e a nicotina é uma droga, penetra no organismo, ela se liga à proteína transportadora da célula pré-sináptica e lá permanece por um tempo, bloqueando a reabsorção das moléculas precursoras do neurotransmissor, retardando, assim, sua decomposição e levando ao acúmulo dessa substância na fenda sináptica. Em função desse acúmulo de substância, os receptores da célula pós-sináptica ficam superestimulados. Nosso sistema nervoso se adapta ao aumento de neurotransmissores, alterando o número de receptores na membrana da célula que recebe a mensagem. O resultado é a dependência química.

Quando a droga finalmente é removida das proteínas transportadoras, ocorre a decomposição e a reabsorção do neurotransmissor acumulado, mas permanece a alteração nos receptores na membrana, o que compromete sua sensibilidade.

Se a droga for permanentemente eliminada, nosso sistema nervoso poderá, mas sem garantia absoluta, se ajustar outra vez e restabelecer a quantidade de receptores inicial.

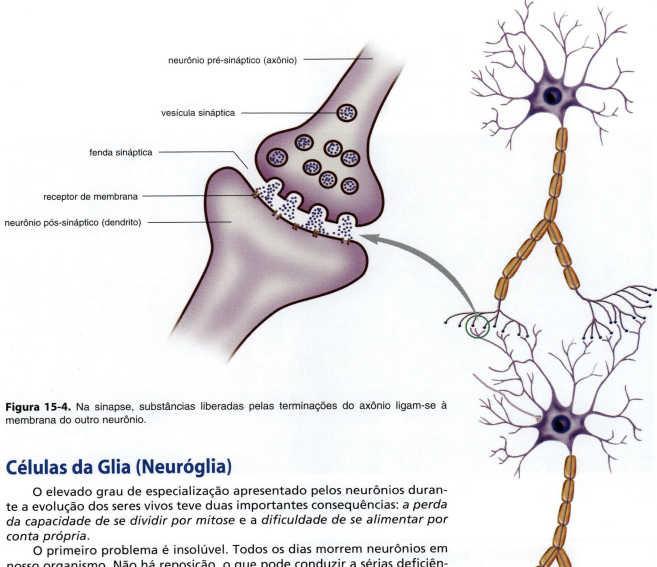

Figura 15-4. Na sinapse, substâncias liberadas pelas terminações do axônio ligam-se à membrana do outro neurônio.

Células da Glia (Neuróglia)

O elevado grau de especialização apresentado pelos neurônios durante a evolução dos seres vivos teve duas importantes consequências: *a perda da capacidade de se dividir por mitose* e a *dificuldade de se alimentar por conta própria*.

O primeiro problema é insolúvel. Todos os dias morrem neurônios em nosso organismo. Não há reposição, o que pode conduzir a sérias deficiências ao longo da nossa vida.

Com relação ao segundo problema, a solução foi altamente engenhosa. Existem células conjuntivas especiais, associadas ao tecido nervoso, com diferentes funções, sendo uma delas a de abastecer continuamente de nutrientes as células nervosas.

Essas células, que, além dos neurônios, também fazem parte do tecido nervoso, são componentes da **neuróglia** ou **glia**. Diferentemente dos neurônios, as células da neuróglia podem se dividir. Em ocasiões de traumatismos, em que muitos neurônios morrem, o espaço deixado por eles é ocupado por células neurogliais. Certos tumores são, também, originados por células desse componente do tecido nervoso.

Considera-se que a neuróglia seja a responsável pela sustentação do tecido nervoso. Suas principais células são:

- **micróglias:** pequenas células que exercem papel de macrófagos, fagocitando restos celulares mortos e microrganismos que invadem o tecido nervoso;
- **oligodendrócitos:** células que revestem neurônios do SNC com uma bainha de mielina semelhante à da célula de Schwann. São abundantes, especialmente na substância branca do cérebro;
- **células de Schwann:** assim como os oligodendrócitos, revestem os axônios. A diferença entre eles é que os prolongamentos dos oligodendrócitos podem envolver diversos axônios, enquanto cada célula de Schwann reveste um trecho de apenas um axônio;

Anote!
Estima-se que no cérebro humano existam cerca de 86 bilhões de neurônios e um número equivalente de células gliais.

- **astrócitos:** as mais abundantes células do cérebro, são responsáveis pela nutrição dos neurônios. Prolongamentos dessas células ligam-se a capilares sanguíneos, de onde retiram os nutrientes que serão transferidos para os neurônios. Recentemente, descobriu-se que os astrócitos parecem induzir a proliferação de células-tronco do sistema nervoso, estimulando-as a se transformarem em novos neurônios, bem como em outras células da neuróglia. Estão intimamente associados a sinapses e atuam nas etapas fundamentais de sua organização.

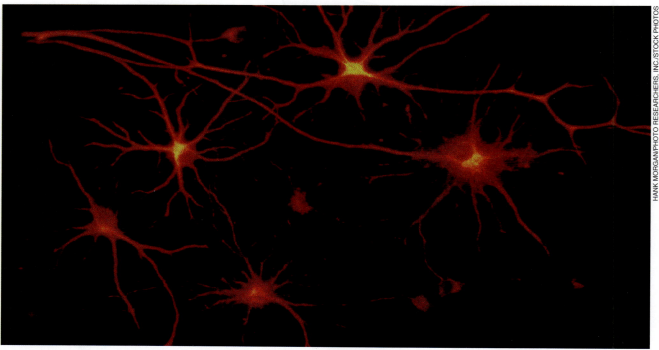

Astrócitos do tecido nervoso do encéfalo humano, mostrando sua forma estrelada (em vermelho) com um núcleo ao centro (em amarelo). São um dos tipos celulares da glia, com importante papel na nutrição dos neurônios.

De olho no assunto!

Micróglia: conjunto de células "lixeiras" do sistema nervoso central

Células da micróglia são móveis e dotadas de características imunitárias. Atuam como "lixeiras" e exercem o papel de macrófagos, fagocitando restos celulares mortos ou de microrganismos, em ocasiões de danos causados por lesões ou doenças. Trabalho recente demonstra que essas células agem também "desbastando" sinapses durante a maturação cerebral, notadamente no hipocampo, região do sistema nervoso central (cerebral) relacionada à memória e ao aprendizado. Essa descoberta revela que essas células são fundamentais no estabelecimento de ligações físicas que favorecem o normal desenvolvimento sináptico entre neurônios cerebrais.

Fonte: RANSOHOFF, R. M.; STEVENS, B. How many cell types does it take to wire a brain? *Science*, Washington, v. 333, n. 6048, p. 1391, 9 Sept. 2011.

Como o Neurônio Trabalha?

Impulso nervoso: a passagem da corrente elétrica

Um dos fatos que mais têm chamado a atenção dos fisiologistas que trabalham com o sistema nervoso é a condução de impulsos pelos neurônios. Para que esta possa ser entendida, é preciso conhecer alguns dados relacionados com a estrutura da membrana celular do neurônio e sua carga elétrica.

Se dois microeletrodos ligados a um voltímetro forem colocados em um axônio, um em contato com a superfície externa da membrana plasmática e o outro em contato com o interior (hialoplasma) do mesmo axônio, será possível verificar que a agulha do instrumento move-se até o valor de, aproximadamente, -60 mV, evidenciando uma diferença de potencial (ddp) entre o exterior e o interior da membrana da célula nervosa (veja a Figura 15-5).

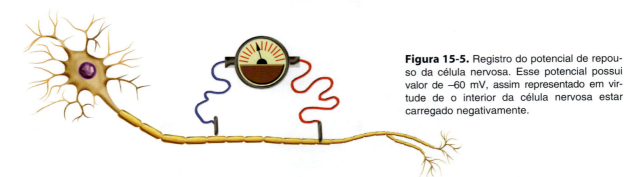

Figura 15-5. Registro do potencial de repouso da célula nervosa. Esse potencial possui valor de –60 mV, assim representado em virtude de o interior da célula nervosa estar carregado negativamente.

O potencial registrado representa o encontrado quando o neurônio, e por extensão o axônio, está em repouso e, por isso, dá-se a ele o nome de **potencial de repouso** ou **potencial de membrana**. A existência de tal potencial deve-se ao fato de o exterior da membrana celular estar intensamente carregado de cargas positivas: no estado de repouso, a membrana celular é pouco permeável aos íons Na^+, de modo que eles se acumulam na parte de fora da célula. Além disso, da retirada ativa de sódio pelas membranas (bomba de sódio), os íons Na^+ existentes no hialoplasma são constantemente enviados para fora da célula, aumentando ainda mais sua quantidade nesse local. Íons K^+ também estão presentes, mas, ao contrário dos Na^+, são livremente difusíveis pela membrana (também se dirigem para fora, embora fiquem mais concentrados no hialoplasma). Em virtude da menor quantidade de íons positivos, o interior da célula encontra-se carregado negativamente e essa negatividade também é aumentada pela existência de íons proteicos negativos.

Nessa situação, diz-se que o neurônio está **polarizado**, isto é, *carregado positivamente do lado de fora e negativamente do lado de dentro* (veja a Figura 15-6).

Anote!
Na superfície celular, é maior a concentração de Na^+ do que a de íons K^+. No interior, no entanto, inverte-se essa situação, sendo maior a concentração de K^+ do que a de Na^+.

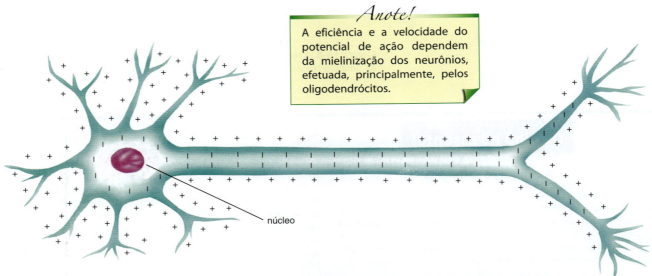

Anote!
A eficiência e a velocidade do potencial de ação dependem da mielinização dos neurônios, efetuada, principalmente, pelos oligodendrócitos.

Figura 15-6. No estado de repouso, o neurônio encontra-se carregado positivamente do lado de fora e negativamente do lado de dentro.

Quando, de alguma maneira, se estimula o neurônio, o potencial de repouso muda bruscamente. O sódio que estava em maior concentração do lado de fora da célula penetra pela membrana permutando-se com os íons K^+ – que agora seguem o caminho inverso –, fazendo com que o potencial de membrana passe a ser positivo, em um fenômeno conhecido como **despolarização** (veja a Figura 15-7). O novo potencial recebe o nome de **potencial de ação** e se propaga através da membrana do axônio na forma de um **impulso nervoso**. A passagem desse potencial é possível graças à total mudança na disposição das cargas elétricas, tanto fora como dentro da membrana celular: o interior da membrana se torna positivo, enquanto a parte de fora se torna negativa.

Note que a despolarização acontece aos poucos, isto é, o potencial de ação vai despolarizando a membrana à medida que o impulso nervoso caminha para a terminação do axônio (veja a Figura 15-8).

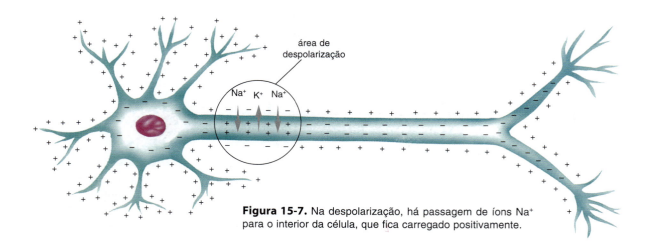

Figura 15-7. Na despolarização, há passagem de íons Na⁺ para o interior da célula, que fica carregado positivamente.

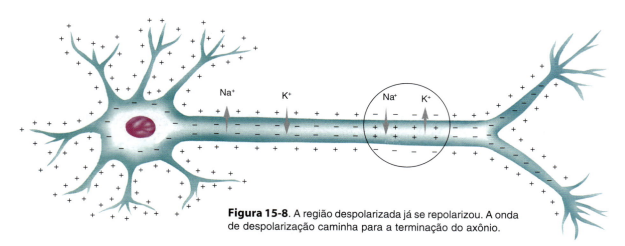

Figura 15-8. A região despolarizada já se repolarizou. A onda de despolarização caminha para a terminação do axônio.

De olho no assunto!

A condução saltatória

A velocidade de condução de impulsos nervosos é variável, sendo maior em axônios mielinizados e de maior diâmetro. A mielina envolve todas as grandes fibras nervosas. É uma substância lipídica que não conduz corrente elétrica e atua como um isolante. A bainha de mielina é produzida pelos oligodendrócitos (células gliais) do sistema nervoso central e pelas células de Schwann, células gliais do sistema nervoso periférico.

A bainha de mielina é interrompida de intervalo a intervalo pelos chamados *nódulos de Ranvier*, únicos locais em que se verifica a despolarização (potencial de ação) da membrana da célula nervosa, isto é, a condução dos impulsos nervosos é feita "aos pulos". Por esse motivo, dizemos que em um neurônio mielinizado a condução é saltatória (veja a Figura 15-9). A velocidade de condução do impulso nervoso é da ordem de 0,5 até 120 m/s.

Há fibras sem bainha de mielina, conhecidas por **amielínicas**, que conduzem estímulos com uma velocidade bem mais lenta que as mielinizadas, pois não existe o efeito "saltatório". As fibras amielínicas não determinam reações rápidas; controlam as contrações dos vasos sanguíneos, os movimentos gastrintestinais, o esvaziamento da bexiga. Já as fibras mielínicas estão associadas a impulsos cerebrais, que são extremamente rápidos.

Figura 15-9. Na condução saltatória, que ocorre em neurônios mielinizados, a condução acontece "aos pulos" na região dos nódulos de Ranvier.

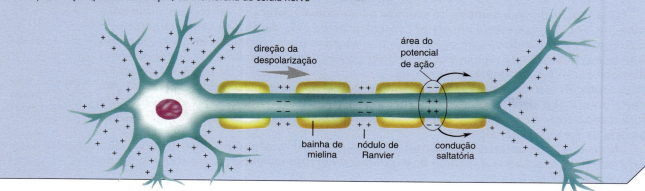

Períodos refratários

À medida que o impulso se propaga, as regiões por onde ele já passou imediatamente recuperam a polaridade ou potencial de repouso, isto é, se repolarizam, havendo um período de tempo durante o qual o neurônio não é excitável, por mais intenso que seja o estímulo aplicado. Dizemos que, durante esse curto intervalo de tempo, o neurônio é refratário a novo estímulo. Denomina-se **período refratário absoluto** ao tempo em que o neurônio permanece inexcitável, isto é, ao período de tempo em que os íons Na^+ deverão ser retirados da célula, enquanto íons K^+ deverão nela penetrar. Perceba que a repolarização é iniciada a partir da extremidade que se despolarizou primeiro. Isso significa que haverá parte do axônio já polarizada, enquanto o restante ainda não está. Nesse momento, embora o axônio não esteja totalmente repolarizado, é possível, com estímulo mais forte que o primeiro, fazer com que ele se despolarize. Esse intervalo de tempo, que segue o primeiro, é denominado **período refratário relativo**, isto é, o axônio é relativamente refratário, podendo, com forte estímulo, ser despolarizado.

Lei do tudo ou nada

Nem todo estímulo que atinge o neurônio é capaz de gerar potenciais de ação, ou seja, nem todo estímulo despolariza a membrana. Para que isso aconteça, é necessário que o estímulo atinja certo valor a partir do qual a despolarização seja conseguida. Esse valor é denominado **limiar** e o estímulo leva o mesmo nome. Estímulos sublimiares não provocam resposta.

A partir do instante em que é atingido o estímulo limiar, a resposta será sempre igual, isto é, o potencial de ação será gerado e a intensidade e a velocidade do impulso serão sempre as mesmas. Aumentos subsequentes da intensidade do estímulo, de valores bem maiores que o limiar, não provocam mudança do potencial de ação. Resumindo, ou o estímulo não consegue atingir o limiar de excitação e não provoca resposta, ou é suficiente para atingir o limiar e provocar resposta, sendo que aumentos sucessivos não mudarão a magnitude do impulso. Esse tipo de resposta obedece à chamada *lei do tudo ou nada*.

> ### Anote!
>
> Alguns neurônios, em vez de responder a estímulos aplicados constantemente, acabam sofrendo o que se denomina de **acomodação**. Eles acabam se "acostumando" com os estímulos e não respondem mais a eles. Isso se aplica muito aos órgãos sensoriais. É o que acontece, por exemplo, quando ouvimos música com um volume muito alto. De início, o som é irritante. Progressivamente, porém, ocorre uma acomodação dos receptores auditivos e o volume exagerado acaba passando despercebido.

Tecnologia & Cotidiano

Células que voltam à vida

Cientistas dos Estados Unidos conseguiram reproduzir células do cérebro de pessoas mortas, mesmo passadas 20 horas da morte dos indivíduos.

A grande promessa é que, no futuro, células cultivadas em laboratório poderão ser usadas para a realização de transplantes no cérebro de pessoas doentes, especialmente aquelas que sofrem de doenças degenerativas como o mal de Parkinson e o mal de Alzheimer.

Os pesquisadores estudaram o tecido do cérebro de um bebê morto com poucas semanas de vida, vítima de problemas não relacionados ao cérebro. Outra parte do material veio do cérebro de um homem adulto.

As células do bebê cresceram em cultura, apresentando mais de 70 duplicações de população antes de entrarem em processo de "envelhecimento" ou senescência – uma redução significativa da taxa de crescimento. Já as células do adulto conseguiram atingir apenas 30 duplicações.

A equipe relatou já ter processado 23 amostras de tecidos de cadáveres de pessoas de diferentes idades, com o recorde de intervalo pós-morte de 20 horas.

Os tecidos dos mais jovens, como previsto, produziram células em maior número e com maior capacidade de proliferação.

Uma questão básica que ainda falta responder é a duração de vida dessas células, o que tende a afetar diretamente seu potencial terapêutico a longo prazo.

Ética & Sociedade

É preciso pensar com a própria cabeça

Muito se tem falado a respeito do efeito das drogas no organismo, a maior parte das vezes no intuito de alertar acerca das consequências de seu uso. Em primeiro lugar, vamos estabelecer em que contexto estamos considerando a palavra "droga". Ela tanto pode ser um princípio ativo, ou seja, uma substância que acarreta uma reação orgânica benéfica – como o componente de um remédio, por exemplo –, como pode se referir a uma substância que provoca o entorpecimento da consciência e dos sentidos. E é nesse sentido que estamos usando essa palavra.

Ao lado da violência, da conduta sem limites para conseguir dinheiro para comprar as drogas, da dependência, do sofrimento que advém quando passa o seu efeito e da escravidão – no sentido exato da palavra – que gera no usuário, é preciso raciocinar, enquanto a droga ainda não tomou conta de nosso cérebro e inutilizou nossa capacidade de pensar.

Leia a tabela a seguir e analise os efeitos de cada droga. Observe se as sensações que produzem são agradáveis ou desagradáveis.

Droga	Fonte	Efeitos
Álcool	▪ Etanol produzido por fermentação.	▪ Em doses baixas (um ou dois *drinks* leves), atua como estimulante. ▪ Em doses maiores, entorpece o raciocínio, a coordenação, a memória e a visão. ▪ Altas doses podem levar ao coma e à morte por problemas respiratórios.
Anfetaminas	▪ Drogas sintéticas, desenvolvidas como coadjuvantes para regimes de emagrecimento.	▪ Provocam sensação de euforia e estado de alerta. ▪ Aceleram os batimentos cardíacos, aumentam a pressão sanguínea, ocasionam náuseas e irritabilidade. Cansaço ao final da "viagem". ▪ A overdose varia brutalmente de pessoa para pessoa, sendo que reações agudas podem ocorrer com 2 mg, levando a convulsões, problemas cardíacos, coma e morte.
Cafeína	▪ Alcaloide encontrado no café, chá, sementes de *Cola vera* e de guaraná. Muitas vezes encontrado em bebidas energéticas e remédios para gripe.	▪ Atua como estimulante. Em pequenas doses, como uma xícara de café (cerca de 150 mg), aumenta o estado de alerta. Acelera os batimentos cardíacos e o ritmo da respiração, além de aumentar a produção de urina. ▪ Altas doses levam à sensação de ansiedade. ▪ A dose fatal está em torno de 10 g.
Cocaína e *crack*	▪ Alcaloides extraídos das folhas de coca (*Erythroxylon coca*), planta nativa dos Andes.	▪ Uma dose rapidamente conduz à sensação de autoconfiança e energia, o que dura aproximadamente 45 minutos. Depois, sobrevêm o cansaço e a melancolia. Aceleram os ritmos cardíaco e respiratório. ▪ A dose fatal depende de indivíduo para indivíduo, mas foram constatados casos de morte com pequena quantidade da droga.
Ecstasy	▪ Derivado de anfetamina.	▪ Sentimentos de euforia, energia e desejo de contato com outras pessoas, além de alucinações auditivas, seguidas por letargia e depressão. ▪ Pode ser letal em virtude do aumento da temperatura e da desidratação que acarreta ou por falência dos órgãos do sistema excretor.
Alucinógenos	▪ Um grande número de compostos sintéticos faz parte desse tipo de droga. As mais usadas são as do grupo do LSD.	▪ Alucinações auditivas e visuais (as superfícies ondulam e tremem, as cores tornam-se mais intensas), sinestesia (um estímulo provoca uma sensação que viria de outro tipo de estímulo), distorção do tempo, alteração da personalidade. Objetos são vistos com sua forma alterada. A experiência pode ser aterrorizante. Depois, sobrevêm a fadiga e um sentimento de desligamento.
Maconha e haxixe	▪ Folhas, brotos, flores e resinas da planta *Cannabis sativa*, originária da Ásia Central. Normalmente, fumam-se suas folhas e brotos. Sua resina seca é conhecida como haxixe.	▪ Em pequenas quantidades, podem oferecer sensação de bem-estar, porém interferem na memória e aumentam desesperadamente o apetite. São frequentes as sensações de náusea, ansiedade e paranoia.
Opiáceos	▪ Resinas extraídas da papoula (*Papaver somniferum*). Incluem alcaloides como morfina, heroína e metadona.	▪ A heroína pode induzir sensação de euforia e bem-estar. Passado seu efeito, sobrevêm náusea, constipação intestinal, intensa sudorese, coceira, diminuição nos ritmos cardíaco e respiratório. ▪ A dose fatal depende de indivíduo para indivíduo, mas têm sido constatados casos de morte com doses pequenas.
Tabaco	▪ Extraído das folhas secas da planta de tabaco (*Nicotiana tabacum*), nativa da América do Sul. As folhas podem ser fumadas ou mascadas. O principal ingrediente ativo é o alcaloide nicotina.	▪ Estimulante, aumenta o estado de alerta, a energia e a memória. Paradoxalmente, também são relatados efeitos de relaxamento. Aumenta a pressão sanguínea e a taxa respiratória. Diminui o apetite. Em altas doses pode causar alucinação, náusea, vômito e morte. ▪ Seu uso constante leva ao desenvolvimento de enfisema pulmonar e câncer.

Baseado em: Drugs. The Intoxication Instinct. *New Scientist*, London, v. 184, n. 2.473, p. 32-41, 13 Nov. 2004.

▪ Agora, responda: você se operaria com um médico sob efeito de cocaína? Voaria com um piloto sob os efeitos do *crack*? Andaria de carro com um motorista "viajando" com LSD? Por quê?

É bom lembrar que um usuário de droga é um indivíduo que precisa de ajuda profissional e há várias clínicas especializadas que fazem um bom trabalho no sentido de recuperá-lo e afastá-lo definitivamente do caminho das drogas. Acreditar que dominamos a droga e que não nos tornaremos dependentes dela é como acreditar em contos de fadas: o final soa feliz, mas é bem pouco verdadeiro...

É compreensível que o grupo exerça pressão, e durante toda a nossa vida isso acontece. Mas ninguém pode nos forçar a fazer algo que, de fato, não queremos fazer.

Na vida, cada um escolhe o caminho que quer trilhar – e é responsável por ele!

324 BIOLOGIA 1 • 4.ª edição

▪ TECIDO MUSCULAR

A movimentação do organismo, os batimentos cardíacos, o pulsar de uma artéria, a contração do útero e o chamado movimento peristáltico apresentado pelo intestino relacionam-se à existência de células alongadas contráteis componentes do *tecido muscular*.

A contração é um evento fisiológico do qual participam microfibrilas proteicas de **actina** e de **miosina**, e sua ocorrência envolve o consumo de muita energia. Conclui-se, portanto, que as células musculares (também chamadas de **fibras musculares**) são ricas em mitocôndrias.

Os Tipos de Tecido Muscular

Três tipos de tecido muscular são encontrados nos vertebrados: **estriado esquelético**, **estriado cardíaco** e **visceral liso** (veja a Tabela 15-1).

Tabela 15-1. Principais características dos tipos musculares.

	Tecido muscular		
	Esquelético	**Cardíaco**	**Liso**
Localização	Junto ao esqueleto.	Parede do coração.	Parede do intestino, do útero, de artérias etc.
Controle da contração	Voluntária.	Involuntária.	Involuntária.
Forma das células	Alongadas, cilíndricas, unidas.	Alongadas, ramificadas, unidas longitudinalmente, com discos intercalares.	Isoladas, alongadas, fusiformes.
Estriações transversais	Presentes.	Presentes.	Ausentes.
Número e localização dos núcleos por célula	Muitos, periféricos.	Um ou dois, centrais.	Um, central.
Velocidade da contração	Rápida.	Rápida (rítmica).	Lenta.
Habilidade em se manter contraído	Pequena.	Pequena.	Grande.

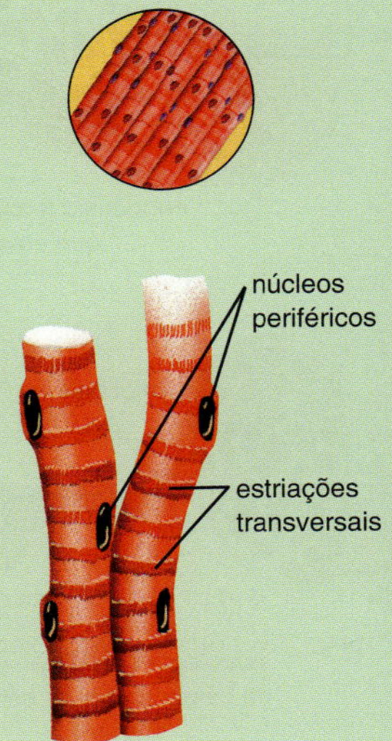

fibras musculares esqueléticas

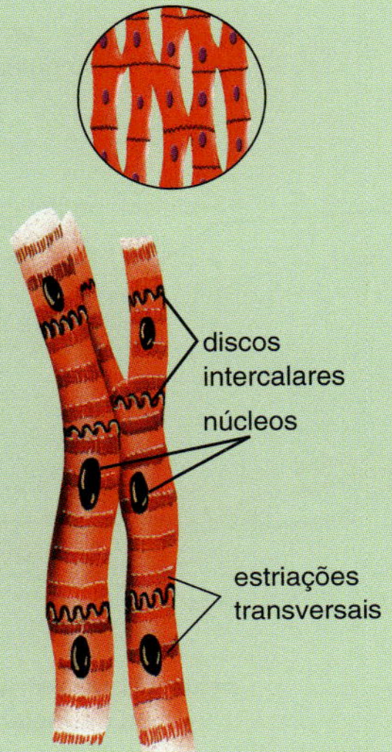

fibras musculares cardíacas

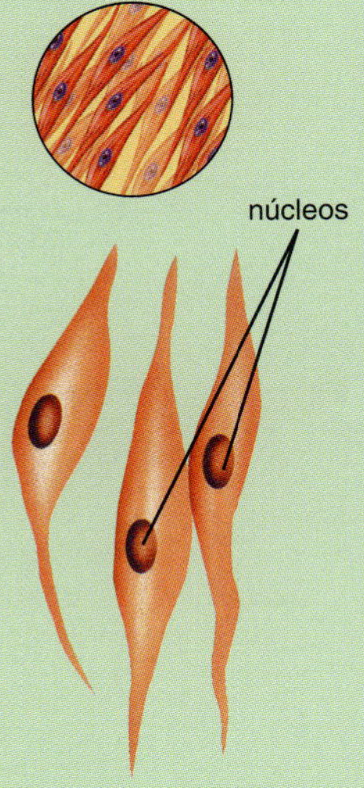

fibras musculares lisas

A Arquitetura da Célula Muscular Esquelética

Anote!
O prefixo "mio" vem do grego *myós* e significa músculo.

Anote!
O miofilamento miosina possui maior peso molecular do que a actina.

Onde há movimento de contração, existem células musculares envolvidas. Em qualquer animal que possua essas células, o mecanismo de contração é o mesmo, e envolve dois **miofilamentos** proteicos contrácteis: a *actina* e a *miosina*.

Para melhor entendermos a estrutura de uma célula (fibra) muscular esquelética (ou estriada) e de um músculo esquelético, vamos acompanhar o texto com as imagens da Figura 15-10. Observe que (a) um músculo esquelético tem um tendão em cada uma de suas extremidades, formado por tecido conjuntivo, que o liga a um osso. Um corte transversal desse tipo de músculo (b) nos mostra que ele é formado por "conjuntos" de células (fibras musculares), chamados **fascículos**. Os fascículos são envolvidos por uma faixa de tecido conjuntivo (o perimísio). É por esse tecido conjuntivo que circulam os nervos e vasos que irrigam os músculos.

As células musculares (c), por sua vez, são multinucleadas e estriadas (apresentam faixas transversais). Cada célula é constituída por centenas de estruturas em forma de longos filamentos cilíndricos, chamados **miofibrilas**. Fazendo uma analogia, a célula muscular é equivalente a um pacote de macarrão espaguete, em que os fios de macarrão correspondem às miofibrilas. É a estrutura interna dessas miofibrilas que dá ao conjunto da célula a imagem de estriada. Isso ocorre porque cada miofibrila também é formada por unidades ainda menores, que são os **miofilamentos** finos (de actina) e grossos (de miosina), duas proteínas envolvidas na contração do músculo.

Esses miofilamentos estão imersos no citoplasma das células musculares, que é chamado de **sarcoplasma**. Nele, duas estruturas membranosas merecem menção especial: o retículo endoplasmático (d) das células dispõe-se paralelo às miofibrilas e ligado a elas. Ele contém uma grande concentração de Ca^{++}, indispensável para que ocorra a contração muscular.

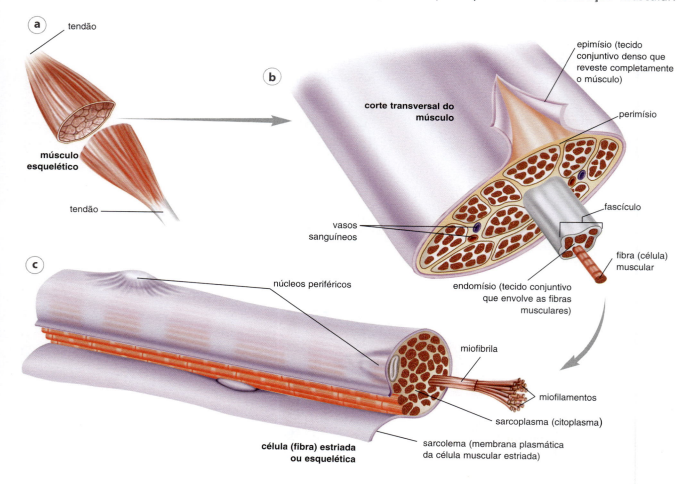

Figura 15-10. (a) e (b) Estrutura de um músculo esquelético e (c) e (g) detalhes de uma célula muscular estriada.

A outra estrutura membranosa é uma rede de túbulos transversos (túbulos T), que se comunicam com a superfície externa da célula muscular. Tanto o retículo endoplasmático como a rede de túbulos T são estruturas membranosas internas à célula muscular (fibra muscular), situadas ao redor das miofibrilas. Estas, por sua vez, (e) apresentam unidades repetidas, os **sarcômeros**, formados pela sobreposição dos miofilamentos de miosina (f) e actina (g) (miofilamentos grossos e finos, respectivamente).

As linhas Z constituem o ponto no qual se originam os filamentos de actina. Os filamentos de miosina ficam intercalados com os de actina. Note que, de ambos os lados dos filamentos de miosina, existe um espaço. Essa é a conformação quando a célula muscular está relaxada. Na contração (h), o sarcômero encurta e as moléculas de miosina "encostam" nas linhas Z. Nesse caso, a estriação típica desaparece momentaneamente. Retornando ao estado de relaxamento, tudo volta à posição original.

Nas células musculares lisas não existe o arranjo acima descrito. Os filamentos de actina e miosina se espalham e não formam as estriações transversais típicas das células musculares estriadas.

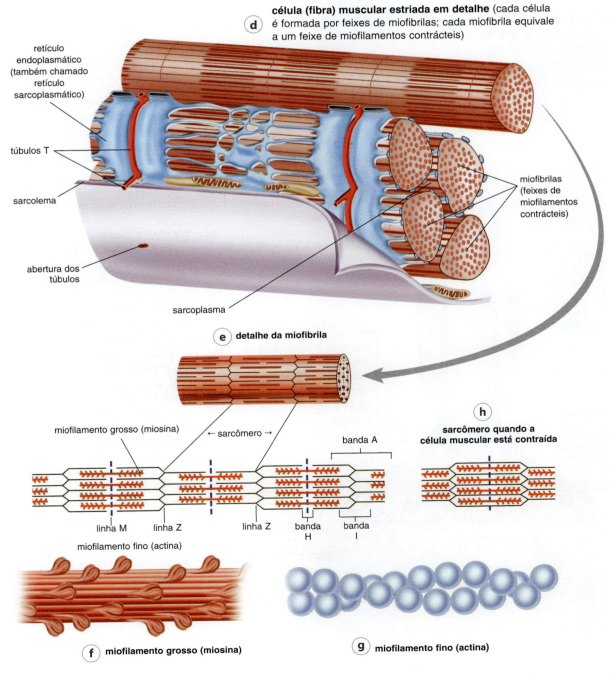

Tecidos nervoso e muscular **327**

O Mecanismo da Contração Muscular

> ### Anote!
> O ATP necessário para a contração é produzido na respiração aeróbia, com a utilização de glicose trazida pelo sangue. Se mais glicose for necessária, uma quantidade adicional é gerada a partir do glicogênio armazenado na própria célula muscular. Outra fonte extra de energia é gerada pela molécula de **fosfocreatina** (creatinafosfato), uma espécie de "reserva" energética da célula muscular. Ao ser "quebrada", a fosfocreatina libera o seu fosfato rico em energia, que se une ao ADP, formando-se mais ATP para a contração muscular.

Na contração muscular ocorre o encurtamento dos sarcômeros: os filamentos de actina "deslizam" sobre os de miosina, graças a certos pontos de união que se formam entre esses dois filamentos. A reação da actina com a miosina leva à formação da **actomiosina**. Para a ocorrência do deslizamento, há participação de íons Ca^{++} e ATP. Nesse caso, cabe à miosina o papel de "quebrar" (hidrolisar) o ATP, liberando a energia necessária para a ocorrência de contração.

Resumidamente, a atividade de contração muscular pode ser assim representada:

$$ATP \longrightarrow ADP + Pi$$

$$actina + miosina + Ca^{++} \underset{relaxamento}{\overset{contração}{\rightleftharpoons}} actomiosina$$

O estímulo à contração muscular

A musculatura lisa é controlada pelos nervos do sistema nervoso autônomo, que atuam sobre a atividade da musculatura lisa dos órgãos digestórios e excretores. No entanto, o tecido muscular liso também pode ser estimulado a funcionar pela distensão da parede do órgão. É o que acontece, por exemplo, quando o bolo alimentar está passando pelo tubo digestório. A distensão causada pelo alimento na parede intestinal provoca uma resposta de contração da musculatura lisa dessa parede. Como resultado, gera-se uma onda de movimento (peristaltismo), que impulsiona o alimento "para a frente".

Por outro lado, a musculatura estriada, na maior parte das vezes, fica sob controle voluntário. Ramos nervosos se encaminham para o tecido muscular e se ramificam, atingindo células musculares individuais ou grupos delas. Cada ponto de junção entre uma terminação nervosa e a membrana plasmática da célula muscular corresponde a uma sinapse. Essa junção é conhecida como **sinapse neuromotora**, **junção neuromuscular** ou **placa motora**. O impulso nervoso propaga-se pelo neurônio e atinge a placa motora (veja a Figura 15-11) e a membrana da célula muscular é estimulada pelo neurotransmissor aí liberado. Gera-se um potencial de ação que se propaga pela membrana da célula muscular, atinge o citoplasma e desencadeia o mecanismo de contração muscular.

> ### Anote!
> Na placa motora, a liberação do neurotransmissor acetilcolina pelo axônio conduz à ocorrência de contração muscular.

bainha de mielina

axônio motor

vesículas contendo moléculas transmissoras (neurotransmissores)

mitocôndrias

placa motora

fibra muscular esquelética

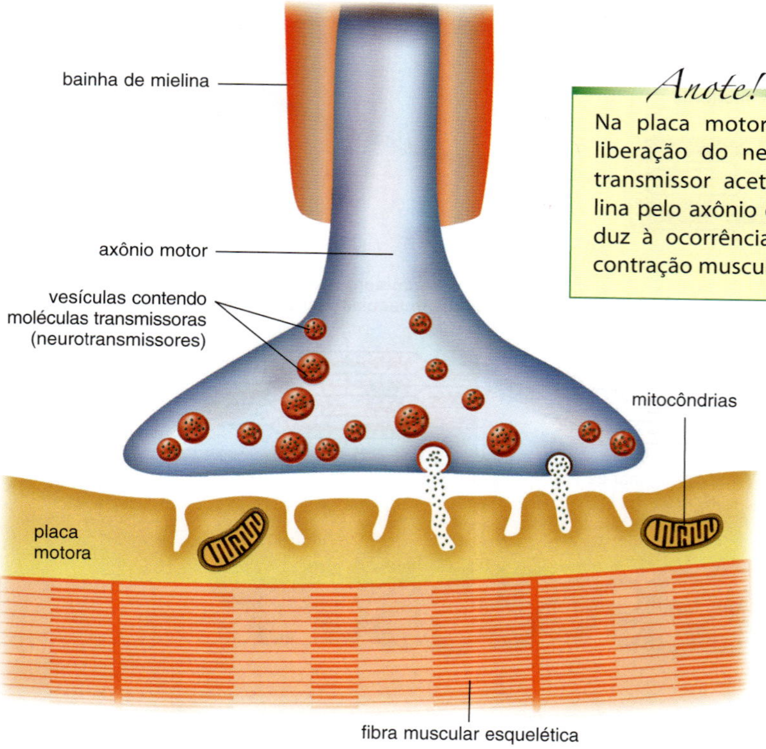

Figura 15-11. Na junção neuromuscular (placa motora), a terminação nervosa estimula a ocorrência de contração muscular.

328 BIOLOGIA 1 • 4.ª edição

De olho no assunto!

O que é fadiga muscular?

Às vezes, o fornecimento de oxigênio para a contração muscular é insuficiente. Isso ocorre quando você realiza exercícios físicos violentos (levantamento de peso) ou de longa duração (caminhadas ou corridas muito longas), não estando condicionado para isso. Ocorre, então, a chamada fadiga muscular, fenômeno ainda não bem compreendido quanto às suas causas.

As possíveis explicações para a ocorrência desse fenômeno são:

- *insuficiente fornecimento de sangue para as células:* durante a contração, aumenta a pressão no interior do músculo, o que provoca uma compressão dos vasos sanguíneos e consequentemente reduz o fluxo de sangue e de oxigênio para as células durante o exercício;
- *acúmulo de ácido láctico:* em condições de falta de oxigênio, as células musculares recorrem ao metabolismo anaeróbio (glicólise) para gerar mais ATP para a contração continuar. Só que isso gera ácido láctico, que altera o pH das células e interfere com a atividade enzimática;
- *diminuição do glicogênio:* o trabalho intenso das células provoca a diminuição do glicogênio disponível para o fornecimento da glicose necessária à contração. Nesse caso, entende-se por que os especialistas em atividades esportivas recomendam aos atletas ingerir açúcar antes de uma competição. Em corridas de cavalos, é comum a injeção de glicose na veia dos animais minutos antes da competição;
- *fadiga da junção neuromuscular:* exercícios prolongados comprometem a atividade da junção neuromuscular (placa motora), levando-a ao esgotamento. A interrupção do estímulo neuronal à célula muscular acaba conduzindo à parada da contração;
- *fadiga do Sistema Nervoso Central:* admite-se que, mesmo que os músculos estejam aptos a se contrair, o cérebro e a medula espinhal falham em enviar ordens para a ocorrência de contração. Tal situação seria a grande responsável pela dor intensa que surge em ocasiões de fadiga.

Correr, Caminhar, Pedalar, Jogar Futebol...

A realização de uma atividade física – desde subir uma escada até fazer uma caminhada ou jogar futebol – depende, entre outros fatores, da capacidade respiratória (pulmões), do sistema cardiovascular (coração e vasos sanguíneos) e da musculatura envolvida na atividade (músculos). Essas características se relacionam à constituição genética de cada pessoa e possibilitam a cada um de nós a escolha – sob orientação médica e técnica – do exercício mais adequado para a manutenção de uma boa saúde física e mental.

PANTHERMEDIA/KEYDISC

O trabalho muscular envolve o consumo de moléculas de ATP, provenientes da creatinafosfato (fosfágeno), da glicólise e da respiração celular aeróbia. Dependendo do tipo de exercício e da sua intensidade, uma ou outra via poderá ser mais utilizada:

a. **creatinafosfato (CP):** é a primeira via utilizada em exercícios de alta intensidade e curta duração – corrida de 100 metros e pique no futebol, por exemplo. Nossas células musculares não possuem muitos estoques de moléculas de ATP. As moléculas de ATP existentes são suficientes apenas para promover a contração durante poucos segundos. Já as reservas de moléculas de creatinafosfato (CP) chegam a ser de 3 a 5 vezes mais abundantes que as de ATP. Cada molécula de creatinafosfato cede o seu fosfato rico em energia para uma molécula de ADP, transformando-a em uma molécula de ATP e liberando a creatina:

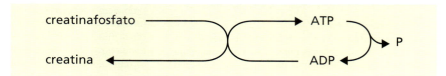

b. **glicólise:** em ocasiões em que a atividade física é um pouco mais prolongada e contínua – corridas de 300 metros, por exemplo –, as células musculares esgotam as moléculas de creatinafosfato e passam a utilizar moléculas de glicose, obtidas de duas fontes: sangue e glicogênio muscular. Inicialmente, moléculas de glicose são utilizadas na *glicólise* (primeira etapa da respiração aeróbia, que ocorre no hialoplasma e corresponde a um processo inteiramente anaeróbio). Nesse processo, cada molécula de glicose é transformada em duas moléculas de ácido pirúvico, tendo como resultado a produção de duas moléculas de ATP. O ácido pirúvico produzido pode seguir dois destinos: (1) entrar na mitocôndria e participar do ciclo de Krebs, em condições de suficientes quantidades de oxigênio (respiração aeróbia), ou (2) ser convertido em ácido láctico, se as quantidades de oxigênio passarem a ser insuficientes. Uma boa parte (cerca de 80%) dessa substância atinge o sangue, podendo ser diretamente utilizada por células cardíacas, renais ou do fígado para a produção de moléculas de ATP ou ser reconvertida em glicose nas células hepáticas. O restante (cerca de 20%) permanece no tecido muscular e no sangue:

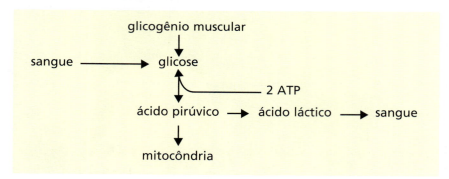

c. **respiração aeróbia:** em atividades físicas de longa duração e média ou alta intensidade – longas caminhadas, maratona, ciclismo –, são mais utilizados os processos aeróbios (que utilizam oxigênio). Nesse caso, as moléculas de ácido pirúvico produzidas na glicólise penetram nas mitocôndrias e sofrem oxidação completa (ciclo de Krebs e cadeia respiratória), gerando gás carbônico, água e ATP, com liberação de calor. Para isso, as células musculares necessitam do fornecimento contínuo de oxigênio, que provém de duas fontes: (1) do sangue, por meio do transporte promovido pela hemoglobina existente nas hemácias, e (2) da *mioglobina*, uma molécula transportadora de oxigênio presente nas células musculares:

As fontes de energia durante as atividades desportivas

Duas fontes principais de energia para a produção de moléculas de ATP são a glicose e os ácidos graxos.

Nas atividades físicas constantes e de longa duração – longas caminhadas, maratona, ciclismo –, a via aeróbia (respiração celular aeróbia) fornece cerca de 90% do ATP necessário para ocorrer o trabalho muscular. Nos ciclistas e maratonistas, fisicamente condicionados e bem treinados, o fornecimento de substrato energético pode ser assim resumido:

a. no início da atividade – na "largada" – utilizam-se glicose e as reservas de carboidratos (glicogênio) contidas nas células musculares;

b. ao longo da corrida, reduz-se a utilização de carboidratos (cuja quantidade no sangue e nos músculos diminui) e aumenta-se a utilização de gorduras (ácidos graxos) existentes nas células armazenadoras de gordura do tecido adiposo, os *adipócitos* (lembre-se de que, de modo geral, os maratonistas e ciclistas são magros e sua musculatura é adaptada para realizar trabalho de resistência). Isso permite recuperar lentamente o teor de carboidratos no sangue e nas células musculares;

c. caso o atleta necessite fazer um *sprint* – para, por exemplo, ultrapassar um competidor –, as células musculares recorrem preferencialmente à glicólise para gerar ATP rapidamente, com consumo de glicose. Veja a Figura 15-12.

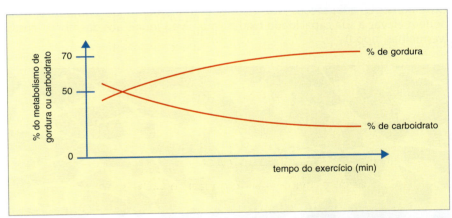

Figura 15-12. Com o exercício prolongado, a fonte de energia passa a ser principalmente advinda da quebra das moléculas de gordura e não das moléculas de carboidrato.

Em exercícios de alta intensidade e curta duração – pique no futebol e corrida de 100 metros, por exemplo –, as vias creatinafosfato e glicolítica são preferencialmente utilizadas. De modo geral, em atletas que participam desses esportes a musculatura é mais desenvolvida em termos de "trabalho de força e explosão muscular".

Os tipos de fibra muscular utilizados nos exercícios físicos

As fibras musculares não são idênticas na estrutura e na função. As principais diferenças entre elas são: a coloração (resultante do teor de mioglobina), a quantidade de mitocôndrias, a quantidade de capilares sanguíneos e a velocidade de contração. Admite-se, atualmente, a existência de três tipos básicos de fibra muscular: lenta (vermelha, tipo I), intermediária (rosácea, tipo IIa) e rápida (branca, tipo IIb). A Tabela 15-2 ilustra as características desses tipos de fibra muscular e a sua utilização.

Tabela 15-2. Principais características dos tipos de fibra muscular.

Características	Fibra lenta (vermelha tipo I)	Fibra intermediária (rosácea, tipo IIa)	Fibra rápida (branca, tipo IIb)
Conteúdo de mioglobina	alto	moderado/alto	pequeno
Mitocôndrias	muitas	moderadas/muitas	poucas
Capilares sanguíneos	muitos	muitos	poucos
Sistema energético preferencial	aeróbio	aeróbio ou combinado	anaeróbio (glicose)
Velocidade de contração	lenta	rápida	rápida
Resistência à fadiga	elevada	alta/moderada	baixa
Fonte energética	predomínio de gorduras	predomínio de carboidratos	predomínio de carboidratos
Utilização	maratona, ciclismo, longas caminhadas, triatletismo, natação prolongada, músculos posturais (pescoço)	piques no futebol, *sprint*, natação rápida	levantamento de peso (halterofilismo)

Conceitualmente, as fibras intermediárias (rosáceas, tipo IIa) podem ser vistas como possuindo uma mistura das características das fibras lentas (vermelhas, tipo I) e rápidas (brancas, tipo IIb). No entanto, as fibras IIa são extremamente adaptáveis; isto é, com o treinamento de *endurance*, elas podem elevar a sua capacidade oxidativa a níveis iguais aos das fibras lentas (vermelhas, tipo I).

Corte transversal de um músculo esquelético, submetido à coloração. Nele, podem ser observadas as fibras lentas (tipo I, mais escuras), as intermediárias (tipo IIa, mais claras) e as rápidas (tipo IIb, coloração marrom).

Fonte: POWERS, S. K.; HOWLEY, E. T. In: *Exercise Physiology* – Theory and Application in Fitness and Performance. New York: McGraw-Hill, 1977.

Na Tabela 15-3, relacionamos a composição de tipos de fibras musculares de atletas e não atletas.

Tabela 15-3. Composição típica da fibra muscular dos atletas de elite de diferentes esportes e de não atletas.

Modalidade esportiva	% de fibras lentas (tipo I)	% de fibras rápidas (tipos IIa e IIb)
Corredores de longa distância	70-80	20-30
Corredores de curta distância	25-30	70-75
Halterofilismo	45-55	45-55
Não atletas	47-53	47-53

Fonte: POWERS, S. K.; HOWLEY, E. T. In: *Exercise Physiology* – Theory and Application in Fitness and Performance. New York: McGraw-Hill, 1977.

Anote!

Aves que voam pouco (galinhas, perus) possuem musculatura peitoral branca (pouco utilizada para acionar as asas) e musculatura das pernas vermelha (muito utilizada nas caminhadas). Nas aves que voam, a musculatura peitoral é vermelha e a das patas costuma ser branca.

De olho no assunto!

A fisiologia da musculatura cardíaca

Normalmente, em condições de repouso, a musculatura cardíaca efetua um ciclo de contração e relaxamento de cerca de 75 vezes por minuto. Em termos fisiológicos, essa continuidade rítmica é a maior diferença existente entre a musculatura cardíaca e a esquelética, o que exige um suprimento constante de oxigênio para o trabalho da musculatura cardíaca.

Nas fibras musculares cardíacas, as mitocôndrias são mais numerosas e volumosas que as encontradas nas fibras esqueléticas. Essa diferença sugere que o músculo cardíaco depende fundamentalmente da respiração aeróbia para gerar moléculas de ATP. Poucas moléculas de ATP são produzidas por processos anaeróbios. No entanto, como vimos anteriormente, as fibras cardíacas podem utilizar o ácido láctico produzido pelas fibras esqueléticas para gerar moléculas de ATP, o que é benéfico durante a realização de exercícios.

Leitura

Doping genético: talvez mais cedo do que se pensa

Toda vez que se aproxima uma grande competição esportiva, crescem as preocupações dos organizadores com a ocorrência de *doping*. A maioria das substâncias consideradas dopantes é detectada no sangue ou na urina, mesmo em doses muito pequenas. Porém, uma nova possibilidade de *doping*, proporcionada pelo desenvolvimento da Engenharia Genética, surge no horizonte.

Recorde que, em termos de competição esportiva, o que importa, entre outros fatores, é basicamente o trabalho dos músculos esqueléticos, principalmente os envolvidos em corridas, saltos, arremessos de peso, halterofilismo etc., e que exercícios físicos prolongados e intensos podem gerar pequenas lesões nas células musculares.

A recuperação das lesões envolve a "reconstrução" das membranas das fibras musculares, além da síntese de novas miofibrilas e miofilamentos (actina e miosina). Para ocorrer essa síntese, é importante a ação dos genes que se encontram nos núcleos das células musculares. Quando é preciso produzir uma grande quantidade de miofibrilas, mais núcleos são necessários. De onde vêm esses núcleos adicionais? Eles são provenientes de *células-satélites* associadas às fibras musculares. As células-satélites atuam como células-tronco e, devidamente estimuladas, proliferam, por mitose, e se fundem às células musculares. Dotadas de mais núcleos e mais informação genética, as células musculares, então, produzem mais miofibrilas. O estímulo para a proliferação mitótica das células-satélites provém da substância IGF-I (do inglês, *Insuline like Growth Factor*, ou seja, Fator de Crescimento Semelhante à Insulina).

Pesquisadores interessados em solucionar o problema da perda de massa muscular que ocorre em pessoas idosas e em pessoas acometidas de um tipo de distrofia muscular (que apresentam perda de massa muscular) pensam em introduzir o *gene* responsável pela produção do IGF-I na musculatura das pessoas afetadas. Isso seria feito com a participação de um "vírus-vetor" que, ao se instalar nas células musculares, transferiria o gene para os cromossomos daquelas células. Para isso, é preciso, inicialmente, escolher o tipo de vírus adequado, enfraquecê-lo (para não causar doença) e depois modificá-lo geneticamente para que ele conduza os genes para as células. Experimentos efetuados em camundongos que receberam o tratamento em seus músculos esqueléticos produziram um resultado surpreendente: ocorreu o crescimento da musculatura desses animais em cerca de 15% a 50%! O importante, nesses resultados, é que os níveis de IGF-I ficaram elevados apenas na musculatura e não no sangue. Futuramente, os pesquisadores pensam em solicitar autorização para efetuar testes clínicos em seres humanos.

Agora, e se o gene para a produção de IGF-I for inserido em atletas interessados em aumentar a massa muscular? Obviamente, esse seria um interessante caso de *doping*, o "doping genético". Seria impossível a detecção da substância com os testes anti*doping* usuais, a menos que se recorresse a uma biópsia do tecido muscular. Acontece que tal procedimento esbarra em problemas éticos, uma vez que dificilmente os atletas aceitariam se submeter a métodos invasivos para a colheita de células e posterior investigação do seu material genético.

Autoridades esportivas e médicas já solicitaram a diversos grupos de cientistas uma pesquisa detalhada acerca do assunto. Embora ainda nos seus primeiros passos, essa técnica tem enorme potencial para provocar mudanças no esporte e na sociedade.

Fonte: Gene *Doping, Scientific American*, New York, v. 291, n. 1, p. 36-43, July 2004.

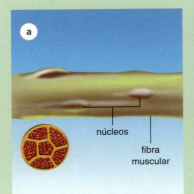
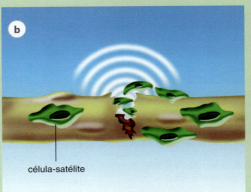
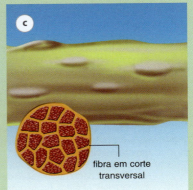

Em músculos normais, (a) os núcleos de uma fibra muscular são responsáveis por organizar a produção de novas proteínas. (b) Quando é necessário reparar uma fibra, sinais químicos estimulam células-satélites a se multiplicar por mitose e se fundir com a fibra para contribuir com seus núcleos ao trabalho de reparo. (c) Além de reparar a fibra, a adição de mais núcleos e novas miofibrilas tornam a fibra muscular mais volumosa do que era antes de ser lesada.

Passo a passo

1. Considerando a ilustração a seguir, que representa o esquema de um neurônio, responda:

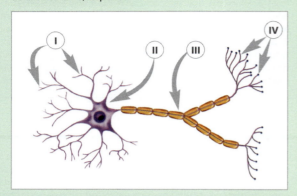

a) Reconheça as estruturas numeradas de I a IV. Em qual dessas estruturas está localizado o núcleo celular?
b) Ao estudar o assunto referente ao funcionamento dos neurônios no sistema nervoso de um animal complexo, uma pessoa afirmou que o sentido de condução do impulso nervoso ocorria da estrutura IV para a estrutura I. A pessoa acertou ou errou? Justifique sua resposta.

2. A participação dos neurônios na transmissão da informação no tecido nervoso é um bom exemplo de "trabalho em equipe". Cada célula nervosa se encarrega de determinada tarefa e o resultado é o movimento de um braço, de uma perna, das pálpebras oculares e assim por diante. O esquema a seguir ilustra uma dessas interações, característica de um "arco reflexo". Observando a ilustração e utilizando seus conhecimentos sobre o assunto:

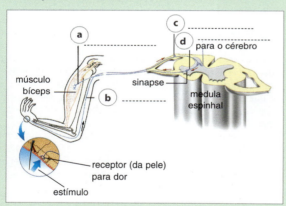

a) Reconheça as estruturas assinaladas de *a* a *d* no arco reflexo esquematizado.
b) Descreva o sentido da estimulação gerada na pele, até o retorno da resposta no músculo bíceps, cuja contração gera o movimento indicado na ilustração.

3. A ilustração a seguir representa o esquema de dois neurônios em interação, com a região de contato entre eles ampliada, mostrada à direita. As setas indicam o sentido de propagação do impulso nervoso. Observando atentamente a ilustração, responda:

a) Reconheça as estruturas assinaladas em I e II. Que denominação é dada ao diminuto espaço existente entre os neurônios, assinalado em III?
b) A passagem do impulso nervoso, da estrutura I para a estrutura II, ocorre a partir da liberação de determinadas substâncias mensageiras geradas no neurônio I. Como são denominadas essas substâncias? Em que local da célula nervosa se localiza a informação para a produção dessas substâncias? Imaginando que essas substâncias tenham natureza proteica, em que organela celular deve ocorrer sua síntese?

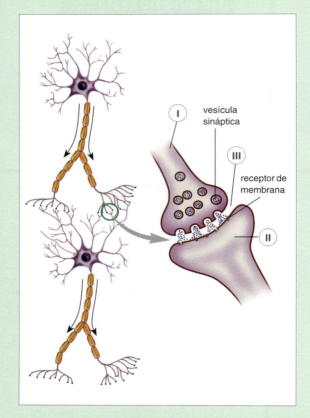

4. Considere o esquema a seguir, que representa a "equipe" celular em ação em um fragmento de tecido nervoso. Utilizando seus conhecimentos sobre as células esquematizadas, responda:

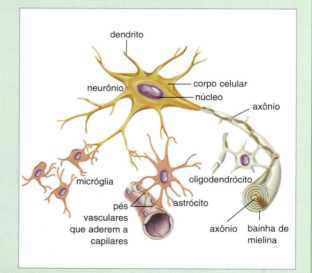

a) Como é denominado o conjunto celular representado por micróglia, oligodendrócitos e astrócitos?
b) Cite pelo menos uma função desempenhada por esses três tipos celulares no tecido nervoso.
c) A bainha de mielina mostrada à direita, no esquema acima, pode ser elaborada por dois tipos celulares desse tecido. Quais são esses tipos celulares? Qual a composição química básica dessa bainha e qual a sua função no trabalho neuronal?

5. A ilustração a seguir e o gráfico que a acompanha correspondem à ocorrência de um potencial de ação durante a passagem de um impulso nervoso, uma atividade semelhante à condução de corrente em um fio elétrico. Observando-os com atenção e utilizando seus conhecimentos básicos sobre a transmissão do impulso nervoso:

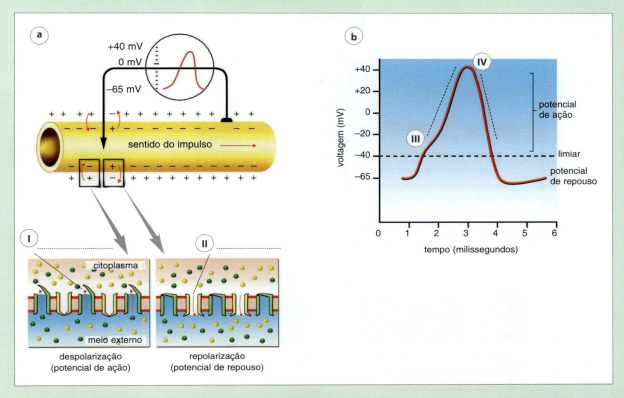

a) Identifique os íons participantes do processo de condução, nos espaços indicados em I e II, correspondentes ao esquema (a).
b) No gráfico representado em (b), reconheça as ondas correspondentes à despolarização e à repolarização.

A ilustração abaixo esquematiza exemplos dos três tipos de tecido muscular encontrados no organismo de um animal vertebrado. Utilize-a para responder às questões **6** e **7**.

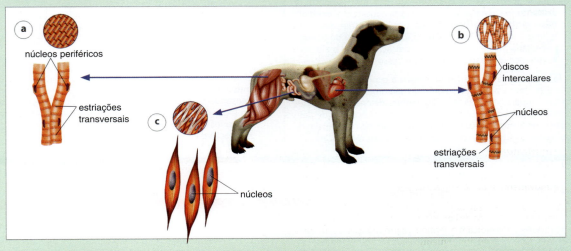

6. a) Reconheça os três tipos de tecido muscular esquematizados em *a*, *b* e *c* e cite os locais do organismo em que podem ser encontrados.
b) Comparando os tecidos musculares mostrados em *a* e *b*, cite as características morfológicas comuns e diferentes por eles apresentados.
c) Morfologicamente, como se pode diferenciar o tecido mostrado em *c*, relativamente aos dois outros tipos?

7. Os tecidos musculares esquematizados também possuem diferenças fisiológicas e no controle da contração, que pode ser involuntário ou voluntário. A respeito dessas diferenças:
a) Como ocorre a contração nos três tipos de tecido muscular, quanto à velocidade e o ritmo?
b) Quanto ao controle da contração, em quais dos tipos de tecido muscular ela é involuntária ou voluntária?

Tecidos nervoso e muscular **335**

Observe as ilustrações abaixo, que mostram fotografias, feitas ao microscópio eletrônico, de um sarcômero, a unidade estrutural de uma fibra muscular estriada esquelética. Em *a*, o sarcômero encontra-se relaxado. Em *b*, encontra-se contraído. Utilize os seus conhecimentos sobre contração muscular para responder aos itens das questões **8, 9 e 10**.

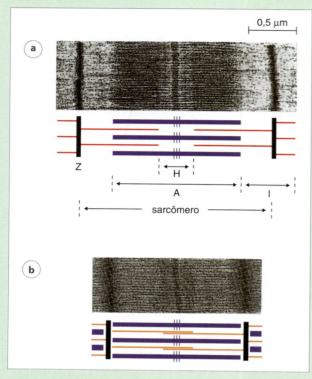

8. a) Na contração, ocorre o deslizamento de miofilamentos proteicos componentes do sarcômero. Quais são esses miofilamentos?
b) Para a ocorrência do deslizamento dos miofilamentos e, portanto, da contração, é necessária uma fonte imediata de energia e a participação de um importante elemento químico, na forma iônica. Qual a fonte imediata de energia necessária para a ocorrência da contração e qual o elemento químico que participa desse processo?

9. A fonte imediata de energia necessária à ocorrência de contração e, portanto, ao encurtamento do sarcômero é proveniente de dois importantes processos liberadores de energia. Um deles ocorre na presença de oxigênio e o outro, em ocasiões de deficiência no fornecimento desse gás, dependendo da intensidade do trabalho muscular. A respeito desse assunto, responda:

a) Quais são os processos liberadores de energia, respectivamente, que ocorrem na presença e na ausência de oxigênio? No caso do processo liberador de energia que ocorre na ausência de oxigênio, cite o nome do resíduo molecular orgânico produzido.
b) Em que organela celular citoplasmática ocorre a maior parte do processo liberador de energia na presença de oxigênio? Essas organelas são pouco numerosas ou muito numerosas nas fibras musculares estriadas esqueléticas e cardíacas? Justifique essa última resposta.

10. Considerando o fornecimento de energia para ocorrer o trabalho muscular e sempre dependendo do tipo de atividade física que será executado, três moléculas orgânicas ricas em energia são normalmente utilizadas nas células musculares. Uma delas é um carboidrato do grupo das hexoses. Com relação às outras duas, uma delas é um polissacarídeo de reserva energética, habitualmente encontrado em células do fígado e em células musculares. Relativamente a esse assunto, responda:

a) Quais são as três moléculas orgânicas ricas em energia normalmente utilizadas em atividades físicas?
b) Para a ocorrência de atividade física aeróbia, é fundamental o fornecimento constante de oxigênio. Duas moléculas orgânicas, uma localizada no interior das hemácias e a outra nas células musculares, exercem essa função. Quais são essas moléculas orgânicas?

11. *Questão de interpretação de texto*

Exercício físico e dieta

Dieta saudável é a capaz de fornecer macronutrientes (proteínas, carboidratos e lipídeos) e micronutrientes (vitaminas e sais minerais) em quantidades e proporções adequadas. Além desses nutrientes, a alimentação saudável também deve conter fibras, que são compostos de origem vegetal, correspondentes às partes comestíveis de plantas. Sabe-se que a alimentação, antes e depois da atividade física, é de extrema importância, a fim de se minimizar os efeitos do catabolismo muscular e fornecer a quantidade de energia necessária. Os profissionais de Educação Física costumam utilizar os termos pré-competição e pós-competição para designar os momentos de ingestão de nutrientes antes e depois da realização de uma atividade física intensa. Entre os macronutrientes orgânicos recomendados podem ser citados os carboidratos (encontrados em pães, no arroz e em tubérculos cozidos, sem utilização de gordura para o cozimento) e as proteínas (encontradas nas carnes magras, sementes não gordurosas de leguminosas e laticínios não gordurosos).

Considerando as informações do texto e utilizando seus conhecimentos sobre substâncias orgânicas e a atividade dos tecidos musculares, responda:
Pensando na realização de atividades físicas intensas (corridas ou jogos de futebol, por exemplo), que nutrientes seriam mais indicados antes (pré-competição) e depois (pós-competição) da realização da intensa atividade física? Justifique sua resposta.

Questões objetivas

1. (UFSCar – SP) O exame de um epitélio e do tecido nervoso de um mesmo animal revelou que suas células apresentam diferentes características. Isso porque
a) as moléculas de DNA das duas células carregam informações diferentes.
b) os genes que estão se expressando nas duas células são diferentes.
c) o mecanismo de tradução do RNA difere nas duas células.
d) o mecanismo de transcrição do DNA nas duas células é diferente.
e) os RNA transportadores das duas células são diferentes.

2. (UECE) Ao mesmo tempo que o genoma de uma bactéria estava sendo alterado artificialmente, produzindo uma nova bactéria geneticamente modificada, o biólogo cearense Dr. Francisco Linhares Ferreira Gomes, professor de Genética e Evolução da Universidade Estadual do Ceará, divulgava o seu feito entre os colegas da UECE: o trabalho científico "*Computational prediction of neural progenitor cell fates*", do qual GOMES é um dos primeiros coautores, que foi publicado na prestigiosa revista *Nature Methods* (fator de impacto > 15), no mês de março de 2010.

Veja como Gomes se expressou na sua comunicação:

"Esta pesquisa surgiu da observação do movimento que células-tronco retinianas fazem quando são cultivadas *in vitro*. Como as células-tronco da retina dão origem a 7 tipos de neurônios nos olhos de mamíferos quando elas se dividem e como eu percebi que as células-tronco realizavam 'danças' diferentes antes de se dividirem, eu tive o *insight* de que provavelmente nós poderíamos prever que tipo de divisão a célula-tronco realizaria baseado em nuances particulares de cada 'coreografia' celular. Meu orientador Dr. Michel Cayouette acreditou na minha intuição e engendrou uma colaboração com dois especialistas em análise de imagem por computador, o Dr. Badrinath Roysan e o Dr. Andrew Cohen dos USA" (GOMES, 2010).

Assinale a alternativa que apresenta, corretamente e nesta ordem, o tipo de divisão ao qual as células-tronco retinianas são submetidas e o tipo de tecido do qual as células diferenciadas farão parte.

a) mitótica e tecido nervoso
b) meiótica e plasma germinativo
c) mitótica e plasma germinativo
d) meiótica e tecido nervoso

3. (UFPel – RS – adaptada) O tecido nervoso é um dos quatro tipos presentes no corpo humano e é fundamental na coordenação das funções dos diferentes órgãos. As células responsáveis pelas suas funções são os neurônios.

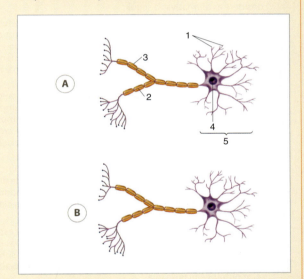

Com base nos textos e em seus conhecimentos, é INCORRETO afirmar que

a) geralmente o sentido da propagação do impulso nervoso é A para B, e por isso a estrutura 1 é especializada na transmissão do impulso nervoso para um outro neurônio ou para outros tipos celulares.
b) tanto a estrutura representada pelo número 1 quanto 2 são ramificações do neurônio, sendo que geralmente a 2 é única e mais longa.
c) a estrutura número 3 pode ser formada pela célula de Schwann. Ela desempenha um papel protetor, isolante e facilita a transmissão do impulso nervoso.
d) a estrutura número 4 está no centro metabólico do neurônio, onde também se encontra a maioria das organelas celulares.
e) considerando o sistema nervoso central, a região número 5 está presente na substância cinzenta e ausente na branca.

4. (UEMG) Leia o trecho a seguir.

"As mais versáteis são as células-tronco embrionárias (TE), isoladas pela primeira vez em camundongos há mais de 20 anos. As células TE vêm da região de um embrião muito jovem que, no desenvolvimento normal, forma as três camadas germinativas distintas de um embrião mais maduro e, em última análise, todos os diferentes tecidos do corpo."

Scientific American Brasil, julho de 2004.

Com as informações contidas nesse texto, juntamente com outros conhecimentos que você possui sobre o assunto, só é possível afirmar CORRETAMENTE que

a) as células-tronco embrionárias (TE), anteriores ao embriolasto, são totipotentes, isto é, capazes de se diferenciarem em qualquer uma das células somáticas do indivíduo.
b) a legislação brasileira proíbe qualquer tipo de pesquisa com células-tronco embrionárias, porque a Constituição brasileira considera que o zigoto já é um novo indivíduo e tem que ser protegido.
c) as três camadas germinativas distintas a que o texto se refere são os folhetos embrionários epiderme, derme e hipoderme.
d) entre os tecidos do corpo, o tecido nervoso se origina a partir do folheto germinativo ectoderma, enquanto o tecido muscular se origina do endoderma.

5. (UFRGS – RS) Observe a ilustração abaixo:

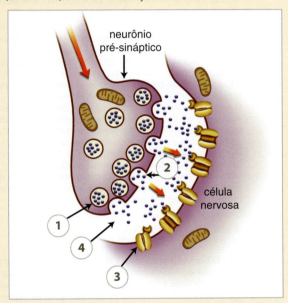

Assinale a alternativa correta a respeito desta ilustração.

a) O conjunto ilustra uma sinapse neuromuscular.
b) O número 1 indica vesículas de fagocitose.
c) O número 2 representa os neurotransmissores na fenda sináptica.
d) O número 3 identifica os canais que permitem a passagem de íons cloro.
e) O espaço indicado pela seta de número 4 denomina-se nó neurofibroso.

6. (PUC – MG) Observe o esquema, que representa células do tecido muscular estriado cardíaco humano.

Sobre este assunto, assinale a afirmativa INCORRETA.

a) A contração dessa musculatura, em condições normais, depende de um sistema próprio gerador de impulsos.

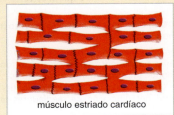

músculo estriado cardíaco

Tecidos nervoso e muscular **337**

b) As células musculares cardíacas apresentam, em seu citoplasma, actinas, miosinas e mioglobinas.

c) As células musculares cardíacas podem realizar contração, mesmo sem estímulos do sistema nervoso central.

d) As células musculares cardíacas apresentam intenso consumo de oxigênio que é recebido diretamente do sangue contido nos átrios e nos ventrículos.

7. (UFPel – RS) A técnica convencional para reconstruir uma bexiga consiste em extrair pedaços do intestino delgado ou do estômago, porém esse procedimento traz várias complicações. Recentemente, cientistas 'construíram' bexigas em laboratório para pacientes que apresentam deficiência funcional nesse órgão. Os cientistas construíram com colágeno uma estrutura de sustentação e a recobriram internamente com células da bexiga e externamente com células musculares. Esse conjunto foi colocado em uma sopa de nutrientes para facilitar o crescimento celular. Depois de dois meses, as células já haviam recoberto o modelo e estava pronta uma bexiga feita sob medida.

Ciência Hoje, v. 38, 2006. (Adaptado).

De acordo com o texto e seus conhecimentos, analise as seguintes afirmativas.

I – A cavidade da bexiga é revestida pelo tecido epitelial, o qual não é vascularizado e apresenta pouca substância intercelular.

II – Tanto as células do tecido epitelial quanto as do tecido muscular são ricas em fibras colágenas. Essas fibras têm a capacidade de ceder facilmente às pressões e voltar ao estado normal quando as pressões terminam.

III – O corpo humano apresenta dois tipos de tecido muscular estriado: o cardíaco e o esquelético. As estrias são resultado da organização dos miofilamentos dentro das células.

IV – Todos os órgãos citados no texto pertencem ao sistema digestório, por isso é comum fazer a reconstituição da bexiga com pedaços de intestino ou estômago.

V – Uma vantagem da nova técnica desenvolvida é a não ocorrência de rejeição do novo órgão, uma vez que o tecido implantado é do próprio paciente.

Estão corretas as seguintes afirmativas:

a) I, II e III.
b) II, IV e V.
c) I, IV e V.
d) II, III e IV.
e) I, III e V.

8. (UDESC) O bolo alimentar passa do esôfago para o estômago com o auxílio de movimentos peristálticos. No estômago ele sofre a quimificação e, no intestino delgado, transforma-se em quilo (produto final da digestão), quando a maior parte dos nutrientes começa a ser absorvida pelas células que revestem o intestino.

Assinale a alternativa correta que contém o tecido responsável pelos movimentos peristálticos e o tecido das células absortivas do intestino, respectivamente.

a) tecido epitelial estratificado pavimentoso e tecido epitelial simples prismático

b) tecido muscular esquelético e tecido epitelial estratificado cúbico

c) tecido muscular liso e tecido epitelial simples prismático

d) tecido muscular liso e tecido epitelial estratificado pavimentoso

e) tecido muscular esquelético e tecido epitelial simples prismático

9. (UFAL) Os tecidos são unidades cooperativas de células similares que desempenham uma função específica.

Considere as afirmações a seguir sobre diferentes tipos de tecido.

I – O tecido cartilaginoso é muito vascularizado e pouco flexível.

II – O tecido sanguíneo é formado por células e plasma.

III – O tecido epitelial cobre a superfície do corpo e dos órgãos internos.

IV – O músculo esquelético é composto por fibras musculares lisas e estriadas.

Está correto o que é afirmado SOMENTE em

a) I e II.
b) I e IV.
c) II e III.
d) I, III e IV.
e) II, III e IV.

10. (UEL – PR) Apesar de sua grande complexidade, o organismo humano é constituído por apenas quatro tipos básicos de tecido: epitelial, conjuntivo, muscular e nervoso.

Com base nos conhecimentos sobre a histologia dos tecidos, considere as afirmativas a seguir.

I – Os tecidos epiteliais são estruturas dinâmicas cujas células são continuamente renovadas por atividade mitótica. A taxa de renovação é variável, podendo ser rápida em tecidos como o epitelial intestinal, que é totalmente substituído a cada semana, ou lenta, como no fígado e no pâncreas.

II – Além de desempenhar uma função estrutural, a grande variedade de moléculas do tecido conjuntivo desempenha importantes papéis biológicos como, por exemplo, o de ser importante reserva para muitos fatores de crescimento que controlam a proliferação e a diferenciação celular.

III – O tecido muscular é constituído por células cúbicas mononucleadas, que contêm pequena quantidade de filamentos citoplasmáticos de proteínas contráteis, geradoras das forças necessárias para a contratação desse tecido, oriunda do metabolismo anaeróbico.

IV – Quando cortados, o cérebro, o cerebelo e a medula espinhal mostram regiões de substância branca e regiões de substância cinzenta. Os principais constituintes da substância branca são axônios mielinizados, oligodendrócitos e outras células da glia.

Assinale a alternativa CORRETA.

a) Somente as afirmativas I e II são corretas.
b) Somente as afirmativas I e III são corretas.
c) Somente as afirmativas III e IV são corretas.
d) Somente as afirmativas I, II e IV são corretas.
e) Somente as afirmativas II, III e IV são corretas.

Questões dissertativas

1. (UFV – MG) Com relação ao tecido nervoso humano, resolva os seguintes itens:

a) Além dos neurônios, o tecido nervoso apresenta outras células fundamentais para o seu funcionamento. Como se denominam, em conjunto, essas células?

b) Na sinapse química, a transmissão do impulso nervoso ocorre pela liberação de mediadores químicos. Cite dois exemplos desses mediadores.

2. (URRJ) Um biólogo, ao estudar um determinado tecido de animais vertebrados, fez algumas descrições sobre suas observações: "É formado por células dotadas de extensos prolongamentos, os quais liberam substâncias químicas que permitem a comunicação entre as células do tecido".

Identifique esse tecido e o tipo de célula à qual se referiu o biólogo, justificando como você chegou a essa conclusão.

3. (UFG – GO) Leia o texto e observe a figura a seguir.

Brasil na copa da África

A seleção brasileira de futebol é a única a participar de todas as copas mundiais. Sua estreia na copa da África do Sul será no dia 15 de junho contra a Coreia do Sul. Como um dos esportes símbolos nacionais, o futebol promove um elevado desgaste físico aos seus atletas, pois é uma modalidade esportiva intermitente e de longa duração, exigindo movimentos com elevadas ações de contração muscular durante a partida, como esquematizado na figura ao lado.

Considerando o exposto, explique como ocorre, no atleta, o movimento de contração da unidade representada na figura durante uma partida de futebol.

Disponível em: <passeioweb.com/na_ponta_lingua/sala_de_aula/biologia/imagens>. *Acesso em:* 16 mar. 2010.

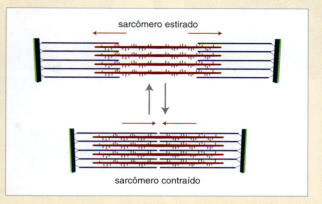

Programas de avaliação seriada

1. (PASES – UFV – MG) Observe o esquema ao lado, que representa um neurônio. Com base no esquema, é CORRETO afirmar que os números 1, 2 e 3 indicam, respectivamente:

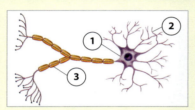

a) corpo celular, dendritos e axônio.
b) dendritos, corpo celular e axônio.
c) axônio, dendritos e corpo celular.
d) corpo celular, axônio e dendritos.

2. (PSS – UFAL) Os tecidos humanos são formados por células especializadas que exercem funções diferenciadas e apresentam morfologias características. Sobre este assunto, observe as fotomicrografias abaixo e, a seguir, aponte a alternativa que indica os tecidos 1, 2, 3 e 4, nessa ordem.

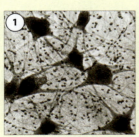
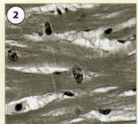
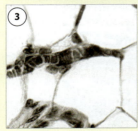

a) Nervoso; muscular; epitelial; adiposo.
b) Muscular; nervoso; epitelial; adiposo.
c) Adiposo; muscular; nervoso; epitelial.
d) Muscular; epitelial; nervoso; adiposo.
e) Nervoso; muscular; adiposo; epitelial.

3. (UnB – DF) O maior gene humano é aquele que codifica a distrofina, proteína que auxilia na manutenção da integridade dos músculos. A ausência dessa proteína acarreta deterioração muscular e quadro clínico da doença denominada Duchenne, que é recessiva e ligada ao cromossomo X. O gene da distrofina, constituído por 79 éxons e 78 íntrons, apresenta 2.300.000 bases. A partir de experimentos *in vitro* de indução da expressão do gene da distrofina em células miogênicas (precursoras das células musculares), estimou-se que a transcrição completa desse gene demanda 16 horas.

TENNYSON, C. N.; KLAMUT, H. J.; WORTON, R.G. *Nature Genetics*, n. 9, p. 184-90, 1995. *Disponível em:* <http://www.nature.com> (com adaptações).

A partir do texto acima e considerando uma cultura de células com $2,0 \times 10^5$ células, julgue os itens de 01 a 04.

01. As células musculares e as suas precursoras caracterizam-se por possuírem o citoplasma repleto de proteínas contráteis.
02. Nas células miogênicas em cultura, o processo de síntese do RNA mensageiro ocorre três vezes a cada dois dias.
03. Estima-se que seja superior a 2 centésimos de segundo o tempo necessário para a incorporação de cada base nitrogenada no processo de transcrição do gene da distrofina.
04. As células miogênicas, como as utilizadas no estudo de expressão do gene da distrofina, proliferam intensamente, por serem células indiferenciadas, ao passo que as células musculares cardíacas, que são diferenciadas, não proliferam.

4. (PSC – UFAM) Com relação ao tecido muscular, analise as seguintes proposições:

I – Na constituição do músculo liso aparecem as fibras musculares lisas, células alongadas com as extremidades afiladas e um núcleo central alongado.
II – A musculatura estriada caracteriza-se pela disposição das fibras em feixes verticais e a coincidência das faixas produz as estrias.
III – O aumento da massa muscular, verificado em decorrência da prática de exercícios físicos, é determinado pelo aumento do número de células musculares.
IV – Nos adultos, as células musculares não sofrem mitoses devido à sua alta especialização. Assim, quando lesados, os músculos não se regeneram, sendo então substituídos por tecido conjuntivo.

Podemos afirmar que:

a) apenas I e IV são corretas.
b) apenas I é correta.
c) apenas II e III são corretas.
d) apenas IV é correta.
e) apenas III e IV são corretas.

Capítulo **16**

Pele e defesas do organismo

Alguém precisa falar isso para o meu time

Todo técnico de time de futebol sabe, ou pelo menos deveria saber, que o sucesso, em uma partida, depende de uma estratégia que alie uma boa defesa e um eficiente ataque ante as investidas do time adversário.

Cada setor de um time de futebol – o goleiro, a defesa, o meio de campo e o ataque – é montado e treinado exaustivamente, no sentido de bloquear as tentativas dos atletas adversários de chegar com sucesso ao gol. De maneira geral, o resultado é a vitória; às vezes, um empate. A derrota do time é frustrante!

Do mesmo modo, nos vertebrados, incluindo a espécie humana, uma estratégia de defesa contra diversos agentes externos causadores de doenças – vírus, bactérias, fungos, protozoários, grãos de pólen – e mesmo agentes internos, como é o caso das células cancerosas, foi desenvolvida no decorrer de longos anos de evolução biológica.

A pele e a "estratégia" das linhas de defesa, nesse jogo para defender nosso organismo, são os temas deste capítulo.

▪ PELE: ÓRGÃO DE CONTATO

Nos vertebrados, a pele é importante órgão de contato com o meio. A conquista do ambiente terrestre pelos vertebrados tornou-se possível, entre outras coisas, a partir do isolamento e da proteção do corpo e de mecanismos de relação do ser vivo com o meio. O tato, a visão, a olfação, a gustação e a audição são úteis no relacionamento do animal com o ambiente. A pele, órgão responsável pelas sensações táteis, apresenta diferentes tipos de "sensores", que registram e informam ao ser vivo variações de temperatura (calor ou frio) e pressão (toques, choques, pancadas). A pele é, ainda, importante órgão de defesa contra diversos tipos de agentes infecciosos. É preciso, portanto, manter a integridade desse importante órgão de revestimento, proteção e relação com o meio.

Tecnologia & Cotidiano

Transplante de pele

Assim como a técnica de transplante de coração e de rim, a de transplante de pele também ocupa lugar de destaque nos dias atuais. Não é possível viver sem ela. Ferimentos sérios, que comprometem a integridade de grandes extensões de pele, como queimaduras graves, precisam ser cuidadosamente tratados. Recorre-se, muitas vezes, a transplantes, que repõem o que está faltando.

A pele é dinâmica. Ela própria pode, ao proliferar, efetuar a reparação de trechos lesados. Dependendo da extensão da lesão, porém, o processo de reparação é lento, o que pode prejudicar a proteção do corpo, ficando este exposto por um longo tempo até que a cobertura epitelial se recupere naturalmente.

A Histologia da Pele

Nos mamíferos, a pele é órgão composto de duas camadas: **epiderme** e **derme**.

A **epiderme** é um tecido epitelial pluriestratificado (tecnicamente, se diz que é *estratificado pavimentoso queratinizado*). É formada por cinco estratos (ou camadas), dos quais destaca-se o *estrato basal* (também chamado de *estrato germinativo*), que fica apoiado na derme e é formado por células de aspecto cúbico. Nessa camada é intensa a atividade de divisão celular mitótica, que repõe constantemente as células perdidas no desgaste diário a que a superfície desse tecido está sujeita. À medida que novas células são formadas, elas vão sendo "empurradas" para formar as demais células, até ficarem expostas na superfície da pele (veja a Figura 16-1).

> **Anote!**
> Apoptose é a morte programada de uma célula. Ocorre nas células mais superficiais da epiderme, que originam a camada córnea, queratinizada.

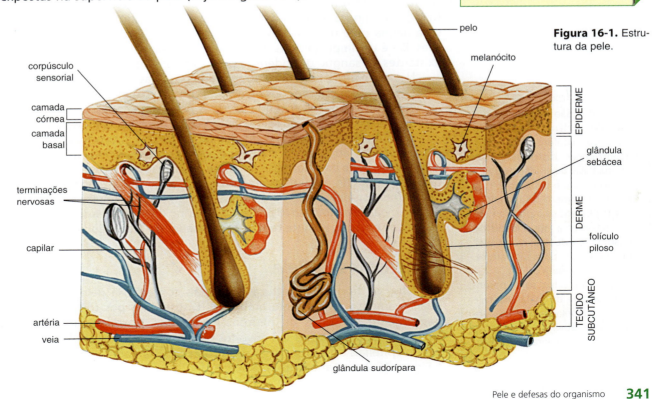

Figura 16-1. Estrutura da pele.

Pele e defesas do organismo **341**

De olho no assunto!

Os estratos da epiderme

Na ordem, a partir da camada basal (que é o primeiro estrato da epiderme, também chamado de *estrato germinativo*) em direção à superfície, os outros estratos são:

- *estrato espinhoso*: várias camadas de células poliédricas achatadas, contendo prolongamentos que se tocam, o que lhes dá o aspecto de espinhos;
- *estrato granuloso*: de duas a cinco camadas de células poligonais, achatadas, contendo grânulos de uma substância denominada *querato-hialina*, precursora da queratina localizada nas camadas superficiais;
- *estrato lúcido*: uma fina camada de células achatadas, em que é iniciado o processo de queratinização (produção de queratina). Os núcleos e as organelas citoplasmáticas começam a desaparecer, o que revela que, nesse estrato, as células estão morrendo;
- *estrato córneo*: é a camada superficial – em contato com o meio ambiente –, dotada de várias fileiras de células achatadas e mortas, ricas em queratina. O acúmulo de queratina nessas células impermeabiliza a pele e constitui um dos importantes recursos para a conquista do meio terrestre pelos vertebrados.

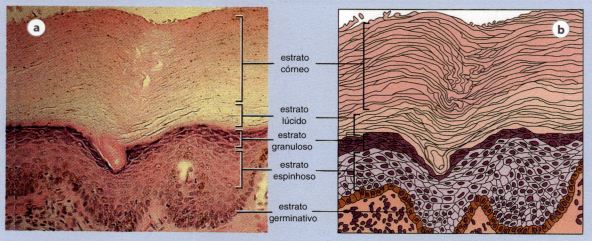

As camadas da epiderme. (a) Fotomicrografia da epiderme espessa da palma da mão. (b) Esquema das camadas.

A **derme** é uma camada constituída de tecido conjuntivo do tipo denso, cujas fibras ficam orientadas em diversas direções. Vários tipos de células são encontrados, destacando-se os fibroblastos e os macrófagos. Nervos, terminações nervosas, diferentes tipos de corpúsculos sensoriais e uma ampla rede de capilares sanguíneos cruzam a derme em várias direções. Ela é um importante tecido de manutenção e de apoio. Os nutrientes existentes no sangue difundem-se para as células epidérmicas.

Nos mamíferos, a derme é atravessada por finas faixas de células musculares, os *músculos eretores dos pelos*, cuja contração é involuntária e permite aumentar a camada de ar retida entre os pelos, que contribui para o isolamento térmico. Mecanismo semelhante ocorre nas aves, com as penas.

Abaixo da derme, há uma camada de tecido conjuntivo frouxo, o *tecido celular subcutâneo* (também conhecido como *tela subcutânea* ou *hipoderme*), que **não faz parte da pele**, mas estabelece a sua ligação com as estruturas adjacentes, permitindo o seu deslizamento. Em determinadas regiões do corpo, a hipoderme contém um número variável de camadas de células adiposas, formando o *panículo adiposo* (o popular "toucinho do porco"), importante como reserva de energia, isolante térmico e facilitador da flutuação na água.

Os Sensores da Pele

Diversos tipos de estruturas sensoriais conferem à pele a função de relacionamento com o meio ambiente. Distribuídos por toda a pele, são basicamente dendritos de neurônios sensoriais (**terminações nervosas livres**), sendo que alguns são envoltos por uma cápsula de células conjuntivas ou epiteliais e, por isso, esses receptores são chamados **capsulados** (veja a Figura 16-2 e a Tabela 16-1).

Anote!

Melanócitos são células produtoras de melanina (pigmento escuro que confere cor à pele). Encontram-se distribuídos na camada basal da epiderme ou na junção epiderme-derme.

Embora o número de melanócitos nas pessoas seja praticamente o mesmo, a quantidade de melanina produzida é variável, em função de diversos fatores, entre eles o genético.

A exposição à luz solar desencadeia síntese de melanina, que se espalha pela pele e confere proteção relativa à ação danosa dos raios ultravioleta provenientes do Sol.

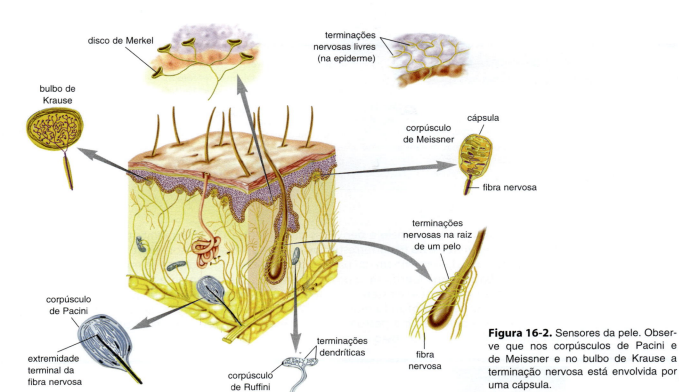

Figura 16-2. Sensores da pele. Observe que nos corpúsculos de Pacini e de Meissner e no bulbo de Krause a terminação nervosa está envolvida por uma cápsula.

Tabela 16-1. Características e funções dos principais sensores da pele.

Sensores	Sensível a estímulos	Localização principal	Estrutura
terminações nervosas livres	■ mecânicos (toque e pressão) ■ dor ■ variação de temperatura ■ coceira	■ na epiderme e derme, sendo que algumas envolvem os folículos pilosos, especialmente em pelos muito sensíveis, como as vibrissas do focinho do gato, por exemplo. Também encontrados na córnea ocular	dendritos de neurônios sensoriais, sem bainha de mielina (daí a referência à terminação nervosa "livre")
disco de Merkel (célula de Merkel e terminações nervosas discoidais)	■ mecânicos (pressão e tração)	■ nas camadas mais profundas da epiderme, principalmente da palma das mãos e na planta dos pés	terminações nervosas livres em forma de disco, em contato com a base de células especializadas (células de Merkel)
corpúsculos de Meissner	■ mecânicos (toques leves)	■ na derme, logo abaixo da epiderme ■ presentes na palma das mãos e planta dos pés, principalmente na ponta dos dedos, pálpebras, lábios, genitais externos e mamilos	capsulados, ovoides, a fibra nervosa ziguezagueia no interior dos corpúsculos, envolta por células achatadas que se entrelaçam
bulbos (ou receptores) de Kreus	■ mecânicos ■ frio	■ na derme, logo abaixo da epiderme ■ presentes na derme da conjuntiva (o branco dos olhos), pálpebras, língua, mucosa da boca e da faringe e genitália externa	capsulados, esféricos, com terminações nervosas ramificadas, envoltas por uma fina cápsula de tecido conjuntivo
corpúsculos de Pacini	■ mecânicos (pressão e vibrações)	■ localizados na parte mais profunda da derme e no tecido subcutâneo* ■ presentes principalmente na ponta dos dedos, genitália externa, seios e próximos a tendões e articulações	capsulados, ovoides, relativamente grandes (1 a 2 mm), alguns podem ser vistos a olho nu; a terminação nervosa é única, não ramificada e rodeada por camadas concêntricas de células conjuntivas, que conferem a esses corpúsculos o aspecto de cebola cortada longitudinalmente
corpúsculos de Ruffini	■ mecânicos ■ calor	■ na derme profunda e no tecido subcutâneo* ■ particularmente numerosos nas plantas dos pés ■ frequentemente misturam-se às fibras colágenas do tecido conjuntivo	não capsulados; terminações nervosas ramificadas que terminam em expansões achatadas

* Lembre-se de que o tecido subcutâneo não faz parte da pele propriamente dita.

De olho no assunto!

É usual designarmos os receptores dos diversos órgãos dos sentidos (não só os da pele) segundo o tipo de estímulo sensorial a que respondem. Assim, temos em nosso corpo:

- **mecanorreceptores** – respondem a estímulos mecânicos, como toque, pressão, movimento e mudanças de posição;
- **nociceptores** – sensíveis à dor;
- **quimiorreceptores** – detectam substâncias químicas dissolvidas nos fluidos que banham os receptores;
- **termorreceptores** – detectam variações de calor.

A palavra **nociceptor** tem a mesma origem da palavra "nocivo". Isso se explica porque, no passado, acreditava-se que a dor fosse ruim, algo "nocivo" (do latim, *nocivus* = prejudicial). Hoje, sabe-se que não é esse o caso – na verdade, a dor nos alerta para algo que não está bem, o que nos possibilita resolver alguma disfunção, por exemplo, ainda em seus estágios iniciais.

Os Anexos da Pele

Três estruturas anexas à pele e derivadas da epiderme são extremamente importantes na adaptação dos mamíferos ao meio terrestre: **pelos**, que auxiliam no isolamento térmico; **glândulas sudoríparas**, que desempenham um papel importante na regulação da temperatura corpórea; e **glândulas sebáceas**, que lubrificam a pele e os anexos (veja novamente a Figura 16-1).

Em apenas 1 cm de pele existem, em média, 300 pelos, 150 glândulas de suor e 70 terminais nervosos. Um corte profundo mostraria 12 sensores de calor e 200 de dor. Considerando o corpo inteiro, a pele de uma pessoa chega a pesar 5 kg e tem uma área total de 18 m². É, portanto, o maior órgão do nosso corpo.

Leitura

Cuidado com o câncer de pele

Por vivermos em um país tropical, banhado de Sol o ano inteiro, estar bronzeado sempre fez parte da vida da maioria dos brasileiros. Até certo ponto, o efeito da radiação ultravioleta sobre a pele é benéfico, pois permite a produção de vitamina D, importante para a fixação do cálcio ósseo. Mas, segundo estatísticas do Instituto Nacional do Câncer (INCA), o câncer de pele é o de maior incidência no Brasil e está diretamente relacionado à excessiva exposição ao Sol em horários impróprios. Os números são alarmantes; somente em 2004, aproximadamente 55 mil brasileiros foram acometidos por esse tipo de câncer. Dois fatores têm contribuído para esse significativo aumento do número de casos: um deles é o fato de que os raios solares nos chegam cada vez com mais intensidade, devido à destruição da camada de ozônio; o outro fator é cultural, pois o brasileiro nunca foi educado adequadamente para se proteger do Sol.

Foi-se o tempo em que apenas os idosos eram vítimas de câncer de pele, principalmente em função dos efeitos cumulativos das exposições às radiações. Atualmente, é cada vez maior o número de jovens acometidos pela doença, pois eles estão se expondo mais e se protegendo menos.

Para evitar o câncer de pele, os dermatologistas aconselham evitar a exposição ao Sol entre 10 e 16 horas, utilizar chapéus, bonés e óculos escuros e usar filtros solares todos os dias nas áreas expostas do corpo, como, por exemplo, rosto, braços, mãos, pernas e pés. Para ser efetivo, o protetor solar deve ter um Fator de Proteção Solar (FPS) acima de 15.

▪ NOSSA EQUIPE DE DEFESA

Três linhas de defesa, atuando conjuntamente, garantem, na maioria das vezes, o sucesso do organismo animal na luta contra os agentes causadores de doenças. São elas:

- **1.ª linha de defesa**: uma barreira externa representada pela pele, mucosas e secreções oriundas desses revestimentos;
- **2.ª linha de defesa**: uma série de mecanismos internos relacionados a células fagocitárias, proteínas de combate aos agressores e diversas substâncias sinalizadoras, todos empregados na chamada **reação inflamatória**;
- **3.ª linha de defesa**: relativa ao sistema imunológico, atua simultaneamente com a segunda linha de defesa e envolve a participação de anticorpos (defesa *humoral*, relacionada à ação dos linfócitos B) e vários tipos de linfócitos T (defesa *celular*).

Tabela 16-2. Principais estruturas que participam da defesa de nosso organismo.

Mecanismos de defesa	Linha de defesa	Participantes
Não específicos	1.ª	pele, mucosa e secreções
	2.ª	células e proteínas envolvidas no processo inflamatório
Específicos	3.ª	anticorpos, linfócitos B (defesa humoral) e linfócitos T (defesa celular)

As duas primeiras linhas de defesa são consideradas *inespecíficas*, por atuarem indistintamente contra qualquer tipo de invasor. A terceira linha é *específica*, destinada a combater microrganismos, toxinas, células cancerosas e quaisquer outras entidades reconhecidas como estranhas ao organismo. Veja a Tabela 16-2.

Pele e Mucosas: A Primeira Linha de Defesa

A pele e as mucosas constituem barreiras *físicas* à penetração de agentes microbianos. Ao mesmo tempo, um verdadeiro arsenal *químico* é acionado no combate aos invasores:

- a acidez decorrente das secreções oleosas e das substâncias existentes no suor mantém o pH da pele em valores entre 3 e 5, suficiente para barrar diversos microrganismos patogênicos;
- a *lisozima*, enzima existente no suor, na saliva e na lágrima, destrói a parede celular de inúmeras bactérias;
- o muco produzido pelas células epiteliais da traqueia humana retém microrganismos;
- a ação coordenada dos batimentos ciliares do epitélio respiratório, a tosse e o ato de espirrar contribuem para a expulsão dos agentes infecciosos;
- micróbios existentes nos alimentos, na água e no muco que você engole são atacados pelos ácidos existentes no estômago, impedindo que muitas bactérias se encaminhem para o intestino.

Ainda assim, alguns agentes patogênicos escapam a essas barreiras e seguem em frente. É o caso do vírus da hepatite A e da bactéria causadora do cólera. Vômitos e diarreias podem contribuir para a eliminação de muitos agentes infecciosos que atingem o tubo digestório, a exemplo do que ocorre com a tosse e o ato de espirrar, que auxiliam na eliminação desses agentes das vias aéreas respiratórias.

Contra-ataque Celular: A Segunda Linha de Defesa

Suponha que um diminuto fragmento de madeira penetre na pele de um dos seus dedos da mão. Rompe-se a sua primeira linha de defesa, o que favorece o ingresso de microrganismos na pele e estimula a ação da segunda linha de defesa. Inicia-se a *reação inflamatória*, desencadeada por *sinais químicos* que podem ser originados de toxinas dos próprios microrganismos ou, então, da *histamina*, liberada por basófilos e mastócitos do tecido conjuntivo, e de *prostaglandinas*, liberadas por leucócitos e pelas células infectadas e lesadas. Esses sinais químicos geram a resposta inflamatória, que envolve a ocorrência de *dor* localizada, *vermelhidão* que se verifica no local afetado (em decorrência do aumento do fluxo sanguíneo), aumento da *temperatura* e formação de um *edema* (inchaço). O edema é decorrente do aumento de permeabilidade dos capilares sanguíneos, responsáveis pelo extravasamento de líquido sanguíneo para a região. Com o fluido sanguíneo, o aumento da permeabilidade capilar favorece a passagem de células fagocitárias – *neutrófilos e monócitos* – que efetuarão o combate aos invasores (veja a Figura 16-3).

> **Anote!**
> O *pus*, que muitas vezes vemos em algumas feridas, resulta do acúmulo de neutrófilos e microrganismos mortos e de restos celulares do tecido lesado.

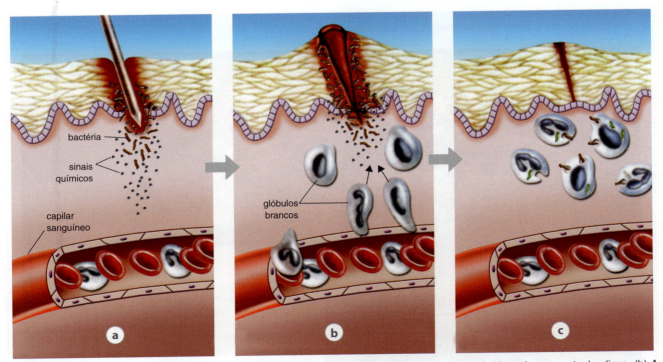

Figura 16-3. Quando um objeto perfura a pele (a) e introduz bactérias, desencadeia a liberação de histamina e prostaglandinas. (b) A ação dessas substâncias aumenta o fluxo sanguíneo e a permeabilidade capilar na área afetada, aumentando, consequentemente, o número de glóbulos brancos (células fagocitárias), (c) que atacam e destroem as bactérias invasoras.

Pele e defesas do organismo **345**

Os primeiros a atuar são os neutrófilos, que fagocitam microrganismos e também morrem como consequência dessa atividade. Em seguida, entram em ação os monócitos, que se transformam em *macrófagos* fagocitadores de microrganismos e de resíduos gerados pela morte celular.

Ao mesmo tempo, outras células, as chamadas *assassinas* (ou matadoras) *naturais* (que, para alguns autores, são linfócitos), entram em ação. Essas células não atacam os microrganismos. Elas atuam em células infectadas, por meio de proteínas chamadas *perforinas*, que se instalam nas membranas das células-alvo e provocam a formação de poros (perfurações), o que favorece o ingresso de água nas células infectadas e provoca a sua ruptura e morte (veja a Figura 16-4).

Figura 16-4. Como uma *célula assassina* aniquila uma célula-alvo. A forte ligação da célula assassina à célula-alvo faz com que suas vesículas repletas de moléculas de *perforina* se desloquem para a membrana plasmática e liberem seu conteúdo no espaço entre as membranas, sobre a célula-alvo. As moléculas de perforina inserem-se na membrana plasmática da célula-alvo como se fossem escoras (suportes), formando poros. Através deles há excessiva entrada de água na célula, o que leva à sua ruptura.

De olho no assunto!

Macrófagos são células fagocitárias teciduais que atuam ativamente nos mecanismos de defesa. São derivados da transformação de monócitos do sangue circulante que, atravessando a parede dos capilares sanguíneos, se diferenciam em macrófagos nos tecidos.

Na verdade, monócitos e macrófagos correspondem à mesma célula, porém em etapas fisiológicas diferentes. É interessante notar que nos diversos tecidos de um vertebrado existem macrófagos considerados residentes: no tecido pulmonar existem os *macrófagos alveolares*; no fígado, as *células de Küpfer*; no tecido nervoso, as *células da micróglia*; e no tecido conjuntivo, os *histiócitos*.

Os macrófagos, células de nossa defesa, reconhecem e atacam elementos estranhos ao organismo. Nesta imagem de microscopia eletrônica de varredura, macrófagos (em bege escuro) atacam uma linha de sutura cirúrgica (em verde). Ao ser retirado, o fio que permaneceu dentro do corpo do paciente por quinze dias estava recoberto com muitos macrófagos. Observe que essas células se alongam e emitem projeções com o objetivo de envolver e eliminar o elemento estranho.

As Proteínas "Matam" Microrganismos Invasores

Ao mesmo tempo que ocorre a ação celular, a segunda linha de defesa envolve a participação de proteínas de duas categorias: proteínas do *sistema complementar* (ou *sistema de complemento*) e os *interferons*.

O sistema complementar (que também participa da terceira linha de defesa) consiste em cerca de 20 tipos diferentes de proteínas que agem em uma sequência de reações químicas, culminando na destruição das bactérias invasoras. A exemplo das perforinas produzidas pelas células matadoras naturais, as proteínas complementares também aderem às membranas plasmáticas das células bacterianas, promovem a formação de poros (perfurações) e o ingresso de água, que provoca a ruptura e a morte das bactérias (veja a Figura 16-5).

Os *interferons* são proteínas "sinalizadoras", produzidas apenas em células invadidas por vírus. Ao serem liberados por essas células infectadas, os interferons atuam como mensageiros que "alertam" as células ainda não infectadas, induzindo-as a produzir substâncias que impedem a multiplicação viral. Nesse sentido, os interferons limitam a disseminação dos vírus pelas demais células do tecido invadido, auxiliando no controle da infecção viral.

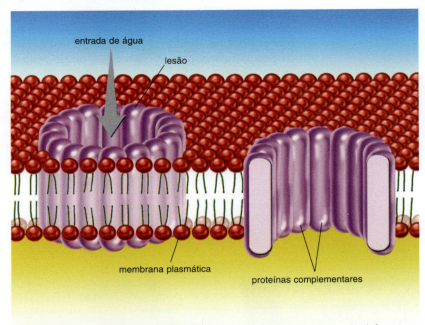

Figura 16-5. As proteínas que participam do sistema complementar de defesa também formam poros (estruturas em forma de anel), que atravessam a membrana plasmática. É através desses poros que se dá a entrada de água na célula.

Anote!
Em 1957, foi criada em inglês a palavra *interferon* para designar as proteínas que "interferem" na duplicação dos vírus.

A Terceira Linha de Defesa: Nem Tudo Está Perdido

Imaginando que os microrganismos invasores consigam ultrapassar as barreiras da segunda linha de defesa, você poderá perguntar: será que, agora, os invasores vencerão a partida? Calma. O jogo ainda não está perdido. Ainda temos o recurso da terceira linha de defesa, que conta com a participação de *anticorpos* relacionados à defesa *humoral* (termo derivado do latim *humor, humoris* = líquido, fluido) e com a atividade de células que participarão diretamente do combate a microrganismos específicos – caracterizando a chamada defesa *celular*. Ou seja, são acionados os mecanismos relacionados ao sistema de defesa imunológico.

A resposta imunitária

Antes de conhecer os participantes da terceira linha de defesa, é preciso relembrar que o fator determinante da resposta imunológica é a existência de *antígenos* na superfície de quaisquer microrganismos (vírus, bactérias, fungos, protozoários), vermes, grãos de pólen, células cancerosas, células de órgãos transplantados ou quaisquer outros materiais estranhos ao organismo de um animal.

Lembre-se de que nas moléculas consideradas como antígenos – de modo geral, proteínas e polissacarídeos – podem existir diferentes regiões, cada uma capaz de gerar uma resposta imunológica. Ou seja, em cada antígeno existem diferentes sítios, conhecidos como *determinantes antigênicos*, cada um deles capaz de induzir a produção de um anticorpo específico para o seu combate. Não é difícil imaginar, por exemplo, que na superfície de uma bactéria ou de um vírus existam inúmeros determinantes antigênicos e, portanto, que o sistema imunológico de um animal infectado deve produzir um anticorpo diferente para cada um deles.

Quando dizemos que um anticorpo se *liga* a um antígeno, devemos entender que a ligação ocorre com determinada região do antígeno, apenas. Para se ter uma ideia do que estamos dizendo, estima-se que na superfície de uma bactéria, por exemplo, podem existir até 4 milhões de locais disponíveis para ligação com anticorpos! Esse fato ajuda a entender por que a resposta imunológica é altamente *específica*. Por outro lado, ao pensarmos na grande diversidade de antígenos existentes, é preciso aceitar que cada organismo animal é capaz de gerar uma infinidade de anticorpos, até para antígenos ainda não conhecidos! Essa fascinante produção de diferentes tipos de anticorpos é possível porque o material genético das células produtoras de anticorpos sofre frequentes rearranjos, originando constantemente novas sequências gênicas, que serão responsáveis pela produção dos milhares de tipos de anticorpos, diferentes uns dos outros (veja a Figura 16-6).

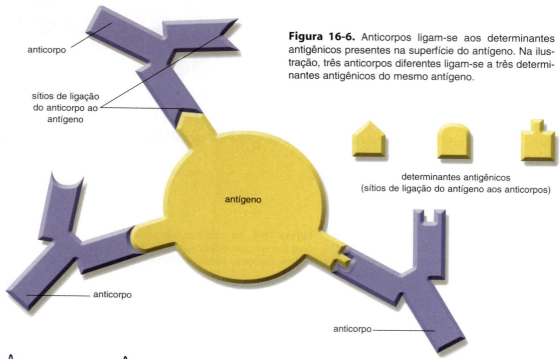

Figura 16-6. Anticorpos ligam-se aos determinantes antigênicos presentes na superfície do antígeno. Na ilustração, três anticorpos diferentes ligam-se a três determinantes antigênicos do mesmo antígeno.

De olho no assunto!

Imunoglobulinas

É útil relembrarmos também os grupos de anticorpos produzidos pelos animais. Como sabemos, os anticorpos pertencem a uma categoria de proteínas conhecidas como **imunoglobulinas** (simbolicamente representadas por **Ig**). Há cinco categorias de imunoglobulinas: IgM, IgG, IgA, IgD e IgE.

Recorde que a molécula de um anticorpo lembra uma letra Y. Os dois braços do Y correspondem aos locais de ligação do anticorpo ao determinante antigênico. A cauda do Y não se liga ao determinante antigênico. Ela é o local de conexão à membrana de uma célula. Veja a Tabela 16-3.

Tabela 16-3. Resumo das características e funções das categorias de imunoglobulinas.

Tipo	Características	Diagrama
IgM	São os primeiros anticorpos circulantes em resposta à exposição a um determinante antigênico. Sua concentração no sangue declina rapidamente. Cada IgM consiste em cinco unidades em forma de letra Y, dispostas em uma estrutura pentâmera. Não cruzam a barreira placentária e, portanto, não conferem imunidade a um recém-nascido. Estão presentes na superfície de linfócitos B, atuando como receptores de antígenos.	
IgG	São os mais abundantes dos anticorpos circulantes. Atravessam facilmente a parede dos capilares sanguíneos, cruzam a barreira placentária e, portanto, conferem imunidade temporária ao recém-nascido (imunidade passiva natural). É o grupo de anticorpos ativo no combate a bactérias, vírus e toxinas, além de atuar na ativação das proteínas do sistema do complemento.	

Tabela 16-3. Cont.

IgA	Produzidos na forma de duas unidades por célula das membranas mucosas. Sua principal função é impedir a adesão de vírus e bactérias às membranas das células epiteliais. É o tipo de anticorpo presente em secreções (saliva, suor, lágrima) e, também, no colostro, protegendo o recém-nascido de infecções gastrintestinais.	
IgD	Com os IgM, estão presentes na superfície dos linfócitos B, atuando como receptores de antígenos, passo fundamental para a diferenciação dessas células em linfócitos B de memória e plasmócitos produtores de anticorpos circulantes.	
IgE	Presentes na superfície de mastócitos e basófilos como receptores de antígenos que desencadeiam as respostas típicas das reações alérgicas.	

Tecnologia & Cotidiano

Uma nova forma de imunização

Os métodos tradicionais de vacinação consistem na inoculação de microrganismos mortos, atenuados, ou mesmo de toxinas modificadas, que induzem o desenvolvimento de uma resposta imunológica.

Avolumam-se, hoje, os conhecimentos a respeito de uma nova forma de imunização: as *vacinas de DNA*. Pesquisadores brasileiros do Instituto Oswaldo Cruz, do Rio de Janeiro, e da Faculdade de Medicina de Ribeirão Preto (SP) desenvolvem experimentos – em animais – que utilizam moléculas de DNA contendo genes de microrganismos causadores de doenças, como a tuberculose e diarreias. Veja como funciona:

- fragmentos de DNA responsáveis pela síntese de determinadas proteínas do microrganismo são retirados e clonados;

- esses fragmentos são inseridos em plasmídios (anéis de DNA circular presentes em bactérias) que são, por sua vez, introduzidos em uma bactéria para serem multiplicados;
- os plasmídios produzidos são extraídos das bactérias e, por meio de técnicas apropriadas, são injetados na musculatura dos animais e se incorporam ao genoma das células musculares;
- os genes incorporados no genoma das células musculares se expressam e produzem proteínas do microrganismo;
- a análise do sangue dos animais revela a presença de anticorpos protetores e a ativação das células de defesa;
- se os animais forem infectados com o microrganismo causador da doença, eles prontamente combaterão os invasores.

As vacinas de DNA ainda estão em teste e, futuramente, espera-se poder utilizá-las em seres humanos. Por enquanto, constituem uma esperança para a prevenção e cura de inúmeras doenças bacterianas e virais que afligem a espécie humana. Ainda em teste, as vacinas de DNA são uma promessa na prevenção de doenças bacterianas e virais tanto na medicina veterinária como na humana.

As células da imunidade

Do mesmo modo que em um time de futebol existem jogadores especializados em determinadas posições, também as células que participam do sistema imunológico desempenham atividades específicas. Todas as células do sistema de defesa se originam de células-tronco pluripotentes da medula óssea. Entre as células, duas se destacam pelas funções que exercem nos mecanismos de defesa: *linfócitos B* e *linfócitos T*.

Como já vimos, os linfócitos T são assim chamados por passarem por um "estágio de maturação" na glândula torácica **timo**, antes de se dirigirem para a circulação geral. Esse estágio favorece a diferenciação dessas células em três subtipos: *linfócitos T auxiliares (Ta)*, *linfócitos T citotóxicos (Tc)* e *linfócitos T supressores (Ts),* também chamados *linfócitos T reguladores (Tr)*.

Os linfócitos B são os que não passam pela glândula timo ao longo do seu processo de diferenciação. Originados na medula óssea, dirigem-se diretamente para a corrente sanguínea (reveja a Figura 14-7).

De olho no assunto!

Na espécie humana, as células sanguíneas são originadas nos chamados *órgãos hemocitopoéticos*. Na fase embrionária, são formadas nas paredes de um anexo conhecido como vesícula vitelínica. A seguir, o fígado e o baço do embrião encarregam-se, temporariamente, de produzir essas células. Posteriormente, com a formação dos ossos, a medula óssea vermelha assume essa função, que se mantém pelo restante da vida de um indivíduo.

Pele e defesas do organismo **349**

A defesa humoral: o papel dos linfócitos B

A atividade dos linfócitos B se dá contra bactérias, vírus e toxinas circulantes nos fluidos de um organismo. Em cada linfócito B, a membrana plasmática é dotada de *receptores de membrana*, na verdade anticorpos das classes IgM e IgD, que efetuam o contato com os determinantes antigênicos existentes, por exemplo, na superfície de uma bactéria. A primeira consequência desse contato é a *ativação* dos linfócitos B, que, repetidamente, se dividem e geram duas populações de células. Uma delas se diferencia em *plasmócitos*, que produzem e secretam anticorpos circulantes. Os anticorpos unem-se aos determinantes antigênicos, formando complexos conhecidos como antígeno-anticorpo, que serão fagocitados por macrófagos e destruídos. A outra população celular origina as células B de *memória*, que serão acionadas toda vez que, em um contato posterior, o mesmo agente patogênico invadir o organismo. De modo geral, o acionamento das células de memória induz uma resposta imunológica mais rápida, em relação ao primeiro contato com os antígenos. Veja a Figura 16-7.

Anote!
O nome dos linfócitos B é derivado do fato de eles terem sido descritos pela primeira vez em aves, em um órgão conhecido como Bursa de Fabrícius, também conhecido como "timo cloacal", pela função e localização. No homem, que é desprovido desse órgão, o nome dessas células é associado à sua origem na medula óssea (em inglês, *bone marrow*).

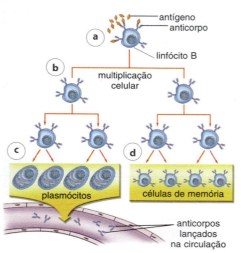

Figura 16-7. (a) A ligação de um antígeno a um anticorpo (receptor) do linfócito B faz com que este se multiplique em (b) duas linhagens distintas. (c) Uma delas, que se diferencia em plasmócitos, secreta os anticorpos específicos para esse antígeno, que são liberados na corrente sanguínea. A outra linhagem (d) forma as células de memória. Estas, com um tempo de vida maior, são as responsáveis por uma resposta rápida do organismo no caso de um segundo contato com o mesmo antígeno.

De olho no assunto!

A atuação do sistema complementar

O *sistema complementar* é um conjunto de cerca de vinte tipos diferentes de proteínas que permanecem inativas na ausência de infecção. Imaginando-se que exista uma infecção, provocada, por exemplo, por bactérias patogênicas, aciona-se a chamada *reação de fixação do complemento*. Anticorpos produzidos por plasmócitos – em resposta ao ataque das bactérias – ligam-se à parede das bactérias invasoras e atraem as proteínas complementares (veja a Figura 16-8(a)). A primeira proteína da série se fixa a dois anticorpos simultaneamente e é ativada, gerando uma reação em cadeia em que cada componente da sequência ativa o seguinte (veja a Figura 16-8(b)).

Ao completar-se a sequência de reações de ativação, liberam-se proteínas complementares, que aderem à membrana plasmática das células bacterianas e promovem a formação de poros que favorecem o ingresso de água que acarretará a ruptura das bactérias (veja a Figura 16-8(c, d)). Nesse sentido, esse mecanismo se assemelha à ação das perforinas liberadas pelas células matadoras (assassinas) naturais que atuam na segunda linha de defesa.

Anote!
Bactérias *patogênicas* são as que causam doenças. O termo é derivado do grego *páthos* = sofrimento, doença + *gênesis* = geração, criação.

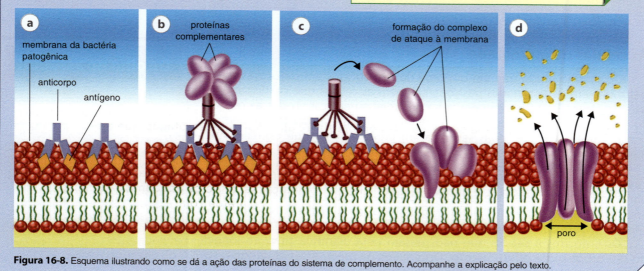

Figura 16-8. Esquema ilustrando como se dá a ação das proteínas do sistema de complemento. Acompanhe a explicação pelo texto.

A defesa celular: linfócitos T e o trabalho em equipe

O combate a agentes invasores do nosso organismo – entre eles, bactérias, vírus, fungos, vermes e mesmo células de órgãos transplantados – envolve a participação de uma equipe de células (macrófagos, linfócitos B e linfócitos T) e de substâncias sinalizadoras. Dessas substâncias, destacam-se as glicoproteínas **MHC**, componentes do *Grande Complexo de Histocompatibilidade* (a sigla MHC é derivada do inglês: *Major Histo-compatibility Complex*).

A produção de proteínas MHC está sob o controle de um par de genes alelos, um herdado do pai e outro, da mãe, que ocupam determinado local em um dos cromossomos humanos. Como há uma infinidade de formas desses alelos, cada indivíduo possui uma combinação gênica diferente de outro indivíduo. Por isso, a probabilidade do encontro de duas pessoas contendo a mesma informação genética para a produção dos complexos MHC é extremamente rara, a menos que sejam gêmeos univitelinos (idênticos). Nesse sentido, o complexo MHC funciona como um marcador específico, uma verdadeira "impressão digital", típica de cada pessoa. Esse dado é importante, por exemplo, em ocasiões em que se necessita de um doador de órgão para transplante.

Anote! Os linfócitos T reconhecem as células do próprio indivíduo pela proteína MHC presente na superfície das células.

Na espécie humana, há duas classes de proteínas do complexo MHC: MHC-I e MHC-II. A primeira classe é encontrada em qualquer célula nucleada do organismo, ao passo que a segunda classe só existe em macrófagos, linfócitos B e em algumas variedades de linfócitos T auxiliares.

Vejamos como funciona todo esse arsenal de defesa no combate a determinada espécie de bactéria patogênica invasora do seu corpo (acompanhe pela Figura 16-9).

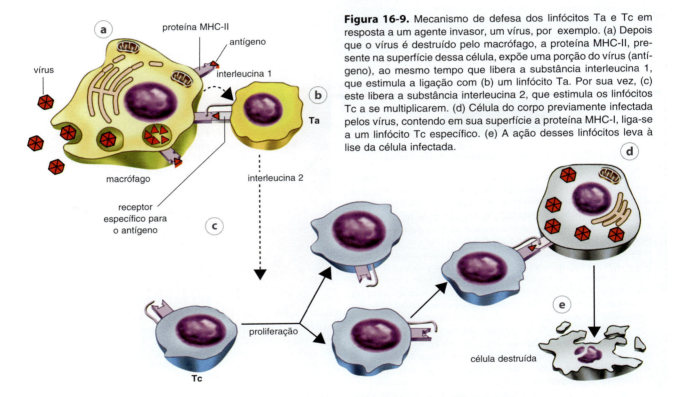

Figura 16-9. Mecanismo de defesa dos linfócitos Ta e Tc em resposta a um agente invasor, um vírus, por exemplo. (a) Depois que o vírus é destruído pelo macrófago, a proteína MHC-II, presente na superfície dessa célula, expõe uma porção do vírus (antígeno), ao mesmo tempo que libera a substância interleucina 1, que estimula a ligação com (b) um linfócito Ta. Por sua vez, (c) este libera a substância interleucina 2, que estimula os linfócitos Tc a se multiplicarem. (d) Célula do corpo previamente infectada pelos vírus, contendo em sua superfície a proteína MHC-I, liga-se a um linfócito Tc específico. (e) A ação desses linfócitos leva à lise da célula infectada.

- Quando vírus invadem o seu corpo, eles são prontamente atacados por macrófagos, que os fagocitam e digerem, formando-se inúmeros resíduos virais.
- Ao mesmo tempo, cada macrófago inicia duas "operações":
  – a união de fragmentos de antígenos a proteínas do complexo MHC-II. Esses fragmentos são transportados em direção à superfície externa da célula, onde os antígenos são expostos como se fossem "troféus". Nesse sentido, o macrófago atua como uma *célula apresentadora de antígenos*;

  – a liberação de uma mensagem química, na forma de uma substância denominada *interleucina 1*, que atrai um linfócito T auxiliar (linfócito Ta) para que este se ligue ao complexo antígeno-MHC-II.

- Isso provoca a multiplicação do linfócito Ta, produzindo um clone de células, todas ativadas contra o determinado antígeno.
- Esses linfócitos Ta, por sua vez, produzem outra substância mensageira, a *interleucina 2*, que atua em linfócitos B e em linfócitos T citotóxicos (linfócitos Tc).
  – Os linfócitos B, estimulados pela interleucina 2, se multiplicam, gerando um clone de células de memória e outro que se diferencia em plasmócitos produtores de anticorpos.
  – Os linfócitos T citotóxicos, ativados pela interleucina 2, também se multiplicam e passam a atacar diretamente as células do corpo já infectadas por vírus. Cada linfócito T citotóxico liga-se, por meio de receptores, a uma célula infectada e promove a sua ruptura, utilizando, para isso, proteínas perforinas, em um mecanismo de ação semelhante ao já visto no caso das células assassinas naturais.

De olho no assunto!

Tomar Sol em horários corretos faz bem para a saúde

Há muito se sabe que expor a pele à luz do Sol, em certas horas da manhã, é fundamental para a síntese de vitamina D e, como consequência, para evitar a ocorrência de raquitismo. Agora, novas evidências experimentais mostram que, além de atuar na regulação dos teores de cálcio e fosfato nos ossos, a vitamina D exerce outros papéis. O mais relevante deles está relacionado à regulação do funcionamento do sistema imune.

A vitamina D atua no processo de origem e diferenciação de células dendríticas e macrófagos a partir de monócitos. Outra ação imunitária refere-se à estimulação de linfócitos B e T, durante a atividade dessas células em respostas inflamatórias. Acumulam-se, além disso, fortes evidências de que a vitamina D também atuaria na prevenção de infecções pelo vírus da influenza (gripe).

A síntese dessa vitamina é iniciada na pele, com a ação da radiação ultravioleta B (UVB). A energia derivada dessa radiação atua em células da pele conhecidas como *queratinócitos*, que contêm a substância 7-dehidrocolesterol. Sob a ação da radiação UVB, essa substância é transformada em pré-vitamina D. A síntese dessa vitamina continua no fígado e termina nos rins, com a liberação de sua forma ativa.

Leitura

Os linfócitos T supressores (reguladores)

A existência dessa categoria de linfócitos T foi, até pouco tempo, questionada. Evidências recentes sugerem, no entanto, que eles de fato existem e estão relacionados à regulação da atividade dos outros subtipos de linfócitos. Assim, admite-se hoje que, terminada a ação defensiva das células relacionadas à defesa celular, deve haver algum elemento do sistema de defesa que faça parar a resposta imune. Ou seja, terminada a infecção, é preciso que alguém "diga" aos macrófagos, linfócitos T auxiliadores e linfócitos B que o jogo acabou e que a vitória está assegurada. Esse papel hoje é relacionado à ação dos linfócitos T reguladores (supressores). De algum modo, ainda não bem esclarecido, esses linfócitos suprimem a atividade dos outros elementos do sistema de defesa.

Foi descoberto, ainda, que em algumas doenças autoimunes (por exemplo, a esclerose múltipla, em que é destruída a capa de mielina dos neurônios) há uma deficiência de linfócitos T supressores. Nesse caso, livres da ação inibidora dos linfócitos T supressores, os demais subtipos de linfócitos dirigiriam suas baterias contra as próprias células do organismo, gerando a resposta autoimune.

O trabalho dos linfócitos T supressores tem, igualmente, um lado negativo. Descobriu-se que certos vírus, como os que causam hepatite e AIDS, aproveitam-se da atividade normal desses linfócitos na inibição dos outros subtipos para bloquear o sistema de defesa e proliferar, o que conduz a um quadro de infecção crônica.

No caso dos tumores, a ação dos linfócitos T supressores parece ser a de impedir a atividade dos demais subtipos de linfócitos. Esse fato favoreceria o desenvolvimento de células cancerosas, uma vez que elas estariam livres para se multiplicar, em vista da ausência de ação dos linfócitos que normalmente as combateriam.

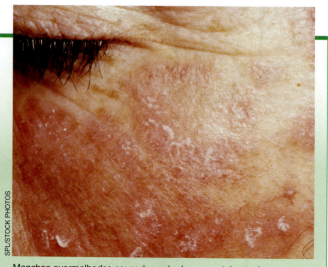

Manchas avermelhadas causadas pela doença autoimune lupus eritematoso sistêmico. Essa doença, que é uma inflamação crônica do tecido conjuntivo, afeta a pele e órgãos internos. As manchas vermelhas são típicas. A forma branda da doença afeta apenas a pele, mas casos mais sérios podem evoluir para inflamação nos rins, pulmões e cérebro. Exames laboratoriais mostram presença anormal de anticorpos no sangue.

Em resumo, pode-se dizer que a ação dos linfócitos T supressores possui um lado positivo e outro negativo. O positivo está relacionado ao término da ação de defesa no que se refere ao combate de microrganismos patogênicos – terminada a infecção, não há motivo para se continuar o processo de defesa imunológica. O lado negativo está relacionado à supressão do mecanismo de defesa no caso do ataque de certos vírus e o favorecimento do desenvolvimento de tumores.

Fonte: Policing the Immune System. *Science*, Washington, v. 306, n. 5.696, p. 596-599, 22 Oct. 2004.

Como as células de defesa reconhecem as células do próprio organismo?

Você deve concordar que é terrível o fato de um jogador de futebol fazer um gol contra. Do mesmo modo, é inimaginável que as células de defesa dirijam as suas baterias contra as células do corpo a que pertencem. Para que isso não ocorra, durante a maturação dos linfócitos B e T, que acontece ao longo do desenvolvimento embrionário ou logo após o nascimento, desenvolve-se a "tolerância imunológica", em que linfócitos que entram em contato com moléculas específicas do próprio organismo são inativados, ou mesmo destruídos, por meio da apoptose (morte celular programada). Espera-se que apenas o que não é próprio ao organismo – microrganismos invasores, células cancerosas etc. – seja combatido. Ainda assim, ocorrem falhas no sistema de defesa, que conduzem às doenças autoimunes e ao desenvolvimento de tumores.

Os mastócitos e a alergia

A alergia é uma reação exagerada do organismo a antígenos existentes no ambiente, conhecidos como *alérgenos*. Grãos de pólen de algumas plantas, ácaros, antibióticos como a penicilina, substâncias existentes no ovo de galinha e metais constituintes de pulseiras são alguns exemplos. De maneira geral, é preciso ocorrer uma primeira exposição da pessoa à substância que provoca a alergia. A primeira exposição acarreta a produção de anticorpos da classe IgE por plasmócitos. Os anticorpos IgE não circulam pelo sangue. Ao contrário, ligam-se, pelas suas caudas, a receptores específicos localizados nas membranas plasmáticas de mastócitos e basófilos. Dizemos, então, que o organismo ficou *sensibilizado* ao alérgeno.

Ao ocorrer um segundo contato, os alérgenos aderem aos anticorpos IgE expostos nas membranas daquelas células, provocando a liberação de histamina e outras substâncias relacionadas à reação inflamatória, que até então se encontravam armazenadas nos grânulos existentes naquelas células (veja a Figura 16-10). Ocorre o aumento da permeabilidade dos capilares sanguíneos e os sintomas típicos da reação alérgica, tais como avermelhamento da pele, coceira intensa, corrimento nasal e dificuldade respiratória provocada pela ação da histamina sobre a musculatura lisa da parede dos bronquíolos, que se contraem, dificultando a passagem de ar. A ação de certas substâncias – como a penicilina e veneno de abelhas – é tão intensa que a dilatação dos vasos sanguíneos conduz a uma queda brutal da pressão sanguínea, resultando em *choque anafilático*, que pode levar a pessoa à morte. O tratamento dessas condições, de modo geral, consiste na utilização de substâncias anti-histamínicas e, muitas vezes, de corticosteroides, que impedem a ação da histamina e de outras substâncias liberadas por mastócitos e basófilos.

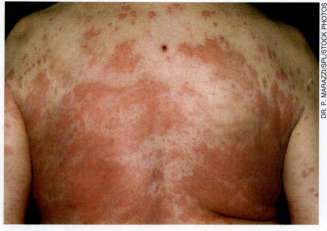

As manchas nas costas dessa pessoa de 80 anos são resultado de uma reação alérgica ao antibiótico penicilina.

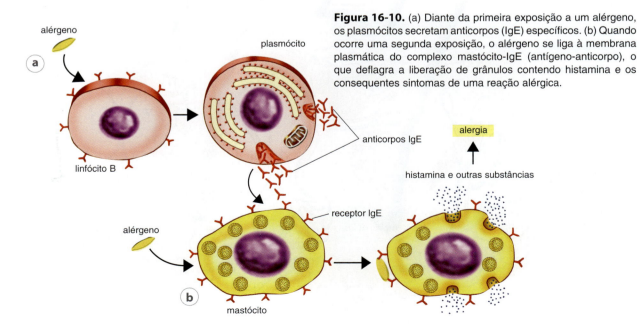

Figura 16-10. (a) Diante da primeira exposição a um alérgeno, os plasmócitos secretam anticorpos (IgE) específicos. (b) Quando ocorre uma segunda exposição, o alérgeno se liga à membrana plasmática do complexo mastócito-IgE (antígeno-anticorpo), o que deflagra a liberação de grânulos contendo histamina e os consequentes sintomas de uma reação alérgica.

De olho no assunto!

Choque anafilático: o sangue circula com dificuldade, os tecidos sofrem

Toda vez que ocorre um *choque* circulatório, o sangue circula com dificuldade em razão da queda de pressão sanguínea, o que faz os tecidos sofrerem por falta de oxigênio e nutrientes necessários para a sobrevivência das células, além de não haver a remoção de resíduos tóxicos produzidos no metabolismo celular. No *choque anafilático**, substâncias alergênicas (antígenos) existentes nos venenos (de cobra, insetos), antibióticos (a penicilina, por exemplo), alimentos, metais (pulseiras) etc., ligam-se aos anticorpos IgE (que ficam aderidos à membrana de mastócitos e basófilos). Como consequência, os mastócitos e os basófilos liberam histamina e outras substâncias, que:

a. atuam na parede de pequenos vasos sanguíneos e provocam a sua dilatação, o que acarreta a queda da pressão arterial e a diminuição da irrigação sanguínea dos tecidos;

b. aumentam a permeabilidade dos capilares sanguíneos, o que provoca a saída de líquido e de proteínas para os tecidos, além de avermelhamento e inchaços (edemas) nos lábios e outros locais do corpo;

c. atuam na musculatura lisa da parede dos bronquíolos respiratórios, contraindo-os, o que provoca falta de ar e sintomas típicos de asma;

d. aumentam a secreção mucosa das vias respiratórias, o que acarreta um intenso corrimento nasal, por exemplo.

Se você for alérgico a penicilina ou a veneno de abelha, por exemplo, lembre-se de que a atuação desses alérgenos sempre ocorre após o primeiro contato com essas substâncias. Nesse caso, dizemos que você ficou "sensibilizado" aos alérgenos. Em um segundo contato com as mesmas substâncias, ocorre uma reação em cadeia que culmina com os sintomas descritos acima (reação de *hipersensibilidade*). Muitas vezes, a reação é tão intensa que pode ser fatal se um tratamento adequado não for feito de imediato. No caso, a injeção de anti-histamínicos ou, até, de adrenalina (sempre em ambiente hospitalar) pode resolver o problema. O ideal mesmo é você evitar o contato com as substâncias às quais você tem alergia. O seu organismo agradece.

---

* *Anafilático* (do grego, *phúlaktós* = guardar, proteger e *an(a)* = invertido, contrário) é um termo oposto a *profilático* (do grego, *pró* = em defesa de, antes).

Passo a passo

Utilize a ilustração a seguir, que representa um esquema da pele humana em corte, para responder aos itens das questões de **1** a **3**.

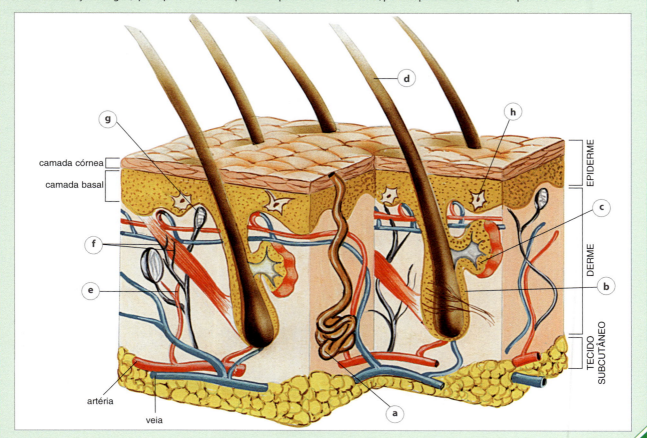

1.
  a) As letras *a, b, c* e *d* indicam quatro estruturas consideradas *anexos da epiderme*. Reconheça essas estruturas.
  b) Por que se diz que essas estruturas são consideradas *anexos da epiderme*?
  c) Cite a função atribuída às estruturas *a* e *c*.

2. Percebe-se, pela ilustração, que a epiderme não possui irrigação sanguínea. No entanto, suas células são vivas e recebem constantemente nutrientes necessários à execução de suas atividades metabólicas. Por outro lado, a pele é dotada de estruturas que possibilitam a ocorrência de resposta a estímulos provenientes do ambiente e de terminações nervosas que circundam outras estruturas. Com essas informações e utilizando seus conhecimentos sobre o assunto, responda:
  a) Por meio de quais estruturas ocorre o fornecimento de nutrientes às células epidérmicas e a remoção de resíduos por elas produzidos? Por qual letra do esquema uma dessas estruturas está indicada?
  b) Reconheça a letra cuja seta aponta para uma das terminações nervosas citadas no texto. Que estrutura de natureza muscular (não indicada por letra) essas terminações nervosas estão circundando? (Solicite auxílio do professor para o reconhecimento e a função dessa estrutura.)
  c) Cite a letra que indica uma das estruturas relacionadas ao reconhecimento de estímulos ambientais que incidem na pele.

3. Na pele, a produção de pigmento é função de células localizadas em uma das camadas representadas na ilustração. A respeito desse assunto:
  a) Cite a letra que indique uma dessas células. Qual a denominação dada a essa célula?
  b) Cite o nome do pigmento produzido por essa e por outras células equivalentes representadas na ilustração.
  c) Em qual camada da pele essas células estão localizadas? Indique com precisão a localização normal dessas células nessa camada.

4. A fotomicrografia de um fragmento da epiderme espessa da mão de uma pessoa é mostrada abaixo.

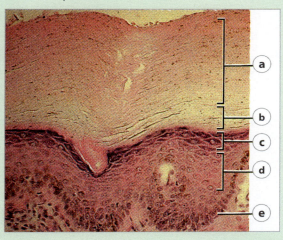

  a) Reconheça as camadas indicadas de *a* a *e*. Qual dessas camadas está assentada diretamente na derme? Cite a principal característica da camada *a*, em termos do seu constituinte proteico.
  b) Abaixo da derme, há uma camada de tecido conjuntivo frouxo, o *tecido celular subcutâneo*, também comumente denominada de *hipoderme*. Qual a principal característica dessa camada, em termos de sua constituição celular?
  c) Uma das camadas indicadas é a responsável pela geração de novas células epidérmicas. Qual é a camada e por meio de que tipo de divisão celular novas células são geradas?

5. Os esquemas abaixo ilustram os receptores sensoriais normalmente presentes na pele de um mamífero. Preencha as lacunas com os nomes dos receptores e a sua respectiva função.

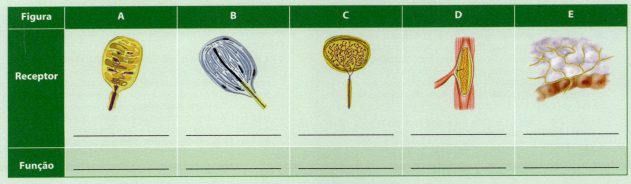

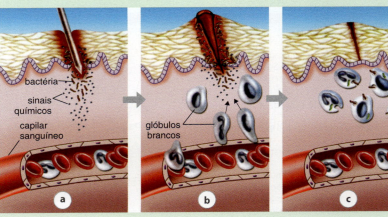

O esquema ao lado ilustra a ocorrência de um processo inflamatório na pele devido a um ferimento provocado por objeto contaminado com bactérias. Utilize-o, com os seus conhecimentos sobre o assunto, para responder aos itens das questões **6**, **7** e **8**.

6. Percebe-se que, ao se romper a primeira linha de defesa, representada pelo revestimento epidérmico da pele, entra em ação a segunda linha de defesa, geradora do processo denominado de inflamação. A respeito desse assunto, responda:
  a) Quais são os quatro sinais típicos de um processo inflamatório?

Pele e defesas do organismo **355**

b) Em um desses sinais típicos acontece o acúmulo de líquido no local afetado, em função de uma ocorrência importante relacionada aos capilares sanguíneos. Qual é esse sinal e que ocorrência propicia o acúmulo de líquido no local afetado?

7. No processo inflamatório consequente a uma infecção bacteriana, como indicado na ilustração, ocorre a participação de células de defesa, que combaterão os agentes invasores. A respeito desse assunto, responda:

   a) Quais são as principais células que recorrem à fagocitose no combate aos agentes invasores, durante a reação inflamatória?
   b) Ao mesmo tempo que ocorre a ação de células fagocitadoras, entra em ação uma linha de defesa representada por duas categorias de proteínas. Quais são essas duas categorias de proteínas? Em uma dessas categorias, as proteínas atuam como mensageiras, que alertam células não infectadas da presença de microrganismos invasores. Quais são essas proteínas?

8. A terceira linha de defesa e, em condições normais, a última, é representada por células relacionadas à imunidade, ou seja, à produção de proteínas de defesa. A respeito dessa linha de defesa:

   a) Cite os dois tipos celulares dela participantes.
   b) Que substâncias de natureza proteica, de combate a antígenos, uma dessas categorias de células produz?
   c) A produção dessas proteínas de combate a antígenos está relacionada a uma modalidade de defesa que possui uma denominação específica. Qual é essa denominação?

9. A reação alérgica, ou alergia, como sabemos, é decorrente do ingresso de certas substâncias no organismo, desencadeadoras de sintomas típicos como coceira e avermelhamento da pele. A respeito desse assunto, responda:

   a) Que denominação é dada à substância estranha ao organismo que, ao penetrar nos tecidos, desencadeia a reação alérgica?
   b) Que células participam do processo relacionado a uma reação alérgica, sendo uma delas liberadora de uma substância ligada à reação inflamatória na alergia?
   c) Qual a principal substância liberada por uma dessas células e que está relacionada às consequências da reação alérgica?

10. Algumas anomalias relacionadas à defesa do organismo podem ser corrigidas por meio de uma técnica na qual se introduzem genes "corretos" no organismo afetado. Para isso, pode-se recorrer à injeção direta do gene por processos físicos ou químicos ou, então, utilizar um vírus-vetor. Nesse último caso, introduz-se em um vírus modificado a cópia correta do gene e o vírus se encarrega de transportar o gene para os cromossomos das células afetadas.

    a) Que denominação é dada para essa modalidade de tratamento de anomalias genéticas, relacionadas principalmente ao sistema de defesa do organismo animal?
    b) No organismo humano, genes são trechos de moléculas de ácidos nucleicos dotados de informação. No caso da modalidade de tratamento acima descrita, que tipo de ácido nucleico, dotado da informação correta, é normalmente introduzido no vírus-vetor: DNA ou RNA?

11. **Questão de interpretação de texto**

    Pelos humanos em pele de camundongo?

    Fonte: LOPES, R. J. Japoneses fazem cabelos humanos crescerem na pele de camundongos. *Folha de S.Paulo*, São Paulo, 19 abr. 2012. Caderno Ciência e Caderno Saúde, p. C9. Disponível em: <http://www.nature.com/news/regenerative-medicine-repairs-mice-from-top-to-toe-1.10472. Acesso em: 19 abr. 2012.

    Sim. Foi o que pesquisadores japoneses da Universidade de Tokyo fizeram ao transplantarem, na pele de camundongos, células-tronco existentes em folículos pilosos de pessoas com calvície. A foto acima mostra o resultado do experimento. As células-tronco proliferaram e geraram uma população de células formadoras de novos folículos pilosos, além de estabelecerem conexões com as terminações nervosas e músculos eretores. Resultado: pelos humanos em pele de camundongos! Os resultados do experimento se encaixam perfeitamente bem naquilo que os cientistas denominam de Medicina Regenerativa, que visa, no futuro, a promover conquistas regenerativas em outros órgãos, como o olho humano e o coração.

    Com as informações do texto e utilizando seus conhecimentos sobre a pele e os mecanismos de defesa dos organismos animais, responda:

    a) A que tecido da pele pertencem, originalmente, as células-tronco retiradas dos folículos pilosos, que permitiram a regeneração de pelos na pele dos camundongos?
    b) Suponha que as células humanas transplantadas para a pele dos camundongos propiciassem uma reação de defesa, ou seja, um processo inflamatório, que poderia resultar em rejeição às células estranhas. No caso, quais seriam as primeiras células de defesa que atuariam nessa rejeição?

Questões objetivas

1. (UFPE) Em várias partes do mundo, a tatuagem é vista como moda e/ou livre expressão de pensamento e comportamento, especialmente pelo público jovem. Sobre este assunto, observe a figura ao lado, que mostra a região da pele em que a tinta que colore as tatuagens é injetada, e considere as assertivas que se seguem:

   0) O folheto germinativo que origina a camada da pele onde é fixada a tatuagem é o mesmo que origina os vasos sanguíneos.
   1) Apesar da constante renovação celular da epiderme, a tinta das tatuagens permanece na pele por anos porque é injetada na derme.
   2) As tintas usadas nas tatuagens não são reconhecidas como "corpos estranhos" e, portanto, não são eliminadas devido à resposta imune do hospedeiro.
   3) A exposição da pele tatuada ao sol não é recomendada, pois estimula a produção de melanina sobre a camada da pele onde é injetada a tinta, dificultando sua visualização.
   4) Tatuagens não são recomendadas a pessoas com diabetes, devido aos problemas de coagulação sanguínea, e a pessoas com o vírus HIV, devido ao risco de infecções.

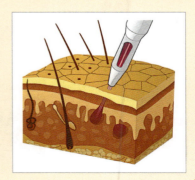

2. (PUC – MG) Observe o esquema, que representa um dos maiores órgãos do corpo humano.

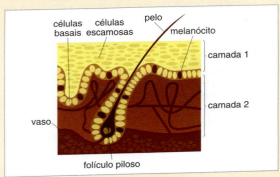

Assinale a afirmativa INCORRETA.
a) Esse órgão se refere a nossa pele, em que se encontram os quatro tecidos básicos: epitelial, conjuntivo, muscular e nervoso.
b) A camada 1 sofre muito desgaste e rupturas, portanto deve ser renovada constantemente.
c) Na camada 2, podem-se encontrar células de preenchimento, de defesa e responsáveis pela troca gasosa.
d) As camadas 1 e 2 derivam do mesmo folheto germinativo durante a formação dos tecidos no desenvolvimento embrionário humano.

3. (UFPel – RS) A pele é um órgão muito importante para a homeostasia do corpo humano. Ela protege contra agentes mecânicos, químicos e biológicos, além de evitar a perda excessiva de água e fazer o controle da temperatura corporal.

Baseado no texto e em seus conhecimentos, é INCORRETO afirmar que:
a) o suor é formado por água e outras substâncias, como os sais. Ele é produzido pelas glândulas sudoríparas presentes na pele, que são exemplos de glândulas exócrinas.
b) a epiderme é formada por um epitélio estratificado, e a camada mais superficial é formada por células repletas de queratina e, normalmente, esse epitélio descama.
c) a derme é formada predominantemente por tecido conjuntivo; esse tecido é vascularizado e responsável pela nutrição do tecido epitelial que é avascular.
d) a pele possui células mecanorreceptoras, que estão associadas a terminações nervosas e conduzem o estímulo mecânico ao sistema nervoso.

e) o tecido adiposo é encontrado na região mais profunda da derme. Ele produz gordura (sebo), que é liberada diretamente para a epiderme, fazendo a sua lubrificação.

4. (UECE) Na primeira coluna da tabela a seguir, encontram-se listadas estruturas da pele e, na segunda, algumas das funções desempenhadas por essas estruturas.

Estruturas	Funções
pelos	controle de temperatura
células adiposas	
glândulas sebáceas	excreção
glândulas sudoríparas	armazenagem

Tomando como base a tabela anterior, assinale a alternativa que contém, apenas, estruturas que desempenham, pelo menos, duas das funções mencionadas na tabela.
a) Glândulas sudoríparas e glândulas sebáceas.
b) Pelos e células adiposas
c) Pelos e glândulas sudoríparas.
d) Glândulas sudoríparas e células adiposas.

5. (UECE) A derme é um componente da pele dos animais, classificando-se como um tipo de tecido
a) conjuntivo frouxo.   c) epitelial denso.
b) epitelial frouxo.   d) conjuntivo denso.

6. (UECE) "Obsessão por ficar bronzeado é muito mais do que um simples desejo estético. Pode ser uma doença perigosa." Essa manchete veiculada pela *IstoÉ*, de setembro de 2008, levanta a discussão sobre o câncer de pele, tipo mais frequente no Brasil (cerca de 25% de todos os tumores malignos registrados). Sobre a pele, órgão que recobre o corpo, podemos afirmar corretamente que
a) nos animais, apresenta órgãos anexos diversos, como folículos pilosos, glândulas sudoríparas e sebáceas, penas, escamas e cascos.
b) possui organização anatômica diferente entre os grupos étnicos humanos existentes no mundo.
c) humanos de pele escura produzem a mesma quantidade de melanócitos que os de pele clara, e, portanto, ambos produzem a mesma quantidade de melanina.
d) a epiderme é extremamente irrigada por vasos sendo, por esse motivo, tão vulnerável ao ataque de microrganismos.

7. (UEL – PR) Analise a figura ao lado.

Com base na figura e nos conhecimentos sobre o tema, assinale a alternativa correta:
a) A pele negra, representada pela figura de número III, não tem necessidade de produzir melanócitos quando em contato com os raios ultravioleta.
b) Os indivíduos de pele albina estão representados pela figura II, pois, em contato com os raios ultravioleta, produzem uma quantidade intermediária de melanócitos como consequência de problemas enzimáticos.
c) Os indivíduos de pele clara estão representados pela figura I, o que justifica o fato de a pele destas pessoas, quando em contato com os raios ultravioleta, ficarem vermelhas.
d) As células epiteliais da epiderme contêm quantidade variável do pigmento melanina, colocado como um capuz sobre o lado do núcleo celular que está voltado para o exterior, de onde vêm os raios ultravioleta.
e) Tumores malignos originados de células epiteliais de revestimento podem ser causados pela falta de exposição ao sol.

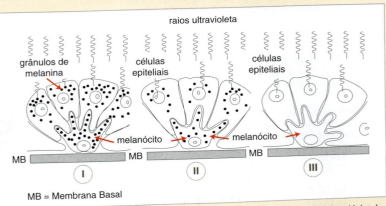

Fonte: JUNQUEIRA, L. C. & CARNEIRO, J. *Biologia Celular e Molecular*.
Rio de Janeiro: Guanabara Koogan, 2000. p. 295.

Leia o texto a seguir para responder aos itens 1 e 2.

A radiação solar ao incidir na superfície terrestre interage com os organismos vivos e permite a ocorrência de processos vitais, como a fotossíntese. Entretanto, essa radiação também pode causar danos nas células, como o envelhecimento precoce em animais. Para evitar danos como este, os organismos desenvolveram estratégias de fotoproteção. O composto micosporina, por exemplo, descrito por cientistas brasileiros em algumas algas marinhas, está envolvido na capacidade de sobrevivência dessas quando expostas ao sol na maré baixa.

Disponível em: <http://www.usp.br/aum/_reeng/materia.php?cod_materia>. Acesso em: 21 set. 2010. (Adaptado.)

1. O composto micosporina, como citado no texto, tem potencial industrial para ser utilizado como matéria-prima para fabricação de

   a) antibiótico.
   b) biocombustível.
   c) bloqueador solar.
   d) biorremediador.
   e) fertilizante nitrogenado.

2. O processo vital referido no texto é assim considerado, pois

   a) diminui os efeitos danosos da incidência da luz azul e vermelha do sol sobre os demais organismos vivos.
   b) promove a oxidação de compostos orgânicos, formando ácido pirúvico e ATP.
   c) inibe a abertura dos estômatos para evitar perda excessiva de água pelas folhas.
   d) fornece energia na forma de carboidratos, os quais funcionam como combustível para todas as células.
   e) reflete a luz verde do sol, responsável pela formação de microclimas amenos sob a vegetação.

9. (UFF – RJ) O sistema imune apresenta um tipo de célula que passa do vaso sanguíneo para o tecido conjuntivo onde irá exercer sua função de defesa. A célula e a passagem são, respectivamente, identificadas como

   a) basófilos e pinocitose.
   b) macrófagos e fagocitose.
   c) leucócitos e endocitose.
   d) leucócitos e diapedese.
   e) glóbulos brancos e endocitose.

10. (PUC – RJ) A reação do corpo humano a doenças infectocontagiosas é influenciada pelo sistema imunológico. Assinale a alternativa que apresenta CORRETAMENTE elementos relacionados a esse sistema.

    a) linfócitos e hemácias
    b) plaquetas e leucócitos
    c) plaquetas e hemácias
    d) macrófagos e linfócitos
    e) macrófagos e hemácias

11. (EEWB – MG) A memória imunológica e imunidade resultam da seleção clonal. De acordo com a teoria da seleção clonal, um linfócito ativado produz dois tipos de células-filhas: células efetoras, que realizam o ataque e morrem, e células de memória, que produzem anticorpos e têm vida longa. Em uma pessoa vacinada contra uma possível infecção, podem-se observar os seguintes eventos, exceto:

    a) ativação de resposta imune primária e produção de clones de células efetoras e de memória pelos linfócitos.
    b) maior e mais rápida produção de anticorpos específicos em casos de encontros posteriores com o mesmo antígeno.
    c) na primeira exposição ao antígeno, há uma fase de espera antes de o número de moléculas de anticorpos e células T aumentar.
    d) promoção imediata de resposta imune secundária, com produção de células efetoras e de memória, que controlam lentamente o invasor.

Questões dissertativas

1. (UEG – GO) A pele é um órgão importante na manutenção do metabolismo basal nos mamíferos e apresenta uma complexidade de células especializadas e de diferentes tipos de tecidos. A respeito do assunto, responda ao que se pede.

   a) Quais os tecidos constituintes desse órgão?
   b) Relacione a função das glândulas presentes na pele enquanto característica adaptativa dos mamíferos ao ambiente terrestre.

2. (UFC – CE) A Agência Nacional de Vigilância Sanitária (ANVISA) proibiu a venda e a utilização de equipamentos para bronzeamento artificial no Brasil. A Sociedade Brasileira de Dermatologia solicitava a proibição, alertando sobre o risco de câncer de pele. Responda aos itens a seguir, relacionados ao tema.

   a) Que células produzem o bronzeamento quando estimuladas pela radiação ultravioleta tipo A (UVA), emitida pelo equipamento? A que tecido pertencem essas células?
   Células: _____ Tecido: _____
   b) A radiação UVA, absorvida pela timina no DNA, pode causar a formação de ligações covalentes entre bases de nucleotídeos adjacentes. Por que essas ligações covalentes podem induzir mutações?
   c) Existem nas células mecanismos moleculares de reparo do DNA. Porém, esses mecanismos nem sempre funcionam em células somáticas que se dividem com elevada frequência. No tecido em questão, que células apresentam essa característica?
   d) As células somáticas que sofreram mutação podem tornar-se malignas (cancerosas). Elas perdem o controle sobre a divisão celular e passam a expressar o gene da telomerase. Qual a consequência da ativação dessa enzima na reprodução dessas células?

3. (UNESP) Dona Júlia iria receber vários convidados para o almoço do domingo, e para isso passou boa parte da manhã lavando vários pés de alface para a salada. Para manter as folhas da alface tenras e fresquinhas, dona Júlia manteve-as imersas em uma bacia com água filtrada. Contudo, ao final de um bom tempo com as mãos imersas na água, a pele dos dedos de dona Júlia, ao contrário das folhas de alface, se apresentava toda enrugada.

Folha de alface tenra por permanecer na água, e detalhe de dedo enrugado por contato prolongado com a água.

Considerando a constituição da epiderme e as diferenças entre as células *animal* e *vegetal*, explique por que as folhas de alface permanecem *tenras* quando imersas na água e por que a pele humana se enruga *quando* em contato prolongado com a água.

Bibliografia

ALBERTS, B. *et al. Molecular biology of the cell*. New York: Garland Publishing, 1994.

————· *Essential cell biology*. New York: Garland Publishing, 1999.

BAKER, G. W.; ALLEN, G. E. *Estudo de biologia*. Trad. E. Kirchner. São Paulo: E. Blücher, 1975.

BIOLOGICAL SCIENCE CURRICULUM STUDY – High School Biology. *Ecologia – versão verde*. Adaptado por O. Frota-Pessoa e M. Krasilchik. São Paulo: Edusp, 1963.

BRIGAGÃO, C. *Dicionário de ecologia*. Rio de Janeiro: Topbooks, 1992.

BRUSCA, R. C.; BRUSCA, G. J. Invertebrados. 2. ed. Rio de Janeiro: Guanabara Koogan, 2007.

BURNS, G. W. *The science of genetics*: an introduction to heredity. 3. ed. New York: Macmillan, 1976.

CAMPBELL, N. A. *Biology*. 3. ed. USA: Benjamin/Cummings, 1993.

————; REECE, J. B. *Biology*. 7. ed. San Francisco: Pearson, 2005.

————; REECE, J. B.; MITCHELL, L. G. *Biology*. 5. ed. Menlo Park: Benjamin/Cummings, 2005.

CHARBONNEAU, J. P. *et al. Enciclopédia de ecologia*. São Paulo: EPU/Edusp, 1979.

CLEFFI, N. M. *Curso de biologia*. São Paulo: HARBRA, 1986. 3 v.

COUTINHO, L. M. O cerrado e a ecologia do fogo. *Ciência Hoje*, Rio de Janeiro, p. 130-8, maio 1992.

CURTIS, H. *Biologia*. Trad. N. Sauaia. Rio de Janeiro: Guanabara Koogan, 1977.

————; BARNES, N. S. *Biology*. 5 ed. New York: Worth Publishers, 1989.

DAJOZ, R. *Ecologia geral*. 2. ed. Trad. M. Guimarães Ferri. Petrópolis/São Paulo: Vozes/Edusp, 1973.

DARWIN, C. *A origem das espécies*. Trad. A. Soares. São Paulo: Univ. de Brasília/Melhoramentos, 1982.

————· *A origem do homem e a seleção sexual*. Trad. A. Cancian; E. N. Fonseca. São Paulo: Hemus, 1982.

DESMOND, A.; MOORE, J. *Darwin* – a vida de um evolucionista atormentado. Trad. G. Pereira *et al*. São Paulo: Geração Editorial, 1995.

DICIONÁRIO DE ECOLOGIA. [Herder Lexikon] Trad. M. L. A. Correa. São Paulo: Melhoramentos, 1980.

DOBZHANSKY, T. *Genética do processo evolutivo*. Trad. C. A. Mourão. São Paulo: Edusp/Polígono, 1970.

————· *O homem em evolução*. 2. ed. Trad. J. Manastersky. São Paulo: Edusp/Polígono, 1972.

EHRLICH, P. R. *et al. Ecoscience*: population, resources, environment. 2. ed. San Francisco: W. H. Freeman, 1977.

FERRI, M. G. *Ecologia*: temas e problemas brasileiros. Belo Horizonte/São Paulo: Itatiaia/Edusp, 1974.

————· *Vegetação brasileira*. Belo Horizonte/São Paulo: Itatiaia/Edusp, 1980.

GARDNER, E. J.; SNUSTAD, D. P. *Genética*. 7. ed. Trad. C. D. Santos *et al*. Rio de Janeiro: Guanabara Koogan, 1984.

GOODLAND, R.; IRWIN, H. *A selva amazônica*: do inferno verde ao deserto vermelho? Trad. R. R. Junqueira. Belo Horizonte/São Paulo: Itatiaia/Edusp, 1975.

GOULD, S. J. *Darwin e os grandes enigmas da vida*. Trad. M. E. Martinez. São Paulo: Martins Fontes, 1987.

————· *Desde Darwin*; reflexiones sobre historia natural. Madrid: Hermann Blume Ediciones, 1983.

GREEN, N. P. O. *et al. Biological science*. Cambridge: Cambridge University Press, 1990. v. 1, 2.

GUYTON, A. C.; HALL, J. E. *Textbook of medical physiology*. 9. ed. Philadelphia: W. B. Saunders, 1996.

HARRISON, G. A. *et al. Human biology* – an introduction to human evolution, variation, growth and adaptability. 3. ed. Oxford: Oxford University Press, 1988.

HARTL, D. L.; JONES, E. W. *Genetics*: analysis of genes and genomes. 5. ed. London: Jones and Bartlett, 2001.

HERSKOWITZ, I. H. *Principles of genetics*. 2. ed. New York: Macmillan, 1977.

JOLY, A. B. *Conheça a vegetação brasileira*. São Paulo: Edusp/Polígono, 1970.

LEAKEY, R. E.; LEWIN, R. *O povo do lago*; o homem: suas origens, natureza e futuro. Trad. N. Galanti. Brasília/São Paulo: Univ. de Brasília/Melhoramentos, 1988.

————· *A evolução da humanidade*. Trad. N. Telles. São Paulo: Melhoramentos/Círculo do Livro/Univ. de Brasília, 1981.

LEVINE, L. *Genética*. 2. ed. Trad. M. F. Soares Veiga. São Paulo: E. Blücher, 1977.

LIMA, C. P. *Genética humana*. 3. ed. São Paulo: HARBRA, 1996.

MADIGAN, M. T.; MARTINKO, J. M.; PARKER, J. *Biology of microorganisms*. 10. ed. New Jersey: Prentice-Hall, 2003.

MALAJOVICH, M. A. *Biotecnologia*. Rio de Janeiro: Axcel Books, 2004.

MARGALEF, R. *Ecologia*. Barcelona: Ediciones Omega, 1989.

MARGULIS, L.; SCHWARTZ, K. V. *Cinco reinos*. 3. ed. Rio de Janeiro: Guanabara Koogan, 2001.

MARZZOCO, A.; TORRES, B. B. *Bioquímica básica*. Rio de Janeiro: Guanabara Koogan, 1999.

MAYR, E. *Populações, espécies e evolução*. Trad. H. Reichardt. São Paulo: Nacional/Edusp, 1970.

METTLER, L. E.; GREGG, T. G. *Genética de populações e evolução*. Trad. R. Vencovsky *et al*. São Paulo: Polígono, 1973.

MOODY, P. M. *Introdução à evolução*. Trad. S. Walty. Rio de Janeiro: Univ. de Brasília/Livros Técnicos e Científicos, 1975.

NEBEL, B. J.; WRIGHT, R. T. *Environmental science*. 4. ed. Englewood Cliffs: Prentice-Hall, 1993.

ODUM, E. P. *Ecologia*. Trad. K. G. Hell. São Paulo: Pioneira/Edusp, 1963.

————· *Fundamentos de ecologia*. 4. ed. Trad. A. M. A. Gomes. Lisboa: Fundação Calouste Gulbenkian, 1973.

PEARCE, F. *O efeito de estufa*. Trad. J. Camacho. Lisboa: Edições 70, 1989.

PETIT, C.; PRÉVOST, G. *Genética e evolução*. Trad. S. A. Gaeta & L. E. Magalhães. São Paulo: E. Blücher/Edusp, 1973.

PILBEAM, D. *A ascendência do homem*; uma introdução à evolução humana. São Paulo: Melhoramentos/Edusp, 1976.

PURVES, W. K. *et al. Life, the science of Biology*. 3. ed. Sunderland: Sinauer Associates, 1992.

RAVEN, P. H. *Biology*. 7. ed. New York: McGraw-Hill, 2005.

————; EVERT, R. F.; EICHHORN, S. *Biologia vegetal*. 6. ed. Rio de Janeiro: Guanabara Koogan, 2001.

————; JOHNSON, G. P. *Biology*. 4. ed. Boston: W. M. C. Brown, 1966.

————; *et al. Environment* – 1995 Version. Orlando: Saunders College Publishing/Harcourt Brace Publishers, 1995.

RAVEN, P. H. B. *et al. Biologia vegetal*. 6. ed. Rio de Janeiro: Guanabara Koogan, 2001

SCOTT, FORESMAN. *Life science*. Glenview: Scott, Foresman, 1990.

SOLOMON, E. P. *et al. Biology*. 3. ed. Orlando: Saunders College Publishing, 1993.

STANSFIELD, W. D. *Genética*. Trad. O. Ágeda. São Paulo: McGraw-Hill, 1976.

STEBBINS, G. L. *Processos de evolução orgânica*. 2. ed. Trad. S. A. Rodrigues. Rio de Janeiro: Edusp/Livros Técnicos e Científicos, 1974.

STRICKBERGER, M. W. *Genética*. Trad. M. Aguadé. Barcelona: Ediciones Omega, 1976.

TATTERSALL, I. *The human odyssey*: four million years of human evolution. New York: Prentice-Hall General Reference, 1993.

WEINER, J. *O bico do tentilhão*; uma história da evolução no nosso tempo. Trad. T. M. Rodrigues. Rio de Janeiro: Rocco, 1995.

WESSELLS, N.; HOPSON, J. L. *Biology*. New York: Random House, 1988.

Crédito das fotos

2, 20, 22, 43, 91, 156, 193, 222, 272, 286, 297, 315: PANTHERMEDIA/KEYDISC
4: MICHAEL NOLAN/FOTOSEARCH/GRUPO KEYSTONE
11: PHOTOS.COM
10, 11: JOSÉ MARIA V. FRANCO
62: PRINGER MEDIZIN/SCIENCE PHOTO LIBRARY/SPL DC/LATINSTOCK

64: UPPERCUT/GRUPO KEYSTONE
121: THE YOMIURI SHIMBUN/AP/GLOW IMAGES
154: COREL CORP.
174: IMAGINECHINA/CORBIS/LATINSTOCK
220: DAVID M. PHILLIPS/PHOTO RESEARCHERS/LATINSTOCK
244: GE MEDICAL SYSTEMS/SCIENCE PHOTO LIBRARY/LATINSTOCK
270: STEVE GSCHMEISSNER/SCIENCE PHOTO LIBRARY/LATINSTOCK
340: ERIK ISAKSON/BLEND/GLOW IMAGES